3

双语（汉蒙/汉藏/汉维）法律文化出版工程

汉蒙双语导读常用最高人民法院司法解释及指导案例

（民事卷）·上

本书编写组 编

人民法院出版社

民族出版社

图书在版编目（C I P）数据

汉蒙双语导读常用最高人民法院司法解释及指导案例 . 民事卷 : 上、下 /《汉蒙双语导读常用最高人民法院司法解释及指导案例（民事卷）》编写组编 . -- 北京 : 人民法院出版社 , 2020.4

双语（汉蒙 / 汉藏 / 汉维）法律文化出版工程

ISBN 978-7-5109-2819-2

Ⅰ . ①汉… Ⅱ . ①汉… Ⅲ . ①民事诉讼法－法律解释－中国－汉语、蒙古语 (中国少数民族语言) ②民事诉讼法－案例－中国－汉语、蒙古语 (中国少数民族语言) Ⅳ . ① D920.5

中国版本图书馆 CIP 数据核字 (2020) 第 065242 号

汉蒙双语导读常用最高人民法院司法解释及指导案例（民事卷）

本书编写组 编

汉文责任编辑：孟晋

汉文执行编辑：吴朔桦　尹立霞

蒙古文责任编辑：呼呼格

蒙古文责任校对：呼格吉乐

人民法院出版社出版发行

北京市东城区东交民巷 27 号 (100745)

http : // www.courtbook.com.cn

(010) 67550629　(010) 67550558

新华书店经销

三河市国英印务有限公司印刷

开本：787mm × 1092mm　1/16

字数：1290 千字　印张：70.75

2020 年 4 月第 1 版　2020 年 4 月第 1 次印刷

ISBN　978-7-5109-2819-2

定价：258.00 元（上下册）

汉蒙双语导读常用最高人民法院司法解释及指导案例（民事卷）

项目执行人员：胡毅峰　杨宗仁　赵建平　布和　常培忠

主　　　译：海棠

副　　　译：拉西尼玛　哈斯其木格　青格勒图　平平

审 稿 人 员：杜金梨　乌云其其格　李斯日古楞　吴阿荣

ᠬᠢᠲᠠᠳ ᠮᠣᠩᠭᠣᠯ ᠬᠣᠶᠠᠷ ᠬᠡᠯᠡᠨ ᠦ ᠤᠩᠰᠢᠯᠭ᠎ᠠ ᠳᠤ ᠲᠤᠰᠬᠠᠢ ᠬᠡᠷᠡᠭᠯᠡᠭᠳᠡᠬᠦ ᠳᠡᠭᠡᠳᠦ ᠠᠷᠠᠳ ᠤᠨ ᠱᠦᠬᠦᠬᠡ ᠶᠢᠨ ᠱᠦᠭᠦᠨ ᠲᠠᠰᠤᠯᠠᠯ ᠪᠠ ᠵᠢᠭᠠᠨ ᠵᠢᠭᠠᠬᠤ ᠬᠡᠷᠡᠭ ᠵᠢᠱᠢᠶ᠎ᠡ（ᠢᠷᠭᠡᠨ ᠦ ᠬᠡᠷᠡᠭ ᠦᠨ ᠪᠣᠳᠢ）

ᠲᠥᠰᠥᠯ ᠬᠡᠷᠡᠭᠵᠢᠭᠦᠯᠦᠭᠴᠢ: ᠬᠦ ᠢ ᠹᠧᠩ ᠶᠠᠩ ᠽᠦᠩ ᠷᠧᠨ ᠵᠣᠤ ᠵᠢᠶᠠᠨ ᠫᠢᠩ ᠪᠥᠬᠡ ᠴᠠᠩ ᠫᠧᠢ ᠵᠦᠩ

ᠭᠣᠯ ᠣᠷᠴᠢᠭᠤᠯᠤᠭᠴᠢ: ᠬᠠᠶᠢᠲᠠᠩ

ᠲᠤᠰᠠᠯᠠᠬᠤ ᠣᠷᠴᠢᠭᠤᠯᠤᠭᠴᠢ: ᠯᠬᠠᠰᠢᠨᠢᠮᠠ ᠬᠠᠰᠴᠢᠮᠡᠭ ᠴᠢᠩᠭᠡᠯᠲᠦ ᠫᠢᠩᠫᠢᠩ

ᠬᠢᠨᠠᠨ ᠬᠠᠷᠭᠤᠭᠴᠢ: ᠳᠦ ᠵᠢᠨ ᠯᠢ ᠤᠶᠤᠨᠴᠢᠮᠡᠭ ᠯᠢ ᠰᠢᠷᠢᠭᠦᠯᠦᠩ ᠦ ᠠᠷᠦᠩ

前　言

习近平总书记在党的十九大报告中指出，要全面贯彻党的民族政策，深化民族团结进步教育，铸牢中华民族共同体意识，加强各民族交往交流交融，促进各民族像石榴籽一样紧紧抱在一起，共同团结奋斗、共同繁荣发展。当前，我国正处于全面推进依法治国、建设社会主义法治国家的历史性阶段，运用法治思维和法律手段保障民族团结，充分发挥法治在民族工作中的重要作用，人民法院任重而道远。

最高人民法院历来高度重视民族地区双语法官队伍建设，特别是党的十八大以来，最高人民法院党组从全面推进依法治国，促进民族团结进步的高度，采取更加有力的措施推进双语法官队伍建设，加大双语法官培训力度，提高法官司法能力和业务水平，以队伍的高素质助推执法办案的高品质，保障少数民族群众诉讼权利。2015年4月，最高人民法院与国家民委联合制定印发《关于进一步加强和改进民族地区民汉双语法官培养及培训工作的意见》，正式提出双语法官“千人计划”，到2020年前，基本解决民族地区人民法院双语法官短缺问题，并加强双语培训教材建设，组织编写针对性、指导性强的培训教材、教学参考资料和双语法律词典。随后，最高人民法院制定实施“千人计划”的路线图和时间表，加强与国家民委合作，共同落实双语法官培养方案和措施。

“双语（汉蒙/汉藏/汉维）法律文化出版工程”（以下简称“双语工程”）是新中国成立60多年来最高人民法院首次推出的大型

双语法律文化项目，也是推动实施双语法官“千人计划”的现实需要和重大举措。在最高人民法院政治部的组织实施和协调指导下，人民法院出版社进行充分论证和具体落实，于2015年申报并获国家出版基金资助。“双语工程”丛书涉及蒙语、藏语、维语三大少数民族语言，共计8大系列，品种数达57种，总字数近1亿字，前后共有7个省、自治区法院上百名双语干警参与丛书的编译工作，人民法院出版社和民族出版社联合承担内容审定和出版工作，整个项目参与人员达数百人。“双语工程”丛书覆盖双语对照法律词典、审判实务技能教材、导读司法解释及指导案例、法律文书格式与写作教材，以及普法宣传品等多个类型，是一套服务民族地区法治建设、全面惠及法律工作者以及普通民众的双语法律文化精品丛书。

“双语工程”丛书在编译出版过程中坚持以习近平新时代中国特色社会主义思想为指导，牢牢把握正确的政治方向，积极引导广大法院干警提高政治站位，增强“四个意识”，坚定“四个自信”。丛书内容丰富、兼具权威性、指导性、创新性和实用性，形式多样，很好地解决了制约双语法律人才培训缺乏统一教材的瓶颈问题，对积极推动民族地区法治宣传教育和少数民族群众普法工作具有重要意义。

“双语工程”丛书的顺利出版，得益于国家新闻出版署国家出版基金规划管理办公室的政策扶持和指导监督；得益于国家民委的鼎力支持和全力配合；得益于民族出版社在丛书内容审定和出版工作中的支持和帮助；得益于各民族地区法院干警、翻译人员的协同运作和不懈努力。全体参与人员以坚如磐石的意志、坚不可摧的决心和坚忍不拔的毅力，脚踏实地的干劲，迎难而上，攻坚克难，使得这项艰苦卓绝的开创性工作取得了可喜的成果。

我们将以“双语工程”取得的成果为起点，将更多语种，特别是哈萨克文、朝鲜文纳入该项目的二期工程申报国家出版基金资助并予实施，同时力争研发推广双语智能翻译和语音识别技术，拓展民汉双语学习平台，以更丰富的内容、更多样的形式，将“双语工程”打造成为运用民族语言文字服务民族地区法治建设的一面旗帜，多角度、宽面向地辅助双语诉讼工作，不断加强包括教材开发在内的双语人才培养工作，促进双语法律教育工作的深入开展和双语法官队伍建设，消除执法司法环节存在的语言交流上的障碍和壁垒，提高司法效率，推动法制宣传教育和普法活动不断深入，惠及广大少数民族群众，为促进国家法律在民族地区的正确实施、推进民族地区法治建设和民族团结进步、建设社会主义法治国家作出新的贡献！

本书编写组

2018年9月

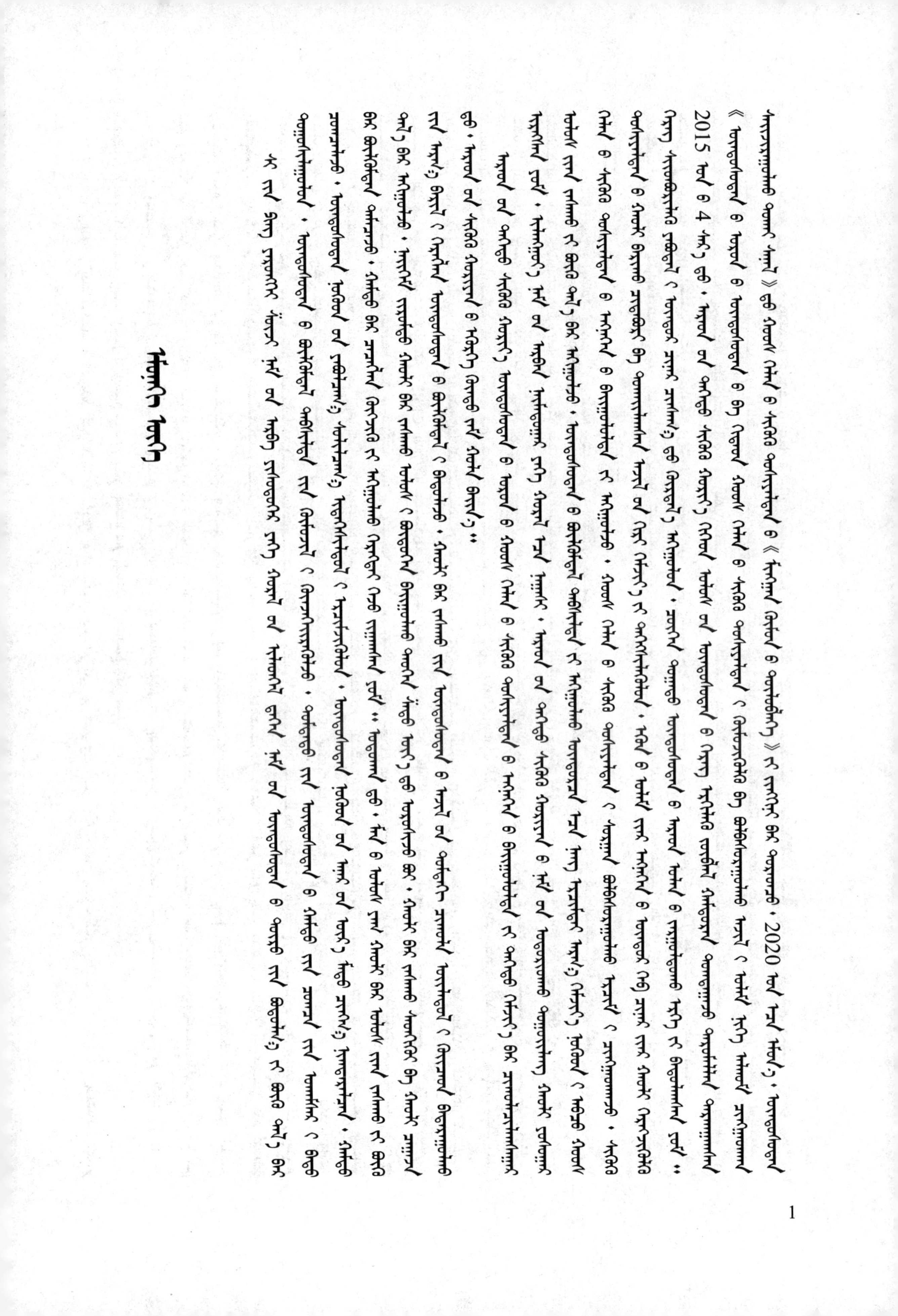

ᠡᠮᠦᠨᠡᠬᠢ ᠦᠭᠡ

[illegible] 2020 [illegible]

[illegible] 2015 [illegible] 4 [illegible]

[illegible]

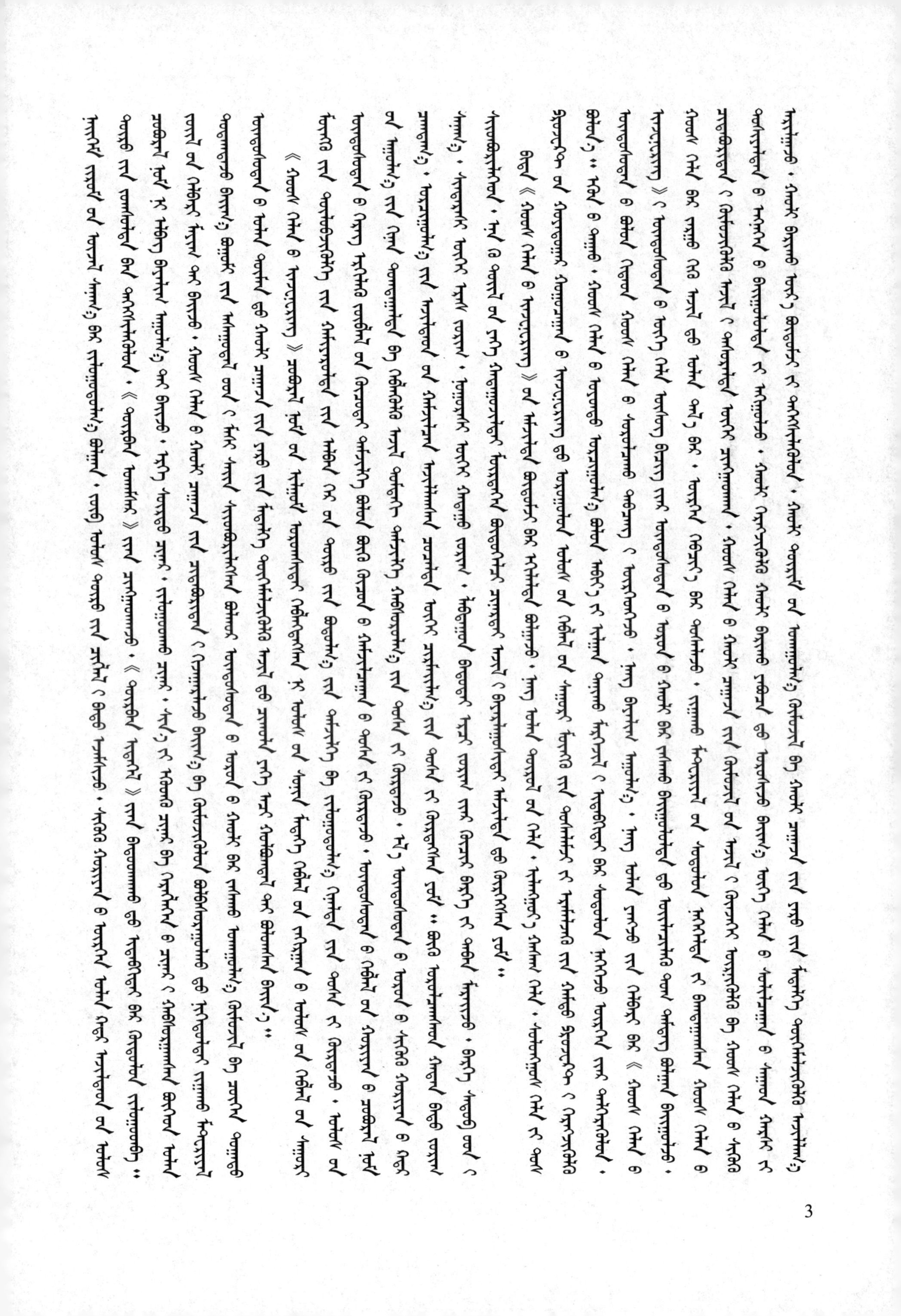

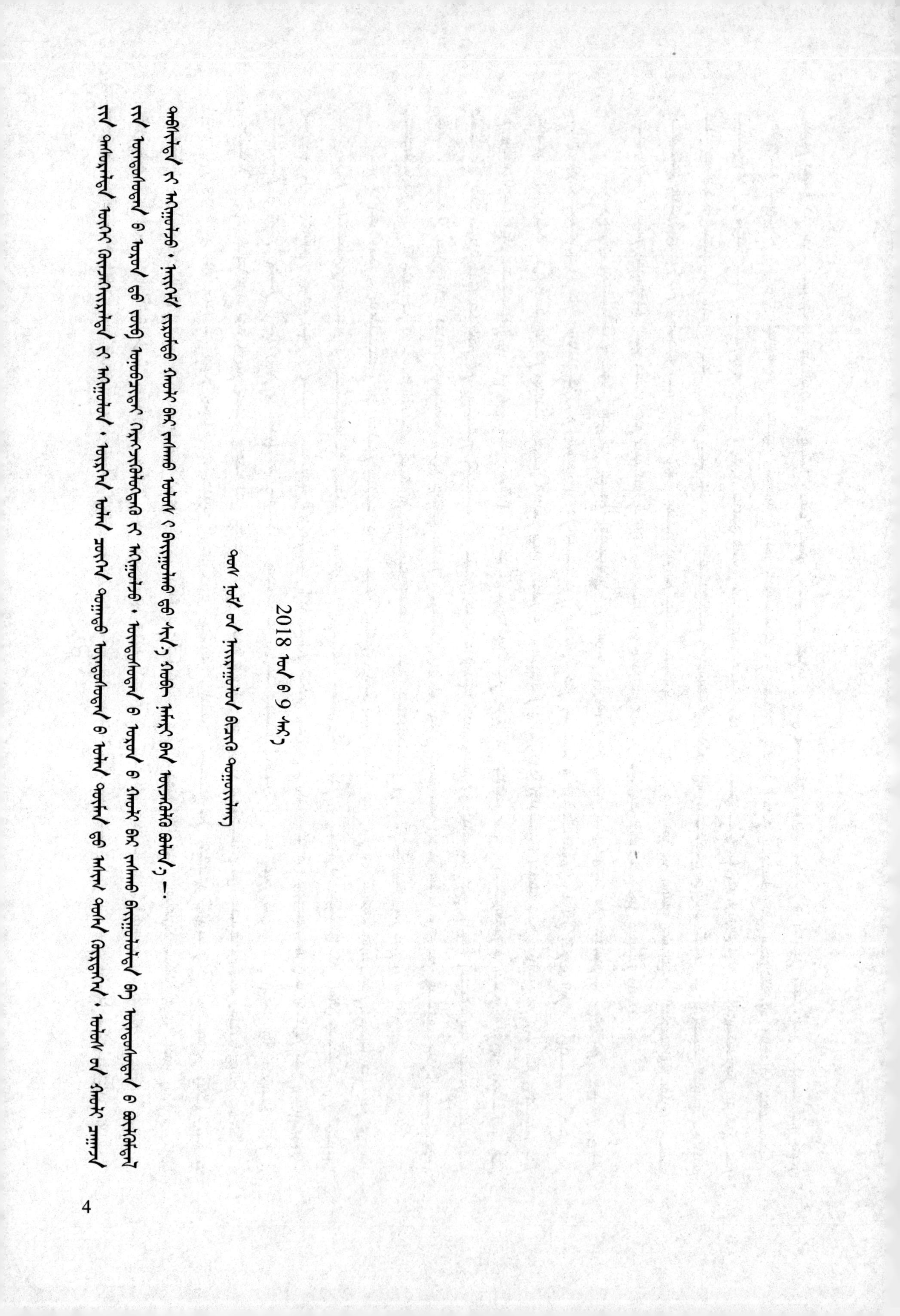

[illegible]

[illegible]

[illegible]

[illegible]

2018 ᠣᠨ ᠤ 9 ᠰᠠᠷ᠎ᠠ

编 写 说 明

一、本书选收民事审判工作中常用的最高人民法院司法解释、指导性案例和司法文件。

二、本书中对重要的司法解释中，都编写了“导读”，阐明该司法解释出台的意义、背景、重点内容等；对司法解释中每一条文都提炼了条文主旨，用一句话简明概括出条文的内容，使读者能够在第一时间把握条文主要内容。

三、本书中选收的最高人民法院指导性案例，为减少篇幅，只摘用“裁判要点”部分。

四、《最高人民法院关于适用〈中华人民共和国民事诉讼法〉的解释》这件重要司法解释，因为篇幅过长，暂不收入本书中，留待以后编写出版单行本。

五、为使读者对最高人民法院的司法解释、指导性案例有一个全面的了解，本书以附录形式编制了《最高人民法院司法解释、指导性案例索引》（收入本书的以“※”标明）。

ᠨᠡᠶᠢᠲᠡᠯᠡᠭᠰᠡᠨ ᠪᠢᠴᠢᠭ ᠤᠳᠤᠷᠢᠳᠤᠯᠭ᠎ᠠ

ᠨᠢᠭᠡ᠂ ᠪᠣᠨ ᠨᠣᠮ ᠤᠨ ᠰᠤᠳᠤᠷ ᠤᠨ ᠲᠦᠪᠡᠳ ᠦᠨ ᠬᠡᠯᠡ ᠪᠢᠴᠢᠭ ᠤᠨ ᠲᠡᠦᠬᠡ ᠶᠢᠨ ᠪᠣᠯᠪᠠᠰᠤ ᠶᠢ ᠰᠤᠳᠤᠯᠬᠤ ᠳᠤ ᠴᠢᠬᠤᠯᠠ ᠬᠡᠷᠡᠭᠯᠡᠭᠡᠨ ᠦ ᠬᠡᠮᠵᠢᠶ᠎ᠡ ᠳᠤ ᠬᠦᠷᠴᠦ ᠪᠣᠯᠬᠤ ᠦᠨᠡ ᠴᠢᠨᠠᠷ ᠲᠠᠢ ᠮᠡᠳᠡᠭᠡᠯᠡᠯ ᠦᠨ ᠡᠬᠢ ᠰᠤᠷᠪᠤᠯᠵᠢ ᠶᠢᠨ ᠨᠢᠭᠡ ᠪᠣᠯᠤᠨ᠎ᠠ ᠃

ᠬᠣᠶᠠᠷ᠂ ᠪᠣᠨ ᠨᠣᠮ ᠤᠨ ᠰᠤᠳᠤᠷ ᠤᠨ ᠲᠡᠦᠬᠡ ᠶᠢᠨ ᠪᠣᠯᠪᠠᠰᠤ ᠶᠢᠨ ᠦᠨᠳᠦᠰᠦ 《 ᠰᠢᠳᠤᠷᠭᠤ ᠰᠤᠷᠲᠠᠯ 》 ᠪᠣᠯᠤᠨ᠂ ᠪᠣᠨ ᠨᠣᠮ ᠤᠨ ᠲᠡᠦᠬᠡ ᠶᠢᠨ ᠪᠣᠯᠪᠠᠰᠤ ᠶᠢᠨ ᠪᠠᠶᠢᠳᠠᠯ ᠢ ᠲᠣᠳᠤᠷᠬᠠᠢ ᠲᠤᠰᠬᠠᠭᠰᠠᠨ᠂ ᠲᠦᠪᠡᠳ ᠦᠨ [illegible] ᠦᠨᠳᠦᠰᠦᠨ ᠪᠠᠷᠢᠮᠲᠠ ᠪᠣᠯᠤᠨ᠎ᠠ ᠃ ᠪᠣᠨ ᠨᠣᠮ ᠤᠨ ᠰᠤᠳᠤᠷ ᠤᠨ ᠰᠤᠷᠭᠠᠭᠤᠯᠢ ᠶᠢᠨ ᠣᠨᠴᠠᠯᠢᠭ ᠢ ᠲᠣᠳᠤᠷᠬᠠᠢᠯᠠᠨ᠎ᠠ ᠃

ᠭᠤᠷᠪᠠ᠂ ᠰᠤᠳᠤᠯᠭ᠎ᠠ ᠶᠢᠨ ᠦᠷ᠎ᠡ ᠳᠦᠩ᠂ ᠪᠣᠨ ᠨᠣᠮ ᠤᠨ ᠰᠤᠳᠤᠷ ᠤᠨ ᠲᠦᠪᠡᠳ ᠦᠨ ᠬᠡᠯᠡ ᠪᠢᠴᠢᠭ ᠤᠨ ᠴᠢᠬᠤᠯᠠ ᠬᠡᠷᠡᠭᠯᠡᠭᠡᠨ ᠦ ᠬᠡᠮᠵᠢᠶ᠎ᠡ 《 ᠰᠤᠷᠲᠠᠯ ᠤᠨ ᠪᠣᠯᠪᠠᠰᠤ 》 ᠶᠢᠨ ᠦᠨᠳᠦᠰᠦ ᠪᠣᠯᠤᠨ᠎ᠠ ᠃

ᠳᠥᠷᠪᠡ᠂ 《 ᠪᠣᠨ ᠨᠣᠮ ᠤᠨ ᠰᠤᠳᠤᠷ ᠤᠨ ᠲᠡᠦᠬᠡ ᠶᠢᠨ ᠪᠣᠯᠪᠠᠰᠤ 》 ᠪᠣᠯ ᠲᠦᠪᠡᠳ ᠦᠨ ᠬᠡᠯᠡ ᠪᠢᠴᠢᠭ ᠤᠨ ᠰᠤᠳᠤᠯᠭ᠎ᠠ ᠶᠢᠨ ᠴᠢᠬᠤᠯᠠ ᠮᠡᠳᠡᠭᠡᠯᠡᠯ ᠪᠣᠯᠤᠨ ᠪᠣᠨ ᠨᠣᠮ ᠤᠨ ᠰᠤᠳᠤᠷ ᠤᠨ ᠲᠡᠦᠬᠡ ᠶᠢᠨ ᠪᠣᠯᠪᠠᠰᠤ ᠶᠢᠨ ᠰᠤᠳᠤᠯᠭ᠎ᠠ ᠳᠤ ᠴᠢᠬᠤᠯᠠ ᠨᠥᠯᠦᠭᠡ ᠲᠠᠢ ᠪᠠᠶᠢᠨ᠎ᠠ ᠃

ᠲᠠᠪᠤ᠂ ᠪᠣᠨ ᠨᠣᠮ ᠤᠨ ᠰᠤᠳᠤᠷ ᠤᠨ ᠲᠦᠪᠡᠳ ᠦᠨ ᠬᠡᠯᠡ ᠪᠢᠴᠢᠭ ᠤᠨ ᠲᠡᠦᠬᠡ ᠶᠢᠨ ᠪᠣᠯᠪᠠᠰᠤ᠂ ᠴᠢᠬᠤᠯᠠ ᠬᠡᠷᠡᠭᠯᠡᠭᠡᠨ ᠦ ᠬᠡᠮᠵᠢᠶ᠎ᠡ 《 ᠰᠤᠷᠲᠠᠯ ᠤᠨ ᠪᠣᠯᠪᠠᠰᠤ 》 ᠪᠣᠯ ᠪᠣᠨ ᠨᠣᠮ ᠤᠨ ᠰᠤᠳᠤᠷ ᠤᠨ ᠲᠡᠦᠬᠡ ᠶᠢᠨ ᠪᠣᠯᠪᠠᠰᠤ᠂ ᠴᠢᠬᠤᠯᠠ ᠬᠡᠷᠡᠭᠯᠡᠭᠡᠨ ᠦ ᠬᠡᠮᠵᠢᠶ᠎ᠡ ᠶᠢᠨ ᠰᠤᠳᠤᠯᠭ᠎ᠠ ᠳᠤ (ᠪᠣᠨ ᠨᠣᠮ ᠤᠨ ᠰᠤᠳᠤᠯᠤᠭᠰᠠᠨ ᠢ ※ ᠲᠡᠮᠳᠡᠭ ᠲᠠᠢ ᠲᠡᠮᠳᠡᠭᠯᠡᠪᠡ) ᠃

目　录

第一章　民　事

（一）总　类

（二）诉讼时效

（三）婚姻、家庭与继承

（四）损害赔偿

（五）物　　权

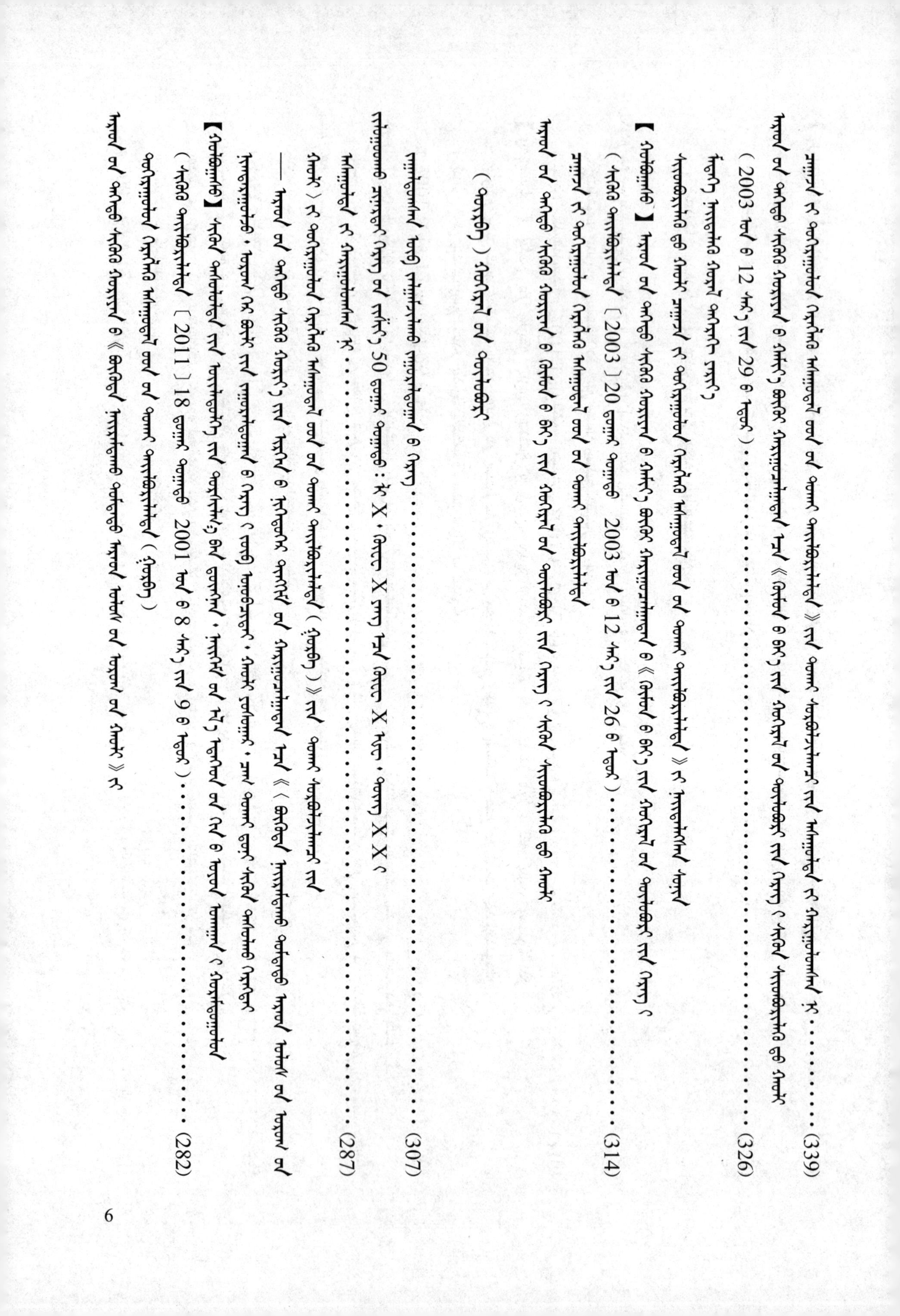

（[illegible]） [illegible]

第一章 民　　事

（一）总　　类

导读： 为了贯彻执行全国人大于1986年4月12日通过的《中华人民共和国民法通则》，解决民事审判工作和经济审判工作中亟需解决的诸多法律问题，最高人民法院制定了本意见。

本意见共分八个部分，即公民、法人、民事法律行为和代理、民事权利、民事责任、诉讼时效、涉外民事关系的法律适用、其他，条文达200条。应注意的是，最高人民法院2008年12月18日发布《关于废止2007年底以前发布的有关司法解释（第七批）的决定》，废止了本意见中与《物权法》有关规定冲突的第88条、第94条、第115条、第117条、第118条、第177条，上述条文，本书以楷体字标出。

本意见汇聚了人民法院长期以来民事审判工作的经验和智慧，释解了《民法通则》中诸多法律适用疑难问题，为全国民事司法工作提供了一个全面可靠的法律依据。

最高人民法院
印发《关于贯彻执行〈中华人民共和国民法通则〉若干问题的意见（试行）》的通知

1988 年 4 月 2 日　　　　　　　　　　　　　　　法（办）发〔1988〕6 号

全国地方各级人民法院，各级军事法院，各铁路运输中级法院和基层法院，各海事法院：

现将《关于贯彻执行〈中华人民共和国民法通则〉若干问题的意见（试行）》发给你们，请在民事审判工作和经济审判工作中试行。在试行过程中，应注意调查研究，总结经验。有何意见和问题，请及时报告我院。

附：

关于贯彻执行《中华人民共和国民法通则》若干问题的意见（试行）

（1988 年 1 月 26 日最高人民法院审判委员会讨论通过）

《中华人民共和国民法通则》（以下简称民法通则）已于 1987 年 1 月 1 日起施行。现就民法通则在贯彻执行中遇到的问题提出以下意见。

一、公　　民

（一）关于民事权利能力和民事行为能力问题

1. 公民的民事权利能力自出生时开始，出生的时间以户籍证明为准；没有户籍证明的，以医院出具的出生证明为准。没有医院证明的，参照其他有关证明认定。

2. 16 周岁以上不满 18 周岁的公民，能够以自己的劳动取得收入，并能维持当地群众一般生活水平的，可以认定为以自己的劳动收入为主要生活来源的完全民事行为能力人。

3. 10周岁以上的未成年人进行的民事活动是否与其年龄、智力状况相适应，可以从行为与本人生活相关联的程度、本人的智力能否理解其行为，并预见相应的行为后果，以及行为标的数额等方面认定。

4. 不能完全辨认自己行为的精神病人进行的民事活动，是否与其精神健康状态相适应，可以从行为与本人生活相关联的程度、本人的精神状态能否理解其行为，并预见相应的行为后果，以及行为标的数额等方面认定。

5. 精神病人（包括痴呆症人）如果没有判断能力和自我保护能力，不知其行为后果的，可以认定为不能辨认自己行为的人；对于比较复杂的事物或者比较重大的行为缺乏判断能力和自我保护能力，并且不能预见其行为后果的，可以认定为不能完全辨认自己行为的人。

6. 无民事行为能力人、限制民事行为能力人接受奖励、赠与、报酬，他人不得以行为人无民事行为能力、限制民事行为能力为由，主张以上行为无效。

7. 当事人是否患有精神病，人民法院应当根据司法精神病学鉴定或者参照医院的诊断、鉴定确认。在不具备诊断、鉴定条件的情况下，也可以参照群众公认的当事人的精神状态认定，但应以利害关系人没有异议为限。

8. 在诉讼中，当事人及利害关系人提出一方当事人患有精神病（包括痴呆症），人民法院认为确有必要认定的，应当按照民事诉讼法（试行）规定的特别程序，先作出当事人有无民事行为能力的判决。

确认精神病人（包括痴呆症人）为限制民事行为能力人的，应当比照民事诉讼法（试行）规定的特别程序进行审理。

9. 公民离开住所地最后连续居住1年以上的地方，为经常居住地。但住医院治疗的除外。

公民由其户籍所在地迁出后至迁入另一地之前，无经常居住地的，仍以其原户籍所在地为住所。

（二）关于监护问题

10. 监护人的监护职责包括：保护被监护人的身体健康，照顾被监护人的生活，管理和保护被监护人的财产，代理被监护人进行民事活动，对被监护人进行管理和教育，在被监护人合法权益受到侵害或者与人发生争议时，代理其进行诉讼。

11. 认定监护人的监护能力，应当根据监护人的身体健康状况、经济条件，以及与被监护人在生活上的联系状况等因素确定。

12. 民法通则中规定的近亲属，包括配偶、父母、子女、兄弟姐妹、祖父母、外祖父母、孙子女、外孙子女。

13. 为患有精神病的未成年人设定监护人，适用民法通则第十六条的规定。

14. 人民法院指定监护人时，可以将民法通则第十六条第二款中的（一）、（二）、（三）项或第十七条第一款中的（一）、（二）、（三）、（四）、（五）项规定视为指定监护人的顺序。前一顺序有监护资格的人无监护能力或者对被监护人明显不利的，人民法院可以根据对被监护人有利的原则，从后一顺序有监护资格的人中择优确定。被监护人有识别能力的，应视情况征求被监护人的意见。

监护人可以是一人，也可以是同一顺序中的数人。

15. 有监护资格的人之间协议确定监护人的，应当由协议确定的监护人对被监护人承担监护责任。

16. 对于担任监护人有争议的，应当按照民法通则第十六条第三款或者第十七条第二款的规定，由有关组织予以指定。未经指定而向人民法院起诉的，人民法院不予受理。

17. 有关组织依照民法通则规定指定监护人，以书面或者口头通知了被指定人的，应当认定指定成立。被指定人不服的，应当在接到通知的次日起30日内向人民法院起诉。逾期起诉的，按变更监护关系处理。

18. 监护人被指定后，不得自行变更。擅自变更的，由原被指定的监护人和变更后的监护人承担监护责任。

19. 被指定人对指定不服提起诉讼的，人民法院应当根据本意见第十四条的规定，作出维持或者撤销指定监护人的判决。如果判决是撤销原指定的，可以同时另行指定监护人。此类案件，比照民事诉讼法（试行）规定的特别程序进行审理。

在人民法院作出判决前的监护责任，一般应当按照指定监护人的顺序，由有监护资格的人承担。

20. 监护人不履行监护职责，或者侵害了被监护人的合法权益，民法通则第十六条、第十七条规定的其他有监护资格的人或者单位向人民法院起诉，要求监护人承担民事责任的，按照普通程序审理；要求变更监护关系的，按照特别程序审理；既要求承担民事责任，又要求变更监护关系的，分别审理。

21. 夫妻离婚后，与子女共同生活的一方无权取消对方对该子女的监护权；但是，未与该子女共同生活的一方，对该子女有犯罪行为、虐待行为或者对该子女明显不利的，人民法院认为可以取消的除外。

22. 监护人可以将监护职责部分或者全部委托给他人。因被监护人的侵权行为需要承担民事责任的，应当由监护人承担，但另有约定的除外；被委托人确有过错的，负连带责任。

23. 夫妻一方死亡后，另一方将子女送给他人收养，如收养对子女的健康成长并无不利，又办了合法收养手续的，认定收养关系成立；其他有监护资格的人不得以收养未经其同意而主张收养关系无效。

（三）关于宣告失踪、宣告死亡问题

24. 申请宣告失踪的利害关系人，包括被申请宣告失踪人的配偶、父母、子女、兄弟姐妹、祖父母、外祖父母、孙子女、外孙子女以及其他与被申请人有民事权利义务关系的人。

25. 申请宣告死亡的利害关系人的顺序是：

（一）配偶；

（二）父母、子女；

（三）兄弟姐妹、祖父母、外祖父母、孙子女、外孙子女；

（四）其他有民事权利义务关系的人。

申请撤销死亡宣告不受上列顺序限制。

26. 下落不明是指公民离开最后居住地后没有音讯的状况。对于在台湾或者在国外，无法正常通讯联系的，不得以下落不明宣告死亡。

27. 战争期间下落不明的，申请宣告死亡的期间适用民法通则第二十三条第一款第一项的规定。

28. 民法通则第二十条第一款、第二十三条第一款第一项中的下落不明的起算时间，从公民音讯消失之次日起算。

宣告失踪的案件，由被宣告失踪人住所地的基层人民法院管辖。住所地与居住地不一致的，由最后居住地的基层人民法院管辖。

29. 宣告失踪不是宣告死亡的必经程序。公民下落不明，符合申请宣告死亡的条件，利害关系人可以不经申请宣告失踪而直接申请宣告死亡。但利害关系人只申请宣告失踪的，应当宣告失踪；同一顺序的利害关系人，有的申请宣告死亡，有的不同意宣告死亡，则应当宣告死亡。

30. 人民法院指定失踪人的财产代管人，应当根据有利于保护失踪人财产的原则指定。没有民法通则第二十一条规定的代管人，或者他们无能力作代管人，或者不宜作代管人的，人民法院可以指定公民或者有关组织为失踪人的财产代管人。

无民事行为能力人、限制民事行为能力人失踪的，其监护人即为财产代管人。

31. 民法通则第二十一条第二款中的“其他费用”，包括赡养费、扶养费、抚育费和因代管财产所需的管理费等必要的费用。

32. 失踪人的财产代管人拒绝支付失踪人所欠的税款、债务和其他费用，债权人提起诉讼的，人民法院应当将代管人列为被告。

失踪人的财产代管人向失踪人的债务人要求偿还债务的，可以作为原告提起诉讼。

33. 债务人下落不明，但未被宣告失踪，债权人起诉要求清偿债务的，人民法院可以在公告传唤后缺席判决或者按中止诉讼处理。

34. 人民法院审理宣告失踪的案件，比照民事诉讼法（试行）规定的特别程序进行。

人民法院审理宣告失踪的案件，应当查清被申请宣告失踪人的财产，指定临时管理人或者采取诉讼保全措施，发出寻找失踪人的公告，公告期间为半年。公告期间届满，人民法院根据被宣告失踪人失踪的事实是否得到确认，作出宣告失踪的判决或者终结审理的裁定。如果判决宣告为失踪人，应当同时指定失踪人的财产代管人。

35. 失踪人的财产代管人以无力履行代管职责，申请变更代管人的，人民法院比照特别程序进行审理。

失踪人的财产代管人不履行代管职责或者侵犯失踪人财产权益的，失踪人的利害关系人可以向人民法院请求财产代管人承担民事责任。如果同时申请人民法院变更财产代管人的，变更之诉比照特别程序单独审理。

36. 被宣告死亡的人，判决宣告之日为其死亡的日期。判决书除发给申请人外，还应当在被宣告死亡的人住所地和人民法院所在地公告。

被宣告死亡和自然死亡的时间不一致的，被宣告死亡所引起的法律后果仍然有效，但自然死亡前实施的民事法律行为与被宣告死亡引起的法律后果相抵触的，则以其实施的民事法律行为为准。

37. 被宣告死亡的人与配偶的婚姻关系，自死亡宣告之日起消灭。死亡宣告被人民法院撤销，如果其配偶尚未再婚的，夫妻关系从撤销死亡宣告之日起自行恢复；如果其配偶再婚后又离婚或者再婚后配偶又死亡的，则不得认定夫妻关系自行恢复。

38. 被宣告死亡的人在被宣告死亡期间，其子女被他人依法收养，被宣告死亡的人在死亡宣告被撤销后，仅以未经本人同意而主张收养关系无效的，一般不应准许，但收养人和被收养人同意的除外。

39. 利害关系人隐瞒真实情况使他人被宣告死亡而取得其财产的，除应返还原物及孳息外，还应对造成的损失予以赔偿。

40. 被撤销死亡宣告的人请求返还财产，其原物已被第三人合法取得的，第三人可不予返还。但依继承法取得原物的公民或者组织，应当返还原物或者给予适当补偿。

（四）关于个体工商户、农村承包经营户、个人合伙问题

41. 起字号的个体工商户，在民事诉讼中，应以营业执照登记的户主（业主）为诉讼当事人，在诉讼文书中注明系某字号的户主。

42. 以公民个人名义申请登记的个体工商户和个人承包的农村承包经营户，用家庭共有财产投资，或者收益的主要部分供家庭成员享用的，其债务应以家庭共有财产清偿。

43. 在夫妻关系存续期间，一方从事个体经营或者承包经营的，其收入为夫妻共有财产，债务亦应以夫妻共有财产清偿。

44. 个体工商户、农村承包经营户的债务，如以其家庭共有财产承担责任时，应当保留家庭成员的生活必需品和必要的生产工具。

45. 起字号的个人合伙，在民事诉讼中，应当以依法核准登记的字号为诉讼当事人，并由合伙负责人为诉讼代表人。合伙负责人的诉讼行为，对全体合伙人发生法律效力。

未起字号的个人合伙，合伙人在民事诉讼中为共同诉讼人。合伙人人数众多的，可以推举诉讼代表人参加诉讼。诉讼代表人的诉讼行为，对全体合伙人发生法律效力。推举诉讼代表人，应当办理书面手续。

46. 公民按照协议提供资金或者实物，并约定参与合伙盈余分配，但不参与合伙经营、劳动的，或者提供技术性劳务而不提供资金、实物，但约定参与盈余分配的，视为合伙人。

47. 全体合伙人对合伙经营的亏损额，对外应当负连带责任；对内则应按照协议约定的债务承担比例或者出资比例分担；协议未规定债务承担比例或者出资比例的，可以按照约定的或者实际的盈余分配比例承担。但是对造成合伙经营亏损有过错的合伙人，应当根据其过错程度相应的多承担责任。

48. 只提供技术性劳务，不提供资金、实物的合伙人，对于合伙经营的亏损额，对外也应当承担连带责任；对内则应当按照协议约定的债务承担比例或者技术性劳务折抵的出资比例承担；协议未规定债务承担比例或者出资比例的，可以按照约定的或者合伙人实际的盈余分配比例承担；没有盈余分配比例的，按照其余合伙人平均投资比例承担。

49. 个人合伙或者个体工商户，虽经工商行政管理部门错误地登记为集体所有制的

企业，但实际为个人合伙或者个体工商户的，应当按个人合伙或者个体工商户对待。

50. 当事人之间没有书面合伙协议，又未经工商行政管理部门核准登记，但具备合伙的其他条件，又有两个以上无利害关系人证明有口头合伙协议的，人民法院可以认定为合伙关系。

51. 在合伙经营过程中增加合伙人，书面协议有约定的，按照协议处理；书面协议未约定的，须经全体合伙人同意；未经全体合伙人同意的，应当认定入伙无效。

52. 合伙人退伙，书面协议有约定的，按书面协议处理；书面协议未约定的，原则上应予准许。但因其退伙给其他合伙人造成损失的，应当考虑退伙的原因、理由以及双方当事人的过错等情况，确定其应当承担的赔偿责任。

53. 合伙经营期间发生亏损，合伙人退出合伙时未按约定分担或者未合理分担合伙债务的，退伙人对原合伙的债务，应当承担清偿责任；退伙人已分担合伙债务的，对其参加合伙期间的全部债务仍负连带责任。

54. 合伙人退伙时分割的合伙财产，应当包括合伙时投入的财产和合伙期间积累的财产，以及合伙期间的债权和债务。入伙的原物退伙时原则上应予退还；一次清退有困难的，可以分批分期清退；退还原物确有困难的，可以折价处理。

55. 合伙终止时，对合伙财产的处理，有书面协议的，按协议处理；没有书面协议，又协商不成的，如果合伙人出资额相等，应当考虑多数人意见酌情处理；合伙人出资额不等的，可以按出资额占全部合伙额多的合伙人的意见处理，但要保护其他合伙人的利益。

56. 合伙人互相串通逃避合伙债务的，除应责令其承担清偿责任外，还可以按照民法通则第一百三十四条第三款的规定处理。

57. 民法通则第三十五条第一款中关于“以各自的财产承担清偿责任”，是指合伙人以个人财产出资的，以合伙人的个人财产承担；合伙人以其家庭共有财产出资的，以其家庭共有财产承担；合伙人以个人财产出资，合伙的盈余分配所得用于其家庭成员生活的，应先以合伙人的个人财产承担，不足部分以合伙人的家庭共有财产承担。

二、法　　人

58. 企业法人的法定代表人和其他工作人员，以法人名义从事的经营活动，给他人造成经济损失的，企业法人应当承担民事责任。

59. 企业法人解散或者被撤销的，应当由其主管机关组织清算小组进行清算。企业法人被宣告破产的，应当由人民法院组织有关机关和有关人员成立清算组织进行清算。

60. 清算组织是以清算企业法人债权、债务为目的而依法成立的组织。它负责对终止的企业法人的财产进行保管、清理、估价、处理和清偿。

对于涉及终止的企业法人债权、债务的民事诉讼，清算组织可以用自己的名义参加诉讼。

以逃避债务责任为目的而成立的清算组织，其实施的民事行为无效。

61. 人民法院审理案件时，如果查明企业法人有民法通则第四十九条所列的六种情形之一的，除企业法人承担责任外，还可以根据民法通则第四十九条和第一百三十四条第三款的规定，对企业法定代表人直接给予罚款的处罚；对需要给予行政处分的，可以向有关部门提出司法建议，由有关部门决定处理；对构成犯罪需要依法追究刑事责任的，应当依法移送公安、检察机关。

62. 人民法院在审理案件中，依法对企业法定代表人或者其他人采用罚款、拘留制裁措施，必须经院长批准，另行制作民事制裁决定书。被制裁人对决定不服的，在收到决定书的次日起 10 日内可以向上一级人民法院申请复议一次。复议期间，决定暂不执行。

63. 对法定代表人直接处以罚款的数额一般在 2000 元以下。法律另有规定的除外。

64. 以提供土地使用权作为联营条件的一方，对联营企业的债务，应当按照书面协议的约定承担；书面协议未约定的，可以按照出资比例或者盈余分配比例承担。

三、民事法律行为和代理

65. 当事人以录音、录像等视听资料形式实施的民事行为，如有两个以上无利害关系人作为证人或者有其他证据证明该民事行为符合民法通则第五十五条的规定，可以认定有效。

66. 一方当事人向对方当事人提出民事权利的要求，对方未用语言或者文字明确表示意见，但其行为表明已接受的，可以认定为默示。不作为的默示只有在法律有规定或者当事人双方有约定的情况下，才可以视为意思表示。

67. 间歇性精神病人的民事行为，确能证明是在发病期间实施的，应当认定无效。

行为人在神志不清的状态下所实施的民事行为，应当认定无效。

68. 一方当事人故意告知对方虚假情况，或者故意隐瞒真实情况，诱使对方当事人作出错误意思表示的，可以认定为欺诈行为。

69. 以给公民及其亲友的生命健康、荣誉、名誉、财产等造成损害，或者以给法人的荣誉、名誉、财产等造成损害为要挟，迫使对方作出违背真实的意思表示的，可以认定为胁迫行为。

70. 一方当事人乘对方处于危难之机，为牟取不正当利益，迫使对方作出不真实的意思表示，严重损害对方利益的，可以认定为乘人之危。

71. 行为人因对行为的性质、对方当事人、标的物的品种、质量、规格和数量等的错误认识，使行为的后果与自己的意思相悖，并造成较大损失的，可以认定为重大误解。

72. 一方当事人利用优势或者利用对方没有经验，致使双方的权利与义务明显违反公平、等价有偿原则的，可以认定为显失公平。

73. 对于重大误解或者显失公平的民事行为，当事人请求变更的，人民法院应当予以变更；当事人请求撤销的，人民法院可以酌情予以变更或者撤销。

可变更或者可撤销的民事行为，自行为成立时起超过1年当事人才请求变更或者撤销的，人民法院不予保护。

74. 对民法通则第六十一条第二款中的“双方取得的财产”，应当包括双方当事人已经取得和约定取得的财产。

75. 附条件的民事行为，如果所附的条件是违背法律规定或者不可能发生的，应当认定该民事行为无效。

76. 附期限的民事法律行为，在所附期限到来时生效或者解除。

77. 意思表示由第三人义务转达，而第三人由于过失转达错误或者没有转达，使他人造成损失的，一般可由意思表示人负赔偿责任。但法律另有规定或者双方另有约定的除外。

78. 凡是依法或者依双方的约定必须由本人亲自实施的民事行为，本人未亲自实施的，应当认定行为无效。

79. 数个委托代理人共同行使代理权的，如果其中一人或者数人未与其他委托代理人协商，所实施的行为侵害被代理人权益的，由实施行为的委托代理人承担民事责任。

被代理人为数人时，其中一人或者数人未经其他被代理人同意而提出解除代理关系，因此造成损害的，由提出解除代理关系的被代理人承担。

80. 由于急病、通讯联络中断等特殊原因，委托代理人自己不能办理代理事项，又不能与被代理人及时取得联系，如不及时转托他人代理，会给被代理人的利益造成损失或者扩大损失的，属于民法通则第六十八条中的“紧急情况”。

81. 委托代理人转托他人代理的，比照民法通则第六十五条规定的条件办理转托手续。因委托代理人转托不明，给第三人造成损失的，第三人可以直接要求被代理人赔偿损失；被代理人承担民事责任后，可以要求委托代理人赔偿损失，转托代理人有过错的，应当负连带责任。

82. 被代理人死亡后有下列情况之一的，委托代理人实施的代理行为有效：（1）代理人不知道被代理人死亡的；（2）被代理人的继承人均予承认的；（3）被代理人与代理人约定到代理事项完成时代理权终止的；（4）在被代理人死亡前已经进行、而在被代理人死亡后为了被代理人的继承人的利益继续完成的。

83. 代理人和被代理人对已实施的民事行为负连带责任的，在民事诉讼中，可以列为共同诉讼人。

四、民事权利

（一）关于财产所有权和与财产所有权有关的财产权问题

84. 财产已经交付，但当事人约定财产所有权转移附条件的，在所附条件成就时，财产所有权方为转移。

85. 财产所有权合法转移后，一方翻悔的，不予支持。财产所有权尚未按原协议转移，一方翻悔并无正当理由，协议又能够履行的，应当继续履行；如果协议不能履行，给对方造成损失的，应当负赔偿责任。

86. 非产权人在使用他人的财产上增添附属物，财产所有人同意增添，并就财产返还时附属物如何处理有约定的，按约定办理；没有约定又协商不成，能够拆除的，可以责令拆除；不能拆除的，也可以折价归财产所有人；造成财产所有人损失的，应当负赔偿责任。

87. 有附属物的财产，附属物随财产所有权的转移而转移。但当事人另有约定又不违法的，按约定处理。

88. 对于共有财产，部分共有人主张按份共有，部分共有人主张共同共有，如果不能证明财产是按份共有的，应当认定为共同共有。

89. 共同共有人对共有财产享有共同的权利，承担共同的义务。在共同共有关系存续期间，部分共有人擅自处分共有财产的。一般认定无效。但第三人善意、有偿取得该项财产的，应当维护第三人的合法权益；对其他共有人的损失，由擅自处分共有财产的人赔偿。

90. 在共同共有关系终止时，对共有财产的分割，有协议的，按协议处理；没有协议的，应当根据等分原则处理，并且考虑共有人对共有财产的贡献大小，适当照顾共有人生产、生活的实际需要等情况。但分割夫妻共有财产，应当根据婚姻法的有关规定处理。

91. 共有财产是特定物，而且不能分割或者分割有损其价值的，可以折价处理。

92. 共同共有财产分割后，一个或者数个原共有人出卖自己分得的财产时，如果出卖的财产与其他原共有人分得的财产属于一个整体或者配套使用，其他原共有人主张优先购买权的，应当予以支持。

93. 公民、法人对于挖掘、发现的埋藏物、隐藏物，如果能够证明属其所有，而且根据现行的法律、政策又可以归其所有的，应当予以保护。

94. 拾得物灭失、毁损，拾得人没有故意的，不承担民事责任。拾得人将拾得物据为己有，拒不返还而引起诉讼的，按照侵权之诉处理。

95. 公民和集体依法对集体所有的或者国家所有由集体使用的森林、土地、山岭、草原、荒地、滩涂、水面等承包经营的权利和义务，按承包合同的规定处理。承包人未经发包人同意擅自转包或者转让的无效。

96. 因土地、山岭、森林、草原、荒地、滩涂、水面等自然资源的所有权或者使用权发生权属争议的，应当由有关行政部门处理。对行政处理不服的，当事人可以依据有关法律和行政法规的规定，向人民法院提起诉讼；因侵权纠纷起诉的，人民法院可以直接受理。

97. 相邻一方因施工临时占用他方使用的土地，占用的一方如未按照双方约定的范围、用途和期限使用的，应当责令其及时清理现场，排除妨碍，恢复原状，赔偿损失。

98. 一方擅自堵截或者独占自然流水，影响他方正常生产、生活的，他方有权请求排除妨碍；造成他方损失的，应负赔偿责任。

99. 相邻一方必须使用另一方的土地排水的，应当予以准许；但应在必要限度内使用并采取适当的保护措施排水，如仍造成损失的，由受益人合理补偿。

相邻一方可以采取其他合理的措施排水而未采取，向他方土地排水毁损或者可能毁损他方财产，他方要求致害人停止侵害、消除危险、恢复原状、赔偿损失的，应当予以支持。

100. 一方必须在相邻一方使用的土地上通行的，应当予以准许；因此造成损失的，应当给予适当补偿。

101. 对于一方所有的或者使用的建筑物范围内历史形成的必经通道，所有权人或者使用权人不得堵塞。因堵塞影响他人生产、生活，他人要求排除妨碍或者恢复原状的，应当予以支持。但有条件另开通道的，也可以另开通道。

102. 处理相邻房屋滴水纠纷时，对有过错的一方造成他方损害的，应当责令其排除妨碍、赔偿损失。

103. 相邻一方在自己使用的土地上挖水沟、水池、地窖等或者种植的竹木根枝伸延，危及另一方建筑物的安全和正常使用的，应当分别情况，责令其消除危险，恢复原状，赔偿损失。

（二）关于债权问题

104. 债权人无正当理由拒绝债务人履行义务，债务人将履行的标的物向有关部门提存的，应当认定债务已经履行。因提存所支出的费用，应当由债权人承担。提存期间，财产收益归债权人所有，风险责任由债权人承担。

105. 依据民法通则第八十八条第二款第（一）项规定，合同对产品质量要求不明确，当事人未能达成协议，又没有国家质量标准的，按部颁标准或者专业标准处理；没有部颁标准或者专业标准的，按经过批准的企业标准处理；没有经过批准的企业标准的，按标的物产地同行业其他企业经过批准的同类产品质量标准处理。

106. 保证人应当是具有代偿能力的公民、企业法人以及其他经济组织。保证人即使不具备完全代偿能力，仍应以自己的财产承担保证责任。

国家机关不能担任保证人。

107. 不具有法人资格的企业法人的分支机构，以自己的名义对外签订的保证合同，一般应当认定无效。但因此产生的财产责任，分支机构如有偿付能力的，应当自行承担；如无偿付能力的，应由企业法人承担。

108. 保证人向债权人保证债务人履行债务的，应当与债权人订立书面保证合同，确定保证人对主债务的保证范围和保证期限。虽未单独订立书面保证合同，但在主合同中写明保证人的保证范围和保证期限，并由保证人签名盖章的，视为书面保证合同成立。公民间的口头保证，有两个以上无利害关系人证明的，也视为保证合同成立，法律另有规定的除外。

保证范围不明确的，推定保证人对全部主债务承担保证责任。

109. 在保证期限内，保证人的保证范围，可因主债务的减少而减少。新增加的债务，未经保证人同意担保的，保证人不承担保证责任。

110. 保证人为 2 人以上的，相互之间负连带保证责任。但是保证人与债权人约定按份承担保证责任的除外。

111. 被担保的经济合同确认无效后，如果被保证人应当返还财产或者赔偿损失的，除有特殊约定外，保证人仍应承担连带责任。

112. 债务人或者第三人向债权人提供抵押物时，应当订立书面合同或者在原债权文书中写明。没有书面合同，但有其他证据证明抵押物或者其权利证书已交给抵押权人的，可以认定抵押关系成立。

113. 以自己不享有所有权或者经营管理权的财产作抵押物的，应当认定抵押无效。

以法律限制流通的财产作为抵押物的，在清偿债务时，应当由有关部门收购，抵押权人可以从价款中优先受偿。

114. 抵押物在抵押权人保管期间灭失、毁损的，抵押权人如有过错，应当承担民事责任。

抵押物在抵押人处灭失、毁损的，应当认定抵押关系存在，并责令抵押人以其他财产代替抵押物。

115. 抵押物如由抵押人自己占有并负责保管，在抵押期间，非经债权人同意，抵押人将同一抵押物转让他人，或者就抵押物价值已设置抵押部分再作抵押的，其行为无效。

债务人以抵押物清偿债务时，如果一项抵押物有数个抵押权人的，应当按照设定抵押权的先后顺序受偿。

116. 有要求清偿银行贷款和其他债权等数个债权人的，有抵押权的债权人应享有优先受偿的权利；法律、法规另有规定的除外。

117. 债权人因合同关系占有债务人财物的，如果债务人到期不履行义务，债权人可以将相应的财物留置。经催告，债务人在合理期限内仍不履行义务，债权人依法将留置的财物以合理的价格变卖，并以变卖财物的价款优先受偿的，应予保护。

118. 出租人出卖出租房屋，应提前3个月通知承租人。承租人在同等条件下，享有优先购买权；出租人未按此规定出卖房屋的，承租人可以请求人民法院宣告该房屋买卖无效。

119. 承租户以一人名义承租私有房屋，在租赁期内，承租人死亡，该户共同居住人要求按原租约履行的，应当准许。

私有房屋在租赁期内，因买卖、赠与或者继承发生房屋产权转移的，原租赁合同对承租人和新房主继续有效。

未定租期，房主要求收回房屋自住的，一般应当准许。承租人有条件搬迁的，应责令其搬迁；如果承租人搬迁确有困难的，可给一定期限让其找房或者腾让部分房屋。

120. 在房屋出典期间或者典期届满时，当事人之间约定延长典期或者增减典价的，应当准许。承典人要求出典人高于原典价回赎的，一般不予支持。以合法流通物作典价的，应当按照回赎时市场零售价格折算。

121. 公民之间的借贷，双方对返还期限有约定的，一般应按约定处理；没有约定的，出借人随时可以请求返还，借方应当根据出借人的请求及时返还；暂时无力返还的，可以根据实际情况责令其分期返还。

122. 公民之间的生产经营性借贷的利率，可以适当高于生活性借贷利率。如因利率发生纠纷，应本着保护合法借贷关系，考虑当地实际情况，有利于生产和稳定经济秩序的原则处理。

123. 公民之间的无息借款，有约定偿还期限而借款人不按期偿还，或者未约定偿还期限但经出借人催告后，借款人仍不偿还的，出借人要求借款人偿付逾期利息，应当予以准许。

124. 借款双方因利率发生争议，如果约定不明，又不能证明的，可以比照银行同类贷款利率计息。

125. 公民之间的借贷，出借人将利息计入本金计算复利的，不予保护；在借款时将利息扣除的，应当按实际出借款数计息。

126. 借用实物的，出借人要求归还原物或者同等数量、质量的实物，应当予以支持；如果确实无法归还实物的，可以按照或者适当高于归还时市场零售价格折价给付。

127. 借用人因管理、使用不善造成借用物毁损的，借用人应当负赔偿责任；借用物自身有缺陷的，可以减轻借用人的赔偿责任。

128. 公民之间赠与关系的成立，以赠与物的交付为准。赠与房屋，如根据书面赠与合同办理了过户手续的，应当认定赠与关系成立；未办理过户手续，但赠与人根据书面赠与合同已将产权证书交与受赠人，受赠人根据赠与合同已占有、使用该房屋的，可以认定赠与有效，但应令其补办过户手续。

129. 赠与人明确表示将赠与物赠给未成年人个人的，应当认定该赠与物为未成年人的个人财产。

130. 赠与人为了逃避应履行的法定义务，将自己的财产赠与他人，如果利害关系人主张权利的，应当认定赠与无效。

131. 返还的不当利益，应当包括原物和原物所生的孳息。利用不当得利所取得的其他利益，扣除劳务管理费用后，应当予以收缴。

132. 民法通则第九十三条规定的管理人或者服务人可以要求受益人偿付的必要费用，包括在管理或者服务活动中直接支出的费用，以及在该活动中受到的实际损失。

（三）关于知识产权、人身权问题

133. 作品不论是否发表，作者均享有著作权（版权）。

134. 2人以上按照约定共同创作作品的，不论各人的创作成果在作品中被采用多少，应当认定该项作品为共同创作。

135. 合著的作品，著作权（版权）应当认定为全体合著人共同享有；其中各组成部分可以分别独立存在的，各组成部分的著作权（版权）由各组成部分的作者分别享有。

136. 作者死亡后，著作权（版权）中由继承人继承的财产权利在法律规定的保护期限内受到侵犯，继承人依法要求保护的，人民法院应当予以支持。

137. 公民、法人通过申请专利取得的专利权，或者通过继承、受赠、受让等方式取得的专利权，应当予以保护。

转让专利权应当由国家专利局登记并公告，专利权自国家专利局公告之日起转移。

138. 法人、个体工商户、个人合伙通过申请商标注册或者受让等方式取得的商标专用权，除依法定程序撤销者外，应当予以保护。

转让商标专用权应当由国家工商行政管理局商标局核准，商标专用权自核准之日起转移。

139. 以营利为目的，未经公民同意利用其肖像做广告、商标、装饰橱窗等，应当认定为侵犯公民肖像权的行为。

140. 以书面、口头等形式宣扬他人的隐私，或者捏造事实公然丑化他人人格，以及用侮辱、诽谤等方式损害他人名誉，造成一定影响的，应当认定为侵害公民的名誉权的行为。

以书面、口头等形式诋毁、诽谤法人名誉，给法人造成损害的，应当认定为侵害法人名誉权的行为。

141. 盗用、假冒他人姓名、名称造成损害的，应当认定为侵犯姓名权、名称权的行为。

五、民事责任

142. 为维护国家、集体或者他人合法权益而使自己受到损害，在侵害人无力赔偿或者没有侵害人的情况下，如果受害人提出请求的，人民法院可以根据受益人受益的多少及其经济状况，责令受益人给予适当补偿。

143. 受害人的误工日期，应当按其实际损害程度、恢复状况并参照治疗医院出具的证明或者法医鉴定等认定。赔偿费用的标准，可以按照受害人的工资标准或者实际收入的数额计算。

受害人是承包经营户或者个体工商户的，其误工费的计算标准，可以参照受害人一定期限内的平均收入酌定。如果受害人承包经营的种植、养殖业季节性很强，不及时经营会造成更大损失的，除受害人应当采取措施防止损失扩大外，还可以裁定侵害人采取措施防止扩大损失。

144. 医药治疗费的赔偿，一般应以所在地治疗医院的诊断证明和医药费、住院费的单据为凭。应经医务部门批准而未获批准擅自另找医院治疗的费用，一般不予赔偿；擅自购买与损害无关的药品或者治疗其他疾病的，其费用则不予赔偿。

145. 经医院批准专事护理的人，其误工补助费可以按收入的实际损失计算。应得奖金一般可以计算在应赔偿的数额内。本人没有工资收入的，其补偿标准应以当地的一般临时工的工资标准为限。

146. 侵害他人身体致使其丧失全部或者部分劳动能力的，赔偿的生活补助费一般应补足到不低于当地居民基本生活费的标准。

147. 侵害他人身体致人死亡或者丧失劳动能力的，依靠受害人实际扶养而又没有其他生活来源的人要求侵害人支付必要生活费的，应当予以支持，其数额根据实际情况确定。

148. 教唆、帮助他人实施侵权行为的人，为共同侵权人，应当承担连带民事责任。

教唆、帮助无民事行为能力人实施侵权行为的人，为侵权人，应当承担民事责任。

教唆、帮助限制民事行为能力人实施侵权行为的人，为共同侵权人，应当承担主要民事责任。

149. 盗用、假冒他人名义，以函、电等方式进行欺骗或者愚弄他人，并使其财产、名誉受到损害的，侵权人应当承担民事责任。

150. 公民的姓名权、肖像权、名誉权、荣誉权和法人的名称权、名誉权、荣誉权受到侵害，公民或者法人要求赔偿损失的，人民法院可以根据侵权人的过错程度、侵权行为的具体情节、后果和影响确定其赔偿责任。

151. 侵害他人的姓名权、名称权、肖像权、名誉权、荣誉权而获利的，侵权人除依法赔偿受害人的损失外，其非法所得应当予以收缴。

152. 国家机关工作人员在执行职务中，给公民、法人的合法权益造成损害的，国家机关应当承担民事责任。

153. 消费者、用户因为使用质量不合格的产品造成本人或者第三人人身伤害、财产损失的，受害人可以向产品制造者或者销售者要求赔偿。因此提起的诉讼，由被告所在地或者侵权行为地人民法院管辖。

运输者和仓储者对产品质量负有责任，制造者或者销售者请求赔偿损失的，可以另案处理，也可以将运输者和仓储者列为第三人，一并处理。

154. 从事高度危险作业，没有按有关规定采取必要的安全防护措施，严重威胁他人人身、财产安全的，人民法院应当根据他人的要求，责令作业人消除危险。

155. 因堆放物品倒塌造成他人损害的，如果当事人均无过错，应当根据公平原则酌情处理。

156. 因紧急避险造成他人损失的，如果险情是由自然原因引起，行为人采取的措施又无不当，则行为人不承担民事责任。受害人要求补偿的，可以责令受益人适当补偿。

157. 当事人对造成损害均无过错，但一方是在为对方的利益或者共同的利益进行活动的过程中受到损害的，可以责令对方或者受益人给予一定的经济补偿。

158. 夫妻离婚后，未成年子女侵害他人权益的，同该子女共同生活的一方应当承担民事责任；如果独立承担民事责任确有困难的，可以责令未与该子女共同生活的一方共同承担民事责任。

159. 被监护人造成他人损害的，有明确的监护人时，由监护人承担民事责任；监护人不明确的，由顺序在前的有监护能力的人承担民事责任。

160. 在幼儿园、学校生活、学习的无民事行为能力人或者在精神病院治疗的精神病人，受到伤害或者给他人造成损害，单位有过错的，可以责令这些单位适当给予赔偿。

161. 侵权行为发生时行为人不满18周岁，在诉讼时已满18周岁，并有经济能力的，应当承担民事责任；行为人没有经济能力的，应当由原监护人承担民事责任。

行为人致人损害时年满18周岁的，应当由本人承担民事责任；没有经济收入的，由扶养人垫付；垫付有困难的，也可以判决或者调解延期给付。

162. 在诉讼中遇有需要停止侵害、排除妨碍、消除危险的情况时，人民法院可以根据当事人的申请或者依职权先行作出裁定。

当事人在诉讼中用赔礼道歉方式承担了民事责任的，应当在判决中叙明。

163. 在诉讼中发现与本案有关的违法行为需要给予制裁的，可适用民法通则第一百三十四条第三款规定，予以训诫、责令具结悔过、收缴进行非法活动的财物和非法所得，或者依照法律规定处以罚款、拘留。

采用收缴、罚款、拘留制裁措施，必须经院长批准，另行制作民事制裁决定书。被制裁人对决定不服的，在收到决定书的次日起 10 日内可以向上一级人民法院申请复议一次。复议期间，决定暂不执行。

164. 适用民法通则第一百三十四条第三款对公民处以罚款的数额为 500 元以下，拘留为 15 日以下。

依法对法定代表人处以拘留制裁措施，为 15 日以下。

以上两款，法律另有规定的除外。

六、诉讼时效

165. 在民法通则实施前，权利人知道或者应当知道其民事权利被侵害，民法通则实施后，向人民法院请求保护的诉讼时效期间，应当适用民法通则第一百三十五条和第一百三十六条的规定，从 1987 年 1 月 1 日起算。

166. 民法通则实施前，民事权利被侵害超过 20 年的，民法通则实施后，权利人向人民法院请求保护的诉讼时效期间，分别为民法通则第一百三十五条规定的 2 年或者第一百三十六条规定的 1 年，从 1987 年 1 月 1 日起算。

167. 民法通则实施后，属于民法通则第一百三十五条规定的 2 年诉讼时效期间，权利人自权利被侵害时起的第 18 年后至第 20 年期间才知道自己的权利被侵害的，或者属于民法通则第一百三十六条规定的 1 年诉讼时效期间，权利人自权利被侵害时起的第 19 年后至第 20 年期间才知道自己的权利被侵害的，提起诉讼请求的权利，应当在权利被侵害之日起的 20 年内行使；超过 20 年的，不予保护。

168. 人身损害赔偿的诉讼时效期间，伤害明显的，从受伤害之日起算；伤害当时未曾发现，后经检查确诊并能证明是由侵害引起的，从伤势确诊之日起算。

169. 权利人由于客观的障碍在法定诉讼时效期间不能行使请求权的，属于民法通则第一百三十七条规定的“特殊情况”。

170. 未授权给公民、法人经营、管理的国家财产受到侵害的，不受诉讼时效期间的限制。

171. 过了诉讼时效期间，义务人履行义务后，又以超过诉讼时效为由翻悔的，不予支持。

172. 在诉讼时效期间的最后6个月内，权利被侵害的无民事行为能力人、限制民事行为能力人没有法定代理人，或者法定代理人死亡、丧失代理权，或者法定代理人本人丧失行为能力的，可以认定为因其他障碍不能行使请求权，适用诉讼时效中止。

173. 诉讼时效因权利人主张权利或者义务人同意履行义务而中断后，权利人在新的诉讼时效期间内，再次主张权利或者义务人再次同意履行义务的，可以认定为诉讼时效再次中断。

权利人向债务保证人、债务人的代理人或者财产代管人主张权利的，可以认定诉讼时效中断。

174. 权利人向人民调解委员会或者有关单位提出保护民事权利的请求，从提出请求时起，诉讼时效中断。经调处达不成协议的，诉讼时效期间即重新起算；如调处达成协议，义务人未按协议所定期限履行义务的，诉讼时效期间应从期限届满时重新起算。

175. 民法通则第一百三十五条、第一百三十六条规定的诉讼时效期间，可以适用民法通则有关中止、中断和延长的规定。

民法通则第一百三十七条规定的“20年”诉讼时效期间，可以适用民法通则有关延长的规定，不适用中止、中断的规定。

176. 法律、法规对索赔时间和对产品质量等提出异议的时间有特殊规定的，按特殊规定办理。

177. 继承的诉讼时效按继承法的规定执行。但继承开始后，继承人未明确表示放弃继承的，视为接受继承，遗产未分割的，即为共同共有。诉讼时效的中止、中断、延长，均适用民法通则的有关规定。

七、涉外民事关系的法律适用

178. 凡民事关系的一方或者双方当事人是外国人、无国籍人、外国法人的；民事关系的标的物在外国领域内的；产生、变更或者消灭民事权利义务关系的法律事实发生在外国的，均为涉外民事关系。

人民法院在审理涉外民事关系的案件时，应当按照民法通则第八章的规定来确定应适用的实体法。

179. 定居国外的我国公民的民事行为能力，如其行为是在我国境内所为，适用我国法律；在定居国所为，可以适用其定居国法律。

180. 外国人在我国领域内进行民事活动，如依其本国法律为无民事行为能力，而依我国法律为有民事行为能力，应当认定为有民事行为能力。

181. 无国籍人的民事行为能力，一般适用其定居国法律；如未定居的，适用其住所地国法律。

182. 有双重或者多重国籍的外国人，以其有住所或者与其有最密切联系的国家的法律为其本国法。

183. 当事人的住所不明或者不能确定的，以其经常居住地为住所。当事人有几个住所的，以与产生纠纷的民事关系有最密切联系的住所为住所。

184. 外国法人以其注册登记地国家的法律为其本国法，法人的民事行为能力依其本国法确定。

外国法人在我国领域内进行的民事活动，必须符合我国的法律规定。

185. 当事人有二个以上营业所的，应以与产生纠纷的民事关系有最密切联系的营业所为准；当事人没有营业所的，以其住所或者经常居住地为准。

186. 土地、附着于土地的建筑物及其他定着物、建筑物的固定附属设备为不动产。不动产的所有权、买卖、租赁、抵押、使用等民事关系，均应适用不动产所在地法律。

187. 侵权行为地的法律包括侵权行为实施地法律和侵权结果发生地法律。如果两者不一致时，人民法院可以选择适用。

188. 我国法院受理的涉外离婚案件，离婚以及因离婚而引起的财产分割，适用我国法律。认定其婚姻是否有效，适用婚姻缔结地法律。

189. 父母子女相互之间的扶养、夫妻相互之间的扶养以及其他有扶养关系的人之间的扶养，应当适用与被扶养人有最密切联系国家的法律。扶养人和被扶养人的国籍、住所以及供养被扶养人的财产所在地，均可视为与被扶养人有最密切的联系。

190. 监护的设立、变更和终止，适用被监护人的本国法律。但是，被监护人在我国境内有住所的，适用我国的法律。

191. 在我国境内死亡的外国人，遗留在我国境内的财产如果无人继承又无人受遗赠的，依照我国法律处理，两国缔结或者参加的国际条约另有规定的除外。

192. 依法应当适用的外国法律，如果该外国不同地区实施不同的法律的，依据该国法律关于调整国内法律冲突的规定，确定应适用的法律。该国法律未作规定的，直接适用与该民事关系有最密切联系的地区的法律。

193. 对于应当适用的外国法律，可通过下列途径查明：（1）由当事人提供；（2）由与我国订立司法协助协定的缔约对方的中央机关提供；（3）由我国驻该国使领馆提供；（4）由该国驻我国使馆提供；（5）由中外法律专家提供。通过以上途径仍不能查明的，适用中华人民共和国法律。

194. 当事人规避我国强制性或者禁止性法律规范的行为，不发生适用外国法律的效力。

195. 涉外民事法律关系的诉讼时效，依冲突规范确定的民事法律关系的准据法确定。

八、其　他

196. 1987 年 1 月 1 日以后受理的案件，如果民事行为发生在 1987 年以前，适用民事行为发生时的法律、政策；当时的法律、政策没有具体规定的，可以比照民法通则处理。

197. 处理申诉案件和按审判监督程序再审的案件，适用原审审结时应当适用的法律或者政策。

198. 当事人约定的期间不是以月、年第 1 天起算的，1 个月为 30 日，1 年为 365 日。

期间的最后 1 天是星期日或者其他法定休假日，而星期日或者其他法定休假日有变通的，以实际休假日的次日为期间的最后 1 天。

199. 按照日、月、年计算期间，当事人对起算时间有约定的，按约定办。

200. 最高人民法院以前的有关规定，与民法通则和本意见抵触的，各级人民法院今后在审理一、二审民事案件和经济纠纷案件中不再适用。

（二）诉讼时效

导读：诉讼时效制度是民商法中的一项基本制度，具有较强的实践性，在司法实务中适用广泛。各国多在民法典中对其进行规定，有的国家甚至起草单独的诉讼时效法对其进行规定。我国《民法通则》对诉讼时效制度进行了规定，但根据当时的情况仅规定了七条内容。之后颁布的相关司法解释虽进行了补充规定，但仍然不够系统、完善。

近年来，由于社会生活的纷繁复杂，在司法实务中出现的诉讼时效问题呈现多样化、疑难化趋势。为此，最高人民法院加强了对司法实务中出现的诉讼时效问题的研究，及时出台了本解释。

本解释共24条，主要规定了诉讼时效制度适用的权利范围，当事人一方未提出诉讼时效抗辩，法院应否主动适用诉讼时效的规定进行裁判、应否对诉讼时效问题进行释明，诉讼时效抗辩权的行使阶段，当事人约定对同一债务分期履行的，给付每一期债务请求权的诉讼时效期间如何起算，权利人"提起诉讼"的情形下，诉讼时效期间应从何时中断等重要问题。

本解释对于统一司法尺度，公正高效审理案件，保护当事人的合法权益，维护社会交易秩序，保护社会公共利益具有重要意义。

最高人民法院

关于审理民事案件适用诉讼时效制度若干问题的规定

法释〔2008〕11号

（2008年8月11日最高人民法院审判委员会第1450次会议通过
2008年8月21日最高人民法院公告公布
自2008年9月1日起施行）

为正确适用法律关于诉讼时效制度的规定，保护当事人的合法权益，依照《中华人民共和国民法通则》《中华人民共和国物权法》《中华人民共和国合同法》《中华人民共和国民事诉讼法》等法律的规定，结合审判实践，制定本规定。

第一条　（诉讼时效适用的权利范围）当事人可以对债权请求权提出诉讼时效抗辩，但对下列债权请求权提出诉讼时效抗辩的，人民法院不予支持：

（一）支付存款本金及利息请求权；

（二）兑付国债、金融债券以及向不特定对象发行的企业债券本息请求权；

（三）基于投资关系产生的缴付出资请求权；

（四）其他依法不适用诉讼时效规定的债权请求权。

第二条　（诉讼时效的法定性）当事人违反法律规定，约定延长或者缩短诉讼时效期间、预先放弃诉讼时效利益的，人民法院不予认可。

第三条　（法院应否对诉讼问题进行释明及主动援引诉讼时效的规定进行裁判）当事人未提出诉讼时效抗辩，人民法院不应对诉讼时效问题进行释明及主动适用诉讼时效的规定进行裁判。

第四条　（诉讼时效抗辩权的行使阶段）当事人在一审期间未提出诉讼时效抗辩，在二审期间提出的，人民法院不予支持，但其基于新的证据能够证明对方当事人的请求权已过诉讼时效期间的情形除外。

当事人未按照前款规定提出诉讼时效抗辩，以诉讼时效期间届满为由申请再审或者提出再审抗辩的，人民法院不予支持。

第五条　（同一债务分期履行所涉请求权诉讼时效期间的起算）当事人约定同一债务分期履行的，诉讼时效期间从最后一期履行期限届满之日起计算。

第六条　（未定履行期限合同所涉请求权诉讼时效期间的起算）未约定履行期限的合同，依照合同法第六十一条、第六十二条的规定，可以确定履行期限的，诉讼时效期间从履行期限届满之日起计算；不能确定履行期限的，诉讼时效期间从债权人要求债务人履行义务的宽限期届满之日起计算，但债务人在债权人第一次向其主张权利之时明确表示不履行义务的，诉讼时效期间从债务人明确表示不履行义务之日起计算。

第七条　（可撤销合同所涉请求权诉讼时效期间的起算）享有撤销权的当事人一方请求撤销合同的，应适用合同法第五十五条关于一年除斥期间的规定。对方当事人对撤销合同请求权提出诉讼时效抗辩的，人民法院不予支持。

合同被撤销，返还财产、赔偿损失请求权的诉讼时效期间从合同被撤销之日起计算。

第八条　（返还不当得利请求权诉讼时效期间的起算）返还不当得利请求权的诉讼时效期间，从当事人一方知道或者应当知道不当得利事实及对方当事人之日起计算。

第九条　（无因管理行为产生的请求权诉讼时效期间的起算）管理人因无因管理行为产生的给付必要管理费用、赔偿损失请求权的诉讼时效期间，从无因管理行为结束并且管理人知道或者应当知道本人之日起计算。

本人因不当无因管理行为产生的赔偿损失请求权的诉讼时效期间，从其知道或者应当知道管理人及损害事实之日起计算。

第十条　（“当事人一方提出要求”的认定）具有下列情形之一的，应当认定为民法通则第一百四十条规定的“当事人一方提出要求”，产生诉讼时效中断的效力：

（一）当事人一方直接向对方当事人送交主张权利文书，对方当事人在文书上签字、盖章或者虽未签字、盖章但能够以其他方式证明该文书到达对方当事人的；

（二）当事人一方以发送信件或者数据电文方式主张权利，信件或者数据电文到达或者应当到达对方当事人的；

（三）当事人一方为金融机构，依照法律规定或者当事人约定从对方当事人账户中扣收欠款本息的；

（四）当事人一方下落不明，对方当事人在国家级或者下落不明的当事人一方住所地的省级有影响的媒体上刊登具有主张权利内容的公告的，但法律和司法解释另有特别规定的，适用其规定。

前款第（一）项情形中，对方当事人为法人或者其他组织的，签收人可以是其法定代表人、主要负责人、负责收发信件的部门或者被授权主体；对方当事人为自然人的，签收人可以是自然人本人、同住的具有完全行为能力的亲属或者被授权主体。

第十一条　（主张部分债权具有的诉讼时效中断的效力是否及于剩余债权）权利人对同一债权中的部分债权主张权利，诉讼时效中断的效力及于剩余债权，但权利人明确表示放弃剩余债权的情形除外。

第十二条　（提起诉讼的认定）当事人一方向人民法院提交起诉状或者口头起诉的，诉讼时效从提交起诉状或者口头起诉之日起中断。

第十三条　（与提起诉讼具有同等诉讼时效中断效力的事项）下列事项之一，人民法院应当认定与提起诉讼具有同等诉讼时效中断的效力：

（一）申请仲裁；

（二）申请支付令；

（三）申请破产、申报破产债权；

（四）为主张权利而申请宣告义务人失踪或死亡；

（五）申请诉前财产保全、诉前临时禁令等诉前措施；

（六）申请强制执行；

（七）申请追加当事人或者被通知参加诉讼；

（八）在诉讼中主张抵销；

（九）其他与提起诉讼具有同等诉讼时效中断效力的事项。

第十四条　（向有关单位请求保护民事权利的诉讼时效中断）权利人向人民调解委员会以及其他依法有权解决相关民事纠纷的国家机关、事业单位、社会团体等社会组织提出保护相应民事权利的请求，诉讼时效从提出请求之日起中断。

第十五条　（民刑交叉案件中的诉讼时效中断）权利人向公安机关、人民检察院、人民法院报案或者控告，请求保护其民事权利的，诉讼时效从其报案或者控告之日起中断。

上述机关决定不立案、撤销案件、不起诉的，诉讼时效期间从权利人知道或者应当知道不立案、撤销案件或者不起诉之日起重新计算；刑事案件进入审理阶段，诉讼时效期间从刑事裁判文书生效之日起重新计算。

第十六条　（“同意履行义务”的认定）义务人作出分期履行、部分履行、提供担保、请求延期履行、制定清偿债务计划等承诺或者行为的，应当认定为民法通则第一百四十条规定的当事人一方“同意履行义务”。

第十七条　（连带之债诉讼时效中断的涉他性）对于连带债权人中的一人发生诉讼时效中断效力的事由，应当认定对其他连带债权人也发生诉讼时效中断的效力。

对于连带债务人中的一人发生诉讼时效中断效力的事由，应当认定对其他连带债务人也发生诉讼时效中断的效力。

第十八条　（代位权诉讼中的诉讼时效中断）债权人提起代位权诉讼的，应当认定对债权人的债权和债务人的债权均发生诉讼时效中断的效力。

第十九条　（债的转让情形下的诉讼时效中断）债权转让的，应当认定诉讼时效从债权转让通知到达债务人之日起中断。

债务承担情形下，构成原债务人对债务承认的，应当认定诉讼时效从债务承担意思表示到达债权人之日起中断。

第二十条　（"其他障碍"的认定）有下列情形之一的，应当认定为民法通则第一百三十九条规定的"其他障碍"，诉讼时效中止：

（一）权利被侵害的无民事行为能力人、限制民事行为能力人没有法定代理人，或者法定代理人死亡、丧失代理权、丧失行为能力；

（二）继承开始后未确定继承人或者遗产管理人；

（三）权利人被义务人或者其他人控制无法主张权利；

（四）其他导致权利人不能主张权利的客观情形。

第二十一条　（保证人享有主债务人的诉讼时效抗辩权）主债务诉讼时效期间届满，保证人享有主债务人的诉讼时效抗辩权。

保证人未主张前述诉讼时效抗辩权，承担保证责任后向主债务人行使追偿权的，人民法院不予支持，但主债务人同意给付的情形除外。

第二十二条　（当事人自愿履行与诉讼时效抗辩权的放弃）诉讼时效期间届满，当事人一方向对方当事人作出同意履行义务的意思表示或者自愿履行义务后，又以诉讼时效期间届满为由进行抗辩的，人民法院不予支持。

第二十三条　（溯及力）本规定施行后，案件尚在一审或者二审阶段的，适用本规定；本规定施行前已经终审的案件，人民法院进行再审时，不适用本规定。

第二十四条　（本规定的效力）本规定施行前本院作出的有关司法解释与本规定相抵触的，以本规定为准。

【链　接】

最高人民法院民事审判第二庭负责人就《关于审理民事案件适用诉讼时效制度若干问题的规定》答记者问

问：《关于审理民事案件适用诉讼时效制度若干问题的规定》的起草背景是什么？

答：诉讼时效制度是民商法中的一项基本制度，具有较强的实践性，在司法实务中适用广泛。各国多在民法典中对其进行规定，有的国家甚至起草单独的诉讼时效法对其进行规定。我国《民法通则》对诉讼时效制度进行了规定，但根据当时的情况仅规定了七条内容。之后颁布的相关司法解释虽进行了补充规定，但仍然不够系统、完善。

近年来，由于社会生活的纷繁复杂，在司法实务中出现的诉讼时效问题呈现多样化、疑难化趋势，因此，加强对司法实务中出现的诉讼时效问题的研究，及时出台司法解释，对于统一司法尺度，公正高效审理案件，保护当事人的合法权益，维护社会交易秩序，保护社会公共利益具有重要意义。最高人民法院下发的《关于贯彻落实第七次全国民事审判工作会议精神任务分解方案》，明确规定从2007年2月份起开始起草诉讼时效司法解释。依据该规定，2007年2月，最高人民法院正式启动诉讼时效司法解释起草工作。此后，我们分别举办了法院系统、金融系统、学术界专家论证会，先后征求了全国人大法工委、国务院法制办以及最高人民法院各相关部门的意见，并在吸收相关意见的基础上进行了制度设计。

问：司法解释制定遵循了哪些工作思路？

答：由于成文法具有的相对原则性和滞后性等特点，不能完全解决审判实务中遇到的所有具体问题，故需要司法解释予以弥补。司法解释应当根据法律和有关立法精神，结合审判工作实际需要制定。本司法解释在制定过程中遵循了以下工作思路：

1. 明确诉讼时效制度的立法目的，确定制定诉讼时效司法解释的基本原则。诉讼时效制度虽具有督促权利人行使权利的立法目的，但其实质并非否定权利的合法存在和行使，而是禁止权利的滥用，以维护社会交易秩序的稳定，进而保护社会公共利益。维护社会交易秩序，保护社会公共利益是诉讼时效制度的根本立法目的，世界两大法系的诉讼时效立法均体现了这一点。基于这一根本立法目的，诉讼时效制度对权利人的权利进行了限制，这是权利人为保护社会公共利益作出的牺牲和让渡。但应注意的是，通过对权利人的权利进行限制的方式对社会公共利益进行保护应有合理的边界，该边界就是应在保护社会公共利益的基础上进行利益衡量，不能滥用诉讼制度，使诉讼时效制度成为义务人逃避债务的工具，随意否定权利本身，违反依法依约履行义务的诚实信用原则。因此，在权利人积极主张权利或者因客观障碍无法主张权利的情形下，法律规定了诉讼时效中断、中止等诉讼时效障碍制度以合法阻却诉讼期间的继续计算。在司法解释的起草过程中，我们注重坚持在保护社会公共利益的基础上基于公平原则进行利益衡量，为避免不当扩大适用诉讼时效制度，损害权利人的合法权利，司法解释对诉讼时效的适用范围进行了限缩解释，对诉讼时效抗辩权的行使阶段进行了限定、对诉讼时效障碍事由的认定进行了合法的扩张解释。由于诉讼时效中断、中止制度的立法目的在于保护权利人权利，因此，在适用上述制度时，如果存在既可以作出有利于权利人的理解也可以作出有利于义务人的理解的情形，那么，在不违背基本法理的基础上，应作出有利于权利人的理解。

2. 充分调研、广泛征求司法实务界意见，使司法解释具有针对性和可操作性。最高人民法院制定的司法解释是对法院审判工作中如何适用法律所进行的解释，因此，对于司法实务中出现的问题进行广泛、深入地调研是科学制定司法解释的基础。在本司法解释制定过程中，我们向十几个高级法院下发了关于征集诉讼时效法律问题的通知，司法解释小组先后赴地方法院实地调研。通过对征集问题的归纳、总结，确定了本司法解释的框架体系和主要内容。对于与审判实务密切相关的诉讼时效适用范围，当事人未提出诉讼时效抗辩，法院应否主动援引诉讼时效的规定进行裁判，应否对诉讼时效问题进行释明以及诉讼时效抗辩权的行使阶段等问题进行了规定。

3. 全面梳理现有司法解释的规定，进行科学的修正、整合和完善。针对《民法通则》关于诉讼时效制度的规定，最高人民法院先后颁布了最高人民法院《关于贯彻执行〈中华人民共和国民法通则〉若干问题的意见（试行）》、法复〔1994〕3号最高人民法院《关于债务人在约定的期限届满后未履行债务而出具没有还款日期的欠款条诉讼时效期间应从何时开始计算问题的批复》、法复〔1997〕4号最高人民法院《关于超过诉讼时效期间当事人达成的还款协议是否应当受法律保护问题的批复》、法释〔1999〕7号最高人民法院《关于超过诉讼时效期间借款人在催款通知单上签字或者盖章的法律效力问题的批复》等司法解释，对司法实务中涉及的诉讼时效起算点、中断、中止、效力等问题进行了规定。该司法解释在对上述司法解释的规定进行梳理的基础上，进行了科学的修正、整合和完善。该司法解释共二十四条，分别从诉讼时效总则、起算、中断、中止、效力、附则等方面进行了较为系统、全面的规定。

问：司法解释对诉讼时效制度适用的权利范围进行了规定，请谈谈该规定的意义以及具体内容。

答：诉讼时效制度适用的权利范围，涉及哪些权利因诉讼时效期间届满、义务人提出诉讼时效抗辩而不会得到法院保护的重大问题，对权利人的权利保护意义重大。该问题既是司法实务亟须规定的问题，又是争论较大的问题。经过深入研究和反复论证，我们在对该问题进行规定时，采纳了理论界通行观点，认为债权请求权以财产利益为内容，不具支配性。若权利人长期怠于行使权利，会使法律关系处于不确定状态，不利于维护社会交易秩序稳定，故债权请求权适用诉讼时效的规定。但对于支付存款本息请求权、兑付国债、金融债券和向不特定对象发行的企业债券本息请求权以及基于投资关系产生的缴付出资请求权作了除外规定。这是因为前两种请求权的实现关系到社会公共利益的保护，如果适用诉讼时效的规定，则将使民众的切身利益受到损害。缴付出资请求权不适用诉讼时效的规定；否则，有违公司资本充足原则，且不利于对其他足额出资的股东及公司债权人的保护。

此外，在司法实务中还存在物权请求权等请求权是否适用诉讼时效的问题，由于理论界和司法实务界对该问题争论较大，故司法解释未予规定。

问：在诉讼中，当事人一方未提出诉讼时效抗辩，法院应否主动适用诉讼时效的规定进行裁判、应否对诉讼时效问题进行释明？

答：该问题是司法实务中适用诉讼时效制度应首先明确的问题。在我国司法实务界曾存在着法官主动援用诉讼时效的规定进行裁判的情况。我们认为，诉讼时效抗辩权本质上是义务人的一项民事权利，义务人是否行使，司法不应过多干预，这是民法意思自治原则的根本要求。当事人一方根据实体法上的诉讼时效抗辩权在诉讼中提起的诉讼时效抗辩是实体权利的抗辩，是需由当事人主张的抗辩，当事人是否主张，属于其自由处分的范畴，司法也不应过多干涉，这是民事诉讼处分原则的应有之意。因此，遵循上述意思自治原则和处分原则，在义务人不提出诉讼时效抗辩的情形下，人民法院不应主动援引诉讼时效的规定进行裁判，该规定也与法院居中裁判的地位相适应。

在司法实务中，关于当事人一方未提出诉讼时效抗辩，人民法院应否对诉讼时效问题进行释明存在争议。经过深入论证，我们认为，诉讼时效抗辩权是颠覆性权利，义务人在法院释明后主张诉讼时效抗辩权的，将会使裁判结果较之其不主张诉讼时效抗辩权的情形发生根本性变化，即将导致法院对权利人的权利不予保护。而即使义务人不行使诉讼时效抗辩权，在权利人有充分证据证明其享有权利的情形下，义务人依法依约履行合同义务是诚实信用原则的根本要求，并不会给义务人造成不公平的后果，反而有利于鼓励义务人的诚实履约行为，有利于我国社会诚信体系的建立。还应指出的是，在义务人无主张诉讼时效抗辩权的意思表示的情形下，如果人民法院主动对诉讼时效问题进行释明，则无异于提醒和帮助义务人逃债，有违诚实信用的基本原则，也有违法院居中裁判的中立地位。因此，该司法解释规定，当事人一方未提出诉讼时效抗辩，人民法院不应对诉讼时效问题进行释明。

问：司法解释对诉讼时效抗辩权的行使阶段进行了规定，这对解决司法实务问题具有重大意义。请问制定时是如何考虑的？适用该规定时应注意哪些问题？

答：诉讼程序机制的建构实质蕴涵着通过构筑正当程序以保证私权争议获得公正裁判的诉讼理念。如果任由义务人在任何审理阶段均可行使诉讼时效抗辩权，则将出现法院无法在一审审理阶段固定诉争焦点，无法有效发挥一审事实审的功能，使审级制度的功能性设计流于形式，产生损害司法程序的安定性、司法裁决的权威性、社会秩序的稳定性等问题。因此，司法解释结合我国《民事诉讼法》的相关规定对诉讼时效抗辩权的行使阶段进行了限制，原则上，义务人关于诉讼时效的抗辩应当在一审中提出，如在二审提出，不予支持。

另外，根据我国现行《民事诉讼法》第一百五十一条关于“第二审人民法院应当对上诉请求的有关事实和适用的法律进行审查”的规定，我国民事诉讼采用二审续审制，即第二审承接第一审继续进行审理。二审既是法律审，又是事实审，在二审期间，当事人可以提出新的证据，进一步陈述案件的事实，法院可以对一审未尽事实和适用法律问题进行审理。续审制更多地体现了对实体公正功能的追求，也有助于实现诉讼效率。因此，司法解释规定了除外情形，即义务人在二审期间有新的证据能够证明对方当事人的请求权已过诉讼时效期间的，人民法院应予支持。

在司法实务中，还存在义务人未按照前款规定提出诉讼时效抗辩，以诉讼时效期间届满为由申请再审或者提出再审抗辩的，人民法院应否支持的问题。我们认为，如前所述，司法解释对诉讼时效抗辩权的行使期间进行了限制性规定。终审判决作出后，当事人之间的权利义务关系已经确定，尤其是在生效判决已被部分或全部执行完毕的情形下，社会交易秩序已经因生效判决的作出趋于确定。如果仍然对义务人基于诉讼时效抗辩权申请再审予以支持，则不利于维护司法程序的安定，也有违诉讼时效制度维护社会秩序稳定的立法目的。因此，法院不应任由义务人突破审级限制，不应对当事人基于诉讼时效抗辩权提出的再审申请予以支持；同时，当事人基于其他再审事由获得支持进入再审后，在再审审理过程中提出诉讼时效抗辩的，人民法院也不应予以支持。

需要注意的是，在司法实务中，当事人二审基于新的证据证明的事实提出诉讼时效抗辩的，人民法院不应仅以一审法院对诉讼时效事实未予查明而将案件发回重审。尽管一审法院对诉讼时效事实未予查证，但这是因为义务人未提出诉讼时效抗辩，且属于一审法院准确适用人民法院不应主动援用诉讼时效的规定进行裁判的正确做法。根据我国《民事诉讼法》第一百五十一条、第一百五十三条关于二审法院审理范围和二审裁判方式的规定，对于原判决认定事实错误，或者原判决认定事实不清，证据不足的，第二审法院可以查清事实后改判。对于诉讼时效事实，当事人举出新证据的，由二审法院在查清事实的基础上改判，符合我国《民事诉讼法》的上述规定，也可节约诉讼成本、避免诉累，是可行做法。当然，如果还有其他未予查清的事实或者认识错误的事实，则二审法院应综合整个案情决定是否应将案件发回重审。根据《最高人民法院关于民事经济审判方式改革问题的若干规定》第三十八条关于"第二审人民法院根据当事人提出的新证据对案件改判或者发回重审的，应当在判决书或者裁定书中写明对新证据的确认，不应当认为是第一审裁判错误"的规定，二审法院依据二审新的证据对案件进行改判的，不应认定为第一审裁判错误。

还应注意的是，权利人因义务人二审提出诉讼时效抗辩而增加的相关费用，属于因义务人不当诉讼行为导致的不利益，故根据公平原则，应由义务人承担。这也符合《最高人民法院关于民事诉讼证据的若干规定》第四十六条规定的精神。

问：我们注意到，司法解释规定，当事人约定同一债务分期履行的，诉讼时效期间从最后一期履行期限届满之日起算，请问该规定的起草依据以及理解与适用中应注意的问题。

答：《民法通则》第一百三十七条只对诉讼时效期间起算点作了原则性的规定，而未对当事人约定对同一债务分期履行的，给付每一期债务请求权的诉讼时效期间如何起算问题作出明确规定。理论界和司法实务界对该问题的争议主要有三种观点，即从每一笔债务履行期限届满之日起算，从最后一笔债务履行期限届满之日起算，区分给付请求权是否具有独立性而分别从每一笔债务履行期限届满之日起算或者从最后一笔债务履行期限届满之日起算。

近年来，随着认识的深入，理论界和司法实务界逐渐对该问题达成共识，即“当事人约定对同一笔债务分期履行的，给付某一笔债务请求权的诉讼时效期间应从最后一期履行期限起算”。司法解释采纳了该观点，主要是基于以下几点考虑：

第一，符合同一债务的特征。当事人约定同一笔债务分期履行的，其订立合同的目的是对同一笔债务约定分期履行，该债务为一个单一的整体，具有整体性和唯一性。因此，尽管因为对整体债务分别约定了分期履行的期限和数额，使每一期债务具有一定的独立性，但该独立性不足以否定整体性，整体性和唯一性是该债务的根本特征。给付每一期债务请求权的诉讼时效期间从最后一期履行期限届满之日起算是同一笔债务具有唯一性和整体性的根本要求。

第二，符合诉讼时效制度的立法目的。权利人没有在每一期履行期限届满后即主张权利，并非其怠于行使权利，而系其基于对同一债务具有整体性以及不同期债务具有关联性的合理信赖。其通常把每一次的履行行为看作是一个完整的合同关系的一部分，往往认为其可以从最后一期履行期限届满之日再主张权利。而且，当事人之间签订分期给付债务合同的目的在于全面履行合同约定的义务，因此，尽量维持双方的债权债务关系和信任关系是解决履行障碍的基本态度。为促进双方的友好合作关系，权利人也不愿或者不想在部分债权受到侵害后就立刻主张权利。因此，规定从最后一期履行期限届满之日起算诉讼时效期间，可以保护权利人的合理信赖利益，也不违背诉讼时效制度的立法目的。

第三，有利于减少诉累、实现诉讼效率。规定诉讼时效期间从最后一期履行期限届满之日起算，可以避免当事人为主张权利而激化矛盾，避免频繁起诉，有利于节约司法资源，减少诉累，实现诉讼效率。

在对本条进行理解时应注意两点：第一，本条是对给付分期履行债务中的某一笔债务请求权的诉讼时效期间起算点的规定，而非对给付全部债务请求权的诉讼时效期间起算点的规定，后者当然应从最后一期履行期限届满之日起算诉讼时效期间；第二，本条适用的情形是对同一笔债务约定分期履行。

问：“提起诉讼”是《民法通则》第一百四十条规定的诉讼时效中断事由。在权利人“提起诉讼”的情形下，诉讼时效期间应从何时中断？

答：诉讼时效中断制度属诉讼时效障碍制度，其法理基础是：由于出现权利人积极主张的事实，使诉讼时效期间继续计算的事实基础丧失，故诉讼时效期间应中断计算，待中断事由完成后再重新起算，以合法阻却诉讼时效的完成，保护权利人权利。权利人主张权利的方式有多种，其中“提起诉讼”是权利人请求法院这一公权力机关运用公权力对其权利进行保护的公力救济方式。在采取“提起诉讼”这一公力救济方式主张权利时，权利人主张权利的意思表示明确，因此，诉讼时效应中断，正因为此，各国立法均将“提起诉讼”作为诉讼时效中断的法定事由。

关于在“提起诉讼”的情形下，诉讼时效期间应从何时中断，存在争议，分别有从当事人向法院提起诉讼之日、人民法院受理之日和起诉状副本送达义务人之日中断三种观点。我们认为，权利人以“提起诉讼”的方式主张权利的，由于其请求保护权利的对象为法院，故只要其向法院提交起诉材料或者口头起诉，就应认定其向法院提出了权利主张，诉讼时效中断，而无需等待法院受理。因此，根据我国《民事诉讼法》第一百零九条关于“起诉应当向人民法院递交起诉状，并按照被告人数提出副本。书写起诉状确有困难的，可以口头起诉，由人民法院记入笔录，并告知对方当事人”的规定，司法解释规定，当事人一方向人民法院提交起诉状或者口头起诉的，诉讼时效期间从提交起诉状或者口头起诉之日起中断。规定诉讼时效“从提交起诉状或者口头起诉之日起中断”而非“法院依法受理之日中断”，更符合诉讼时效中断制度的立法目的，也有利于保护权利人的权利。应予注意的是，“提起诉讼”具有诉讼时效中断效力，其前提条件是当事人向法院提起的诉讼足以认定权利人向义务人主张了争议的权利。

问：无效合同所涉请求权的诉讼时效问题一直是理论界和实务界争论较大的问题。我们注意到，在本次起草过程中对该问题进行了研究，但在发布稿中没有规定该内容，请问是怎么考虑的？

答：无效合同所涉请求权的诉讼时效问题的确是司法实务中急需规定的问题，但由于在讨论过程中，关于诉讼时效起算点的问题争议颇大，未形成倾向性意见，故最高人民法院审判委员会决定对该问题暂不予以规定，待进一步研究。

在无效合同法律关系中，主要有确认合同无效请求权、返还财产请求权、赔偿损失请求权三种请求权。在司法实务中，主要涉及两类诉讼时效问题：第一，上述请求权是否适用诉讼时效规定。确认合同无效请求权虽明为请求权，但实质为实体法上的形成权，因此，通说认为，其不适用诉讼时效的规定，而应适用除斥期间的规定。但由于合同无效制度涉及国家利益和社会公共利益的保护问题，故我国《合同法》并未对确认合同无效请求权的除斥期间进行规定。返还财产请求权为不当得利请求权的，应适用诉讼时效的规定。赔偿损失请求权是因缔约过失责任而产生的债权请求权，故也应适用诉讼时效的规定。第二，适用诉讼时效规定的请求权，诉讼时效期间应从何时起算。该问题是目前理论界和司法实务界争论最大的问题，主要有三种争议观点：第一种观点认为，应从合同被确认无效之日起算。理由是：合同无效只能由法院或者仲裁机构确认，只有在判决或裁决确认合同无效之时才产生返还财产及赔偿损失请求权，权利人才知道或者应当知道其权利受到侵害，诉讼时效期间才起算。至于因合同无效而导致的权利人的不利益，可通过实体法的规定依公平原则进行解决，不应以诉讼时效起算点的提前起算来解决。第二种观点认为，应从履行期限届满之日开始起算。理由是：当事人基于合同有效而签订和履行合同，其对权利实现的合理预期为合同履行期限届满之日，故在合同履行期限届满后，当事人知道或者应当知道其权利受到侵害，而无论合同事后是否被确认无效。而且，合同无效产生的损失，多因合同当事人不履行合同义务产生，而非因合同被确认无效产生。第三种观点认为，上述两种观点均存在不足，前者会产生权利睡眠问题，后者则会带来无效合同按有效对待的无奈，应综合前两种规定作折中规定，即合同被确认无效，返还财产、赔偿损失请求权的诉讼时效期间从合同被确认无效之日起计算。但合同履行期限届满、当事人没有履行或者没有完全履行合同的，当事人以合同无效为由请求返还财产、赔偿损失的，诉讼时效期间从履行期限届满之日起计算。

（三）婚姻、家庭与继承

导读：第九届全国人民代表大会常务委员会于 2001 年 4 月通过了关于修改《中华人民共和国婚姻法》（以下简称《婚姻法》）的决定。为更好地理解、贯彻和执行修改后的《婚姻法》，指导各级人民法院正确审理婚姻家庭纠纷案件，最高人民法院在《婚姻法》公布实施后不久就着手制定适用《婚姻法》的司法解释。考虑到《婚姻法》规定的新制度及新内容很多，原有的司法解释需要清理、重新研究，如要制定全面、系统的司法解释，需调查研究《婚姻法》实施后出现的新情况、新问题，也需要总结《婚姻法》实施后的审判经验，短期内难以出台。而实践中许多问题又亟须解决。故拟对《婚姻法》分批作出司法解释。

本解释共 34 条，主要是对适用《婚姻法》中的一些程序性和亟须解决的问题进行规定，主要包括以下几方面的内容：有配偶者与他人同居如何理解和适用；家庭暴力的含义及与虐待的关系；补办结婚登记的效力及认定问题；《婚姻法》新增加的无效婚姻和可撤销婚姻的请求权主体及有关具体操作问题；探望权行使的主体范围、探望权的中止行使、恢复行使等问题；对《婚姻法》规定夫妻双方对夫妻共同财产有平等处理权的理解；《婚姻法》第四十二条规定离婚后一方生活困难，另一方可以从其住房等个人财产中予以帮助，对于“生活困难”的解释及以住房进行帮助的具体形式问题；对《婚姻法》第四十六条的理解与适用问题等。

本解释为保护公民婚姻家庭领域内的合法权益提供了更为具体和完善的法律武器，尤其是有利于对社会弱势群体和婚姻关系中无过错方的保护。同时，本解释对于《婚姻法》条文中可能引起不同认识之处，都有比较详细的规定，具有较强的可操作性，使法官能够准确及时地对案件事实进行认定和对适用法律作出判断，可以提高办案效率，实现公正与效率的统一。

最高人民法院

关于适用《中华人民共和国婚姻法》若干问题的解释（一）

法释〔2001〕30号

（2001年12月24日最高人民法院审判委员会第1202次会议通过
2001年12月25日最高人民法院公告公布
自2001年12月27日起施行）

为了正确审理婚姻家庭纠纷案件，根据《中华人民共和国婚姻法》（以下简称婚姻法）、《中华人民共和国民事诉讼法》等法律的规定，对人民法院适用婚姻法的有关问题作出如下解释：

第一条　（“家庭暴力”的界定）婚姻法第三条、第三十二条、第四十三条、第四十五条、第四十六条所称的“家庭暴力”，是指行为人以殴打、捆绑、残害、强行限制人身自由或者其他手段，给其家庭成员的身体、精神等方面造成一定伤害后果的行为。持续性、经常性的家庭暴力，构成虐待。

第二条　（“有配偶者与他人同居”的认定）婚姻法第三条、第三十二条、第四十六条规定的“有配偶者与他人同居”的情形，是指有配偶者与婚外异性，不以夫妻名义，持续、稳定地共同居住。

第三条　（当事人仅以《婚姻法》第四条为依据提起诉讼的处理）当事人仅以婚姻法第四条为依据提起诉讼的，人民法院不予受理；已经受理的，裁定驳回起诉。

第四条　（补办结婚登记的婚姻效力）男女双方根据婚姻法第八条规定补办结婚登记的，婚姻关系的效力从双方均符合婚姻法所规定的结婚的实质要件时起算。

第五条　（对同居关系的处理）未按婚姻法第八条规定办理结婚登记而以夫妻名义共同生活的男女，起诉到人民法院要求离婚的，应当区别对待：

（一）1994年2月1日民政部《婚姻登记管理条例》公布实施以前，男女双方已经符合结婚实质要件的，按事实婚姻处理。

（二）1994年2月1日民政部《婚姻登记管理条例》公布实施以后，男女双方符合结婚实质要件的，人民法院应当告知其在案件受理前补办结婚登记；未补办结婚登记的，按解除同居关系处理。

第六条 （同居一方死亡的关系处理）未按婚姻法第八条规定办理结婚登记而以夫妻名义共同生活的男女，一方死亡，另一方以配偶身份主张享有继承权的，按照本解释第五条的原则处理。

第七条 （有权申请婚姻宣告无效的主体）有权依据婚姻法第十条规定向人民法院就已办理结婚登记的婚姻申请宣告婚姻无效的主体，包括婚姻当事人及利害关系人。利害关系人包括：

（一）以重婚为由申请宣告婚姻无效的，为当事人的近亲属及基层组织。

（二）以未到法定婚龄为由申请宣告婚姻无效的，为未达法定婚龄者的近亲属。

（三）以有禁止结婚的亲属关系为由申请宣告婚姻无效的，为当事人的近亲属。

（四）以婚前患有医学上认为不应当结婚的疾病，婚后尚未治愈为由申请宣告婚姻无效的，为与患病者共同生活的近亲属。

第八条 （当事人申请宣告婚姻无效时法定无效婚姻情形已消失的处理）当事人依据婚姻法第十条规定向人民法院申请宣告婚姻无效的，申请时，法定的无效婚姻情形已经消失的，人民法院不予支持。

第九条 （审理无效婚姻案件适用程序）人民法院审理宣告婚姻无效案件，对婚姻效力的审理不适用调解，应当依法作出判决；有关婚姻效力的判决一经作出，即发生法律效力。

涉及财产分割和子女抚养的，可以调解。调解达成协议的，另行制作调解书。对财产分割和子女抚养问题的判决不服的，当事人可以上诉。

第十条 （“胁迫”的解释及有权请求撤销婚姻的主体）婚姻法第十一条所称的“胁迫”，是指行为人以给另一方当事人或者其近亲属的生命、身体健康、名誉、财产等方面造成损害为要挟，迫使另一方当事人违背真实意愿结婚的情况。

因受胁迫而请求撤销婚姻的，只能是受胁迫一方的婚姻关系当事人本人。

第十一条 （审理请求撤销婚姻案件应适用的程序）人民法院审理婚姻当事人因受胁迫而请求撤销婚姻的案件，应当适用简易程序或者普通程序。

第十二条 （《婚姻法》第十一条规定的“一年”期限的性质）婚姻法第十一条规定的“一年”，不适用诉讼时效中止、中断或者延长的规定。

第十三条 （自始无效的理解）婚姻法第十二条所规定的自始无效，是指无效或者可撤销婚姻在依法被宣告无效或被撤销时，才确定该婚姻自始不受法律保护。

第十四条　（人民法院在审结宣告婚姻无效或者撤销婚姻案件后应做工作）人民法院根据当事人的申请，依法宣告婚姻无效或者撤销婚姻的，应当收缴双方的结婚证书并将生效的判决书寄送当地婚姻登记管理机关。

第十五条　（无效或被撤销婚姻当事人同居期间所得的财产处理）被宣告无效或被撤销的婚姻，当事人同居期间所得的财产，按共同共有处理。但有证据证明为当事人一方所有的除外。

第十六条　（在处理由重婚导致的无效婚姻案件涉及财产问题时对合法配偶财产权利的保护）人民法院审理重婚导致的无效婚姻案件时，涉及财产处理的，应当准许合法婚姻当事人作为有独立请求权的第三人参加诉讼。

第十七条　（"夫妻对共同所有的财产，有平等的处理权"的理解）婚姻法第十七条关于"夫妻对夫妻共同所有的财产，有平等的处理权"的规定，应当理解为：

（一）夫或妻在处理夫妻共同财产上的权利是平等的。因日常生活需要而处理夫妻共同财产的，任何一方均有权决定。

（二）夫或妻非因日常生活需要对夫妻共同财产做重要处理决定，夫妻双方应当平等协商，取得一致意见。他人有理由相信其为夫妻双方共同意思表示的，另一方不得以不同意或不知道为由对抗善意第三人。

第十八条　（夫妻财产约定的举证责任）婚姻法第十九条所称"第三人知道该约定的"，夫妻一方对此负有举证责任。

第十九条　（夫妻一方财产不转化为夫妻共同财产）婚姻法第十八条规定为夫妻一方所有的财产，不因婚姻关系的延续而转化为夫妻共同财产。但当事人另有约定的除外。

第二十条　（"不能独立生活的子女"的理解）婚姻法第二十一条规定的"不能独立生活的子女"，是指尚在校接受高中及其以下学历教育，或者丧失或未完全丧失劳动能力等非因主观原因而无法维持正常生活的成年子女。

第二十一条　（"抚养费"的具体内容）婚姻法第二十一条所称"抚养费"，包括子女生活费、教育费、医疗费等费用。

第二十二条　（不因当事人有过错而不准其离婚）人民法院审理离婚案件，符合第三十二条第三款规定"应准予离婚"情形的，不应当因当事人有过错而判决不准离婚。

第二十三条　（"军人一方有重大过错"的判断）婚姻法第三十三条所称的"军人一方有重大过错"，可以依据婚姻法第三十二条第三款前三项规定及军人有其他重大过错导致夫妻感情破裂的情形予以判断。

第二十四条　（探望权诉讼的受理）人民法院作出的生效的离婚判决中未涉及探望权，当事人就探望权问题单独提起诉讼的，人民法院应予受理。

第二十五条　（探望权的中止行使及恢复行使的程序、形式）当事人在履行生效判决、裁定或者调解书的过程中，请求中止行使探望权的，人民法院在征询双方当事人意见后，认为需要中止行使探望权的，依法作出裁定。中止探望的情形消失后，人民法院应当根据当事人的申请通知其恢复探望权的行使。

第二十六条　（有权提出中止探望权行使的主体）未成年子女、直接抚养子女的父或母及其他对未成年子女负担抚养、教育义务的法定监护人，有权向人民法院提出中止探望权的请求。

第二十七条　（"一方生活困难"以及"帮助"形式的认定）婚姻法第四十二条所称"一方生活困难"，是指依靠个人财产和离婚时分得的财产无法维持当地基本生活水平。

一方离婚后没有住处的，属于生活困难。

离婚时，一方以个人财产中的住房对生活困难者进行帮助的形式，可以是房屋的居住权或者房屋的所有权。

第二十八条　（"损害赔偿"内容以及精神损害赔偿适用依据）婚姻法第四十六条规定的"损害赔偿"，包括物质损害赔偿和精神损害赔偿。涉及精神损害赔偿的，适用最高人民法院《关于确定民事侵权精神损害赔偿责任若干问题的解释》的有关规定。

第二十九条　（损害赔偿责任承担主体以及提出损害赔偿责任请求条件）承担婚姻法第四十六条规定的损害赔偿责任的主体，为离婚诉讼当事人中无过错方的配偶。

人民法院判决不准离婚的案件，对于当事人基于婚姻法第四十六条提出的损害赔偿请求，不予支持。

在婚姻关系存续期间，当事人不起诉离婚而单独依据该条规定提起损害赔偿请求的，人民法院不予受理。

第三十条　（法院受理离婚案件时的告知义务及当事人提起损害赔偿诉讼条件）人民法院受理离婚案件时，应当将婚姻法第四十六条等规定中当事人的有关权利义务，书面告知当事人。在适用婚姻法第四十六条时，应当区分以下不同情况：

（一）符合婚姻法第四十六条规定的无过错方作为原告基于该条规定向人民法院提起损害赔偿请求的，必须在离婚诉讼的同时提出。

（二）符合婚姻法第四十六条规定的无过错方作为被告的离婚诉讼案件，如果被告不同意离婚也不基于该条规定提起损害赔偿请求的，可以在离婚后一年内就此单独提起诉讼。

（三）无过错方作为被告的离婚诉讼案件，一审时被告未基于婚姻法第四十六条规定提出损害赔偿请求，二审期间提出的，人民法院应当进行调解，调解不成的，告知当事人在离婚后一年内另行起诉。

第三十一条　（再次分割夫妻共同财产案件的诉讼时效）当事人依据婚姻法第四十七条的规定向人民法院提起诉讼，请求再次分割夫妻共同财产的诉讼时效为两年，从当事人发现之次日起计算。

第三十二条　（探望权的强制执行）婚姻法第四十八条关于对拒不执行有关探望子女等判决和裁定的，由人民法院依法强制执行的规定，是指对拒不履行协助另一方行使探望权的有关个人和单位采取拘留、罚款等强制措施，不能对子女的人身、探望行为进行强制执行。

第三十三条　（法律适用）婚姻法修改后正在审理的一、二审婚姻家庭纠纷案件，一律适用修改后的婚姻法。此前最高人民法院作出的相关司法解释如与本解释相抵触，以本解释为准。

第三十四条　（本解释的施行时间）本解释自公布之日起施行。

【链　　接】

最高人民法院有关负责人在公布《最高人民法院关于适用〈中华人民共和国婚姻法〉若干问题的解释（一）》新闻发布会上的讲话

（2001 年 12 月 26 日）

各位记者：

《最高人民法院关于适用〈中华人民共和国婚姻法〉若干问题的解释（一）》（以下简称《解释一》）于今年 12 月 24 日经最高人民法院审判委员会第 1202 次会议通过，并于今天公布实施了。下面，我就《解释一》的起草情况、主要内容及其重要意义作出简要介绍和说明。

第九届全国人民代表大会常务委员会通过了关于修改《中华人民共和国婚姻法》(以下简称《婚姻法》)的决定，修改后的《婚姻法》已于今年4月28日公布施行。为更好地理解、贯彻和执行修改后的《婚姻法》，指导各级人民法院正确审理婚姻家庭纠纷案件，最高人民法院在《婚姻法》公布实施后不久就着手制定适用《婚姻法》的司法解释。考虑到《婚姻法》规定的新制度及新内容很多，原有的司法解释需要清理、重新研究，如要制定全面、系统的司法解释，需调查研究《婚姻法》实施后出现的新情况、新问题，也需要总结《婚姻法》实施后的审判经验，短期内难以出台。而实践中许多问题又亟须解决。因此，我们拟对《婚姻法》分批作出司法解释。这几个月来，我们除了在法院系统调研外，还分别征求了全国人大法工委、民政部、妇联等有关部门的意见，认真听取了各地很多全国人大代表以及专家学者的意见，并经审判委员会认真研究讨论后，才出台了这一解释。

这次的《解释一》，主要是对适用《婚姻法》中的一些程序性和亟须解决的问题进行规定，主要包括以下几方面的内容：

对《婚姻法》规定“禁止有配偶者与他人同居”的理解及适用问题，我们力求将其与重婚及婚外恋等行为相区别，对是否构成同居，从双方关系的持续性、稳定性及是否共同居住生活等方面进行认定；对《婚姻法》规定的“禁止家庭暴力”中家庭暴力的含义及其与虐待的关系也进行了解释。

《婚姻法》规定未办理结婚登记的男女应当补办结婚登记，但对于未补办结婚登记而起诉到法院要求离婚的应当怎么处理，法律未作明确规定。从立法的本意来看，应当根据不同情况，区别对待。因此，《解释一》坚持过去司法解释中有条件承认事实婚姻的原则，对不属于事实婚姻的，视具体情况分别予以处理。如男女双方未登记而到人民法院起诉要求离婚的，告知其应在案件受理前补办结婚登记。如果补办，即从双方均符合结婚的实质要件时起认可其夫妻关系并按离婚诉讼处理；不补办的，按解除同居关系处理。这与以往对未经登记的情况除事实婚姻外，一律按解除非法同居关系处理的做法有所不同。

《婚姻法》新增加了无效婚姻制度和可撤销婚姻制度，《解释一》按照立法原意，对有权申请宣告婚姻无效和请求撤销婚姻的权利主体分别作出了具体规定。以重婚为由申请宣告婚姻无效的，当事人的近亲属及基层组织都可以提出，以其他理由申请宣告婚姻无效的，只能由当事人的近亲属提出。

对于夫妻共同财产，《解释一》规定双方均有权进行处分，因日常生活需要而作出处分决定的，任何一方的决定即当然地代表双方的共同意思表示；非因日常生活需要而对共同财产进行重大处分时；双方应协商一致。如果对方有理由相信夫或妻的表示为夫妻双方共同意思表示的，另一方不得以不同意或者不知道为由对抗善意第三人。根据《婚姻法》第十八条关于夫妻一方的婚前财产为个人财产的规定，《解释一》明确指出除当事人另有约定外，依法属于一方所有的财产，不因婚姻关系的延续而转化为夫妻共同财产。这与原来的司法解释是不同的。

探望权属于《婚姻法》新赋予当事人的一项实体权利，当事人就此问题单独提起诉讼的，人民法院依法应予受理。本着有利于未成年子女身心健康发展的原则，如出现法定的需中止行使和可以恢复行使探望权等情况的，人民法院可以在权利人提出主张后，在执行程序中以裁定或通知的形式予以解决。

《婚姻法》第四十六条规定，因一方有过错并导致离婚的，无过错方有权提出损害赔偿请求。对当事人如何行使这一请求权，《解释一》作出了明确规定。首先，这项请求只能由无过错方向自己的合法配偶提出，不得向婚姻关系以外的其他人提出。其次，必须是因为是对方的过错导致离婚的。如果不提出离婚请求或者人民法院依法判决不准离婚的，便无权提出此类损害赔偿请求或其请求不能得到支持。在程序上，若提出离婚的为无过错方，则该项请求必须与离婚的诉讼同时提出，否则即视为其对权利的放弃。在无过错方作为被告的离婚诉讼案件中，可以就此问题在离婚后一年内单独提出，也可以在应诉离婚之际一并提出。如果无过错方在离婚诉讼案件进入到二审程序时才提出该项请求的，审判人员应当先调解，调解不成的，告知当事人可以就此问题在离婚后一年内另行起诉。

此次《解释一》的出台，在维护公民的合法权益方面，具有极其重要的意义，对民事审判工作也将产生积极的影响。

首先，《解释一》的出台，为保护公民婚姻家庭领域内的合法权益提供了更为具体和完善的法律武器，尤其是有利于对社会弱势群体和婚姻关系中无过错方的保护。婚姻家庭关系涉及千家万户，是社会公众普遍关注和与之密切相关的问题，从《婚姻法》修改过程中社会各界广泛参与并积极出谋划策的情况就可以知道，社会公众对此极为重视。《解释一》的出台，可以使人们在学习《婚姻法》过程中对相关问题有更深入的了解，并增强人们的法制观念，学会遵守法律并用法律的武器保护自己在婚姻家庭领域的合法权益。在《解释一》的制定过程中，我们始终坚持贯彻立法的指导思想，注意保护弱势群体及无过错者的利益。《解释一》的许多条款对此都有所体现，如法律规定离婚时一方生活困难的，另一方可以从其个人财产中对其进行帮助，《解释一》在帮助的形式、内容、程度上都体现了立法对弱者进行保护的思想。以往在审理婚姻家庭纠纷案件时，不允许第三人参加诉讼，这次《解释一》规定“审理无效婚姻案件时，涉及财产处理的，应当准许合法婚姻当事人作为有独立请求权的第三人参加诉讼”，以确实保护合法婚姻当事人的权利，将《婚姻法》保护合法配偶权益的原则落到实处。虽然我们刚才讲《婚姻法》关系到每个人的切身利益，备受世人瞩目，但不能否认的是，在现有国情下，公民的法制观念和维权意识并不是处在同一水平线上的。在广大的农村和偏远地区，人们对《婚姻法》的了解甚少，甚至根本不知道法律对其有哪些保护，更谈不到自觉运用法律武器维权的程度。有鉴于此，我们规定由人民法院告知当事人可以享有的权利及义务等内容，既可以依法公正审理，又能让当事人尤其是弱者和无过错者依法保护自己的权利。

其次，《解释一》的出台，将有助于法官正确理解和适用《婚姻法》，有利于适用法律的统一性、客观性，从而于正确及时地审理婚姻家庭纠纷案件。法官能做到准确理解和适用《婚姻法》，是审理好婚姻家庭纠纷案件的前提保障。《婚姻法》增设了一些新的法律制度及规定，如无效婚姻制度和可撤销婚姻制度、离婚时的过错赔偿制度、关于探望权的行使，在《婚姻法》的内容得到丰富和完善的同时，也给我们的办案法官提出了许多新问题。由于立法只有原则性的规定，在具体案件的审理中如何操作，可能会因法官的理解不同而造成适用法律上的不统一，导致相同或类似的案件有不同的处理结果。为使法官能正确适用法律审理案件，《解释一》对于《婚姻法》条文中可能引起不同认识之处，都有比较详细的规定。从而使办案人员在实践中应用起来更加方便和统一，进一步树立法院判决的权威性。

另外，《解释一》的出台，有利于维护社会秩序的稳定。坚持依法治国的方略，努力形成一个良好的法制环境，是维护社会长治久安的最有力的保障，是社会得以健康、持续、稳定发展的重要基础。有利于创建良好的法制社会，就是有利于维护社会的稳定与发展。据统计，在全国各级人民法院每年受理的各类诉讼案件总件数中，民事案件所占的比例高达90%。而受理的民事案件中，婚姻家庭纠纷案件又占有绝对多数，因此，妥善解决此类纠纷的重要性不言而喻。肖扬院长指出，公正与效率是二十一世纪人民法院工作的主题，是我们审判工作的生命线。《解释一》针对审理婚姻家庭纠纷案件作出的规定，将指导我们更好地审理此类纠纷，有了明确的规定。同时，《解释一》具有较强的可操作性，能够准确及时地对案件事实进行认定和对适用法律作出判断，可以提高办案效率，实现公正与效率的统一，从而为维护社会稳定、促进社会的文明与进步发挥积极的作用。

最高人民法院民一庭负责人就《关于适用〈中华人民共和国婚姻法〉若干问题的解释（一）》答记者问

问：最高人民法院近日就修改后的《婚姻法》作出相关司法解释，您能否介绍一下有关情况？

答：第九届全国人民代表大会常务委员会通过了《关于修改〈中华人民共和国婚姻法〉的决定》，修改后的《婚姻法》于2001年4月28日起施行。为更好地理解、贯彻和执行修改后的《中华人民共和国婚姻法》（以下简称《婚姻法》），指导各级人民法院正确审理婚姻家庭纠纷案件，最高人民法院在《婚姻法》实施后即着手制定新的司法解释。《婚姻法》修改之前适用的原有的司法解释，应加以清理，与《婚姻法》相抵触的应予废止。但是，由于需要清理和重新规定的内容很多，如果等全面清理后再制定一个完整、系统的司法解释，不仅需要深入研究原有的司法解释，而且需要进一步调查研究《婚姻法》实施过程中出现的新情况、新问题，还需要总结《婚姻法》实施后的审判实践经验，这样的话，短期内难以出台，而目前实践中许多法律适用问题又迫切需要解决。所以，我们计划分批作出司法解释。这次的《最高人民法院关于适用〈中华人民共和国婚姻法〉若干问题的解释（一）》（以下简称《解释一》），主要是对适用《婚姻法》中的一些程序性和急需解决的问题作出规定。

《婚姻法》实施后，我们首先向全国法院系统发出通知，号召大家认真学习《婚姻法》，并将学习过程中遇到的问题及实践中存在的问题及时反馈给我院。2001年5月底，我庭与中国女法官协会又在重庆联合召开了适用《婚姻法》的座谈会。在整理、收集材料的基础上，我们起草了《解释一》初稿，并由院、庭领导亲自带队到全国十多个省调研征求意见，不断地进行修改。除法院系统内的调研外，我们还征求了全国人大法工委、民政部、妇联等有关部门的意见。最高人民法院的领导班子成员，还分别到全国各地听取全国人大代表的意见。不久前，我们还专门召开了专家学者论证会。大家现在看到的《解释一》是最终经最高人民法院审判委员会讨论通过并公布实施的。

问：这次的《解释一》主要有哪些方面的内容？

答：《解释一》主要包括如下方面的内容：有配偶者与他人同居如何理解和适用；家庭暴力的含义及与虐待的关系；补办结婚登记的效力及认定问题；《婚姻法》新增加的无效婚姻和可撤销婚姻的请求权主体及有关具体操作问题；探望权行使的主体范围、探望权的中止行使、恢复行使等问题；对《婚姻法》规定夫妻双方对夫妻共同财产有平等处理权的理解；《婚姻法》第四十二条规定离婚后一方生活困难，另一方可以从其住房等个人财产中予以帮助，对于“生活困难”的解释及以住房进行帮助的具体形式问题；对《婚姻法》第四十六条的理解与适用问题等。

问：《婚姻法》增加了禁止家庭暴力和禁止有配偶者与他人同居的规定，《解释一》中对此有何相关规定，您能否介绍一下？

答：目前国内外都在开展反对家庭暴力的运动，解释对家庭暴力的理解采取的是较为客观、严格的标准，不能把日常生活中偶尔的打闹、争吵理解为家庭暴力。另外，我们对家庭暴力的理解，不仅局限于夫妻之间，家庭其他成员之间发生的暴力都包括在内。对于在配偶者与他人同居，我们的表述力求将其与重婚、偶发性的婚外性行为等相区分。

问：《婚姻法》增加了补办结婚登记的规定，对于未补办结婚登记而要求离婚的应当如何处理？

答：《婚姻法》第七条规定未办理结婚而以夫妻名义共同生活的男女，应当补办结婚登记。但不补办结婚登记而到人民法院起诉离婚的怎么处理，如果补办了结婚登记的，其效力又如何等问题，立法没有明文规定。从立法本意而言，对于补办了结婚登记的，应当承认其具有溯及力，效力自双方均符合《婚姻法》规定的结婚的实质要件时起计算。

对于没有补办结婚登记而以夫妻名义共同生活的男女，起诉到法院要求离婚的，人民法院应当根据不同情况，区别对待。对此类问题，我们原来有过司法解释。这次《婚姻法》规定了补办结婚登记的制度，是从我国的现实情况出发，在坚持结婚必须进行登记的大前提下，现阶段有条件地允许补办登记。为了更好地与以往的司法解释相衔接，也考虑到对婚姻登记制度的正确引导以及司法解释实施的社会效果，《解释一》中规定了不同情况：属于按原来司法解释已经认定为事实婚姻的，现在仍然认可其婚姻效力；对于不符合事实婚姻所应具备条件的案件，一方到人民法院起诉要求离婚，人民法院告知其应于案件受理前补办结婚登记，否则按解除同居关系对待。

问：关于无效婚姻和可撤销婚姻问题，《解释一》有哪些规定？

答：《婚姻法》规定了四种情形下缔结的婚姻为无效婚姻，那么哪些人可以请求宣告婚姻无效，是将该请求权仅赋予婚姻当事人，还是允许扩大到利害关系人的范围？《解释一》采取的是有条件地允许利害关系人提出请求。除了重婚的利害关系人范围包括当事人的近亲属和基层组织外，其余几种情况的无效婚姻，利害关系人都限于当事人的近亲属。由于婚姻是双方当事人之间的意思表示，如无特殊情况，原则上应限制他人过多地干涉。

如果当事人在登记时存在婚姻无效的情形，但随着时间的推移，原来的无效情形已经消失了的，不得再请求宣告婚姻无效。例如登记时未达法定婚龄，应当属于无效婚姻，但已经达到了法定婚龄之后，再以当初登记时未达法定婚龄为由，请求宣告婚姻无效的，人民法院依法不予支持。

人民法院审理宣告无效婚姻案件，适用什么程序，对于未达法定婚龄等很明显且容易查证的事实是否还一定要经过一审、二审这样的诉讼程序？通常人民法院在审理离婚案件时，如果判决离婚的，对于子女抚养和财产分割问题都一并处理。由于无效婚姻制度中涉及利害关系人提起诉讼的情形，又如何规定？为解决上述问题，《解释一》规定，人民法院审理宣告婚姻无效的案件，对婚姻效力的审理不适用调解，应当依法判决，判决一经作出，即发生法律效力，当事人不得再就婚姻效力问题提出上诉。对于涉及子女抚养和财产分割的，可以调解，如以判决形式作出的，对此部分可以上诉。在审理因重婚导致的无效婚姻案件时，为更好地贯彻《婚姻法》规定的保护合法婚姻当事人权益的原则，《解释一》规定，此类案件中涉及财产处理的，应当准许合法婚姻当事人作为有独立请求权的第三人参加诉讼。

关于可撤销婚姻问题，《解释一》将请求权仅赋予了受胁迫者本人。这是考虑到立法规定基于因受胁迫而请求撤销婚姻的，自受胁迫人恢复自由之日起一年内提出，其本人有足够的时间和能力亲自提出请求，无需再允许他人提出。同时对于受胁迫的含义进行了必要的解释。应该指出的是，受胁迫的人包括当事人本人及其近亲属，实施胁迫行为的行为人，既可以是婚姻当事人本人，也可以是其近亲属。

问：《婚姻法》规定了离婚后，不与子女共同生活的父或母有探望子女的权利。您能否就这方面的问题给我们介绍一下有关情况？

答：探望权是《婚姻法》新增加的内容，对于此后发生的离婚诉讼中涉及探望权的，依法予以保护，自无疑问。关键是对于在此之前已经判决离婚的，由于当时法律并无探望权的规定，现在那些已经离婚的当事人向法院起诉要求保护其探望权的，怎么处理？《解释一》规定，人民法院作出的生效离婚判决中未涉及探望权，当事人就探望权问题单独提起诉讼的，人民法院应予受理。另外，当行使探望权出现不利于子女身心健康情况时，人民法院可以根据当事人的申请，依法中止探望权的行使；待中止情形消失后，再根据当事人的申请通知双方当事人恢复探望权的行使。探望权的中止，只是权利行使暂时性地受到限制，不是对探望权的实体权利进行处分，因此，关于探望权的中止、恢复等请求，不发生独立的新的诉讼，而是作为在履行人民法院作出的生效裁判文书过程中发生的，依法应予处理的情况对待。对于哪些人有权提出中止探望权的行使，《解释一》进行了规定。由于探望权的立法本意是为了子女身心能得到更好地发展，有鉴于此，我们就有权提出中止行使探望权的主体问题进行了解释，以求更好地保护未成年子女的合法权益。

问：有关夫妻财产制问题，《解释一》都有哪些规定？

答：这次的《婚姻法》完善了夫妻财产制度，不仅明确规定夫妻之间可以就财产问题进行约定，还规定了应属夫妻共同财产和归夫或妻一方所有的财产的范围。这与以前的规定有所不同。按现行法律，婚前一方所有的财产，如无特别约定，婚后仍归一方所有。最高人民法院曾有过司法解释，对于一方婚前所有的财产，如婚后双方共同生活达到一定限期的，视为夫妻共同财产，这显然与现行法律相冲突。由于大家对这个问题较为关注，故《解释一》中明确规定夫妻一方所有的财产，不因婚姻关系的延续而转化为夫妻共同财产，以做到司法解释与立法的一致性。

为了体现对弱势群体利益的保护，我们在对《婚姻法》第四十二条规定的情况进行解释时的出发点，就是注重保护弱者的权利。《婚姻法》第四十二条规定："离婚时，一方生活困难的，另一方应从其住房等个人财产中给予适当的帮助。"《解释一》中单独强调指出，一方离婚后没有住处的，属于生活困难。另一方以金钱给予帮助的，容易理解。以个人所有的住房对另一方进行帮助的，难免会让人产生不同认识。立法未明确是以何种形式予以帮助，是临时居住权，还是长期居住权，还是彻底地将房屋的所有权都转移给生活困难者。根据立法的本意，并经过征求各方的意见，《解释一》中采取的是最大限度保护弱者的做法，规定了必要时可以将帮助者的房屋所有权转移给生活有困难的被帮助之人。这样规定，会使那些本人没有什么收入来源，夫妻共同生活多年之后离婚了，但离婚时分得的财产很少或没有，实际情况又确实需要帮助的人，得到一定程度的保护。

另外，夫妻之间的财产约定虽对夫妻内部有约束力，但对外应不得对抗善意第三人。《解释一》对《婚姻法》第十九条规定采取的是有利于保护第三人的做法，即夫或妻若想以夫妻之间关于财产的约定来对抗第三人的话，举证责任在夫妻一方，其必须能够证明该第三人明确、清楚地知道夫妻之间的约定，才可以对抗第三人。

问：《婚姻法》第四十六条关于无过错方请求赔偿的规定，在实践中大家都很关注，理解也不尽一致，请您就此问题给我们说明一下。

答：《婚姻法》第四十六条规定了几种情况下导致离婚的，无过错的一方有权提出损害赔偿的请求。大家对以下立法没有明确的问题可能会有不同认识，即无过错方是否仅指合法婚姻当事人中的无过错方，无过错方请求赔偿的权利应在什么时候提出才能依法受到保护，是否可以向婚外的其他人提出该项赔偿请求。

首先应该明确的是，有权依据第四十六条提起损害赔偿请求的人，仅指合法婚姻关系中的无过错方，而且必须是由于对方的过错导致离婚的，才可以提出，如果不起诉离婚而单独请求此类赔偿的，依法不予支持。

其次，无过错方的此项请求只能以自己的配偶为被告，不能向婚姻的其他人提出。实践中有些人认为该条规定可以适用于不告自己的配偶，而是告第三者，或者把配偶和第三者都作为被告，根据立法的本意，这些理解都是不正确的。

对于无过错方在什么时间提出此项请求的问题，由于立法无明文规定。有人认为可以在婚后任何时候提出，有人认为必须在离婚诉讼的同时提出。如果规定必须在离婚诉讼的同时提出，可能有些人对《婚姻法》依法赋予其的权利并不知道，待离婚后才知道的，真正的无过错方的权利得不到保护。而且我国目前人们对法律的掌握程度和法律意识都不是很强，许多人对该规定是不甚了解的。如果规定可以在离婚后单独提出，会造成举证、认证上的诸多不便，而且在离婚后，即使可以提出，由于财产在离婚时都已分割完毕，事后难以再完全掌握，也很容易使判决落空。面对这种两难境地，《解释一》采取了将《婚姻法》第四十六条等法律规定的当事人的有关权利义务，在诉讼通知等形式中明确告知当事人，一是让当事人知道法律的规定，二是让当事人有一个选择的权利，即主张或是放弃。在这个让大家都有可能知道的前提下，再作出具体处理。考虑到婚姻案件是一个复合诉讼，情况比较复杂，有必要进行详细规定，故《解释一》按无过错方在诉讼中的地位不同作出相关规定。如果无过错方作为原告的，该项请求必须与离婚诉讼的同时提出。由于人民法院审理之前已将相关权利义务告知过了，原告不提出请求的，视为其对自己权利的放弃，以后其也丧失了依据第四十六条的规定请求赔偿的权利。如果无过错方作为被告的，其不同意离婚也不基于该条规定提起损害赔偿请求的，可以在离婚后一年内单独提出。如果其在一审时未提出，而二审时提出的，人民法院应当进行调解，调解不成的，告知当事人可以就此问题在离婚后一年内另行起诉，以充分保护当事人的权利。

导读：为了更好地理解、贯彻和执行修改后的《婚姻法》，指导各级人民法院正确审理婚姻家庭纠纷案件，最高人民法院制定了本解释。

本解释共29条。根据我国民营企业不断发展、个人拥有公司股票、股份的现实，本解释作出了夫妻离婚时如何处理企业财产、股票和股份的规定；根据房改的精神，本解释对如何认定房屋的价值，如何解决房屋的归属作出了具体规定；根据目前的国情，本解释作出了在什么条件下可以要求返还彩礼的规定。另外，规定了同居关系的财产分割和子女抚养纠纷可以起诉，离婚协议具有约束力，夫妻共同债务不因离婚而免除，等等。

由于本解释是根据已经发生变化的我国婚姻家庭的现实制定的，因此，能够合法有效地解决新形势下的婚姻家庭纠纷案件，给人民法院依法正确、及时解决婚姻家庭纠纷提供更加统一、明确的依据，有利于法制的统一，有利于实现社会的公平和正义。

最高人民法院
关于适用《中华人民共和国婚姻法》若干问题的解释（二）

法释〔2003〕19号

（2003年12月4日最高人民法院审判委员会第1299次会议通过
2003年12月25日最高人民法院公告公布
自2004年4月1日起施行）

为正确审理婚姻家庭纠纷案件，根据《中华人民共和国婚姻法》（以下简称婚姻法）、《中华人民共和国民事诉讼法》等相关法律规定，对人民法院适用婚姻法的有关问题作出如下解释：

第一条　（同居关系的处理）当事人起诉请求解除同居关系的，人民法院不予受理。但当事人请求解除的同居关系，属于婚姻法第三条、第三十二条、第四十六条规定的“有配偶者与他人同居”的，人民法院应当受理并依法予以解除。

当事人因同居期间财产分割或者子女抚养纠纷提起诉讼的，人民法院应当受理。

第二条　（无效婚姻的处理）人民法院受理申请宣告婚姻无效案件后，经审查确属无效婚姻的，应当依法作出宣告婚姻无效的判决。原告申请撤诉的，不予准许。

第三条 （离婚案件中，发现婚姻关系无效的处理）人民法院受理离婚案件后，经审查确属无效婚姻的，应当将婚姻无效的情形告知当事人，并依法作出宣告婚姻无效的判决。

第四条 （无效婚姻案件裁判文书的制作）人民法院审理无效婚姻案件，涉及财产分割和子女抚养的，应当对婚姻效力的认定和其他纠纷的处理分别制作裁判文书。

第五条 （婚姻关系当事人死亡后，人民法院对申请宣告该婚姻无效案件的受理）夫妻一方或者双方死亡后一年内，生存一方或者利害关系人依据婚姻法第十条的规定申请宣告婚姻无效的，人民法院应当受理。

第六条 （婚姻无效案件中当事人的列法）利害关系人依据婚姻法第十条的规定，申请人民法院宣告婚姻无效的，利害关系人为申请人，婚姻关系当事人双方为被申请人。

夫妻一方死亡的，生存一方为被申请人。

夫妻双方均已死亡的，不列被申请人。

第七条 （离婚案件和无效婚姻宣告案件的审理顺序）人民法院就同一婚姻关系分别受理了离婚和申请宣告婚姻无效案件的，对于离婚案件的审理，应当待申请宣告婚姻无效案件作出判决后进行。

前款所指的婚姻关系被宣告无效后，涉及财产分割和子女抚养的，应当继续审理。

第八条 （人民法院对当事人协议离婚后财产分割争议的受理）离婚协议中关于财产分割的条款或者当事人因离婚就财产分割达成的协议，对男女双方具有法律约束力。

当事人因履行上述财产分割协议发生纠纷提起诉讼的，人民法院应当受理。

第九条 （协议离婚后就财产分割问题反悔的受理与审理）男女双方协议离婚后一年内就财产分割问题反悔，请求变更或者撤销财产分割协议的，人民法院应当受理。

人民法院审理后，未发现订立财产分割协议时存在欺诈、胁迫等情形的，应当依法驳回当事人的诉讼请求。

第十条 （彩礼返还的条件）当事人请求返还按照习俗给付的彩礼的，如果查明属于以下情形，人民法院应当予以支持：

（一）双方未办理结婚登记手续的；

（二）双方办理结婚登记手续但确未共同生活的；

（三）婚前给付并导致给付人生活困难的。

适用前款第（二）、（三）项的规定，应当以双方离婚为条件。

第十一条 （“其他应当归共同所有的财产”的范围）婚姻关系存续期间，下列财产属于婚姻法第十七条规定的“其他应当归共同所有的财产”：

（一）一方以个人财产投资取得的收益；

（二）男女双方实际取得或者应当取得的住房补贴、住房公积金；

（三）男女双方实际取得或者应当取得的养老保险金、破产安置补偿费。

第十二条　（“知识产权的收益”的解释）婚姻法第十七条第三项规定的“知识产权的收益”，是指婚姻关系存续期间，实际取得或者已经明确可以取得的财产性收益。

第十三条　（军人的伤亡保险金、伤残补助金、医药生活补助费的归属）军人的伤亡保险金、伤残补助金、医药生活补助费属于个人财产。

第十四条　（军人所得复员费、自主择业费等费用的归属及计算方法）人民法院审理离婚案件，涉及分割发放到军人名下的复员费、自主择业费等一次性费用的，以夫妻婚姻关系存续年限乘以年平均值，所得数额为夫妻共同财产。

前款所称年平均值，是指将发放到军人名下的上述费用总额按具体年限均分得出的数额。其具体年限为人均寿命七十岁与军人入伍时实际年龄的差额。

第十五条　（投资性财产的分割）夫妻双方分割共同财产中的股票、债券、投资基金份额等有价证券以及未上市股份有限公司股份时，协商不成或者按市价分配有困难的，人民法院可以根据数量按比例分配。

第十六条　（有限责任公司出资额的分割）人民法院审理离婚案件，涉及分割夫妻共同财产中以一方名义在有限责任公司的出资额，另一方不是该公司股东的，按以下情形分别处理：

（一）夫妻双方协商一致将出资额部分或者全部转让给该股东的配偶，过半数股东同意、其他股东明确表示放弃优先购买权的，该股东的配偶可以成为该公司股东；

（二）夫妻双方就出资额转让份额和转让价格等事项协商一致后，过半数股东不同意转让，但愿意以同等价格购买该出资额的，人民法院可以对转让出资所得财产进行分割。过半数股东不同意转让，也不愿意以同等价格购买该出资额的，视为其同意转让，该股东的配偶可以成为该公司股东。

用于证明前款规定的过半数股东同意的证据，可以是股东会决议，也可以是当事人通过其他合法途径取得的股东的书面声明材料。

第十七条　（涉及合伙企业中夫妻共同财产份额的分割原则）人民法院审理离婚案件，涉及分割夫妻共同财产中以一方名义在合伙企业中的出资，另一方不是该企业合伙人的，当夫妻双方协商一致，将其合伙企业中的财产份额全部或者部分转让给对方时，按以下情形分别处理：

（一）其他合伙人一致同意的，该配偶依法取得合伙人地位；

（二）其他合伙人不同意转让，在同等条件下行使优先受让权的，可以对转让所得的财产进行分割；

（三）其他合伙人不同意转让，也不行使优先受让权，但同意该合伙人退伙或者退还部分财产份额的，可以对退还的财产进行分割；

（四）其他合伙人既不同意转让，也不行使优先受让权，又不同意该合伙人退伙或者退还部分财产份额的，视为全体合伙人同意转让，该配偶依法取得合伙人地位。

第十八条　（独资企业财产分割）夫妻以一方名义投资设立独资企业的，人民法院分割夫妻在该独资企业中的共同财产时，应当按照以下情形分别处理：

（一）一方主张经营该企业的，对企业资产进行评估后，由取得企业一方给予另一方相应的补偿；

（二）双方均主张经营该企业的，在双方竞价基础上，由取得企业的一方给予另一方相应的补偿；

（三）双方均不愿意经营该企业的，按照《中华人民共和国个人独资企业法》等有关规定办理。

第十九条　（由一方婚前承租，婚后夫妻共同购买的房屋所有权的归属）由一方婚前承租、婚后用共同财产购买的房屋，房屋权属证书登记在一方名下的，应当认定为夫妻共同财产。

第二十条　（离婚案件中，对夫妻于婚姻关系存续期间购买的房屋价值及归属的处理原则）双方对夫妻共同财产中的房屋价值及归属无法达成协议时，人民法院按以下情形分别处理：

（一）双方均主张房屋所有权并且同意竞价取得的，应当准许；

（二）一方主张房屋所有权的，由评估机构按市场价格对房屋作出评估，取得房屋所有权的一方应当给予另一方相应的补偿；

（三）双方均不主张房屋所有权的，根据当事人的申请拍卖房屋，就所得价款进行分割。

第二十一条　（对离婚时当事人尚未取得或尚未完全取得所有权的房屋的处理原则）离婚时双方对尚未取得所有权或者尚未取得完全所有权的房屋有争议且协商不成的，人民法院不宜判决房屋所有权的归属，应当根据实际情况判决由当事人使用。

当事人就前款规定的房屋取得完全所有权后，有争议的，可以另行向人民法院提起诉讼。

第二十二条　（对当事人婚前、婚后接受的父母赠与的认定）当事人结婚前，父母为双方购置房屋出资的，该出资应当认定为对自己子女的个人赠与，但父母明确表示赠与双方的除外。

当事人结婚后，父母为双方购置房屋出资的，该出资应当认定为对夫妻双方的赠与，但父母明确表示赠与一方的除外。

第二十三条　（婚前个人债务的处理）债权人就一方婚前所负个人债务向债务人的配偶主张权利的，人民法院不予支持。但债权人能够证明所负债务用于婚后家庭共同生活的除外。

第二十四条　（婚姻关系存续期间一方以个人名义所欠债务的处理）债权人就婚姻关系存续期间夫妻一方以个人名义所负债务主张权利的，应当按夫妻共同债务处理。但夫妻一方能够证明债权人与债务人明确约定为个人债务，或者能够证明属于婚姻法第十九条第三款规定情形的除外。

第二十五条　（婚姻关系的解除与夫妻连带清偿责任）当事人的离婚协议或者人民法院的判决书、裁定书、调解书已经对夫妻财产分割问题作出处理的，债权人仍有权就夫妻共同债务向男女双方主张权利。

一方就共同债务承担连带清偿责任后，基于离婚协议或者人民法院的法律文书向另一方主张追偿的，人民法院应当支持。

第二十六条　（夫妻一方死亡后的连带清偿责任）夫或妻一方死亡的，生存一方应当对婚姻关系存续期间的共同债务承担连带清偿责任。

第二十七条　（登记离婚后损害赔偿诉请的提起）当事人在婚姻登记机关办理离婚登记手续后，以婚姻法第四十六条规定为由向人民法院提出损害赔偿请求的，人民法院应当受理。但当事人在协议离婚时已经明确表示放弃该项请求，或者在办理离婚登记手续一年后提出的，不予支持。

第二十八条　（离婚案件中的财产保全措施）夫妻一方申请对配偶的个人财产或者夫妻共同财产采取保全措施的，人民法院可以在采取保全措施可能造成损失的范围内，根据实际情况，确定合理的财产担保数额。

第二十九条　（本解释的适用）本解释自 2004 年 4 月 1 日起施行。

本解释施行后，人民法院新受理的一审婚姻家庭纠纷案件，适用本解释。

本解释施行后，此前最高人民法院作出的相关司法解释与本解释相抵触的，以本解释为准。

【链　　接】

最高人民法院有关负责人就《关于适用〈中华人民共和国婚姻法〉若干问题的解释（二）》答记者问

（2003 年 12 月 26 日）

一、《解释二》是落实司法为民的举措

问：《最高人民法院关于适用〈中华人民共和国婚姻法〉若干问题的解释（二）》（以下简称《解释二》）已经于 2003 年 12 月 26 日公布，请您介绍一下最高人民法院制定这一司法解释的背景和意义？

答：第九届全国人民代表大会常务委员会通过了关于修改《婚姻法》的决定，修改后的《婚姻法》于 2001 年 4 月 28 日公布施行。新的《婚姻法》在内容上增加了一些新的制度，某些方面对原来的法律做了重大修改。由于立法技术和语言等原因，法律不可能规定得非常详细。但是，社会生活是复杂、具体的。因此，要正确理解和适用《婚姻法》，就很有必要通过制定司法解释，将较为抽象的法律条文予以明确和细化。为了更好地理解、贯彻和执行修改后的《婚姻法》，指导各级人民法院正确审理婚姻家庭纠纷案件，最高人民法院从实际需要出发，决定对《婚姻法》采取分批制定司法解释的做法。2001 年年底，第一批司法解释公布施行，在审判实践中发挥了重要作用，收到了良好的社会效果和法律效果。

根据审判工作的需要，2002 年初，最高人民法院向全国各级人民法院发出通知，要求各地认真总结审判经验，将适用《婚姻法》审理婚姻家庭纠纷案件中需要解决的问题及相关建议反馈给我院。在整理、归纳各地书面意见并经过充分的调查研究后，我们草拟了《关于适用〈中华人民共和国婚姻法〉若干问题的解释（二）》初稿，并在多次讨论、反复征求意见基础上，不断地对解释稿进行修改。其间，先后到黑龙江、吉林、广东、安徽、浙江、四川等地召开座谈会，听取各级法院的意见。在今年召开的全国高院院长会议上，《解释二》的征求意见稿作为会议材料，征求各高院领导的意见。同时，我们还召开了有全国人大法工委、民政部、全国妇联、解放军总政治部、解放军军事法院等有关部门参加的座谈会，广泛征求其对《解释二》的意见。为慎重起见，就涉及军人离婚及财产归属及分割问题，还专门与军方、妇联进行了个别协调。由于社会各界对《婚姻法》的司法解释关注程度较高，为更广泛听取群众意见，我们决定将征求意见稿在中国法院网和《人民法院报》上刊登，向全社会公开征求意见。不久前，我们还召开专家论证会，邀请了部分《婚姻法》《民事诉讼法》《公司法》等领域的专家学者对司法解释稿进行讨论修改。形成送审稿后，提请最高人民法院审判委员会讨论通过。

在《解释二》制定过程中，最高人民法院党组高度重视。2002 年，《解释二》被院党组确定为十项重点研究课题之一，2003 年，又被《最高人民法院关于落实 23 项司法为民具体措施的指导意见》列为今年出台的十项司法解释之一。

《婚姻法》是一部涉及千家万户的法律，社会覆盖面极广。这次《解释二》的出台，对于贯彻“三个代表”重要思想，落实司法为民的要求，正确、合法、及时解决婚姻家庭纠纷，维护儿童、妇女和其他当事人的合法权益，维护社会稳定，促进社会发展，都具有重要的意义。

首先，这次《解释二》的出台，对于贯彻“三个代表”重要思想，落实司法为民的要求，维护社会稳定，促进社会发展具有重要意义。据统计，在全国各级人民法院每年受理的各类诉讼案件中，民事案件所占的比例接近 90%。而在民事案件中，婚姻家庭纠纷案件所占比例接近 30%，达到 128 万件。家庭是社会的细胞，婚姻是家庭的基础。如果当事人因婚姻家庭问题发生纠纷不能得到及时、合法和妥善的解决，其后果不仅仅是婚姻的破裂，家庭的解体，而且影响到公民的工作和生活，影响到人的全面发展，增加社会的不稳定因素。这次《解释二》的出台，实际上是将司法为民的思想转化为司法便民、司法利民的具体措施，是“三个代表”重要思想在司法实践中的具体体现，它对于促使家庭这一社会细胞的和谐稳定，促进我国社会的健康发展，将起到十分重要的作用。

其次，这次《解释二》的出台，有利于正确、及时、合法解决婚姻家庭纠纷。随着我国社会主义市场经济体制的不断完善，我国的经济、政治和文化都在不断发生变化。在这一大的社会背景下，人民法院审理的大量婚姻家庭案件，也不断出现新的类型，即使是传统的婚姻案件也不断出现新的特点。在这一新的社会条件下，如何贯彻落实新《婚姻法》的精神，处理好婚姻家庭纠纷，是摆在人民法院面前的重要任务。由于这次《解释二》是根据已经发生变化的我国婚姻家庭的现实制定的，因此，能够合法有效地解决新形势下的婚姻家庭纠纷案件。例如，根据我国民营企业不断发展、个人拥有公司股票、股份的现实，这次司法解释就作出了夫妻离婚时如何处理企业财产、股票和股份的规定；根据房改的精神，我们对如何认定房屋的价值，如何解决房屋的归属作出了具体规定；根据中国目前的国情，我们作出了在什么条件下可以要求返还彩礼的规定。《解释二》的出台，将给人民法院依法正确、及时解决婚姻家庭纠纷提供更加统一、明确的依据，将有利于法制的统一，有利于实现社会的公平和正义。

再次，这次《解释二》的出台，有利于维护儿童和妇女的合法权益。在现代社会中，如何维护弱者的合法权益，特别是维护儿童和妇女的合法权益，是衡量一个社会是不是文明社会的重要标志之一。因此，我国《婚姻法》明确把对子女及女方合法权益的维护作为一项重要原则。我们这次制定司法解释时，也比较注意贯彻落实这一原则。比如在分割夫妻财产时，考虑到妇女在家庭中的特殊性，在财产处理时都注重对女方权益的保护。再如，在涉及军人离婚财产分割问题时，我们在考虑军人财产的特殊性的同时，对妇女的合法权益也给予了充分的考虑。我们的这一做法，不仅得到军队同志的支持，也得到全国妇联同志的支持。我相信，《解释二》正式实施后，将会给儿童和妇女的合法权益提供更加有力的司法保障。

二、首次通过媒体公开征求意见

问：《解释二》制定过程中，最高人民法院采取了向社会公开征求意见的形式。这么做的初衷是什么？这次征求意见活动效果如何？

答：大家知道，2003 年 8 月 24 日，最高人民法院肖扬院长在全国高级法院院长座谈会上指出："对于关系人民群众切身利益的司法解释，要通过多种形式广泛征求人民群众的意见，集中民智、体现民意。"因此，在这次司法解释的制定过程中，我们采取了多种形式向社会公开征求意见。这种形式主要包括：一是通过报纸、互联网络等媒体直接听取人民群众的意见；二是通过召开各种讨论会直接听取各个机关、社会团体和各界人士的意见；三是听取下级法院法官们的意见。在这几种形式中，通过报纸、互联网络直接听取人民群众意见的形式，在最高人民法院制定司法解释的历史上还是第一次。

这次司法解释稿向社会公开征求意见，人民群众参与的热情很高，取得良好的社会效果。公开征求意见后，我院民一庭直接收到群众来信 200 多封、网上意见 400 多条，共 30 多万字。除此之外，许多报社、网站代我们收集群众意见后，也将意见通过直接和间接的方式反馈给了我们。对司法解释稿提意见和建议的，有从事司法实践的工作人员，有研究《婚姻法》的专家学者，有在校学习的学生，但更多的，是广大的人民群众。

他们从不同的角度出发，提出了许多宝贵的意见和建议。对于大家的意见和建议，我们花了很大精力进行整理和归纳，并认真地逐条加以研究。对成熟的意见和建议我们都给予采纳。如果感兴趣的话，大家不妨将《解释二》（征求意见稿）和现在出台的正式条文作出对比。不难发现，现在的稿子与征求意见稿已有很大差别。现在公布的《解释二》中几乎每一个条文都有改动，有些甚至是重大修改。对于人民群众所提的有些未被吸收的意见和建议，我们将在后续的司法解释中逐步研究解决。

三、能否要求返还彩礼成焦点

问：这次公开征求意见，群众对什么内容最感兴趣？解释对这一问题又是如何规定的？

答：在这次公开征求意见中，涉及的问题很多。其中最受群众关注的，是关于能否要求返还彩礼的问题。

彩礼，也有的地方称为聘礼、纳彩等，是中国几千年来的一种婚嫁风俗。按照这种风俗，男方要娶他家女子为妻时，应当向女方家下聘礼或彩礼。彩礼的多少，随当地情况、当事人的经济状况等各方面因素而定，但数额一般不少。目前，在我国广大农村，结婚给付彩礼现象仍然比较普遍。在不少地方，许多生活本不富裕的家庭，为了给付彩礼而举家债台高筑，造成了极其沉重的经济负担。正因为如此，不少农村家庭夫妻离婚时，对彩礼是否应当返还存在很大争议。这次司法解释稿向社会公开征求意见时，群众意见最多、最集中又最难统一的就是彩礼是否应当返还问题。

经过反复研究，我们在《解释二》第十条中采纳了多数人的观点，根据目前中国的国情，规定按习俗给付彩礼的，有三种情形可以请求返还：一是双方未办理结婚登记手续的；二是双方办理结婚登记手续但确未共同生活的；三是婚前给付导致给付人生活困难的。解释中规定的第二和第三两项，应当以双方离婚为条件。我们之所以要作出如此规定，是因为目前我国很多地方给付彩礼的情况还较为普遍，如果对彩礼问题完全不管，可能会使一些当事人的财产权益受到严重损害。但是，我们始终认为，在社会主义条件下，男女双方结婚应当以爱情为基础，不主张也不支持结婚以给付彩礼为条件。作出上述规定，是为了解决现实生活中存在的纠纷，并防止矛盾激化，并不是鼓励和提倡给付彩礼。我们依然呼吁广大青年和他们的家长们，要大胆破除给付彩礼的旧风俗，树立社会主义男女平等的新风尚，使我们年青一代的婚姻都建立在幸福美满的爱情基础之上。

四、同居关系的财产分割和子女抚养纠纷可以起诉

问：对于人民法院审理解除同居关系案件及无效婚姻案件，《解释二》有哪些新的规定？

答：这次司法解释对同居关系的处理确实作出了新的解释。按照《解释二》第一条的规定，人民法院审理解除同居关系案件，除当事人请求解除的同居关系属于“有配偶者与他人同居”的情形以外，人民法院不予受理。对于涉及财产分割及子女抚养纠纷的，人民法院应当依法审理。这主要考虑到有配偶者与他人同居是《婚姻法》明令禁止的行为，如果当事人请求人民法院解除这一同居关系，人民法院应当受理，并依法解除同居关系。至于男女双方均为无配偶的同居关系，因该关系不是法律调整和保护的社会关系，当事人如果起诉仅仅要求解除同居关系，人民法院不予受理。但当事人如果就同居期间的财产分割和子女抚养问题提起诉讼的，属于法律调整的民事法律关系，人民法院应当受理，并平等地保护子女和当事人的合法权益。

无效婚姻制度，是《婚姻法》修改后新增加的内容。我们在《解释一》中已经作出了比较详细的规定。这次的司法解释根据审判实践的需要，又对一些具体操作性问题作出了相关规定。比如，人民法院就同一婚姻关系分别受理了请求宣告婚姻无效和请求离婚的不同案件时，应当先对无效婚姻案件进行审理，而离婚案件的审理则应当在申请宣告婚姻无效案件作出判决后进行。再如，无效婚姻关系当事人死亡后一年内，生存一方当事人或者利害关系人申请宣告婚姻无效的，人民法院应当受理。关于无效婚姻的规定主要体现在《解释二》第二条和第七条中，这些规定对于规范无效婚姻诉讼提供了保障。

五、离婚协议具有约束力

问：当事人协议离婚后，就财产分割问题反悔而提起诉讼的，人民法院如何处理？

答：从我国目前实际情况看，当事人去民政部门离婚时，民政部门对达成离婚协议的男女，一般都要求双方就财产分割及子女抚养等问题协商一致并形成书面材料后，才会为他们办理离婚手续。现实生活中经常会出现下面的情况：协议离婚后当事人对解除婚姻关系本身没有异议，但对财产分割问题反悔，并起诉到人民法院，要求变更或者撤销关于财产分割的协议。我们认为，双方到民政部门离婚，就财产分割问题达成的协议，是当事人在平等自愿的前提下，协商一致的结果。对于任何一方当事人来说，这都是对自己财产权利的一种自由处分，协议对双方具有法律上的约束力，都理应接受这一决定所带来的法律后果。当事人基于这种具有民事合同性质的协议发生纠纷的，应当适用

《民法通则》及《合同法》的基本原则和相关规定。存在法律规定的欺诈、胁迫等特殊情形，当事人请求变更或者撤销的，人民法院应当依法予以支持。不过，婚姻关系中毕竟还包含了身份关系在内，由此导致的纠纷，也注定具有自身的特点。所以处理这类纠纷时，不能置身份关系于不顾，简单、全部适用其他法律规定。在这一思想指导下，本解释作出了一些具体规定。例如，对属于人民法院应当支持当事人变更或者撤销财产分割协议的情形，在明确列举出的事项中并没有规定显失公平、重大误解等内容，就是基于这种考虑而设计的。当然，我们也不是完全排斥这些未明确写出事项的适用，只是认为对这几方面的内容，在适用的时候必须严格限制。个案中如果确实属于应该适用这些规定的，法官可以依据《解释二》第九条的规定处理，因为该条中有弹性条款的表述，法官可以根据具体案情行使裁量权，依法作出公正的裁判。根据现在的规定，对于当事人的诉权，我们予以保护，即当事人向人民法院提起此类诉讼的，只要是在离婚后一年内提出的，人民法院都应依法予以受理。但当事人是否有实体上的胜诉权，要看当事人是否能够证明订立协议时有欺诈、胁迫等情形存在。否则，人民法院应当驳回其诉讼请求。此外，如果当事人在履行此类协议过程中因对方违反约定而提起诉讼的，人民法院也应依法受理。

六、分割夫妻共同财产成难点

问：人民法院审理因婚姻家庭纠纷案件涉及的财产分割问题，与以往相比有哪些新的变化，《解释二》作出了哪些具体规定？

答：随着社会生活的发展变化，现在的家庭财产，从财产的范围到财产的构成及财产的数量等都与以往不同。呈现出财产构成向多元化方向发展、财产数额显著增多、投资经营性财产在家庭财产中所占比例增大的趋势。相当一部分家庭的财产中，除了传统意义上的储蓄存款、房屋等外，还包括在一些企业中的出资或者股份等。因为处理时可能会涉及夫妻以外其他利害关系人的权益问题，所以审判实践中遇到的问题很多。《解释二》对以下几种财产形式的认定等问题作出了比较具体的规定：关于住房补贴、住房公积金、养老保险金等款项如何定性的问题；知识产权中财产性收益属于个人财产还是夫妻共同财产、以什么时间作为判断取得的标准问题；如何具体分割以夫妻共同财产在有限责任公司、合伙企业等组织中的出资问题；对争议房屋以何种价格计算、如何确定归属的问题。

七、高度重视妇女儿童利益

问：《解释二》在保护子女及女方合法权益等方面规定了哪些具体内容？

答：《婚姻法》明确规定要注意保护子女及女方合法权益，我们在审判实践中，也必须关注并保护社会弱势群体的利益，切实维护好妇女和儿童的合法权益。《解释二》的许多内容，对此都有所体现。比如，在分割夫妻财产时，考虑到现实生活中，妇女往往在经济上不占主导地位，对家庭财产的经营管理等介入不多，而在家务劳动、照顾老人及孩子等方面付出较多等因素，在财产处理时都会注重对女方权益的保护。又如，对当事人申请财产保全时，如何确定其应当提供的财产担保数额问题，《解释二》从有利于保护经济上处于弱势一方利益的原则作出了规定。另外，为了更好地保护妇女合法权益，我们在司法解释制定过程中，多次主动与妇联等有关部门联系，就一些具体问题进行交换意见，以便切实有效地依法保护妇女及儿童的权益。

八、分割公司财产坚持四个原则

问：夫妻因离婚而分割财产时，共同财产中往往会有在有限责任公司、合伙企业组织等经济组织中的出资，《解释二》是根据什么原则来分割和处理这部分财产的？

答：随着社会主义市场经济体制的发展、完善，人民法院审理夫妻财产分割纠纷案件，越来越多地涉及在有限责任公司的出资额、在合伙企业和独资企业中的财产等问题。要想妥善解决这些复杂的问题，单独依靠《婚姻法》是很困难的。具体来说，除了正确适用《婚姻法》外，还必须与《公司法》《合伙企业法》《个人独资企业法》等法律法规的规定和精神保持一致。按照这一要求，这次司法解释在规定如何分配股份有限公司、有限责任公司、合伙企业和独资企业的财产时，注意坚持以下原则：一是坚持《婚姻法》规定的男女平等、保护子女和妇女等各项原则；二是自愿协商原则；三是维护其他股东、合伙人合法权益的原则；四是有利于生产和生活原则。我们认为，只有坚持了这些原则，才能既保护了婚姻当事人的合法权益，又保护了其他人的合法权益，使两者找到较好的平衡点。

九、房改房应按市场价分割

问：离婚双方当事人对于房屋问题有争议的，人民法院应该如何处理？

答：离婚双方当事人对争议房屋的价值及归属问题无法达成协议的，现实生活中主要集中在房改房等带有福利性质取得的房屋上。如果属于自行购置的商品房，付出与所得的差距并不特别明显，双方的分歧也不会很大。而当事人根据一定福利政策所购买的房屋，往往与职务、级别、工作年限等相挂钩，所花费用要远远低于房屋的市场价值。而且当初分得房屋的情形又有许多具体情况，使得处理此类房屋争议十分棘手。对于双方尚未取得所有权或者尚未取得完全所有权的房屋有争议的，本解释规定只视具体情况判决由当事人使用，待取得完全所有权后，可以另行起诉。当事人对已经取得完全所有权的房屋有争议的，《解释二》总结实践中一些地区较为成功的经验，为人民法院在审理此类纠纷时提供了一些可行的做法。比如可以根据个案的情况、考虑当事人的意愿，采取竞价、评估、拍卖等形式，以便使纠纷得到妥善解决。

十、夫妻共同债务不因离婚而免除

问：目前审判实践中，对夫妻之间债权债务关系的处理存在哪些问题？《解释二》有何具体解决办法？

答：人民法院审理离婚案件时，对夫妻间债权债务关系应当如何处理，一直是个比较突出且难以妥善解决的问题。对以一方名义所欠的债务应如何认定其性质，是属于夫妻共同债务还是个人债务？离婚协议或者人民法院生效的法律文书中对夫妻财产分割及债权债务负担问题作出的判决，对债权人是否有影响？夫妻离婚后如何面对以前的债权债务？这些都需要予以明确，因此，这次司法解释对夫妻债权债务的负担及其与第三人之间的关系、举证责任分配问题等，都作了较为明确的规定。

对于夫妻中以一方名义对外举债应当如何认定其性质的问题，《解释二》第二十三条、第二十四条以债务形成时所处的时间阶段作为切入点，分成结婚前所欠债务和婚姻关系存续期间所欠债务两种情形进行规定。第一，个人婚前债务。对一方婚前已经形成的债务，原则上认定为夫妻中一方的个人债务；债权人能够证明所欠债务用于婚后共同生活的，应当认定为共同债务，由夫妻双方共同偿还；上述两种情况的证明责任由主张权利的债权人承担。第二，婚姻关系存续期间以一方名义所欠的债务。按照《解释二》第二十四条的规定，属于婚姻关系存续期间以一方名义欠下的债务，原则上应当认定为夫妻共同债务，应该由夫妻共同偿还。但是，如果夫妻一方能够证明该债务确为欠债人个人债务，那未欠债的婚姻关系当事人可以对抗债权人的请求。属于个人债务的情形主要有两种，一种是债权人与债务人明确约定该项债务属于个人债务，另一种是属于《婚姻法》第十九条第三项规定的情况，即“夫妻对婚姻关系存续期间所得的财产约定归各自所有的，夫或妻一方对外所负的债务，第三人知道该约定的，以夫或妻一方所有的财产清偿”。

当事人的离婚协议或者人民法院生效的法律文书中对财产分割问题及债权债务的负担问题作出的处理，无疑对原夫妻双方之间有约束力。但是能否以此来对抗其他债权人的权利主张呢？《解释二》第二十五条对此问题作出了规定。由于我国一直坚持婚姻关系案件的审理不允许第三人参加的原则，所以处理夫妻财产、特别是处理对外共同债务的负担问题时，债权人往往处于不知情或者不能表达自己意见的地位。如果认为上述决定不仅对夫妻双方有法律约束力，对债权人也有约束力的话，那么对债权人就很不公平。按照我国《婚姻法》的立法精神，在婚姻关系存续期间，夫妻双方如无特别约定，夫妻财产适用法定的所得共有制。夫妻对共同债务都负有连带清偿责任。这种连带清偿责任，不经债权人同意，债务人之间无权自行改变其性质，否则将会损害债权人的利益。因此，夫妻之间离婚时对财产的分割，只能对彼此内部有效，不能向外对抗其他债权人。同理，人民法院在作出这些法律文书时，只是为了解决婚姻关系当事人内部之间对于财产的分割以及债权债务的负担问题。这与婚姻关系之外的债权人无关，此时人民法院并未对债权人的权利进行审查处理，也没有改变婚姻关系当事人与其他债权人之间的关系。所以，债权人仍然有权就原夫妻所负共同债务向原夫妻双方或者其中任何一方要求偿还。当然，夫或妻就共同债务对外承担连带清偿责任后，有权基于离婚协议或者人民法院生效的法律文书向原配偶主张自己的权利。

十一、施行后新受理的案件适用本解释

问：《解释二》从何时起开始施行，如何保证《解释二》在实践中的正确适用？

答：最高人民法院作出的司法解释应当从何时开始适用，对此一直存在不同认识。一种观点主张，司法解释是对现行法律的解释，故应当从公布之日起，一、二审程序中尚未审结的相关案件，均应适用。另一观点认为，按照法不溯及既往的原则，司法解释只能适用于公布施行后才起诉到人民法院的案件。根据《婚姻法》实施的具体情况，《解释二》采纳的是后一种观点，规定了一个明确的实施日期。只有解释施行后，人民法院新受理的一审案件才能适用。对于那些在本解释施行前已经受理的一审、二审或者已经发生法律效力的案件，不能适用本解释的规定。应该指出的是，由于《婚姻法》施行时间长、适用范围广、条文内容不多、立法修改又很少，长期以来，最高人民法院就《婚姻法》的适用问题，根据不同时期的情况及需要，制定了大量的具有司法解释性质的文件、规定、批复等。有些随着情况的变化和法律的修改等原因，已经不能适用。根据法

的基本理论，对如何适用《婚姻法》的问题作出的司法解释，如果前后的规定有抵触，应当以公布在后的为准。《婚姻法》于2001年经过了一次重大修改，如果原有的司法解释与修改后的法律相抵触的，原来的司法解释就不能继续适用。为慎重起见，《解释二》第二十九条对此专门作出了规定。

十二、以后还将出台《解释三》

问：最高人民法院对《婚姻法》的司法解释采取分批制定的办法，那么，今后是否还会继续就《婚姻法》适用问题出台第三批、第四批的司法解释?

答：司法解释忠实于立法、服务于审判实践、源于社会的需要。随着社会生活不断发生变化，新问题、新情况层出不穷，对婚姻家庭纠纷案件的审理必然会遇到新的需要解决的问题。为了妥善解决纠纷，必须有针对性地作出符合《婚姻法》立法本意的、明确的司法解释。这是审判实践的要求，也是社会生活发展的需要。因此，最高人民法院还会根据新的情况，与时俱进，适时地制定第三批、第四批的婚姻法司法解释。

导读：本解释是最高人民法院适用婚姻法的系列解释之三。共19条，主要针对审判实践中亟须解决的一方婚前贷款所购不动产性质的认定、父母为子女结婚买房、结婚登记瑕疵处理、一方个人财产在婚后的收益等问题作出解释。这些规定是审判实践经验的总结，同时也凝聚了社会各界人士的智慧。

本解释对于落实司法为民的要求，正确、合法、及时地审理婚姻家庭纠纷案件，保护儿童、妇女及有关当事人的合法权益，都具有一定的现实意义。

最高人民法院
关于适用《中华人民共和国婚姻法》若干问题的解释（三）

法释〔2011〕18号

（2011年7月4日最高人民法院审判委员会第1525次会议通过
2011年8月9日最高人民法院公告公布
自2011年8月13日起施行）

为正确审理婚姻家庭纠纷案件，根据《中华人民共和国婚姻法》《中华人民共和国民事诉讼法》等相关法律规定，对人民法院适用婚姻法的有关问题作出如下解释：

第一条　（结婚登记瑕疵的处理）当事人以婚姻法第十条规定以外的情形申请宣告婚姻无效的，人民法院应当判决驳回当事人的申请。

当事人以结婚登记程序存在瑕疵为由提起民事诉讼，主张撤销结婚登记的，告知其可以依法申请行政复议或者提起行政诉讼。

第二条　（亲子关系的确认）夫妻一方向人民法院起诉请求确认亲子关系不存在，并已提供必要证据予以证明，另一方没有相反证据又拒绝做亲子鉴定的，人民法院可以推定请求确认亲子关系不存在一方的主张成立。

当事人一方起诉请求确认亲子关系，并提供必要证据予以证明，另一方没有相反证据又拒绝做亲子鉴定的，人民法院可以推定请求确认亲子关系一方的主张成立。

第三条　（婚内抚养费的请求支付）婚姻关系存续期间，父母双方或者一方拒不履行抚养子女义务，未成年或者不能独立生活的子女请求支付抚养费的，人民法院应予支持。

第四条　（婚姻内分割共同财产）婚姻关系存续期间，夫妻一方请求分割共同财产的，人民法院不予支持，但有下列重大理由且不损害债权人利益的除外：

（一）一方有隐藏、转移、变卖、毁损、挥霍夫妻共同财产或者伪造夫妻共同债务等严重损害夫妻共同财产利益行为的；

（二）一方负有法定扶养义务的人患重大疾病需要医治，另一方不同意支付相关医疗费用的。

第五条　（一方个人财产婚后产生的收益归属）夫妻一方个人财产在婚后产生的收益，除孳息和自然增值外，应认定为夫妻共同财产。

第六条　（夫妻之间赠与房产的处理）婚前或者婚姻关系存续期间，当事人约定将一方所有的房产赠与另一方，赠与方在赠与房产变更登记之前撤销赠与，另一方请求判令继续履行的，人民法院可以按照合同法第一百八十六条的规定处理。

第七条　（婚后父母为子女购买不动产的权属认定）婚后由一方父母出资为子女购买的不动产，产权登记在出资人子女名下的，可按照婚姻法第十八条第（三）项的规定，视为只对自己子女一方的赠与，该不动产应认定为夫妻一方的个人财产。

由双方父母出资购买的不动产，产权登记在一方子女名下的，该不动产可认定为双方按照各自父母的出资份额按份共有，但当事人另有约定的除外。

第八条　（无行为能力人的配偶严重损害其权益的救济）无民事行为能力人的配偶有虐待、遗弃等严重损害无民事行为能力一方的人身权利或者财产权益行为，其他有监护资格的人可以依照特别程序要求变更监护关系；变更后的监护人代理无民事行为能力一方提起离婚诉讼的，人民法院应予受理。

第九条　（与生育相关纠纷的处理）夫以妻擅自中止妊娠侵犯其生育权为由请求损害赔偿的，人民法院不予支持；夫妻双方因是否生育发生纠纷，致使感情确已破裂，一方请求离婚的，人民法院经调解无效，应依照婚姻法第三十二条第三款第（五）项的规定处理。

第十条　（一方婚前贷款买房，夫妻共同还贷的处理）夫妻一方婚前签订不动产买卖合同，以个人财产支付首付款并在银行贷款，婚后用夫妻共同财产还贷，不动产登记于首付款支付方名下的，离婚时该不动产由双方协议处理。

依前款规定不能达成协议的，人民法院可以判决该不动产归产权登记一方，尚未归还的贷款为产权登记一方的个人债务。双方婚后共同还贷支付的款项及其相对应财产增值部分，离婚时应根据婚姻法第三十九条第一款规定的原则，由产权登记一方对另一方进行补偿。

第十一条　（一方擅自出卖共有房屋的处理）一方未经另一方同意出售夫妻共同共有的房屋，第三人善意购买、支付合理对价并办理产权登记手续，另一方主张追回该房屋的，人民法院不予支持。

夫妻一方擅自处分共同共有的房屋造成另一方损失，离婚时另一方请求赔偿损失的，人民法院应予支持。

第十二条　（夫妻共同购买以一方父母名义参加房改的房屋处理）婚姻关系存续期间，双方用夫妻共同财产出资购买以一方父母名义参加房改的房屋，产权登记在一方父母名下，离婚时另一方主张按照夫妻共同财产对该房屋进行分割的，人民法院不予支持。购买该房屋时的出资，可以作为债权处理。

第十三条　（离婚时尚未退休的养老保险金处理）离婚时夫妻一方尚未退休、不符合领取养老保险金条件，另一方请求按照夫妻共同财产分割养老保险金的，人民法院不予支持；婚后以夫妻共同财产缴付养老保险费，离婚时一方主张将养老金账户中婚姻关系存续期间个人实际缴付部分作为夫妻共同财产分割的，人民法院应予支持。

第十四条　（附协议离婚条件的财产分割协议效力）当事人达成的以登记离婚或者到人民法院协议离婚为条件的财产分割协议，如果双方协议离婚未成，一方在离婚诉讼中反悔的，人民法院应当认定该财产分割协议没有生效，并根据实际情况依法对夫妻共同财产进行分割。

第十五条　（离婚时正在继承的遗产的分割）婚姻关系存续期间，夫妻一方作为继承人依法可以继承的遗产，在继承人之间尚未实际分割，起诉离婚时另一方请求分割的，人民法院应当告知当事人在继承人之间实际分割遗产后另行起诉。

第十六条　（夫妻共同财产出借给一方从事个人活动的性质）夫妻之间订立借款协议，以夫妻共同财产出借给一方从事个人经营活动或用于其他个人事务的，应视为双方约定处分夫妻共同财产的行为，离婚时可按照借款协议的约定处理。

第十七条　（双方过错不得要求损害赔偿）夫妻双方均有婚姻法第四十六条规定的过错情形，一方或者双方向对方提出离婚损害赔偿请求的，人民法院不予支持。

第十八条　（离婚后尚未处理的夫妻共同财产的分割）离婚后，一方以尚有夫妻共同财产未处理为由向人民法院起诉请求分割的，经审查该财产确属离婚时未涉及的夫妻共同财产，人民法院应当依法予以分割。

第十九条　（以本解释为准）本解释施行后，最高人民法院此前作出的相关司法解释与本解释相抵触的，以本解释为准。

【链　　接】

总结审判实践经验　凝聚社会各界智慧
正确合法及时审理婚姻家庭纠纷案件

——最高人民法院民一庭负责人就《关于适用〈中华人民共和国婚姻法〉若干问题的解释（三）》答记者问

为正确审理婚姻家庭纠纷案件，最高人民法院根据《中华人民共和国民法通则》《中华人民共和国婚姻法》《中华人民共和国物权法》《中华人民共和国民事诉讼法》等相关法律规定，结合民事审判实践经验，制定了《关于适用〈中华人民共和国婚姻法〉若干问题的解释（三）》（以下简称《解释三》），经最高人民法院审判委员会第1525次会议讨论，通过了该司法解释。

一、深入调查研究，专门召开专家论证会，三年共收到二百多万字意见

问：《解释三》已经于2011年8月12日正式公布，请您介绍一下最高人民法院制定这一司法解释的背景和意义？

答：2001年修订的《婚姻法》施行后，为了在审判实践中更好地贯彻《婚姻法》的立法精神，最高人民法院先后出台了《关于适用〈中华人民共和国婚姻法〉若干问题的解释（一）》（以下简称《解释一》）和《关于适用〈中华人民共和国婚姻法〉若干问题的解释（二）》（以下简称《解释二》），为各地法院正确、及时地审理各类婚姻家庭案件提供了具有可操作性的裁判依据。从全国法院审理婚姻家庭纠纷案件的情况来看，近年来出现了一些新情况和新问题，其中一些问题争议很大，“同案不同判”的现象并不鲜见，亟须出台司法解释以统一法律适用，保护当事人的合法权益。

最高人民法院高度重视该部司法解释的起草工作，从2008年1月开始着手《解释三》

的起草和调研工作。起草小组先后到北京市朝阳区人民法院及山东省青岛市中级人民法院查阅了三百多件有关婚姻家庭案件卷宗，为司法解释的起草工作提供了第一手资料。同时，注意深入调查研究，赴各地法院召开座谈会，听取一线法官关于婚姻家庭案件审理中的意见。专门召开专家论证会，认真听取了专家们的意见和建议。书面征求全国人大常委会法工委、国务院法制办、民政部、全国妇联的意见，再根据反馈的意见逐条推敲进行修改。

由于《婚姻法》与普通百姓密切相关，最高人民法院为了更广泛地听取广大民众的意见，落实司法为民的思想，于2010年11月15日至2010年12月15日，在中国法院网和《人民法院报》上公布了《解释三》的征求意见稿，引起社会各界的广泛关注和热烈讨论，共收到网上意见9974条，共计二百多万字，同时收到书面来信181封。中国法学会婚姻法学研究会等17家单位专门召开了有关研讨会，并寄来了书面修改意见。全国妇联权益部还专程到我院民一庭，针对热点问题谈了妇联系统的修改意见。这些意见和建议，既有普通百姓的肺腑之言，也有专家学者的真知灼见；既有各级法院法官们基于审判实践的宝贵经验，也有相关部门同志们的献计献策。

经过三年多的调研和起草工作，特别是在全国范围广泛征求意见后，《解释三》终于出台了。这次出台的司法解释，主要针对审判实践中亟须解决的一方婚前贷款所购不动产性质的认定、父母为子女结婚买房、结婚登记瑕疵处理、一方个人财产在婚后的收益等问题作出解释。这些规定是审判实践经验的总结，同时也凝聚了社会各界人士的智慧。

《婚姻法》是一部涉及千家万户的法律，这次《解释三》的出台，对于落实司法为民的要求，正确、合法、及时地审理婚姻家庭纠纷案件，保护儿童、妇女及有关当事人的合法权益，都具有一定的现实意义。

二、离婚案中按揭房屋所有权人除返还另一方所承担共同还贷的部分外，还应对增值部分做公平补偿

问：采用按揭方式购买房屋是当前房屋买卖的主要方式。请问，如果夫妻双方住房是按揭房屋，按照《解释三》的规定，离婚时应当如何进行分割?

答：在目前的离婚案件中，按揭房屋的分割是一个群众比较关心的问题。我们认为，对于一方婚前签订买卖合同支付首付款并在银行贷款、婚后夫妻共同还贷这类房产，完全认定为夫妻共同财产或者一方的个人财产都不太公平，该房产实际是婚前个人财产（婚

前个人支付首付及还贷部分）与婚后共同财产（婚后双方共同还贷部分）的混合体，离婚时处理的主导原则应当是既要保护个人婚前财产的权益，也要公平分割婚后共同共有部分的财产权益，同时还不能损害债权人银行的利益。

如果仅仅机械地按照房屋产权证书取得的时间作为划分按揭房屋属于婚前个人财产或婚后夫妻共同财产的标准，则可能出现对一方显失公平的情况。房屋产权证书的取得与房屋实际交付的时间往往不同步，许多购房人由于其自身以外的原因，迟迟不能取得房屋产权证书。不动产物权登记的立法目的在于维护交易安全、保护善意第三人的利益，而离婚诉讼中按揭房屋的分割只在夫妻之间进行，并不存在与善意第三人的利益冲突。一方在婚前已经通过银行贷款的方式向房地产公司支付了全部购房款，买卖房屋的合同义务已经履行完毕，即在婚前就取得了购房合同中购房者一方的全部债权，婚后获得房产的物权只是财产权利的自然转化，故离婚分割财产时将按揭房屋认定为一方的个人财产相对比较公平。对按揭房屋在婚后的增值，应考虑配偶一方参与还贷所作出的贡献，对其作出公平合理的补偿，而不仅仅是返还婚姻关系存续期间共同还贷的一半。在将按揭房屋认定为一方所有的基础上，未还债务也应由其继续承担，这样处理不仅易于操作，也符合法律规定的合同相对性原理。婚前一方与银行签订抵押贷款合同，银行是在审查其资信及还款能力的基础上才同意贷款的，其属于法律意义上的合同相对人，故离婚后应由其继续承担还款义务。

对于婚后参与还贷的一方来说，如果双方结婚时间较长，还贷的数额较大，离婚时获得的补偿数额也相应增大。我国实行的是法定夫妻共同财产制，除了双方约定实行分别财产制外，婚后即便支付首付款的一方用自己的工资收入支付房贷，也属于夫妻双方共同还贷。婚后共同还贷支付的款项及其相对应财产增值部分，离婚时根据《婚姻法》第三十九条第一款规定的照顾子女和女方权益的原则，由产权登记一方对另一方进行补偿。因此，离婚时按照该条规定处理一方婚前贷款所购房屋，并不会损害广大妇女的合法权益。

三、在没有办理过户手续之前，夫妻之间赠与房产可以撤销

问：夫妻之间赠与房产也需要像普通人一样办理过户手续吗？没过户可以撤销赠与吗？

答：夫妻在婚前或婚姻关系存续期间约定将一方个人所有的房产赠与另一方，但没有办理房产过户手续，后双方感情破裂起诉离婚，赠与房产的一方翻悔主张撤销赠与，

另一方主张继续履行赠与合同，请求法院判令赠与房产一方办理过户手续。对此问题应当如何处理呢？

经反复研究论证后，我们认为，我国《婚姻法》规定了三种夫妻财产约定的模式，即分别所有、共同共有和部分共同共有，并不包括将一方所有财产约定为另一方所有的情形。将一方所有的财产约定为另一方所有，也就是夫妻之间的赠与行为，虽然双方达成了有效的协议，但因未办理房屋变更登记手续，依照《物权法》的规定，房屋所有权尚未转移，而依照《合同法》关于赠与一节的规定，赠与房产的一方可以撤销赠与。

《合同法》对赠与问题进行了比较详尽的规定，如："赠与人在赠与财产的权利转移之前可以撤销赠与"；"赠与的财产依法需要办理登记等手续的，应当办理有关手续"；"具有救灾、扶贫等社会公益、道德义务性质的赠与合同或者经过公证的赠与合同，赠与人不交付赠与的财产的，受赠人可以要求交付。"婚姻家庭领域的协议常常涉及财产权属的条款，对于此类协议的订立、生效、撤销、变更等并不排斥《合同法》的适用。在实际生活中，赠与往往发生在具有亲密关系或者血缘关系的人之间，《合同法》对赠与问题的规定并没有指明夫妻关系除外。一方赠与另一方不动产，在没有办理过户手续之前，依照《合同法》的规定，是完全可以撤销的，这与《婚姻法》的规定并不矛盾。我国采取的是不动产法定登记制度，无论基于何种原因发生的权属变动均需经登记才产生效力。

四、正视畸高房价和高离婚增长率并存现状，保护出资购房父母方合法权益

问：现在房价问题困扰着许多人，年轻人结婚时仅凭自己的收入，一般没有能力买房，只得依靠父母的资助。父母为了子女结婚买房，可能倾其所有，透支了准备养老的积蓄，如果房屋产权登记在自己子女名下，离婚时另一方有权主张分割一半吗？

答：实际生活中，父母出资为子女结婚购房，可能没有考虑到以后子女婚姻解体的情况。按照国人的习惯，一般也不会与子女签署书面协议，如果离婚时一概将房屋认定为夫妻共同财产，势必违背了父母为子女购房的初衷和意愿，实际上也侵害了出资父母的利益。故房屋产权登记在出资父母子女名下的，视为父母明确只对自己子女一方的赠与比较合情合理；如果由双方父母出资购买不动产，产权登记在一方子女名下的，按照双方父母的出资份额按份共有，可能更符合实际情况。

制定司法解释要考虑到中国的国情，畸高房价和高离婚增长率并存，父母为子女结

婚购房往往倾注毕生积蓄，从这次《解释三》公开征求意见反馈的情况来看，作为出资人的男方父母或女方父母均表示，他们担心因子女离婚而导致家庭财产流失一半。

本解释从我国的实际出发，将“产权登记主体”与“明确表示赠与一方”进行链接，可以使父母出资购房真实意图的判断依据客观化，便于司法认定及统一裁量尺度，也有利于均衡保护结婚的双方及其父母的权益，相对来说也比较公平。

五、不离婚前提下对夫妻共有财产请求分割只能是一种例外，必须具有“重大理由”

问：请问不离婚时可以请求分割夫妻共同财产吗？比如有的夫妻一方独揽财政大权，另一方急需用钱时，能否到法院起诉主张分割共同财产？

答：一方能否在不解除婚姻关系的情况下主张对夫妻共同财产进行分割，审判实践中存在较大争议。一种观点认为，夫妻共同财产这种共有关系是最典型的共同共有关系，共同共有人在共有关系存续期间，一般不得请求分割共同财产，只要共有关系存在，共有人对共有财产就无法划分各自的份额，无法确定哪个部分属于哪个共有人所有。

只有在共有关系终止，共有财产分割以后，才能确定各共有人的份额。因此，在婚姻关系存续期间，一方请求分割夫妻共同财产的，人民法院不应受理。还有一种观点认为，在某些情形下，法律应当提供夫妻一方在婚姻关系存续期间保护自己财产权利的救济途径。如持有或控制夫妻共同财产的一方，私自对夫妻共同财产进行转移、变卖，为了赌博、吸毒而单独处分共同财产等，而另一方因种种复杂的因素不想离婚，或者在起诉离婚后被法院判决不准离婚，如果绝对不允许婚姻关系存续期间分割夫妻共同财产，只能眼睁睁看着对方随意处分夫妻共同财产而无可奈何，其结果有悖公平原则。现行《物权法》第九十九条的规定也突破了传统民法的共有理论，即允许共同共有人在特殊情况下请求分割共有物，同时还要保持共有关系。但是，在不解除婚姻关系的前提下对夫妻共同财产予以分割只能是一种例外，必须具有“重大理由”，否则其负面效应不可低估。另外，在夫妻一方需要履行法定扶养义务（比如一方父母患重病住院急需医疗费），而另一方不同意给付时，在不解除婚姻关系的情况下，为保障一方有能力履行其法定义务，应准许分割夫妻共同财产。

我们经过反复比较论证，同时借鉴国外相关的法律规定，最后采纳了后一种意见，即规定：婚姻关系存续期间，夫妻一方请求分割共同财产的，人民法院不予支持，但有下列重大理由且不损害债权人利益的除外：（1）一方有隐藏、转移、变卖、毁损、挥霍夫妻共同财产或者伪造夫妻共同债务等严重损害夫妻共同财产利益行为的；（2）一方负有法定扶养义务的人患重大疾病需要医治，另一方不同意支付相关医疗费用的。

六、夫妻一方个人财产婚后产生的收益除孳息和自然增值外为夫妻共同财产

问：夫妻一方个人财产在婚后产生的收益属于个人财产还是夫妻共同财产？比如一方婚前有 10 万元存在银行，婚后产生的利息应如何处理？

答：一般来讲，夫妻一方财产在婚后的收益主要包括孳息、投资经营收益及自然增值，《婚姻法》本身规定了婚姻关系存续期间所得的生产、经营收益及知识产权收益，归夫妻共同所有，《解释二》经明确规定一方以个人财产投资所得的收益为夫妻共同财产，但孳息和自然增值这两种情形在法律上和司法解释层面仍然是空白。有观点认为，配偶对一方个人财产在婚后的孳息及增值是否作出了贡献，应作为一种判断标准，如果配偶一方对该财产投入时间和精力进行经营管理的，所产生的收益认定为夫妻共同财产比较公平。但《解释三》公开征求意见后，多数观点认为，征求意见稿中的"贡献"一词不是法律用语，理解上也会产生歧义，是直接贡献还是间接贡献，是需要一定的贡献还是只要有贡献就行，审判实践中很难把握。

经过反复讨论斟酌，最后明确规定，夫妻一方个人财产在婚后产生的收益，除孳息和自然增值外，应认定为夫妻共同财产。您刚才问到的银行存款就属于法定孳息，离婚时一方个人财产存入银行产生的利息，应认定为一方的个人财产。至于自然增值，比如一方婚前有一套房子价格为 100 万元，离婚时因市场因素涨到 400 万元，其中 300 万元就属于自然增值，离婚时还是一方的个人财产。

七、对已领取的结婚证效力提出异议的，当事人可向民政部门申请解决或提出行政诉讼

问：我们注意到，媒体曾报道女方使用假身份证与男方登记结婚，骗到钱后消失，男方起诉离婚被法院驳回，理由是没有明确的被告，男方岂不是陷入告状无门的尴尬？

答：审判实践中，常常有当事人以结婚登记中的瑕疵问题申请宣告婚姻无效或者起诉离婚，比如一方当事人未亲自到场办理结婚登记、借用或冒用他人身份证明进行登记、婚姻登记机关越权管辖、当事人提交的婚姻登记材料有瑕疵等，各地法院对此掌握不一，需要予以规范。

在结婚登记程序存在瑕疵时，如果同时欠缺了结婚的实质要件，在法律规定的情形内，可以被人民法院宣告无效，但对仅有程序瑕疵的结婚登记的法律效力，缺乏明确的法律规定。当事人以婚姻登记中的瑕疵问题申请宣告婚姻无效的，因《婚姻法》第十条关于婚姻无效的规定没有兜底条款，只要不符合婚姻无效的四种情形，法院就只能判决驳回当事人的申请。如果将符合结婚实质要件但结婚登记程序上有瑕疵的婚姻宣告为无效，不仅随意扩大了无效婚姻的范围，也不符合设立无效婚姻制度的立法本意。

在我国现行的法律框架下，结婚登记在性质上属于具体行政行为，即行政确认行为。当事人对已经领取的结婚证效力提出异议，不属法院民事案件的审查范围，当事人可以向民政部门申请解决或提起行政诉讼。结婚登记瑕疵事件时有发生，当事人起诉要求宣告婚姻无效又不符合《婚姻法》第十条规定的无效婚姻情形，导致当事人因结婚登记瑕疵而无法实现离婚目的，故需要给当事人提供解决问题的途径，以便多渠道化解矛盾，解决纠纷。像您列举的使用假身份证登记结婚的案例，男方可以到民政部门申请解决或者到法院提起行政诉讼，请求撤销结婚登记。

八、亲子关系诉讼中一方当事人拒绝鉴定推定另一方主张成立

问：随着经济发展的日新月异，国人的价值观念也发生了很大变化，离婚率在不断攀升，夫妻之间的信任度也难免降低，法院受理的否认婚生子女或请求确认亲子关系的纠纷越来越多。在审判实践中，有的当事人拒不配合法院做亲子鉴定，请问有什么解决办法吗？

答：这次公布的《解释三》专门规定了这个问题，即如果当事人拒绝做亲子鉴定应如何处理的问题。亲子关系诉讼属于身份关系诉讼，主要包括否认婚生子女和认领非婚生子女的诉讼，即否认法律上的亲子关系或承认事实上的亲子关系。亲子关系诉讼中直接证据的缺乏和亲子关系证明责任的高标准，使得亲子鉴定成为认定或否定亲子关系的关键性证据。现代生物医学技术的发展，使得DNA鉴定技术被广泛用于子女与父母尤其是与父亲的血缘关系的证明。亲子鉴定技术简便易行，准确率较高，在诉讼中起到了极为重要的作用，全世界已经有一百二十多个国家和地区采用DNA技术直接作为判案的依据。但如果当事人拒绝做亲子鉴定，能否进行强制？审判实践中法院往往很难定夺。

从国外的亲子鉴定法律规定来看，通常有两种形式的强制方法。一种是直接强制鉴定，如德国规定，拒绝受检者不仅要负担因拒绝所生费用，并科处罚金；应受检查者无正当理由，一再拒绝受检时，法院得加以强制，可对其强制抽血；另一种是间接强制鉴

定，是在获取亲子关系事实真相和保护当事人隐私权、人格权之间作出的平衡。如英国、美国、法国等规定相对人无正当理由拒绝配合法院命令进行亲子鉴定时，法院得依其拒绝之情事，推认不利于相对人的事实。“他山之玉，可以攻石”，借鉴国外有关亲子鉴定的做法，同时根据审判实践中的裁判经验，这次司法解释对亲子鉴定问题进行了明确规定。

由于亲子鉴定事关重大，涉及夫妻双方、子女和他人的人身关系和财产关系，请求确认或否认亲子关系的一方要承担与其诉讼请求相适应的举证责任。如果过分强调请求一方的证明责任，势必使请求人的实体权利难以得到保护；但如果忽略请求一方的证明责任，则可能导致权利滥用，不利于家庭关系的稳定和当事人隐私的保护。

在处理有关亲子关系纠纷时，如果一方提供的证据能够形成合理的证据链条证明当事人之间可能存在或不存在亲子关系，另一方没有相反的证据又坚决不同意做亲子鉴定的，人民法院可以按照《最高人民法院关于民事诉讼证据的若干规定》第七十五条的规定作出处理，即可以推定请求否认亲子关系一方或者请求确认亲子关系一方的主张成立，而不配合法院进行亲子鉴定的一方要承担败诉的法律后果。

九、无民事行为能力人的配偶有虐待、遗弃等行为的，其他有监护资格的人可以要求变更监护关系；变更后的监护人可以代理无民事行为能力一方提起离婚诉讼

问：如果一方是精神病人或者植物人，他人可以代理其作为原告起诉离婚吗？

答：在以往的审判实践中，无民事行为能力人一般在离婚诉讼中都是被告。现在有时会遇到无民事行为能力人的配偶一方出于继承或占用财产的目的，既不提出离婚也不履行法定的夫妻扶养义务，甚至擅自变卖夫妻共同财产，对无行为能力一方实施家庭暴力或虐待、遗弃等，严重侵害了无民事行为能力人的合法权益。如果一概不允许其作为原告提起离婚之诉，可能会出现在合法婚姻的幌子下肆意侵害无民事行为能力人权益的情况。

《民法通则》第六十三条第三款规定：“依照法律规定或者按照双方当事人约定，应当由本人实施的民事法律行为，不得代理。”婚姻关系属于身份关系，结婚、离婚均需当事人本人自愿作出意思表示，而不能由他人代理实施。但我们认为，现行法律规定婚姻等身份行为不能代理，应该理解为只适用于精神正常或意识清醒的人，而不适用于无民事行为能力人，因其客观上不能正确表达意识或完全没有意识，对自己的行为无法

作出适当的选择。

《婚姻登记条例》第十二条规定："办理离婚登记的当事人属于无民事行为能力人或者限制民事行为能力人的，婚姻登记机关不予受理。"也就是说，无民事行为能力人的离婚，不能通过行政程序协议离婚，只能通过诉讼程序解决，但现行法律和司法解释对无民事行为能力人是否可以作为原告由他人代理提起离婚之诉没有作出明确规定，缺乏相应的救济途径。

是否准许无民事行为能力人的代理人代其提起离婚诉讼，有关国家的规定可供我们借鉴。如《俄罗斯联邦家庭法典》第16条规定："婚姻可以根据一方或双方申请离婚的方式终止，也可根据被法院确认为无行为能力人的一方的监护人的申请而终止。"《法国民法典》第249条规定："如离婚申请应当以受监护的成年人的名义提出，此项申请，由监护人听取医生的意见并经亲属会议批准后提交。"

经过广泛征求意见，《解释三》对无民事行为能力人诉讼离婚的问题进行了规定，即"无民事行为能力人的配偶有虐待、遗弃等严重损害无民事行为能力一方的人身权利或者财产权益行为，其他有监护资格的人可以依照特别程序要求变更监护关系；变更后的监护人代理无民事行为能力一方提起离婚诉讼的，人民法院应予受理"。

十、一方未经另一方同意出售夫妻共同共有房屋，第三人善意取得后，另一方主张追回该房屋的，人民法院不予支持；夫妻一方擅自处分共同共有的房屋造成另一方损失，离婚时另一方可以请求赔偿损失

问：经常从媒体报道上看见这样的纠纷，如丈夫瞒着妻子将夫妻共同所有的房产卖给第三人，如果已经办理房产过户手续，请问应保护无辜配偶的利益还是保护第三人的利益？

答：这个问题确实比较棘手，既关系到夫妻财产制度的落实和《婚姻法》对夫妻双方利益的保护，也关系到交易秩序的稳定和安全，关键在于如何平衡无辜配偶一方与第三人之间的利益。近年来房产交易日趋频繁，纠纷也日益增多。当夫或妻一方与第三人发生不动产物权交易时，该不动产登记在夫妻一方名下但实际属于夫妻共同财产，如果第三人尽到了必要的审查与注意义务，支付合理的房屋价款且已经办理变更登记手续，为了保护交易安全，根据善意取得制度，第三人可以取得不动产物权。《物权法》第一百零六条规定："无处分权人将不动产或者动产转让给受让人的，所有权人有权追回；除法律另有规定外，符合下列情形的，受让人取得该不动产或者动产的所有权：（一）

受让人受让该不动产或者动产时是善意的；（二）以合理的价格转让；（三）转让的不动产或者动产依照法律规定应当登记的已经登记，不需要登记的已经交付给受让人。”以上规定的三个构成要件是满足善意取得的前提。就第三人而言，要求其在房产交易中审查出卖人是否有配偶、处分的财产是否属于夫妻共同财产是不现实的，也不利于财产流转。基于不动产登记的公示公信力，从社会诚信以及保护善意第三人的角度考虑，对配偶一方以不知情、不同意为由主张返还房屋的诉讼请求不予支持。

也有专家建议规定除外情形，即房屋属于家庭共同生活唯一居住用房的除外。因生存是第一要素，夫妻一方擅自将家庭仅有的一套房屋出售，如果支持善意第三人的主张，会出现另一方无家可归的情况。

从公开征求意见反馈的情况来看，多数意见认为，征求意见稿中的除外条款实际上否定了《物权法》第一百零六条的规定，原则上这种例外条款不应允许。如果善意第三人付出家庭全部积蓄购入的房屋也是其家庭唯一生活住房，如何平衡二者之间的利益？另外，民事执行程序中已经规定，对于唯一住房不予执行，这就已经考虑到了生存权、居住问题，没必要在婚姻法解释中再专门规定；在房价高涨的现实情况下，担心这个条款可能会被卖房反悔的人利用，这样不利于保护交易安全和善意第三人的合法权益。

经反复论证后我们采纳了多数人的意见，但同时规定了配偶一方的赔偿请求权，即“一方未经另一方同意出售夫妻共同共有的房屋，第三人善意购买、支付合理对价并办理产权登记手续，另一方主张追回该房屋的，人民法院不予支持；夫妻一方擅自处分共同共有的房屋造成另一方损失，离婚时另一方请求赔偿损失的，人民法院应予支持”。

导读：本指导案例旨在明确夫妻关系存续期间，双方一致同意利用他人的精子进行人工授精并使女方受孕后，男方反悔，而女方坚持生出该子女，该子女出生后应当认定为婚生子女，以及在夫妻一方所订立的遗嘱中没有为胎儿保留遗产份额的遗嘱效力等问题。该案例有利于依法保护通过人工授精出生子女的以及妇女的合法权益，统一类似案件的裁判标准。

指导案例50号　李某、郭某阳诉郭某和、童某某继承纠纷案

（最高人民法院审判委员会讨论通过　2015年4月15日发布）

关键词

民事　继承　人工授精　婚生子女

裁判要点

1. 夫妻关系存续期间，双方一致同意利用他人的精子进行人工授精并使女方受孕后，男方反悔，而女方坚持生出该子女的，不论该子女是否在夫妻关系存续期间出生，都应视为夫妻双方的婚生子女。

2. 如果夫妻一方所订立的遗嘱中没有为胎儿保留遗产份额，因违反《中华人民共和国继承法》第十九条规定，该部分遗嘱内容无效。分割遗产时，应当依照《中华人民共和国继承法》第二十八条规定，为胎儿保留继承份额。

相关法条

《中华人民共和国民法通则》第五十七条

《中华人民共和国继承法》第十九条、第二十八条

基本案情

原告李某诉称：位于江苏省南京市某住宅小区的306室房屋，是其与被继承人郭某顺的夫妻共同财产。郭某顺因病死亡后，其儿子郭某阳出生。郭某顺的遗产，应当由妻子李某、儿子郭某阳与郭某顺的父母即被告郭某和、童某某等法定继承人共同继承。请求法院在析产继承时，考虑郭某和、童某某有自己房产和退休工资，而李某无固定收入还要抚养幼子的情况，对李某和郭某阳给予照顾。

被告郭某和、童某某辩称：儿子郭某顺生前留下遗嘱，明确将306室赠予二被告，

故对该房产不适用法定继承。李某所生的孩子与郭某顺不存在血缘关系，郭某顺在遗嘱中声明他不要这个人工授精生下的孩子，他在得知自己患癌症后，已向李某表示过不要这个孩子，是李某自己坚持要生下孩子。因此，应该由李某对孩子负责，不能将孩子列为郭某顺的继承人。

法院经审理查明：1998 年 3 月 3 日，原告李某与郭某顺登记结婚。2002 年，郭某顺以自己的名义购买了涉案建筑面积为 45.08 平方米的 306 室房屋，并办理了房屋产权登记。2004 年 1 月 30 日，李某和郭某顺共同与南京军区南京总医院生殖遗传中心签订了人工授精协议书，对李某实施了人工授精，后李某怀孕。2004 年 4 月，郭某顺因病住院，其在得知自己患了癌症后，向李某表示不要这个孩子，但李某不同意人工流产，坚持要生下孩子。5 月 20 日，郭某顺在医院立下自书遗嘱，在遗嘱中声明他不要这个人工授精生下的孩子，并将 306 室房屋赠与其父母郭某和、童某某。郭某顺于 5 月 23 日病故。李某于当年 10 月 22 日产下一子，取名郭某阳。原告李某无业，每月领取最低生活保障金，另有不固定的打工收入，并持有夫妻关系存续期间的共同存款 18705.4 元。被告郭某和、童某某系郭某顺的父母，居住在同一个住宅小区的 305 室，均有退休工资。2001 年 3 月，郭某顺为开店，曾向童某某借款 8500 元。

南京大陆房地产估价师事务所有限责任公司受法院委托，于 2006 年 3 月对涉案 306 室房屋进行了评估，经评估房产价值为 19.3 万元。

裁判结果

江苏省南京市秦淮区人民法院于 2006 年 4 月 20 日作出一审判决：涉案的 306 室房屋归原告李某所有；李某于本判决生效之日起 30 日内，给付原告郭某阳 33442.4 元，该款由郭某阳的法定代理人李某保管；李某于本判决生效之日起 30 日内，给付被告郭某和 33442.4 元、给付被告童某某 41942.4 元。一审宣判后，双方当事人均未提出上诉，判决已发生法律效力。

裁判理由

法院生效裁判认为：本案争议焦点主要有两方面：一是郭某阳是否为郭某顺和李某的婚生子女？二是在郭某顺留有遗嘱的情况下，对 306 室房屋应如何析产继承？

关于争议焦点一。《最高人民法院关于夫妻离婚后人工授精所生子女的法律地位如何确定的复函》中指出："在夫妻关系存续期间，双方一致同意进行人工授精，所生子女应视为夫妻双方的婚生子女，父母子女之间权利义务关系适用《中华人民共和国婚姻法》的有关规定。"郭某顺因无生育能力，签字同意医院为其妻子即原告李某施行人工授精手术，该行为表明郭某顺具有通过人工授精方法获得其与李某共同子女的意思表示。只要在夫妻关系存续期间，夫妻双方同意通过人工授精生育子女，所生子女均应视为夫妻双方的婚生子女。《中华人民共和国民法通则》第五十七条规定："民事法律行为从成立时起具有法律约束力。行为人非依法律规定或者取得对方同意，不得擅自变更或者解除。"因此，郭某顺在遗嘱中否认其与李某所怀胎儿的亲子关系，是无效民事行为，应当认定郭某阳是郭某顺和李某的婚生子女。

关于争议焦点二。《中华人民共和国继承法》(以下简称《继承法》)第五条规定："继承开始后，按照法定继承办理；有遗嘱的，按照遗嘱继承或者遗赠办理；有遗赠扶养协议的，按照协议办理。"被继承人郭某顺死亡后，继承开始。鉴于郭某顺留有遗嘱，本案应当按照遗嘱继承办理。《继承法》第二十六条规定："夫妻在婚姻关系存续期间所得的共同所有的财产，除有约定的以外，如果分割遗产，应当先将共同所有的财产的一半分出为配偶所有，其余的为被继承人的遗产。"《最高人民法院关于贯彻执行〈中华人民共和国继承法〉若干问题的意见》第38条规定："遗嘱人以遗嘱处分了属于国家、集体或他人所有的财产，遗嘱的这部分，应认定无效。"登记在被继承人郭某顺名下的306室房屋，已查明是郭某顺与原告李某夫妻关系存续期间取得的夫妻共同财产。郭某顺死亡后，该房屋的一半应归李某所有，另一半才能作为郭某顺的遗产。郭某顺在遗嘱中，将306室全部房产处分归其父母，侵害了李某的房产权，遗嘱的这部分应属无效。此外，《继承法》第十九条规定："遗嘱应当对缺乏劳动能力又没有生活来源的继承人保留必要的遗产份额。"郭某顺在立遗嘱时，明知其妻子腹中的胎儿而没有在遗嘱中为胎儿保留必要的遗产份额，该部分遗嘱内容无效。《继承法》第二十八条规定："遗产分割时，应当保留胎儿的继承份额。"因此，在分割遗产时，应当为该胎儿保留继承份额。综上，在扣除应当归李某所有的财产和应当为胎儿保留的继承份额之后，郭某顺遗产的剩余部分才可以按遗嘱确定的分配原则处理。

（四）损害赔偿

导读：在人民法院的审判实践中，侵权案件历来是仅次于婚姻家庭纠纷案件的一个主要案件类型。侵权案件中，人身损害赔偿案件又居于突出的地位。1987年1月1日起施行的《中华人民共和国民法通则》（以下简称《民法通则》），为人民法院正确审理人身损害赔偿案件提供了基本的法律依据。近年来，随着我国经济和社会发展，侵权人身损害赔偿案件在类型和数量上也发生了重大变化，给审判实践带来了许多新情况、新问题。《民法通则》对侵权民事责任的法律规定比较原则；《最高人民法院关于贯彻执行〈中华人民共和国民法通则〉若干问题的意见（试行）》对审理侵权案件的法律适用原则虽有所补充，但仍不能适应当前审判实践的迫切需要；尤其是对人身损害赔偿的范围和计算标准，至今没有统一的规范可供遵循，客观上影响了人民法院依法公正、及时地审理人身损害赔偿案件。各级法院审判人员对此反映强烈，希望尽快出台司法解释，规范和统一侵权人身损害赔偿的法律适用问题。为此，最高人民法院制定了本解释。

本解释的内容可以分为五个部分：第一部分（第一条），是对人身损害赔偿法律关系的一般规定，分别就人身损害赔偿的客体范围（生命权、健康权、身体权）、主体范围（赔偿权利人、赔偿义务人）和内容范围（财产损失和精神损害）进行界定。第二部分（第二～五条），是对过失相抵原则的适用范围和共同侵权的构成要件等一般问题的规定。第三部分（第六～十六条），是对11种具体侵权类型的法律适用问题进行解释。第四部分（第十七～三十五条），是对赔偿范围、标准等相关问题的具体规定。第五部分（三十六条），是对本解释适用的效力范围的规定。

本解释作为审理侵权案件的一个重要司法解释，具有以下几个方面的意义：

第一，对于加强对人身权利的司法保护，进一步强化全社会的权利尊重和保障意识，具有重要意义。第二，为人民法院审理人身损害赔偿案件提供了可操作的规范，有利于公正、及时地审理相关案件。第三，本解释对侵权损害赔偿领域里的若干重大理论问题进行了有益和积极的探索，将会促进我国侵权法理论研究的深入发展，并为民法典的制定提供有益的经验。

最高人民法院
关于审理人身损害赔偿案件适用法律若干问题的解释

法释〔2003〕20号

（2003年12月4日最高人民法院审判委员会第1299次会议通过
2003年12月26日最高人民法院公告公布
自2004年5月1日起施行）

为正确审理人身损害赔偿案件，依法保护当事人的合法权益，根据《中华人民共和国民法通则》（以下简称民法通则）、《中华人民共和国民事诉讼法》（以下简称民事诉讼法）等有关法律规定，结合审判实践，就有关适用法律的问题作如下解释：

第一条　（人身损害赔偿法律关系的一般规定）因生命、健康、身体遭受侵害，赔偿权利人起诉请求赔偿义务人赔偿财产损失和精神损害的，人民法院应予受理。

本条所称“赔偿权利人”，是指因侵权行为或者其他致害原因直接遭受人身损害的受害人、依法由受害人承担扶养义务的被扶养人以及死亡受害人的近亲属。

本条所称“赔偿义务人”，是指因自己或者他人的侵权行为以及其他致害原因依法应当承担民事责任的自然人、法人或者其他组织。

第二条　（过失相抵原则的适用范围与例外）受害人对同一损害的发生或者扩大有故意、过失的，依照民法通则第一百三十一条的规定，可以减轻或者免除赔偿义务人的赔偿责任。但侵权人因故意或者重大过失致人损害，受害人只有一般过失的，不减轻赔偿义务人的赔偿责任。

适用民法通则第一百零六条第三款规定确定赔偿义务人的赔偿责任时，受害人有重大过失的，可以减轻赔偿义务人的赔偿责任。

第三条　（共同侵权行为的认定）二人以上共同故意或者共同过失致人损害，或者虽无共同故意、共同过失，但其侵害行为直接结合发生同一损害后果的，构成共同侵权，应当依照民法通则第一百三十条规定承担连带责任。

二人以上没有共同故意或者共同过失，但其分别实施的数个行为间接结合发生同一损害后果的，应当根据过失大小或者原因力比例各自承担相应的赔偿责任。

第四条　（共同危险行为的认定）二人以上共同实施危及他人人身安全的行为并造成损害后果，不能确定实际侵害行为人的，应当依照民法通则第一百三十条规定承担连带责任。共同危险行为人能够证明损害后果不是由其行为造成的，不承担赔偿责任。

第五条　（对部分共同侵权人免责的效力）赔偿权利人起诉部分共同侵权人的，人民法院应当追加其他共同侵权人作为共同被告。赔偿权利人在诉讼中放弃对部分共同侵权人的诉讼请求的，其他共同侵权人对被放弃诉讼请求的被告应当承担的赔偿份额不承担连带责任。责任范围难以确定的，推定各共同侵权人承担同等责任。

人民法院应当将放弃诉讼请求的法律后果告知赔偿权利人，并将放弃诉讼请求的情况在法律文书中叙明。

第六条　（安全保障义务与第三人侵权）从事住宿、餐饮、娱乐等经营活动或者其他社会活动的自然人、法人、其他组织，未尽合理限度范围内的安全保障义务致使他人遭受人身损害，赔偿权利人请求其承担相应赔偿责任的，人民法院应予支持。

因第三人侵权导致损害结果发生的，由实施侵权行为的第三人承担赔偿责任。安全保障义务人有过错的，应当在其能够防止或者制止损害的范围内承担相应的补充赔偿责任。安全保障义务人承担责任后，可以向第三人追偿。赔偿权利人起诉安全保障义务人的，应当将第三人作为共同被告，但第三人不能确定的除外。

第七条　（教育机构的过错责任）对未成年人依法负有教育、管理、保护义务的学校、幼儿园或者其他教育机构，未尽职责范围内的相关义务致使未成年人遭受人身损害，或者未成年人致他人人身损害的，应当承担与其过错相应的赔偿责任。

第三人侵权致未成年人遭受人身损害的，应当承担赔偿责任。学校、幼儿园等教育机构有过错的，应当承担相应的补充赔偿责任。

第八条　（执行职务侵权的民事责任）法人或者其他组织的法定代表人、负责人以及工作人员，在执行职务中致人损害的，依照民法通则第一百二十一条的规定，由该法人或者其他组织承担民事责任。上述人员实施与职务无关的行为致人损害的，应当由行为人承担赔偿责任。

属于《国家赔偿法》赔偿事由的，依照《国家赔偿法》的规定处理。

第九条　（雇员侵权的雇主责任）雇员在从事雇佣活动中致人损害的，雇主应当承担赔偿责任；雇员因故意或者重大过失致人损害的，应当与雇主承担连带赔偿责任。雇主承担连带赔偿责任的，可以向雇员追偿。

前款所称“从事雇佣活动”，是指从事雇主授权或者指示范围内的生产经营活动或者其他劳务活动。雇员的行为超出授权范围，但其表现形式是履行职务或者与履行职务有内在联系的，应当认定为“从事雇佣活动”。

第十条 （定作人的民事责任）承揽人在完成工作过程中对第三人造成损害或者造成自身损害的，定作人不承担赔偿责任。但定作人对定作、指示或者选任有过失的，应当承担相应的赔偿责任。

第十一条 （雇员工伤的雇主责任）雇员在从事雇佣活动中遭受人身损害，雇主应当承担赔偿责任。雇佣关系以外的第三人造成雇员人身损害的，赔偿权利人可以请求第三人承担赔偿责任，也可以请求雇主承担赔偿责任。雇主承担赔偿责任后，可以向第三人追偿。

雇员在从事雇佣活动中因安全生产事故遭受人身损害，发包人、分包人知道或者应当知道接受发包或者分包业务的雇主没有相应资质或者安全生产条件的，应当与雇主承担连带赔偿责任。

属于《工伤保险条例》调整的劳动关系和工伤保险范围的，不适用本条规定。

第十二条 （民事赔偿与工伤保险赔偿）依法应当参加工伤保险统筹的用人单位的劳动者，因工伤事故遭受人身损害，劳动者或者其近亲属向人民法院起诉请求用人单位承担民事赔偿责任的，告知其按《工伤保险条例》的规定处理。

因用人单位以外的第三人侵权造成劳动者人身损害，赔偿权利人请求第三人承担民事赔偿责任的，人民法院应予支持。

第十三条 （义务帮工人致人损害）为他人无偿提供劳务的帮工人，在从事帮工活动中致人损害的，被帮工人应当承担赔偿责任。被帮工人明确拒绝帮工的，不承担赔偿责任。帮工人存在故意或者重大过失，赔偿权利人请求帮工人和被帮工人承担连带责任的，人民法院应予支持。

第十四条 （义务帮工人遭受人身损害）帮工人因帮工活动遭受人身损害的，被帮工人应当承担赔偿责任。被帮工人明确拒绝帮工的，不承担赔偿责任；但可以在受益范围内予以适当补偿。

帮工人因第三人侵权遭受人身损害的，由第三人承担赔偿责任。第三人不能确定或者没有赔偿能力的，可以由被帮工人予以适当补偿。

第十五条 （受益人的补偿责任）为维护国家、集体或者他人的合法权益而使自己受到人身损害，因没有侵权人、不能确定侵权人或者侵权人没有赔偿能力，赔偿权利人请求受益人在受益范围内予以适当补偿的，人民法院应予支持。

第十六条　（物件致人损害的赔偿责任）下列情形，适用民法通则第一百二十六条的规定，由所有人或者管理人承担赔偿责任，但能够证明自己没有过错的除外：

（一）道路、桥梁、隧道等人工建造的构筑物因维护、管理瑕疵致人损害的；

（二）堆放物品滚落、滑落或者堆放物倒塌致人损害的；

（三）树木倾倒、折断或者果实坠落致人损害的。

前款第（一）项情形，因设计、施工缺陷造成损害的，由所有人、管理人与设计、施工者承担连带责任。

第十七条　（人身损害赔偿的范围）受害人遭受人身损害，因就医治疗支出的各项费用以及因误工减少的收入，包括医疗费、误工费、护理费、交通费、住宿费、住院伙食补助费、必要的营养费，赔偿义务人应当予以赔偿。

受害人因伤致残的，其因增加生活上需要所支出的必要费用以及因丧失劳动能力导致的收入损失，包括残疾赔偿金、残疾辅助器具费、被扶养人生活费，以及因康复护理、继续治疗实际发生的必要的康复费、护理费、后续治疗费，赔偿义务人也应当予以赔偿。

受害人死亡的，赔偿义务人除应当根据抢救治疗情况赔偿本条第一款规定的相关费用外，还应当赔偿丧葬费、被扶养人生活费、死亡补偿费以及受害人亲属办理丧葬事宜支出的交通费、住宿费和误工损失等其他合理费用。

第十八条　（精神损害赔偿）受害人或者死者近亲属遭受精神损害，赔偿权利人向人民法院请求赔偿精神损害抚慰金的，适用《最高人民法院关于确定民事侵权精神损害赔偿责任若干问题的解释》予以确定。

精神损害抚慰金的请求权，不得让与或者继承。但赔偿义务人已经以书面方式承诺给予金钱赔偿，或者赔偿权利人已经向人民法院起诉的除外。

第十九条　（医疗费赔偿）医疗费根据医疗机构出具的医药费、住院费等收款凭证，结合病历和诊断证明等相关证据确定。赔偿义务人对治疗的必要性和合理性有异议的，应当承担相应的举证责任。

医疗费的赔偿数额，按照一审法庭辩论终结前实际发生的数额确定。器官功能恢复训练所必要的康复费、适当的整容费以及其他后续治疗费，赔偿权利人可以待实际发生后另行起诉。但根据医疗证明或者鉴定结论确定必然发生的费用，可以与已经发生的医疗费一并予以赔偿。

第二十条　（误工费赔偿）误工费根据受害人的误工时间和收入状况确定。

误工时间根据受害人接受治疗的医疗机构出具的证明确定。受害人因伤致残持续误工的，误工时间可以计算至定残日前一天。

受害人有固定收入的，误工费按照实际减少的收入计算。受害人无固定收入的，按照其最近三年的平均收入计算；受害人不能举证证明其最近三年的平均收入状况的，可以参照受诉法院所在地相同或者相近行业上一年度职工的平均工资计算。

第二十一条　（护理费赔偿）护理费根据护理人员的收入状况和护理人数、护理期限确定。

护理人员有收入的，参照误工费的规定计算；护理人员没有收入或者雇佣护工的，参照当地护工从事同等级别护理的劳务报酬标准计算。护理人员原则上为一人，但医疗机构或者鉴定机构有明确意见的，可以参照确定护理人员人数。

护理期限应计算至受害人恢复生活自理能力时止。受害人因残疾不能恢复生活自理能力的，可以根据其年龄、健康状况等因素确定合理的护理期限，但最长不超过二十年。

受害人定残后的护理，应当根据其护理依赖程度并结合配制残疾辅助器具的情况确定护理级别。

第二十二条　（交通费赔偿）交通费根据受害人及其必要的陪护人员因就医或者转院治疗实际发生的费用计算。交通费应当以正式票据为凭；有关凭据应当与就医地点、时间、人数、次数相符合。

第二十三条　（就医住院相关费用赔偿）住院伙食补助费可以参照当地国家机关一般工作人员的出差伙食补助标准予以确定。

受害人确有必要到外地治疗，因客观原因不能住院，受害人本人及其陪护人员实际发生的住宿费和伙食费，其合理部分应予赔偿。

第二十四条　（营养费赔偿）营养费根据受害人伤残情况参照医疗机构的意见确定。

第二十五条　（残疾赔偿金）残疾赔偿金根据受害人丧失劳动能力程度或者伤残等级，按照受诉法院所在地上一年度城镇居民人均可支配收入或者农村居民人均纯收入标准，自定残之日起按二十年计算。但六十周岁以上的，年龄每增加一岁减少一年；七十五周岁以上的，按五年计算。

受害人因伤致残但实际收入没有减少，或者伤残等级较轻但造成职业妨害严重影响其劳动就业的，可以对残疾赔偿金作相应调整。

第二十六条　（残疾辅助器具费用赔偿）残疾辅助器具费按照普通适用器具的合理

费用标准计算。伤情有特殊需要的，可以参照辅助器具配制机构的意见确定相应的合理费用标准。

辅助器具的更换周期和赔偿期限参照配制机构的意见确定。

第二十七条　（丧葬费赔偿）丧葬费按照受诉法院所在地上一年度职工月平均工资标准，以六个月总额计算。

第二十八条　（扶养费赔偿）被扶养人生活费根据扶养人丧失劳动能力程度，按照受诉法院所在地上一年度城镇居民人均消费性支出和农村居民人均年生活消费支出标准计算。被扶养人为未成年人的，计算至十八周岁；被扶养人无劳动能力又无其他生活来源的，计算二十年。但六十周岁以上的，年龄每增加一岁减少一年；七十五周岁以上的，按五年计算。

被扶养人是指受害人依法应当承担扶养义务的未成年人或者丧失劳动能力又无其他生活来源的成年近亲属。被扶养人还有其他扶养人的，赔偿义务人只赔偿受害人依法应当负担的部分。被扶养人有数人的，年赔偿总额累计不超过上一年度城镇居民人均消费性支出额或者农村居民人均年生活消费支出额。

第二十九条　（死亡赔偿金）死亡赔偿金按照受诉法院所在地上一年度城镇居民人均可支配收入或者农村居民人均纯收入标准，按二十年计算。但六十周岁以上的，年龄每增加一岁减少一年；七十五周岁以上的，按五年计算。

第三十条　（属地计算标准的选择）赔偿权利人举证证明其住所地或者经常居住地城镇居民人均可支配收入或者农村居民人均纯收入高于受诉法院所在地标准的，残疾赔偿金或者死亡赔偿金可以按照其住所地或者经常居住地的相关标准计算。

被扶养人生活费的相关计算标准，依照前款原则确定。

第三十一条　（赔偿金总额的确定）人民法院应当按照民法通则第一百三十一条以及本解释第二条的规定，确定第十九条至第二十九条各项财产损失的实际赔偿金额。

前款确定的物质损害赔偿金与按照第十八条第一款规定确定的精神损害抚慰金，原则上应当一次性给付。

第三十二条　（有关赔偿费的再诉给付）超过确定的护理期限、辅助器具费给付年限或者残疾赔偿金给付年限，赔偿权利人向人民法院起诉请求继续给付护理费、辅助器具费或者残疾赔偿金的，人民法院应予受理。赔偿权利人确需继续护理、配制辅助器具，或者没有劳动能力和生活来源的，人民法院应当判令赔偿义务人继续给付相关费用五至十年。

第三十三条 （定期金的适用与限制）赔偿义务人请求以定期金方式给付残疾赔偿金、被扶养人生活费、残疾辅助器具费的，应当提供相应的担保。人民法院可以根据赔偿义务人的给付能力和提供担保的情况，确定以定期金方式给付相关费用。但一审法庭辩论终结前已经发生的费用、死亡赔偿金以及精神损害抚慰金，应当一次性给付。

第三十四条 （定期金的判决与执行）人民法院应当在法律文书中明确定期金的给付时间、方式以及每期给付标准。执行期间有关统计数据发生变化的，给付金额应当适时进行相应调整。

定期金按照赔偿权利人的实际生存年限给付，不受本解释有关赔偿期限的限制。

第三十五条 （赔偿标准的统计依据）本解释所称"城镇居民人均可支配收入""农村居民人均纯收入""城镇居民人均消费性支出""农村居民人均年生活消费支出""职工平均工资"，按照政府统计部门公布的各省、自治区、直辖市以及经济特区和计划单列市上一年度相关统计数据确定。

"上一年度"，是指一审法庭辩论终结时的上一统计年度。

第三十六条 （本解释的效力）本解释自2004年5月1日起施行。2004年5月1日后新受理的一审人身损害赔偿案件，适用本解释的规定。已经作出生效裁判的人身损害赔偿案件依法再审的，不适用本解释的规定。

在本解释公布施行之前已经生效施行的司法解释，其内容与本解释不一致的，以本解释为准。

【链　接】

最高人民法院有关负责人在公布《关于审理人身损害赔偿案件适用法律若干问题的解释》新闻发布会上的讲话

（2003年12月29日）

各位记者、各位朋友：

《最高人民法院关于审理人身损害赔偿案件适用法律若干问题的解释》（以下简称

本解释），已于2003年12月4日由最高人民法院审判委员会第1299次会议通过，并于今天公布，2004年5月1日起正式施行。下面，我就本解释制定的背景、主要内容和意义等问题，向各位作出简要介绍和说明。

一、本解释制定的背景

在人民法院的审判实践中，侵权案件历来是仅次于婚姻家庭纠纷案件的一个主要案件类型。侵权案件中，人身损害赔偿案件又居于突出的地位。1987年1月1日起施行的《中华人民共和国民法通则》（以下简称《民法通则》），为人民法院正确审理人身损害赔偿案件提供了基本的法律依据。近年来，随着我国经济和社会发展，侵权人身损害赔偿案件在类型和数量上也发生了重大变化，给审判实践带来了许多新情况、新问题。《民法通则》对侵权民事责任的法律规定比较原则；《最高人民法院关于贯彻执行〈中华人民共和国民法通则〉若干问题的意见（试行）》对审理侵权案件的法律适用原则虽有所补充，但仍不能适应当前审判实践的迫切需要；尤其是对人身损害赔偿的范围和计算标准，至今没有统一的规范可供遵循，客观上影响了人民法院依法公正、及时地审理人身损害赔偿案件。各级法院审判人员对此反映强烈，希望尽快出台司法解释，规范和统一侵权人身损害赔偿的法律适用问题。最高人民法院制定这一司法解释，不仅是依法公正、及时审理人身损害赔偿案件，保护公民人身权利的需要，而且也是审判实践的迫切需要。

在过去的审判实践中，确定人身损害赔偿案件的赔偿范围和标准，主要是以1991年9月22日国务院发布的《道路交通事故处理办法》的规定为依据。《办法》的规定，对人民法院审理人身损害赔偿案件起到了积极作用。随着我国经济发展和人民生活水平的提高，《办法》规定的赔偿标准明显偏低，不能充分体现填补受害人损失的损害赔偿原则；另一方面，有关部门就各种侵权类型的人身损害赔偿制定了各不相同的标准，当然有的规定是符合国际惯例的；但是对不同侵权类型的人身损害分别规定不同的赔偿范围和标准，不利于法制统一，也难以保证司法公正。起草本解释的初衷就是根据法制统一原则，按照《民法通则》的基本原则，规范人身损害的赔偿标准，以确保法律适用的统一，确保受害人的损失能够得到最大限度的补偿，保护广大人民群众的合法权益。

本解释的起草始于1998年。由于人身损害赔偿案件多由基层法院管辖，为了配合当年召开的人民法庭工作会议，最高人民法院在调研基础上起草了本解释的征求意见稿，提交会议进行讨论。2001年以后，随着国家立法规划将起草民法典提上议事日程，本解释的起草工作伴随着参与立法活动以及参与立法学术活动，进入了一个理论上得到提升的新的阶段。在起草过程中，本解释的指导思想经历了两次较大的变化。第一次变化，是对过去既有的赔偿标准和赔偿原则持基本否定的态度，完全抛弃我国历来采取的定型化赔偿模式，按照主观计算方法设计新的人身损害赔偿模式，实行差额赔偿。在征求有关部门意见中，此种差额赔偿模式受到了普遍的质疑和批评。结合实务进行具体计算的结果也表明，完全按照主观计算方法设计的差额赔偿模式脱离中国实际，强化了贫富不均和两极分化的对立，不符合我国的社会公共政策。在否定之否定的基础上，我们对起草本解释的指导思想进行了调整，重新回到从中国实际出发，按照主观计算与客观计算相结合的方法设计的定型化赔偿模式，同时根据国家统计部门的建议，对赔偿所依据的统计指标进行了调整，在较为充分地保护受害人利益的基础上，兼顾人身损害赔偿制度的历史连续性和社会公正性，适当平衡当事人双方的利益，制定了这一司法解释。

今年 8 月，最高人民法院为贯彻党中央关于“三个代表”的重要思想，向社会公布了司法为民的 23 项措施，其中包括制定 10 项与人民群众切身利益密切相关的司法解释；人身损害赔偿的司法解释，就是其中之一。为充分体现司法解释起草制定的民主性，最高人民法院通过《人民法院报》和中国法院网向社会公布了本解释的征求意见稿，广泛征求人民群众和社会各界的意见。群众反响热烈，在网上发表评论意见 600 多条约 50 万字；社会各界还以书面形式提出意见帮助我们修改条文，其中包括来自乡村基层的普通农民群众和侨居海外的企业家、留学生。我们对社会各界提出的意见和建议进行了归纳整理，分析论证，许多好的建议我们都予以吸收，包括一些条款的增设和文字表述都被直接吸收进本解释的条文。由于本解释的规定涉及与国家有关制度的配合和协调，涉及与国家立法的关系，我们还多次以书面征求意见、召开座谈会以及直接磋商的方式，向全国人大法工委、国务院法制办、劳动和社会保障部、公安部、财政部、教育部、国家统计局等有关部委办征求意见，协调立场；同时，由于本解释的内容涉及损害赔偿法律制度中的一些重大理论问题，我们也多次以座谈会、书面咨询等方式征求法学专家的意见。本解释历经反复修改达 28 稿，终于经最高人民法院审判委员会讨论通过。本解释的起草制定，是贯彻司法为民指导思想的一项重要举措，也是司法解释制定程序民主化的一次重要实践。本解释的公布，是社会各界和广大人民群众倾力支持的结果，表明了大家对建设法治国家的关心，对人民司法的支持。

二、本解释规定的主要内容

本解释的内容可以分为五个部分：第一部分（第一条），是对人身损害赔偿法律关系的一般规定，分别就人身损害赔偿的客体范围（生命权、健康权、身体权）、主体范围（赔偿权利人、赔偿义务人）和内容范围（财产损失和精神损害）进行界定。第二部分（第二～五条），是对过失相抵原则的适用范围和共同侵权的构成要件等一般问题的规定。第三部分（第六～十六条），是对 11 种具体侵权类型的法律适用问题进行解释。第四部分（第十七～三十五条），是对赔偿范围、标准等相关问题的具体规定。第五部分（三十六条），是对本解释适用的效力范围的规定。具体内容主要包括以下几个方面：

第一，关于共同侵权行为，涉及两个主要问题：其一，关于共同侵权行为的构成要件。本解释规定："二人以上共同故意或者共同过失致人损害，或者虽无共同故意、共同过失，但其侵害行为直接结合发生同一损害后果的，构成共同侵权，应当依照《民法通则》第一百三十条规定承担连带责任。"根据这一规定，本解释对共同侵权的构成要件系采取客观说，不以当事人有意思联络为必要。只要数人实施的加害行为相互直接结合发生同一损害后果，其行为具有关联共同性，即构成共同侵权，应当依照《民法通则》第一百三十条的规定承担连带责任。客观说较有利于保护受害人的利益，也是共同侵权理论的一个发展趋势。但对于数个原因间接结合发生同一损害结果即多因一果的情形，本解释规定应当按照过错大小或者原因力比例承担责任。

其二，关于受害人仅免除部分侵权人责任的效力问题。传统民法理论认为，受害人仅免除部分侵权人责任的，对全体被诉共同侵权人发生绝对效力，"免除一部等于免除全部"。我们根据理论的最新发展和审判实践，对这种免责表示采纳相对效力的观点，以充分尊重债权人对自己权利的处分自由，同时平衡各债务人之间的利益。

第二，关于经营者的安全保障义务。近年来，审判实践中出现了一系列犯罪分子在酒店、银行等经营场所杀人越货的事件，经营者在安全保障上存在的问题给犯罪分子以可乘之机。受害人往往在向犯罪分子索赔不能的情况下，单独起诉酒店、银行等要求赔偿。但过去的侵权法理论未能提供受害人行使此种请求权的理论依据。本解释根据审判实践中积累的经验，结合民法理论上的社会活动安全注意义务理论，对安全保障义务的范围和违反义务时的责任界限进行界定。根据该规定，从事社会活动应当对相关公众的安全给予合理的注意，疏于注意造成他人人身损害的，安全保障义务人应当承担赔偿责任；在第三人侵权的情形，安全保障义务人没有尽到注意义务的，应当承担补充赔偿责任。该理论旨在解决不作为行为与损害结果的因果关系问题，对解决审判实践中的众多新类型案件具有重要意义。

第三，关于雇主责任。近年来，随着我国劳动用工制度的改革，在劳动关系领域里已实行全面的劳动合同制。在《劳动法》调整的劳动关系领域以外，也存在各种形式的劳动用工。无论是劳动合同形式的用工关系还是劳务合同形式的用工关系，本质上都是通过使用他人劳动扩大雇主的事业范围或者活动范围，用人单位和雇主因此获得利益；同时，这种事业范围的扩大或者活动范围的扩大也增加了其他人因此受到损害的风险。为体现利益与风险一致，风险和责任一致的原则，本解释根据审判实践和多数专家意见，规定雇主要为雇员与履行职务有关的侵权行为承担责任。同时规定，雇员因故意或者重大过失致人损害的，也要为自己的侵权行为负责，与雇主共同对受害人承担连带赔偿责任，以利于对受害人给予及时和充分救济，也促使雇主加强对企业的管理，加强对劳动者、雇员的教育，提高自身的风险防范意识。

第四，关于工伤保险赔偿与民事损害赔偿的相互关系。工伤保险与民事损害赔偿的关系，在审判实践中长期存在争论。从性质上看，工伤保险属于社会保险范畴，与私权救济性质的民事损害赔偿存在根本的差别。但是，由于工伤保险赔付是基于工伤事故的发生或者劳动者罹患职业病，与劳动安全事故或者劳动保护瑕疵等原因有关，因此，工伤事故在民法上被评价为民事侵权（如雇主提供的机器爆炸）。这就产生了工伤保险赔偿与民事损害赔偿的竞合问题。对此问题的处理世界各国有四种模式：（1）工伤保险取代民事损害赔偿；（2）受害人可以同时获得工伤保险待遇和民事损害赔偿，但劳动者个人需交纳高额保险费；（3）受害人可以选择获得工伤保险待遇或者民事损害赔偿；（4）民事损害赔偿与工伤保险待遇实行差额互补。鉴于工伤保险实行社会统筹和用人单位无过错责任，有利于受害人及时获得充分救济；有利于企业摆脱高额赔付造成的困境，避免因行业风险过大导致竞争不利；还有利于劳资关系和谐，避免劳资冲突和纠纷，因此，我们赞成用人单位通过缴纳工伤保险费的方式承担责任。这对用人单位和劳动者双方都有利。但如果劳动者遭受工伤，是由于第三人的侵权行为造成，第三人不能免除民事赔偿责任。

第五，关于赔偿范围和标准。本解释对赔偿范围和标准的规定，有以下特点：

1. 关于赔偿范围，从“积极损害”和“消极损害”两个方面进行界定。积极损害是指：（1）因治疗损伤支出的费用：如医疗费、护理费、交通费、营养费、后续治疗费、康复费、整容费；（2）因生活上增加需要支出的费用：如配制残疾用具、长期护理依赖支出的费用。消极损害是指：因全部或者部分丧失劳动能力或者因受害人死亡导致的未来收入损失。

2. 关于赔偿的计算方法，采取差额赔偿与定型化赔偿相结合的折中模式：即具体损失采取“差额赔偿”，抽象损失采取“定型化赔偿”。所谓具体损失，就是受害人实际支出的费用或者实际减少的收入等可以交换价值计算的损失，如医疗费、误工费、交通费、营养费；所谓“抽象损失”，就是因劳动能力丧失或受害人死亡等因素只能抽象评价的未来收入损失。本解释对残疾者生活补助费和死亡补偿费就是采取定型化赔偿，设置有固定的赔偿标准和期限；对医疗费、误工费等则采取差额赔偿，实际支出或者损失多少就赔多少，体现了折中的原则。抽象损失采取“定型化赔偿”的理由：（1）与过去的有关立法、解释相衔接；（2）已被审判实践所肯定并被社会普遍接受；（3）有法理依据；（4）具有社会妥当性。至于定型化赔偿的弊端，即可能与受害人的实际生存利益不一致，本解释也采取了补救办法。例如，残疾赔偿二十年期满受害人仍尚生存，且没有生活来源的，本解释规定赔偿权利人可以另行起诉。

3. 关于残疾赔偿采取“劳动能力丧失说”。“劳动能力丧失说”是根据残疾等级抽象评定劳动力丧失程度，并以此作为评价受害人利益损失的学说。“劳动能力丧失说”与“收入丧失说”相对而言。依据“收入丧失说”，只有实际取得收入的受害人才会有收入损失，也只有实际减少收入的人才存在收入损失。未成年人、待业人员都不存在收入损失，因此不能获得赔偿。受害人虽然因伤致残，但实际收入没有减少的，也不应获得赔偿。这显然不合理。因此，绝对的“收入丧失税”实际上没有人主张，通常都是“收入丧失说”结合“劳动能力丧失说”作为评价残疾赔偿的理论依据。本解释以“劳动能力丧失说”为原则，同时也考虑收入丧失与否的实际情况，作为决定残疾赔偿的加权因素，以平衡当事人双方的利益。

4. 关于死亡赔偿采取“继承丧失说”。赔偿权利人因受害人死亡所蒙受的财产损失可以有两种计算方法，其一是以被扶养人丧失生活来源作为计算依据的“扶养丧失说”，其二是以受害人死亡导致的家庭整体收入减少为计算依据的“继承丧失说”。本解释对死亡赔偿采纳“继承丧失说”，即将“死亡赔偿金”的性质确定为收入损失的赔偿，而非“精神损害抚慰金”。赔偿数额，按照“人均可支配收入”的客观标准以二十年固定赔偿年限计算，即采取定型化赔偿模式。该计算方法既与过去的法律法规相衔接，又不致因主观计算导致贫富悬殊、两极分化。按照这一计算方法，死亡赔偿金比过去提高一倍多。例如，以2000年北京市城镇居民人均消费性支出8493.5元计算，过去的死亡赔偿金全额为84935元。同年北京市城镇居民人均可支配收入为10350元，依本解释计算的全额死亡赔偿金可达 207000 元。

第六，关于定期金赔偿。过去的审判实践，一般采取一次性赔付的方式赔偿受害人损失。但一次性支付赔偿金有诸多弊端：首先，是过分加重侵权人一方的赔偿负担，甚至有可能导致侵权人支付不能或者企业破产，最终损害受害人一方的利益；其次，是可能导致受害人不能对赔偿金进行合理的分配使用，使赔偿目的落空，或者被其他人（如未成年人的监护人）挪用、侵吞，获得不当利益等。本解释借鉴有关国家经验，对赔偿金的支付兼采一次性赔偿和定期金赔偿两种形式，以一次性赔偿为原则，定期金赔偿为补充。同时规定以定期金赔偿的，赔偿义务人应当提供担保。

除上述内容外，本解释还就学生伤害事故、定作人的侵权责任、义务帮工致人损害、工作物责任、损害赔偿计算的标准时、本解释适用的效力范围等问题，作出了具体规定。

三、本解释出台的意义

现代社会，随着经济发展、技术进步，道路交通、工业灾害等各种侵权事件频繁发生，对人民群众的人身安全造成极大的威胁。如何才能有效地防止各种侵权事件的发生，发生侵权事件以后如何合理地转移和分散损害，给受害人予公平、合理和充分的救济，不仅是立法机关的重要职责，也是人民法院肩负的神圣使命。立法调整主要通过对民事权利义务的分配，实现分配的正义；司法救济则是通过使赔偿义务人承担责任，填补受害人的损失，实现平均的正义。但这一过程，并不是一个简单的移转损害的操作过程，它也是一个体现司法为民的指导思想、贯彻公平正义的司法理念的法治文明的建设过程。司法解释的起草制定，对这一法治文明的建设，负有特殊重要的使命。我们起草制定关于人身损害赔偿的司法解释，其最根本的意义正在于此。作为审理侵权案件的一个重要司法解释，本解释的出台还具有以下几个方面的意义：

第一，对于加强对人身权利的司法保护，进一步强化全社会的权利尊重和保障意识，具有重要意义。人身权利是宪法宣言和保护的公民的基本权利，是以人格尊严为核心的首要的和基本的人权。人权的保障历来被视为是公法的基本任务，但对自然人的人身权利遭受侵害的情形，以民事司法的保护方法给予受害人公正、及时的损害赔偿救济，本质上也是人权司法保障的一个重要方面。近年来，最高人民法院不断加强对人身权利的司法保护，相继出台了精神损害赔偿、触电人身损害赔偿等几个司法解释，从人身损害赔偿的一个方面或一种类型出发，不断完善和发展司法保护的内容，加强司法保护的力度。本解释的出台，可以说是“百尺竿头，更进一步”，在既有司法解释的基础上，对人身权利提供更为全面的司法保护，而且从更为积极、主动的意义上强化社会生活中的权利保护意识和安全保障义务，对于提升全社会的权利尊重和保障意识，将会起到良好的促进作用，发挥深远的影响。

第二，为人民法院审理人身损害赔偿案件提供了可操作的规范，有利于公正、及时地审理相关案件。在过去的审判实践中，人身损害赔偿的范围和标准，事实上处于长期缺位的状态。在2000年1月最高人民法院制定《关于审理触电人身损害赔偿案件若干问题的解释》以前，人民法院审理人身损害赔偿案件，涉及对赔偿范围的确定和赔偿标准的计算时，只能参照《道路交通事故处理办法》的相关规定；对非道路交通事故的侵权案件，其赔偿标准的确定和计算事实上“无法可依”。这应当说是民事司法领域里的一个重要缺陷。本解释的制定，为人身损害赔偿的范围和标准提供了规范性的依据，具有可操作性，弥补了这一缺陷。这不仅有利于人民法院及时、公正审理相关案件，而且也有助于促进人身损害赔偿的范围和标准在立法上实现统一，进而维护国家法制的统一和尊严。

第三，本解释对侵权损害赔偿领域里的若干重大理论问题进行了有益和积极的探索，将会促进我国侵权法理论研究的深入发展，并为民法典的制定提供有益的经验。本解释的起草制定，有两个重要的源泉：一是人民法院的审判实践，为我们提供了丰富的案件类型和经验资源；另一是侵权法理论的不断发展，为我们提供了有益的知识和思想资源。本解释的制定，并不是消极地接受现行的理论成果，而是从公正审理人身损害赔偿案件的价值目标出发，坚持以“三个代表”的思想为指导，努力贯彻“司法为民”的宗旨，积极探索符合“公平正义”理念、符合中国实际的司法保护模式和相应的制度规范。在起草过程中，我们涉及了侵权法理论上的一些基本问题。如共同侵权的构成要件，理论上有各种学说；而我们加以取舍和折中的标准，是基于一个基本的司法价值理念，就是要让无辜的受害人能够得到司法救济，而让无视他人人身权利和人格尊严的侵权人承担责任和风险。为此，我们对各家学说进行了综合取舍与改造，以贯彻我们的司法理念。本解释的规定，还吸收了民法典起草中的最新理论成果和经验，例如，关于经营者的安全保障义务的规定，就是在理论上的一个最新发展。我们结合审判实务，对安全保障义务的范围、责任界限，以及诉讼结构都进行了认真的探索，形成了具有操作性的具体规范。这些探索的成果形成现在的解释，其是否妥当，是否有利于保护受害人的权益，有利于平衡各方当事人的利益，当然还要经过实践的检验；但我们的探索是在中国走向法治的历史进程中，在理论、实务与立法的交互影响和作用中不断发展和深入进行的；因此，我相信，这些探索的成果也必将对侵权法理论的进一步发展和深入起到积极的推动作用，必将为民法典的起草制定提供有益的经验。

谢谢大家！

最高人民法院有关负责人就《关于审理人身损害赔偿案件适用法律若干问题的解释》答记者问

一、出台解释是审判实践的迫切需要

问：最高人民法院今天公布《关于审理人身损害赔偿案件适用法律若干问题的解释》，请您谈谈司法解释出台的背景。

答：这一司法解释的出台，是依法公正、及时审理人身损害赔偿案件，保护公民人身权利的需要。近年来，随着我国经济和社会发展，侵权人身损害赔偿案件在类型和数量上也发生了重大变化，给审判实践带来了许多新情况、新问题。《民法通则》对人身损害赔偿的法律适用规定比较原则，《最高人民法院关于贯彻执行〈中华人民共和国民法通则〉若干问题的意见（试行）》虽有所补充但仍不能适应当前审判实践的迫切需要；尤其是对人身损害赔偿的范围和计算标准，至今没有统一的规范可供遵循，使有些案件难以依法及时处理，不利于及时、公正地维护广大人民群众的合法权益，广大法官和社会各界，都希望尽快出台司法解释，规范和统一侵权人身损害赔偿的法律适用问题。

二、经营者未尽安全保障义务应承担补充赔偿责任

问：司法解释规定经营者从事经营活动负有安全保障义务，其法律依据是什么？怎样理解经营者的补充赔偿责任？

答：司法解释规定从事经营活动或者其他社会活动，经营者或者组织者对相关公众负有安全保障义务的法律依据，一是《民法通则》第五条规定："公民、法人的合法的民事权益受法律保护，任何组织和个人不得侵犯。"积极实施侵害行为为法律所禁止，消极不履行安全保障义务造成他人人身损害，也应当承担民事责任。二是《消费者权益保护法》第十八条的规定："经营者应当保证其提供的商品或者服务符合保障人身、财产安全的要求。"该规定是经营者从事经营活动负有安全保障义务的直接法律依据。近年来，审判实践中遇到了一些在宾馆、酒店、银行、寄宿学校等杀人越货的案件。从这

些案件发生的原因看，经营者在安全保障上存在的问题，正是这些单位未尽安全保障义务给了犯罪分子以可乘之机。有的赔偿权利人在向犯罪分子索赔不能而要求经营者赔偿时，经营者往往以没有实施侵害行为，不应承担民事责任为由进行抗辩。按照司法解释的规定，从事经营活动或者其他社会活动的人，负有对相关公众在合理限度范围内的安全保障义务。未尽安全保障义务造成他人人身损害的，就应当承担相应的赔偿责任；因第三人侵权造成人身损害，安全保障义务人有过错的，应当在其能够防止和制止损害的范围内承担补充赔偿责任，从而明确了安全保障义务人的义务范围和责任界限，这不仅有利于促进商品、服务领域在安全保障方面加强管理，以更加人性化的服务体现对人的关照和尊重，而且也有利于合理分配损害，补偿受害人的损失。不仅在经营活动中，在其他具有公众参与或者具有广泛社会接触的活动中，管理者、组织者、具体实施者都应关注其活动范围内的安全保障问题，对他人的人身安全给予必要的关照和保障。“己所不欲，勿施于人”；有不忍人之心，人才有不忍之心；为他人提供安全保障，才能人人都有安全保障。传统的民法理论孤立地看待“自然人”，把民事主体想象成荒岛上的鲁滨逊，忽视了社会生活中人们的相互依存关系，未能就社会活动的安全保障义务提供理论依据。司法解释的制定，以我国现行法律为依据，吸收了现代民法理论的研究成果，明确规定经营者从事经营活动，对相关公众负有安全保障义务。司法解释的规定，突出体现了现代司法以人为本的价值理念，也体现了司法为民的要求。

经营者违反安全保障义务，造成他人人身损害的，应当承担相应的赔偿责任。这是经营者的直接责任。经营者未尽安全保障义务，致使第三人侵权造成他人人身损害的，经营者应当承担补充赔偿责任。经营者承担补充赔偿责任的法理依据，在于经营者违反应当积极作为的安全保障义务，使本来可以避免或者减少的损害得以发生或者扩大，增加了损害发生的几率；因此经营者应当为受害人向直接侵权人求偿不能承担风险责任。让无辜的受害人得到救济，而让那些侵害他人或者无视他人安全的人承担责任和风险，符合司法正义的理念。司法解释的规定，对解决审判实践中的众多新类型案件具有重要意义。

三、学校要对校园伤害事故承担过错责任

问：司法解释对学生伤害事故的规定与教育部去年制定的《学生伤害事故处理办法》有什么不同？

答：按照《教育法》和《未成年人保护法》的规定，教育机构对未成年人负有教育、

管理、保护的法定职责和义务。违反法定义务，造成未成年人人身损害的，应当承担相应的民事责任。

校园伤害事故是近年来人民法院受理的侵权案件中一种常见、多发的案件类型。对校园伤害事故的责任承担，审判实践中存在较大争议。一种观点认为，未成年人到学校接受教育，事实上脱离了父母的监护；为保护未成年人的利益，当然发生监护权的转移。因此，对学生伤害事故，学校应当承担监护人的责任。我们认为，我国《民法通则》规定的监护制度以一定的亲属关系或者身份关系为前提，法律对担任监护人的范围有明确规定。监护职责不因未成年人到学校接受教育而当然发生转移。教育机构依法负有对未成年人的教育、管理和保护义务，如果因过错没有尽到相应的义务，致发生学生伤害事故的，学校应当承担与其过错相应的民事责任。司法解释的规定，就是明确教育机构对学生伤害事故的责任，在性质上是违反法定义务的过错责任，而不是《民法通则》第一百三十三条规定的监护人的责任。

司法解释对教育机构责任性质的界定，与教育部的规章没有原则分歧。教育部的规章是教育行政部门处理学生伤害事故的依据，但规章在审判实务中只具有参照的效力。司法解释则是国家最高审判机关对法律适用作出的解释，对人民法院审理案件具有约束力。

四、雇主应对雇员的致害行为承担赔偿责任

问：司法解释规定雇员侵权致人损害，由雇主承担赔偿责任。为什么雇主要替雇员承担责任？

答：近年来，随着我国劳动用工制度的改革，在劳动关系领域里已实行全面的劳动合同制。在《劳动法》调整的劳动关系领域以外，也存在各种形式的劳动用工。不论是劳动合同形式的用工关系，还是劳务合同形式的用工关系，都是通过使用他人劳动获得利益；同时，因使用他人劳动而使雇主事业范围扩大或者活动范围扩大，也相应增加了其他人因此受到损害的风险。根据利益和风险一致、风险和责任一致的民法理论，使用他人劳动获得利益的人，当然要为受雇人在劳动过程中的致他人损害的行为承担责任。对无辜的受害人给予公平的救济，使死有所葬、残有所养，肉体的创伤得到救治，心灵的痛苦得以慰藉，这是一个法治社会最基本的正义观念。

当然，雇主承担替代责任，并不意味着雇主就是责任的渊薮。侵权法在着眼于对受害人的损害给予填补时，也着眼于损害的转移和分散。责任保险制度就是有效分散损害、

合理分配企业经营风险的一项制度。雇主承担替代责任，不仅有利于对受害人给予及时和充分救济，也有利于雇主加强对企业的管理，加强对劳动者、雇员的教育，提高自身的风险防范意识。需要强调的是，雇员因故意或者重大过失致人损害的，也要为自己的侵权行为负责，与雇主一起对受害人承担连带赔偿责任。雇主责任并非雇员恣意妄为的"避风港"，任何人都要为自己非法侵害他人人身权利的行为付出代价，承担责任。

五、受害人获工伤保险赔付不免除第三人的侵权责任

问：发生工伤事故，工伤职工除享受工伤保险待遇外，能否再请求民事损害赔偿？

答：工伤保险与民事损害赔偿的关系，在审判实践中长期存在争论。从性质上看，工伤保险属于社会保险范畴，与民事损害赔偿性质上存在根本的差别。但是，由于工伤保险赔付是基于工伤事故的发生，与劳动安全事故或者劳动保护瑕疵等原因有关，因此，工伤事故在民法上被评价为民事侵权。这就产生了工伤保险赔付与民事损害赔偿的相互关系问题。对此问题世界各国有四种处理模式：第一，工伤保险取代民事损害赔偿；第二，受害人可以同时获得工伤保险待遇和民事损害赔偿，但劳动者个人需交纳高额保险费；第三，受害人可以选择获得工伤保险待遇或者民事损害赔偿；第四，民事损害赔偿与保险待遇实行差额互补。国务院今年公布的《工伤保险条例》，将于2004年1月1日起正式实施。根据政府有关部门的规定，在中国境内的企事业单位和个体工商户都要参加工伤保险统筹，为劳动者缴纳工伤保险费。应当参保的企业违法不缴纳保险费的，发生工伤事故，也要按照《工伤保险条例》的规定承担给付工伤职工相应保险待遇的责任。相对于民事损害赔偿而言，工伤保险具有特殊的优点：工伤保险实行用人单位无过错责任，并且不考虑劳动者是否有过错，只要发生工伤，工伤保险经办机构就应给予全额赔偿。民事侵权考虑受害人自身是否存在过失，实行过失相抵，即根据受害人过失程度相应减少赔偿数额。此外，工伤保险实行社会统筹，有利于受害人及时获得充分救济；企业参加工伤保险，分散了赔偿责任，有利于企业摆脱高额赔付造成的困境，避免因行业风险过大导致竞争不利；工伤保险还有利于劳资关系和谐，避免劳资冲突和纠纷。鉴于上述理由，我们认为，用人单位通过缴纳保险费的方式承担责任，对用人单位和劳动者双方都有利。因此，发生工伤事故，属于用人单位责任的，工伤职工应当按照《工伤保险条例》的规定享受工伤保险待遇，不能再通过民事诉讼获得双重赔偿。但如果劳动者遭受工伤，是由于第三人的侵权行为造成的，第三人不能免除民事赔偿责任。例如，职工因工出差遭遇交通事故，工伤职工虽依法享受工伤保险待遇，但对交通肇事负有责

任的第三人仍应当承担民事赔偿责任。

六、见义勇为者可请求受益人给予补偿

问：因见义勇为而遭受损害的人，可否由受益人给以赔偿？最近经常看到有关“英雄流血又流泪”的报道，司法解释对此是否有一个说法？

答：我们的社会鼓励见义勇为的行为，我们的道德也赞赏见义勇为的行为。为了给见义勇为行为人提供全面的司法保护，使其受到损失后能得到相应的补偿，本司法解释从公平原则出发，对因见义勇为遭受人身损害的赔偿权利人作出以下具体规定，以保护其合法权益：第一，没有侵权人，如为抢救落水儿童而献身；第二，不能确定侵权人，如为制止犯罪遭受伤害，案件未能侦破的；第三，犯罪分子或者侵权人没有赔偿能力的。在以上三种情形下，人民法院可以根据赔偿权利人的请求，判令受益人在受益范围内对受害人的损害予以适当补偿。

受益人非侵权人，其承担补偿责任并不是因为其有过错，而是基于对损害的分担。从侵权损害赔偿的角度看，因见义勇为遭受人身损害的受害人，与受益人应当是利益共同体。他们共同面对危险、面对侵害；而见义勇为者以自己慷慨赴险的壮举，使受益人转危为安。对受害人的救助，从长远来看应当是社会的责任。但在缺乏相应机制的条件下，作为利益共同体的受益人，适当分担损害，给受害人以补偿，是符合公平原则的。这在客观上也有助于弘扬正气，有助于发扬中华民族扶危济困的良好道德风尚。

七、赔偿标准更加科学合理

问：关于赔偿标准的规定，是司法解释的一个重要内容。请问，司法解释规定的赔偿标准，与以前的标准有什么不同？

答：司法解释确定的赔偿标准比以前的赔偿标准更加科学、合理。这主要体现在以下几个方面：第一，赔偿标准的确定更加符合民法中的“平均的正义”或者“矫正的正义”的价值理念，也就是更加符合侵权法中的“填补损失”或者“填平损害”的原则。具体而言就是指：对侵权行为造成的财产损失，要按照损失前后的差额赔偿其交换价值；对造成的精神损害，则应当给付精神损害抚慰金。第二，赔偿与损失相一致。过去的赔偿标准，对残疾受害人的收入损失不予赔偿，只赔偿其生活补助费；司法解释所规定的残疾赔偿金，则是按照城镇居民人均可支配收入或者农村居民人均纯收入标准，赔偿受害人的收入损失，是对既有标准的矫正，体现了损害与赔偿相一致的原则。以前对被扶

养人生活费，赔偿标准是生活困难补助标准或者基本生活费标准，前者每月就是几十元，后者实际上是城镇居民最低生活保障标准，也不过每月二三百元。司法解释以平均生活费作为赔偿被扶养人生活费的标准，也体现了赔偿与损害的一致。第三，对实际支出的费用和误工损失，按照差额据实赔偿；对未来的收入损失，因为具有抽象性和不确定性，按照人均可支配收入的客观指标予以赔偿。为了确定科学、合理的赔偿标准，司法解释多方征求了国家统计局等有关专业部门的意见，将民法损害赔偿理论与有关专业技术指标有机地结合起来，努力使赔偿标准合理化。可以说，合理化既是我们制定司法解释的一个基本目标，也是其基本特征。

八、死亡赔偿金增加一倍多

问：过去由于死亡赔偿标准偏低，许多人担心会诱发非道德行为，例如，对交通肇事受害人不予抢救反而故意致其死亡。司法解释如何回应这种担心？

答：司法解释对死亡赔偿，从几个方面作了调整：第一，合理界定死亡赔偿的性质。民法理论认为，自然人的权利能力始于出生、终于死亡，受害人因侵权行为死亡后，其作为民事主体的资格已经消灭，因此，死亡受害人不能以主体资格主张民事权利；享有损害赔偿请求权的，是间接受害人，即死者近亲属。死者近亲属受到的损害有两个方面，一是财产损害，按照过去的理论认为就是死者生前所扶养的人丧失生活供给来源所受损害，立法上叫作“被扶养人生活费”；二是非财产损害即精神损害，立法上称为“死亡补偿费”或者“死亡赔偿金”，死亡赔偿金的性质据此被认定为精神损害抚慰金。1994年5月12日八届人大七次会议通过的《中华人民共和国国家赔偿法》，首次明确了死亡赔偿金的内涵是对受害人收入损失的赔偿。司法解释据此将“死亡赔偿金”界定为财产性质的收入损失赔偿。第二，根据对死亡赔偿金性质的确认，死亡赔偿金的赔偿标准也调整为“人均可支配收入”。较之过去的赔偿标准，在赔偿参数上有了明显的提高。以北京为例，2001年统计年度北京市城镇居民人均可支配收入为11577.8元，城镇居民人均消费性支出约为8922.7元。后者就是过去死亡赔偿所依据的“平均生活费”标准。显然，人均可支配收入标准较高，也更合理。第三，赔偿年限由过去的10年提高为20年，比过去延长一倍，实际赔偿额则超过过去的一倍多。根据2000年的统计，北京市城镇居民人均消费性支出为8493.5元/年，按《道路交通事故处理办法》计算的全额死亡补偿费为84935元；同年城镇居民人均可支配收入北京为10350元/年，按《解释》计算的全额死亡补偿费为207000元，《解释》的计算方法比《道路交通事故处理办法》

提高 122065 元。当然，对所谓非道德行为，不能靠提高死亡赔偿金来制止；故意侵害他人生命的，应当依法给予刑事处罚，发挥刑罚制裁作用。

九、一次性赔偿不限于一次请求

问：司法解释对残疾赔偿金和死亡赔偿金的赔偿数额都有所提高，但仍然规定了 20 年的赔偿期限，这是否合理？受伤致残者 20 年后仍然生存的，何以为生？

答：20 年期限的赔偿，在理论上称为定额化赔偿，或者叫作定型化赔偿。我国的人身损害赔偿制度，历来采取定型化赔偿方式。司法解释采取这一方式的理由：

第一，与现行有关法律、法规的规定相一致。《国家赔偿法》《道路交通事故处理办法》对死亡赔偿金、残疾赔偿金或者残疾者生活补助费都规定了20年的赔偿期限,《解释》的规定既体现残疾赔偿和死亡赔偿制度的历史连续性，又与现行有关法律、法规的规定相一致。

第二，按 20 年计算的残疾赔偿金须一次性给付。大陆法系国家的传统做法，是要按照霍夫曼计算法或者莱布尼兹计算法扣除一次性给付损害赔偿金的期前利息。但由于中国经济发展迅速，物价水平和工资水平在未来相当一段时间内还会不断发生变化。因此，我国的一次性赔偿向来不考虑扣除期前利息。这样，与扣除期前利息的大陆法系国家和地区比较，按 20 年计算的一次性赔偿金与其他国家和地区按平均寿命计算的一次性损害赔偿金，事实上不会过于悬殊，甚至还互有短长。

第三，指向未来的一次性赔偿有许多不确定因素，计算期限过长难免会发生实际赔偿与实际生活利益不一致的情形，过分加重赔偿义务人的负担，并有可能使一次性高额赔偿转化为不当利益。为避免因期限过长导致不确定因素的发生几率相应增大，适当期间的赔偿年限就是必要的。20 年期限多数情形下较按平均寿命计算的赔偿期限为短，且在过去的立法实践和审判实践中都已被社会所接受，故无论是在心理上、社会效果上和当事人双方的利益均衡上都是一个较为恰当和适中的期限。

第四，由于《解释》第三十二条赋予了赔偿权利人就赔偿期限届满后再次起诉的权利，按 20 年计算相关损害赔偿金的不利因素基本上被消除。

十、赔偿义务人可以申请给付定期金

问：人身损害赔偿以一次性赔偿为原则，是否意味着有例外？

答：司法解释在赔偿制度上的另一个特色，就是引进大陆法系国家的终身定期金制度，作为对一次性赔偿的补充。对损害赔偿采取一次性赔偿的原则，无论是20年的定型化赔偿，还是按照余命年岁计算赔偿总额的一次性赔偿，都存在赔偿与实际生活状况的错位。即赔偿权利人的实际生存期间往往长于或者短于一次性赔偿所预定的赔偿年限。最合理的赔偿，就是定期给付按一定标准确定的损害赔偿金，给付时间与赔偿权利人实际生存年限相一致。但定期金赔偿也存在风险，如赔偿义务人破产，导致赔偿不能，对赔偿权利人的利益造成损害。因此，司法解释规定，赔偿义务人请求以定期金方式给付损害赔偿金的，应当提供相应的担保。引进定期金赔偿制度，为当事人选择赔偿金的给付方式提供了可能，有利于赔偿制度的合理化，也有利于平衡当事人双方的利益。

十一、高度重视网上和来信的意见

问：司法解释的征求意见稿，曾在媒体上向全社会公开征求意见，这些意见是否得到采纳？

答：如前所述，为推定司法解释制定的民主化，最高人民法院通过《人民法院报》和中国法院网向社会公布了司法解释的征求意见稿，受到了社会各界和新闻媒体的普遍关注，群众参与的热情非常高。仅网上发表的意见，就有600多条，信函300多封；各种意见共计50多万字。为了保证人民群众的意见能够体现到司法解释中，我们做了以下工作：第一，整理归纳，即将有关意见整理归纳出法律问题要点；第二，筛选分类，即对提出的意见进行筛选，分类归入相应的条文；第三，合并分立，即对重复的意见予以合并，对不同的内容予以分立；第四，论证修改，即根据有关意见对条文进行论证修改。凡是合理的意见，我们都充分予以吸收。例如，有意见认为误工费应当据实赔偿，建议取消职工平均工资五倍的限制；有的来信提出，对明知承揽人不具有相应资质和安全生产条件，仍然将工程发包给承揽人，由此造成安全事故致使雇员遭受人身损害的，发包人、分包人应当与承揽工程的雇主承担连带责任。对这些意见，司法解释都已采纳。也有的意见，其价值取向完全正确，但鉴于司法解释本身的性质，这些意见没有被吸收。例如，一位农村群众来信认为对故意侵权的，应当规定惩罚性赔偿；另一位侨居海外的企业界人士，也提出了同样的见解。其价值取向，我们完全赞成，但鉴于司法解释不能直接创设惩罚性赔偿制度，因此，司法解释中未能就此作出规定。但我们会向立法机关建议将来制定民法典时应当充分考虑这些意见。

司法解释在制定过程中，广泛向社会征求意见，让人民群众参与解释的制定，这是司法解释制定民主化的体现。它不仅可以保证司法解释符合广大人民的共同意愿，也有利于司法解释的内容更加科学合理，能够更充分地体现公平正义的价值理念，从而有利于提高司法解释的质量。借此机会，我们感谢广大群众和社会各界人士的参与，并希望大家一如既往地支持人民法院的工作！

导读：道路交通事故损害赔偿案件是近年来增幅最快的民生类案件，此类案件涉及到人民群众的基本人身财产权益，如何迅速妥当审理此类案件、及时化解矛盾、保护道路交通事故的各方参与人尤其是受害人的合法权益，是人民法院践行为民司法的必然要求。与此同时，随着2004年《道路交通安全法》、2006年《机动车交通事故责任强制保险条例》以及2010年《侵权责任法》等法律、行政法规的实施，道路交通事故损害赔偿案件的审理涌现出一些较为突出的问题：一是在责任主体及其责任范围的判断上，实践中的形态多种多样。如何根据现行法律准确认定责任主体及其责任范围，需要统一裁判尺度。二是交强险制度的建立和商业三者险的逐步普及，致使此类案件在法律关系上具有复杂性。如何针对不同的法律关系适用相应的法律规范，需要明确裁判依据。三是结合我国的现实国情，在依法保障受害人权益的前提下，如何为相关行业及其他道路交通参与人提供必要的发展空间和行为自由，需要平衡各方利益。四是在依法保障各方当事人实体权利和诉讼权利的目标下，如何为当事人提供具有实效性的一次性诉讼纠纷解决机制、减少当事人的诉累，需要创新诉讼机制。为此，最高人民法院制定了本解释。

本解释共29条，主要解决了以下问题：套牌车、拼装车、报废车发生交通事故责任主体的确定，关于损害赔偿范围的细化规定，区分强制险和商业险功能，划分侵权责任与保险责任范围，未投保交强险的机动车发生交通事故的责任承担，醉酒驾驶、无证驾驶或吸毒后驾驶等违法情形下交强险保险公司的赔偿责任，交强险保险公司的诉讼地位，商业三者险保险公司的诉讼地位等问题。

最高人民法院
关于审理道路交通事故损害赔偿案件适用法律若干问题的解释

法释〔2012〕19 号

（2012 年 9 月 17 日最高人民法院审判委员会第 1556 次会议通过
2012 年 11 月 27 日最高人民法院公告公布
自 2012 年 12 月 21 日起施行）

为正确审理道路交通事故损害赔偿案件，根据《中华人民共和国侵权责任法》《中华人民共和国合同法》《中华人民共和国道路交通安全法》《中华人民共和国保险法》《中华人民共和国民事诉讼法》等法律的规定，结合审判实践，制定本解释。

一、关于主体责任的认定

第一条　（所有人或者管理人过错的认定）机动车发生交通事故造成损害，机动车所有人或者管理人有下列情形之一，人民法院应当认定其对损害的发生有过错，并适用侵权责任法第四十九条的规定确定其相应的赔偿责任：

（一）知道或者应当知道机动车存在缺陷，且该缺陷是交通事故发生原因之一的；

（二）知道或者应当知道驾驶人无驾驶资格或者未取得相应驾驶资格的；

（三）知道或者应当知道驾驶人因饮酒、服用国家管制的精神药品或者麻醉药品，或者患有妨碍安全驾驶机动车的疾病等依法不能驾驶机动车的；

（四）其他应当认定机动车所有人或者管理人有过错的。

第二条　（擅自驾驶他人车辆的主体责任）未经允许驾驶他人机动车发生交通事故造成损害，当事人依照侵权责任法第四十九条的规定请求由机动车驾驶人承担赔偿责任的，人民法院应予支持。机动车所有人或者管理人有过错的，承担相应的赔偿责任，但具有侵权责任法第五十二条规定情形的除外。

第三条　（挂靠情形下的主体责任）以挂靠形式从事道路运输经营活动的机动车发

生交通事故造成损害，属于该机动车一方责任，当事人请求由挂靠人和被挂靠人承担连带责任的，人民法院应予支持。

第四条　（连环购车情形下的主体责任）被多次转让但未办理转移登记的机动车发生交通事故造成损害，属于该机动车一方责任，当事人请求由最后一次转让并交付的受让人承担赔偿责任的，人民法院应予支持。

第五条　（套牌车情形下的主体责任）套牌机动车发生交通事故造成损害，属于该机动车一方责任，当事人请求由套牌机动车的所有人或者管理人承担赔偿责任的，人民法院应予支持；被套牌机动车所有人或者管理人同意套牌的，应当与套牌机动车的所有人或者管理人承担连带责任。

第六条　（多次转让拼装或报废车情形下的主体责任）拼装车、已达到报废标准的机动车或者依法禁止行驶的其他机动车被多次转让，并发生交通事故造成损害，当事人请求由所有的转让人和受让人承担连带责任的，人民法院应予支持。

第七条　（驾驶培训活动情形下的主体责任）接受机动车驾驶培训的人员，在培训活动中驾驶机动车发生交通事故造成损害，属于该机动车一方责任，当事人请求驾驶培训单位承担赔偿责任的，人民法院应予支持。

第八条　（试乘过程中受损害的主体责任）机动车试乘过程中发生交通事故造成试乘人损害，当事人请求提供试乘服务者承担赔偿责任的，人民法院应予支持。试乘人有过错的，应当减轻提供试乘服务者的赔偿责任。

第九条　（道路管理维护缺陷导致交通事故的主体责任）因道路管理维护缺陷导致机动车发生交通事故造成损害，当事人请求道路管理者承担相应赔偿责任的，人民法院应予支持，但道路管理者能够证明已按照法律、法规、规章、国家标准、行业标准或者地方标准尽到安全防护、警示等管理维护义务的除外。

依法不得进入高速公路的车辆、行人，进入高速公路发生交通事故造成自身损害，当事人请求高速公路管理者承担赔偿责任的，适用侵权责任法第七十六条的规定。

第十条　（道路堆放物、倾倒物致人损害的主体责任）因在道路上堆放、倾倒、遗撒物品等妨碍通行的行为，导致交通事故造成损害，当事人请求行为人承担赔偿责任的，人民法院应予支持。道路管理者不能证明已按照法律、法规、规章、国家标准、行业标准或者地方标准尽到清理、防护、警示等义务的，应当承担相应的赔偿责任。

第十一条　（道路建造、设计缺陷导致交通事故的主体责任）未按照法律、法规、规章或者国家标准、行业标准、地方标准的强制性规定设计、施工，致使道路存在缺陷并造成交通事故，当事人请求建设单位与施工单位承担相应赔偿责任的，人民法院应予支持。

第十二条　（机动车缺陷导致交通事故的主体责任）机动车存在产品缺陷导致交通事故造成损害，当事人请求生产者或者销售者依照侵权责任法第五章的规定承担赔偿责任的，人民法院应予支持。

第十三条　（多辆车发生交通事故的主体责任）多辆机动车发生交通事故造成第三人损害，当事人请求多个侵权人承担赔偿责任的，人民法院应当区分不同情况，依照侵权责任法第十条、第十一条或者第十二条的规定，确定侵权人承担连带责任或者按份责任。

二、关于赔偿范围的认定

第十四条　（人身伤亡与财产损失的含义）道路交通安全法第七十六条规定的“人身伤亡”，是指机动车发生交通事故侵害被侵权人的生命权、健康权等人身权益所造成的损害，包括侵权责任法第十六条和第二十二条规定的各项损害。

道路交通安全法第七十六条规定的“财产损失”，是指因机动车发生交通事故侵害被侵权人的财产权益所造成的损失。

第十五条　（财产损失的范围）因道路交通事故造成下列财产损失，当事人请求侵权人赔偿的，人民法院应予支持：

（一）维修被损坏车辆所支出的费用、车辆所载物品的损失、车辆施救费用；

（二）因车辆灭失或者无法修复，为购买交通事故发生时与被损坏车辆价值相当的车辆重置费用；

（三）依法从事货物运输、旅客运输等经营性活动的车辆，因无法从事相应经营活动所产生的合理停运损失；

（四）非经营性车辆因无法继续使用，所产生的通常替代性交通工具的合理费用。

三、关于责任承担的认定

第十六条　（交强险、商业险和侵权责任人的赔偿顺序）同时投保机动车第三者责任强制保险（以下简称“交强险”）和第三者责任商业保险（以下简称“商业三者险”）的机动车发生交通事故造成损害，当事人同时起诉侵权人和保险公司的，人民法院应当按照下列规则确定赔偿责任：

（一）先由承保交强险的保险公司在责任限额范围内予以赔偿；

（二）不足部分，由承保商业三者险的保险公司根据保险合同予以赔偿；

（三）仍有不足的，依照道路交通安全法和侵权责任法的相关规定由侵权人予以赔偿。

被侵权人或者其近亲属请求承保交强险的保险公司优先赔偿精神损害的，人民法院应予支持。

第十七条　（交强险第三人的范围）投保人允许的驾驶人驾驶机动车致使投保人遭受损害，当事人请求承保交强险的保险公司在责任限额范围内予以赔偿的，人民法院应予支持，但投保人为本车上人员的除外。

第十八条　（违法驾车情形下的责任承担）有下列情形之一导致第三人人身损害，当事人请求保险公司在交强险责任限额范围内予以赔偿，人民法院应予支持：

（一）驾驶人未取得驾驶资格或者未取得相应驾驶资格的；

（二）醉酒、服用国家管制的精神药品或者麻醉药品后驾驶机动车发生交通事故的；

（三）驾驶人故意制造交通事故的。

保险公司在赔偿范围内向侵权人主张追偿权的，人民法院应予支持。追偿权的诉讼时效期间自保险公司实际赔偿之日起计算。

第十九条　（未投保交强险的责任承担）未依法投保交强险的机动车发生交通事故造成损害，当事人请求投保义务人在交强险责任限额范围内予以赔偿的，人民法院应予支持。

投保义务人和侵权人不是同一人，当事人请求投保义务人和侵权人在交强险责任限额范围内承担连带责任的，人民法院应予支持。

第二十条　（违法拒保、拖延承保、违法解除交强险合同的责任）具有从事交强险业务资格的保险公司违法拒绝承保、拖延承保或者违法解除交强险合同，投保义务人在向第三人承担赔偿责任后，请求该保险公司在交强险责任限额范围内承担相应赔偿责任的，人民法院应予支持。

第二十一条　（多车相撞后交强险保险公司的责任承担）多辆机动车发生交通事故造成第三人损害，损失超出各机动车交强险责任限额之和的，由各保险公司在各自责任限额范围内承担赔偿责任；损失未超出各机动车交强险责任限额之和，当事人请求由各保险公司按照其责任限额与责任限额之和的比例承担赔偿责任的，人民法院应予支持。

依法分别投保交强险的牵引车和挂车连接使用时发生交通事故造成第三人损害，当事人请求由各保险公司在各自的责任限额范围内平均赔偿的，人民法院应予支持。

多辆机动车发生交通事故造成第三人损害，其中部分机动车未投保交强险，当事人请求先由已承保交强险的保险公司在责任限额范围内予以赔偿的，人民法院应予支持。保险公司就超出其应承担的部分向未投保交强险的投保义务人或者侵权人行使追偿权的，人民法院应予支持。

第二十二条 （多个被侵权人对交强险限额的分配规则）同一交通事故的多个被侵权人同时起诉的，人民法院应当按照各被侵权人的损失比例确定交强险的赔偿数额。

第二十三条 （未履行告知义务时保险公司的责任）机动车所有权在交强险合同有效期内发生变动，保险公司在交通事故发生后，以该机动车未办理交强险合同变更手续为由主张免除赔偿责任的，人民法院不予支持。

机动车在交强险合同有效期内发生改装、使用性质改变等导致危险程度增加的情形，发生交通事故后，当事人请求保险公司在责任限额范围内予以赔偿的，人民法院应予支持。

前款情形下，保险公司另行起诉请求投保义务人按照重新核定后的保险费标准补足当期保险费的，人民法院应予支持。

第二十四条 （交强险人身伤亡保险金请求权的转让禁止）当事人主张交强险人身伤亡保险金请求权转让或者设定担保的行为无效的，人民法院应予支持。

四、关于诉讼程序的规定

第二十五条 （保险公司的诉讼地位）人民法院审理道路交通事故损害赔偿案件，应当将承保交强险的保险公司列为共同被告。但该保险公司已经在交强险责任限额范围内予以赔偿且当事人无异议的除外。

人民法院审理道路交通事故损害赔偿案件，当事人请求将承保商业三者险的保险公司列为共同被告的，人民法院应予准许。

第二十六条 （无名死者死亡赔偿金的请求权主体）被侵权人因道路交通事故死亡，无近亲属或者近亲属不明，未经法律授权的机关或者有关组织向人民法院起诉主张死亡赔偿金的，人民法院不予受理。

侵权人以已向未经法律授权的机关或者有关组织支付死亡赔偿金为理由，请求保险公司在交强险责任限额范围内予以赔偿的，人民法院不予支持。

被侵权人因道路交通事故死亡，无近亲属或者近亲属不明，支付被侵权人医疗费、丧葬费等合理费用的单位或者个人，请求保险公司在交强险责任限额范围内予以赔偿的，人民法院应予支持。

第二十七条　（交通事故认定书的证明力）公安机关交通管理部门制作的交通事故认定书，人民法院应依法审查并确认其相应的证明力，但有相反证据推翻的除外。

五、关于适用范围的规定

第二十八条　（准用规定）机动车在道路以外的地方通行时引发的损害赔偿案件，可以参照适用本解释的规定。

第二十九条　（本解释的效力）本解释施行后尚未终审的案件，适用本解释；本解释施行前已经终审，当事人申请再审或者按照审判监督程序决定再审的案件，不适用本解释。

【链　　接】

最高人民法院民一庭负责人就《关于审理道路交通事故损害赔偿案件适用法律若干问题的解释》答记者问

为贯彻党的十八大提出的五位一体的重大战略部署，切实保障和改善民生，加快形成法治保障的社会管理体制，为全面建成小康社会提供有力的司法保障，最高人民法院根据《中华人民共和国侵权责任法》《中华人民共和国合同法》《中华人民共和国道路交通安全法》《中华人民共和国保险法》《中华人民共和国民事诉讼法》等法律的相关规定，结合审判实践，经审判委员会第1556次会议讨论，通过了最高人民法院《关于审理道路交通事故损害赔偿案件适用法律若干问题的解释》（以下简称《解释》）。值此司法解释公布之际，最高人民法院民一庭负责人就《解释》的有关问题接受了记者的采访。

出台背景

问：最高人民法院《关于审理道路交通事故损害赔偿案件适用法律若干问题的解释》

12 月 21 日施行，请您谈谈为何要出台该《解释》？

答：近年来，我国道路交通事业高速发展，机动车的保有量飞速增长，根据公安部发布的信息，截止 2012 年 6 月底，我国机动车总保有量 2.33 亿辆，其中汽车 1.14 亿辆，摩托车 1.03 亿辆。全国机动车驾驶人达 2.47 亿人，其中汽车驾驶人 1.86 亿人。机动车保有量和驾驶人数量的飞速增长导致因交通事故引发的案件数量也大幅增加。2010 年，全国公安部门接报道路交通事故案件 390.6 万件，2011 年达到 422.4 万件。2010 年全国法院一审受理的道路交通事故损害赔偿案件为 612596 件，2011 年为 744570 件，分别比上一年上升 31.83% 和 21.54%，今年上半年，新受理的案件更是达到 403476 件，位居增幅最快的民生类案件的前列。此类案件涉及到人民群众的基本人身财产权益，如何迅速妥当审理此类案件、及时化解矛盾、保护道路交通事故的各方参与人尤其是受害人的合法权益，是人民法院践行为民司法的必然要求，也是最高人民法院制定《解释》的价值基础和现实依据。

与此同时，随着 2004 年《道路交通安全法》、2006 年《机动车交通事故责任强制保险条例》以及 2010 年侵权责任法等法律、行政法规的实施，道路交通事故损害赔偿案件的审理涌现出较为突出的问题：一是在责任主体及其责任范围的判断上，实践中的形态多种多样。如何根据现行法律准确认定责任主体及其责任范围，需要统一裁判尺度。二是交强险制度的建立和商业三者险的逐步普及，致使此类案件在法律关系上具有复杂性。如何针对不同的法律关系适用相应的法律规范，需要明确裁判依据。三是结合我国的现实国情，在依法保障受害人权益的前提下，如何为相关行业及其他道路交通参与人提供必要的发展空间和行为自由，需要平衡各方利益。四是在依法保障各方当事人实体权利和诉讼权利的目标下，如何为当事人提供具有实效性的一次性诉讼纠纷解决机制、减少当事人的诉累，需要创新诉讼机制。

针对上述问题，最高人民法院从 2007 年起即启动了本《解释》的起草工作，后因侵权责任法的制定而暂停。侵权责任法颁布实施后，根据侵权责任法的立法精神及审判实践的要求，我们重新启动了本《解释》的起草工作。在起草过程中，我们认真多次听取了全国人大法工委、国务院法制办、公安部、交通运输部、保监会、农业部、各级人民法院以及相关专家学者的意见。由于该《解释》涉及基本的民生问题，涉及人民群众的日常生活，为集思广益，我们于 2012 年 3 月 21 日至 4 月 21 日通过《人民法院报》和中国法院网向全社会公开征求意见。征求意见过程中，共收到社会各界人士提出的意见建议 600 余件，在总结、归纳、吸收这些意见的基础上，经过最高人民法院审判委员会认真讨论、仔细研究，最终于2012年9月17日第1556次会议通过了本《解释》。

确定责任主体依据的原则和精神

问：我们注意到，本《解释》首先对道路交通事故的责任主体做出了规定，在确定相关的责任主体时，《解释》依据了什么样的原则和精神？

答：责任主体的确定是道路交通事故损害赔偿案件的重中之重，它不仅涉及到由谁承担侵权责任、受害人的损害由谁赔偿、能否得到赔偿的问题，还关系到侵权责任法有效制裁侵权行为、预防交通事故发生这一功能能否实现的问题。因此，这是《解释》要解决的核心问题之一。在侵权责任主体的确定规则上，我们主要依据了以下原则和精神：一是根据《侵权责任法》第四十九条、第五十条的规定，原则上由机动车的运行支配和运行利益的享有者承担责任，由所有人或管理人承担过错责任。这主要针对借用、租赁、转让、非盗抢等情形下擅自驾驶他人机动车发生交通事故的场合。所有人或管理人的过错主要表现为对机动车安全、技术性能的疏于维护、对使用人驾驶资质和驾驶能力的疏于注意等情形。二是根据《侵权责任法》第五十一条的规定，针对一系列违法情形下的机动车的所有人或管理人，从加大对受害人的保护、减少交通事故的发生风险、制裁违法行为的角度，规定由相关范围内的违法行为人承担连带责任，例如套牌车、拼装车、报废车等情形下的责任主体的确定规则。三是以侵权责任法其他章节的规定为法律依据，对道路交通事故发生的原因作出区分，以相关主体所负担的法定注意义务为基本的判断因素，确定多因一果情形下的责任主体。例如道路管理、维护缺陷导致交通事故的责任主体的认定，道路设计、维护缺陷导致交通事故的责任主体的确定规则等。

总而言之，在道路交通事故责任主体的确定方面，《解释》紧紧围绕侵权责任法的填补损失功能、制裁功能、预防功能等立法目的，合理妥当地确定相关的责任主体。

挂靠经营的机动车发生交通事故责任主体的确定

问：当前，以挂靠形式从事道路运输经营活动的情形比较常见，在不少地方甚至比较普遍，请问《解释》对这种机动车发生交通事故的责任主体和责任形态是如何规定的？

答：以挂靠形式从事运输经营活动的情形在现实中确实比较普遍。其主要特征是，挂靠人为了满足车辆运输经营管理上的需要，将自己出资购买的机动车挂靠于某个具有运输经营权的企业，由该企业为挂靠车主代办各种法律手续，并以该企业的名义对外进行运输经营。以挂靠形式进行运输经营，在实践中产生了较多的弊端，一是违反了《道路运输条例》等行政法规的规定，使国家通过运输经营许可证的形式加强安全管理、规范市场经营秩序的管理目的落空。二是以挂靠形式从事运输经营的机动车，被挂靠企业有经营之名而无经营之实，疏于对驾驶人员的培训、疏于对机动车运行安全的管理，极大地增加了道路交通的安全隐患，对于其他道路交通参与人的人身财产权益造成了较大的风险。三是挂靠经营方式下，挂靠人的资力往往比较薄弱，从而导致交通事故发生后，受害人难以得到及时、充分的赔偿，权益难以得到保护，引发诸多社会矛盾。

基于上述理由，我们认为，有必要从侵权责任的角度明确挂靠经营的机动车发生交通事故的责任主体。《解释》明确规定，以挂靠形式从事运输经营的机动车发生交通事故后，由挂靠人与被挂靠人承担连带责任。这主要基于以下考虑：首先，以被挂靠人的经营许可证和名义从事运输经营，无论是对交易相对人还是对不特定的道路交通参与人而言，都使他们产生了一种信赖，信赖以此经营许可证和名义从事经营的人具有一定资力、具备一定的安全生产条件。其次，机动车运输经营活动属于一种高度危险活动，依据侵权责任法及其理论，开启某种危险、从某种危险活动中获取利益的主体应当承担相应的责任，而被挂靠人恰恰从挂靠经营活动中获得了利益，有时甚至是巨大的利益。再次，被挂靠人不承担责任或者承担较小的责任，会纵容挂靠这种违反运输管理秩序、违反交通管理法规的行为，规定被挂靠人承担连带责任有利于以私法的手段实现公法目的，维护法律体系的统一性。最后，从侵权责任法关于责任主体和连带责任的规定来看，侵权责任法更加关注对违法行为的制裁、更加注重对受害人权益的保护，因此，规定由挂靠人和被挂靠人承担连带责任也符合侵权责任法的立法精神。

套牌车、拼装车、报废车发生交通事故责任主体的确定

问：从我国目前道路交通的现实来看，套牌车、拼装车、报废车等机动车违法上路行驶的情形仍屡见不鲜，也为道路交通参与人的人身财产权益造成了极大的危险，带来了极大的危害，《解释》对这些问题是如何归责的?

答：从我们掌握的情况看，随着公安交通管理部门以及其他职能部门加大管理力度和处罚力度，套牌车、拼装车、报废车等违法机动车上路行驶的情形在逐步减少。但是不可否认，由于我国的机动车保有量大、各地情形千差万别，因此，这些违法情形仍十分常见。因此，有必要从民事损害赔偿的角度，对相关的责任主体予以明确。

《解释》对套牌车、拼装车或者已达到报废标准的机动车发生交通事故造成损害的责任主体分别做出了规定。套牌车产生的主要原因是套牌行为人为了逃避相关的税费和

规避公安交通管理部门的监管、处罚。在形式上，主要表现为两种形式，一种是被套牌一方是被侵权人，在他不知道的情形下被他人套牌。此时的被套牌一方也是受害人。发生交通事故后，自然应当由套牌的行为人即套牌车的所有人或管理人承担侵权责任。另外一种则是被套牌一方同意他人套牌。对于后一种情形，综合考虑套牌一方和被套牌一方行为的违法性、所造成的危险及其程度等因素，《解释》规定，发生交通事故后的损害赔偿责任由两者承担连带责任。

关于拼装车、已达到报废标准的机动车发生交通事故后的损害赔偿责任，《侵权责任法》第五十一条已经明确规定由转让人和受让人承担连带责任。但是，现实中，更多的情形是，发生交通事故时，肇事的拼装车、报废车已经经过多次转让，此时，责任主体应当如何确定，需要根据《侵权责任法》第五十一条的规定予以明确。我们认为，转让、运行拼装车、报废车违反了道路交通安全法的规定，给道路交通安全造成了极大的危害，严重威胁到道路交通参与人的人身财产安全，因此应当由所有的转让人和受让人承担连带责任。这不仅是侵权责任法填补损害功能的要求，更是贯彻道路交通安全法和侵权责任法的当然结论。

关于损害赔偿范围的细化规定

问：侵权责任法关于损害赔偿的范围虽然有所规定，但仍然是诉讼中争议较多的问题，《解释》针对交通事故损害赔偿的范围有无更为细化的规定？

答：《侵权责任法》第十六条、第十八条、第十九条、第二十条和第二十二条等，对侵害他人人身财产权益的赔偿范围作出了原则性的规定。但是，在道路交通事故损害赔偿案件中，仍然需要就若干问题做出进一步明确的规定。一是《道路交通安全法》第七十六条规定的“人身伤亡”和“财产损失”是依据何种标准划分的，而这种划分标准是确定道路交通事故损害赔偿范围的前提性问题；二是依据此种划分标准，精神损害赔偿应当归属于何种损失范围之内，以及精神损害赔偿是否应当在交强险中赔偿以及在交强险中的赔偿次序问题；三是财产损失在实践中包括哪些具体损失类型以及财产损失在交强险中的赔偿范围问题。围绕上述问题，《解释》主要考虑了两个方面的因素，一是要重视对人身损害的赔偿，这不仅是生命权、健康权等人身权益在法律体系和权利结构上的优先性所决定的，更是司法保障民生的具体体现；二是在此前提下，应当注意赔偿范围与道路交通参与人行为自由的平衡，赔偿范围如果过大，会造成道路交通的各方参与人负担过重，限制了其行为自由。

依据道路交通安全法以及侵权责任法的相关规定，《解释》对上述问题做出了解释性规定，明确道路交通安全法中，“人身伤亡”和“财产损失”的划分是以道路交通事故所侵害的客体为标准的：侵害被侵权人的生命权、健康权等人身权益所造成的损害，为“人身伤亡”；侵害被侵权人的财产权益所造成的损失，为“财产损失”。依据该解释性规定，审判实践中多有争议的“人身伤亡”是否包括医疗费、精神损害等损失的问题就迎刃而解。相应地，根据《道路交通安全法》第七十六条的规定，我国目前的交强险也应当赔偿精神损害，且精神损害在交强险中的赔偿次序应由被侵权人来选择。如果被侵权人选择交强险优先赔偿精神损害的，人民法院应予支持。应当说，如此规定，一方面准确贯彻了道路交通安全法和侵权责任法的立法宗旨，另一方面更加强调了交强险对人身权益的保障功能，符合交强险的功能定位。

在财产损失的范围上，就我国目前的道路交通状况、事故率乃至人们的道路交通安全意识来看，赔偿范围应当主要限于必要的、典型的损失类型，否则容易导致道路交通各方参与人的负担过重。因此，《解释》明确规定，财产损失的范围包括车辆的修理费用、物品损失、施救费用、重置费用以及经营性车辆的停运损失和非经营性车辆使用中断的损失。

区分强制险和商业险功能，划分侵权责任与保险责任范围

问：正如您前面所谈到的，由于交强险制度的建立和商业三者险的逐步普及，道路交通事故损害赔偿案件的法律关系呈现出复杂性，在统一裁判依据的问题上，《解释》作出了怎样的规定?

答：确实如此，由于保险制度的介入，相较于其他侵权案件来说，道路交通事故损害赔偿案件的法律关系更为复杂，在裁判依据上需要统一和明确。解决这个问题，需要辨明交强险与商业险各自的功能定位。在司法解释起草过程中，关于交强险的功能及其与侵权责任的关系曾引起过激烈讨论。在听取各方不同意见的基础上，《解释》所采纳的基本原则是，依据《道路交通安全法》第七十六条的规定，我国的交强险制度更加强调交强险的基本保障功能，更为重视对受害人损失的填补功能，相应地，交强险在其责任限额范围内与侵权责任在一定程度上相互分离。因此，发生交通事故后，应当首先由交强险在其责任限额范围内（包括分项限额）予以赔偿。

与交强险相对应，商业三者险是机动车的所有人或管理人为了分散因机动车运行所可能导致的侵权责任而购买的保险，在功能上，该保险更加注重对机动车所有人或管理

人风险的分散，与交强险不能等同视之。同时，我国的商业三者险是以交强险赔偿之后，被保险人依法应当承担的侵权责任为保险标的的，因此，商业三者险所形成的法律关系，就必须以保险法和商业三者险合同为基本的裁判依据。所以，《解释》明确规定了实体上的处理顺序，即在确定交强险保险公司的赔偿责任之后，再确定侵权人（被保险人）依法应当承担的侵权责任，然后根据商业三者险合同的约定和保险法的相关规定确定商业三者险保险公司的赔偿范围。最后，再由侵权人依照侵权责任法的相关规定承担剩余的侵权责任。

应当说，《解释》关于这一问题的规定，区分了强制险和商业险的功能，划分了侵权责任与保险责任的范围，具有统一裁判依据的重要作用。

未投保交强险的机动车发生交通事故的责任承担

问：近年来，一些道路交通事故损害赔偿案件之所以引起社会的广泛关注，其中一个重要的原因是，这些案件中，机动车的所有人或管理人未投保交强险，导致本可通过交强险分散的赔偿责任全部由侵权人承担。那么，对于未投保交强险的机动车发生交通事故的责任承担问题，《解释》是否做出了回应?

答：交强险自2006年实施以来，投保率逐年增加。根据中国保监会提供的统计数字，2008年，机动车投保率为40.8%，汽车投保率为67.6%；2009年，机动车投保率为45.6%，汽车投保率为73.5%；2010年，机动车投保率为49.0%，汽车投保率为78.9%；2011年，机动车投保率为50.6%，汽车投保率为81.1%。从上述数据来看，我国机动车的投保率虽然逐年上升，但仍有相当比例的机动车未投保交强险。在审判实践中，就导致一个较为突出的问题，即未投保交强险的机动车发生交通事故的责任承担问题。

就此问题，《解释》规定，未依法投保交强险的机动车发生交通事故造成损害，投保义务人应当先替代交强险保险公司的地位在交强险责任限额范围内对第三人予以赔偿，超出该范围之外的损失，再按照侵权责任法的规定承担侵权责任。该规定主要基于以下理由：第一，如前所述，依据道路交通安全法的规定，交强险在一定范围内与侵权责任分离，导致交强险的赔偿范围并非以侵权责任的成立及其范围为主要依据，即使在遵守交强险分项责任限额的前提下也是如此。这就说明，投保交强险的机动车导致第三人遭受损害，在赔偿范围上，第三人所得到的赔偿要比未投保交强险情形下直接按照侵权责任规则处理所获得的赔偿要多，有的时候甚至多很多。这就为未投保交强险的机动车发生交通事故的责任承担问题作出专门规定奠定了现实基础。第二，道路交通安全法、机动车交通事故责任强制保险条例明确规定机动车的所有人或管理人应当依法投保交强险，这些法律、行政法规的规定具有强烈的保护不特定第三人的立法目的。投保义务人未投保交强险的行为显然违反了以保护他人为目的的法律，因而具有显著的违法性。第三，投保义务人未投保交强险的行为侵害了第三人从交强险中获得赔偿的利益，该利益属于侵权责任法的保护范围。

实践中，还有一个较为突出的问题是，投保义务人和实际驾驶人不一致的情形下，交强险责任限额范围内的赔偿责任如何承担？《解释》对此也予以了明确，即由投保义务人和实际驾驶人在交强险责任限额范围内承担连带责任，超出责任限额范围之外的部分，再依照侵权责任法的规定确定赔偿责任。之所以如此规定，主要原因在于，根据道路交通安全法的规定，驾驶人驾驶机动车有注意交强险标志的义务、未放置保险标志的机动车不能上路行驶，所以，实际驾驶人和投保义务人都存在违法行为。发生交通事故后，第三人不能从交强险中获得赔偿的损失是由投保义务人与实际驾驶人共同造成的。因此，投保义务人与实际驾驶人应在交强险责任限额范围内对第三人承担连带赔偿责任。

《解释》关于未投保交强险的责任承担的规定，符合侵权责任法的规定及其理论，也是对审判实务的经验总结。在社会效果上，该规定一方面充分保护了受害人（第三人）的合法权益，另一方面，也有利于通过私法的手段促使投保义务人积极履行交强险的投保、续保义务，有利于驾驶人切实承担交通法律法规所规定的注意义务，有力地促进道路交通秩序的良性发展。

醉酒驾驶、无证驾驶或吸毒后驾驶等违法情形下交强险保险公司的赔偿责任

问：《解释》征求意见稿关于醉酒驾驶、无证驾驶等情形下，交强险的保险公司应当承担赔偿责任的规定，在征求意见过程中曾引起过争论，《解释》关于这个问题的规定是否发生了变化？

答：关于醉酒驾驶、无证驾驶、吸毒后驾驶以及被保险人故意制造交通事故的几种违法情形，发生交通事故后交强险保险公司的责任和侵权人的责任如何承担，在实践中存在争议。《解释》征求意见过程中，有观点认为，这几种违法情形下保险公司不应当承担交强险的赔偿责任，否则就放纵了此类违法行为，不利于制裁侵权人，不利于提高驾驶人的注意义务。

《解释》未采纳这种观点，原因在于：第一，如前所述，交强险的首要功能在于对受害人的保护，因而具有安定社会的功能，而侵权人风险分散的功能则居于次要地位。因此，这些违法情形下保险公司对第三人承担赔偿责任，符合交强险制度的目的。在此意义上，前述观点未能准确把握我国交强险的功能定位。第二，保险公司承担赔偿责任后可以向侵权人追偿，并不会造成放纵违法行为人的后果。并且，保险公司的追偿能力与受害人相比，显然处于更有利的地位。更有利于实现制裁违法行为的目的。第三，由保险公司先行赔偿、再对侵权人追偿的处理方式更有利于实现交强险保护受害人权益、填补受害人损失的功能。如果此类违法情形下，交强险保险公司不承担赔偿责任，则显然受害人权益的保护在不少场合将难以实现。第四，道路交通安全法第七十六条规定，机动车发生交通事故后，先由交强险的保险公司在交强险责任限额范围内予以赔偿，并未将这些违法情形排除在外。第四，机动车交通事故责任强制保险条例第二十二条虽然规定了醉酒驾驶、无证驾驶、机动车被盗抢期间肇事、被保险人故意制造交通事故等几种违法情形下交强险保险公司仅垫付抢救费用且不赔偿财产损失，但侵权责任法并未完全采纳该观点，该法第五十二条仅规定机动车被盗抢期间发生交通事故的，交强险保险公司可以免除赔偿责任，只承担垫付抢救费用的责任。这说明，侵权责任法对于其他几种情形的评价与对机动车被盗抢期间发生交通事故情形的评价有所不同，这也是《解释》关于这个问题规定的主要法律基础。第五，从其他国家或地区的立法及实践来看，例如德国、日本、韩国以及我国台湾地区等，都采纳了交强险保险公司在此类情形下先承担赔偿责任，再向侵权人追偿的处理思路。

基于上述理由，《解释》规定，在醉酒驾驶、无证驾驶或吸毒后驾驶以及被保险人故意制造交通事故等几种违法情形下，交强险保险公司仍应当在其责任限额范围内承担赔偿责任，保险公司赔偿后有权向侵权人追偿。但是，考虑到人身损害问题在实践中更为突出以及交强险所承担的基本保障功能等因素，《解释》将该规则的适用限制在“人身损害”的范围之内。

交强险保险公司的诉讼地位

问：我们注意到，人民法院在审理道路交通事故损害赔偿案件时，关于交强险保险公司的地位，实践中的做法并不统一，有的将保险公司作为共同被告，有的作为第三人，《解释》在这个问题上是如何规定的？

答：关于道路交通事故的诉讼机制问题，前面已经提到，这也是《解释》起草过程中的核心问题之一。《解释》关于诉讼机制的基本目标是，在依法保障各方当事人实体权利和诉讼权利的前提下，为当事人提供具有实效性的一次性诉讼纠纷解决机制，减少当事人的诉累。

依据上述目标，《解释》规定，道路交通事故损害赔偿案件中，交强险保险公司作为应当追加的被告参加诉讼，但如果保险公司已经作出赔偿且当事人无异议的除外。作出这一规定，主要基于以下理由：第一，道路交通安全法第七十六条规定的第三人（受害人）对保险公司享有的直接请求权，决定了保险公司可以作为被告。第二，道路交通事故损害赔偿案件的实体法律关系决定了应当将交强险保险公司作为共同被告。道路交通事故损害赔偿案件中，可能并存三种法律关系，即第三人（受害人）与保险公司之间的保险金请求关系、第三人（受害人）基于侵权责任与侵权人之间的损害赔偿关系以及侵权人（被保险人）对受害人作出赔偿后被保险人与保险人的保险金请求关系。虽然从实体法律关系的角度看，第三人（受害人）对保险公司或侵权人（被保险人）的请求权可分别行使，但是在进入诉讼这一特定的场景之下，将会发生如下问题：首先，机动车是交通事故发生的参与方或原因之一，这一要件事实既是保险公司承担赔偿责任的要件事实，也是侵权人承担侵权责任的要件事实。在诉讼中，人民法院就该要件事实的认定，存在合一确定之必要。其次，由于侵权责任是在交强险赔偿之后才确定，如果不追加保险公司作为共同被告，侵权人侵权责任的范围即无法准确认定。再次，如果不追加保险公司，在侵权人（被保险人）另行起诉保险公司的后诉中，被保险机动车是否为交通事故的参与方或原因之一仍然是重要的争点之一，由于保险公司未参与前诉的诉讼程序，其诉讼权利也难以得到保障。第四，将交强险保险公司作为共同被告不会造成诉讼过分迟延。依据现在的技术条件，查明事故参与方机动车投保交强险的情况很容易实现，并且，客观上，侵权人的侵权责任被保险公司所分担，因诉讼引发的抵触情绪、因赔偿数额较大的畏难情绪会在一定程度上降低，也有利于诉讼的推进。所以，将交强险保险公司作为应当追加的共同被告有利于诉讼的迅速进行，不会造成诉讼的过分迟延。

商业三者险保险公司的诉讼地位

问：近年来，道路交通事故损害赔偿案件中，人民群众反映较为普遍的问题之一是诉讼程序过于繁复，受害人要获得损害赔偿，往往需要先起诉侵权人和交强险保险公司，再由受害人或被保险人另案起诉商业三者险的保险公司，诉讼成本较高。请问《解释》在诉讼程序上有无新的规定？

答：对于这个问题，《解释》起草过程中给予了重点关注，并反复研究讨论后，最终规定，同时投保商业三者险的，如当事人请求，人民法院应当将商业三者险的保险公司列为共同被告。该规定主要基于以下理由：一是一次性解决纠纷、减少当事人诉累的需要。司法实践中，就受害人的损失填补问题，往往需要受害人先起诉交强险保险公司和侵权人，该诉讼确定交强险的赔偿范围和侵权人的赔偿范围后，再由被保险人（侵权人）另行起诉商业三者险保险公司，就交强险赔偿范围之外的侵权责任部分请求商业三者险保险公司赔偿，此种处理模式显然增加了当事人的诉讼负担，将一个诉讼能够解决的受害人的损失填补问题分为两个诉讼解决，徒增诉累。二是商业险保险合同是以交强险赔偿范围之外的赔偿责任为保险标的，换言之，只有交强险的赔偿范围确定，商业三者险的赔偿范围才确定，交强险保险公司的赔付责任和商业三者险保险公司的赔付责任具有较为紧密的关联性。在实践中，多数机动车的交强险和商业三者险是在一个保险公司投保，此种情形下，两者的关联性更为密切。并且，在案件审理过程中遵循交强险先赔偿、再根据侵权责任和商业三者险合同确定保险公司的赔偿责任，最后确定侵权人自己承担的赔偿责任这一顺序，并不会出现法律关系过于复杂、案件难以处理、诉讼过分迟延的情况。三是根据《保险法》第六十五条的规定，商业三者险中的第三者在被保险人怠于请求保险金时有直接请求权。这里的"怠于"，在受害人已经起诉请求赔偿而被保险人尚未请求商业三者险保险公司赔偿的情况下，被保险人即处于懈怠状态。因此，将商业三者险合并审理符合保险法的规定。四是合并审理有利于避免就相同争点重复审理，提高诉讼效率。在商业三者险合同纠纷中，保险公司往往需要根据具体情况就侵权人（被保险人）是否承担责任、承担责任的范围提出异议、行使相应的抗辩权，从而导致在商业三者险合同纠纷中，审理法院大多需要就侵权责任的范围等问题作出判断，容易造成就相同争点重复审理的现象。另一方面，商业三者险的保险公司进入同一诉讼，也有利于其在该诉讼中行使合同上的抗辩权。

当然，需要注意的是，将商业三者险保险公司作为共同被告一并处理，需要注意两个方面的问题：一是实体法律关系上，应当依据保险法和保险合同的约定认定当事人的权利义务，这一点与交强险存在较大的差别；二是在诉讼程序上，应当特别注意保障商业三者险保险公司的诉讼权利。商业三者险保险公司一方面在侵权责任的成立与范围、在交强险保险公司的赔偿范围等问题上与侵权人存有共同的诉讼利益，另一方面，商业三者险保险公司与侵权人（被保险人）之间也存在利益冲突，即商业三者险保险公司有权依据保险合同的约定对侵权人（被保险人）行使相应的合同权利，例如抗辩权等，两者之间还存在着对立关系。因此，人民法院在合并处理商业三者险纠纷的程序中，应当高度重视商业三者险保险公司基于合同的实体权利，并给予这些实体权利在诉讼中的程序保障。

就此诉讼机制来看，我们认为，既能保障各方当事人的实体权利和程序权利，又能实现纠纷的一次性解决，减少诉讼成本，体现了便民、利民原则。

导读：本指导案例旨在明确出借机动车号牌给他人套牌使用的法律责任。

指导案例19号　赵春明等诉烟台市福山区汽车运输公司卫德平等机动车交通事故责任纠纷案

（最高人民法院审判委员会讨论通过　2013年11月8日发布）

关键词

民事　机动车交通事故　责任　套牌　连带责任

裁判要点

机动车所有人或者管理人将机动车号牌出借他人套牌使用，或者明知他人套牌使用其机动车号牌不予制止，套牌机动车发生交通事故造成他人损害的，机动车所有人或者管理人应当与套牌机动车所有人或者管理人承担连带责任。

相关法条

《中华人民共和国侵权责任法》第八条

《中华人民共和国道路交通安全法》第十六条

基本案情

2008年11月25日5时30分许，被告林则东驾驶套牌的鲁F41703货车在同三高速公路某段行驶时，与同向行驶的被告周亚平驾驶的客车相撞，两车冲下路基，客车翻滚致车内乘客冯永菊当场死亡。经交警部门认定，货车司机林则东负主要责任，客车司机周亚平负次要责任，冯永菊不负事故责任。原告赵春明、赵某某、冯某某、侯某某分别系死者冯永菊的丈夫、儿子、父亲和母亲。

鲁F41703号牌在车辆管理部门登记的货车并非肇事货车，该号牌登记货车的所有人系被告烟台市福山区汽车运输公司（以下简称福山公司），实际所有人系被告卫德平，该货车在被告永安财产保险股份有限公司烟台中心支公司（以下简称永安保险公司）投保机动车第三者责任强制保险。

套牌使用鲁F41703号牌的货车（肇事货车）实际所有人为被告卫广辉，林则东系卫广辉雇佣的司机。据车辆管理部门登记信息反映，鲁F41703号牌登记货车自2004年

4 月 26 日至 2008 年 7 月 2 日，先后 15 次被以损坏或灭失为由申请补领号牌和行驶证。2007 年 8 月 23 日卫广辉申请补领行驶证的申请表上有福山公司的签章。事发后，福山公司曾派人到交警部门处理相关事宜。审理中，卫广辉表示，卫德平对套牌事宜知情并收取套牌费，事发后卫广辉还向卫德平借用鲁 F41703 号牌登记货车的保单去处理事故，保单仍在卫广辉处。

发生事故的客车的登记所有人系被告朱荣明，但该车辆几经转手，现实际所有人系周亚平，朱荣明对该客车既不支配也未从该车运营中获益。被告上海腾飞建设工程有限公司（以下简称腾飞公司）系周亚平的雇主，但事发时周亚平并非履行职务。该客车在中国人民财产保险股份有限公司上海市分公司（以下简称人保公司）投保了机动车第三者责任强制保险。

裁判结果

上海市宝山区人民法院于 2010 年 5 月 18 日作出（2009）宝民一（民）初字第 1128 号民事判决：一、被告卫广辉、林则东赔偿四原告丧葬费、精神损害抚慰金、死亡赔偿金、交通费、误工费、住宿费、被扶养人生活费和律师费共计 396863 元；二、被告周亚平赔偿四原告丧葬费、精神损害抚慰金、死亡赔偿金、交通费、误工费、住宿费、被扶养人生活费和律师费共计 170084 元；三、被告福山公司、卫德平对上述判决主文第一项的赔偿义务承担连带责任；被告卫广辉、林则东、周亚平对上述判决主文第一、二项的赔偿义务互负连带责任；四、驳回四原告的其余诉讼请求。宣判后，卫德平提起上诉。上海市第二中级人民法院于 2010 年 8 月 5 日作出（2010）沪二中民一（民）终字第 1353 号民事判决：驳回上诉，维持原判。

裁判理由

法院生效裁判认为：根据本案交通事故责任认定，肇事货车司机林则东负事故主要责任，而卫广辉是肇事货车的实际所有人，也是林则东的雇主，故卫广辉和林则东应就本案事故损失连带承担主要赔偿责任。永安保险公司承保的鲁 F41703 货车并非实际肇事货车，其也不知道鲁 F41703 机动车号牌被肇事货车套牌，故永安保险公司对本案事故不承担赔偿责任。根据交通事故责任认定，本案客车司机周亚平对事故负次要责任，周亚平也是该客车的实际所有人，故周亚平应对本案事故损失承担次要赔偿责任。朱荣明虽系该客车的登记所有人，但该客车已几经转手，朱荣明既不支配该车，也未从该车运营中获益，故其对本案事故不承担责任。周亚平虽受雇于腾飞公司，但本案事发时周亚平并非在为腾飞公司履行职务，故腾飞公司对本案亦不承担责任。至于承保该客车的人保公司，因死者冯永菊系车内人员，依法不适用机动车交通事故责任强制保险，故人保公司对本案不承担责任。另，卫广辉和林则东一方、周亚平一方虽各自应承担的责任比例有所不同，但车祸的发生系两方的共同侵权行为所致，故卫广辉、林则东对于周亚平的应负责任份额、周亚平对于卫广辉、林则东的应负责任份额，均应互负连带责任。

鲁 F41703 货车的登记所有人福山公司和实际所有人卫德平，明知卫广辉等人套用自己的机动车号牌而不予阻止，且提供方便，纵容套牌货车在公路上行驶，福山公司与卫德平的行为已属于出借机动车号牌给他人使用的情形，该行为违反了《中华人民共和国道路交通安全法》等有关机动车管理的法律规定。将机动车号牌出借他人套牌使用，将会纵容不符合安全技术标准的机动车通过套牌在道路上行驶，增加道路交通的危险性，危及公共安全。套牌机动车发生交通事故造成损害，号牌出借人同样存在过错，对于肇事的套牌车一方应负的赔偿责任，号牌出借人应当承担连带责任。故福山公司和卫德平应对卫广辉与林则东一方的赔偿责任份额承担连带责任。

导读：本指导案例旨在明确交通事故受害人体质状况对损害后果的发生即使存在一定程度的影响，也不属于可以减轻侵权人责任的法定情形。受害人没有过错的，侵权人应当承担全部损害赔偿责任。目前，在交通事故责任纠纷案件处理中存在一定的模糊认识，有的主张被侵权人体质特殊的，应当减轻侵权人承担的损害赔偿责任，这种认识是对侵权责任法过错责任原则的错误理解，不符合侵权责任法、道路交通安全法的有关规定。本指导案例对于澄清认识，正确区分民事赔偿与刑事处罚的适用规则，指导交通事故责任纠纷案件的审理，依法保护被侵权人的合法权益具有明显的作用和意义。

指导案例24号　荣宝英诉王阳、永诚财产保险股份有限公司江阴支公司机动车交通事故责任纠纷案

（最高人民法院审判委员会讨论通过　2014年1月26日发布）

关键词

民事　交通事故　过错责任

裁判要点

交通事故的受害人没有过错，其体质状况对损害后果的影响不属于可以减轻侵权人责任的法定情形。

相关法条

《中华人民共和国侵权责任法》第二十六条

《中华人民共和国道路交通安全法》第七十六条第一款第（二）项

基本案情

原告荣宝英诉称：被告王阳驾驶轿车与其发生刮擦，致其受伤。该事故经江苏省无锡市公安局交通巡逻警察支队滨湖大队（简称滨湖交警大队）认定：王阳负事故的全部责任，荣宝英无责。原告要求下述两被告赔偿医疗费用30006元、住院伙食补助费414元、营养费1620元、残疾赔偿金27658.05元、护理费6000元、交通费800元、精神损害抚慰金10500元，并承担本案诉讼费用及鉴定费用。

被告永诚财产保险股份有限公司江阴支公司（简称永诚保险公司）辩称：对于事故

经过及责任认定没有异议，其愿意在交强险限额范围内予以赔偿；对于医疗费用 30006 元、住院伙食补助费 414 元没有异议；因鉴定意见结论中载明“损伤参与度评定为 75%，其个人体质的因素占 25%”，故确定残疾赔偿金应当乘以损伤参与度系数 0.75，认可 20743.54 元；对于营养费认可 1350 元，护理费认可 3300 元，交通费认可 400 元，鉴定费用不予承担。

被告王阳辩称：对于事故经过及责任认定没有异议，原告的损失应当由永诚保险公司在交强险限额范围内优先予以赔偿；鉴定费用请求法院依法判决，其余各项费用同意保险公司意见；其已向原告赔偿 20000 元。

法院经审理查明：2012 年 2 月 10 日 14 时 45 分许，王阳驾驶号牌为苏 MT1888 的轿车，沿江苏省无锡市滨湖区蠡湖大道由北往南行驶至蠡湖大道大通路口人行横道线时，碰擦行人荣宝英致其受伤。2 月 11 日，滨湖交警大队作出《道路交通事故认定书》，认定王阳负事故的全部责任，荣宝英无责。事故发生当天，荣宝英即被送往医院治疗，发生医疗费用 30006 元，王阳垫付 20000 元。荣宝英治疗恢复期间，以每月 2200 元聘请一名家政服务人员。号牌苏 MT1888 轿车在永诚保险公司投保了机动车交通事故责任强制保险，保险期间为 2011 年 8 月 17 日 0 时起至 2012 年 8 月 16 日 24 时止。原、被告一致确认荣宝英的医疗费用为 30006 元、住院伙食补助费为 414 元、精神损害抚慰金为 10500 元。

荣宝英申请并经无锡市中西医结合医院司法鉴定所鉴定，结论为：（1）荣宝英左桡骨远端骨折的伤残等级评定为十级；左下肢损伤的伤残等级评定为九级。损伤参与度评定为 75%，其个人体质的因素占 25%。（2）荣宝英的误工期评定为 150 日，护理期评定为 60 日，营养期评定为 90 日。一审法院据此确认残疾赔偿金 27658.05 元扣减 25% 为 20743.54 元。

裁判结果

江苏省无锡市滨湖区人民法院于 2013 年 2 月 8 日作出（2012）锡滨民初字第 1138 号判决：一、被告永诚保险公司于本判决生效后十日内赔偿荣宝英医疗费用、住院伙食补助费、营养费、残疾赔偿金、护理费、交通费、精神损害抚慰金共计 45343.54 元。二、被告王阳于本判决生效后十日内赔偿荣宝英医疗费用、住院伙食补助费、营养费、鉴定费共计 4040 元。三、驳回原告荣宝英的其他诉讼请求。宣判后，荣宝英向江苏省无锡市中级人民法院提出上诉。无锡市中级人民法院经审理于 2013 年 6 月 21 日以原审适用法律错误为由作出（2013）锡民终字第 497 号民事判决：一、撤销无锡市滨湖区人民法院（2012）锡滨民初字第1138号民事判决。二、被告永诚保险公司于本判决生效后十日内赔偿荣宝英52258.05元。三、被告王阳于本判决生效后十日内赔偿荣宝英4040元。四、驳回原告荣宝英的其他诉讼请求。

裁判理由

法院生效裁判认为：《中华人民共和国侵权责任法》第二十六条规定："被侵权人对损害的发生也有过错的，可以减轻侵权人的责任。"《中华人民共和国道路交通安全法》第七十六条第一款第（二）项规定，机动车与非机动车驾驶人、行人之间发生交通事故，非机动车驾驶人、行人没有过错的，由机动车一方承担赔偿责任；有证据证明非机动车驾驶人、行人有过错的，根据过错程度适当减轻机动车一方的赔偿责任。因此，交通事故中在计算残疾赔偿金是否应当扣减时应当根据受害人对损失的发生或扩大是否存在过错进行分析。本案中，虽然原告荣宝英的个人体质状况对损害后果的发生具有一定的影响，但这不是侵权责任法等法律规定的过错，荣宝英不应因个人体质状况对交通事故导致的伤残存在一定影响而自负相应责任，原审判决以伤残等级鉴定结论中将荣宝英个人体质状况"损伤参与度评定为75%"为由，在计算残疾赔偿金时作相应扣减属适用法律错误，应予纠正。

从交通事故受害人发生损伤及造成损害后果的因果关系看，本起交通事故的引发系肇事者王阳驾驶机动车穿越人行横道线时，未尽到安全注意义务碰擦行人荣宝英所致；本起交通事故造成的损害后果系受害人荣宝英被机动车碰撞、跌倒发生骨折所致，事故责任认定荣宝英对本起事故不负责任，其对事故的发生及损害后果的造成均无过错。虽然荣宝英年事已高，但其年老骨质疏松仅是事故造成后果的客观因素，并无法律上的因果关系。因此，受害人荣宝英对于损害的发生或者扩大没有过错，不存在减轻或者免除加害人赔偿责任的法定情形。同时，机动车应当遵守文明行车、礼让行人的一般交通规则和社会公德。本案所涉事故发生在人行横道线上，正常行走的荣宝英对将被机动车碰撞这一事件无法预见，而王阳驾驶机动车在路经人行横道线时未依法减速慢行、避让行人，导致事故发生。因此，依法应当由机动车一方承担事故引发的全部赔偿责任。

根据我国道路交通安全法的相关规定，机动车发生交通事故造成人身伤亡、财产损失的，由保险公司在机动车第三者责任强制保险责任限额范围内予以赔偿。而我国交强险立法并未规定在确定交强险责任时应依据受害人体质状况对损害后果的影响作相应扣减，保险公司的免责事由也仅限于受害人故意造成交通事故的情形，即便是投保机动车无责，保险公司也应在交强险无责限额内予以赔偿。因此，对于受害人符合法律规定的赔偿项目和标准的损失，均属交强险的赔偿范围，参照“损伤参与度”确定损害赔偿责任和交强险责任均没有法律依据。

导读：食品、药品安全关系到公民的人身健康和生命、财产安全，也关系到社会的稳定与发展。近几年来，我国频繁发生食品、药品安全事件，对社会稳定和经济发展造成巨大冲击。随着食品、药品案件的增多，司法实践中遇到的难点问题也日益增多。由于食品、药品纠纷涉及人身损害，不仅会产生违约责任，而且还会产生侵权责任，案件受到食品安全法、消费者权益保护法、合同法、侵权责任法等一系列法律法规的调整，适用法律非常复杂，办案中遇到的程序和实体问题亟待解决。为统一裁判尺度，维护司法权威，最高人民法院制定了本规定。

本规定共18条，主要对以下问题作出规范：案件受理，消费者的求偿权，知假买假，食品、药品的赠品引起的纠纷，食品、药品虚假广告责任的认定，对不安全食品经营者的惩罚性赔偿，食品安全标准的认定，挂靠，食品认证机构的责任的认定，第三方网络交易平台提供者的责任，经营者举证责任的承担，“霸王条款”效力的认定。

还应说明的是，本规定适用的范围很广泛。消费者与食品、药品的生产者、销售者、广告经营者、广告发布者、推荐者、检验机构、认证机构等主体之间因购买、食用食品或者使用药品发生的纠纷均适用本规定。只要消费者与食品、药品的生产者、销售者之间因购买、食用食品或者使用药品产生的合同纠纷或侵权纠纷都可适用本解释，即使不存在食品、药品质量安全问题，仅造成财产损失的，也可适用本规定。保健食品、食用农产品引起的质量纠纷也适用本规定。

最高人民法院
关于审理食品药品纠纷案件适用法律若干问题的规定

法释〔2013〕28号

（2013年12月9日最高人民法院审判委员会第1599次会议通过
2013年12月23日最高人民法院公告公布
自2014年3月15日起施行）

为正确审理食品药品纠纷案件，根据《中华人民共和国侵权责任法》《中华人民共和国合同法》《中华人民共和国消费者权益保护法》《中华人民共和国食品安全法》《中华人民共和国民事诉讼法》等法律的规定，结合审判实践，制定本规定。

第一条　（案件受理）消费者因食品、药品纠纷提起民事诉讼，符合民事诉讼法规定受理条件的，人民法院应予受理。

第二条　（消费者诉权）因食品、药品存在质量问题造成消费者损害，消费者可以分别起诉或者同时起诉销售者和生产者。

消费者仅起诉销售者或者生产者的，必要时人民法院可以追加相关当事人参加诉讼。

第三条　（知假买假）因食品、药品质量问题发生纠纷，购买者向生产者、销售者主张权利，生产者、销售者以购买者明知食品、药品存在质量问题而仍然购买为由进行抗辩的，人民法院不予支持。

第四条　（赠品）食品、药品生产者、销售者提供给消费者的食品或者药品的赠品发生质量安全问题，造成消费者损害，消费者主张权利，生产者、销售者以消费者未对赠品支付对价为由进行免责抗辩的，人民法院不予支持。

第五条　（举证责任）消费者举证证明所购买食品、药品的事实以及所购食品、药品不符合合同的约定，主张食品、药品的生产者、销售者承担违约责任的，人民法院应予支持。

消费者举证证明因食用食品或者使用药品受到损害，初步证明损害与食用食品或者使用药品存在因果关系，并请求食品、药品的生产者、销售者承担侵权责任的，人民法院应予支持，但食品、药品的生产者、销售者能证明损害不是因产品不符合质量标准造成的除外。

第六条　（适用食品质量标准的依据）食品的生产者与销售者应当对于食品符合质量标准承担举证责任。认定食品是否合格，应当以国家标准为依据；没有国家标准的，应当以地方标准为依据；没有国家标准、地方标准的，应当以企业标准为依据。食品的生产者采用的标准高于国家标准、地方标准的，应当以企业标准为依据。没有前述标准的，应当以食品安全法的相关规定为依据。

第七条　（食品药品合格证明效力的认定）食品、药品虽在销售前取得检验合格证明，且食用或者使用时尚在保质期内，但经检验确认产品不合格，生产者或者销售者以该食品、药品具有检验合格证明为由进行抗辩的，人民法院不予支持。

第八条　（集中交易市场的开办者、柜台出租者、展销会举办者的责任）集中交易市场的开办者、柜台出租者、展销会举办者未履行食品安全法规定的审查、检查、管理等义务，发生食品安全事故，致使消费者遭受人身损害，消费者请求集中交易市场的开办者、柜台出租者、展销会举办者承担连带责任的，人民法院应予支持。

第九条 （第三方网络交易平台的责任）消费者通过网络交易平台购买食品、药品遭受损害，网络交易平台提供者不能提供食品、药品的生产者或者销售者的真实名称、地址与有效联系方式，消费者请求网络交易平台提供者承担责任的，人民法院应予支持。

网络交易平台提供者承担赔偿责任后，向生产者或者销售者行使追偿权的，人民法院应予支持。

网络交易平台提供者知道或者应当知道食品、药品的生产者、销售者利用其平台侵害消费者合法权益，未采取必要措施，给消费者造成损害，消费者要求其与生产者、销售者承担连带责任的，人民法院应予支持。

第十条 （挂靠生产销售食品的责任）未取得食品生产资质与销售资质的个人、企业或者其他组织，挂靠具有相应资质的生产者与销售者，生产、销售食品，造成消费者损害，消费者请求挂靠者与被挂靠者承担连带责任的，人民法院应予支持。

消费者仅起诉挂靠者或者被挂靠者的，必要时人民法院可以追加相关当事人参加诉讼。

第十一条 （虚假广告的责任）消费者因虚假广告推荐的食品、药品存在质量问题遭受损害，依据消费者权益保护法等法律相关规定请求广告经营者、广告发布者承担连带责任的，人民法院应予支持。

社会团体或者其他组织、个人，在虚假广告中向消费者推荐食品、药品，使消费者遭受损害，消费者依据消费者权益保护法等法律相关规定请求其与食品、药品的生产者、销售者承担连带责任的，人民法院应予支持。

第十二条 （食品、药品检验机构的责任）食品、药品检验机构故意出具虚假检验报告，造成消费者损害，消费者请求其承担连带责任的，人民法院应予支持。

食品、药品检验机构因过失出具不实检验报告，造成消费者损害，消费者请求其承担相应责任的，人民法院应予支持。

第十三条 （食品认证机构的责任）食品认证机构故意出具虚假认证，造成消费者损害，消费者请求其承担连带责任的，人民法院应予支持。

食品认证机构因过失出具不实认证，造成消费者损害，消费者请求其承担相应责任的，人民法院应予支持。

第十四条 （民事责任优先）生产、销售的食品、药品存在质量问题，生产者与销售者需同时承担民事责任、行政责任和刑事责任，其财产不足以支付，当事人依照侵权责任法等有关法律规定，请求食品、药品的生产者、销售者首先承担民事责任的，人民法院应予支持。

第十五条　（食品价款十倍赔偿责任）生产不符合安全标准的食品或者销售明知是不符合安全标准的食品，消费者除要求赔偿损失外，向生产者、销售者主张支付价款十倍赔偿金或者依照法律规定的其他赔偿标准要求赔偿的，人民法院应予支持。

第十六条　（霸王条款无效）食品、药品的生产者与销售者以格式合同、通知、声明、告示等方式作出排除或者限制消费者权利，减轻或者免除经营者责任、加重消费者责任等对消费者不公平、不合理的规定，消费者依法请求认定该内容无效的，人民法院应予支持。

第十七条　（参照适用范围）消费者与化妆品、保健品等产品的生产者、销售者、广告经营者、广告发布者、推荐者、检验机构等主体之间的纠纷，参照适用本规定。

消费者协会依法提起公益诉讼的，参照适用本规定。

第十八条　（溯及力）本规定施行后人民法院正在审理的一审、二审案件适用本规定。

本规定施行前已经终审，本规定施行后当事人申请再审或者按照审判监督程序决定再审的案件，不适用本规定。

【链　　接】

不给制售有毒有害食品和假冒伪劣药品的人以可乘之机

——最高人民法院民一庭负责人答记者问

记者：《最高人民法院关于审理食品药品纠纷案件适用法律若干问题的规定》（以下简称《规定》）对实践中消费者出现的“知假买假”行为如何处理？

负责人：《规定》第三条明确规定：“因食品、药品质量问题发生纠纷，购买者向生产者、销售者主张权利，生产者、销售者以购买者明知食品、药品存在质量问题而仍然购买为由进行抗辩的，人民法院不予支持。”也就是说，“知假买假”行为不影响消费者维护自身权益。

通常情况下，购物者应当认定为消费者，可以主张惩罚性赔偿。《规定》确认其具有消费者主体资格，对于打击无良商家，维护消费者权益具有积极意义，有利于净化食品、药品市场环境。

例如，最高人民法院发布的孙银山诉南京欧尚超市有限公司江宁店买卖合同纠纷案中，孙银山明知该超市出售的香肠过了保质期而购买，法院依然依法判决支持孙银山退货并取得10倍价款赔偿金。

记者：惩罚性赔偿是否要以消费者人身权益遭受损害为前提？

负责人：针对食品领域的乱象，《食品安全法》第九十六条规定了食品价款10倍的惩罚性赔偿，从而加大了经营者的违法成本和维护消费者权益的力度。

例如，最高人民法院发布的华燕诉北京天超仓储超市有限责任公司第二十六分公司、北京天超仓储超市有限责任公司人身权益纠纷案中，华燕因购买并食用不合格食品造成人身损害，请求销售者依法支付医疗费、退货价款和购物价款10倍赔偿金，人民法院予以支持。

实践中，有一种观点认为，适用《食品安全法》第九十六条关于惩罚性赔偿的规定应以消费者人身权益遭受损害为前提。对此，《规定》第十五条明确规定："生产不符合安全标准的食品或者销售明知是不符合安全标准的食品，消费者除要求赔偿损失外，向生产者、销售者主张支付价款十倍赔偿金或者依照法律规定的其他赔偿标准要求赔偿的，人民法院应予支持。"

也就是说，消费者主张食品价款10倍赔偿金不以人身权益遭受损害为前提。这对于统一裁判尺度，维护消费者合法权益，净化食品、药品环境，将产生积极影响。

记者：请问商家是否应当对赠品的质量安全承担责任？

负责人：《规定》第四条规定："食品、药品生产者、销售者提供给消费者的食品或者药品的赠品发生质量安全问题，造成消费者损害，消费者主张权利，生产者、销售者以消费者未对赠品支付对价为由进行免责抗辩的，人民法院不予支持。"

食品、药品事关消费者的人身安全，即使是赠品，也必须保证质量安全。消费者对赠品虽未支付对价，但是赠品的成本实际上已经分摊到付费商品中。赠送的食品、药品因质量问题造成消费者权益损害的，生产者与销售者亦应承担赔偿责任。

但是，考虑到消费者获赠食品、药品在实质上属于商家让利性质，故对于生产者、销售者承担责任的条件，《规定》作了限定，即该赠品必须实际出现了质量安全问题，造成消费者损害，消费者才能主张权利。

记者：《规定》对网络交易平台提供者规定了什么法律责任？

负责人：网络购物是新兴的购物方式，有关数据显示，2012 年我国网购用户达 2. 47 亿个，网络交易金额突破 1. 3 万亿元，通过网络交易平台购买食品、药品的消费者越来越多，由此引发的纠纷也越来越多。

据中消协统计，2012 年网络购物投诉 20454 件，占销售服务投诉量的 52. 4%。2013 年上半年网络购物投诉 18471 件，2013 年上半年食品、药品投诉 20530 件。

为更好地维护消费者的合法权益，《规定》第九条规定："消费者通过网络交易平台购买食品、药品遭受损害，网络交易平台提供者不能提供食品、药品的生产者或销售者的真实名称、地址与有效联系方式，消费者请求网络交易平台提供者承担责任的，人民法院应予支持。网络交易平台提供者承担赔偿责任后，向生产者或者销售者行使追偿权的，人民法院应予支持。网络交易平台提供者知道或者应当知道食品、药品的生产者、销售者利用其平台侵害消费者合法权益，未采取必要措施，给消费者造成损害，消费者要求其与生产者、销售者承担连带责任的，人民法院应予支持。"

这样规定的基本考虑是，商家入驻网络交易平台通常要支付不菲的入场费，具备先行赔付的条件，在网络交易平台提供者不能提供食品、药品生产者、销售者的真实名称、地址和有效联系方式时，其应当承担责任。

如果网络交易平台的提供者明知食品、药品的生产者、销售者利用其平台侵害消费者权益而放任自流，此种情况下则构成共同侵权。

记者：虚假食品药品广告代言人和推销者，是否承担法律责任？

负责人：近年来，利用虚假食品、药品广告坑害消费者的情况较为普遍，社会危害十分严重。不少商家为扩大其市场销售份额，利用媒体、个人代言人做虚假广告，或者利用虚假广告推销食品、药品，严重损害了消费者生命健康和财产安全。

针对这种不法行为，《规定》第十一条第一款规定："消费者因虚假广告推荐的食品、药品存在质量问题遭受损害，依据消费者权益保护法等法律相关规定请求广告经营者、广告发布者承担连带责任的，人民法院应予支持。"

该条第二款规定："社会团体或者其他组织、个人，在虚假广告中向消费者推荐食品、药品，使消费者遭受损害，消费者依据消费者权益保护法等法律相关规定请求其与食品、药品的生产者、销售者承担连带责任的，人民法院应予支持。”

根据《消费者权益保护法》《侵权责任法》的相关规定精神，在连带责任中，消费者既可以一并起诉食品、药品的生产商、销售商、广告经营者、广告发布者、广告代言人，请求其共同承担赔偿责任，也可以起诉其中一个或者几个作为被告，由其承担全部赔偿责任，然后再向其他责任主体行使追偿权。

记者：食品认证机构故意出具虚假认证，是否承担责任？

负责人：食品认证是食品认证机构对初级农产品或者经过加工的食品所达到的等级作出的认定。目前市场上经过认证的食品越来越多，消费者对经过认证的食品认可度和信任度较高。如果食品认证作假，消费者权益将蒙受巨大损失，我国的食品认证管理秩序将遭到严重破坏。

据 2013 年 4 月 16 日《人民日报》报道，我国经批准的认证企业有 5468 家，但是有不少普通食品，甚至不合格食品贴有无公害食品、绿色食品或者有机食品的认证标识，欺诈消费者。

为维护消费者权益，遏制食品认证机构作虚假认证，《规定》第十三条规定了食品认证机构的责任：“食品认证机构故意出具虚假认证，造成消费者损害，消费者请求其承担连带责任的，人民法院应予支持。食品认证机构因过失出具不实认证，造成消费者损害，消费者请求其承担相应责任的，人民法院应予支持。”

这样规定，有利于全面规范市场行为，不给制售有毒有害食品和假冒伪劣药品的人以可乘之机。

记者：《规定》第十四条是否体现的就是民事责任优先原则？

负责人：《规定》第十四条规定：“生产、销售的食品、药品存在质量问题，生产者与销售者需同时承担民事责任、行政责任和刑事责任，其财产不足以支付，当事人依照侵权责任法等有关法律规定，请求食品、药品的生产者、销售者首先承担民事责任的，人民法院应予支持。”

之所以作出这样的规定，旨在加大保护消费者权益的力度。制售假冒伪劣食品、药品，往往会同时产生行政责任、刑事责任和民事责任。有关行政执法机关和法院可分别依照不同的法律对生产者、销售者作出缴纳罚款、罚金、支付民事赔偿金的处理。消费者是弱势群体，如果不确立民事责任优先原则，可能会出现消费者打赢官司却得不到赔偿的情况。因此，《规定》依照《食品安全法》和《侵权责任法》的有关规定，进一步明确责任主体应首先承担民事责任，以最大限度保护消费者的合法权益。

记者：《规定》对实践中经常出现的"霸王条款"有何具体规定？

负责人：实践中，消费者与食品、药品的经营者相比，往往处于弱势地位。一些食品、药品的生产者、销售者以"霸王条款"对消费者作出不公平、不合理的规定，损害消费者合法权益。

对此，《规定》第十六条规定："食品、药品的生产者与销售者以格式合同、通知、声明、告示等方式作出排除或者限制消费者权利，减轻或者免除经营者责任、加重消费者责任等对消费者不公平、不合理的规定，消费者依法请求认定该内容无效的，人民法院应予支持。"

也就是说，消费者可以依据《消费者权益保护法》的相关规定，请求人民法院认定"霸王条款"内容无效。

记者：消费者协会依法提起公益诉讼，人民法院是否予以支持？

负责人：为更好地维护消费者的权益，修改后的《民事诉讼法》确立了公益诉讼制度。修改后的《消费者权益保护法》也规定了消费者协会有权提起公益诉讼。

为此，《规定》第十七条第二款规定："消费者协会依法提起公益诉讼的，参照适用本规定。"这样规定与修改后的《民事诉讼法》和《消费者权益保护法》精神一脉相承，以更好地维护消费者权益。

（五）物　　权

导读：为积极应对涉及农村土地承包纠纷案件出现的新情况，贯彻落实《农村土地承包法》，依法保护农民土地承包经营权、促进农业生产发展、维护农村社会稳定，也为了给人民法院处理相关纠纷案件提供更具操作性的司法解释的依据，最高人民法院制定了本解释。

本解释共27条，内容分为五个部分：第一部分是对受理与诉讼主体资格的规定；第二部分是对家庭承包纠纷处理的规定；第三部分是对其他方式承包纠纷处理的规定；第四部分是对承包地征收补偿费用分配及土地承包经营权继承纠纷处理的规定；第五部分规定了注重调解和本解释的施行与适用的问题。

本解释为人民法院依法及时处理好涉及农村土地承包纠纷案件提供了更具操作性的规范依据。在《农村土地承包法》出台之前，人民法院审理涉及农村土地承包纠纷案件时，一般适用的是《民法通则》《合同法》等基本的民事法律。与普通的民事争议相比较，农村土地承包纠纷具有其特殊性，而前述法律在对这种特殊性的规范层面，存在操作依据上的缺失。《农村土地承包法》虽是针对农村土地承包所作的专门立法，但在处理纷繁复杂而又形式各异的纠纷案件时，有些规定也过于原则。正是为了切实贯彻落实该法的精神，填充法律规定本身与现实情况的真空地带，本解释结合相关法律规定所定的各个条文，均具有较强的针对性和实用价值。因此，本解释不仅为农民维权提供了更加具体和有力的法律武器，而且有利于切实贯彻《农村土地承包法》，维护国家法制的统一。

最高人民法院
关于审理涉及农村土地承包纠纷案件适用法律问题的解释

法释〔2005〕6号

（2005年3月29日由最高人民法院审判委员会第1346次会议通过
2005年7月29日最高人民法院公告公布
自2005年9月1日起施行）

根据《中华人民共和国民法通则》《中华人民共和国合同法》《中华人民共和国民事诉讼法》《中华人民共和国农村土地承包法》《中华人民共和国土地管理法》等法律的规定，结合民事审判实践，对审理涉及农村土地承包纠纷案件适用法律的若干问题解释如下：

一、受理与诉讼主体

第一条　（受案范围）下列涉及农村土地承包民事纠纷，人民法院应当依法受理：

（一）承包合同纠纷；

（二）承包经营权侵权纠纷；

（三）承包经营权流转纠纷；

（四）承包地征收补偿费用分配纠纷；

（五）承包经营权继承纠纷。

集体经济组织成员因未实际取得土地承包经营权提起民事诉讼的，人民法院应当告知其向有关行政主管部门申请解决。

集体经济组织成员就用于分配的土地补偿费数额提起民事诉讼的，人民法院不予受理。

第二条　（仲裁与诉讼）当事人自愿达成书面仲裁协议的，受诉人民法院应当参照最高人民法院《关于适用〈中华人民共和国民事诉讼法〉若干问题的意见》第145条至

第 148 条的规定处理。

当事人未达成书面仲裁协议，一方当事人向农村土地承包仲裁机构申请仲裁，另一方当事人提起诉讼的，人民法院应予受理，并书面通知仲裁机构。但另一方当事人接受仲裁管辖后又起诉的，人民法院不予受理。

当事人对仲裁裁决不服并在收到裁决书之日起三十日内提起诉讼的，人民法院应予受理。

第三条　（承包合同纠纷当事人）承包合同纠纷，以发包方和承包方为当事人。

前款所称承包方是指以家庭承包方式承包本集体经济组织农村土地的农户，以及以其他方式承包农村土地的单位或者个人。

第四条　（农户代表人诉讼）农户成员为多人的，由其代表人进行诉讼。

农户代表人按照下列情形确定：

（一）土地承包经营权证等证书上记载的人；

（二）未依法登记取得土地承包经营权证等证书的，为在承包合同上签字的人；

（三）前两项规定的人死亡、丧失民事行为能力或者因其他原因无法进行诉讼的，为农户成员推选的人。

二、家庭承包纠纷案件的处理

第五条　（违法约定收回、调整承包地的效力）承包合同中有关收回、调整承包地的约定违反农村土地承包法第二十六条、第二十七条、第三十条、第三十五条规定的，应当认定该约定无效。

第六条　（发包方收回、调整承包地的纠纷处理）因发包方违法收回、调整承包地，或者因发包方收回承包方弃耕、撂荒的承包地产生的纠纷，按照下列情形，分别处理：

（一）发包方未将承包地另行发包，承包方请求返还承包地的，应予支持；

（二）发包方已将承包地另行发包给第三人，承包方以发包方和第三人为共同被告，请求确认其所签订的承包合同无效、返还承包地并赔偿损失的，应予支持。但属于承包方弃耕、撂荒情形的，对其赔偿损失的诉讼请求，不予支持。

前款第（二）项所称的第三人，请求受益方补偿其在承包地上的合理投入的，应予支持。

第七条　（承包期限短于法定期限的延长）承包合同约定或者土地承包经营权证等证书记载的承包期限短于农村土地承包法规定的期限，承包方请求延长的，应予支持。

第八条　（承包方违法使用承包地的后果）承包方违反农村土地承包法第十七条规定，将承包地用于非农建设或者对承包地造成永久性损害，发包方请求承包方停止侵害、恢复原状或者赔偿损失的，应予支持。

第九条　（承包地依法收回前已被转包、出租的处理）发包方根据农村土地承包法第二十六条规定收回承包地前，承包方已经以转包、出租等形式将其土地承包经营权流转给第三人，且流转期限尚未届满，因流转价款收取产生的纠纷，按照下列情形，分别处理：

（一）承包方已经一次性收取了流转价款，发包方请求承包方返还剩余流转期限的流转价款的，应予支持；

（二）流转价款为分期支付，发包方请求第三人按照流转合同的约定支付流转价款的，应予支持。

第十条　（认定“自愿交回”的限制）承包方交回承包地不符合农村土地承包法第二十九条规定程序的，不得认定其为自愿交回。

第十一条　（土地承包经营权流转的优先权及其例外）土地承包经营权流转中，本集体经济组织成员在流转价款、流转期限等主要内容相同的条件下主张优先权的，应予支持。但下列情形除外：

（一）在书面公示的合理期限内未提出优先权主张的；

（二）未经书面公示，在本集体经济组织以外的人开始使用承包地两个月内未提出优先权主张的。

第十二条　（发包方强迫或阻碍流转的后果）发包方强迫承包方将土地承包经营权流转给第三人，承包方请求确认其与第三人签订的流转合同无效的，应予支持。

发包方阻碍承包方依法流转土地承包经营权，承包方请求排除妨碍、赔偿损失的，应予支持。

第十三条　（未经发包方同意的土地承包经营权转让合同效力）承包方未经发包方同意，采取转让方式流转其土地承包经营权的，转让合同无效。但发包方无法定理由不同意或者拖延表态的除外。

第十四条　（合同未备案不影响流转）承包方依法采取转包、出租、互换或者其他方式流转土地承包经营权，发包方仅以该土地承包经营权流转合同未报其备案为由，请求确认合同无效的，不予支持。

第十五条　（禁止用土地承包经营权抵押或抵债）承包方以其土地承包经营权进行

抵押或者抵偿债务的，应当认定无效。对因此造成的损失，当事人有过错的，应当承担相应的民事责任。

第十六条　（情事变更的处理）因承包方不收取流转价款或者向对方支付费用的约定产生纠纷，当事人协商变更无法达成一致，且继续履行又显失公平的，人民法院可以根据发生变更的客观情况，按照公平原则处理。

第十七条　（转包、出租地的流转期限）当事人对转包、出租地流转期限没有约定或者约定不明的，参照合同法第二百三十二条规定处理。除当事人另有约定或者属于林地承包经营外，承包地交回的时间应当在农作物收获期结束后或者下一耕种期开始前。

对提高土地生产能力的投入，对方当事人请求承包方给予相应补偿的，应予支持。

第十八条　（截留、扣缴收益的处理）发包方或者其他组织、个人擅自截留、扣缴承包收益或者土地承包经营权流转收益，承包方请求返还的，应予支持。

发包方或者其他组织、个人主张抵销的，不予支持。

三、其他方式承包纠纷的处理

第十九条　（优先承包权及其限制）本集体经济组织成员在承包费、承包期限等主要内容相同的条件下主张优先承包权的，应予支持。但在发包方将农村土地发包给本集体经济组织以外的单位或者个人，已经法律规定的民主议定程序通过，并由乡（镇）人民政府批准后主张优先承包权的，不予支持。

第二十条　（一地数包的处理）发包方就同一土地签订两个以上承包合同，承包方均主张取得土地承包经营权的，按照下列情形，分别处理：

（一）已经依法登记的承包方，取得土地承包经营权；

（二）均未依法登记的，生效在先合同的承包方取得土地承包经营权；

（三）依前两项规定无法确定的，已经根据承包合同合法占有使用承包地的人取得土地承包经营权，但争议发生后一方强行先占承包地的行为和事实，不得作为确定土地承包经营权的依据。

第二十一条　（未取得土地承包经营权证书而流转的效力）承包方未依法登记取得土地承包经营权证等证书，即以转让、出租、入股、抵押等方式流转土地承包经营权，发包方请求确认该流转无效的，应予支持。但非因承包方原因未登记取得土地承包经营权证等证书的除外。

承包方流转土地承包经营权，除法律或者本解释有特殊规定外，按照有关家庭承包土地承包经营权流转的规定处理。

四、土地征收补偿费用分配及土地承包经营权继承纠纷的处理

第二十二条　（地上附着物和青苗补偿费）承包地被依法征收，承包方请求发包方给付已经收到的地上附着物和青苗的补偿费的，应予支持。

承包方已将土地承包经营权以转包、出租等方式流转给第三人的，除当事人另有约定外，青苗补偿费归实际投入人所有，地上附着物补偿费归附着物所有人所有。

第二十三条　（安置补助费）承包地被依法征收，放弃统一安置的家庭承包方，请求发包方给付已经收到的安置补助费的，应予支持。

第二十四条　（土地补偿费）农村集体经济组织或者村民委员会、村民小组，可以依照法律规定的民主议定程序，决定在本集体经济组织内部分配已经收到的土地补偿费。征地补偿安置方案确定时已经具有本集体经济组织成员资格的人，请求支付相应份额的，应予支持。但已报全国人大常委会、国务院备案的地方性法规、自治条例和单行条例、地方政府规章对土地补偿费在农村集体经济组织内部的分配办法另有规定的除外。

第二十五条　（承包的继承）林地家庭承包中，承包方的继承人请求在承包期内继续承包的，应予支持。

其他方式承包中，承包方的继承人或者权利义务承受者请求在承包期内继续承包的，应予支持。

五、其他规定

第二十六条　（着重调解）人民法院在审理涉及本解释第五条、第六条第一款第（二）项及第二款、第十六条的纠纷案件时，应当着重进行调解。必要时可以委托人民调解组织进行调解。

第二十七条　（施行时间）本解释自 2005 年 9 月 1 日起施行。施行后受理的第一审案件，适用本解释的规定。

施行前已经生效的司法解释与本解释不一致的，以本解释为准。

【链　　接】

最高人民法院有关负责人在公布《关于审理涉及农村土地承包纠纷案件适用法律问题的解释》新闻发布会上的讲话

（2005 年 7 月 29 日）

各位记者、各位朋友：

《最高人民法院关于审理涉及农村土地承包纠纷案件适用法律问题的解释》（以下简称为本解释），已于 2005 年 3 月 29 日由最高人民法院审判委员会第 1346 次会议讨论通过，并于今天公布。本解释将于 2005 年 9 月 1 日起施行。现在，我就本解释制定的背景、过程、主要内容和意义等问题，向各位作出简要的介绍和说明。

一、本解释制定的背景和过程

作为国民经济的基础性产业，农业的发展对我国经济社会的全面、协调、可持续发展具有重要意义。农村社会的稳定事关全社会的稳定大局，对农业的健康发展至关重要，而农业和农村问题的关键和实质就是农民问题。“三农”问题历来是党和国家全部工作的重中之重。以家庭承包经营为基础、统分结合的双层经营体制，是我国农村的基本经营制度，是党和国家农村政策的基石，是充分发挥亿万农民的积极性、促进农村经济发展和农村社会稳定的根本保证。解决好农民问题，最重要的就是维护好农民的土地承包经营权。作为广大农民安身立命的根本，土地承包经营权是农村生产关系的重要组成部分，是农民群众受到《宪法》保障的基本人权。土地承包关系是否稳定直接关系到广大农民的切身利益，也是构建社会主义和谐社会的重要因素之一。党的十六届三中全会通过的《中共中央关于完善社会主义市场经济体制若干问题的决定》，进一步提出完善农村土地制度，并将其作为深化农村改革的一项重要任务。近几年来，“三农”问题已经成为全社会普遍关注的焦点和热点，中央政府极为重视，并相继出台了《中共中央国务院关于促进农民增加收入若干政策的意见》（2004 年中央 1 号文件）以及《中共中央国务院关于进一步加强农村工作提高农业综合生产能力若干政策的意见》（2005 年中央 1

号文件）。

土地承包关系的长期稳定需要法律制度的保障。2002年8月29日，九届全国人大常委会第二十九次会议通过的《中华人民共和国农村土地承包法》（以下简称为《农村土地承包法》），将改革开放以来形成的一系列有关农村土地承包工作的方针、政策上升为法律，它对于保护广大农民的土地承包经营权、维护农村土地承包关系的长期稳定，具有重要意义，并为农村经济的长远发展和农村社会的稳定奠定了法律基础。全国人大常委会对该法的贯彻落实十分重视，组织了专项执法检查。目前，违反法律、违背政策、随意侵犯农民土地承包权益的现象在许多地方都不同程度地存在着，有些甚至还演化成为不稳定因素。与此相适应，涉及农村土地承包的纠纷案件和涉农信访呈现出不断增加的态势。2003年11月4日，全国人大常委会执法检查组第二次全体会议一致认为，国务院有关部门及最高人民法院应在职权范围内尽快建立健全与《农村土地承包法》相配套的法律规范体系。2004年1月2日，全国人大常委会办公厅以常办秘字〔2004〕2号文发出《关于转请最高人民法院落实农村土地承包法执法检查报告改进执法工作的通知》，明确提出："对审判土地承包纠纷案件适用法律反映出的一些问题，最高人民法院应尽快作出司法解释。"

为积极应对涉及农村土地承包纠纷案件出现的新情况，贯彻落实《农村土地承包法》，依法保护农民土地承包经营权、促进农业生产发展、维护农村社会稳定，也为了给人民法院处理相关纠纷案件提供更具操作性的司法解释的依据，最高人民法院于2003年年初开始了本解释的起草工作。经过近两年的大量调研和分析论证，终于形成了最终稿，并经最高人民法院审判委员会讨论通过。

从本解释的整个制定过程看，我们除了在四川、安徽、江苏、浙江、山东、湖南、广西、重庆等地进行实地调研外，还对北京、广东、河南、上海、陕西、河北、辽宁、吉林、内蒙古等地报送的综合书面材料进行了研究。以上17个省、自治区、直辖市的情况，在全国是具有相当广泛的代表性的。我们还多次与全国人大法工委、全国人大农业与农村委员会、中央农村工作领导小组办公室、中共中央研究室、国务院法制办、国务院研究室、农业部、国土资源部、水利部、国家林业局、公安部、教育部、国家人口与计划生育委员会以及全国妇联、解放军军事法院等部门和单位进行工作联系和沟通，听取他们的意见。以上部门对许多重大问题的意见建议，在本解释中都有一定程度的体现。为增加本解释制定工作透明度，也为了在最广泛的范围内听取社会各界，特别是广大农民群众的意见和呼声，我院于2003年12月31日将本解释征求意见稿在《人民日报》《法制日报》《人民法院报》《中国农民报》以及人民网、中国普法网、中国法院网、中国农业信息网等媒体同时公布，公开征求意见。经过几十次认真、慎重的分析论证，形成了最终的稿子。对社会各界和相关部门的大力支持，我代表最高人民法院，在此一并表示感谢。

二、本解释的主要内容

本解释的内容分为五个部分：第一部分（第一条至第四条）是对受理与诉讼主体资格的规定；第二部分（第五条至第十八条）是对家庭承包纠纷处理的规定；第三部分（第十九条至第二十一条）是对其他方式承包纠纷处理的规定；第四部分（第二十二条至第二十五条）是对承包地征收补偿费用分配及土地承包经营权继承纠纷处理的规定；第五部分（第二十六条至第二十七条）规定了注重调解和本解释的施行与适用的问题。

（一）关于人民法院受理农村土地承包纠纷的范围

本解释第一条规定："下列涉及农村土地承包纠纷民事案件，人民法院应当受理：（一）农村土地承包合同纠纷；（二）土地承包经营权侵权纠纷；（三）土地承包经营权流转纠纷；（四）承包地征收补偿费用的分配纠纷；（五）土地承包经营权继承纠纷。集体经济组织成员因未实际取得土地承包经营权提起民事诉讼的，人民法院应当告知其向有关行政主管部门申请解决。集体经济组织成员就用于分配的土地补偿费数额提起民事诉讼的，人民法院不予受理。"根据这一规定，本解释调整的农村土地承包纠纷，包括权利人依法取得土地承包经营权之后产生的合同、侵权、继承以及承包地征收补偿费用分配等纠纷。从另一个角度讲，这也是人民法院应当作为民事案件受理的农村土地承包纠纷的范围。当事人为本解释第一条所列纠纷产生争议，向人民法院提起民事诉讼的，人民法院应当依法受理。

至于那些尚未取得而要求取得土地承包经营权的纠纷，因《农村土地承包法》规定的集体经济组织成员享有的"平等的承包土地的权利"，在未取得之前，还不具有民事纠纷的可诉性。集体经济组织成员因未取得土地承包经营权而要求取得该权利的，应当向集体经济组织和指导该集体经济组织的相关行政机关提出，而不能作为民事诉讼提出。基于这一认识，本解释第一条第二款规定："集体经济组织成员因未实际取得土地承包经营权提起民事诉讼的，人民法院应当告知其向有关行政主管部门申请解决。"

用于分配的土地补偿费数额，事关集体经济的发展，属于村民自治权行使范畴，所以此类争议不属于民事诉讼范畴。基于此，本解释第一条第三款规定，集体经济组织成员对此提起民事诉讼的，人民法院不予受理。

（二）关于涉及违法收回、调整或者弃耕撂荒承包地纠纷的处理

本解释第六条从土地承包经营权的物权属性出发，根据《民法通则》《合同法》《农村土地承包法》的相关规定，结合物权请求权理论，规定：发包方已将违法收回、调整的承包地或者承包方弃耕撂荒的承包地另行发包给他人，承包方以发包方与他人为共同被告，请求确认发包方与他人订立的承包合同无效、返还承包地并赔偿损失的，应予支持。鉴于发包方因违法收回、调整承包地的情形与承包方弃耕、撂荒承包地后，发包方就被弃耕、撂荒的承包地与他人另行建立承发包关系的不同，本解释第六条第一款第（二）项后段规定，属于承包方弃耕、撂荒情形的，对其赔偿损失的诉讼请求，人民法院不予支持。

另一方面，为在司法审判中做到土地承包经营权人利益与他人利益之间的合理平衡，避免权利行使对既存社会关系无成本的“破坏”，依法保护他人的合法权益，本解释第六条第二款对他人利益的保护也专门作出了规定。

（三）关于承包地征收补偿费用分配纠纷的处理

根据《土地管理法》及其实施条例的规定，结合土地征收补偿费用的不同性质，本解释第二十二条至第二十四条对承包地征收补偿费用分配纠纷的处理作出了规定。按照这些条款的规定，承包地被依法征收的承包方请求发包方给付已经收到的地上附着物和青苗补偿费用的，应予支持；放弃统一安置的家庭承包方请求发包方给付已经收到的安置补助费的，应予支持，但需要统一安置的承包方请求发包方给付安置补助费的，不予支持；农村集体经济组织或者村民委员会、村民小组经民主议定程序决定在本集体经济组织内部分配已经收到的土地补偿费，征地补偿安置方案确定时已经具有本集体经济组织成员资格的人，请求支付相应份额的，应予支持。考虑到今后一段时间内，我国土地补偿费分配制度将面临调整，为使本解释的规定能够与日后新出台的相关规范性文件衔接，本解释第二十四条第一款后段规定，已报全国人大常委会、国务院备案的地方性法规、自治条例和单行条例、地方政府规章对土地补偿费在农村集体经济组织内部的分配办法另有规定的除外。

三、本解释出台的意义

人民法院作为国家的审判机关，充分发挥审判职能，通过涉农案件的审判为推动农业发展、维护农村稳定、促进农民增收提供司法保障，对“三农”问题的解决具有重要

意义。本解释的公布，对依法保护广大农民依法享有的土地承包权益，正确规范人民法院审理相关纠纷案件的司法实践，具有十分重要的意义。同时也是人民法院积极参与“三农”问题解决的重要体现。具体来说，本解释的出台具有以下几个方面的意义：

1. 是人民法院坚持“三个代表”重要思想和科学发展观的具体体现，是落实司法为民工作要求、切实提升司法审判能力的重要步骤。党成立的八十多年，是党代表中国先进生产力的发展要求、代表中国先进文化的前进方向、代表中国最广大人民的根本利益的历程，是始终保持党的先进性的历程。我国有九亿农民，在全面建设小康社会的进程中，如何切实保护农民的合法权益是摆在全社会面前的重大课题。家庭承包是我国农村政策的基石，对维护社会稳定及实现农村的社会保障功能具有极其重要的地位。在目前我国农业生产力发展水平仍然较低的情况下，维护农民的土地承包经营权是必然的选择，也是我国经济发展和巨大人口压力的基础性选择。因此，维护好农民的土地承包经营权也是1代表其根本利益和充分实现其根本利益的题中应有之意。要树立和落实科学发展观，首先要全面准确地把握其深刻内涵和基本要求，即坚持以人为本，达到经济社会的全面、协调和可持续发展。只有坚持以人为本，才能让发展的成果惠及全体人民，而统筹城乡发展、促进人与自然的和谐则是坚持以人为本的基础。只有为农民土地承包经营权提供切实的保障，才能使农民真正地热爱土地、专心于农业生产，才能真正实现全面、协调、可持续发展和以人为本。人民法院司法审判权为民所授，理应为民所用。在运用司法审判权的时候也必须做到情为民所系、利为民所谋。本解释的制定正是以此为出发点和指导思想，把依法保护农民土地承包经营权益作为最重要的宗旨和目的。面对纷至沓来的农村土地承包纠纷，妥善处理相关案件是人民法院不容推卸的使命。肖扬院长提出人民法院应着力提高的四项司法能力中就包含了加强司法审判能力。本解释出台本身就是提升人民法院自身司法审判能力的重要举措。

2. 对于加强农民土地承包经营权的司法保护，具有重要意义。广大农民通过家庭承包的形式取得的土地承包经营权是受到《宪法》和法律保护的权利。以民事司法的保护方法对受到侵害的土地承包经营权人提供救济，是人民法院司法审判职能的重要方面。近年来，最高人民法院不断加强对农民土地承包权益的司法保护力度，在1999年公布实施了《关于审理农业承包合同纠纷案件若干问题的规定（试行）》。本解释的出台，在既有司法解释的基础上，在《农村土地承包法》规定的框架内，着重从土地承包经营权的权利属性出发，对各种侵犯土地承包经营权行为作出梳理，从民事责任的角度对土地承包经营权人的利益提供了更为全面和准确的保护。这对提升全社会尊重和保障农民权益的意识，必将起到积极的促进作用。

3. 为人民法院依法及时处理好涉及农村土地承包纠纷案件提供了更具操作性的规范依据。在《农村土地承包法》出台之前，人民法院审理涉及农村土地承包纠纷案件时，一般适用的是《民法通则》《合同法》等基本的民事法律。与普通的民事争议相比较，农村土地承包纠纷具有其特殊性，而前述法律在对这种特殊性的规范层面，存在操作依据上的缺失。《农村土地承包法》虽是针对农村土地承包所作的专门立法，但在处理纷繁复杂而又形式各异的纠纷案件时，有些规定也过于原则。正是为了切实贯彻落实该法的精神，填充法律规定本身与现实情况的真空地带，本解释结合相关法律规定所定的各个条文，均具有较强的针对性和实用价值。因此，本解释的出台不仅为农民维权提供了更加具体和有力的法律武器，而且有利于切实贯彻《农村土地承包法》，维护国家法制的统一。

4. 本解释对农地法学领域中若干重大理论问题进行了有益和积极的探索，必将推动相关理论的深入研究并为立法工作提供有价值的实践经验。众所周知，农村集体经济组织成员资格的确定、农户诉权行使方式、民法规则在农村土地承包纠纷处理中的运用、农地征收补偿费用的补偿对象、补偿费用分配纠纷的性质等问题是农地法学领域中的难点问题。这些问题得不到解决，绝大多数矛盾激烈的纠纷案件就很难得到有效率的处理。经过大量细致的调研和反复分析论证，本解释在现行法律规定的框架内，以民事纠纷和民事诉讼的本质特征为基础，合理运用民法基本原则，从集体土地所有权与土地承包经营权的不同性质以及相互关系出发，对前述问题作出了回答。

由于农村集体经济组织成员资格问题事关广大农民的基本民事权利，属于《立法法》第四十二条第一项规定的情形，其法律解释权在全国人大常委会，不宜通过司法解释对此重大事项进行规定，我院已经根据《立法法》第四十三条的规定，就农村集体经济组织成员资格问题建议全国人大常委会作出立法解释或者相关规定。但在整个调研论证过程中形成的成果，必将为立法机关提供有益的参考。

本解释在实践运用中还可能遇到一些新的问题，但应当说本解释的探索是有价值的。这种探索一定会对促进相关理论的深入研究和将来的法律制定工作提供宝贵的实践经验。

谢谢大家!

导读：物权法是民事财产关系的基本法，在市场经济法制体系中处于基础地位。司法实践中，除物权权属纠纷外，在数量众多的婚姻家庭、损害赔偿、合同纠纷等民商事案件中，往往均需面对和回应物权主体为谁、物权内容为何、物权效力有无等前提或基础性问题，在相当大程度上而言，对物权法的理解和适用稍有不当，就有可能对民商事主体的各项权利，乃至经济社会生活的有序发展、良性互动造成冲击。为此，最高人民法院制定了本解释。

本解释共22条，是针对司法实践中适用物权法的若干热点难点问题，如不动产登记错误与民事诉讼的关系、异议登记与确权诉讼的关系、预告登记的效力、特殊动产转让中的“善意第三人”、发生物权变动效力的（人民法院、仲裁委员会的）法律文书的范围、按份共有人优先购买权的司法保护、善意取得的构成要件等，在认真总结审判经验的基础上，经过反复调研论证和广泛征求意见进行的规定。

最高人民法院
关于适用《中华人民共和国物权法》若干问题的解释（一）

法释〔2016〕5号

（2015年12月10日最高人民法院审判委员会第1670次会议通过
2016年2月22日最高人民法院公告公布
自2016年3月1日起施行）

为正确审理物权纠纷案件，根据《中华人民共和国物权法》的相关规定，结合民事审判实践，制定本解释。

第一条　（审查基础关系或确认权属属于民事诉讼受案范围）因不动产物权的归属，以及作为不动产物权登记基础的买卖、赠与、抵押等产生争议，当事人提起民事诉讼的，应当依法受理。当事人已经在行政诉讼中申请一并解决上述民事争议，且人民法院一并审理的除外。

第二条　（不动产确权争议中登记的证明力）当事人有证据证明不动产登记簿的记

载与真实权利状态不符、其为该不动产物权的真实权利人，请求确认其享有物权的，应予支持。

第三条　（确权争议不受异议登记失效影响）异议登记因物权法第十九条第二款规定的事由失效后，当事人提起民事诉讼，请求确认物权归属的，应当依法受理。异议登记失效不影响人民法院对案件的实体审理。

第四条　（预告登记权利人的保护）未经预告登记的权利人同意，转移不动产所有权，或者设定建设用地使用权、地役权、抵押权等其他物权的，应当依照物权法第二十条第一款的规定，认定其不发生物权效力。

第五条　（导致预告登记失效的"债权消灭"的认定）买卖不动产物权的协议被认定无效、被撤销、被解除，或者预告登记的权利人放弃债权的，应当认定为物权法第二十条第二款所称的"债权消灭"。

第六条　（转让人的债权人不属于物权法第二十四条所称的"善意第三人"）转让人转移船舶、航空器和机动车等所有权，受让人已经支付对价并取得占有，虽未经登记，但转让人的债权人主张其为物权法第二十四条所称的"善意第三人"的，不予支持，法律另有规定的除外。

第七条　（发生物权变动效力的人民法院、仲裁委员会的法律文书）人民法院、仲裁委员会在分割共有不动产或者动产等案件中作出并依法生效的改变原有物权关系的判决书、裁决书、调解书，以及人民法院在执行程序中作出的拍卖成交裁定书、以物抵债裁定书，应当认定为物权法第二十八条所称导致物权设立、变更、转让或者消灭的人民法院、仲裁委员会的法律文书。

第八条　（特殊情形物权的保护）依照物权法第二十八条至第三十条规定享有物权，但尚未完成动产交付或者不动产登记的物权人，根据物权法第三十四条至第三十七条的规定，请求保护其物权的，应予支持。

第九条　（继承、遗赠等情形排除按份共有人优先购买权行使）共有份额的权利主体因继承、遗赠等原因发生变化时，其他按份共有人主张优先购买的，不予支持，但按份共有人之间另有约定的除外。

第十条　（按份共有人优先购买权行使时同等条件的认定）物权法第一百零一条所称的"同等条件"，应当综合共有份额的转让价格、价款履行方式及期限等因素确定。

第十一条　（按份共有人优先购买权的行使期间）优先购买权的行使期间，按份共有人之间有约定的，按照约定处理；没有约定或者约定不明的，按照下列情形确定：

（一）转让人向其他按份共有人发出的包含同等条件内容的通知中载明行使期间的，以该期间为准；

（二）通知中未载明行使期间，或者载明的期间短于通知送达之日起十五日的，为十五日；

（三）转让人未通知的，为其他按份共有人知道或者应当知道最终确定的同等条件之日起十五日；

（四）转让人未通知，且无法确定其他按份共有人知道或者应当知道最终确定的同等条件的，为共有份额权属转移之日起六个月。

第十二条　（按份共有人优先购买权的裁判保护）按份共有人向共有人之外的人转让其份额，其他按份共有人根据法律、司法解释规定，请求按照同等条件购买该共有份额的，应予支持。

其他按份共有人的请求具有下列情形之一的，不予支持：

（一）未在本解释第十一条规定的期间内主张优先购买，或者虽主张优先购买，但提出减少转让价款、增加转让人负担等实质性变更要求；

（二）以其优先购买权受到侵害为由，仅请求撤销共有份额转让合同或者认定该合同无效。

第十三条　（按份共有人之间转让共有份额时不得主张优先购买权）按份共有人之间转让共有份额，其他按份共有人主张根据物权法第一百零一条规定优先购买的，不予支持，但按份共有人之间另有约定的除外。

第十四条　（两个以上按份共有人优先购买权的保护顺位）两个以上按份共有人主张优先购买且协商不成时，请求按照转让时各自份额比例行使优先购买权的，应予支持。

第十五条　（善意取得中受让人善意的认定）受让人受让不动产或者动产时，不知道转让人无处分权，且无重大过失的，应当认定受让人为善意。

真实权利人主张受让人不构成善意的，应当承担举证证明责任。

第十六条　（不动产善意取得中受让人非善意的认定）具有下列情形之一的，应当认定不动产受让人知道转让人无处分权：

（一）登记簿上存在有效的异议登记；

（二）预告登记有效期内，未经预告登记的权利人同意；

（三）登记簿上已经记载司法机关或者行政机关依法裁定、决定查封或者以其他形式限制不动产权利的有关事项；

（四）受让人知道登记簿上记载的权利主体错误；

（五）受让人知道他人已经依法享有不动产物权。

真实权利人有证据证明不动产受让人应当知道转让人无处分权的，应当认定受让人具有重大过失。

第十七条　（动产善意取得中受让人重大过失的认定）受让人受让动产时，交易的对象、场所或者时机等不符合交易习惯的，应当认定受让人具有重大过失。

第十八条　（善意取得中善意的判断时间）物权法第一百零六条第一款第一项所称的“受让人受让该不动产或者动产时”，是指依法完成不动产物权转移登记或者动产交付之时。

当事人以物权法第二十五条规定的方式交付动产的，转让动产法律行为生效时为动产交付之时；当事人以物权法第二十六条规定的方式交付动产的，转让人与受让人之间有关转让返还原物请求权的协议生效时为动产交付之时。

法律对不动产、动产物权的设立另有规定的，应当按照法律规定的时间认定权利人是否为善意。

第十九条　（善意取得中合理价格的认定）物权法第一百零六条第一款第二项所称“合理的价格”，应当根据转让标的物的性质、数量以及付款方式等具体情况，参考转让时交易地市场价格以及交易习惯等因素综合认定。

第二十条　（特殊动产如何适用善意取得）转让人将物权法第二十四条规定的船舶、航空器和机动车等交付给受让人的，应当认定符合物权法第一百零六条第一款第三项规定的善意取得的条件。

第二十一条　（善意取得制度适用的排除）具有下列情形之一，受让人主张根据物权法第一百零六条规定取得所有权的，不予支持：

（一）转让合同因违反合同法第五十二条规定被认定无效；

（二）转让合同因受让人存在欺诈、胁迫或者乘人之危等法定事由被撤销。

第二十二条　（施行时间及效力）本解释自 2016 年 3 月 1 日起施行。

本解释施行后人民法院新受理的一审案件，适用本解释。

本解释施行前人民法院已经受理、施行后尚未审结的一审、二审案件，以及本解释施行前已经终审、施行后当事人申请再审或者按照审判监督程序决定再审的案件，不适用本解释。

【链　　接】

最高人民法院民一庭负责人
就《物权法司法解释（一）》答记者问

为贯彻党的十八届四中全会提出的全面推进依法治国的重大战略部署，切实加强社会主义法治建设，进一步提升保障财产权利及市场交易安全与效率的法治化程度，最高人民法院根据《中华人民共和国物权法》的相关规定，结合审判实践，经审判委员会第1670次会议讨论，通过了《最高人民法院关于适用〈中华人民共和国物权法〉若干问题的解释（一）》（以下简称《解释》）。值此司法解释公布之际，最高人民法院民一庭负责人就《解释》的有关问题接受了记者的采访。

问：请您具体谈一下最高人民法院为什么要出台该《解释》？

答：物权法是民事财产关系的基本法，在市场经济法制体系中处于基础地位。司法实践中，除物权权属纠纷外，在数量众多的婚姻家庭、损害赔偿、合同纠纷等民商事案件中，往往均需面对和回应物权主体为谁、物权内容为何、物权效力有无等前提或基础性问题，在相当大程度上而言，对物权法的理解和适用稍有不当，就有可能对民商事主体的各项权利，乃至经济社会生活的有序发展、良性互动造成冲击。而物权法本身理论性强、逻辑复杂、体系严密、学说丰赡，正确理解和准确执行的难度很大。因此，在中国特色社会主义法律体系基本形成后，适时妥当推出相关司法解释，不仅广大法官寄予厚望，更是推动物权法良法之治的重要途径。

物权法包括了总则、所有权、用益物权、担保物权和占有等五编。对于部分内容，最高人民法院已经在物权法实施前后分别出台了相关司法解释：如担保物权部分，最高人民法院在物权法实施之前就根据担保法的规定于2000年12月颁布了《最高人民法院关于适用〈中华人民共和国担保法〉若干问题的解释》，现在正在根据物权法的规定以及司法实践中的经验总结修订起草担保物权司法解释；对于所有权部分中的业主的建筑物区分所有权，最高人民法院在2009年5月颁布了《最高人民法院关于审理建筑物区分所有权纠纷案件具体应用法律若干问题的解释》；对于用益物权中的国有土地使用权部分，最高人民法院于2005年6月颁布了《最高人民法院关于审理涉及国有土地使用权合同纠纷案件适用法律问题的解释》，对于土地承包经营权则于2005年7月颁布了《最高人民法院关于审理涉及农村土地承包纠纷案件适用法律问题的解释》，并于2014年1月颁布了《最高人民法院关于审理涉及农村土地承包经营纠纷调解仲裁案件适用法律若干问题的解释》，从合同法的角度对这些物权在市场经济中的交易流转等问题进行了相应规定。除此之外，物权法中还有许多涉及物权法基本规则的重要内容，如“总则”编中关于物权变动和保护的制度，“所有权”编中关于相邻关系、共有、善意取得的规定等，对于正确适用物权法也至关重要，由于这些内容涉及物权法规则的根本、规范难度相对较大，故最高人民法院本着成熟一些、规范一些的原则，统一纳入物权法司法解释系列加以规定。本《解释》就是针对司法实践中适用物权法的若干热点难点问题，如不动产登记错误与民事诉讼的关系、异议登记与确权诉讼的关系、预告登记的效力、特殊动产转让中的“善意第三人”、发生物权变动效力的（人民法院、仲裁委员会的）法律文书的范围、按份共有人优先购买权的司法保护、善意取得的构成要件等，在认真总结审判经验的基础上，经过反复调研论证和广泛征求意见进行的规定。

问：党的十八届四中全会“决定”中指出，要健全以公平为核心原则的产权保护制度，加强对各种所有制经济组织和自然人财产权的保护。请您具体谈一谈这里所讲的产权保护、财产权保护与《解释》所针对的物权保护有什么关系？

答：党的十八届四中全会“决定”为我们在全面推进依法治国新时期进一步完善和加强财产权保障指明了方向。“决定”中提到的“产权”，是一个来源于经济学的概念，法律上与其大致对应的概念是财产权，是一种包含物权、债权以及由此衍生出的各种具体权利的复合财产权利。

任何人、任何团体、任何社会的存在和发展都离不开对财产的拥有和支配，对财产的控制而形成的社会关系是社会最基本的关系。人与人之间的其他社会关系，本质上都是财产支配关系直接或者间接的反映。而物权又是社会生活中最为基础、最为常见甚至最为重要的财产权。我国物权法规定的物权类型非常广泛，如房屋所有权、建筑物区分所有权、机动车等各种生活用品的所有权、农民个人或家庭的土地承包经营权、建设用地使用权、地役权、抵押权、质权、留置权等等，涉及经济社会生活的方方面面，关涉企业、个人的切身利益，是各类民事主体从事各种经济或社会活动、创造财富、谋求发展的基础。因此，通过司法活动适用好物权法，促进依法全面、平等保护各种所有制经济组织和自然人享有的物权，不仅对于每一个个体的安定、幸福生活，而且对于经济社会的有序、健康发展，都有着非同寻常的重要意义。

问：审判实践中存在许多因涉及不动产登记而产生民事与行政交叉的情形，如一方当事人认为登记的不动产权属错误，以登记行为违法为由提起行政诉讼，另一方当事人则针对导致不动产物权变动的原因行为的效力提起民事诉讼等。各地法院对于这些纠纷的审判程序、适用法律和裁判结果上均存在着许多差异。那么，在因确认房屋等不动产物权归属或就买卖房屋等法律关系发生争议，涉及对房屋等不动产登记的异议时，究竟应当通过民事诉讼还是行政诉讼程序解决呢?

答：造成你提到的现象的原因很多，但究其根本而言，是由于对不动产登记的性质及其在不动产物权变动中的作用认识不清所致。实际上，相当大一部分涉及不动产登记的案件中，当事人主要争议的是登记所涉及的民事法律关系，由于不动产物权基于登记而生效，导致登记行为被卷入诉讼，从而呈现出民事纠纷与行政纠纷交织的表象。当事人往往认为，不动产登记系国家机关作出的行政确认行为，是登记机构对不动产权属状况的最终有效确认，如果不动产登记上的记载及相应不动产权利证书不被撤销，则表明其记载的权属状况正确无误，因此，撤销最后的登记发证行为，是权属问题最终解决的最有效、最直接的途径。司法实践中，有些民事法官在遇到涉及登记问题的不动产权属案件时，也常以登记的公定力为由，要求当事人先提起行政诉讼，中止民事案件的审理，待行政诉讼对登记行为的审查结论作出后，再依据行政判决结果来作出民事判决。这些错误观点是造成涉不动产登记、不动产权属争议乱象的思想认识根源。因此，有必要明确不动产物权归属及其原因行为的争议属于民事争议的性质，区分民事诉讼与行政诉讼的审查范围与对象，理顺两种诉讼程序。《解释》第一条对此问题予以明确规定。

首先应当正确地认识到我国不动产登记性质的复合性。一方面，不动产登记是不动产物权的公示方式，是当事人不动产物权发生变动的意思表示推动的结果，不能把不动产物权登记理解为国家对不动产物权关系进行的干预，解释为行政权力对不动产物权的授权或确认。另一方面，根据《不动产登记暂行条例》的规定，我国承担不动产登记的机构在性质上是国家行政机关，就其履行不动产登记的法定职责及所遵循的程序而言，不动产登记又具有行政行为的特点。

不动产登记的复合性导致由此引发的诉讼就应当根据诉讼标的而区分民事或行政诉讼程序。涉不动产登记民事诉讼的诉讼标的应当是针对不动产物权的归属或原因行为（基础法律关系）；涉不动产登记行政诉讼的诉讼标的针对的是登记行为本身，亦即在行政诉讼中人民法院审查的是登记行为的合法性。也就是说，当事人之间或第三人对被登记的不动产物权或原因行为等民事法律关系产生争议，此争议实质上存在于当事人之间，当事人与登记机构之间并无实质争议，故应当通过民事诉讼程序加以解决。因登记机构违反法律规定拒绝登记或登记程序不合法导致错误登记等违反法定程序，而在当事人与登记机构之间产生的纠纷，如果登记机构对应予登记的事项不予登记或对于错误的登记不予更正，当事人可以提起行政诉讼。

当然，根据《行政诉讼法》第六十一条的规定，在涉及登记的行政诉讼中，当事人申请一并解决相关民事争议的，人民法院可以一并审理。这一规定的目的是为了完善民事争议和行政争议交叉时的处理机制，便于纠纷的一次性解决，方便当事人诉讼，并未改变相关争议的民事纠纷性质，对此应当有正确的认识。

可见，民事诉讼与行政诉讼在关涉不动产物权权属及原因行为、不动产登记的争议中各行其道，各司其职，各级人民法院对此应当根据《解释》第一条规定的精神准确把握。

问：既然不动产登记在性质上存在您刚才讲到的复合性特点，那么在民事诉讼中针对有关不动产物权归属的问题上，不动产登记簿的证明力应当如何认识？

答：根据《物权法》第十六条之规定，不动产登记簿是物权归属和内容的根据。这赋予了不动产登记簿权利推定效力，意味着不动产登记簿上记载的权利人一般会被推定为不动产物权的享有者。但同时，《物权法》第十七条、第十九条又分别规定了“不动产登记簿确有错误”“不动产登记簿记载的事项错误”的情形。从上述三个条文体系解释角度而言，法律一方面认可了不动产登记簿在确认物权归属和内容方面具有极高的证明力，另一方面也承认现实中确实存在不动产登记簿记载的物权权属和内容与其真实情况不一致的情形，不能赋予不动产登记簿绝对的证明力。

从诉讼法角度而言，一方面，不动产登记簿属于公文书证，由于其对不动产物权归属的证明是通过法律上的权利推定这一方式完成的，故不动产登记簿上有关不动产物权记载事项，在确定不动产物权归属方面的证明力方面远高于其他证据的证明力。此消彼长，相应地，这也就加大了请求确权的一方当事人证明不动产登记簿的记载与真实权利状态不符、其为真实权利人的难度。但另一方面，既然作为一种拟制事实，不动产登记簿登记表彰的权利状态并不总能必然反映真实不动产物权关系，那么就应允许当事人通过举证推翻不动产登记簿所表彰的物权状态。因此，在民事诉讼中，应当根据民事诉讼法及其司法解释对于证据规则及证明责任的规定，来综合认定不动产物权的归属。对此，广大从事民事审判工作的法官应当有全面的认识。

问：物权法第二十条第一款对预告登记后不动产物权人处分不动产物权的行为进行了限制，实践中应如何理解其所限制的处分行为的范围?

答：预告登记是为保全一项以将来发生不动产物权变动为目的的请求权的不动产登记，是相对于“本登记”或“终局登记”而言的登记制度。法律对不动产物权人的处分自由进行限制，目的是对纳入预告登记的请求权加以保全，或者说，是为了保障登记权利人的请求权，以确保最终实现其物权。基于预告登记的制度目的，不应为保障登记权利人的请求权而不当限制登记义务人（也就是不动产物权人）的处分权，对该种限制本身亦应作出一定限制，即只能限于保护登记请求权的范围内，否则即有矫枉过正乃至越位之嫌。纳入预告登记保全之债权具有一定物权效力，对违背预告登记内容的后发不动产物权处分行为具有排他效力，由此，法律上危及抑或妨碍债权如期实现的处分行为，必须受制于预告登记权利人的同意。一般而言，建设用地使用权、不动产抵押权自登记时设立，由于存在预告登记，登记机关一般不会为其再办理相应权利登记，但即使因操作不规范或错误等原因办理了登记，也不发生相应的物权效力。此外，地役权自地役权合同生效时设立，登记并非其设立的要件，虽然不动产物权人所设定的负担行为原则上不受预告登记规制，但只要供役地上存在预告登记，未经预告登记的权利人同意，地役权也不因合同生效而设立。

问：机动车等特殊动产物权转让中，未办理登记的受让人与转让人的债权人之间就机动车物权何者优先，在机动车等特殊动产交易日益频繁的今天，这一问题的实践意义重大，《解释》对此问题是如何规定的?

答：回答这一问题需要建立在对动产物权变动规则以及物权优先效力的准确理解和把握上。根据《物权法》第二十三条的规定，除法律另有规定的以外，动产物权的设立和转让，自交付时发生效力。《物权法》第二十四条进一步规定了机动车等特殊动产物权变动，未经登记，不得对抗善意第三人。也就是说，机动车等特殊动产物权变动，基于其动产的本质属性，亦应适用动产物权变动的一般规则，即交付即发生物权变动的效力，未经登记并非不发生物权效力，而是不得对抗第三人。这在学理上被称为登记对抗主义。在物权与债权的关系上，根据物权的排他性、优先性特征以及物权与债权的基本性质差异，在一物之上既有物权又有债权时，一般情况下，物权优先于债权。因此，在法律无明确排斥性规定的情况下，如果物权和债权发生冲突，则应当适用这一基本规则。

具体到机动车等特殊动产之上存在未办理登记的受让人与转让人的债权人的情况，通过转让人之交付取得特定动产物权的人虽未办理登记，但其已经依法享有物权，故从法律条文的本身涵义以及法律整体的逻辑体系看，其权利应优先于转让人的一般债权人。换而言之，就是转让人的一般债权人，包括破产债权人、人身损害债权人、强制执行债权人、参与分配债权人，均应排除于《物权法》第二十四条所称的“善意第三人”范畴之外。当然，这里所称的债权人自然不应包括针对该标的物享有担保物权的债权人，因为此时因其债权已设定担保，该债权人已经成为该物的担保物权人，就抵押或质押担保的财产享有优先受偿的权利。

另外需要特别说明的是，对于人身损害债权人，实践中往往会考量道德和价值取向等因素而使问题复杂化。但由于《物权法》第二十四条仅是解决机动车等特殊动产物权变动中的对抗问题，如果将该类特殊债权人作为绝对不可对抗的第三人，则不仅与该条的意旨大异其趣，而且破坏了物权优先于债权的基本原则，显然该问题并非《物权法》第二十四条所能以及所要解决的问题。善意第三人保护机制仅系协调民事权利冲突方法之一，显然不可能解决所有问题，对于此种情形下何者权利应予优先保护的问题，需要立法者基于价值理念判断通过法律规定加以回应。事实上，本条规定的“法律另有规定的除外”中所包含的权利中已经有一些含有了人身损害债权的内容，如《海商法》第二十二条规定的船舶优先权中就包含了在船舶营运中发生的人身伤亡的赔偿请求权，对法律已经特别规定享有法定优先权的债权人，不管物权变动登记与否，均应属于绝对不可对抗的善意第三人范畴。

问：《物权法》第二十八条规定，人民法院、仲裁委员会的法律文书，导致物权设立、变更、转让或者消灭的，自法律文书生效时直接发生物权变动的效力，司法实践中对于此处所指的法律文书的范围理解多有不同，《解释》对此是如何明确的？

答：从《物权法》第二十八条的文义看，并非人民法院、仲裁委员会作出的所有法律文书均可直接引起物权变动。究竟哪些法律文书能够引起物权变动呢？实践中存在一定争议。《解释》对此进行了限缩性解释，规定只有在实体法上具有在当事人之间形成或创设某种物权变动效果的法律文书才属于该条所称“导致物权设立、变更、转让或者消灭的”的法律文书。因此，针对诉讼、仲裁和执行中的程序性问题或者特定事项作出的裁定、决定、命令、通知书等，以及单纯解决身份关系的法律文书，原则上不涉及物权设立、转让、变更或者消灭，不会直接引起物权变动。确认法律文书只是确认当事人是否享有所争议的物权，并不改变原来已存在的物权，也不导致物权变动；给付法律文书并没有改变既存的法律关系，而只是经由生效裁判实现当事人之间既存的法律关系，故均不应属于《物权法》第二十八条所称的导致物权设立、变更、转让或者消灭的法律文书。而形成性法律文书在确定之时，无须强制执行就自动发生法律关系变动的效果，因此，形成性法律文书应当属于《物权法》第二十八条所称的导致物权设立、变更、转让或者消灭的法律文书。

在形成性法律文书中，主体自然是诉讼或仲裁程序中形成的形成性判决书、裁决书，这个自无疑问。争议较大的是形成性调解书，有观点认为，调解书往往是双方当事人意思自治的结果，对其中涉及的物权变动事项的准确性，没有充分的程序保障，极易损害真实物权人的利益，故不应认为其具有直接引起物权变动的效力。对此，我们认为，形成性调解书的属性应当定位于以当事人合意为基础的审判或仲裁行为，就此而言，形成性调解书与判决书或裁决书一样已经具备导致物权变动的基础，与判决、裁决具有同等法律效力，同样具备导致物权变动的法律赋予的强制力，因此，形成性调解书也应当与形成性判决书和裁决书同等视之。此外，人民法院在执行程序中作出的部分裁定书，如根据《最高人民法院关于适用〈中华人民共和国民事诉讼法〉的解释》第四百九十三条的规定精神，强制执行程序中拍卖成交确认裁定和以物抵债裁定也属于形成性法律文书。

这样，通过《解释》对《物权法》第二十八条的目的性限缩解释，该条所称人民法院、仲裁委员会的法律文书的范围就比较清晰了，可以较好地解决实践中《物权法》第二十八条所称的法律文书被不适当地扩大化适用，导致相关权利人合法权益受损的现象，也有利于物权变动体系的稳定与和谐。

问：《物权法》第一百零一条规定按份共有人可以转让自己享有的共有份额，并赋予其他按份共有人优先购买的权利。那么，在共有份额继承、遗赠时，按份共有人能否主张行使优先购买权？

答：一般而言，“转让”包括有偿转让和无偿转让。理论上，优先购买权是关于购买的一项特殊权利，自然应存在于以买卖为典型和主体的有偿转让交易中，对此并无重大争议。对于共有份额因继承、遗赠等情形发生变化的场合，是否发生优先购买权的行使问题，应当从按份共有人优先购买权的制度内涵进行目的解释。按份共有人优先购买权制度给转让人以外的按份共有人提供了以同等条件购买共有份额的机会，根据《物权法》第一百零一条的规定，判断按份共有人能否取得该转让份额的关键条件是其是否接受共有人以外的第三人受让该份额的“同等条件”，这里的“同等条件”主要是指数量、价格、支付方式等。在共有份额因继承、遗赠等情形发生变化的场合，根本不存在交易价格、支付方式，是否存在担保等条件更无从谈起，因此，无法对其行使优先购买权的“同等条件”加以客观判断。也就是说，这些情形与优先购买权之间存在着不可调和的冲突关系，其无偿性的特点和价格的缺乏使优先购买权的行使成为不可能，故《解释》对此明确规定予以排除。

问：主张优先购买的按份共有人通过诉讼请求按照同等条件购买该共有财产份额的，人民法院应当如何处理？

答：《物权法》第一百零一条的规定非常简单，对主张优先购买的按份共有人的诉讼请求应当如何作出裁判，这是司法实践中必须解决的问题，否则物权法第一百零一条将难以实施。为此，《解释》基于《物权法》第一百零一条的立法目的，并综合考虑各方当事人合法权益的平衡等情况，细化了裁判保护所应遵循的规则。

一方面，其他按份共有人在知道或应当知道“同等条件”后，就具备了判断是否行使优先购买权的条件，那么，其应当在合理期间行使该权利。期间长短的取舍，应最大限度防止一方滥用权利损害对方合法权益。《解释》在差别化考虑各种情形的基础上，对转让人告知义务的履行及按份共有人优先购买权行使期间作出了操作性很强的规定。总体而言，优先购买权行使期间分为三类：（1）当事人约定或者指定的期间。（2）一般行使期间，即十五日。该期间适用于两种场合，一是转让人向其他按份共有人发出的包含同等条件的通知载明的时间为准短于通知送达后十五日的以十五日为准，理由在于使该期间达到方便其他按份共有人作出决策之合理程度。二是转让人未履行通知义务，其他按份共有人知道或者应当知道最终确定之同等条件后的十五日。十五日之确定，系参考《最高人民法院关于审理城镇房屋租赁合同纠纷案件具体应用法律若干问题的解释》第二十四条对承租人优先购买权行使期间的规定。（3）最长行使期间，即六个月。该期间适用于转让人未履行通知义务，且没有证据证明其他按份共有人知道或者应当知道最终确定的同等条件的情形，六个月的起算点为共有份额权属移转之日。可以说，《解释》所明确的不同情形下优先购买权行使期间的起算点，有效解决了“无起点即无期间”

的实践难题。

另一方面，基于合同成立的要件以及优先购买权的性质，其他按份共有人作出以符合法律规定的同等条件购买该共有财产份额的意思表示到达转让人时，在该按份共有人与转让人之间成立并生效转让合同。因此，主张优先购买的按份共有人当然有权提起诉讼，请求根据以同等条件为合同主要条款的转让合同优先购买拟转让份额，这在性质上就是请求转让人履行转让共有份额的合同义务，人民法院在认为符合约定条件时就应支持上述请求，据此作出的判决性质是给付判决，优先购买权人在转让人不履行生效判决确定的给付义务时，可向人民法院申请强制执行。这里特别需要注意的是，由于优先购买权人提起诉讼时合同尚处于履行阶段，其并未取得该共有财产份额的所有权，故其请求权基础是转让共有财产份额之债，而非物权，故如其直接请求确认对转让的共有财产份额享有物权，则人民法院应当予以释明，经释明仍不变更诉讼请求的，对该请求不予支持。

问：善意取得是物权法中的一个重要制度，在物权纠纷、合同纠纷、侵权纠纷以及婚姻家庭继承纠纷等许多类型的纠纷中，往往都会涉及如何适用善意取得制度判定财产权利的归属问题。对于实践中应当如何认定善意取得的核心构成要件中的“善意”，《解释》是如何规定的？

答：“善意”是一个抽象概念，民法意义上的“善意”，通常指行为人在从事民事行为时，认为其行为合法，或者认为相对方具有合法权利、行为合法的一种心理状态。法律把“善意”作为善意取得的一项构成要件，以行为人的主观心理状态来评判其是否具有主观可责难性，则体现了一种法律评判，反映了法律在伦理道德和价值取向上的选择，彰显了民法所倡导的“诚实守信，扬善抑恶”理念以及所追求的正义价值。因此，善意取得系法律对诚信之人的一种特殊保护，而法律上的诚信之人首先应当是一个尽到合理审慎义务之人，故不具有某种程度以上的过失应当成为认定善意的一个重要标准，不应把两者割裂开来。同时，由于善意系一种内在心理活动状况，它并不直接显露于外部，因而难以度测，但作为一个法律概念，在司法实践中，需要明确认定善意的裁量标准，从而准确地适用法律。故《解释》明确规定受让人不知道转让人无处分权，且无重大过失的，应当认定受让人为善意。

此外，对于认定受让人善意时，是否应区分动产和不动产受让人设定不同的标准，存在一定争议。有观点认为，不动产坚持的是权利外观原则，即知道权利瑕疵才构成恶意，而动产则是权利外观原则＋诱因原则，即除去占有的外观，还应考虑对原权利人的可归责性，只在基于其意志丧失占有时需要适用善意取得制度，同时也要求动产受让人在受让动产时应当结合转让人的转让价款、转让环境等进行综合判断。我们认为这在解释论上并不成立。《物权法》第一百零六条所规定的善意取得，统一适用于动产和不动产，因而在认定受让人善意时，区分动产和不动产受让人设定不同标准的依据并不充分，动产与不动产的权利表彰方式虽然存在一定差别，但在我国物权法体系下，最主要的物权变动形式是一致的，也就是原因行为＋权利外观，因此，在善意的认定上确立统一标准符合法律规定的基本原则。至于具体认定时所据以参考评判的因素在形式上因占有和登记方式的不同而当然有所不同，但这并不能导致在善意认定标准上的差异。因此，《解释》本着尊重立法原意的原则，对于动产与不动产，规定了统一的善意认定标准。

问：那么，在诉讼中，应当由哪一方当事人来证明“善意”？

答：按照物权法的规定和学理通说，不动产物权以登记、动产物权以占有为公示方式。因此，不动产登记簿所记载的权利状态和内容以及动产占有所公示的权利状态，具有初步的推定力，即按照法律规定的方式公示的物权一般应推定为真实物权。在此前提下，交易参加人只要相信权利公示的正确性，并根据公示状态进行交易，应直接推定其为善意，无需交易参加人就其进行该交易时的善意再行举证证明。因此，无论受让人在具体案件中的诉讼地位如何，都不应影响其举证责任的负担，对于其“善意”之主观状态，无须承担举证责任，而是应当由主张其为非善意的对方当事人，就受让人受让物权时，存在明知或因重大过失而未知转让人无处分权的主观恶意，承担举证责任。

在《解释》的起草过程中，曾有观点提出，受让人受让动产时“不构成善意”属于消极事实，因而难以由主张者予以证明。我们认为，这种观点实际上是混淆了“消极事实”和“消极评价”的概念。对于受让人“不构成善意”，是一种法律的消极评价，但要对此予以证明，则是可以通过积极事实的举证实现的，因而不应因此排除主张对方非善意者的举证证明责任。

问：受让人是否为善意对于其最终能否取得转让标的物物权至关重要，实践中应当以什么时间点来判断受让人是否构成善意呢？

答：这个问题在实践中意义非常重大，在很多纠纷中这将直接决定相关权利人的权利保护顺位。这是因为，“善意”作为一种主观状态，随着时间的发展常常会出现变化。

比如在签订转让合同时，受让人确实不知道转让人不具有处分权，但签订合同后、完成交付或者不动产物权变动登记之前，受让人对于转让人无处分权已经明知，则其主张善意取得该转让物权能否成立，此时就必须对物权法第一百零六条规定的“受让人受让该不动产或者动产时”作出合理解释。

对于动产，现实交付适用善意取得，并且应当以交付之时作为动产善意取得的判断时点，不存在争议。对于不动产，由于不动产交易中签订合同与办理物权变动登记之间往往有较明显的时间差，故在应将何时作为“受让不动产时”，司法实践中存在不同观点，如以签订不动产转让合同之时、以当事人向不动产登记机构提出转移登记申请之时等。我们最终确定“依法完成不动产物权转移登记”之时，作为判断不动产善意取得中的善意时间点，也就是说，作为受让人想要取得善意取得制度的保护，实现从无处分权人处取得不动产物权，获得法律的认可，需要在完成不动产物权转移登记之前，始终保持善意，即不知道且不应当知道转让人无处分权的事实。《解释》作出如此规定，实际上是尽量后置了善意的判断时点，以最大可能抑制善意取得的负面效果。

问：无处分权人与受让人之间订立的转让合同的效力与善意取得制度的适用之间是否存在一定关联，司法实践中对此问题应如何认识？

答：对这一问题，在物权法起草过程中就存在很大争议，物权法实施至今在理论界和实务界仍然存在较大分歧。但我们认为，就法律性质而言，善意取得因转让人处分权缺失而应被纳入法律拟制的原始取得，故就理论而言认为转让合同效力影响善意取得的观点于法理不符，而且，从物权法第一百零六条的最终表述看，法律也并未将转让合同有效作为善意取得的法定要件。也就是说，善意取得的适用情形既可能存在于转让合同有效的场合，也可能存在于转让合同无效的场合。这一点必须首先明确。但同时，由于合同效力问题可能会涉及国家、社会利益和公序良俗，我们也难以得出合同无效一概均不影响善意取得适用的结论。

根据合同法的规定及相关理论，合同效力包括了合同有效、绝对无效、可撤销、效力待定、未生效等形态。法律对于不同类别的情形规定了不同的法律后果。其中，对于绝对无效合同，因其与合同制度目的完全背道而驰，严重侵害国家利益、社会公共利益，其瑕疵不可治愈，法律作出完全否定性评价，令其绝对地当然地无效；对于可撤销合同，因其主要是在意思表示上存在瑕疵，主要影响合同利益在当事人之间的分配，故法律着眼于为意思表示瑕疵的一方当事人提供救济，由其根据自身利益的考量决定是否撤销合同；对于效力待定合同，因合同仅欠缺缔约能力要件，对社会公共利益的损害相对轻微，与合同制度的目的没有根本性抵触，故法律允许有权人通过追认消除瑕疵。可见，合同是否最终无效反映出法律对于法秩序和法价值的追求和评价的不同。对于合同绝对无效，因当事人之间的行为损害的是国家利益或社会公共利益，是社会的公序良俗，故法律对此效力予以绝对的否定，这体现了法律对于维护国家利益或社会公共利益，维护公序良俗的价值的绝对追求和坚定立场。而物权法第七条规定："物权的取得和行使，应当遵守法律，尊重社会公德，不得损害公共利益和他人合法权益。"因此，善意取得作为物权的取得方式之一，也应当符合这一要求，《解释》明确规定排除合同绝对无效情形下善意取得的适用，符合法律的基本精神和价值追求，与物权法规定的善意取得制度、合同法规定的合同绝对无效制度的宗旨相吻合。

而在具有欺诈、胁迫的手段或者乘人之危，使对方在违背真实意思的情况下订立的转让合同，除以欺诈、胁迫手段订立合同损害国家利益应归于无效外，则属于合同法第五十四条第二款规定的可撤销情形。此时，应再进一步区分不同情形加以区别对待。如系受让人具有欺诈、胁迫的手段或者乘人之危的情形，在转让人行使撤销权撤销该转让合同时，则该行为表明转让人对其此前在受到欺诈、胁迫或乘人之危情形下而为的意思表示的否认，合同因欠缺有效要件而归于无效，此时，基于法律的规定，法律在尊重当事人自身选择的基础上亦应对此作出否定性评价，而且，从民法所追求的正义价值的角度视之，受让人为达到目的所实施的欺诈、胁迫或乘人之危的行为，是一种主观恶意较高的行为，转让人行使撤销权表明受让人所追求的不利益已经超出了转让人所能容忍和接受的程度，构成了对公序良俗的挑战，故其所应受到的法律的非难在程度上亦应相当于或者仅次于法律对合同绝对无效行为的评判，因此，《解释》对于此种情形也明确规定排除善意取得的适用。

《解释》对上述情形下排除善意取得适用的规定，将有利于夯实善意取得制度的法理根基，增进裁判的社会认同，并进一步简化裁判理据。

ᠨᠡᠶᠢᠭᠡᠮ ᠪᠠᠢᠳᠠᠯ ᠬᠡᠯᠡᠨ ᠦ ᠰᠤᠳᠤᠯ

ᠪᠣᠳᠣᠯᠭ᠎ᠠ ᠲᠠᠨᠢᠯᠴᠠᠭᠤᠯᠤᠯ (ᠨᠢᠭᠡ)

ᠲᠣᠪᠴᠢᠮᠠᠯ ᠲᠠᠨᠢᠯᠴᠠᠭᠤᠯᠤᠯ: ᠡᠨᠡᠬᠦ ᠵᠣᠬᠢᠶᠠᠯ ᠢ ᠮᠣᠩᠭᠣᠯ ᠤᠨ ᠬᠡᠯᠡ ᠵᠦᠢ ᠶᠢᠨ ᠰᠤᠳᠤᠯᠭ᠎ᠠ ᠶᠢᠨ ᠬᠤᠷᠠᠯ ᠳᠤ 1986 ᠣᠨ ᠤ 4 ᠰᠠᠷ᠎ᠠ ᠶᠢᠨ 12 ᠳᠤ ᠨᠡᠶᠢᠲᠡᠯᠡᠭᠰᠡᠨ « ᠪᠠᠷᠢᠮᠲᠠ ᠪᠣᠯᠭᠠᠭᠰᠠᠨ ᠮᠣᠩᠭᠣᠯ ᠬᠡᠯᠡᠨ ᠦ ᠰᠤᠳᠤᠯ ᠤᠨ ᠲᠣᠭᠣᠷᠢᠭᠰᠠᠨ » ᠢ ᠪᠣᠯᠪᠠᠰᠤᠷᠠᠭᠤᠯᠤᠨ ᠨᠡᠶᠢᠲᠡᠯᠡᠭᠰᠡᠨ᠂ ᠬᠡᠯᠡᠨ ᠦ ᠰᠤᠳᠤᠯ ᠤᠨ ᠠᠰᠠᠭᠤᠳᠠᠯ ᠢ ᠰᠢᠨᠵᠢᠯᠡᠬᠦ ᠳᠦ ᠴᠢᠬᠤᠯᠠ ᠠᠴᠢ ᠬᠣᠯᠪᠣᠭᠳᠠᠯ ᠲᠠᠢ ᠪᠣᠯᠤᠨ᠎ᠠ᠃

ᠪᠠᠢᠨ᠎ᠠ ᠰᠡᠳᠦᠪ ᠢ ᠰᠢᠨᠵᠢᠯᠡᠬᠦ ᠳᠦ ᠡᠨᠡᠬᠦ ᠵᠣᠬᠢᠶᠠᠯ ᠨᠢ ᠬᠡᠯᠡᠨ ᠦ ᠰᠤᠳᠤᠯ ᠤᠨ ᠣᠨᠣᠯ᠂ ᠠᠷᠭ᠎ᠠ ᠪᠠᠷ ᠮᠣᠩᠭᠣᠯ ᠬᠡᠯᠡᠨ ᠦ ᠰᠤᠳᠤᠯ ᠤᠨ ᠪᠠᠢᠳᠠᠯ᠂ ᠬᠡᠯᠡᠨ ᠦ ᠰᠤᠳᠤᠯ ᠤᠨ ᠠᠰᠠᠭᠤᠳᠠᠯ᠂ ᠮᠣᠩᠭᠣᠯ ᠬᠡᠯᠡᠨ ᠦ ᠰᠤᠳᠤᠯ ᠤᠨ ᠵᠡᠷᠭᠡ ᠵᠢᠴᠢ ᠬᠤᠪᠢᠰᠤᠯ ᠢ ᠲᠣᠭᠣᠷᠢᠭᠰᠠᠨ᠂ ᠬᠡᠯᠡᠨ ᠦ ᠰᠤᠳᠤᠯ ᠤᠨ ᠰᠢᠨᠵᠢᠯᠡᠬᠦ ᠤᠬᠠᠭᠠᠨ ᠤ ᠬᠦᠭᠵᠢᠯ ᠢ ᠰᠢᠨᠵᠢᠯᠡᠭᠰᠡᠨ ᠪᠠᠢᠨ᠎ᠠ᠃ ᠡᠨᠡᠬᠦ ᠵᠣᠬᠢᠶᠠᠯ ᠢ 2008 ᠣᠨ ᠤ « ᠮᠣᠩᠭᠣᠯ ᠬᠡᠯᠡ ᠪᠢᠴᠢᠭ » ᠰᠡᠳᠬᠦᠯ ᠳᠦ ᠨᠡᠶᠢᠲᠡᠯᠡᠭᠰᠡᠨ᠃ 200 ᠮᠢᠩᠭ᠎ᠠ ᠦᠭᠡ ᠲᠠᠢ᠂ ᠪᠦᠲᠦᠭᠡᠯ ᠦᠨ ᠳᠡᠭᠡᠳᠦ ᠳᠡᠪᠲᠡᠷ᠂ (ᠳᠠᠭᠠᠯᠳᠠᠭᠤᠯᠤᠨ ᠨᠡᠶᠢᠲᠡᠯᠡᠭᠰᠡᠨ) ᠪᠣᠯ ᠮᠣᠩᠭᠣᠯ ᠤᠨ ᠰᠤᠳᠤᠯᠭ᠎ᠠ ᠶᠢᠨ ᠬᠡᠪᠯᠡᠯ ᠦᠨ ᠬᠣᠷᠢᠶ᠎ᠠ ᠳᠤ 2007 ᠣᠨ ᠤ 12 ᠰᠠᠷ᠎ᠠ ᠶᠢᠨ 18 ᠳᠤ « ᠮᠣᠩᠭᠣᠯ ᠬᠡᠯᠡᠨ ᠦ ᠰᠤᠳᠤᠯ ᠤᠨ ᠲᠣᠭᠣᠷᠢᠭᠰᠠᠨ » ᠪᠣᠯᠤᠨ ᠨᠡᠶᠢᠲᠡᠯᠡᠭᠰᠡᠨ᠂ 94 ᠳᠤᠭᠠᠷ ᠳᠡᠪᠲᠡᠷ᠂ 88 ᠳᠤᠭᠠᠷ ᠳᠡᠪᠲᠡᠷ ᠪᠣᠯ ᠮᠣᠩᠭᠣᠯ ᠬᠡᠯᠡᠨ ᠦ ᠰᠤᠳᠤᠯ ᠤᠨ ᠨᠡᠶᠢᠲᠡᠯᠡᠯ ᠤᠨ ᠳᠡᠪᠲᠡᠷ᠂ 177 ᠳᠤᠭᠠᠷ ᠳᠡᠪᠲᠡᠷ᠂ 118 ᠳᠤᠭᠠᠷ ᠳᠡᠪᠲᠡᠷ᠂ 117 ᠳᠤᠭᠠᠷ ᠳᠡᠪᠲᠡᠷ᠂ 115 ᠳᠤᠭᠠᠷ ᠳᠡᠪᠲᠡᠷ ᠦᠨ ᠨᠡᠶᠢᠲᠡᠯᠡᠯ ᠢ ᠲᠣᠭᠣᠷᠢᠭᠰᠠᠨ ᠪᠠᠢᠨ᠎ᠠ᠃

ᠪᠠᠢᠨ᠎ᠠ ᠰᠡᠳᠦᠪ ᠢ ᠰᠢᠨᠵᠢᠯᠡᠬᠦ ᠳᠦ ᠡᠨᠡᠬᠦ ᠵᠣᠬᠢᠶᠠᠯ ᠨᠢ ᠬᠡᠯᠡᠨ ᠦ ᠰᠤᠳᠤᠯ ᠤᠨ ᠣᠨᠣᠯ ᠤᠨ ᠬᠦᠷᠢᠶ᠎ᠡ ᠳᠦ ᠪᠠᠢᠭᠤᠯᠤᠨ ᠮᠣᠩᠭᠣᠯ ᠬᠡᠯᠡᠨ ᠦ ᠰᠤᠳᠤᠯ ᠤᠨ ᠬᠦᠭᠵᠢᠯ ᠦᠨ ᠲᠤᠬᠠᠢ ᠳᠤ ᠳᠡᠯᠭᠡᠷᠡᠩᠭᠦᠢ ᠰᠢᠨᠵᠢᠯᠡᠵᠦ᠂ « ᠬᠡᠯᠡᠨ ᠦ ᠰᠤᠳᠤᠯ ᠤᠨ ᠲᠣᠭᠣᠷᠢᠭᠰᠠᠨ » ᠢ ᠪᠣᠯᠪᠠᠰᠤᠷᠠᠭᠤᠯᠬᠤ ᠳᠤ ᠴᠢᠬᠤᠯᠠ ᠠᠴᠢ ᠬᠣᠯᠪᠣᠭᠳᠠᠯ ᠲᠠᠢ ᠪᠣᠯᠤᠨ᠎ᠠ᠃ ᠡᠨᠡᠬᠦ ᠵᠣᠬᠢᠶᠠᠯ ᠢ ᠮᠣᠩᠭᠣᠯ ᠬᠡᠯᠡᠨ ᠦ ᠰᠤᠳᠤᠯ ᠤᠨ ᠰᠢᠨᠵᠢᠯᠡᠬᠦ ᠤᠬᠠᠭᠠᠨ ᠤ ᠬᠦᠭᠵᠢᠯ ᠳᠦ ᠴᠢᠬᠤᠯᠠ ᠠᠴᠢ ᠬᠣᠯᠪᠣᠭᠳᠠᠯ ᠲᠠᠢ ᠪᠣᠯᠤᠨ᠎ᠠ᠃

ᠪᠠᠢᠳᠠᠯ ᠲᠠᠢ ᠤᠯᠤᠰ ᠲᠥᠷᠥ ᠶᠢᠨ ᠪᠠᠢᠭᠤᠯᠤᠯᠭ᠎ᠠ ᠳᠤ ᠬᠠᠷᠢᠶᠠᠯᠠᠭᠳᠠᠨ᠎ᠠ ᠃᠃ ᠰᠣᠶᠣᠯ ᠬᠠᠮᠢᠶᠠᠷᠤᠯᠲᠠ ᠶᠢᠨ ᠬᠤᠪᠢ ᠪᠡᠷ ᠪᠣᠯᠪᠠᠰᠤᠷᠠᠩᠭᠤᠢ ᠬᠦᠮᠦᠨ ᠂ ᠰᠣᠶᠣᠯᠵᠢᠭᠤᠯᠤᠯ ᠪᠡᠷ ᠪᠣᠯᠪᠠᠰᠤᠷᠠᠩᠭᠤᠢ ᠶᠢ ᠬᠠᠷᠢᠶᠠᠯᠠᠬᠤ ᠃᠃ ᠲᠡᠢᠮᠦ ᠡᠴᠡ ᠰᠣᠶᠣᠯ ᠬᠠᠮᠢᠶᠠᠷᠤᠯᠲᠠ 《 ᠰᠤᠷᠭᠠᠯ (ᠬᠦᠮᠦᠵᠢᠯ) 》 ᠤᠨ ᠰᠠᠨᠠᠭ᠎ᠠ ᠂ ᠪᠣᠳᠣᠯ ᠤᠨ ᠬᠦᠮᠦᠵᠢᠯ ᠢ ᠪᠠᠢᠭᠤᠯᠬᠤ ᠳᠤ ᠰᠢᠭ᠋ᠤᠳ ᠬᠠᠮᠢᠶᠠ ᠲᠠᠢ ᠪᠣᠯᠵᠤ ᠂ ᠰᠤᠷᠭᠠᠯ ᠬᠦᠮᠦᠵᠢᠯ ᠢᠶᠡᠨ ᠬᠥᠭᠵᠢᠭᠦᠯᠬᠦ ᠬᠡᠷᠡᠭᠲᠡᠢ 〈 ᠰᠣᠶᠣᠯ ᠬᠦᠮᠦᠵᠢᠯ ᠤᠨ ᠪᠠᠢᠭᠤᠯᠤᠯᠲᠠ ᠳᠤ ᠤᠯᠠᠮ ᠰᠠᠢᠨ ᠪᠣᠯᠭᠠᠨ᠎ᠠ 〉 ᠬᠡᠮᠡᠨ᠎ᠡ ᠃

ᠰᠣᠨᠢᠨ 《〈 ᠪᠣᠳᠣᠯ ᠰᠤᠷᠭᠠᠯ ᠤᠨ ᠬᠦᠮᠦᠵᠢᠯ ᠤᠨ ᠪᠠᠢᠳᠠᠯ ᠢ ᠰᠢᠨᠵᠢᠯᠡᠬᠦ ᠶᠢᠨ ᠲᠥᠯᠥᠭᠡ ᠂ ᠡᠳᠦᠭᠡ ᠶᠢᠨ ᠰᠤᠷᠭᠠᠯ ᠬᠦᠮᠦᠵᠢᠯ ᠢ ᠬᠥᠭᠵᠢᠭᠦᠯᠬᠦ ᠶᠢᠨ ᠲᠥᠯᠥᠭᠡ ᠂ ᠡᠳᠦᠭᠡ ᠶᠢᠨ ᠪᠣᠳᠣᠯ ᠢ ᠰᠢᠨᠵᠢᠯᠡᠬᠦ ᠶᠢᠨ ᠲᠥᠯᠥᠭᠡ ᠃

1988 ᠣᠨ ᠤ 4 ᠰᠠᠷ᠎ᠠ ᠶᠢᠨ 2 ᠨᠤ ᠡᠳᠦᠷ ᠰᠤᠷᠭᠠᠯ (ᠬᠦᠮᠦᠵᠢᠯ) ᠰᠡᠳᠭᠦᠯ [1988] 6 ᠳᠤᠭᠠᠷ ᠳᠡᠪᠲᠡᠷ

ᠰᠣᠶᠣᠯ ᠤᠨ (ᠰᠤᠷᠭᠠᠯ ᠬᠦᠮᠦᠵᠢᠯ) 》 ᠤᠨ ᠰᠣᠨᠢᠨ ᠰᠡᠳᠬᠦᠯ ᠦᠨ ᠰᠢᠨᠵᠢ
ᠴᠢᠬᠤᠯᠠ ᠰᠡᠳᠦᠪ 〈 ᠤᠨ ᠬᠤᠪᠢᠰᠬᠠᠯᠲᠠ ᠶᠢᠨ ᠬᠦᠮᠦᠵᠢᠯ ᠦᠨ ᠰᠤᠷᠭᠠᠭᠤᠯᠢ ᠶᠢᠨ ᠳᠤ
《〈 ᠪᠣᠳᠣᠯ ᠰᠤᠷᠭᠠᠯ ᠤᠨ ᠰᠢᠨᠵᠢ ᠤᠯᠤᠰ ᠤᠨ ᠳᠤ ᠬᠤᠪᠢ ᠶᠢᠨ ᠬᠠᠮᠤᠭ ᠲᠠᠢ

ᠬᠤᠪᠢ ᠳᠤ ᠰᠤᠷᠭᠠᠯ ᠬᠦᠮᠦᠵᠢᠯ ᠤᠨ ᠪᠠᠢᠳᠠᠯ ᠤ

ᠮᠡᠳᠡᠭᠳᠡᠵᠡᠢ:

《ᠪᠦᠬᠦ ᠨᠠᠢᠷᠠᠮᠳᠠᠬᠤ ᠳᠤᠮᠳᠠᠳᠤ ᠠᠷᠠᠳ ᠤᠯᠤᠰ ᠤᠨ ᠠᠷᠠᠳ ᠤᠨ ᠲᠥᠯᠥᠭᠡᠯᠡᠭᠴᠢ ᠶᠢᠨ ᠬᠤᠷᠠᠯ ᠤᠨ ᠪᠠᠢᠩᠭᠤ ᠬᠣᠷᠢᠶ᠎ᠠ ᠶᠢᠨ 》ᠤ
ᠬᠡᠷᠡᠭᠵᠢᠭᠦᠯᠬᠦ ᠲᠤᠬᠠᠢ ᠵᠢᠭᠠᠯᠲᠠ ᠶᠢᠨ ᠲᠤᠬᠠᠢ ᠣᠨ ᠤ ᠬᠠᠭᠤᠯᠢ (ᠲᠥᠰᠥᠯ ᠬᠡᠷᠡᠭᠵᠢᠭᠦᠯᠬᠦ)

(1988 ᠣᠨ ᠤ 1 ᠰᠠᠷ᠎ᠠ ᠶᠢᠨ 26 ᠤ ᠡᠳᠦᠷ ᠦᠨ ᠬᠤᠷᠠᠯ ᠳᠤ ᠪᠠᠲᠤᠯᠠᠪᠠ
ᠪᠦᠬᠦ ᠨᠠᠢᠷᠠᠮᠳᠠᠬᠤ ᠳᠤᠮᠳᠠᠳᠤ ᠠᠷᠠᠳ ᠤᠯᠤᠰ ᠤᠨ ᠰᠢᠭᠦᠬᠦ ᠶᠠᠮᠤᠨ ᠤ ᠬᠡᠷᠡᠭᠵᠢᠭᠦᠯᠪᠡ)

《ᠪᠦᠬᠦ ᠨᠠᠢᠷᠠᠮᠳᠠᠬᠤ ᠳᠤᠮᠳᠠᠳᠤ ᠠᠷᠠᠳ ᠤᠯᠤᠰ ᠤᠨ ᠠᠷᠠᠳ ᠤᠨ ᠲᠥᠯᠥᠭᠡᠯᠡᠭᠴᠢ ᠶᠢᠨ ᠬᠤᠷᠠᠯ ᠤᠨ ᠪᠠᠢᠩᠭᠤ ᠬᠣᠷᠢᠶ᠎ᠠ》(ᠪᠠᠢᠩᠭᠤ ᠬᠣᠷᠢᠶ᠎ᠠ ᠶᠢᠨ ᠬᠤᠷᠠᠯ ᠤᠨ ᠲᠤᠬᠠᠢ ᠬᠡᠰᠡᠭ ᠬᠡᠷᠡᠭᠵᠢᠭᠦᠯᠦᠨ᠎ᠡ) ᠤ
1987 ᠣᠨ ᠤ 1 ᠰᠠᠷ᠎ᠠ ᠶᠢᠨ 1 ᠦ ᠡᠳᠦᠷ ᠡᠴᠡ ᠡᠬᠢᠯᠡᠨ ᠬᠡᠷᠡᠭᠵᠢᠭᠦᠯᠦᠨ᠎ᠡ :: ᠡᠨᠡ ᠬᠠᠤᠯᠢ ᠶᠢᠨ ᠵᠦᠢᠯ ᠦᠨ ᠲᠤᠬᠠᠢ ᠬᠠᠤᠯᠢ ᠶᠢᠨ ᠤ ᠬᠡᠷᠡᠭᠵᠢᠭᠦᠯᠬᠦ ᠬᠡᠷᠡᠭᠵᠢᠭᠦᠯᠦᠯᠲᠡ ᠶᠢᠨ
ᠬᠡᠷᠡᠭᠵᠢᠭᠦᠯᠦᠯᠲᠡ ᠳᠦᠷᠢᠮ ᠳᠤ ᠬᠠᠮᠢᠶᠠᠷᠤᠯᠤᠨ ᠬᠡᠷᠡᠭᠵᠢᠭᠦᠯᠦᠨ᠎ᠡ ::

ᠬᠤᠶᠠᠷ᠂ ᠵᠠᠰᠠᠭ ᠵᠠᠰᠠᠬᠤ

(ᠨᠢᠭᠡ) ᠬᠠᠤᠯᠢ ᠶᠢᠨ ᠵᠦᠢᠯ ᠦᠨ ᠬᠡᠷᠡᠭ ᠦᠨ ᠲᠤᠬᠠᠢ ᠳᠤ ᠬᠠᠤᠯᠢ ᠶᠢᠨ ᠵᠦᠢᠯ ᠦᠨ ᠬᠡᠷᠡᠭᠵᠢᠭᠦᠯᠬᠦ ᠲᠤᠬᠠᠢ ᠶᠢᠨ ᠬᠡᠷᠡᠭᠵᠢᠭᠦᠯᠦᠯᠲᠡ ᠳᠤ ᠣᠷᠣᠨ ᠳᠤ
1. ᠵᠠᠰᠠᠭ ᠵᠠᠰᠠᠬᠤ ᠶᠢᠨ ᠵᠠᠰᠠᠬᠤ ᠶᠢᠨ ᠬᠡᠷᠡᠭ ᠦᠨ ᠲᠤᠬᠠᠢ ᠶᠢᠨ ᠬᠡᠷᠡᠭᠵᠢᠭᠦᠯᠬᠦ ᠶᠢ ᠬᠡᠷᠡᠭᠵᠢᠭᠦᠯᠦᠯᠲᠡ ᠲᠠᠢ ᠲᠠᠢ ᠪᠠᠷ ᠬᠡᠷᠡᠭᠯᠡᠨ᠎ᠡ :: ᠬᠡᠷᠡᠭᠵᠢᠭᠦᠯᠦᠯᠲᠡ ᠲᠠᠢ ᠵᠠᠷᠢᠮ ᠤᠨ ᠤ ᠣᠷᠣᠨ ᠤ ᠬᠡᠷᠡᠭ ᠦᠨ ᠪᠠᠷ
ᠪᠠᠢᠭᠤᠯᠤᠭᠰᠠᠨ ᠪᠤᠢ :: ᠵᠠᠰᠠᠬᠤ ᠶᠢᠨ ᠤᠨ ᠬᠡᠷᠡᠭᠯᠡᠯ ᠦᠨ ᠬᠡᠷᠡᠭ ᠦᠨ ᠵᠢᠭᠠᠯᠲᠠ ᠳᠤ ᠬᠡᠷᠡᠭᠵᠢᠭᠦᠯᠬᠦ ᠲᠠᠢ ᠬᠡᠷᠡᠭᠵᠢᠭᠦᠯᠦᠯᠲᠡ ᠬᠡᠷᠡᠭᠵᠢᠭᠦᠯᠦᠯᠲᠡ ᠬᠡᠷᠡᠭ ᠪᠠᠷ ᠪᠠᠢᠭᠤᠯᠤᠭᠰᠠᠨ ᠪᠤᠢ :: ᠬᠡᠷᠡᠭᠵᠢᠭᠦᠯᠦᠨ ᠤ
ᠬᠡᠷᠡᠭᠵᠢᠭᠦᠯᠦᠯᠲᠡ ᠶᠢᠨ ᠬᠡᠷᠡᠭ ᠦᠨ ᠪᠠᠷ ᠪᠠᠢᠭᠤᠯᠬᠤ ᠬᠡᠷᠡᠭᠵᠢᠭᠦᠯᠦᠯᠲᠡ ᠪᠠᠢᠭᠤᠯᠬᠤ ᠬᠡᠷᠡᠭ ᠪᠠᠷ ᠬᠡᠷᠡᠭᠵᠢᠭᠦᠯᠬᠦ ᠬᠡᠷᠡᠭᠵᠢᠭᠦᠯᠦᠯᠲᠡ ᠬᠡᠷᠡᠭᠵᠢᠭᠦᠯᠦᠨ᠎ᠡ ::
2. ᠪᠠᠢᠭᠤᠯᠬᠤ ᠵᠠᠰᠠᠬᠤ ᠬᠡᠷᠡᠭᠵᠢᠭᠦᠯᠦᠯᠲᠡ ᠵᠠᠰᠠᠭ ᠲᠠᠢ ᠪᠠᠢᠭᠤᠯᠬᠤ ᠪᠠᠢᠭᠤᠯᠬᠤ ᠵᠠᠰᠠᠬᠤ ᠵᠦᠢᠯ ᠵᠦᠢᠯ ᠳᠤ ᠪᠠᠢᠭᠤᠯᠤᠯᠲᠠ ᠵᠠᠰᠠᠭ ᠵᠠᠰᠠᠬᠤ ᠵᠠᠰᠠᠭ ᠤᠨ ᠪᠠᠢᠭᠤᠯᠤᠯᠲᠠ ᠪᠠᠷ ᠲᠠᠢ ᠬᠡᠷᠡᠭᠵᠢᠭᠦᠯᠬᠦ ᠵᠠᠰᠠᠭ ᠬᠡᠷᠡᠭᠵᠢᠭᠦᠯᠦᠨ
ᠪᠠᠢᠭᠠᠯ ᠣᠷᠴᠢᠨ ᠤ ᠪᠣᠬᠢᠷᠳᠠᠯ ᠢ ᠰᠡᠷᠭᠡᠢᠯᠡᠨ ᠬᠠᠮᠠᠭᠠᠯᠠᠬᠤ ᠶᠢᠨ ᠠᠵᠢᠯ ᠤᠨ ᠬᠡᠷᠡᠭᠵᠢᠭᠦᠯᠦᠯᠲᠡ ᠳᠤ ᠪᠠᠢᠭᠤᠯᠬᠤ ᠪᠠᠷ ᠪᠠᠢᠭᠤᠯᠤᠯᠲᠠ ᠵᠠᠰᠠᠬᠤ᠂ ᠵᠠᠰᠠᠬᠤ ᠳᠤ ᠪᠠᠢᠭᠤᠯᠤᠯᠲᠠ ᠲᠠᠢ ᠵᠠᠰᠠᠭ ᠪᠠᠷ ᠲᠠᠢ ᠬᠡᠷᠡᠭᠵᠢᠭᠦᠯᠬᠦ

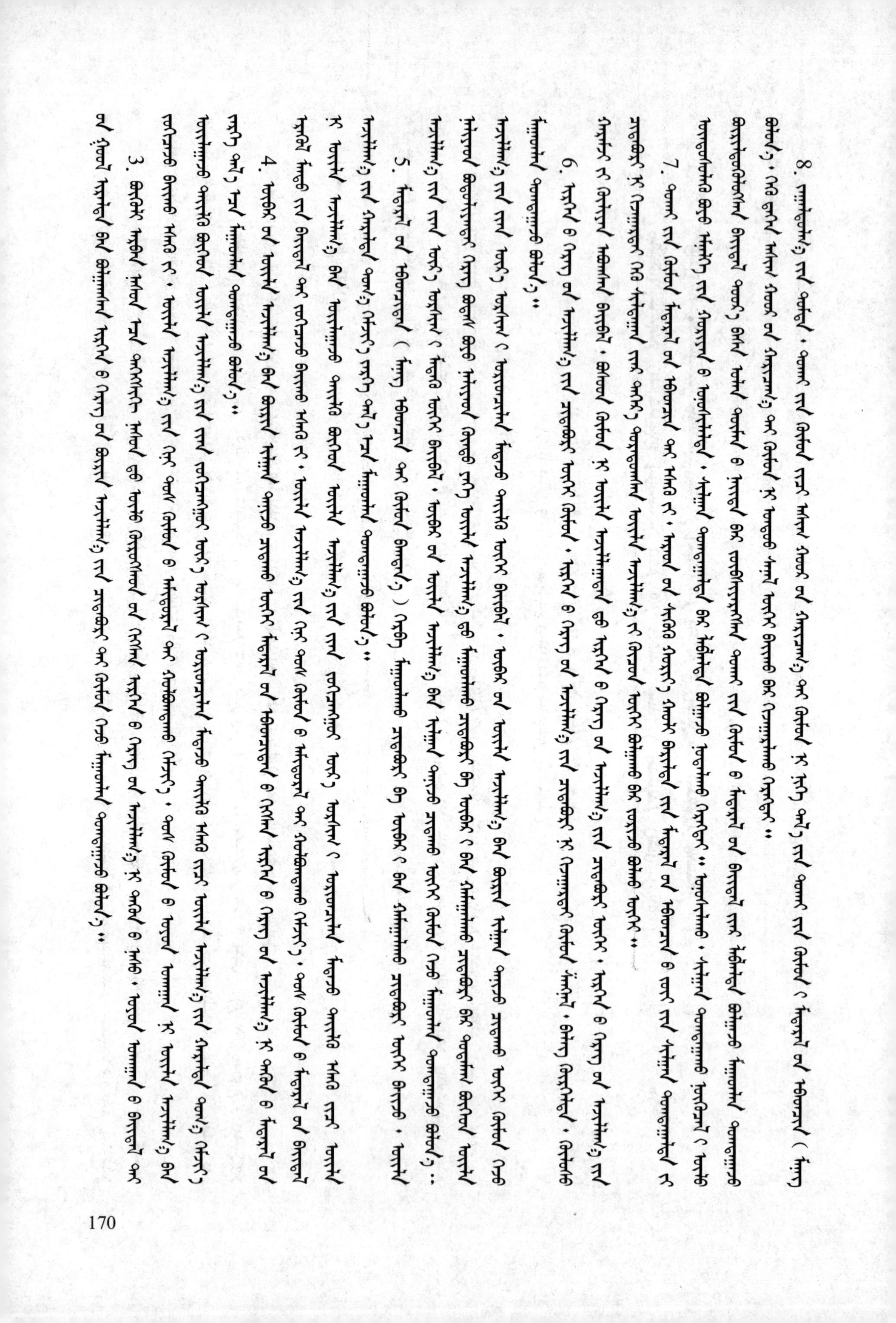

8. [illegible]

[illegible]

7. [illegible]

[illegible]

6. [illegible]

[illegible]

5. [illegible]

[illegible]

4. [illegible]

[illegible]

3. [illegible]

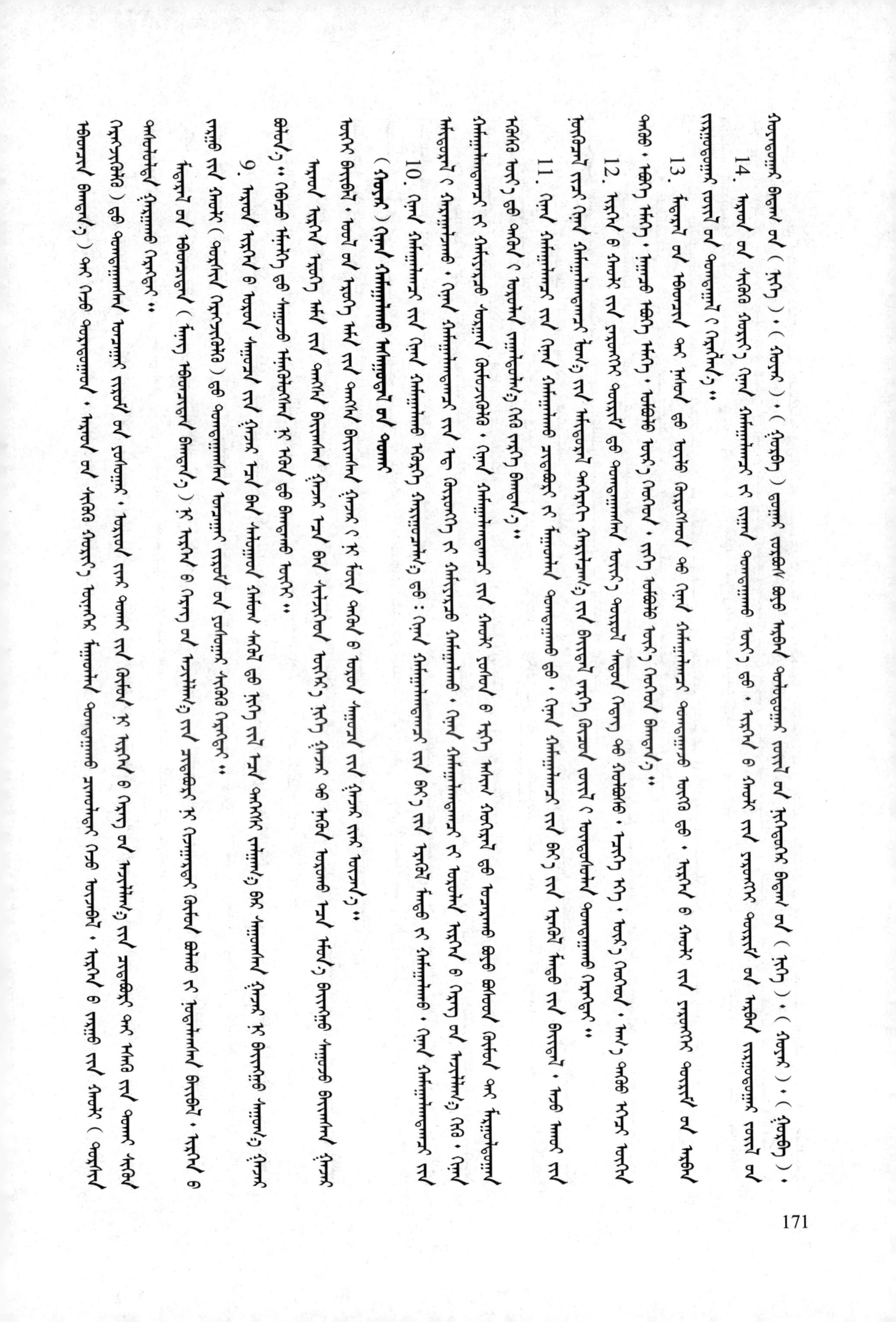

[illegible]

14. [illegible]

13. [illegible]

12. [illegible]

11. [illegible]

10. [illegible]

9. [illegible]

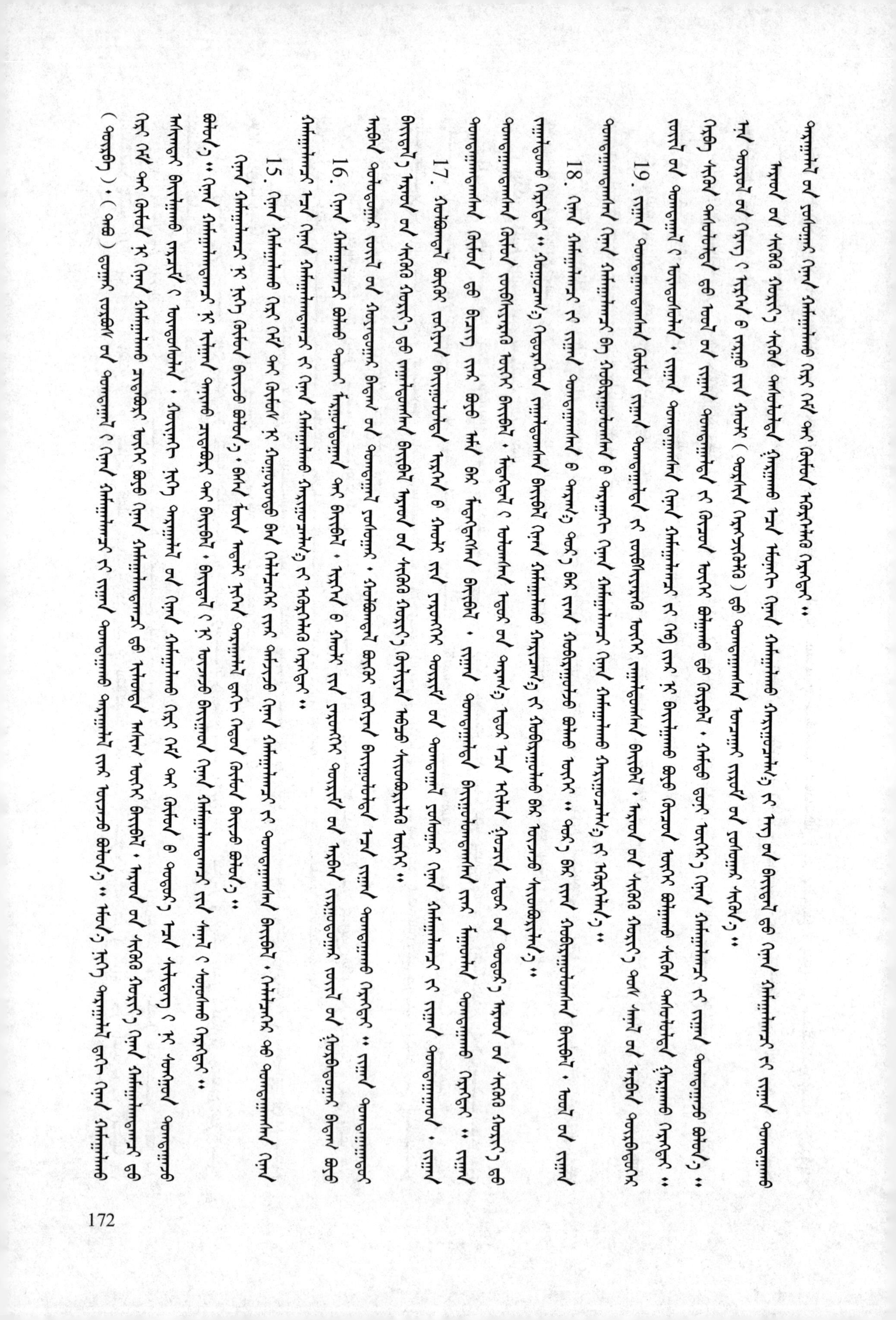

15.

16.

17.

18.

19.

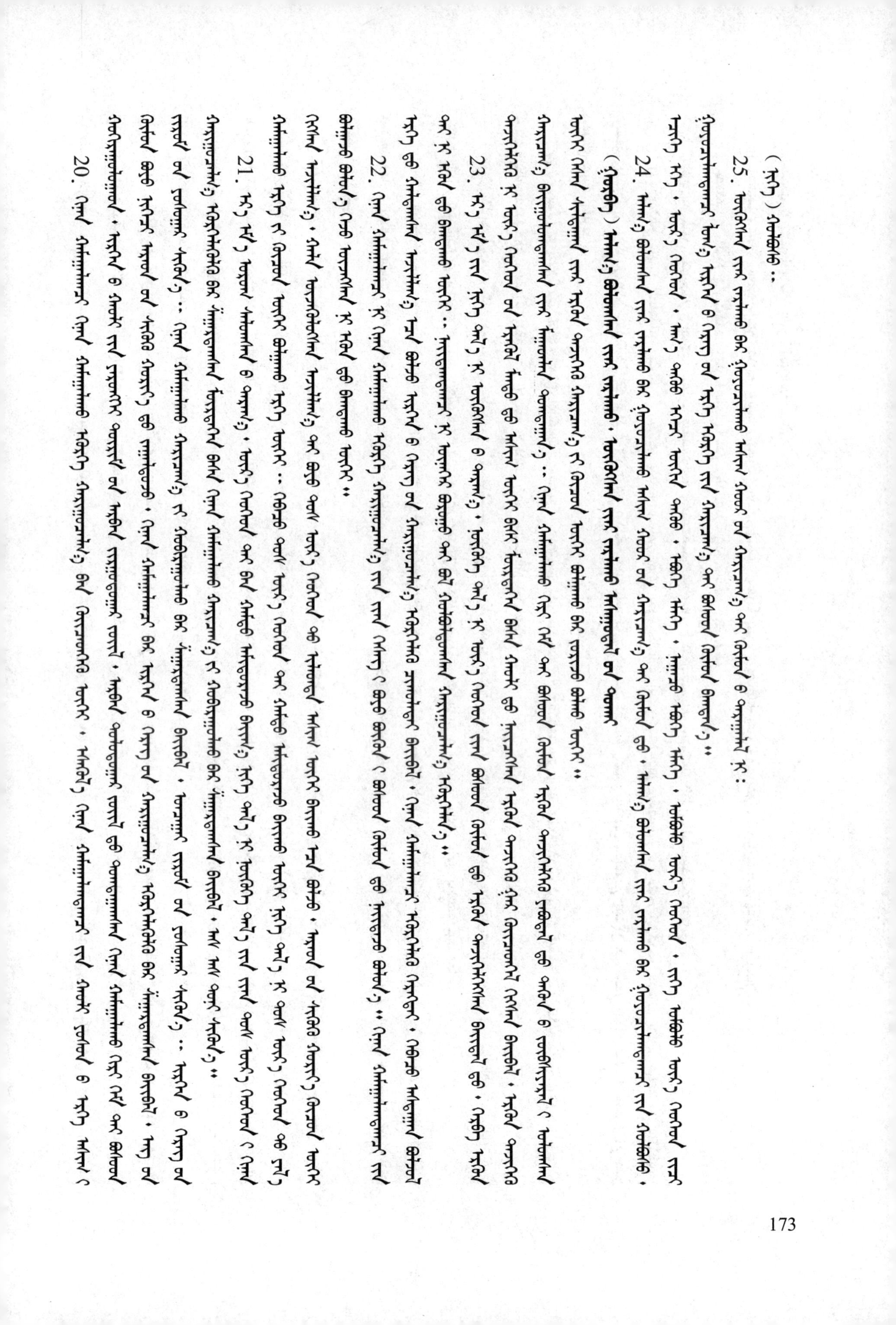

([illegible]) [illegible] ::

25. [illegible] ::

24. [illegible] ::

23. [illegible] ::

22. [illegible] ::

21. [illegible] ::

20. [illegible]

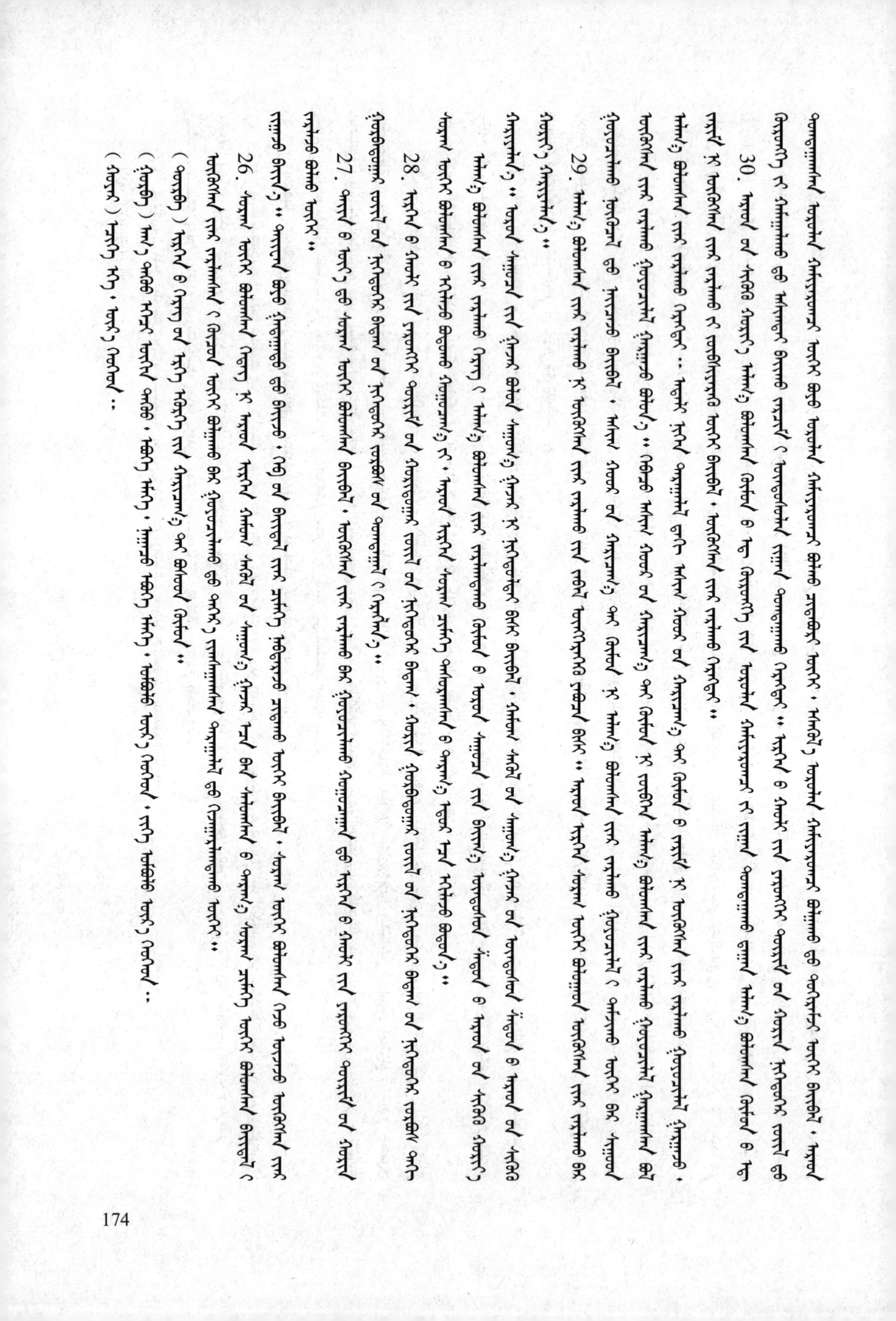

[illegible]

30. [illegible]

29. [illegible]

28. [illegible]

27. [illegible]

26. [illegible]

([illegible]) [illegible]

([illegible]) [illegible]

([illegible]) [illegible]

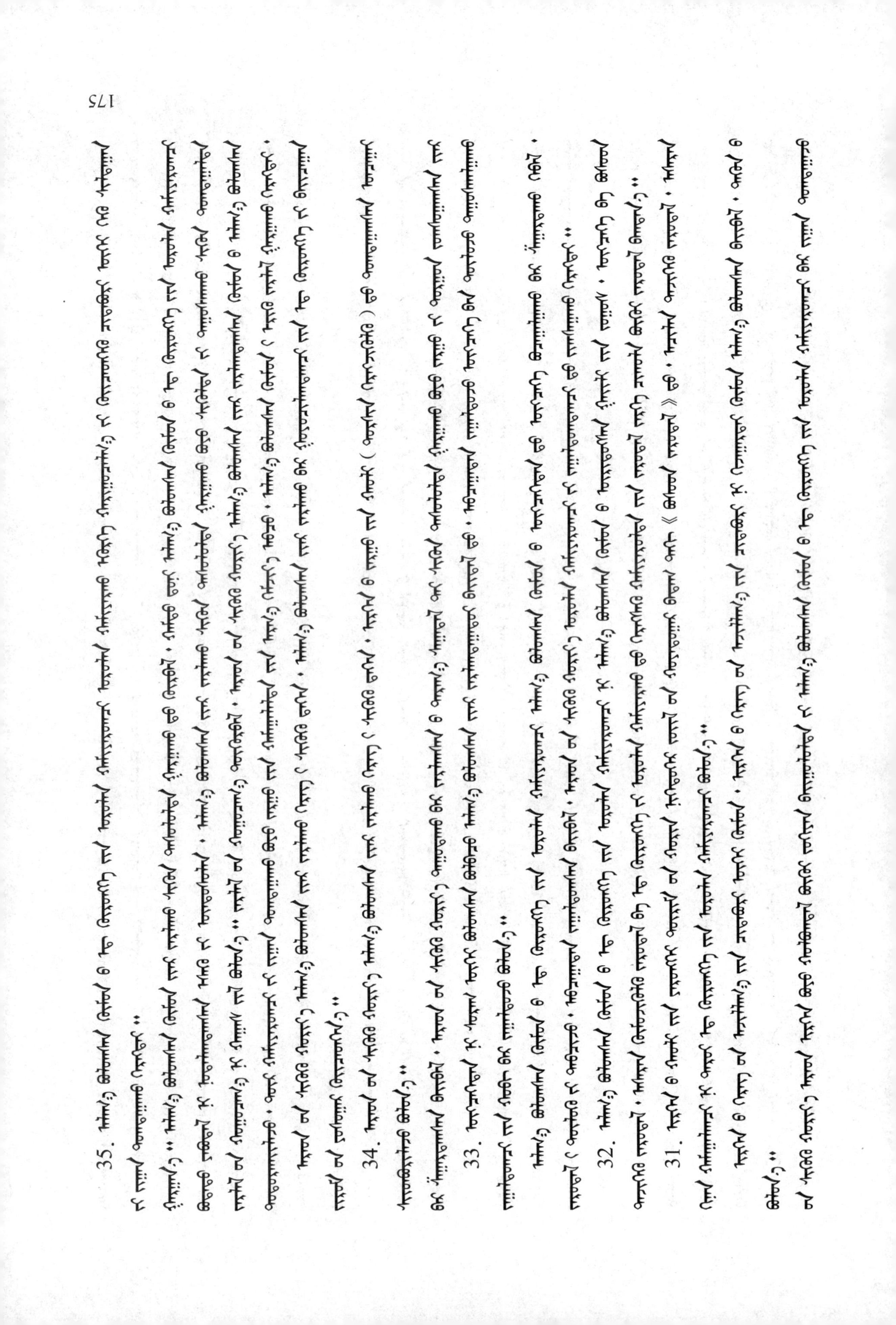

35.

34.

33.

32.

31.

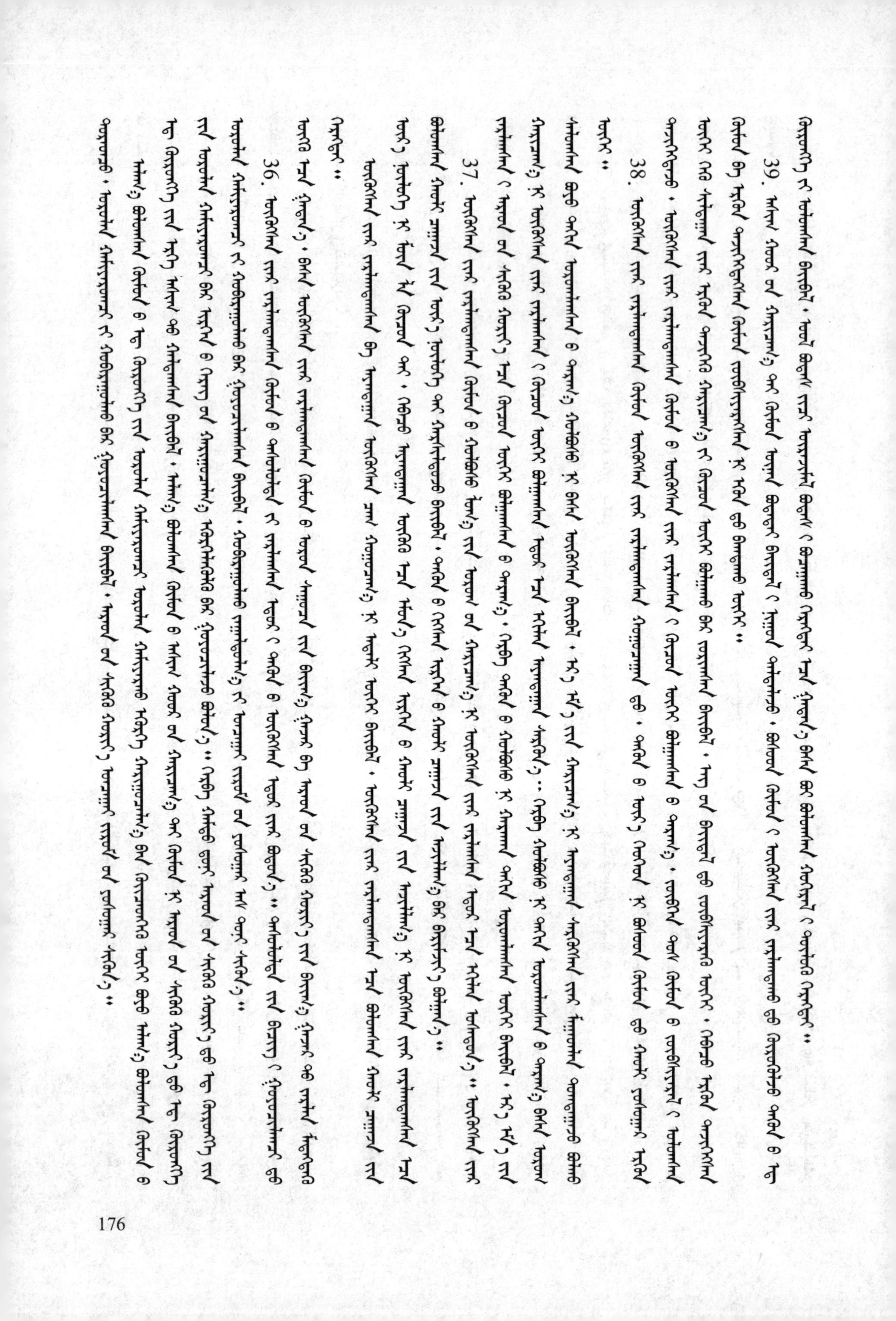

[illegible]

39. [illegible]

[illegible]

38. [illegible]

[illegible]

37. [illegible]

[illegible]

36. [illegible]

[illegible]

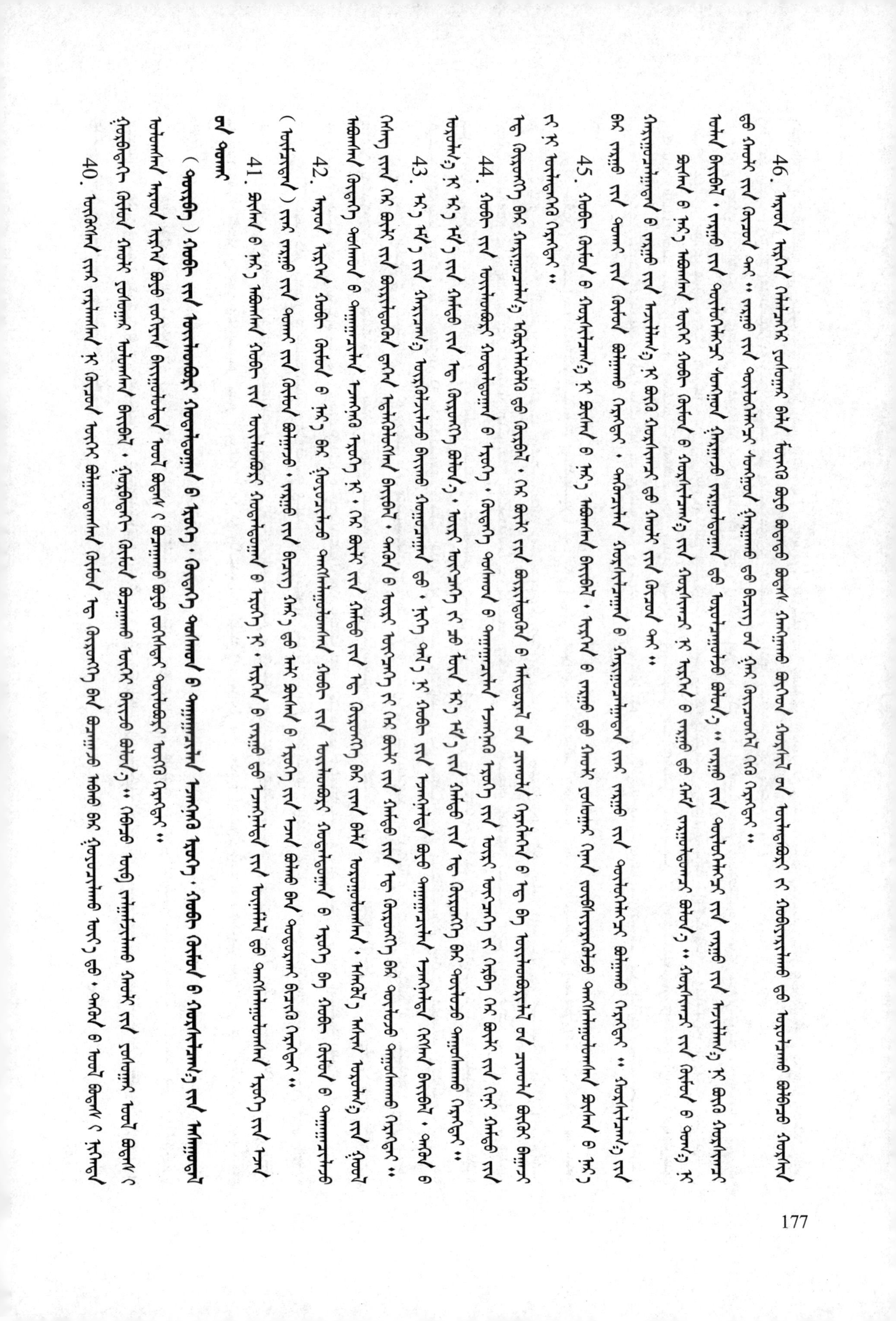

40. [illegible]

([illegible]) [illegible]

41. [illegible]

42. [illegible]

43. [illegible]

44. [illegible]

45. [illegible]

46. [illegible]

[illegible]

47. [illegible]

48. [illegible]

49. [illegible]

50. [illegible]

51. [illegible]

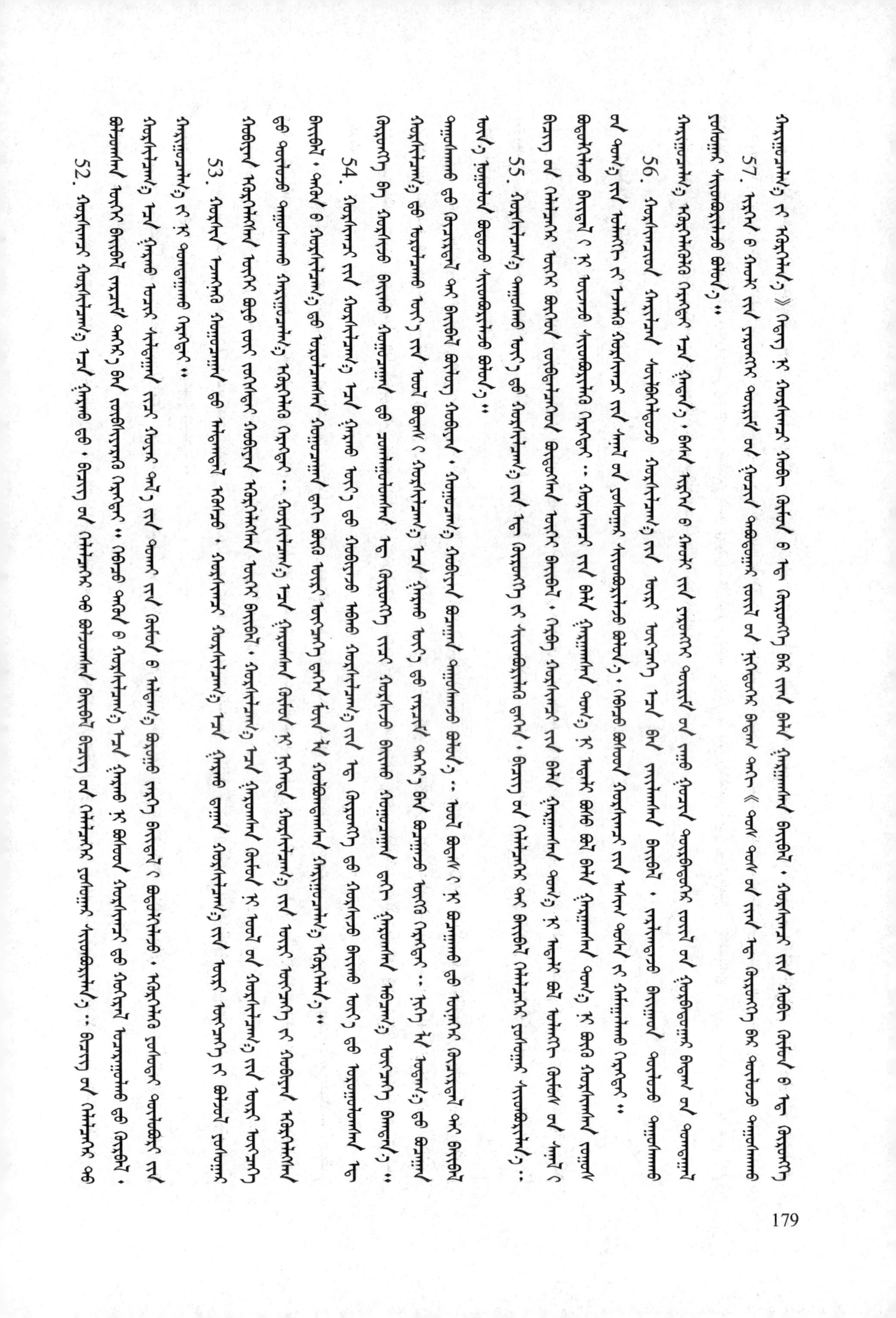

[illegible]

52. [illegible]

53. [illegible]

54. [illegible]

55. [illegible]

56. [illegible]

57. [illegible]

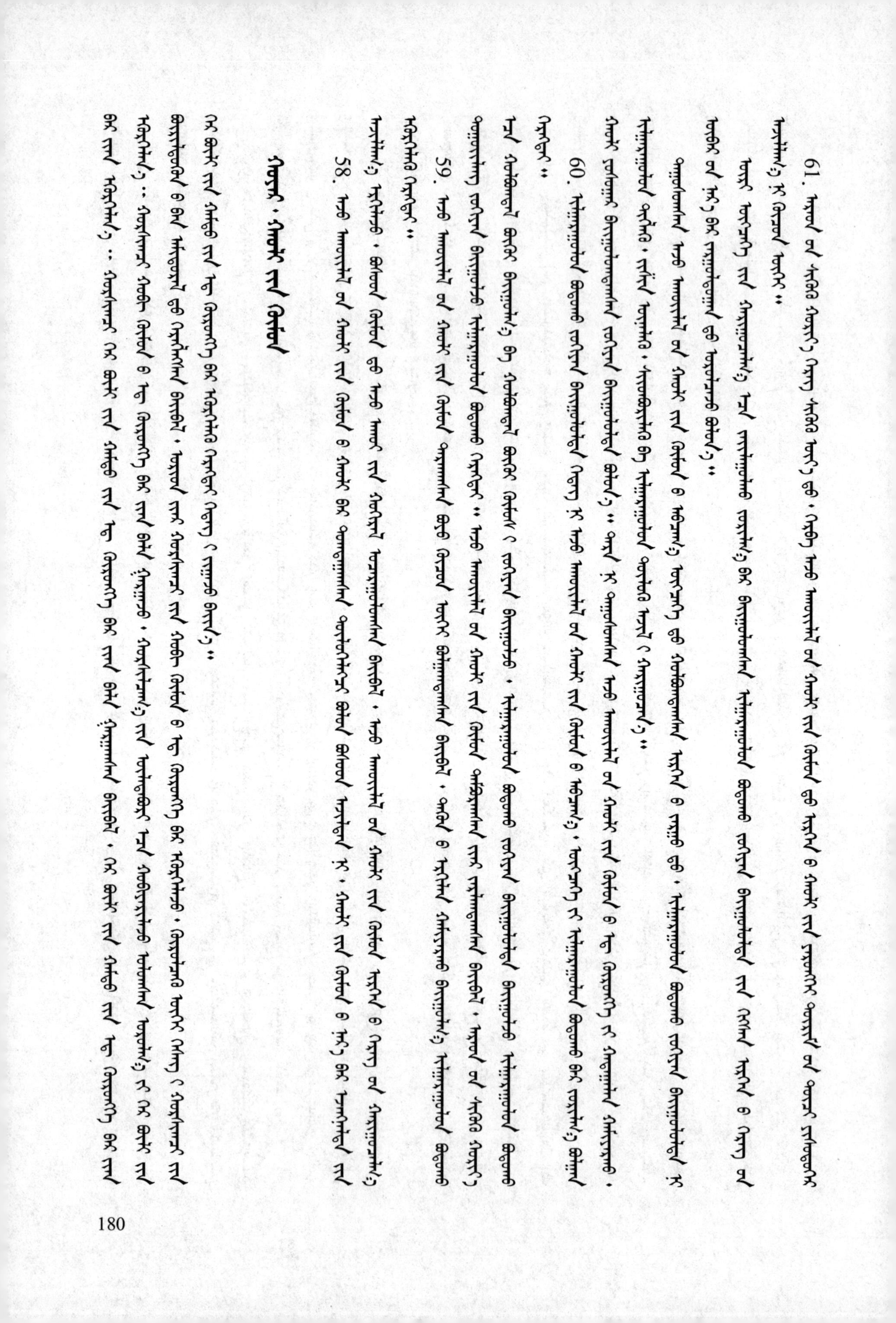

61. [illegible]

[illegible]

[illegible]

[illegible]

60. [illegible]

[illegible]

59. [illegible]

[illegible]

58. [illegible]

[illegible]

[illegible]

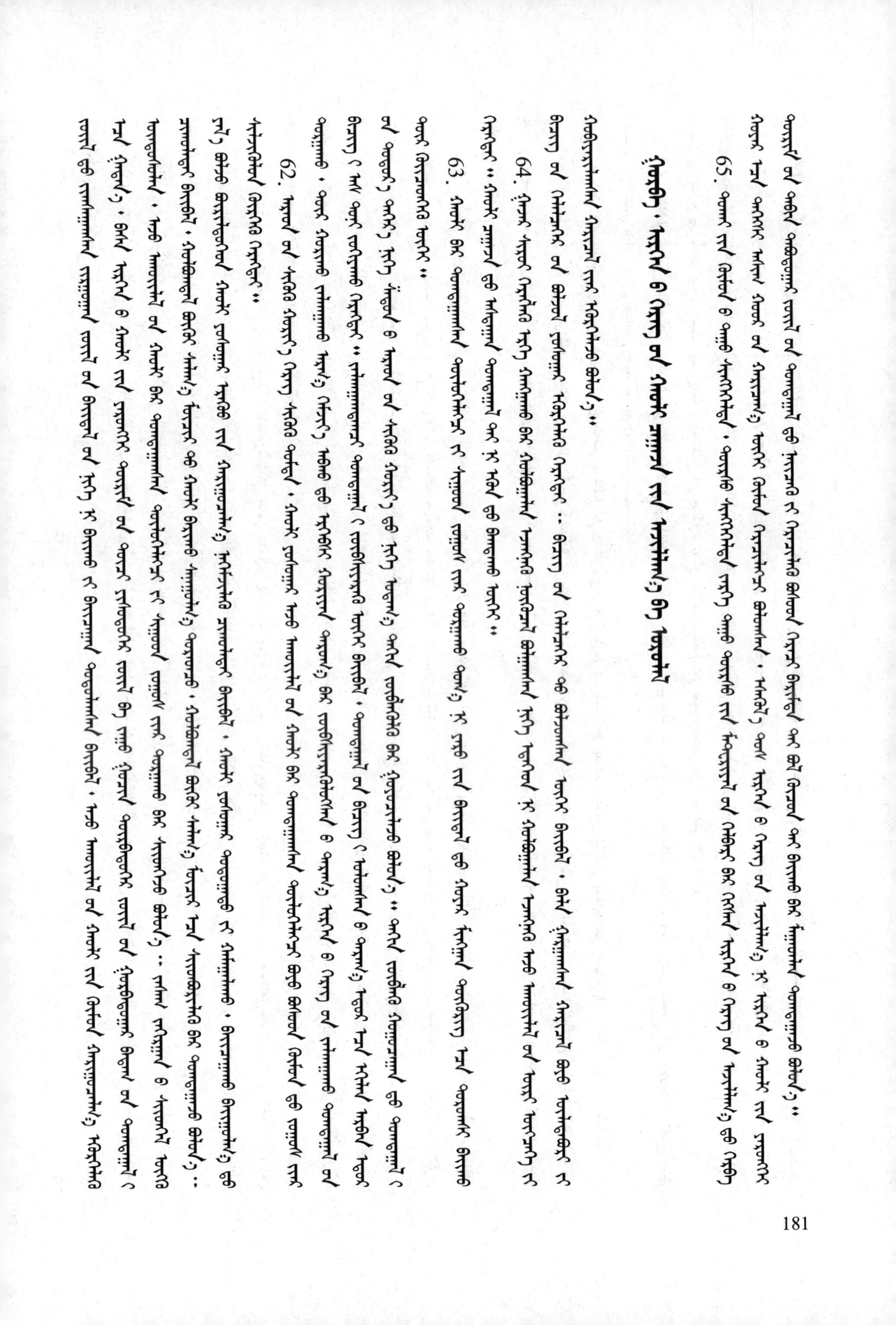

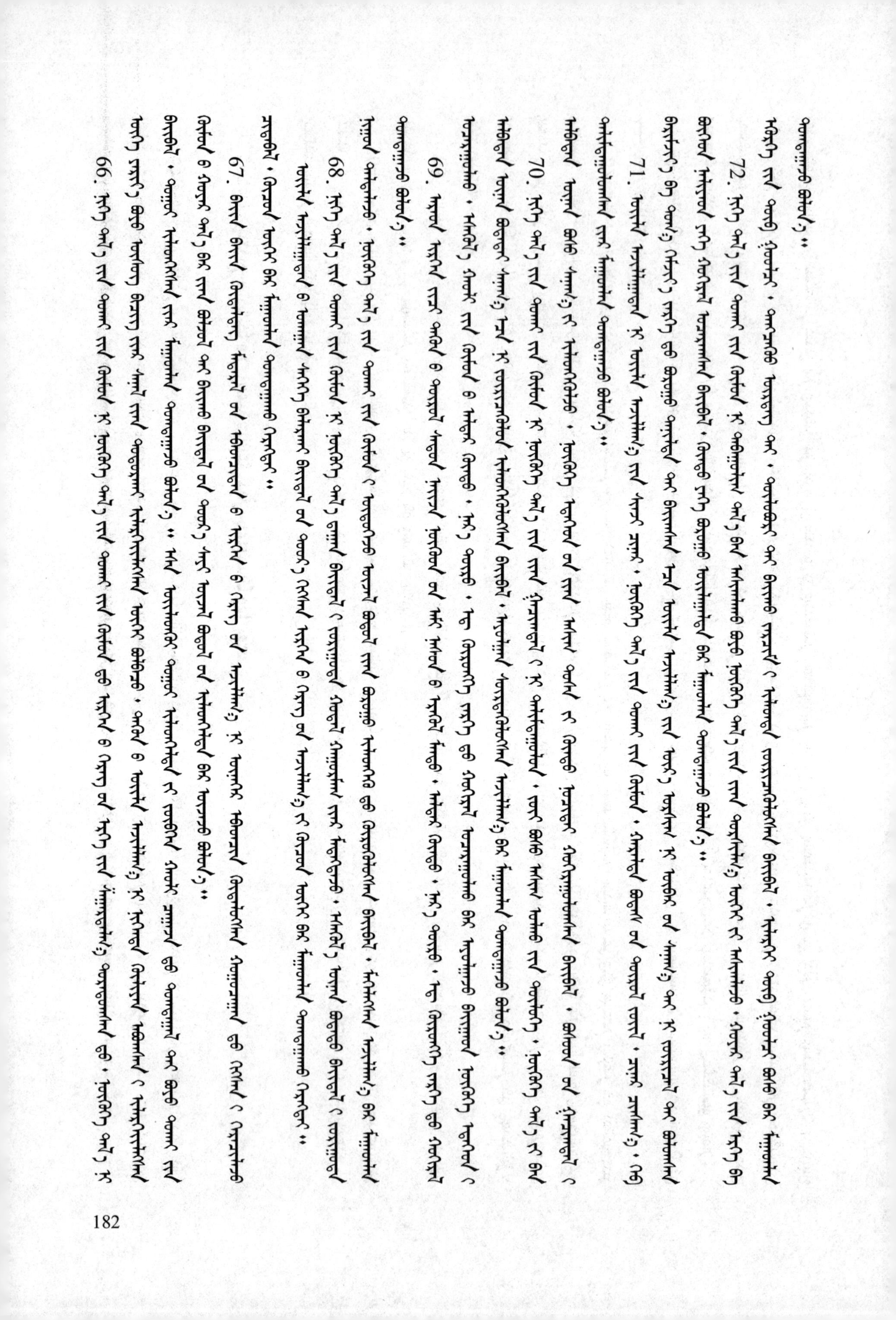

66. [illegible]

67. [illegible]

68. [illegible]

69. [illegible]

70. [illegible]

71. [illegible]

72. [illegible]

73. ᠪᠡᠶ᠎ᠡ ᠶᠢᠨ ᠪᠣᠯᠪᠠᠰᠤᠷᠠᠯ ᠪᠣᠯ ᠬᠦᠮᠦᠨ ᠦ ᠨᠢᠭᠡᠨ ᠳᠦ ᠬᠠᠮᠢᠶᠠᠷᠤᠯᠲᠠ ᠪᠠᠨ ᠬᠣᠯᠪᠣᠭᠳᠠᠭᠰᠠᠨ ᠪᠡᠷ ᠪᠦᠷᠢᠯᠳᠦᠭᠰᠡᠨ ᠪᠣᠯᠤᠨ᠎ᠠ᠂ ᠬᠦᠮᠦᠨ ᠦ ᠰᠠᠶᠢᠨ ᠰᠠᠨᠠᠭ᠎ᠠ ᠬᠢᠷᠢ ᠬᠡᠮ ᠢ ᠪᠠᠷᠢᠮᠲᠠᠯᠠᠬᠤ ᠪᠠᠷ ᠪᠦᠷᠢᠯᠳᠦᠭᠦᠯᠦᠨ ᠲᠡᠭᠦᠨ ᠢ ᠪᠠᠷᠢᠮᠲᠠ ᠪᠣᠯᠭᠠᠨ ᠪᠠᠷᠢᠮᠲᠠᠯᠠᠪᠠᠯ ᠵᠣᠬᠢᠬᠤ ᠪᠤᠢ ᠃

74. ᠬᠦᠮᠦᠨ ᠦ ᠰᠠᠶᠢᠨ ᠨᠢ ᠲᠡᠭᠦᠨ ᠦ ᠬᠢᠷᠢ ᠬᠡᠮ ᠳᠦ ᠪᠠᠶᠢᠳᠠᠭ ᠮᠥᠨ ᠂ «ᠰᠠᠶᠢᠨ ᠦᠭᠡ» ᠳᠦ ᠬᠡᠯᠡᠭᠰᠡᠨ ᠴᠢᠨᠠᠷ ᠲᠤ ᠪᠤᠢ ᠦᠭᠡᠢ ᠮᠥᠨ ᠪᠣᠯᠤᠨ᠎ᠠ᠂ ᠬᠦᠮᠦᠨ ᠦ ᠰᠠᠶᠢᠨ ᠢ ᠲᠡᠭᠦᠨ ᠦ ᠵᠣᠬᠢᠰ ᠢᠶᠠᠷ ᠬᠡᠮᠵᠢᠶᠡᠬᠦ ᠬᠡᠷᠡᠭᠲᠡᠢ ᠪᠣᠯᠤᠨ᠎ᠠ ᠃

75. ᠬᠦᠮᠦᠨ ᠦ ᠰᠠᠶᠢᠨ ᠰᠠᠨᠠᠭ᠎ᠠ ᠶᠢ ᠲᠡᠭᠦᠨ ᠦ ᠵᠠᠩ ᠴᠢᠨᠠᠷ ᠢᠶᠠᠷ ᠬᠡᠮᠵᠢᠶᠡᠬᠦ ᠦᠭᠡᠢ ᠪᠡᠷ ᠲᠡᠭᠦᠨ ᠦ ᠦᠢᠯᠡ ᠶᠠᠪᠤᠳᠠᠯ ᠢᠶᠠᠷ ᠬᠡᠮᠵᠢᠶᠡᠬᠦ ᠬᠡᠷᠡᠭᠲᠡᠢ ᠃

76. ᠰᠠᠶᠢᠨ ᠵᠠᠩ ᠴᠢᠨᠠᠷ ᠲᠠᠢ ᠬᠦᠮᠦᠨ ᠦ ᠦᠢᠯᠡ ᠶᠠᠪᠤᠳᠠᠯ ᠨᠢ ᠪᠠᠰᠠ ᠰᠠᠶᠢᠨ ᠪᠣᠯᠳᠠᠭ ᠃

77. ᠬᠦᠮᠦᠨ ᠦ ᠰᠠᠶᠢᠨ ᠰᠠᠨᠠᠭ᠎ᠠ ᠶᠢ ᠲᠡᠭᠦᠨ ᠦ ᠵᠣᠬᠢᠰ ᠤᠨ ᠪᠠᠷᠢᠮᠲᠠ ᠪᠣᠯᠭᠠᠨ ᠬᠡᠮᠵᠢᠶᠡᠬᠦ ᠬᠡᠷᠡᠭᠲᠡᠢ ᠃

78. ᠬᠦᠮᠦᠨ ᠪᠣᠯᠪᠠᠰᠤᠷᠠᠬᠤ ᠳᠤ ᠰᠠᠶᠢᠨ ᠵᠠᠩ ᠴᠢᠨᠠᠷ ᠢ ᠲᠡᠷᠢᠭᠦᠨ ᠳᠦ ᠲᠠᠯᠪᠢᠵᠤ ᠂ ᠪᠡᠶ᠎ᠡ ᠪᠡᠨ ᠵᠠᠰᠠᠨ ᠬᠦᠮᠦᠵᠢᠯ ᠢ ᠪᠠᠷᠢᠮᠲᠠᠯᠠᠬᠤ ᠬᠡᠷᠡᠭᠲᠡᠢ ᠃

79. ᠬᠦᠮᠦᠨ ᠪᠣᠯᠪᠠᠰᠤᠷᠠᠬᠤ ᠳᠤ ᠪᠡᠶ᠎ᠡ ᠪᠡᠨ ᠵᠠᠰᠠᠬᠤ ᠶᠢ ᠲᠡᠷᠢᠭᠦᠨ ᠳᠦ ᠲᠠᠯᠪᠢᠬᠤ ᠬᠡᠷᠡᠭᠲᠡᠢ ᠪᠣᠯᠤᠨ᠎ᠠ᠂ ᠪᠡᠶ᠎ᠡ ᠪᠡᠨ ᠵᠠᠰᠠᠬᠤ ᠳᠤ ᠰᠡᠲᠭᠢᠯ ᠵᠦᠷᠬᠡ ᠪᠡᠨ ᠵᠠᠰᠠᠬᠤ ᠶᠢ ᠲᠡᠷᠢᠭᠦᠨ ᠳᠦ ᠲᠠᠯᠪᠢᠬᠤ ᠬᠡᠷᠡᠭᠲᠡᠢ ᠃

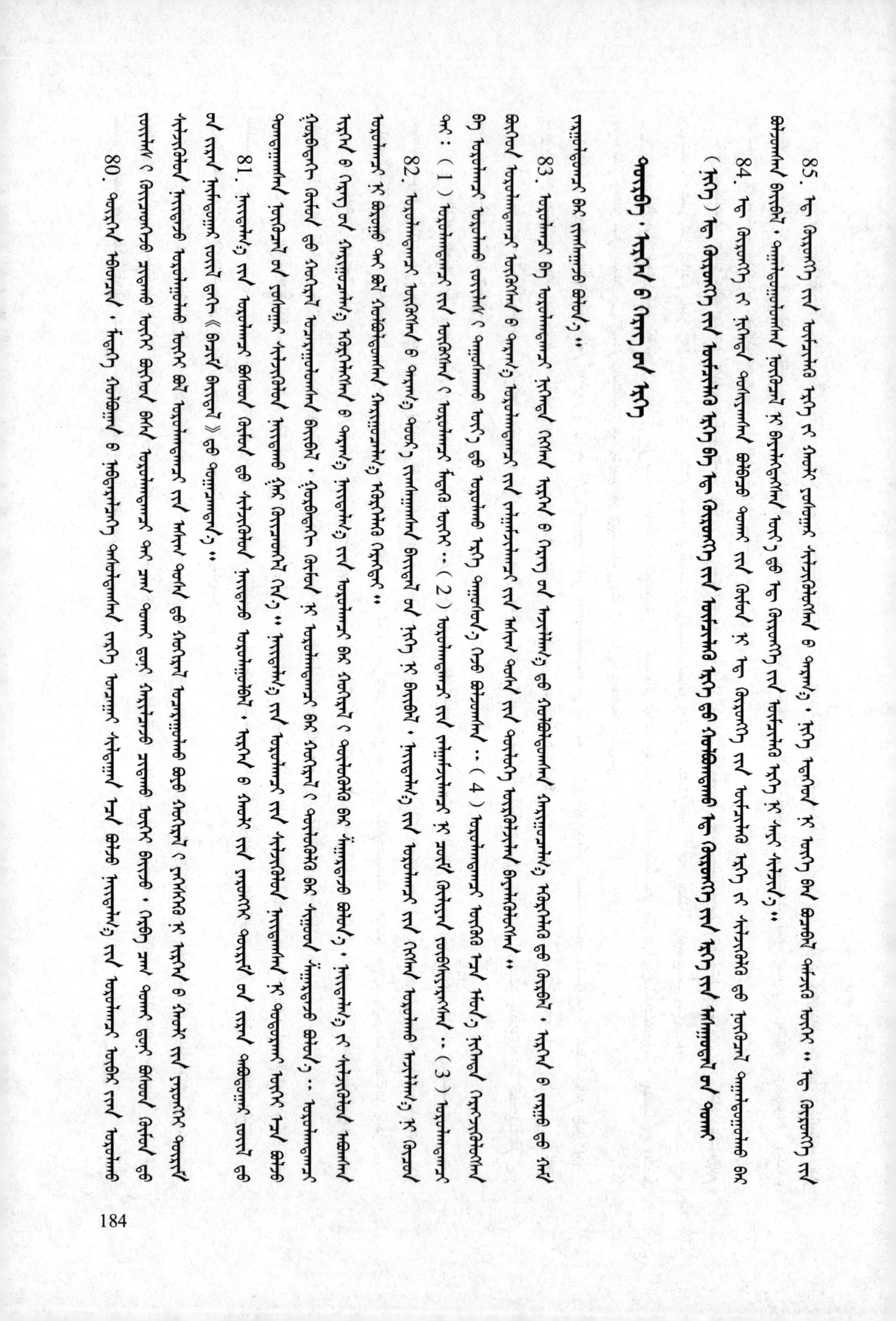

85. [illegible]
[illegible]

84. [illegible]
([illegible]) [illegible]

[illegible]

[illegible]

83. [illegible]
[illegible]
[illegible] (4) [illegible]
[illegible] (1) [illegible] (2) [illegible] (3) [illegible]

82. [illegible]
[illegible]
[illegible]

81. [illegible] 《 [illegible] 》 [illegible]
[illegible]

80. [illegible]

[illegible]

90. [illegible]

[illegible]

89. [illegible]

[illegible]

88. [illegible]

87. [illegible]

[illegible]

86. [illegible]

[illegible]

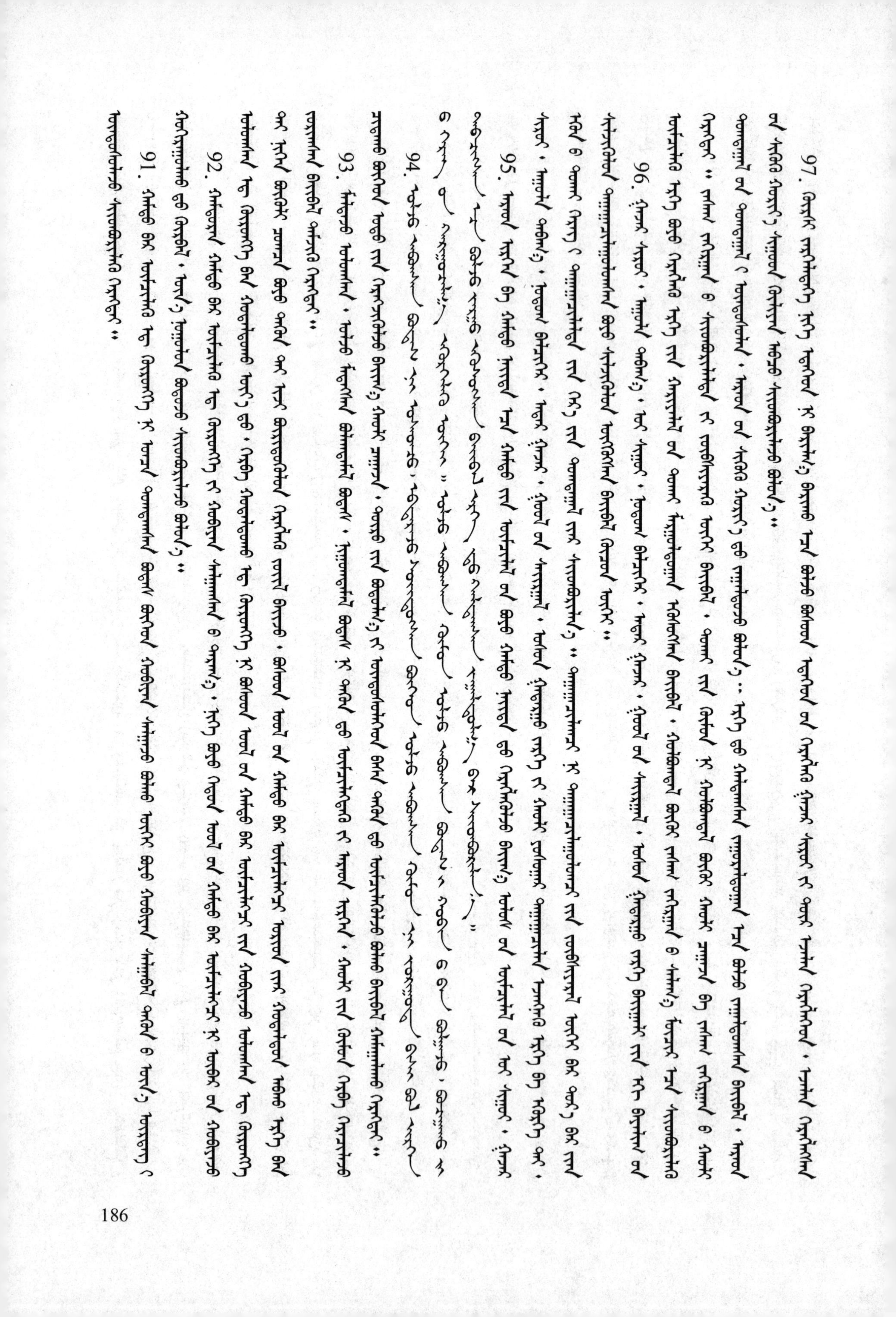

91. [illegible]

92. [illegible]

93. [illegible]

94. [illegible]

95. [illegible]

96. [illegible]

97. [illegible]

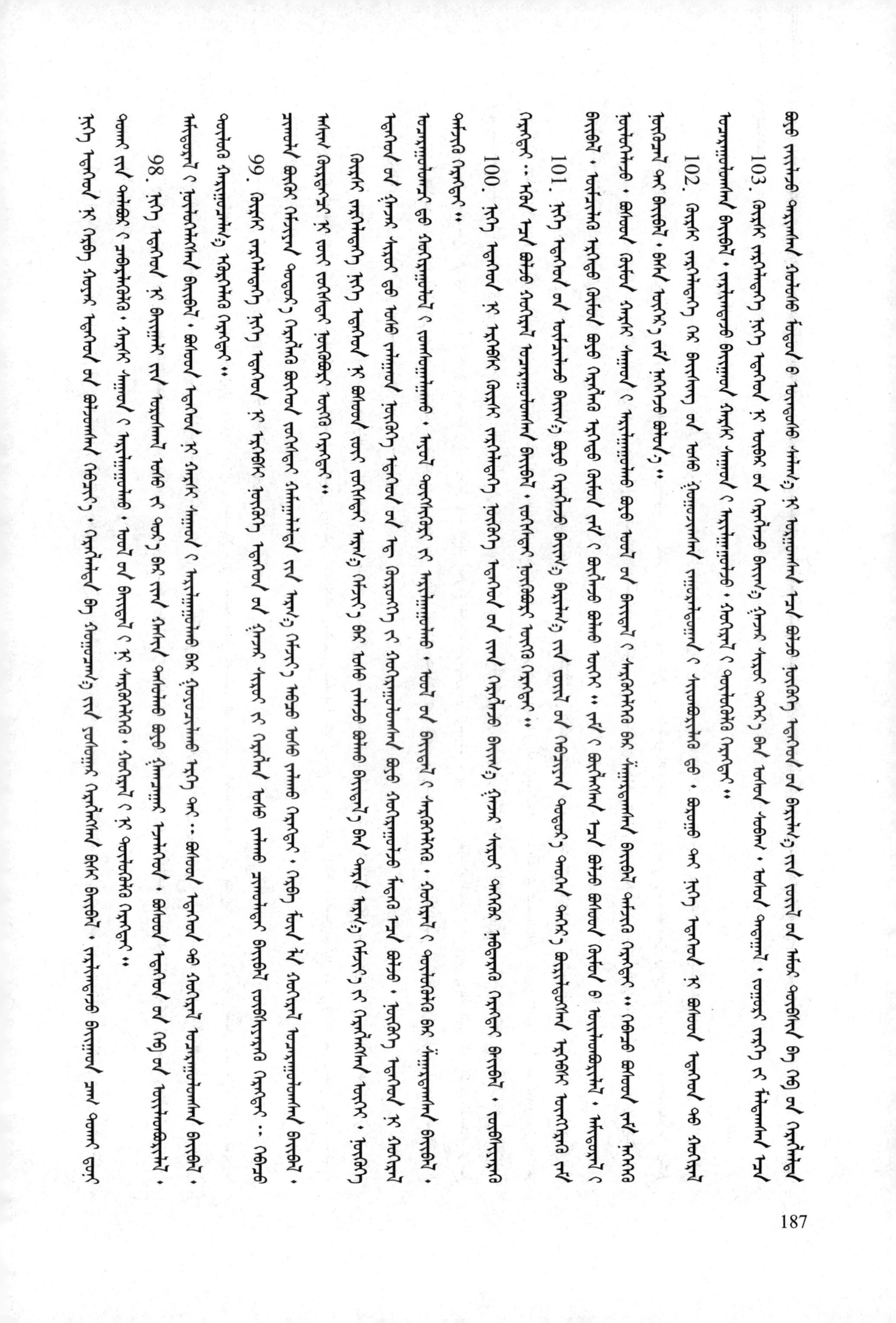

[illegible]

103. [illegible]

102. [illegible]

101. [illegible]

100. [illegible]

99. [illegible]

98. [illegible]

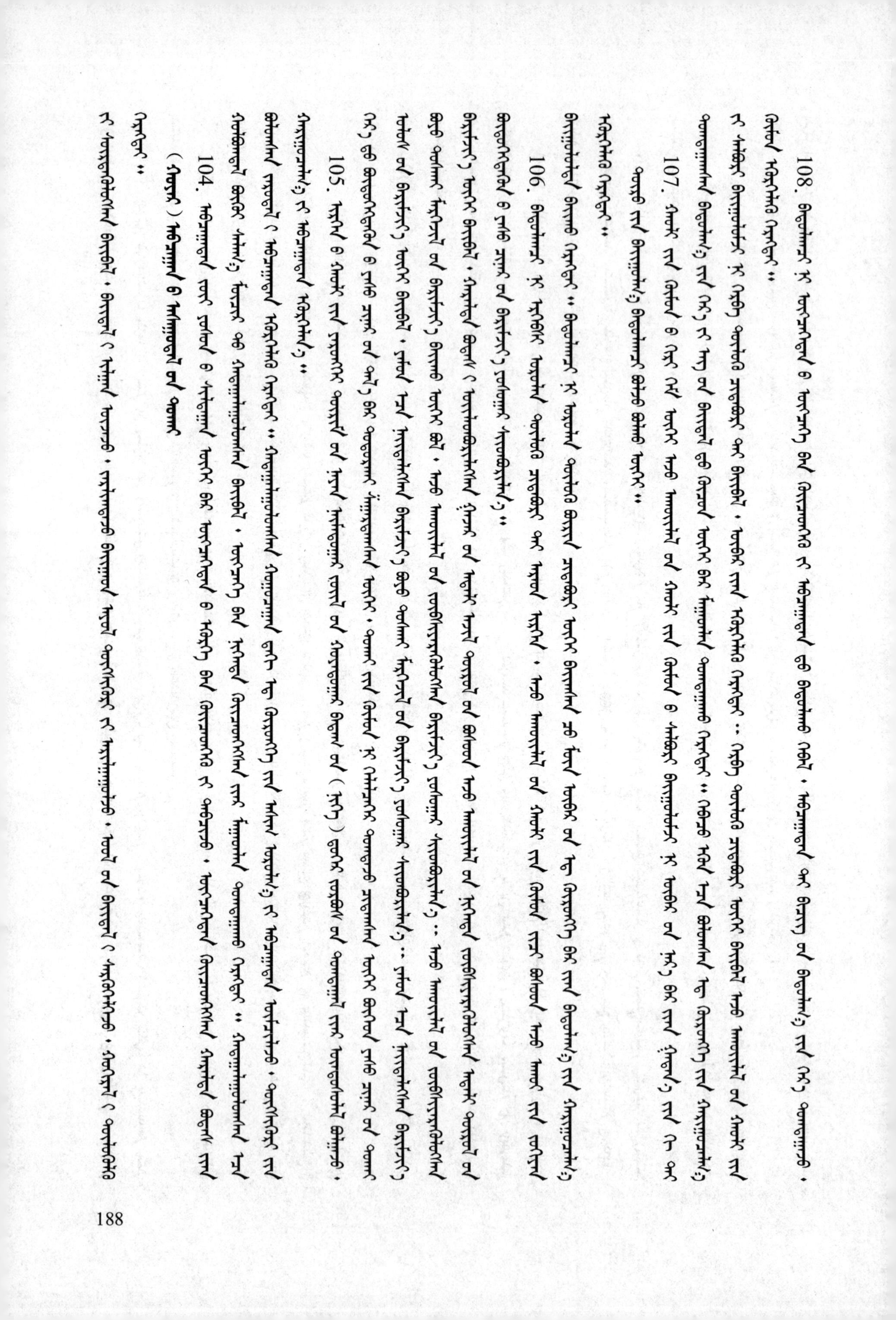

108. [illegible]

107. [illegible]

106. [illegible]

105. [illegible]

104. [illegible]

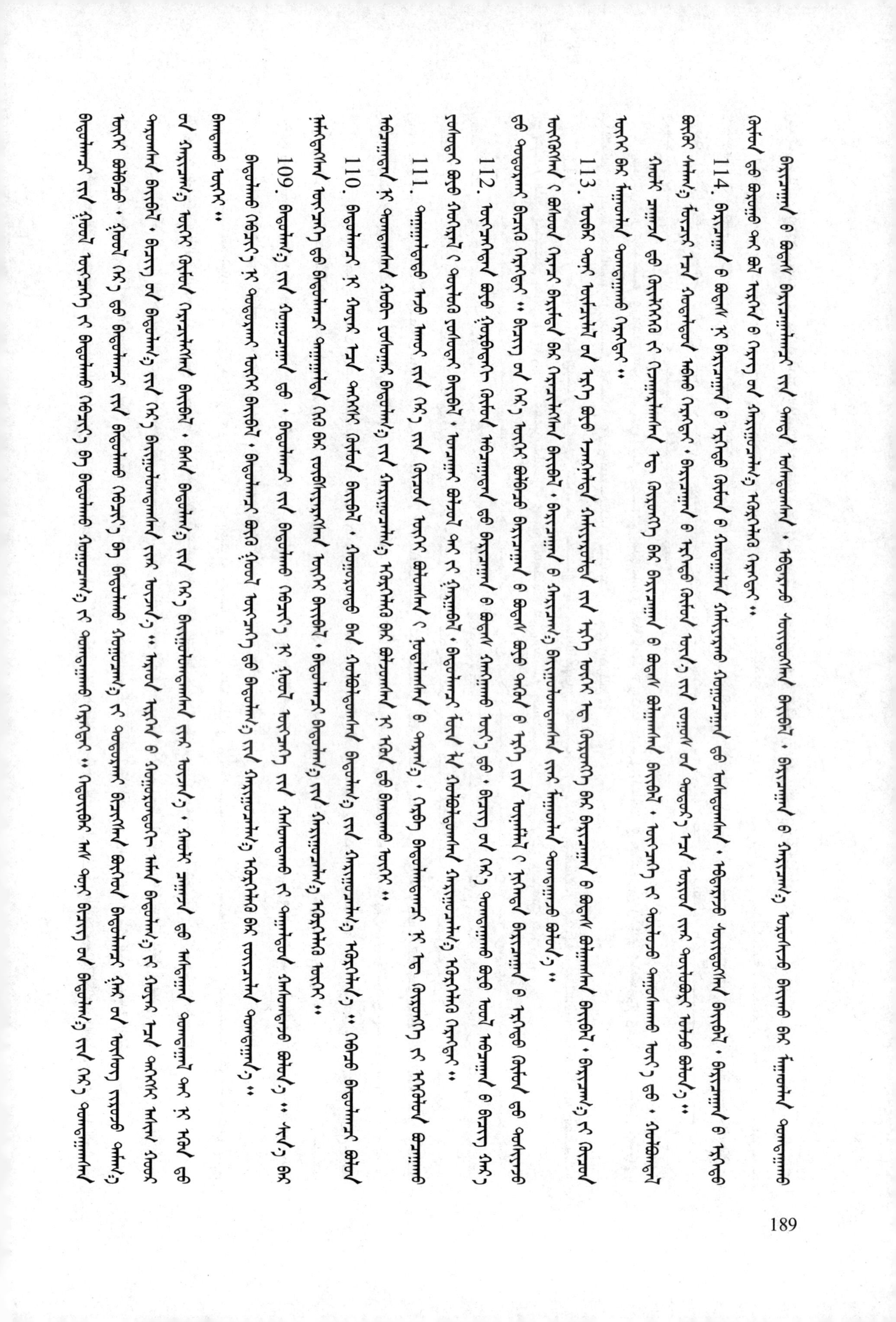

114.

113.

112.

111.

110.

109.

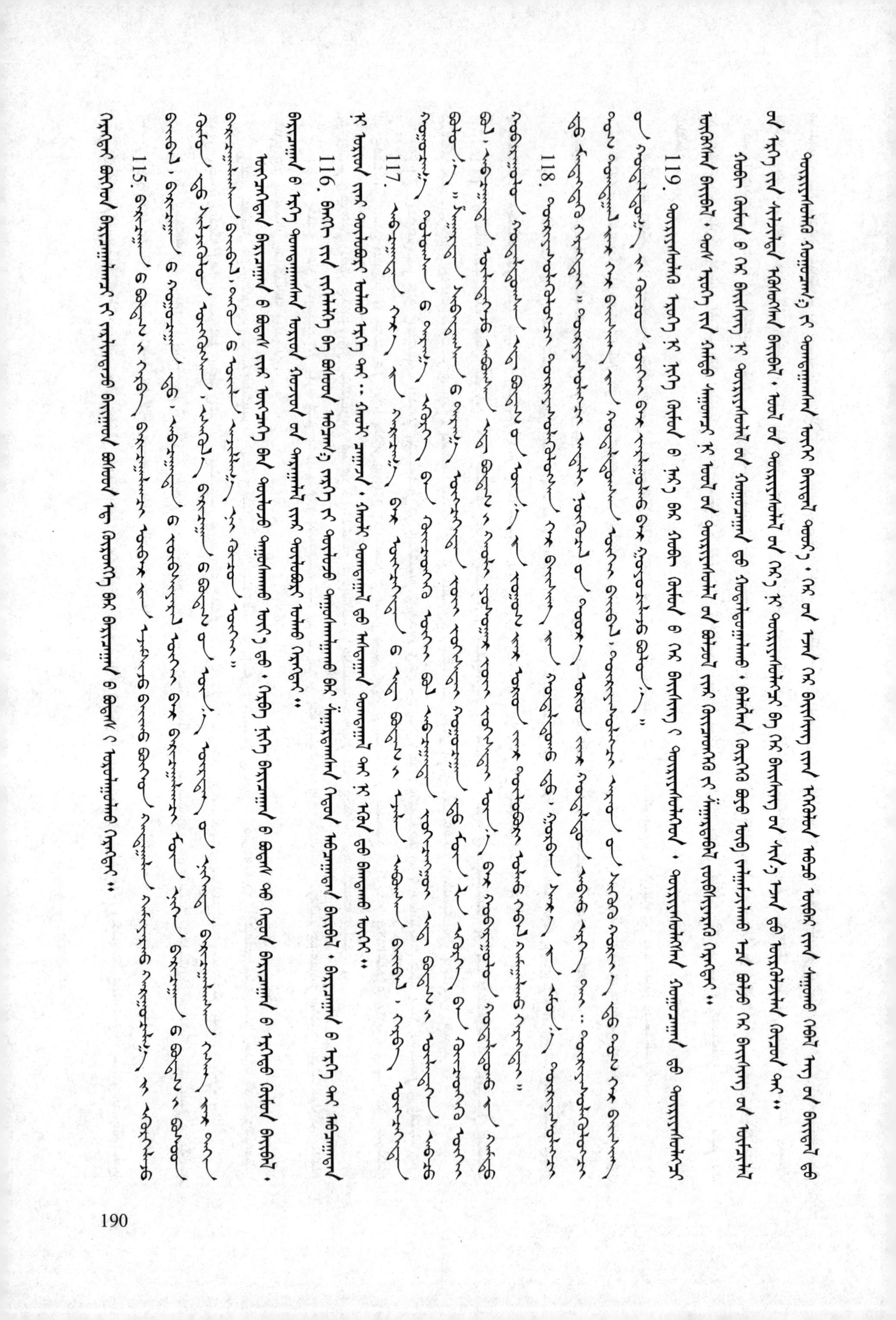

[illegible]

119. [illegible]

118. [illegible]

117. [illegible]

116. [illegible]

[illegible]

115. [illegible]

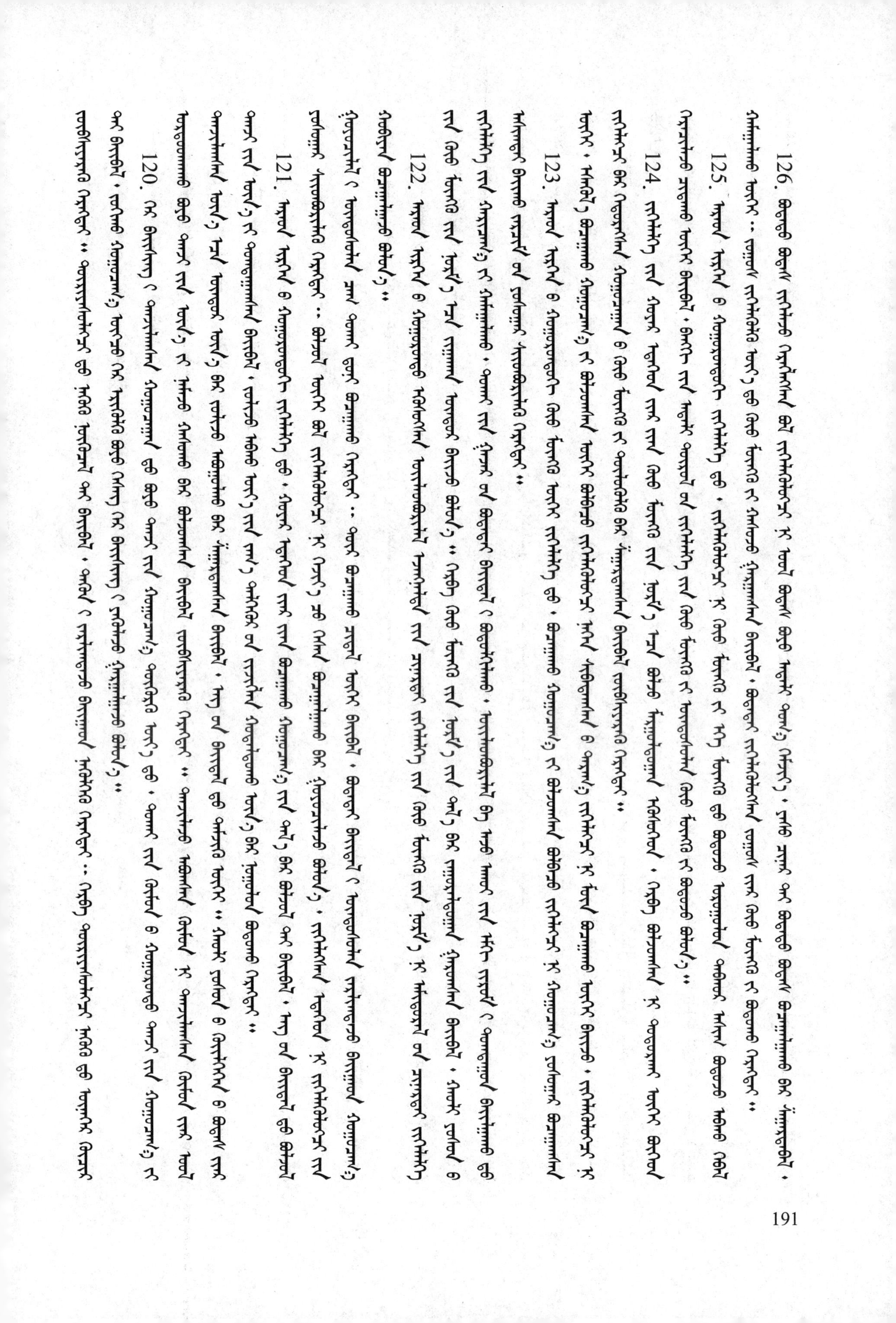

126. [illegible]

125. [illegible]

124. [illegible]

123. [illegible]

122. [illegible]

121. [illegible]

120. [illegible]

133. ᠵᠠᠰᠠᠭ ᠪᠠᠶᠢᠭᠤᠯᠤᠯᠲᠠ ᠶᠢᠨ ᠬᠠᠷᠢᠭᠤᠴᠠᠯᠭ᠎ᠠ ᠬᠦᠯᠢᠶᠡᠬᠦ᠂ ᠵᠠᠰᠠᠭ ᠪᠠᠶᠢᠭᠤᠯᠤᠯᠲᠠ ᠶᠢᠨ ᠬᠡᠰᠡᠭ ᠲᠦ ᠬᠠᠮᠠᠭᠠᠷᠠᠬᠤ ᠬᠡᠷᠡᠭ (ᠬᠠᠤᠯᠢ ᠶᠢᠨ ᠬᠡᠷᠡᠭ) ᠪᠣᠢ ::

(ᠵᠠᠰᠠᠭ) ᠬᠡᠷᠡᠭ ᠦᠨ ᠪᠠᠶᠢᠴᠠᠭᠠᠨ ᠰᠢᠯᠭᠠᠬᠤ ᠶᠢᠨ ᠬᠡᠷᠡᠭ᠂ ᠪᠠᠷᠢᠮᠲᠠ ᠶᠢᠨ ᠪᠣᠯ ᠬᠡᠷᠡᠭ ᠦᠨ ᠲᠤᠬᠠᠢ

ᠬᠠᠷᠢᠭᠤᠴᠠᠯᠭ᠎ᠠ ᠪᠠᠶᠢᠭᠤᠯᠬᠤ ᠶᠢᠨ ᠲᠤᠬᠠᠢ ::

ᠪᠣᠯ ᠬᠣᠤᠯᠢ ᠪᠤᠰᠤ ᠠᠷᠭ᠎ᠠ ᠪᠠᠷ ᠬᠤᠷᠢᠶᠠᠨ ᠳᠤ᠂ ᠬᠠᠷᠢᠭᠤᠴᠠᠯᠭ᠎ᠠ ᠪᠠᠷ ᠬᠣᠷᠢᠭᠯᠠᠯ ᠤᠨ ᠡᠷᠬᠡ ᠶᠢᠨ ᠬᠡᠮᠵᠢᠶ᠎ᠡ ᠳᠦ ᠬᠠᠮᠠᠭᠠᠯᠠᠯ ᠤᠨ ᠡᠳᠡᠷ ᠦᠨ ᠬᠡᠷᠡᠭ ᠪᠣᠯ ᠬᠡᠯᠡᠬᠦ ᠵᠢᠨ ᠬᠠᠮᠠᠭᠠᠯᠠᠯᠲᠠ ᠶᠢᠨ ᠬᠡᠰᠡᠭ ᠦᠨ ᠡᠷᠬᠡ ᠶᠢ ᠬᠠᠮᠠᠭᠠᠯᠠᠬᠤ ᠶᠢᠨ ᠬᠠᠷᠢᠭᠤᠴᠠᠯᠭ᠎ᠠ ᠶᠢ ᠬᠦᠯᠢᠶᠡᠬᠦ ᠲᠡᠢ ᠬᠠᠮᠢᠶ᠎ᠠ ᠲᠠᠢ ::

132. ᠬᠦᠮᠦᠨ ᠦ ᠡᠷᠬᠡ ᠶᠢᠨ ᠬᠠᠮᠠᠭᠠᠯᠠᠯᠲᠠ ᠪᠠ ᠬᠦᠮᠦᠨ ᠦ ᠡᠷᠬᠡ ᠶᠢ ᠬᠠᠮᠠᠭᠠᠯᠠᠬᠤ ᠶᠢᠨ ᠬᠣᠷᠢᠭᠯᠠᠯ ᠤᠨ ᠡᠳᠡᠷ ᠦᠨ ᠬᠡᠷᠡᠭ ᠪᠣᠯ ᠬᠡᠯᠡᠬᠦ ᠶᠢᠨ ᠬᠠᠮᠠᠭᠠᠯᠠᠯᠲᠠ ᠪᠣᠯᠤᠨ᠎ᠠ ::

131. ᠪᠤᠯᠢᠶᠠᠬᠤ ᠭᠡᠮ ᠪᠣᠯ ᠬᠦᠮᠦᠨ ᠢ᠂ ᠬᠦᠴᠦ ᠬᠡᠷᠡᠭᠯᠡᠨ ᠡᠳ ᠬᠥᠷᠦᠩᠭᠡ ᠶᠢ ᠬᠤᠯᠠᠭᠠᠢᠯᠠᠬᠤ ᠬᠡᠷᠡᠭ ᠪᠣᠯᠤᠨ᠎ᠠ :: ᠬᠤᠯᠠᠭᠠᠢ ᠭᠡᠮ ᠬᠦᠮᠦᠨ ᠦ ᠬᠦᠴᠦ ᠬᠡᠷᠡᠭᠯᠡᠬᠦ ᠦᠭᠡᠢ ᠪᠡᠷ ᠪᠤᠰᠤᠳ ᠤᠨ ᠡᠳ ᠬᠥᠷᠦᠩᠭᠡ ᠶᠢ ᠬᠤᠯᠠᠭᠠᠢᠯᠠᠬᠤ ᠬᠡᠷᠡᠭ ᠪᠣᠯᠤᠨ᠎ᠠ ::

130. ᠪᠠᠷᠢᠮᠲᠠ ᠨᠣᠲᠠᠯᠭᠠᠬᠤ ᠨᠣᠲᠠᠯᠭᠠᠭᠰᠠᠨ ᠠᠯᠢᠪᠠ ᠶᠢᠨ ᠬᠡᠷᠡᠭ ᠦᠨ ᠬᠡᠷᠡᠭᠵᠢᠯ ᠪᠣᠯ ᠪᠠᠷᠢᠮᠲᠠ ᠪᠠᠷ ᠨᠣᠲᠠᠯᠭᠠᠬᠤ ᠪᠣᠯᠤᠨ᠎ᠠ᠂ ᠪᠠᠷᠢᠮᠲᠠ ᠨᠣᠲᠠᠯᠭᠠᠭᠰᠠᠨ ᠬᠡᠷᠡᠭ ᠦᠨ ᠶᠠᠪᠤᠳᠠᠯ ᠢ ᠨᠣᠲᠠᠯᠭᠠᠬᠤ ᠪᠣᠯᠤᠨ᠎ᠠ ::

129. ᠪᠠᠷᠢᠮᠲᠠ ᠨᠣᠲᠠᠯᠭᠠᠬᠤ ᠪᠠᠷᠢᠮᠲᠠ ᠨᠣᠲᠠᠯᠭᠠᠭᠰᠠᠨ ᠬᠡᠷᠡᠭ ᠦᠨ ᠶᠠᠪᠤᠳᠠᠯ ᠢ ᠲᠣᠳᠤᠷᠬᠠᠢᠯᠠᠬᠤ ᠪᠣᠯᠤᠨ᠎ᠠ᠂ ᠡᠨᠡ ᠪᠠᠷᠢᠮᠲᠠ ᠨᠣᠲᠠᠯᠭᠠᠭᠰᠠᠨ ᠲᠣᠳᠤᠷᠬᠠᠢᠯᠠᠯᠲᠠ ᠶᠢᠨ ᠬᠡᠷᠡᠭᠵᠢᠯ ᠢ ᠬᠠᠷᠢᠭᠤᠴᠠᠬᠤ ᠪᠣᠯᠤᠨ᠎ᠠ ::

ᠲᠣᠳᠤᠷᠬᠠᠢᠯᠠᠬᠤ ᠶᠢᠨ ᠬᠡᠷᠡᠭ᠂ ᠪᠠᠷᠢᠮᠲᠠ ᠶᠢᠨ ᠬᠡᠷᠡᠭᠵᠢᠯ ᠢ ᠨᠣᠲᠠᠯᠭᠠᠬᠤ ᠳᠤ ᠬᠡᠷᠡᠭᠯᠡᠬᠦ ᠪᠣᠯᠤᠨ᠎ᠠ᠂ ᠡᠨᠡ ᠨᠢ ᠬᠠᠷᠢᠭᠤᠴᠠᠬᠤ ᠶᠢᠨ ᠬᠡᠷᠡᠭ ᠪᠣᠯ ᠬᠡᠷᠡᠭ ᠦᠨ ᠶᠠᠪᠤᠳᠠᠯ ᠪᠠ ᠪᠠᠷᠢᠮᠲᠠ ᠶᠢ ᠲᠣᠳᠤᠷᠬᠠᠢᠯᠠᠬᠤ ᠶᠢᠨ ᠬᠠᠷᠢᠭᠤᠴᠠᠯᠭ᠎ᠠ ᠪᠣᠯᠤᠨ᠎ᠠ :: ᠡᠨᠡ ᠨᠢ ᠪᠠᠷᠢᠮᠲᠠ ᠨᠣᠲᠠᠯᠭᠠᠬᠤ ᠶᠢᠨ ᠬᠡᠷᠡᠭᠵᠢᠯ ᠪᠣᠯᠤᠨ᠎ᠠ᠂ ᠪᠠᠷᠢᠮᠲᠠ ᠨᠣᠲᠠᠯᠭᠠᠭᠰᠠᠨ ᠪᠠᠷᠢᠮᠲᠠ ᠶᠢ ᠲᠣᠳᠤᠷᠬᠠᠢᠯᠠᠬᠤ ᠪᠣᠯᠤᠨ᠎ᠠ ::

128. ᠬᠦᠮᠦᠨ ᠬᠡᠷᠡᠭ ᠦᠨ ᠬᠠᠷᠢᠭᠤᠴᠠᠯᠭ᠎ᠠ ᠪᠠᠷᠢᠮᠲᠠ ᠨᠣᠲᠠᠯᠭᠠᠬᠤ ᠶᠢᠨ ᠬᠠᠷᠢᠭᠤᠴᠠᠯᠭ᠎ᠠ ᠢ ᠪᠠᠷᠢᠮᠲᠠ ᠶᠢᠨ ᠬᠠᠷᠢᠭᠤᠴᠠᠯᠭ᠎ᠠ ᠬᠡᠮᠡᠨ᠎ᠡ :: ᠡᠨᠡ ᠨᠢ ᠪᠠᠷᠢᠮᠲᠠ ᠶᠢᠨ ᠬᠡᠮᠵᠢᠶ᠎ᠡ ᠪᠣᠯᠤᠨ᠎ᠠ ::

ᠨᠣᠲᠠᠯᠭᠠᠬᠤ ᠬᠠᠷᠢᠭᠤᠴᠠᠯᠭ᠎ᠠ ᠬᠦᠯᠢᠶᠡᠬᠦ ᠶᠢᠨ ᠬᠡᠷᠡᠭ :: ᠬᠣᠤᠯᠢ ᠶᠢᠨ ᠬᠡᠷᠡᠭᠵᠢᠯ ᠪᠣᠯ ᠬᠡᠮᠵᠢᠶ᠎ᠡ ᠳᠦ ᠬᠦᠷᠬᠦ ᠶᠢᠨ ᠬᠠᠷᠢᠭᠤᠴᠠᠯᠭ᠎ᠠ ᠪᠣᠯᠤᠨ᠎ᠠ ::

127. ᠬᠣᠤᠯᠢ ᠶᠢᠨ ᠬᠠᠷᠢᠭᠤᠴᠠᠯᠭ᠎ᠠ ᠶᠢᠨ ᠬᠡᠷᠡᠭᠵᠢᠯ᠂ ᠬᠠᠷᠢᠭᠤᠴᠠᠯᠭ᠎ᠠ ᠢ ᠬᠦᠮᠦᠨ ᠬᠣᠤᠯᠢ ᠶᠢᠨ ᠬᠠᠮᠠᠭᠠᠯᠠᠯᠲᠠ ᠶᠢᠨ ᠪᠣᠯᠤᠨ᠎ᠠ᠂ ᠬᠣᠤᠯᠢ ᠶᠢᠨ ᠬᠡᠷᠡᠭ ᠪᠣᠯᠤᠨ᠎ᠠ ᠪᠠ ᠨᠢᠭᠡ ᠪᠣᠯᠤᠨ᠎ᠠ ::

ᠬᠣᠤᠯᠢ ᠶᠢᠨ ᠬᠡᠷᠡᠭᠵᠢᠯ ᠪᠣᠯᠤᠨ᠎ᠠ :: ᠬᠣᠤᠯᠢ ᠪᠣᠯ ᠬᠡᠮᠵᠢᠶ᠎ᠡ ᠶᠢᠨ ᠲᠣᠭᠲᠠᠭᠠᠯ᠂ ᠪᠣᠯᠤᠨ᠎ᠠ ᠲᠠᠢ ᠪᠠ ᠪᠠᠶᠢᠭᠤᠯᠬᠤ ᠶᠢᠨ ᠪᠣᠯᠤᠨ᠎ᠠ ᠡᠨᠡ ᠨᠢ ᠪᠠᠷᠢᠮᠲᠠ ᠪᠣᠯ ::

140. [illegible]

139. [illegible]

[illegible]

138. [illegible]

[illegible]

137. [illegible]

136. [illegible]

135. [illegible]

134. [illegible]

144. ᠡᠨᠡ ᠬᠡᠯᠡᠪᠡᠷᠢ ᠬᠡᠯᠡᠯᠴᠡᠭᠡᠨ ᠦ ᠵᠢᠷᠤᠮ ᠢ ᠪᠠᠷᠢᠮᠲᠠ ᠪᠣᠯ᠂ ᠬᠡᠯᠡ ᠨᠢ ᠪᠠᠢᠳᠠᠯ ᠪᠣᠯ ᠪᠠᠢᠭᠤᠯᠤᠯᠲᠠ ᠨᠢ ᠬᠡᠯᠡᠨ ᠬᠡᠷᠡᠭᠯᠡᠬᠦ ᠬᠡᠯᠡᠪᠡᠷᠢ ᠶᠢᠨ ᠵᠠᠭᠪᠤᠷ ᠤᠨ ᠬᠡᠮᠵᠢᠶᠡᠯᠡᠯ ᠲᠡᠢ ᠪᠡᠷ ᠡᠨᠡ [illegible] ᠪᠣᠯᠤᠨ᠎ᠠ ᠃

[illegible]

143. [illegible] ᠪᠣᠯᠤᠨ᠎ᠠ ᠃

[illegible]

142. [illegible]

ᠲᠠᠪᠤ᠂ ᠬᠡᠯᠡᠨ ᠦ ᠤᠷᠤᠨ ᠳᠤ ᠰᠤᠷᠭᠠᠭᠤᠯᠬᠤ

[illegible]

141. [illegible]

[illegible]

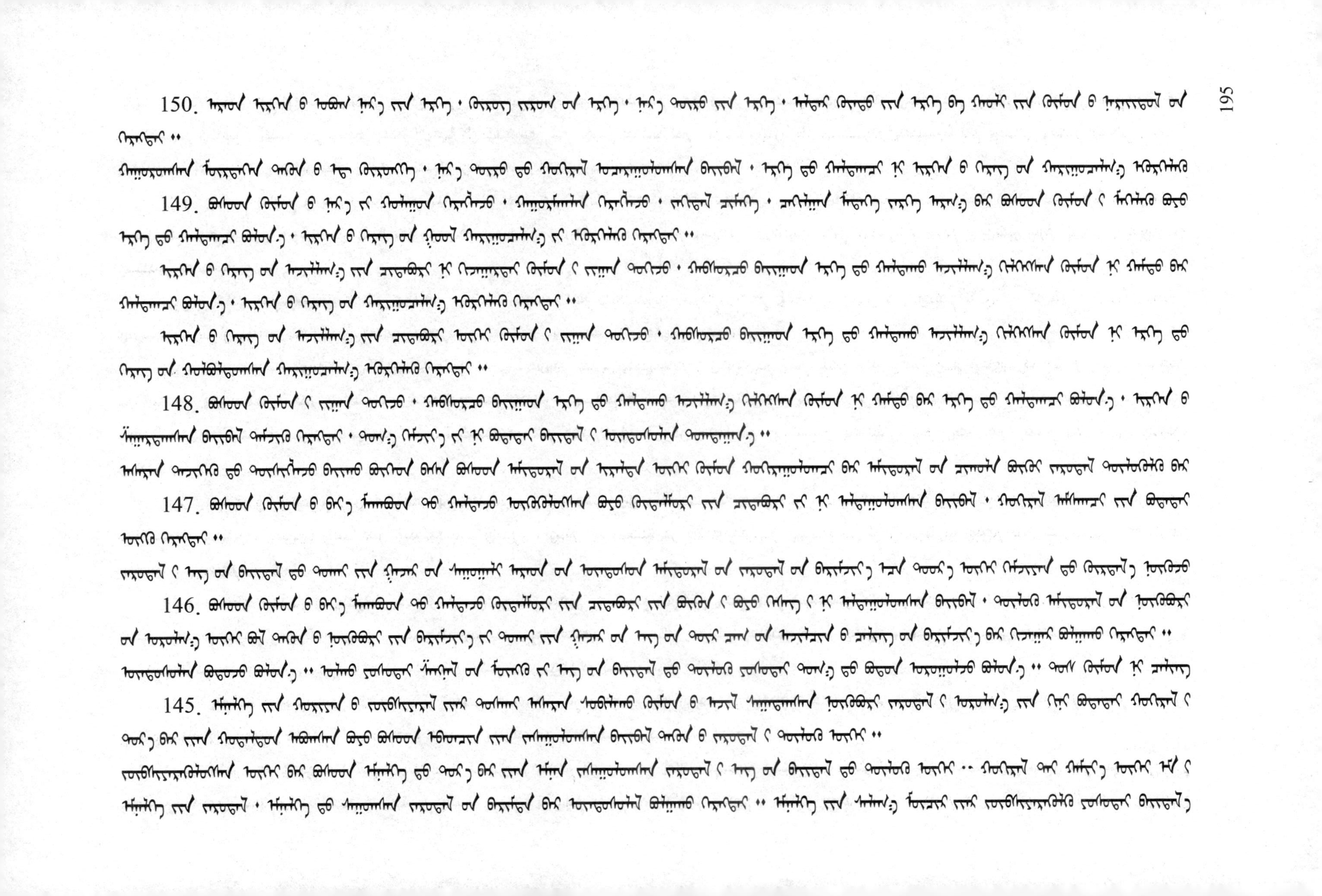

150. [illegible]

[illegible]

149. [illegible]

[illegible]

[illegible]

148. [illegible]

[illegible]

147. [illegible]

[illegible]

146. [illegible]

[illegible]

145. [illegible]

[illegible]

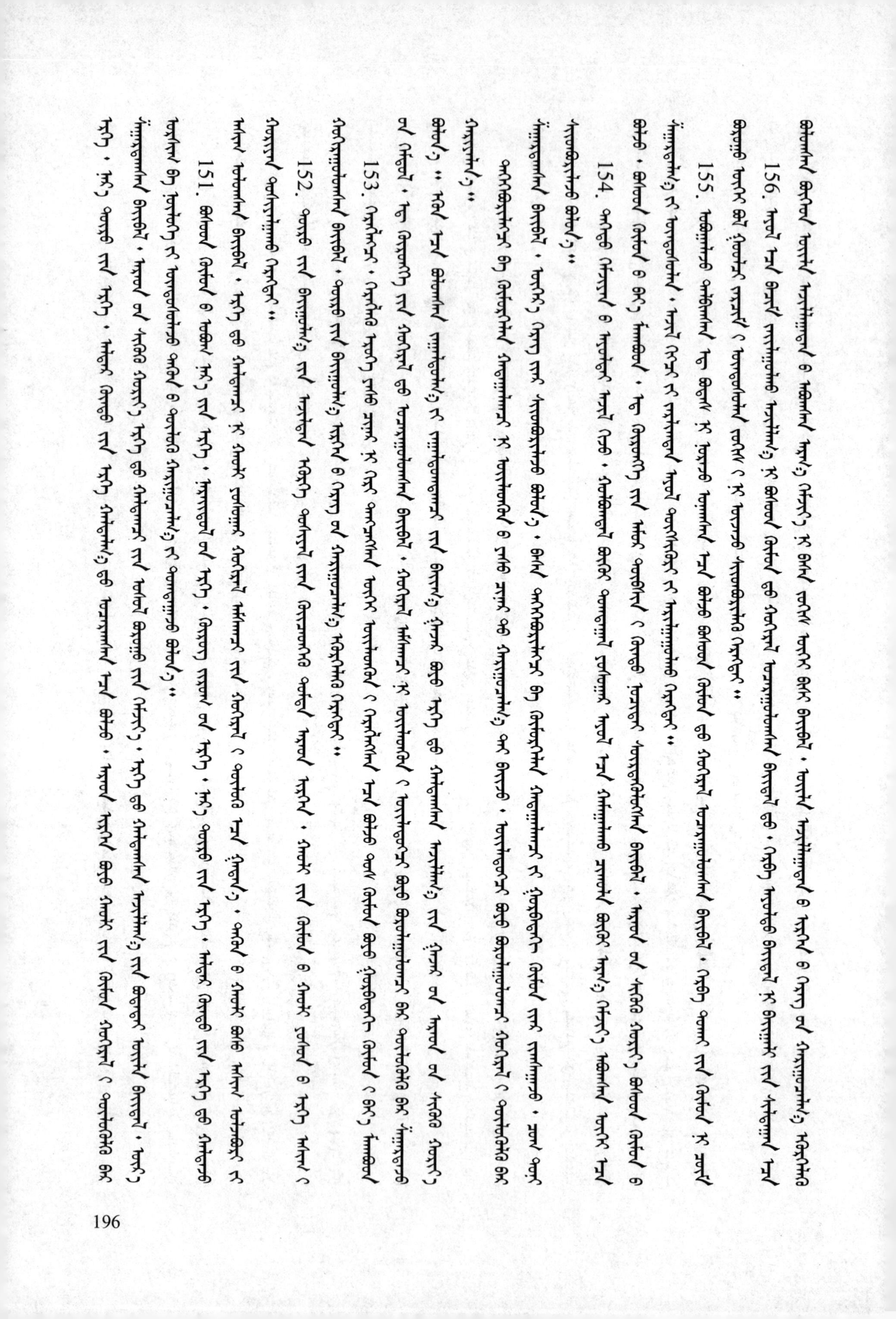

[illegible]

156. [illegible]

155. [illegible]

154. [illegible]

153. [illegible]

152. [illegible]

151. [illegible]

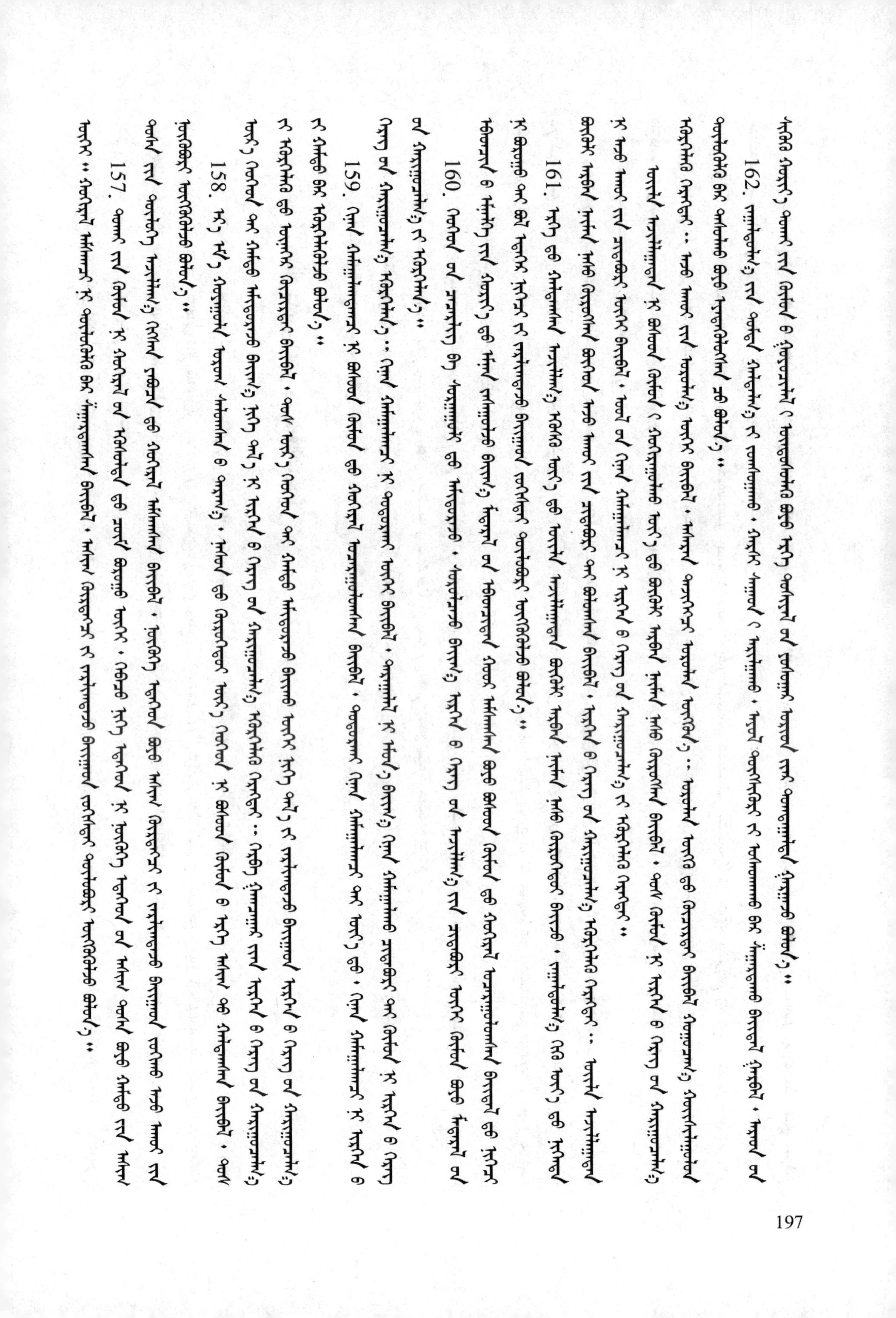

[illegible]

162. [illegible]

[illegible]

161. [illegible]

[illegible]

160. [illegible]

[illegible]

159. [illegible]

[illegible]

158. [illegible]

[illegible]

157. [illegible]

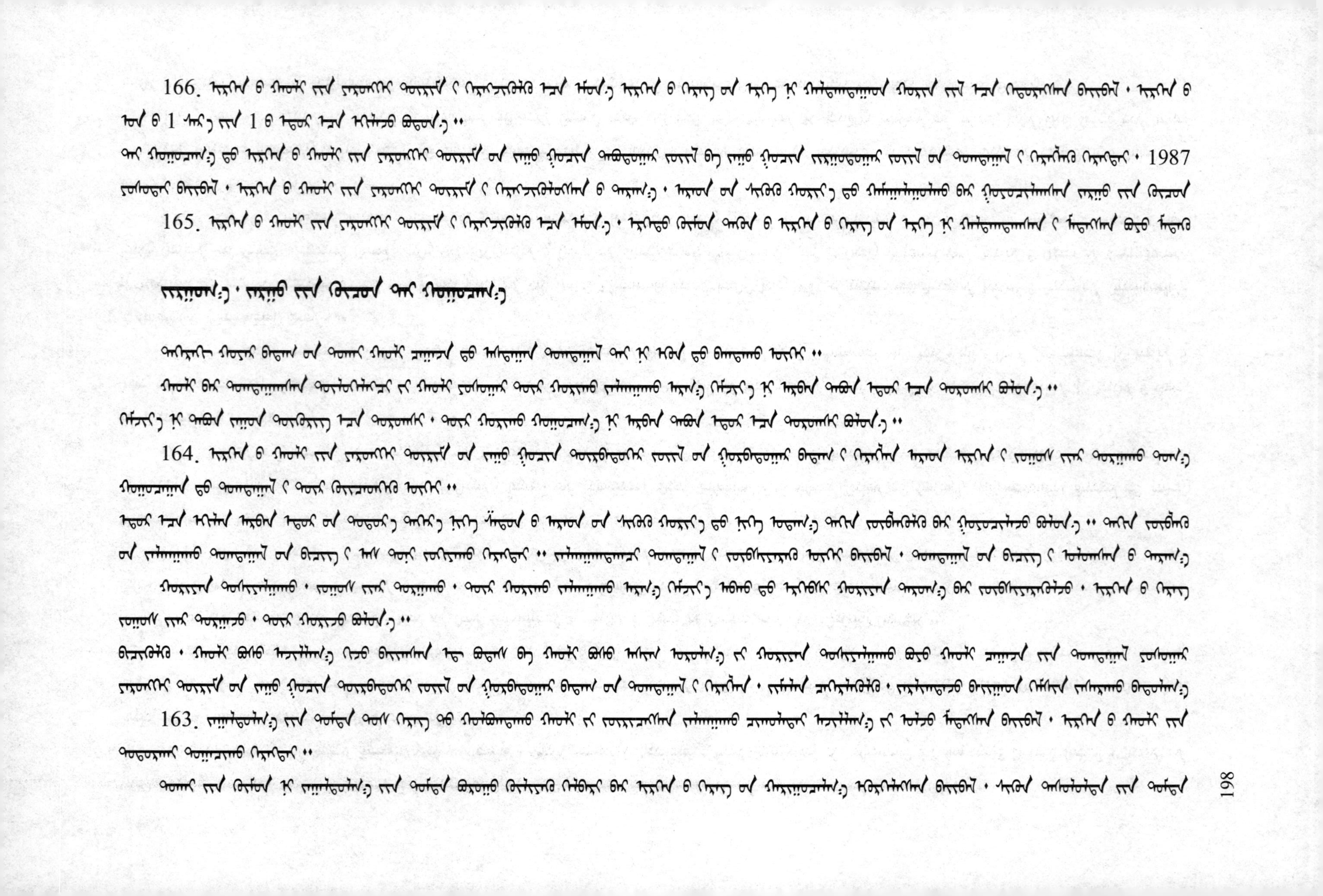

166. [illegible] 1 [illegible] 1 [illegible] ·

[illegible] 1987 [illegible]

165. [illegible]

[illegible]

[illegible]

164. [illegible]

[illegible]

163. [illegible]

[illegible]

ᠬᠡᠪᠯᠡᠯ ᠪᠢᠴᠢᠭ ᠂ ᠬᠣᠰᠢᠭᠤ ᠶᠢᠨ ᠠᠷᠬᠢᠪ ᠲᠤ ᠬᠠᠳᠠᠭᠠᠯᠠᠭᠳᠠᠵᠤ ᠪᠠᠢᠭ᠎ᠠ ᠪᠢᠴᠢᠭ ᠢ ᠡᠬᠢ ᠪᠣᠯᠭᠠᠪᠠ ᠂ ᠬᠠᠷᠢᠶᠠᠯᠠᠯ ᠤᠨ ᠬᠡᠷᠡᠭ ᠦᠨ ᠬᠡᠯᠲᠡᠰ ᠦᠨ ᠠᠷᠬᠢᠪ ᠲᠤ ᠬᠠᠳᠠᠭᠠᠯᠠᠭᠳᠠᠵᠤ ᠪᠠᠢᠨ᠎ᠠ ᠬᠡᠪᠯᠡᠯ

172. ᠬᠣᠰᠢᠭᠤ ᠶᠢᠨ ᠠᠷᠬᠢᠪ ᠲᠤ ᠬᠠᠳᠠᠭᠠᠯᠠᠭᠰᠠᠨ ᠤ ᠳᠤᠭᠠᠷ ᠳᠠᠩᠰᠠ ᠂ ᠬᠣᠷᠢᠶ᠎ᠠ ᠶᠢᠨ ᠬᠤᠷᠠᠯ ᠤᠨ ᠲᠡᠮᠳᠡᠭᠯᠡᠯ ᠂ ᠬᠣᠰᠢᠭᠤ ᠶᠢᠨ ᠨᠠᠮ ᠤᠨ ᠬᠣᠷᠢᠶ᠎ᠠ ᠪᠢᠴᠢᠭ ᠪᠣᠯᠤᠨ᠎ᠠ ᠬᠡᠪᠯᠡᠯ ᠪᠢᠴᠢᠭ ᠦᠨ ᠬᠠᠳᠠᠭᠠᠯᠠᠭᠳᠠᠵᠤ ᠪᠠᠢᠨ᠎ᠠ ::

171. ᠬᠣᠰᠢᠭᠤ ᠶᠢᠨ ᠠᠷᠬᠢᠪ ᠲᠤ ᠬᠠᠳᠠᠭᠠᠯᠠᠭᠰᠠᠨ ᠤ ᠳᠠᠩᠰᠠ ᠂ ᠬᠤᠷᠠᠯ ᠤᠨ ᠲᠡᠮᠳᠡᠭᠯᠡᠯ ᠪᠢᠴᠢᠭ ᠂ ᠬᠣᠰᠢᠭᠤ ᠶᠢᠨ ᠠᠷᠬᠢᠪ ᠲᠤ ᠬᠠᠳᠠᠭᠠᠯᠠᠭᠳᠠᠵᠤ ᠪᠠᠢᠨ᠎ᠠ ::

170. ᠬᠠᠷᠢᠶᠠᠯᠠᠯ ᠤᠨ ᠬᠣᠷᠢᠶ᠎ᠠ ᠂ ᠬᠣᠰᠢᠭᠤ ᠶᠢᠨ ᠳᠠᠩᠰᠠ ᠂ ᠬᠤᠷᠠᠯ ᠤᠨ ᠲᠡᠮᠳᠡᠭᠯᠡᠯ ᠪᠢᠴᠢᠭ ᠂ ᠵᠠᠰᠠᠭ ᠤᠨ ᠭᠠᠵᠠᠷ ᠤᠨ ᠲᠤᠰᠬᠠᠢ ᠪᠢᠴᠢᠭ ᠂ ᠵᠠᠰᠠᠭ ᠤᠨ ᠭᠠᠵᠠᠷ ᠤᠨ ᠬᠠᠷᠢᠶᠠᠯᠠᠯ ᠤᠨ ᠪᠢᠴᠢᠭ ᠪᠣᠯᠤᠨ᠎ᠠ ᠂ ᠬᠣᠰᠢᠭᠤ ᠶᠢᠨ ᠠᠷᠬᠢᠪ ᠲᠤ ᠬᠠᠳᠠᠭᠠᠯᠠᠭᠳᠠᠵᠤ ᠪᠠᠢᠨ᠎ᠠ ::

169. ᠬᠣᠰᠢᠭᠤ ᠶᠢᠨ ᠠᠷᠬᠢᠪ ᠲᠤ ᠬᠠᠳᠠᠭᠠᠯᠠᠭᠰᠠᠨ ᠪᠢᠴᠢᠭ ᠂ ᠬᠠᠷᠢᠶᠠᠯᠠᠯ ᠤᠨ ᠬᠣᠷᠢᠶ᠎ᠠ ᠶᠢᠨ ᠲᠡᠮᠳᠡᠭᠯᠡᠯ ᠪᠢᠴᠢᠭ ᠂ ᠬᠣᠰᠢᠭᠤ ᠶᠢᠨ ᠠᠷᠬᠢᠪ ᠲᠤ ᠬᠠᠳᠠᠭᠠᠯᠠᠭᠳᠠᠵᠤ ᠪᠠᠢᠨ᠎ᠠ ::

168. ᠪᠠᠶᠠᠨ ᠬᠣᠰᠢᠭᠤ ᠶᠢᠨ ᠨᠠᠮ ᠤᠨ ᠬᠣᠷᠢᠶ᠎ᠠ ᠶᠢᠨ ᠪᠢᠴᠢᠭ ᠂ ᠬᠣᠷᠢᠶ᠎ᠠ ᠶᠢᠨ ᠬᠤᠷᠠᠯ ᠤᠨ ᠲᠡᠮᠳᠡᠭᠯᠡᠯ ᠂ ᠬᠣᠰᠢᠭᠤ ᠶᠢᠨ ᠵᠠᠰᠠᠭ ᠤᠨ ᠭᠠᠵᠠᠷ ᠤᠨ ᠪᠢᠴᠢᠭ ᠂ ᠠᠷᠠᠳ ᠤᠨ ᠵᠠᠰᠠᠭ ᠤᠨ ᠭᠠᠵᠠᠷ ᠤᠨ ᠬᠣᠷᠢᠶ᠎ᠠ ᠶᠢᠨ ᠬᠤᠷᠠᠯ ᠤᠨ ᠲᠡᠮᠳᠡᠭᠯᠡᠯ ᠪᠢᠴᠢᠭ ᠂ ᠬᠣᠰᠢᠭᠤ ᠶᠢᠨ ᠨᠠᠮ ᠤᠨ ᠬᠣᠷᠢᠶ᠎ᠠ ᠶᠢᠨ ᠬᠤᠷᠠᠯ ᠤᠨ ᠲᠡᠮᠳᠡᠭᠯᠡᠯ ᠂ ᠬᠣᠰᠢᠭᠤ ᠶᠢᠨ ᠠᠷᠬᠢᠪ ᠲᠤ ᠬᠠᠳᠠᠭᠠᠯᠠᠭᠳᠠᠵᠤ ᠪᠠᠢᠨ᠎ᠠ ::

167. ᠬᠣᠰᠢᠭᠤ ᠶᠢᠨ ᠨᠠᠮ ᠤᠨ ᠬᠣᠷᠢᠶ᠎ᠠ ᠶᠢᠨ ᠲᠡᠮᠳᠡᠭᠯᠡᠯ ᠪᠢᠴᠢᠭ ᠂ ᠬᠣᠰᠢᠭᠤ ᠶᠢᠨ ᠠᠷᠬᠢᠪ ᠲᠤ ᠬᠠᠳᠠᠭᠠᠯᠠᠭᠰᠠᠨ ᠪᠢᠴᠢᠭ ᠪᠣᠯᠤᠨ᠎ᠠ ᠂ 1987 ᠣᠨ ᠤ 1 ᠰᠠᠷ᠎ᠠ ᠶᠢᠨ 1 ᠦ ᠡᠳᠦᠷ ᠦᠨ ᠬᠡᠪᠯᠡᠯ ᠪᠢᠴᠢᠭ ::

ᠬᠣᠰᠢᠭᠤ ᠶᠢᠨ ᠨᠠᠮ ᠤᠨ ᠬᠣᠷᠢᠶ᠎ᠠ ᠶᠢᠨ ᠬᠠᠷᠢᠶᠠᠯᠠᠯ ᠤᠨ ᠪᠢᠴᠢᠭ ᠂ ᠬᠣᠰᠢᠭᠤ ᠶᠢᠨ ᠠᠷᠬᠢᠪ ᠲᠤ ᠬᠠᠳᠠᠭᠠᠯᠠᠭᠳᠠᠵᠤ ᠪᠠᠢᠨ᠎ᠠ ᠂ 1987 ᠣᠨ ᠤ 1 ᠰᠠᠷ᠎ᠠ ᠶᠢᠨ 1 ᠦ ᠡᠳᠦᠷ ᠦᠨ ᠬᠡᠪᠯᠡᠯ ᠪᠢᠴᠢᠭ ::

177.

176.

175.

174.

173.

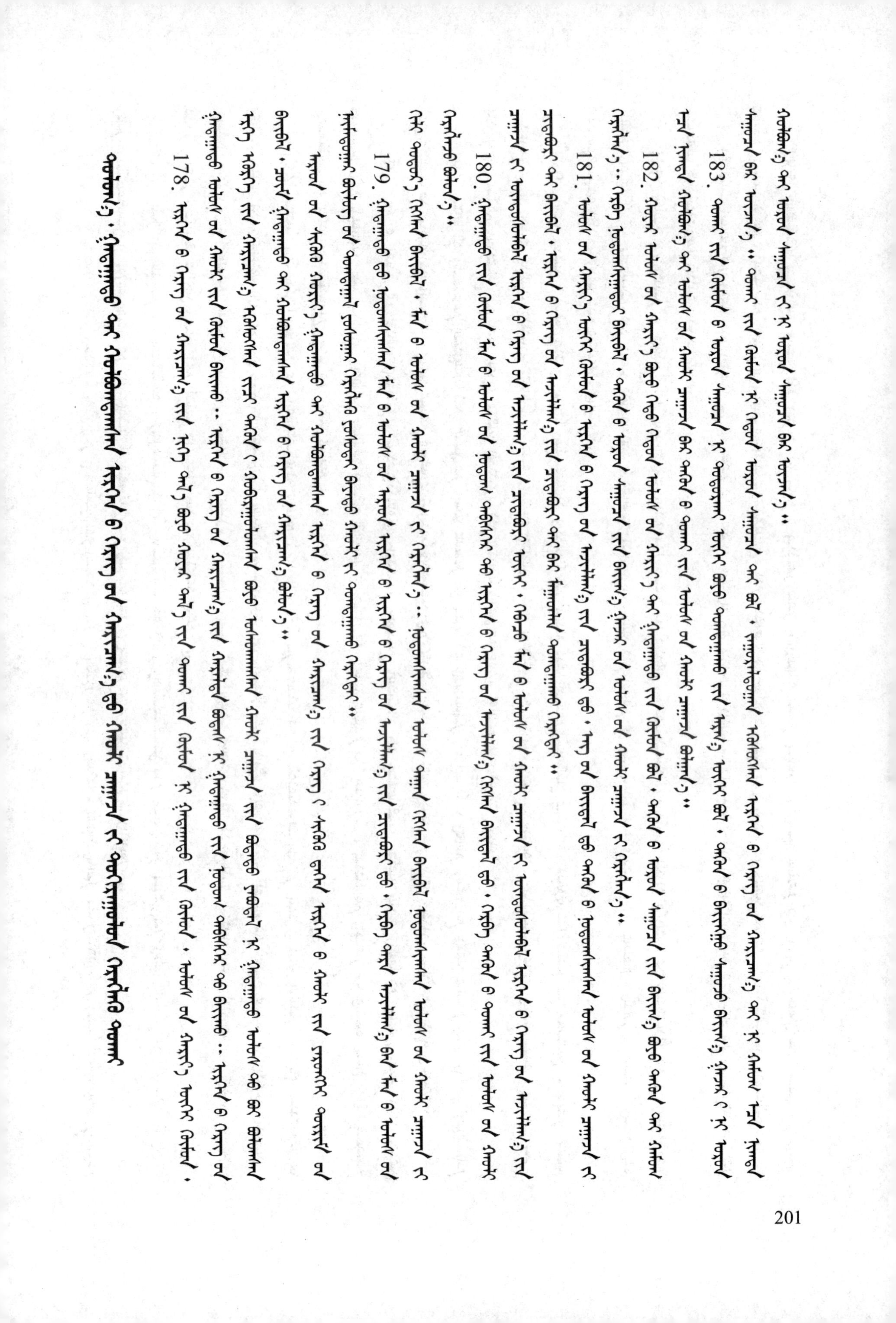

183. [illegible]

182. [illegible]

181. [illegible]

180. [illegible]

179. [illegible]

178. [illegible]

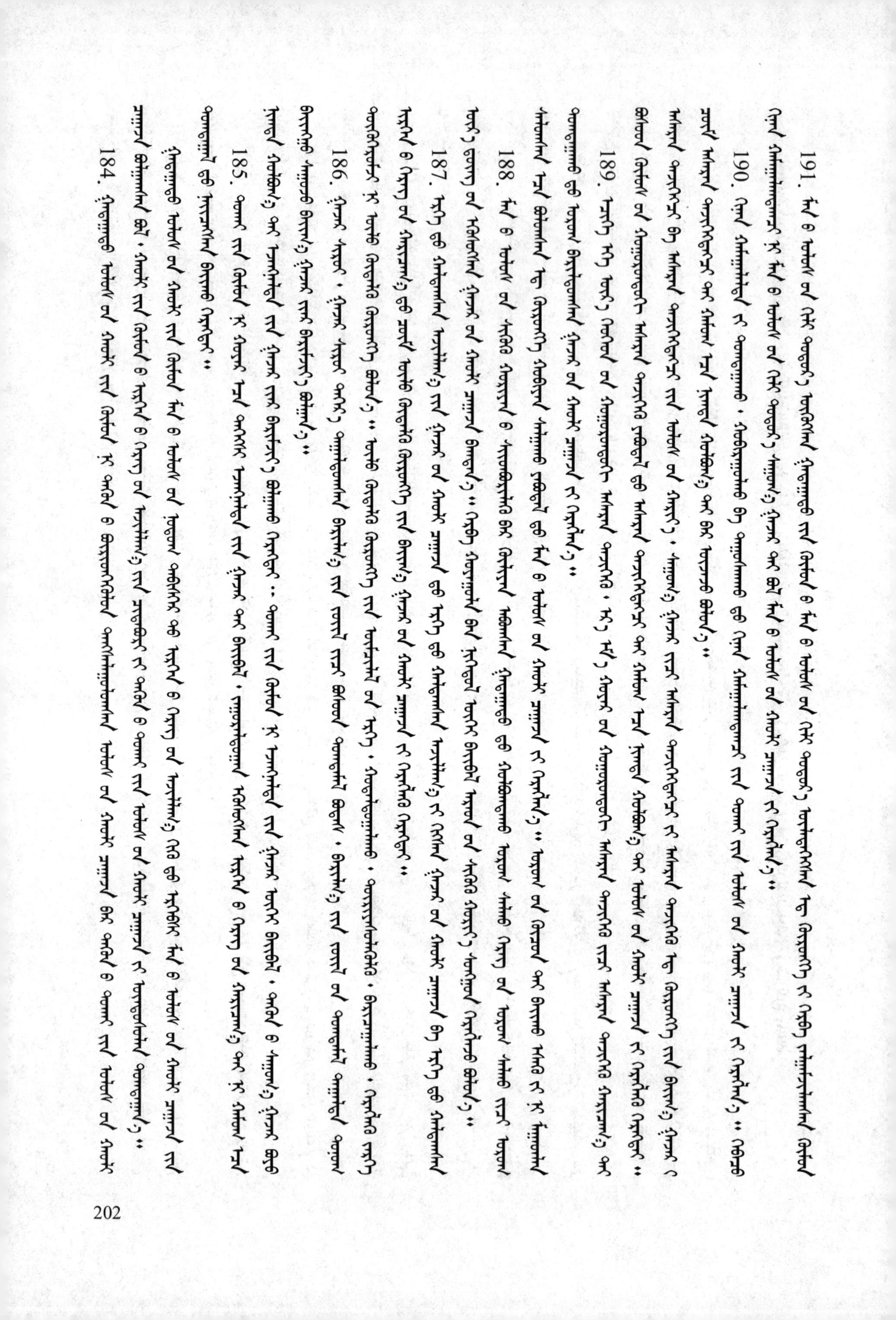

184. [illegible]

185. [illegible]

186. [illegible]

187. [illegible]

188. [illegible]

189. [illegible]

190. [illegible]

191. [illegible]

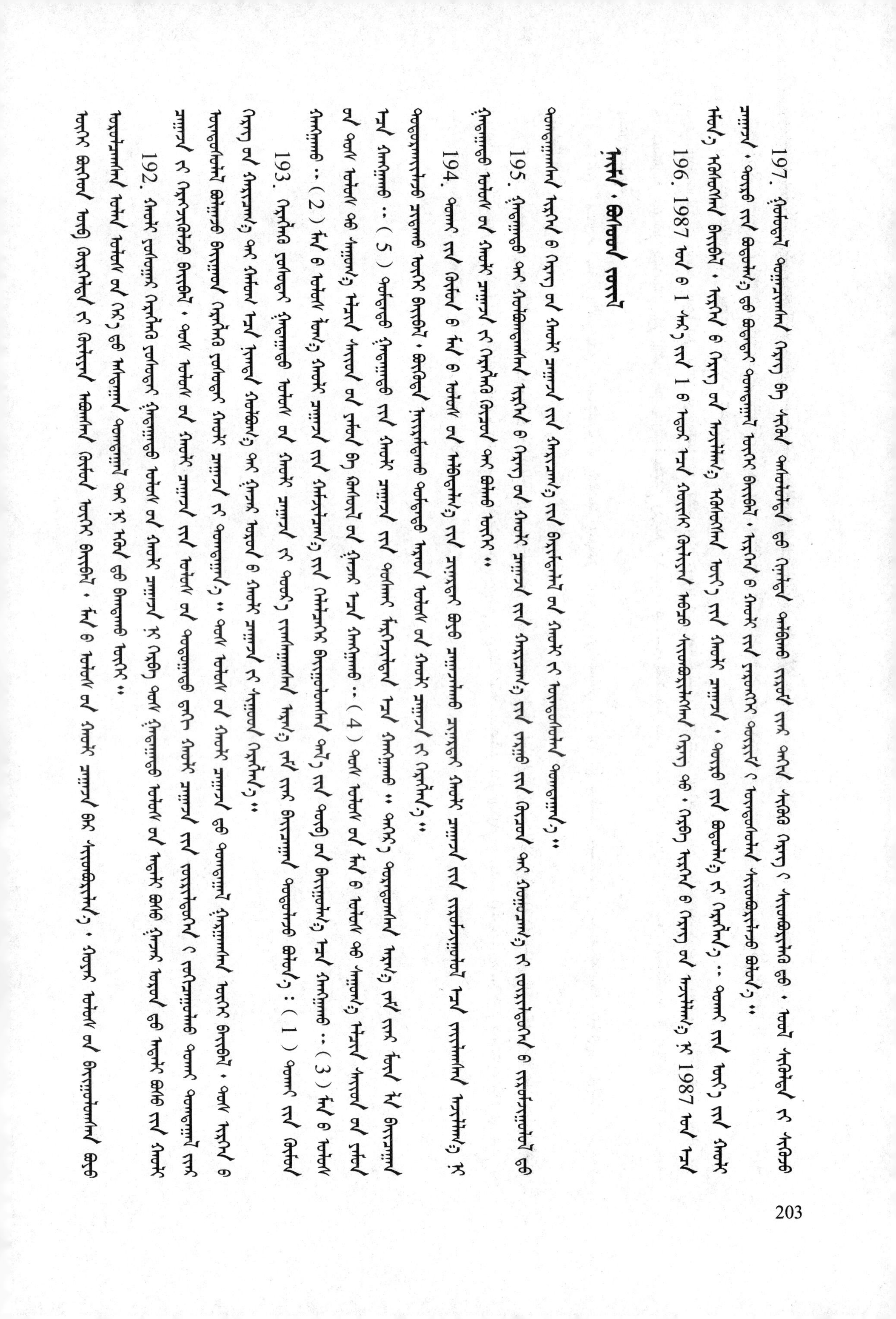

[illegible]

192. [illegible]

193. [illegible] : (1) [illegible] :: (2) [illegible] :: (3) [illegible] :: (4) [illegible] :: (5) [illegible] ::

194. [illegible] ::

195. [illegible] ::

[illegible]

196. 1987 [illegible] ::

197. [illegible]

ᠰᠤᠷᠭᠠᠭᠤᠯᠢ ᠶᠢᠨ ᠬᠠᠮᠤᠭ ᠶᠡᠬᠡ ᠳᠠᠭᠠᠭᠠ ᠪᠠᠷᠢᠮᠲᠠ ᠶᠢ ᠭᠠᠷᠭᠠᠨ ᠬᠡᠷᠡᠭᠵᠢᠭᠦᠯᠪᠡ᠃

198. ᠡᠷᠬᠡ ᠶᠢᠨ ᠪᠠᠢᠳᠠᠯ ᠤᠨ ᠪᠠᠲᠤᠯᠠᠯᠲᠠ ᠬᠠᠮᠢᠶᠠᠷᠤᠯᠲᠠ ᠶᠢ ᠶᠠᠭᠤ ᠂ ᠶᠠᠮᠠᠷ ᠳᠦ ᠬᠠᠮᠢᠶᠠᠷᠤᠯᠤᠭᠰᠠᠨ ᠬᠡᠷᠡᠭ ᠨᠢ ᠬᠠᠤᠯᠢ ᠶᠢᠨ ᠪᠠᠲᠤᠯᠠᠭ᠎ᠠ ᠪᠣᠯᠤᠨ ᠪᠣᠯᠤᠮᠵᠢ ᠂ ᠶᠠᠭᠤ ᠶᠠᠭᠤ ᠶᠢ ᠶᠠᠷᠢᠭᠰᠠᠨ ᠪᠣᠯᠤᠨᠠ ᠂ ᠶᠠᠭᠤ
ᠪᠠᠷᠢᠮᠲᠠ ᠶᠠᠭᠤ ᠶᠢᠨ ᠬᠠᠷᠢᠭᠤᠴᠠᠯᠭ᠎ᠠ ᠲᠠᠢ ᠪᠠᠢᠳᠠᠯ ᠪᠣᠯᠤᠨ ᠡᠷᠬᠡ ᠶᠢᠨ ᠪᠠᠷᠢᠮᠲᠠ ᠪᠣᠯᠤᠨᠠ᠃

ᠪᠠᠲᠤᠯᠠᠯᠲᠠ ᠶᠢᠨ ᠬᠡᠷᠡᠭ ᠶᠢ ᠬᠠᠮᠢᠶᠠᠷᠤᠯᠤᠭᠰᠠᠨ ᠨᠢ ᠪᠠᠢᠭᠤᠯᠤᠯᠭ᠎ᠠ ᠲᠠᠢ ᠶᠠᠭᠤ ᠶᠢᠨ ᠡᠷᠬᠡ ᠪᠡᠷ ᠪᠠᠲᠤᠯᠠᠭᠰᠠᠨ ᠪᠠᠷᠢᠮᠲᠠ ᠪᠣᠯᠤᠨ ᠂ ᠬᠠᠮᠢᠶᠠᠷᠤᠯᠲᠠ ᠶᠢᠨ ᠶᠠᠭᠤ ᠶᠢ ᠲᠣᠭᠲᠠᠭᠠᠬᠤ ᠶᠢᠨ ᠬᠠᠤᠯᠢ ᠶᠢ
ᠪᠠᠲᠤᠯᠠᠬᠤ ᠬᠡᠷᠡᠭᠰᠡᠬᠡ ᠨᠢ ᠶᠠᠭᠤ ᠶᠢᠨ ᠬᠠᠮᠤᠭ ᠪᠠᠷᠢᠮᠲᠠ ᠪᠣᠯᠤᠨ ᠡᠷᠬᠡ ᠪᠡᠷ ᠪᠠᠲᠤᠯᠠᠯᠲᠠ ᠶᠢᠨ ᠪᠠᠷᠢᠮᠲᠠ ᠂ ᠬᠡᠷᠡᠭ ᠶᠢᠨ ᠶᠠᠭᠤ ᠪᠡᠷ ᠪᠠᠢᠭᠤᠯᠬᠤ
ᠶᠠᠭᠤ ᠪᠣᠯᠤᠨᠠ᠃

199. ᠶᠠᠭᠤ ᠂ ᠶᠠᠮᠠᠷ ᠂ ᠬᠠᠮᠤᠭ ᠶᠠᠭᠤ ᠪᠠᠲᠤᠯᠠᠭᠰᠠᠨ ᠤ ᠪᠠᠷᠢᠮᠲᠠ ᠪᠠᠢᠳᠠᠯ ᠡᠷᠬᠡ ᠶᠢᠨ ᠪᠠᠢᠳᠠᠯ ᠢ ᠬᠠᠮᠢᠶᠠᠷᠤᠯᠤᠨ ᠪᠠᠷᠢᠮᠲᠠ ᠪᠠᠲᠤᠯᠠᠭᠰᠠᠨ ᠤ ᠪᠠᠲᠤᠯᠠᠯᠲᠠ ᠪᠠᠢᠬᠤ ᠂ ᠪᠠᠢᠳᠠᠯ ᠰᠠᠢᠰᠢᠶᠠᠬᠤ
ᠪᠠᠢᠳᠠᠯ ᠳᠤ᠃

200. ᠬᠠᠤᠯᠢ ᠶᠢᠨ ᠡᠷᠬᠡ ᠶᠢᠨ ᠰᠤᠷᠭᠠᠭᠤᠯᠢ ᠤ ᠬᠠᠮᠢᠶᠠᠷᠤᠯᠲᠠ ᠶᠢᠨ ᠪᠠᠲᠤᠯᠠᠯᠲᠠ ᠪᠠᠢᠬᠤ ᠡᠷᠬᠡᠯᠡᠭᠴᠢ ᠶᠢ ᠬᠠᠤᠯᠢ ᠶᠢᠨ ᠪᠠᠢᠳᠠᠯ ᠤᠨ ᠲᠣᠭᠲᠠᠭᠠᠬᠤ ᠡᠷᠬᠡ ᠳᠦ ᠡᠨᠡ ᠬᠠᠮᠤᠭ ᠡᠴᠡ ᠪᠠᠲᠤᠯᠠᠭᠰᠠᠨ
ᠪᠠᠢᠳᠠᠯ ᠂ ᠶᠠᠮᠠᠷ ᠬᠠᠮᠢᠶᠠᠷᠤᠯᠲᠠ ᠶᠢᠨ ᠬᠠᠤᠯᠢ ᠶᠢᠨ ᠰᠤᠷᠭᠠᠭᠤᠯᠢ ᠪᠠᠲᠤᠯᠠᠯᠲᠠ ᠬᠠᠷᠢᠭᠤᠴᠠᠯᠭ᠎ᠠ ᠰᠤᠷᠭᠠᠭᠤᠯᠢ ᠂ ᠪᠠᠢᠭᠤᠯᠤᠯᠲᠠ ᠬᠠᠮᠢᠶᠠᠷᠤᠯᠲᠠ ᠶᠢᠨ ᠬᠡᠷᠡᠭ ᠤ ᠬᠠᠷᠢᠭᠤ ᠳᠦ ᠡᠷᠬᠡ ᠶᠢᠨ ᠪᠠᠷᠢᠮᠲᠠ ᠶᠢᠨ ᠬᠠᠷᠢᠭᠤ ᠤ
ᠰᠤᠷᠭᠠᠭᠤᠯᠢ ᠶᠢᠨ ᠬᠠᠮᠤᠭ ᠶᠡᠬᠡ ᠤ ᠡᠷᠬᠡ ᠶᠢᠨ ᠪᠠᠷᠢᠮᠲᠠ ᠭᠠᠷᠭᠠᠨ ᠬᠡᠷᠡᠭᠵᠢᠭᠦᠯᠬᠦ᠃

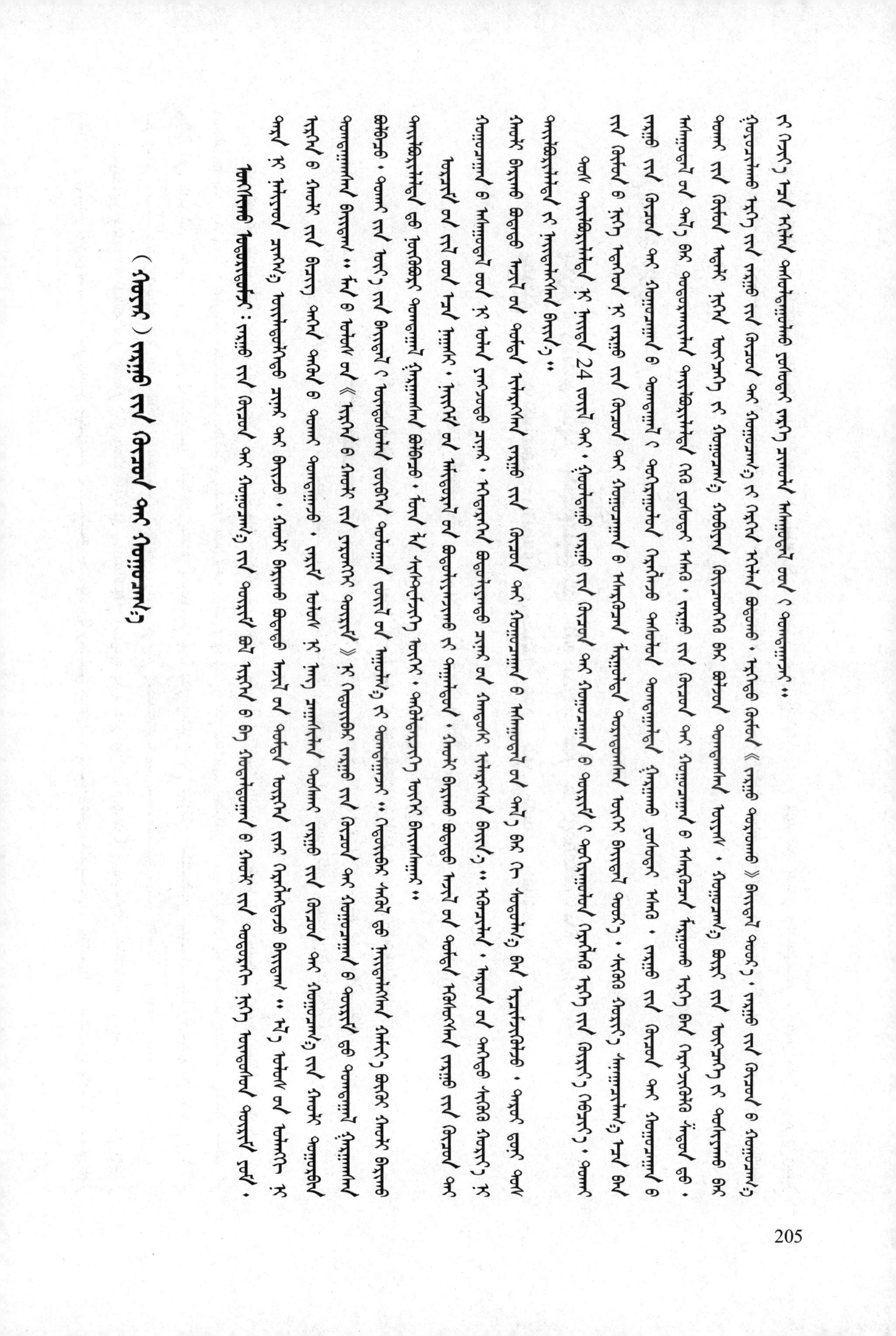

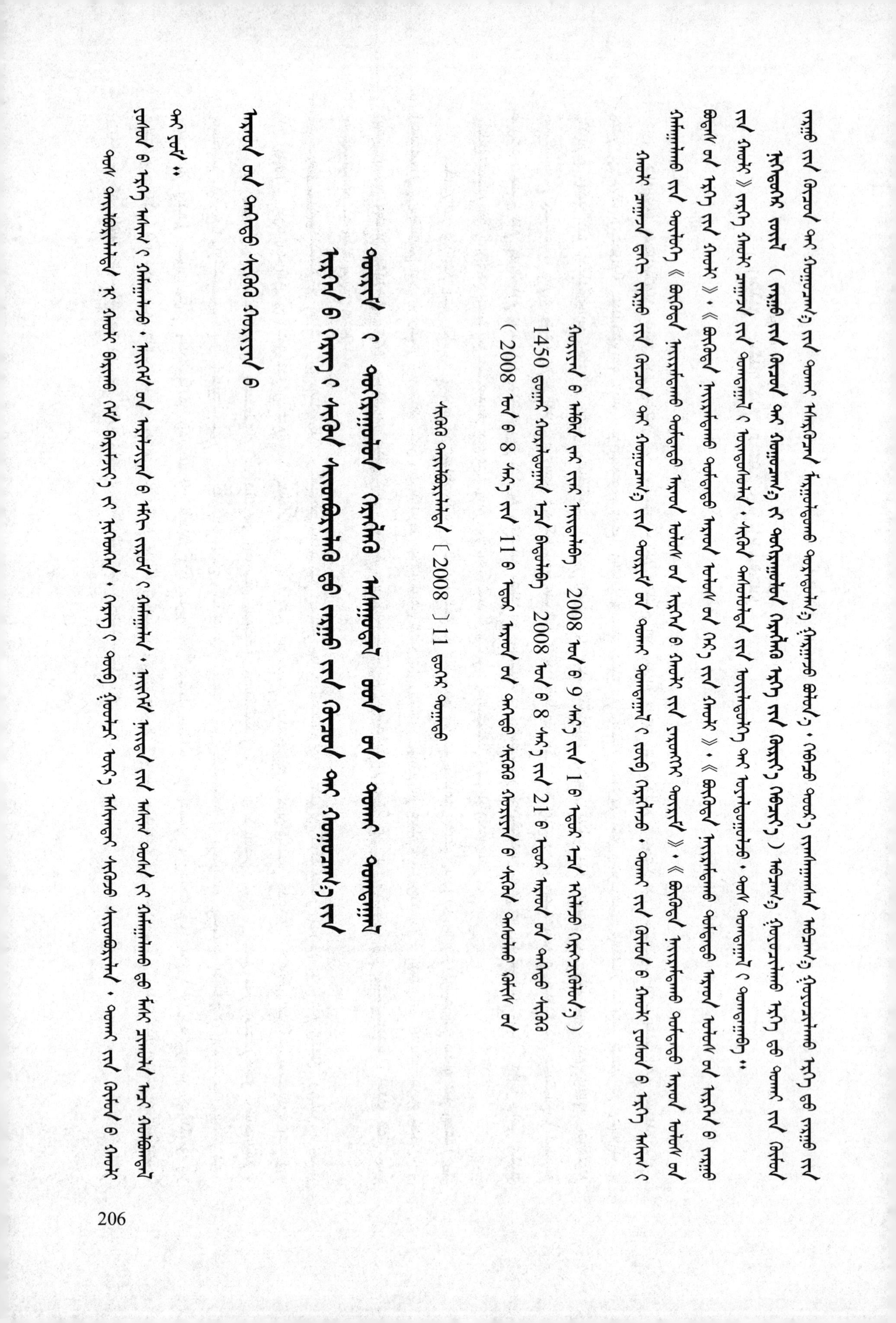

[illegible]

[illegible]

[illegible] 〔2008〕11 [illegible]

(2008 [illegible] 8 [illegible] 11 [illegible]
1450 [illegible] 2008 [illegible] 8 [illegible] 21 [illegible]
[illegible] 2008 [illegible] 9 [illegible] 1 [illegible])

[illegible]

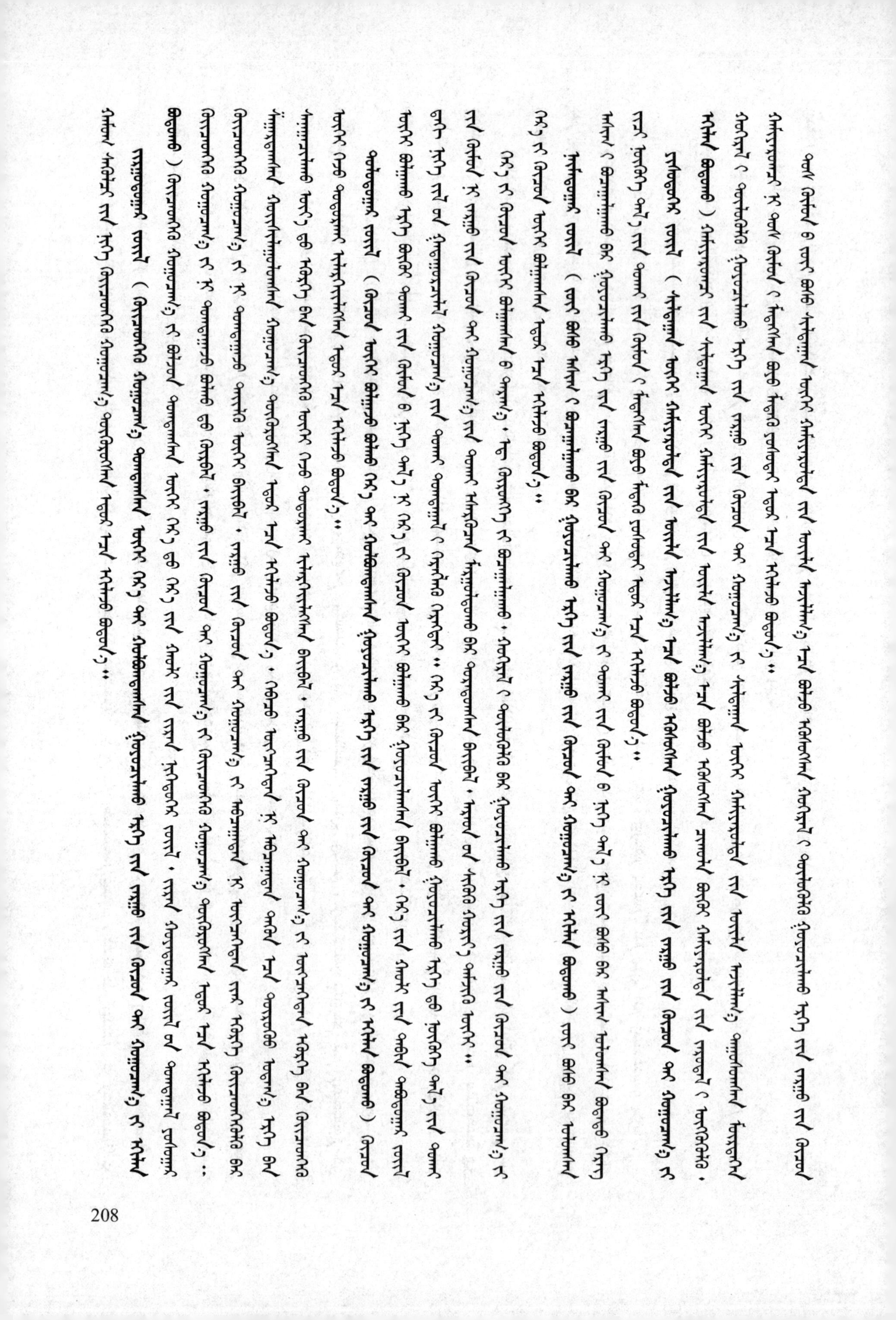

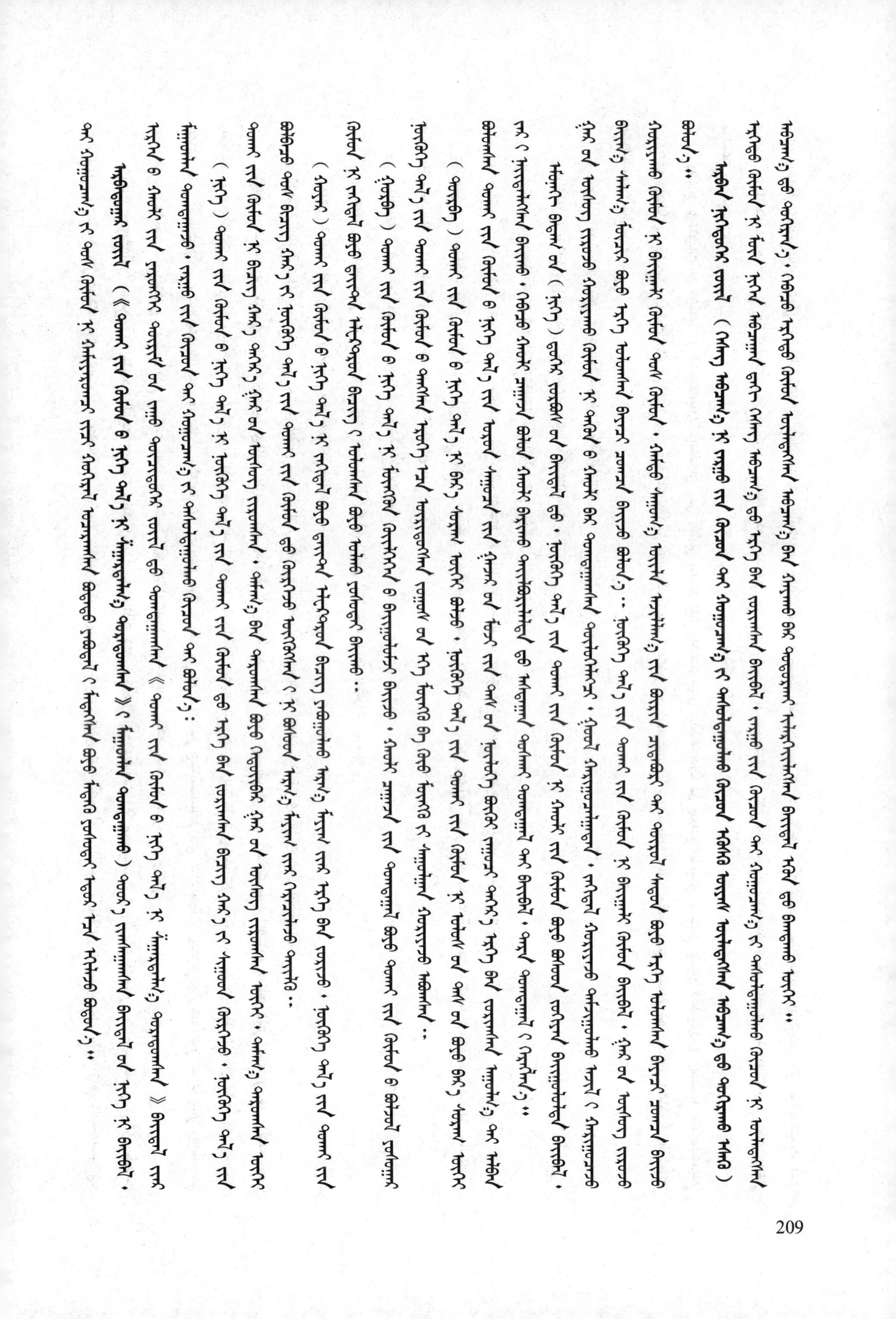

[illegible] ᠃

[illegible] (《 [illegible] 》) [illegible]

(ᠨᠢᠭᠡ) [illegible]

(ᠬᠣᠶᠠᠷ) [illegible]

(ᠭᠤᠷᠪᠠ) [illegible]

(ᠳᠥᠷᠪᠡ) [illegible]

[illegible]

[illegible] [illegible]

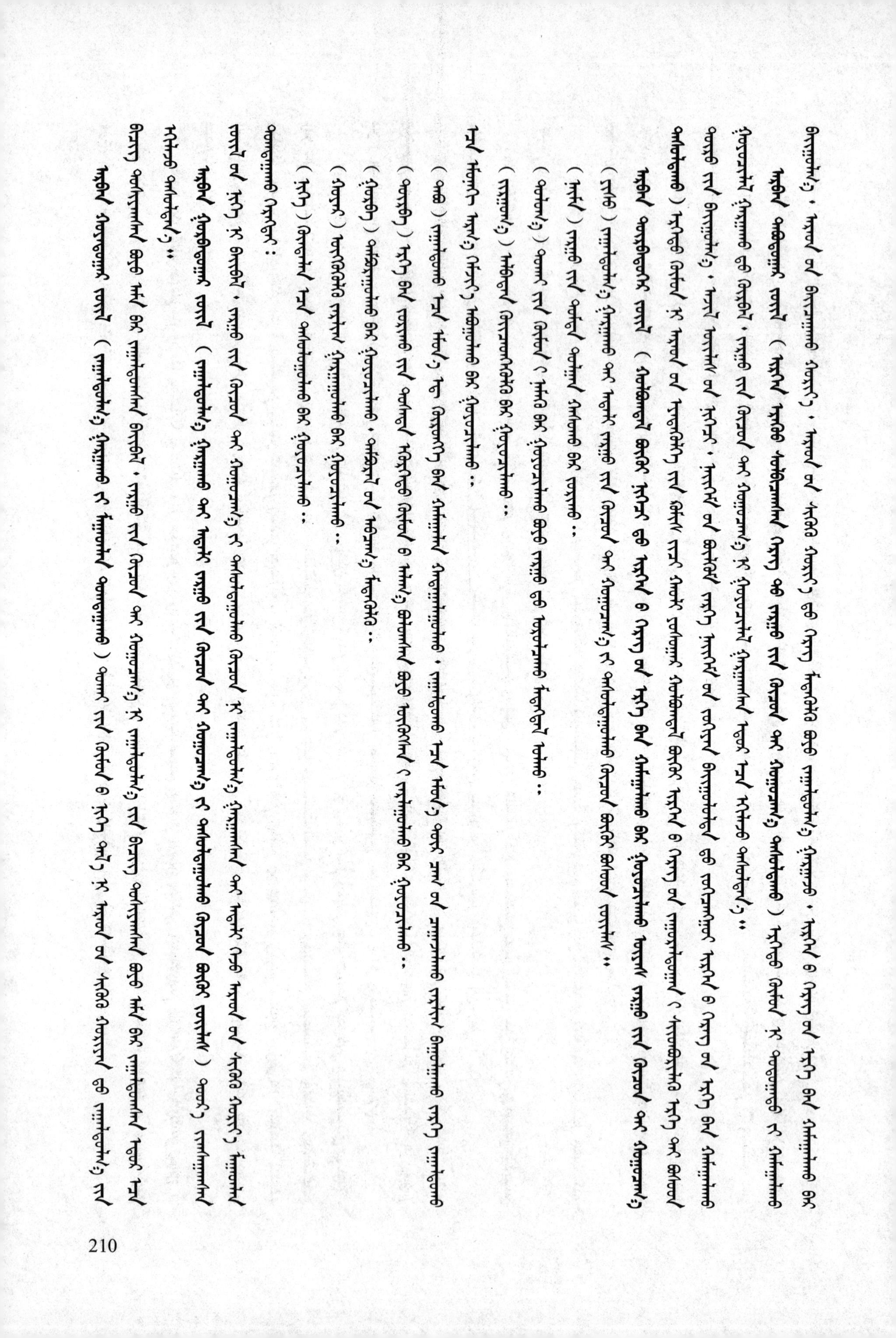

[illegible]

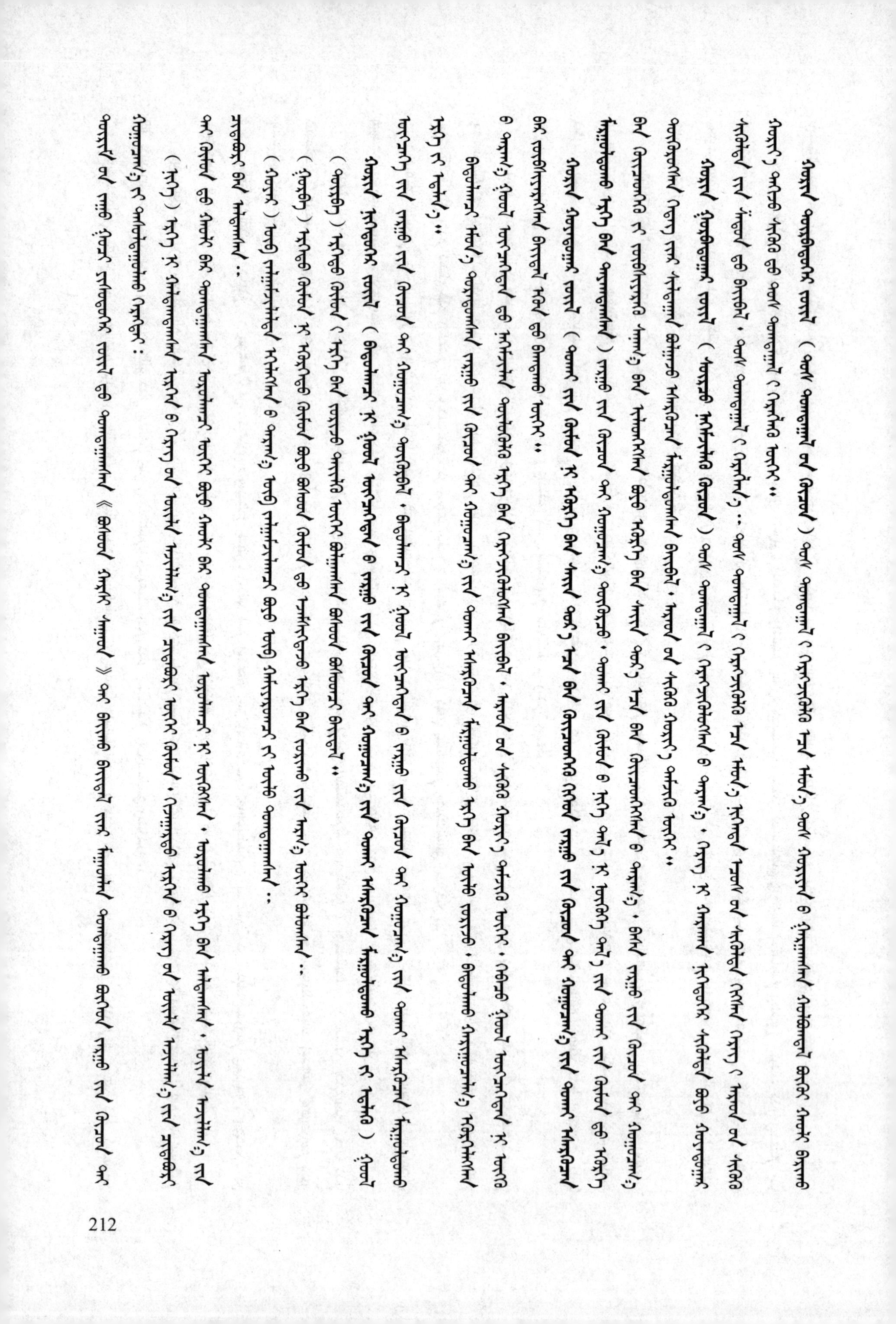

ᠰᠢᠨᠵᠢᠯᠡᠬᠦ ᠶᠢ ᠪᠣᠯ ᠮᠣᠩᠭᠣᠯ ᠬᠡᠯᠡᠨ ᠦ ᠲᠡᠦᠬᠡ ᠶᠢᠨ ᠰᠤᠳᠤᠯᠭᠠᠨ ᠤ ᠪᠠᠶᠠᠯᠢᠭ ᠮᠠᠲᠧᠷᠢᠶᠠᠯ ᠪᠣᠯᠵᠤ ᠪᠠᠢᠨ᠎ᠠ᠃

【ᠳᠠᠰᠬᠠᠯ】

ᠮᠣᠩᠭᠣᠯ ᠬᠡᠯᠡᠨ ᠦ ᠲᠡᠦᠬᠡ ᠶᠢᠨ ᠰᠤᠳᠤᠯᠭᠠᠨ ᠳᠤ 《ᠮᠣᠩᠭᠣᠯ ᠤᠨ ᠨᠢᠭᠤᠴᠠ ᠲᠣᠪᠴᠢᠶᠠᠨ》 ᠤ ᠰᠤᠳᠤᠯᠭᠠᠨ ᠤ ᠠᠷᠭ᠎ᠠ ᠠᠷᠭᠠᠴᠢᠯᠠᠯ ᠤᠨ ᠲᠤᠬᠠᠢ ᠪᠢᠴᠢᠭᠡᠷᠡᠢ᠃

ᠠᠰᠠᠭᠤᠯᠲᠠ : 《ᠮᠣᠩᠭᠣᠯ ᠤᠨ ᠨᠢᠭᠤᠴᠠ ᠲᠣᠪᠴᠢᠶᠠᠨ》 ᠮᠣᠩᠭᠣᠯ ᠬᠡᠯᠡᠨ ᠦ ᠲᠡᠦᠬᠡ ᠶᠢᠨ ᠰᠤᠳᠤᠯᠭᠠᠨ ᠳᠤ ᠶᠠᠮᠠᠷ ᠤᠴᠢᠷ ᠲᠤᠰ᠎ᠠ ᠲᠠᠢ ᠪᠣᠯᠬᠤ ᠶᠢ ᠲᠣᠳᠣᠷᠬᠠᠢᠯᠠᠨ᠎ᠠ ᠤᠤ ?

ᠬᠠᠷᠢᠭᠤᠯᠲᠠ : ᠮᠣᠩᠭᠣᠯ ᠬᠡᠯᠡᠨ ᠦ ᠲᠡᠦᠬᠡ ᠶᠢᠨ ᠰᠤᠳᠤᠯᠭᠠᠨ ᠳᠤ 《ᠮᠣᠩᠭᠣᠯ ᠤᠨ ᠨᠢᠭᠤᠴᠠ ᠲᠣᠪᠴᠢᠶᠠᠨ》 ᠤ ᠬᠡᠯᠡ ᠶᠢ ᠰᠤᠳᠤᠯᠬᠤ ᠨᠢ ᠮᠠᠰᠢ ᠴᠢᠬᠤᠯᠠ᠂ ᠶᠠᠭᠤ ᠪᠡ ᠬᠡᠪᠡᠯ 《ᠮᠣᠩᠭᠣᠯ ᠤᠨ ᠨᠢᠭᠤᠴᠠ ᠲᠣᠪᠴᠢᠶᠠᠨ》 ᠪᠣᠯ ᠮᠣᠩᠭᠣᠯ ᠬᠡᠯᠡᠨ ᠦ ᠲᠡᠦᠬᠡ ᠶᠢᠨ ᠳᠤᠮᠳᠠᠳᠤ ᠦᠶ᠎ᠡ ᠶᠢᠨ ᠬᠡᠯᠡᠨ ᠦ ᠲᠥᠯᠦᠪ ᠪᠠᠢᠳᠠᠯ ᠢ ᠲᠣᠳᠣᠷᠬᠠᠢ ᠲᠤᠰᠬᠠᠭᠰᠠᠨ ᠴᠢᠬᠤᠯᠠ ᠳᠤᠷᠠᠰᠬᠠᠯ ᠪᠣᠯᠤᠨ᠎ᠠ᠃ ᠡᠭᠦᠨ ᠦ ᠬᠡᠯᠡ ᠶᠢ ᠰᠤᠳᠤᠯᠬᠤ ᠨᠢ ᠮᠣᠩᠭᠣᠯ ᠬᠡᠯᠡᠨ ᠦ ᠲᠡᠦᠬᠡ ᠶᠢᠨ ᠰᠤᠳᠤᠯᠭᠠᠨ ᠳᠤ ᠴᠢᠬᠤᠯᠠ ᠠᠴᠢ ᠬᠣᠯᠪᠤᠭᠳᠠᠯ ᠲᠠᠢ᠃ ᠮᠣᠩᠭᠣᠯ ᠬᠡᠯᠡᠨ ᠦ ᠲᠡᠦᠬᠡ ᠶᠢᠨ ᠰᠤᠳᠤᠯᠭᠠᠨ ᠤ ᠬᠡᠷᠡᠭᠯᠡᠭᠡᠨ ᠦ ᠮᠠᠲᠧᠷᠢᠶᠠᠯ ᠪᠣᠯᠭᠠᠨ 《ᠮᠣᠩᠭᠣᠯ ᠤᠨ ᠨᠢᠭᠤᠴᠠ ᠲᠣᠪᠴᠢᠶᠠᠨ》 ᠤ ᠬᠡᠯᠡ ᠶᠢ ᠰᠤᠳᠤᠯᠬᠤ ᠳᠤ ᠮᠣᠩᠭᠣᠯ ᠬᠡᠯᠡᠨ ᠦ ᠲᠡᠦᠬᠡ ᠶᠢᠨ ᠬᠦᠭᠵᠢᠯ ᠦᠨ ᠬᠠᠭᠤᠯᠢ ᠶᠢ ᠲᠣᠳᠣᠷᠬᠠᠢᠯᠠᠨ᠎ᠠ᠃ ᠮᠣᠩᠭᠣᠯ ᠬᠡᠯᠡᠨ ᠦ ᠲᠡᠦᠬᠡ ᠶᠢᠨ ᠰᠤᠳᠤᠯᠭᠠᠨ ᠳᠤ ᠴᠢᠬᠤᠯᠠ ᠦᠨ᠎ᠡ ᠴᠡᠨᠡ ᠲᠠᠢ ᠪᠣᠯᠤᠨ᠎ᠠ᠃

ᠮᠣᠩᠭᠣᠯ ᠬᠡᠯᠡᠨ ᠦ ᠲᠡᠦᠬᠡ ᠶᠢᠨ ᠰᠤᠳᠤᠯᠭᠠᠨ ᠳᠤ ᠪᠣᠯ ᠮᠣᠩᠭᠣᠯ ᠬᠡᠯᠡᠨ ᠦ ᠳᠠᠭᠤ ᠠᠪᠢᠶ᠎ᠠ᠂ ᠦᠭᠡ ᠬᠡᠯᠡᠨ ᠦ ᠵᠦᠢ ᠪᠣᠯᠤᠨ ᠦᠭᠡᠰ ᠦᠨ ᠰᠠᠩ ᠤᠨ ᠬᠦᠭᠵᠢᠯ ᠦᠨ ᠪᠠᠢᠳᠠᠯ ᠢ ᠲᠣᠳᠣᠷᠬᠠᠢᠯᠠᠨ᠎ᠠ᠃ ᠡᠭᠦᠨ ᠦ ᠠᠪᠢᠶ᠎ᠠ ᠪᠠᠷ ᠬᠠᠷᠢᠴᠠᠭᠤᠯᠪᠠᠯ ᠂ ᠦᠭᠡ ᠬᠡᠯᠡᠨ ᠦ ᠵᠦᠢ ᠪᠡᠷ ᠬᠠᠷᠢᠴᠠᠭᠤᠯᠪᠠᠯ ᠂ ᠦᠭᠡᠰ ᠦᠨ ᠰᠠᠩ ᠪᠠᠷ ᠬᠠᠷᠢᠴᠠᠭᠤᠯᠪᠠᠯ ᠴᠤ ᠮᠣᠩᠭᠣᠯ ᠬᠡᠯᠡᠨ ᠦ ᠲᠡᠦᠬᠡ ᠶᠢᠨ ᠰᠤᠳᠤᠯᠭᠠᠨ ᠤ ᠬᠠᠷᠢᠴᠠᠭᠤᠯᠬᠤ ᠮᠠᠲᠧᠷᠢᠶᠠᠯ ᠪᠣᠯᠵᠤ ᠪᠠᠢᠨ᠎ᠠ᠃ ᠲᠡᠷᠡ ᠴᠠᠭ ᠤᠨ ᠮᠣᠩᠭᠣᠯ ᠬᠡᠯᠡᠨ ᠦ ᠪᠠᠢᠳᠠᠯ ᠢ ᠲᠣᠳᠣᠷᠬᠠᠢᠯᠠᠨ᠎ᠠ᠃

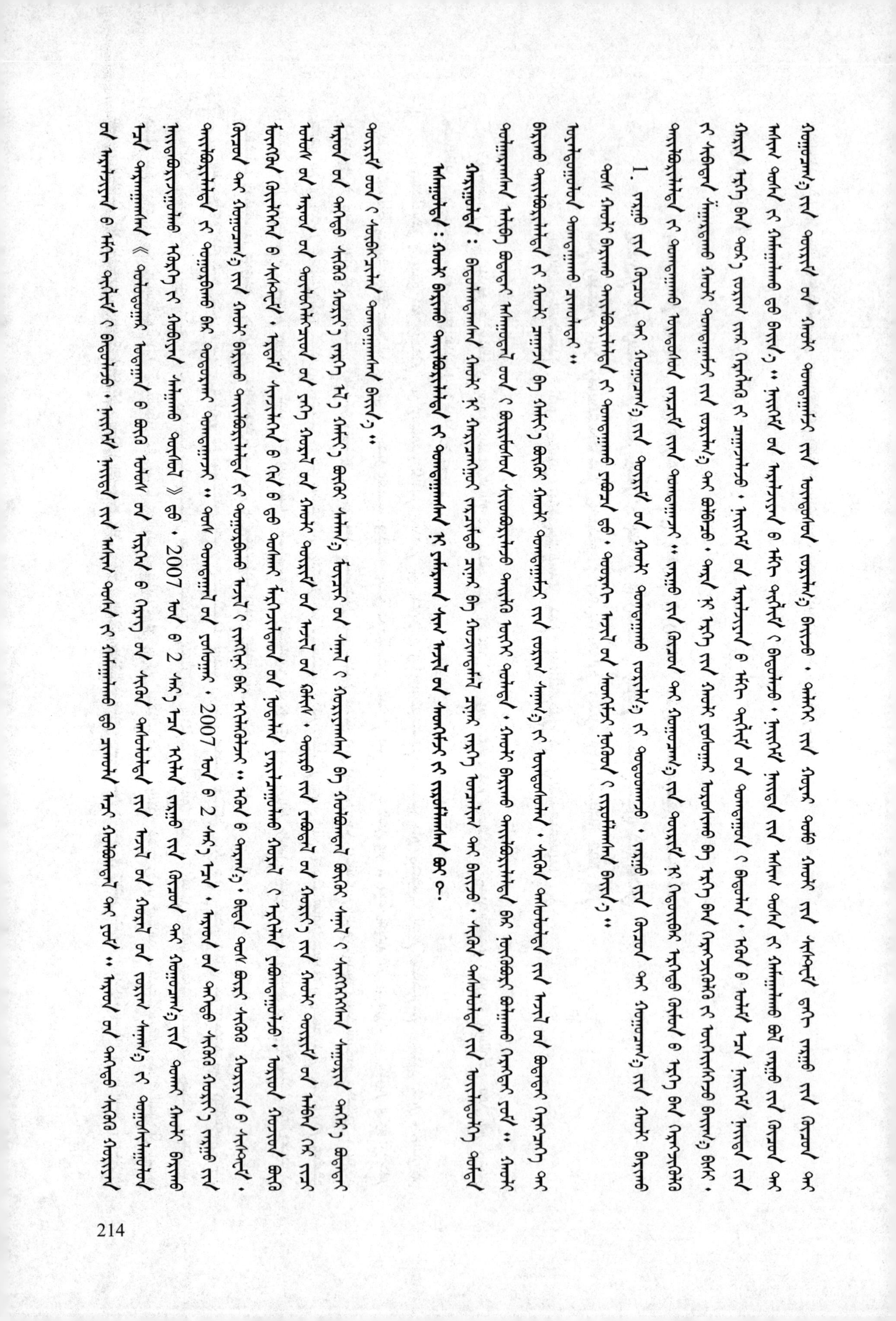

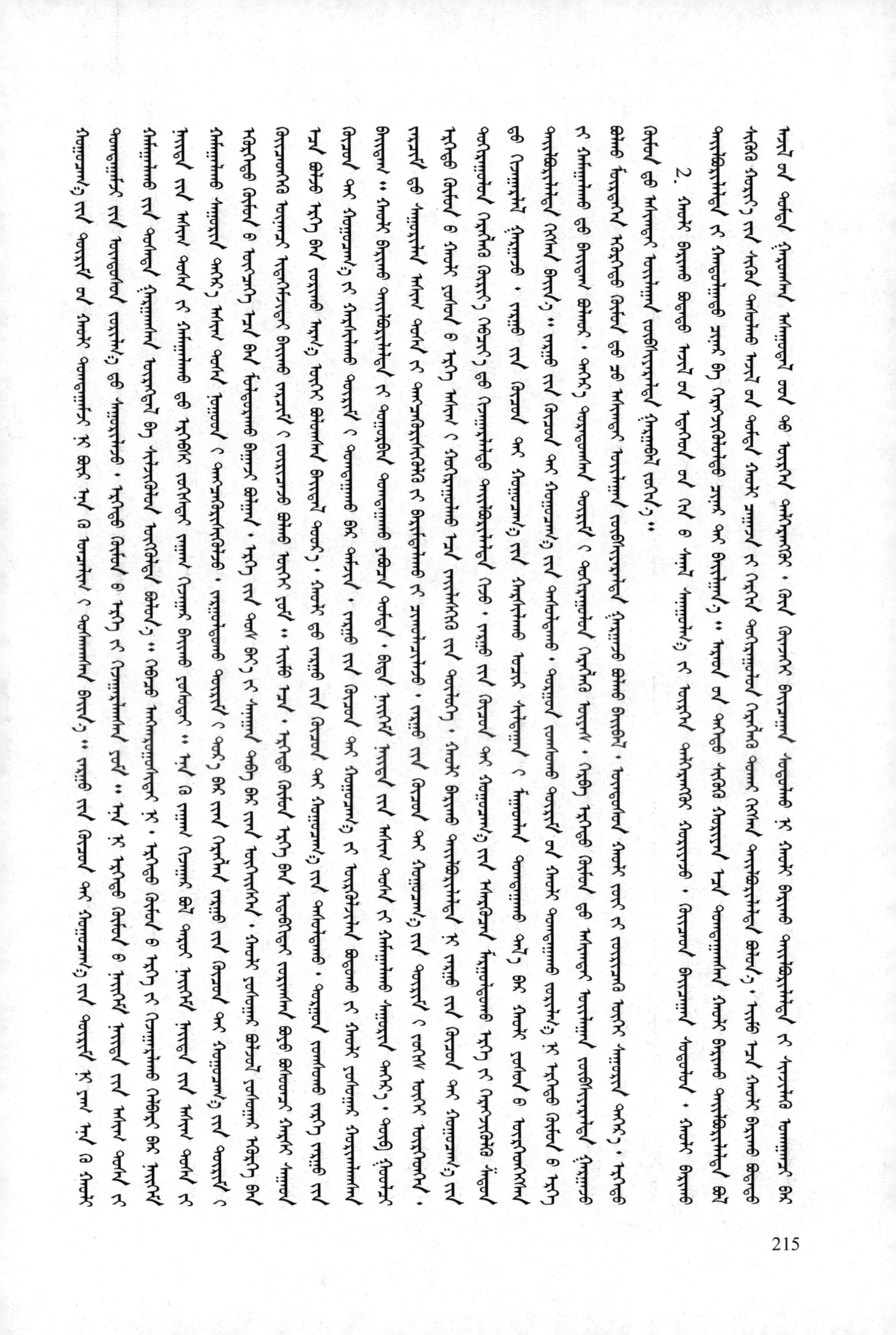

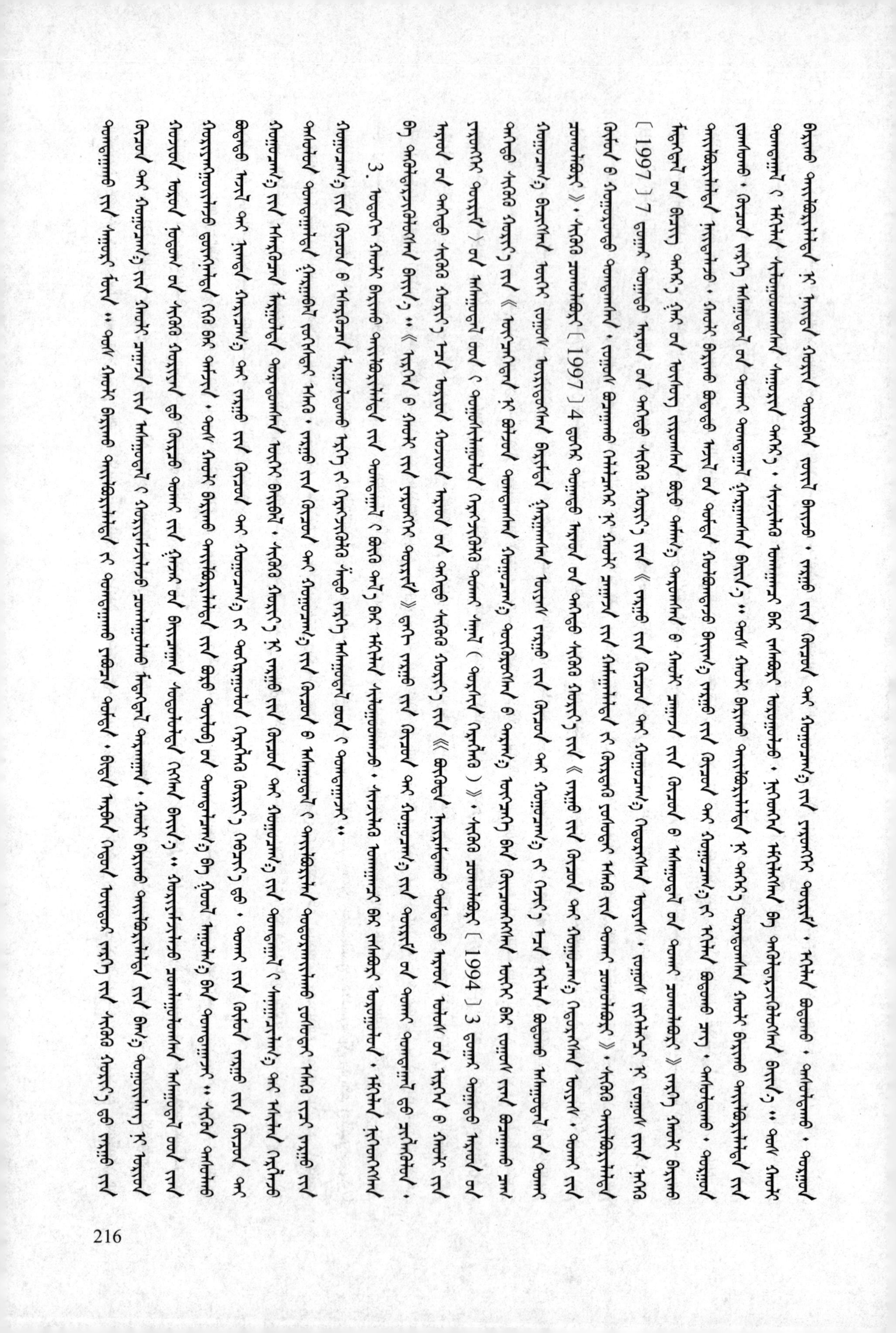

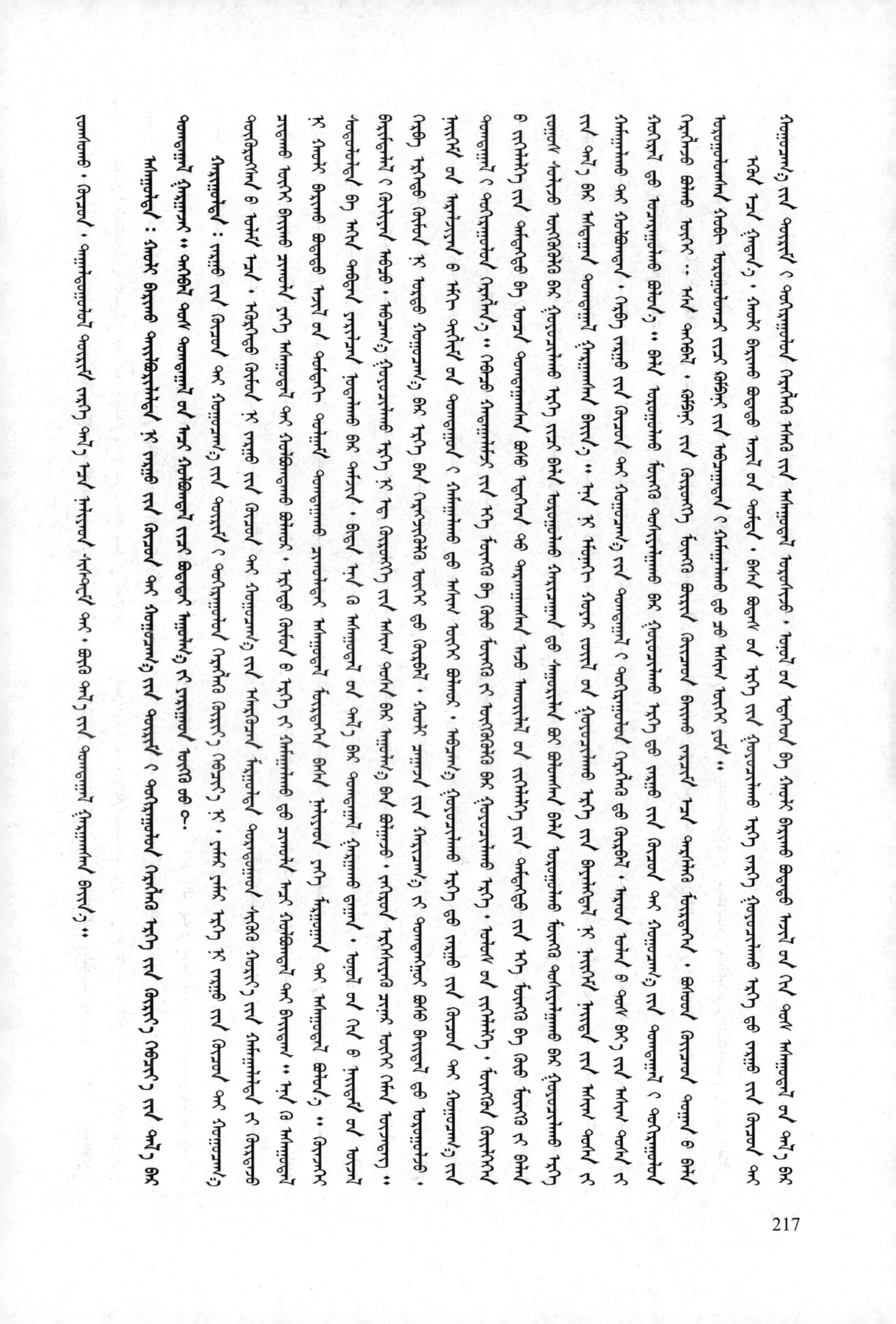

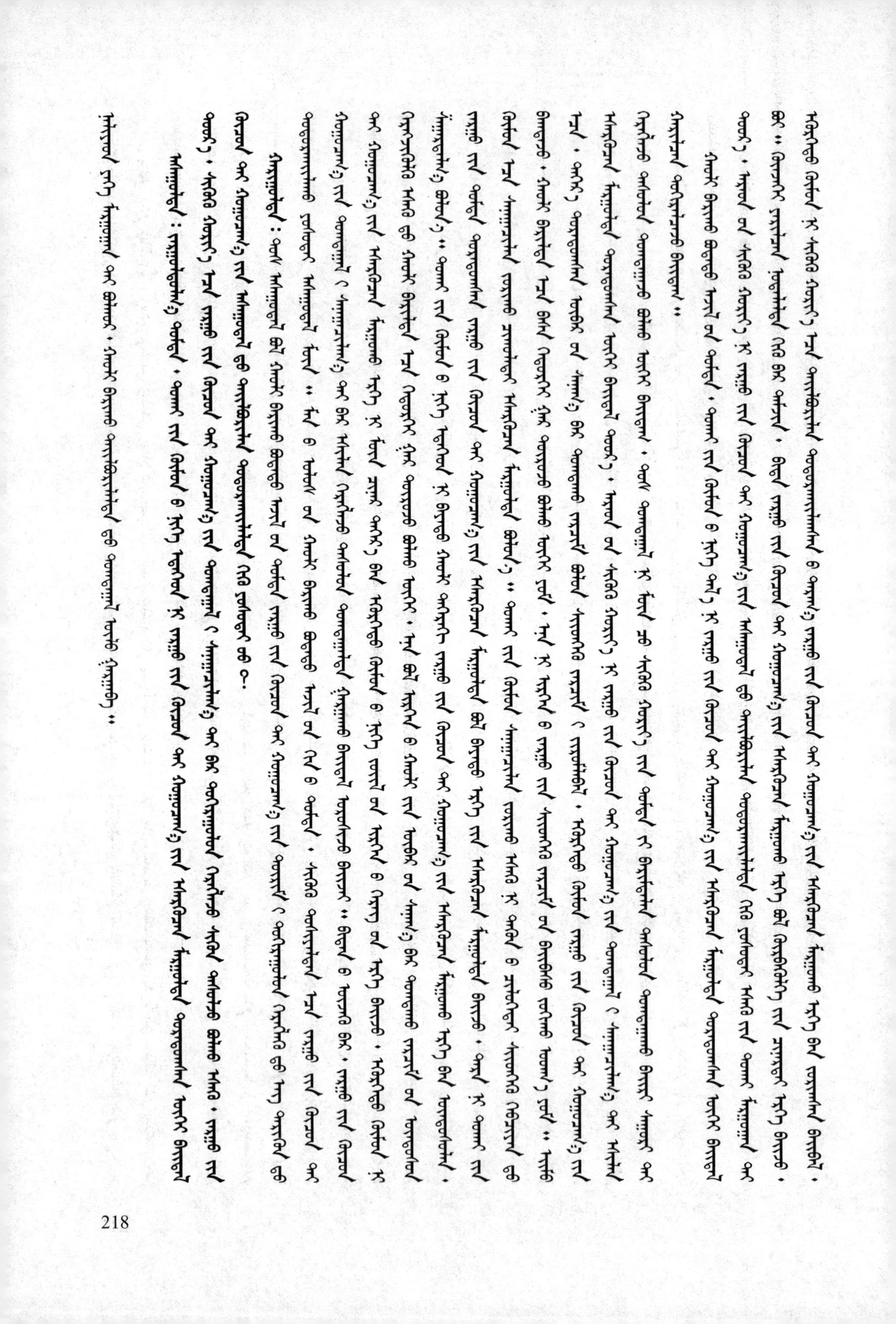

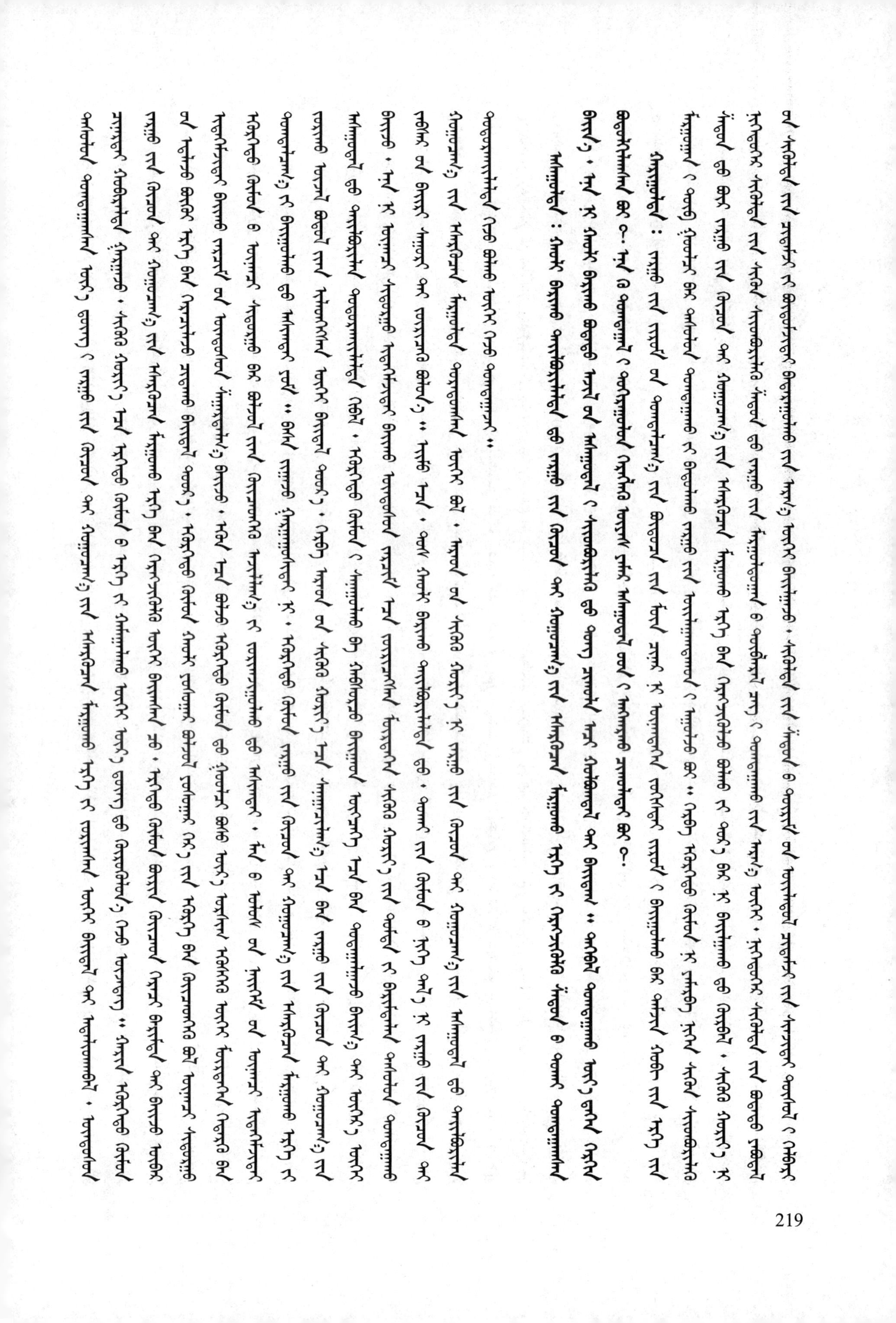

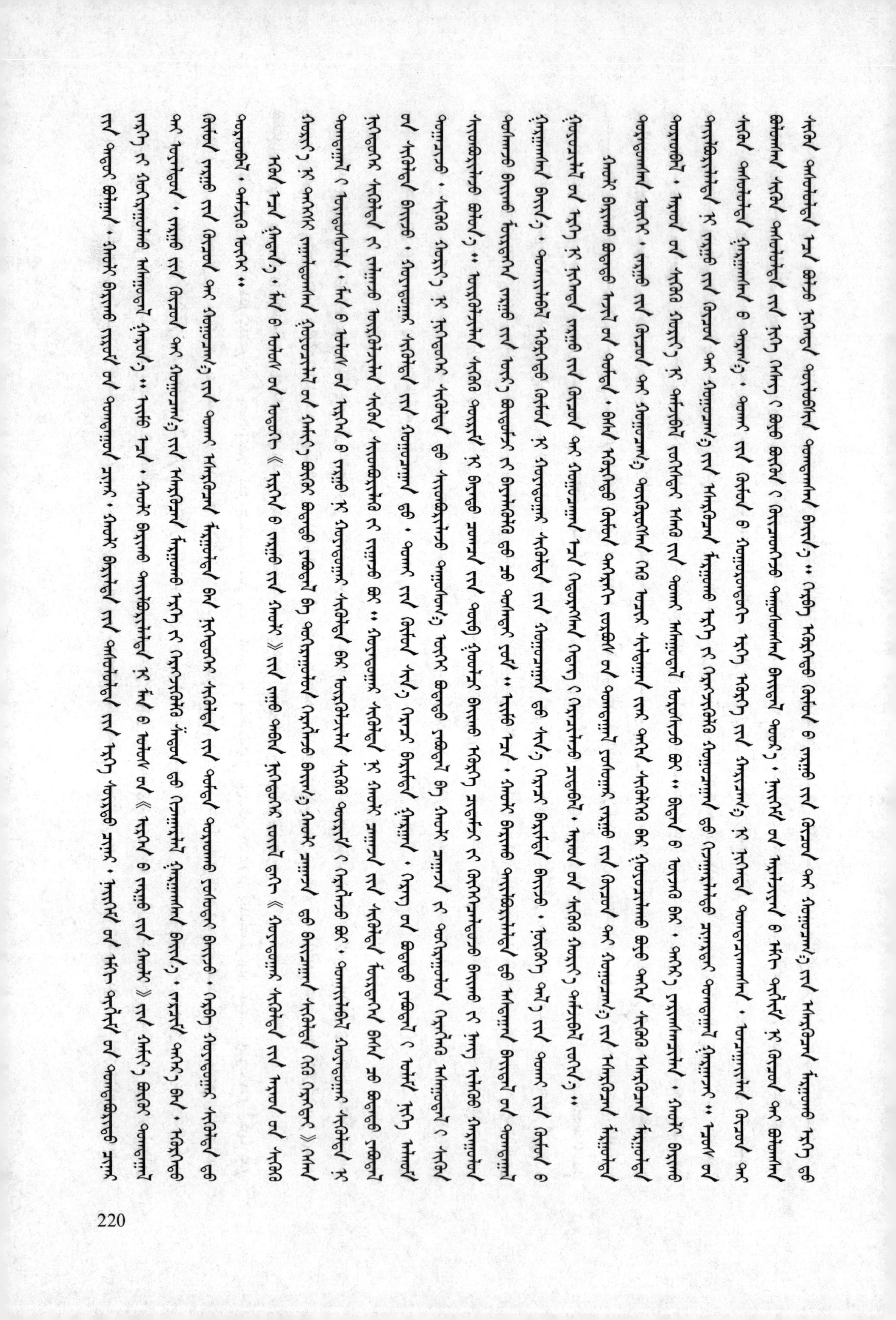

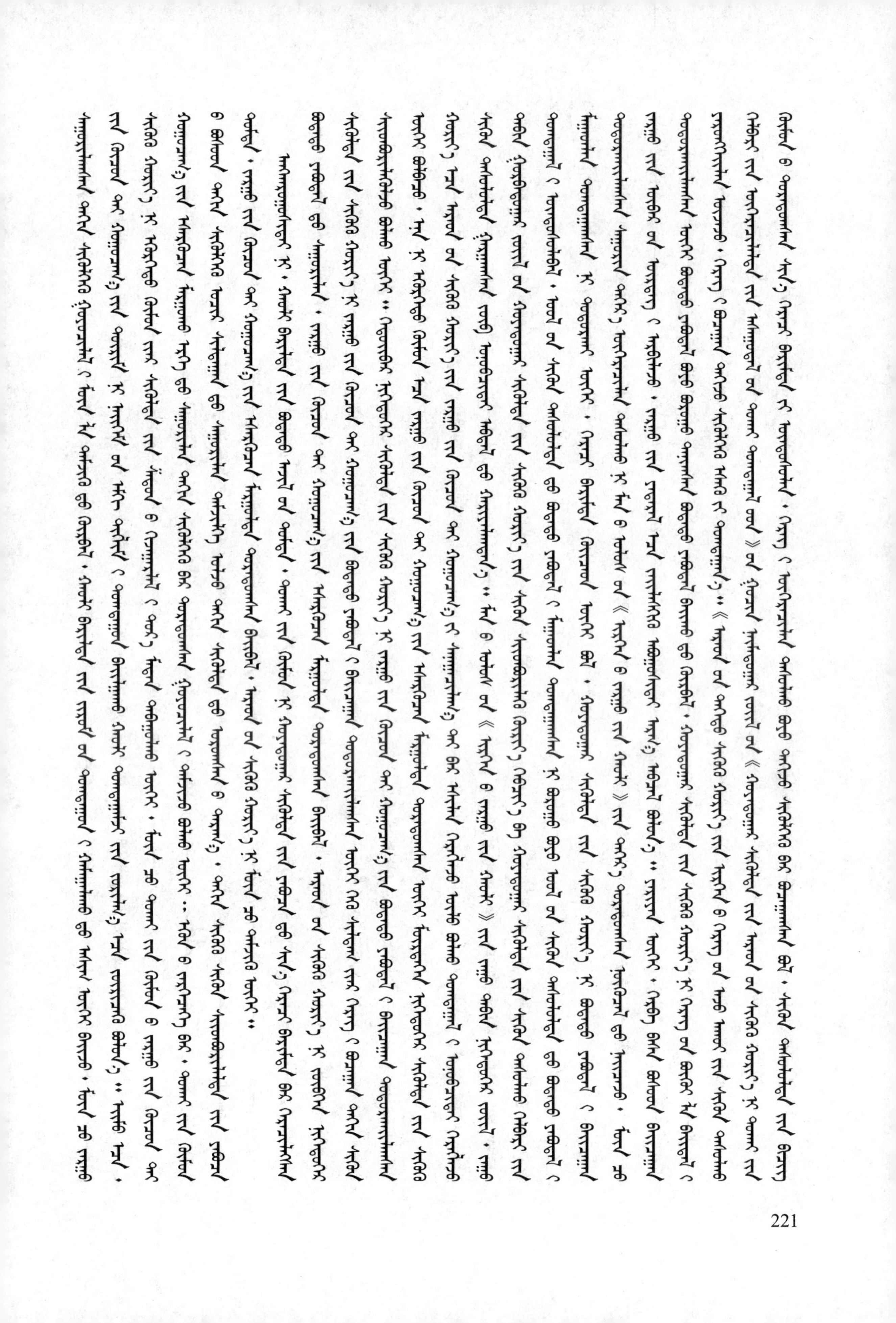

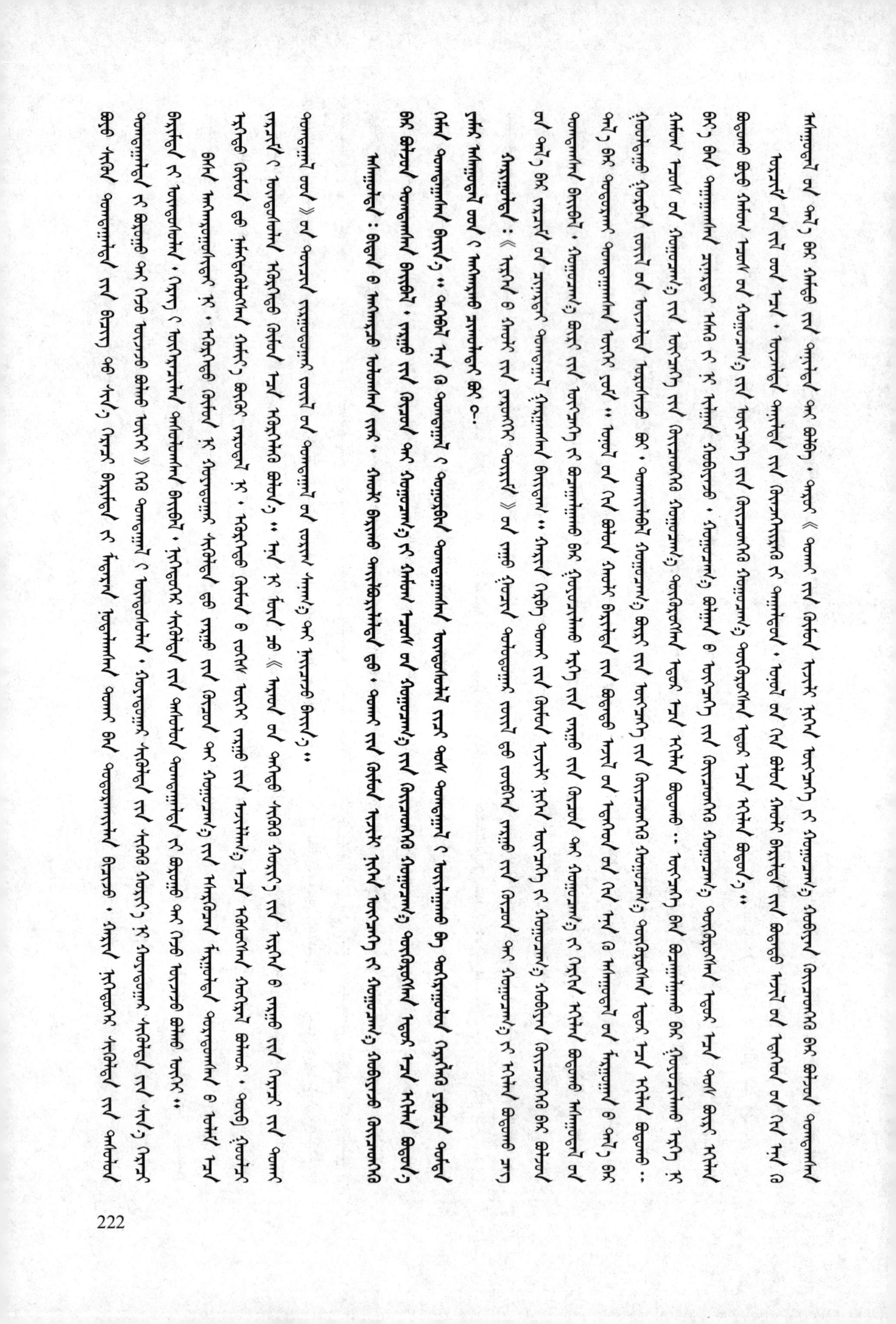

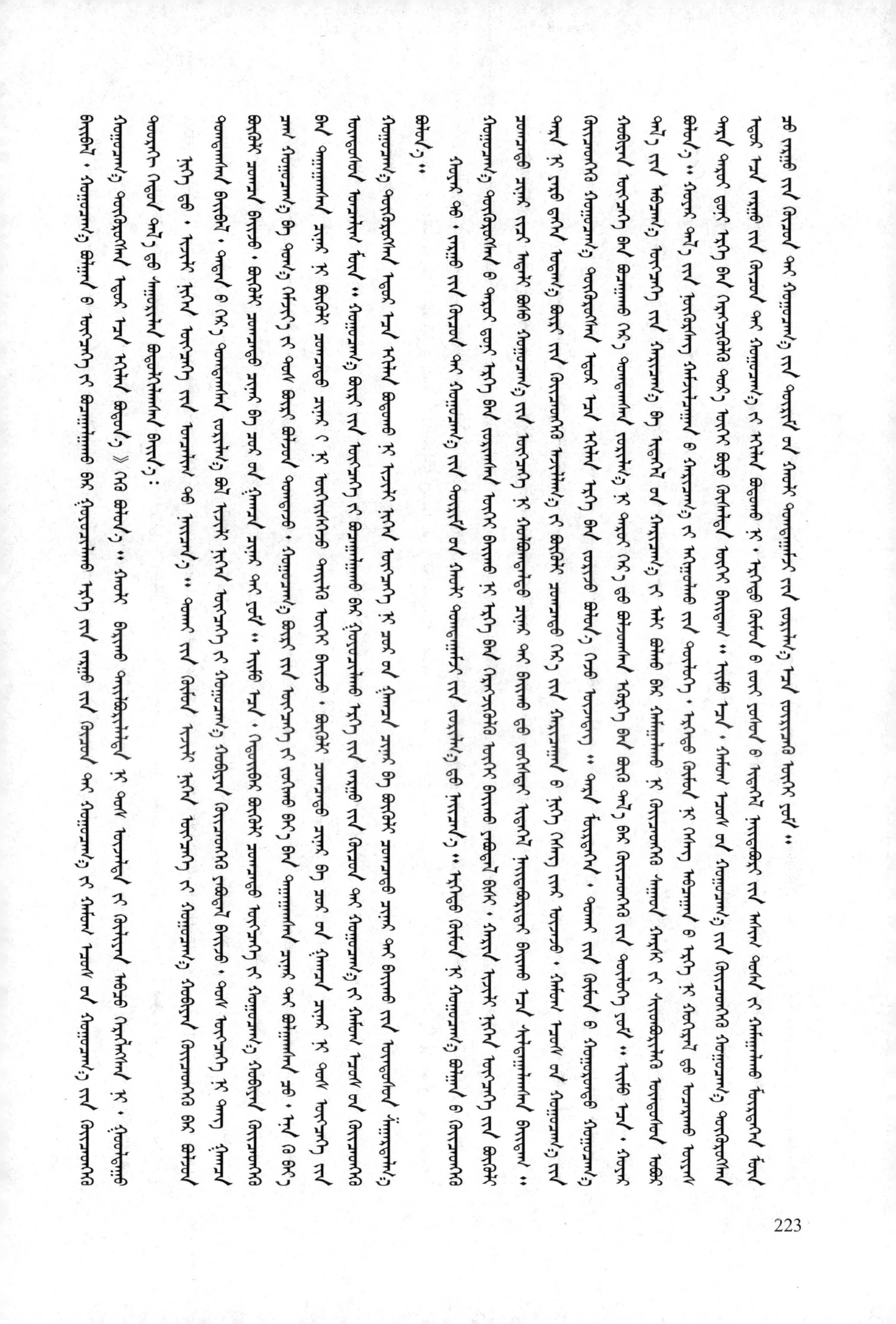

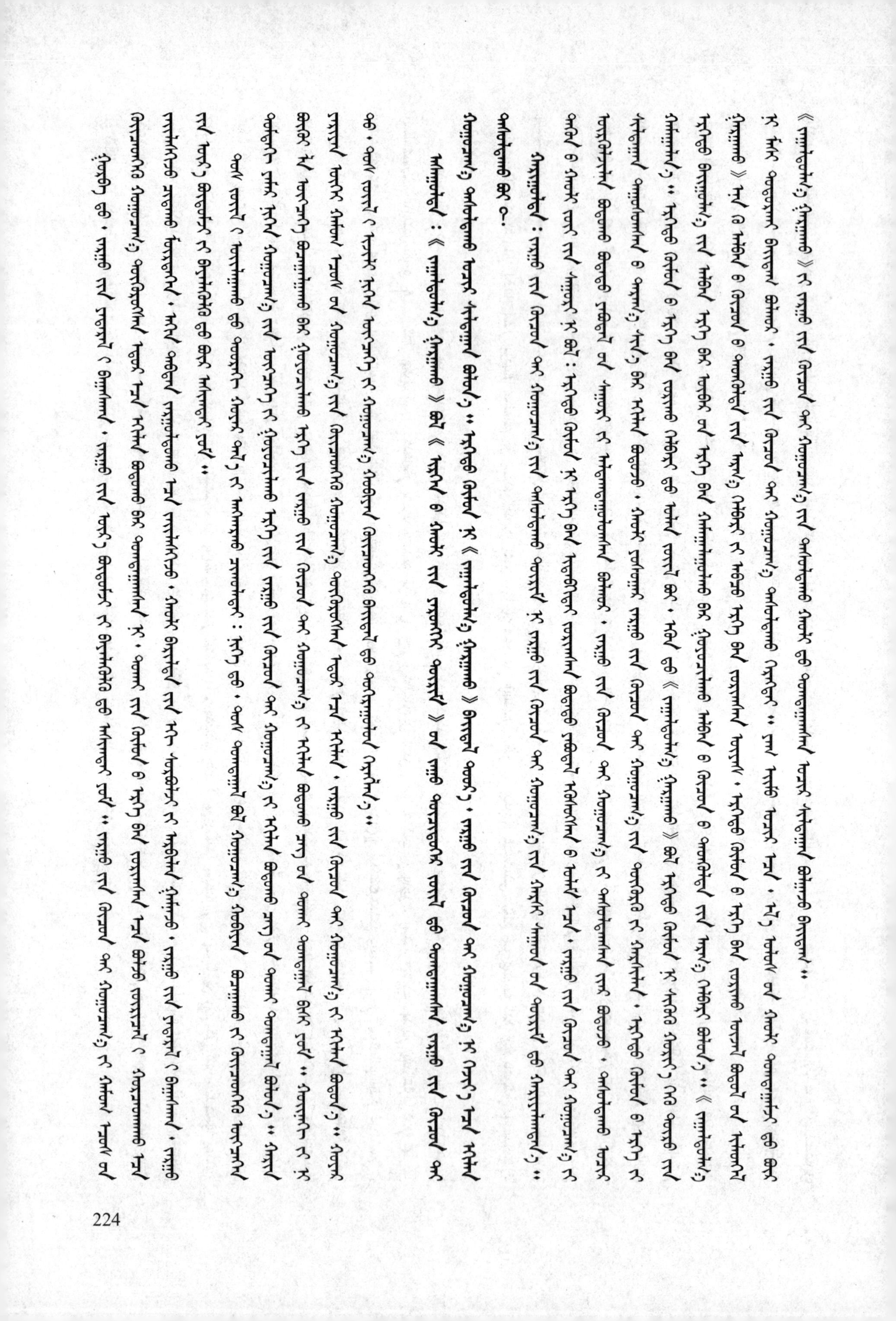

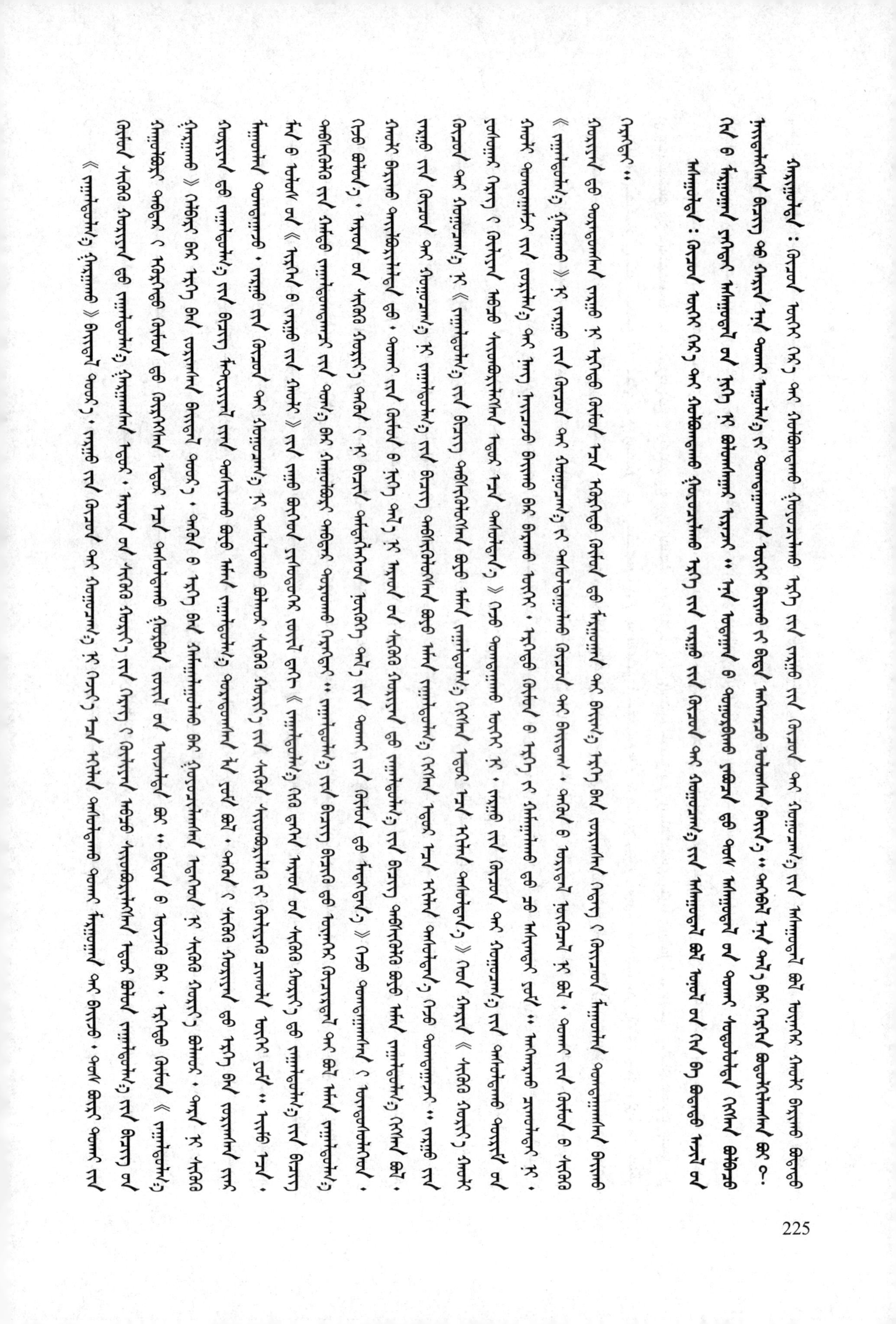

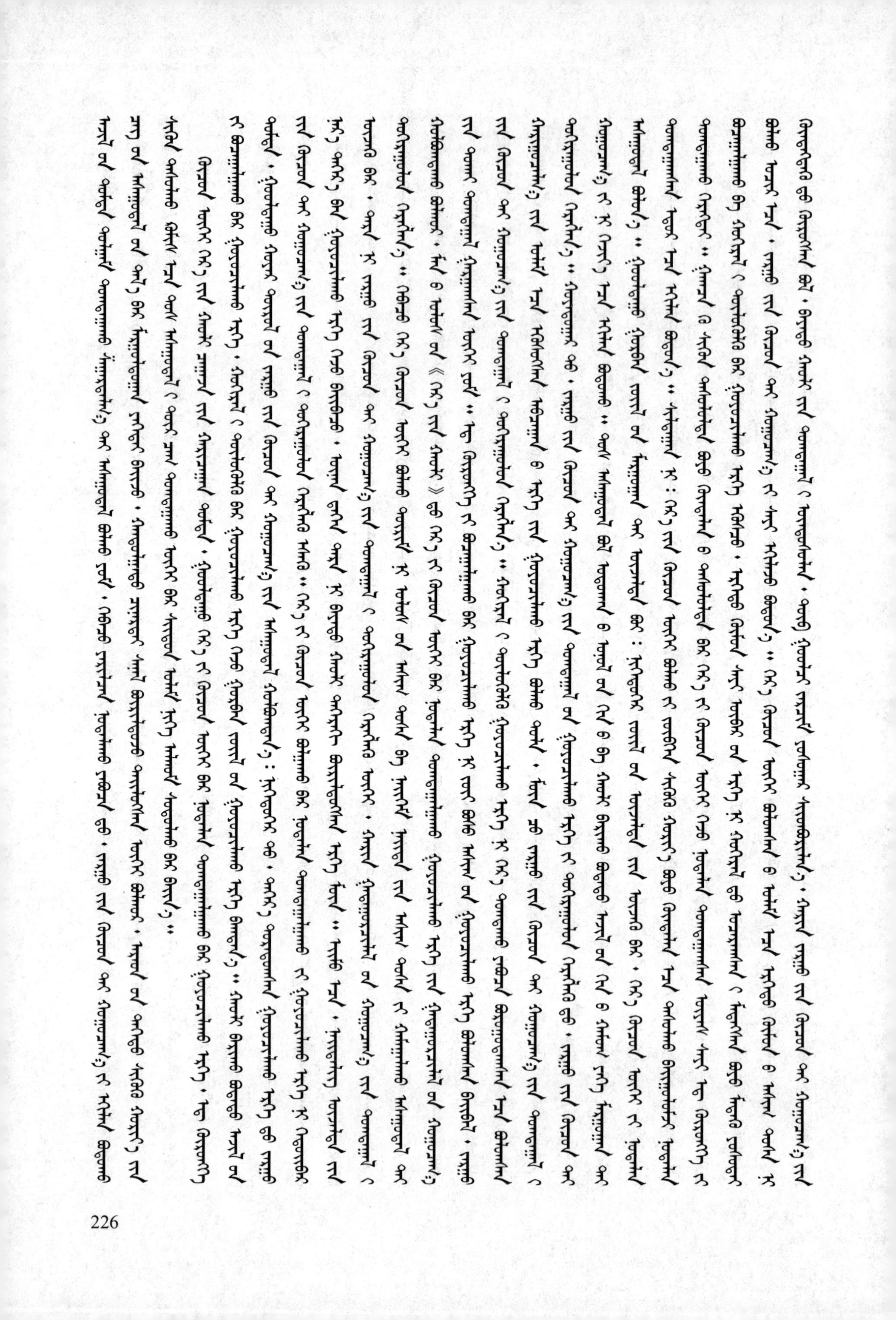

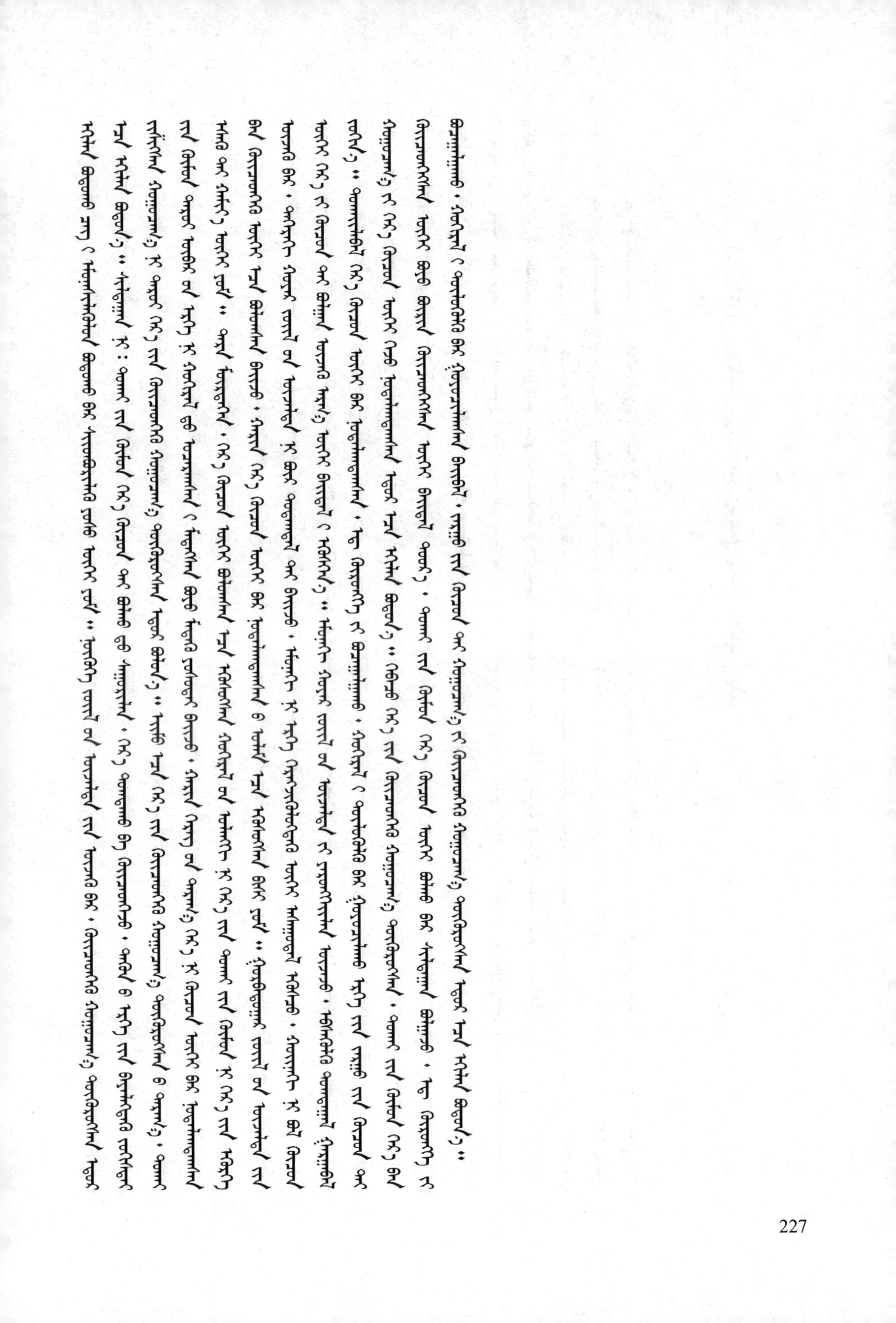

[illegible]

(ᠵᠢᠷᠭᠤᠭ᠎ᠠ) ᠮᠣᠩᠭᠣᠯ᠂ ᠬᠢᠲᠠᠳ ᠬᠡᠯᠡᠨ ᠦ ᠬᠠᠷᠢᠴᠠᠭᠤᠯᠤᠯ

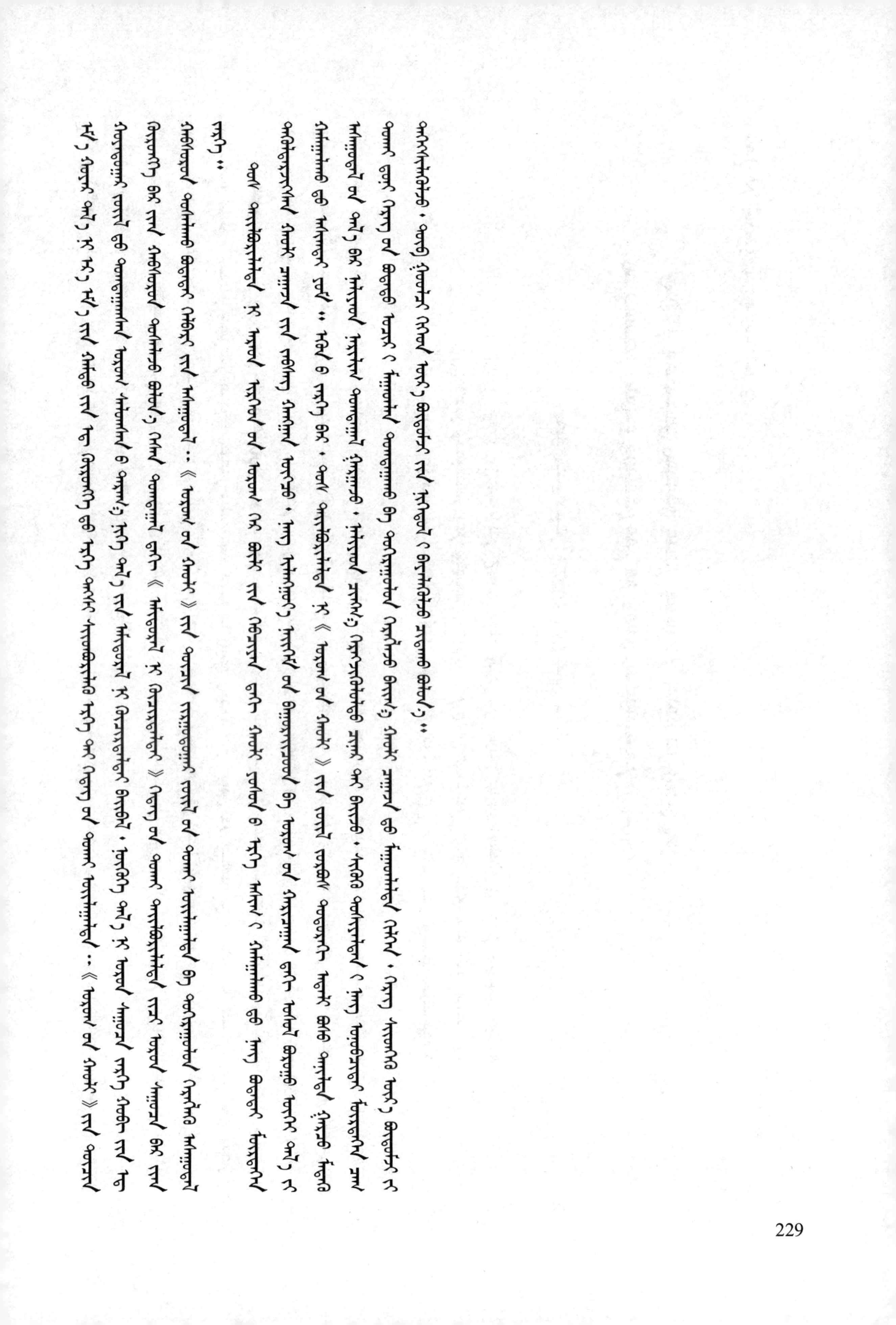

[illegible]

[illegible]

ᠤᠯᠤᠰ ᠤᠨ ᠵᠥᠪᠯᠡᠯ ᠦᠨ ᠭᠠᠵᠠᠷ ᠤ

《 ᠪᠠᠢᠭᠠᠯ ᠤᠷᠴᠢᠨ ᠢ ᠬᠠᠮᠠᠭᠠᠯᠠᠬᠤ ᠠᠵᠢᠯ ᠤᠨ ᠬᠠᠭᠤᠯᠢ ᠶᠢᠨ ᠬᠡᠮᠵᠢᠶ᠎ᠡ 》 ᠢ
ᠪᠠᠢᠭᠠᠯ ᠤᠷᠴᠢᠨ ᠢ ᠬᠠᠮᠠᠭᠠᠯᠠᠬᠤ ᠠᠵᠢᠯ ᠤᠨ ᠬᠠᠷᠢᠭᠤᠴᠠᠯᠭ᠎ᠠ ᠶᠢᠨ ᠵᠢᠷᠤᠮ (ᠲᠤᠷᠰᠢᠯᠲᠠ)

ᠤᠯᠤᠰ ᠤᠨ ᠳᠠᠮᠵᠢᠭᠤᠯᠤᠯ 〔2001〕30 ᠳ᠋ᠤᠭᠠᠷ ᠳ᠋ᠤᠭᠠᠷ

(2001 ᠣᠨ ᠤ 12 ᠰᠠᠷ᠎ᠠ ᠶᠢᠨ 24 ᠤ ᠡᠳᠦᠷ ᠬᠠᠮᠲᠤ ᠶᠢᠨ ᠬᠤᠷᠠᠯ ᠤᠨ ᠪᠠᠢᠩᠭ᠎ᠤ ᠬᠣᠷᠢᠶ᠎ᠠ ᠶᠢᠨ
1202 ᠳ᠋ᠤᠭᠠᠷ ᠬᠤᠷᠠᠯ ᠳᠠᠭᠠᠷ ᠪᠠᠲᠤᠯᠠᠭᠰᠠᠨ 2001 ᠣᠨ ᠤ 12 ᠰᠠᠷ᠎ᠠ ᠶᠢᠨ 25 ᠤ ᠡᠳᠦᠷ ᠬᠠᠮᠲᠤ ᠶᠢᠨ
ᠵᠠᠷᠯᠢᠭ ᠢᠶᠠᠷ 2001 ᠣᠨ ᠤ 12 ᠰᠠᠷ᠎ᠠ ᠶᠢᠨ 27 ᠤ ᠡᠳᠦᠷ ᠨᠡᠢᠲᠡᠯᠡᠭᠰᠡᠨ)

ᠭᠡᠳᠡᠭ ᠰᠢᠨᠵᠢᠯᠡᠬᠦ (《 ᠰᠢᠨᠵᠢᠯᠡᠬᠦ ᠤᠬᠠᠭᠠᠨ ᠪᠠ ᠲᠸᠬᠨᠢᠭ ᠦᠨ ᠰᠤᠷᠭᠠᠭᠤᠯᠢ 》 ᠢ ᠰᠤᠷᠲᠠᠯᠴᠢᠭᠤᠯᠬᠤ) ᠬᠠᠮᠲᠤ ᠶᠢᠨ ᠬᠦᠮᠦᠵᠢᠯ ᠦᠨ ᠭᠡᠭᠡᠷᠡᠯ ᠂ ᠬᠦᠮᠦᠵᠢᠯ ᠪᠠᠶᠢᠭᠤᠯᠬᠤ ᠮᠡᠷᠭᠡᠵᠢᠯ ᠦᠨ ᠬᠡᠪ ᠪᠡᠷ ᠬᠡᠷᠡᠭᠵᠢᠭᠦᠯᠬᠦ ᠬᠡᠷᠡᠭᠲᠡᠢ ::
ᠬᠡᠷᠡᠭᠵᠢᠭᠦᠯᠬᠦ ᠵᠠᠯᠭᠠᠯᠲᠠ ᠂ ᠪᠠᠢᠭᠤᠯᠤᠯᠭ᠎ᠠ ᠶᠢᠨ ᠬᠡᠮᠵᠢᠶ᠎ᠡ ᠂ ᠰᠤᠷᠭᠠᠯᠲᠠ ᠶᠢᠨ ᠠᠷᠭ᠎ᠠ ᠂ ᠬᠦᠮᠦᠵᠢᠯ ᠦᠨ ᠳᠡᠭᠡᠳᠦ ᠰᠤᠷᠭᠠᠭᠤᠯᠢ ᠶᠢᠨ ᠰᠤᠷᠭᠠᠯᠲᠠ ᠶᠢ ᠬᠡᠷᠡᠭᠵᠢᠭᠦᠯᠬᠦ ᠵᠢᠷᠤᠮ ᠢ ᠪᠠᠷᠢᠮᠲᠠᠯᠠᠨ ᠬᠦᠮᠦᠵᠢᠯ ᠦᠨ ᠬᠡᠷᠡᠭ ᠢ ᠬᠦᠭᠵᠢᠭᠦᠯᠬᠦ ᠬᠡᠷᠡᠭᠲᠡᠢ ::
ᠬᠠᠮᠲᠤ ᠶᠢᠨ ᠬᠦᠮᠦᠵᠢᠯ ᠦᠨ ᠭᠡᠭᠡᠷᠡᠯ 《 ᠬᠦᠮᠦᠵᠢᠯ ᠦᠨ ᠬᠠᠭᠤᠯᠢ 》 ᠢ ᠬᠡᠷᠡᠭᠵᠢᠭᠦᠯᠬᠦ ᠂ ᠰᠤᠷᠭᠠᠯᠲᠠ ᠶᠢᠨ ᠠᠵᠢᠯ ᠢ ᠰᠠᠢᠵᠢᠷᠠᠭᠤᠯᠬᠤ (《 ᠬᠦᠮᠦᠵᠢᠯ ᠦᠨ ᠬᠠᠭᠤᠯᠢ 》 ᠶᠢ ᠰᠤᠷᠲᠠᠯᠴᠢᠭᠤᠯᠬᠤ) ᠬᠠᠮᠲᠤ ᠶᠢᠨ ᠰᠤᠷᠭᠠᠭᠤᠯᠢ ᠶᠢᠨ ᠪᠠᠢᠭᠤᠯᠤᠯᠭ᠎ᠠ ᠂ ᠬᠠᠮᠲᠤ ᠶᠢᠨ ᠠᠵᠢᠯ ᠤᠨ ᠬᠡᠮᠵᠢᠶ᠎ᠡ ᠶᠢ ᠲᠣᠭᠲᠠᠭᠠᠨ ᠂ ᠪᠠᠢᠭᠠᠯ ᠤᠷᠴᠢᠨ ᠢ ᠬᠠᠮᠠᠭᠠᠯᠠᠬᠤ ᠶᠢᠨ ᠠᠷᠭ᠎ᠠ ᠬᠡᠮᠵᠢᠶ᠎ᠡ ᠶᠢ ᠪᠠᠷᠢᠮᠲᠠᠯᠠᠬᠤ ᠬᠡᠷᠡᠭᠲᠡᠢ (ᠬᠠᠮᠲᠤ ᠶᠢᠨ ᠬᠦᠮᠦᠵᠢᠯ ᠦᠨ ᠠᠵᠢᠯ ᠤᠨ ᠬᠠᠷᠢᠭᠤᠴᠠᠯᠭ᠎ᠠ) ᠂ 《 ᠪᠠᠢᠭᠠᠯ ᠤᠷᠴᠢᠨ ᠢ ᠬᠠᠮᠠᠭᠠᠯᠠᠬᠤ ᠠᠵᠢᠯ ᠤᠨ ᠬᠠᠭᠤᠯᠢ 》 ᠶᠢᠨ ᠵᠢᠷᠤᠮ ᠢᠶᠠᠷ ᠪᠠᠢᠭᠠᠯ ᠤᠷᠴᠢᠨ ᠢ ᠬᠠᠮᠠᠭᠠᠯᠠᠬᠤ ᠠᠵᠢᠯ ᠤᠨ ᠬᠡᠮᠵᠢᠶ᠎ᠡ ᠶᠢ ᠲᠣᠭᠲᠠᠭᠠᠨ ᠬᠡᠷᠡᠭᠵᠢᠭᠦᠯᠬᠦ ᠬᠡᠷᠡᠭᠲᠡᠢ ::

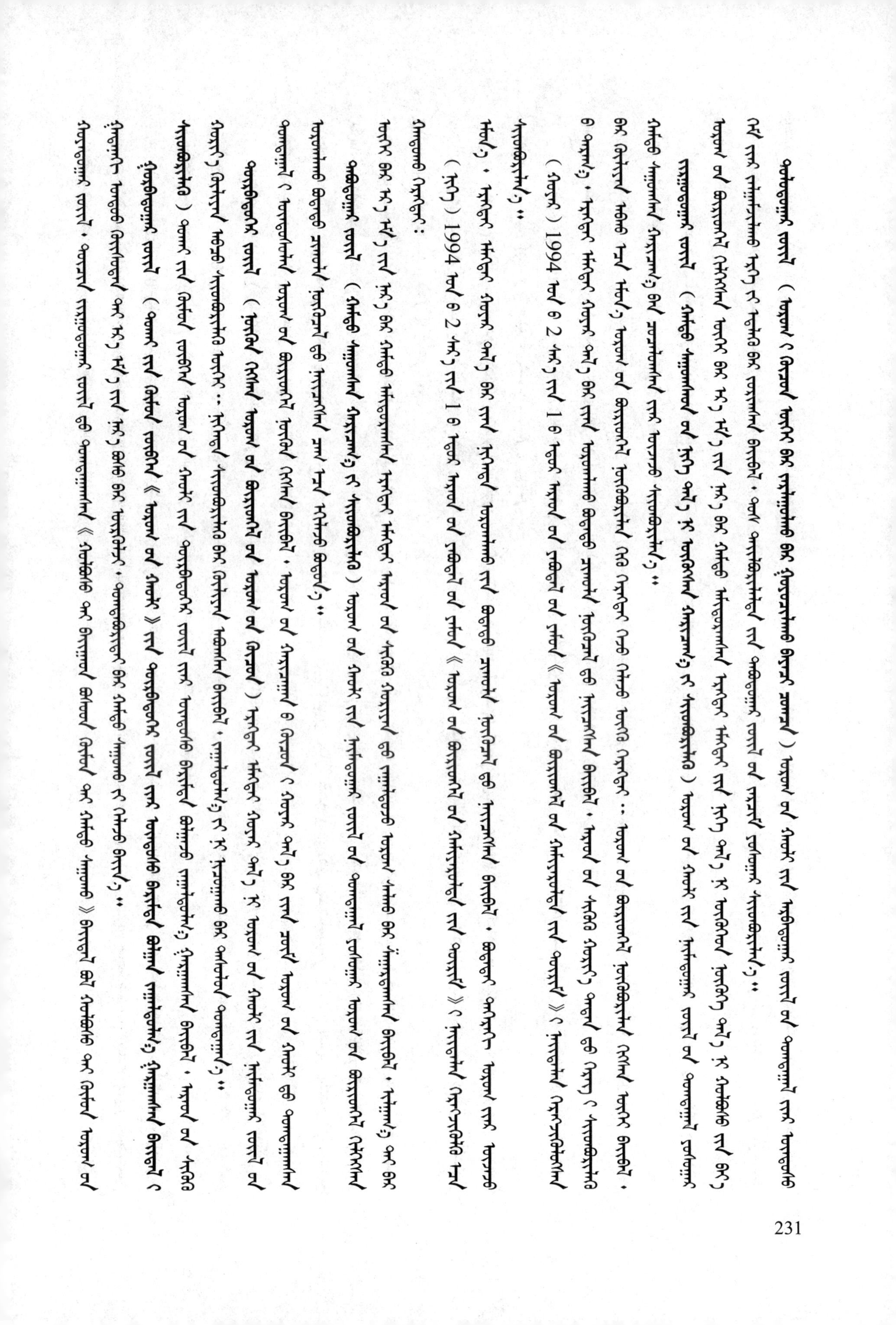

[illegible]

[illegible]

ᠮᠣᠩᠭᠣᠯᠴᠤᠳ ᠬᠡᠯᠡᠨ 《 ᠮᠣᠩᠭᠣᠯᠴᠤᠳ 》 ᠳᠤ ᠣᠷᠣᠴᠢᠭᠤᠯᠤᠭᠰᠠᠨ ᠨᠢ ᠮᠣᠩᠭᠣᠯ ᠤᠨ ᠬᠡᠯᠡᠨ ᠪᠢᠴᠢᠭ ᠦᠨ ᠰᠢᠨᠵᠢᠯᠡᠬᠦ ᠪᠠᠷ ᠬᠡᠷᠡᠭᠯᠡᠭᠳᠡᠬᠦ ᠪᠣᠯᠤᠨ ᠮᠣᠩᠭᠣᠯ ᠬᠡᠯᠡᠨ ᠦ (ᠮᠣᠩᠭᠣᠯ ᠤᠨ ᠪᠣᠳᠠᠰᠤ ᠲᠣᠬᠢᠷᠠᠭᠤᠯᠬᠤ ᠬᠡᠯᠡᠨ ᠦ ᠮᠣᠩᠭᠣᠯ ᠤᠨ ᠪᠢᠴᠢᠭ ᠦᠨ ᠬᠡᠯᠡᠨ ᠦ ᠲᠡᠮᠳᠡᠭ ᠦᠨ

ᠮᠣᠩᠭᠣᠯ ᠬᠡᠯᠡᠨ ᠦ ᠵᠢᠷᠤᠮ ᠳᠤ ᠨᠢᠭᠡ ᠪᠣᠯᠭᠠᠨ 《 ᠮᠣᠩᠭᠣᠯᠴᠤᠳ 》 ᠬᠡᠮᠡᠬᠦ ᠨᠢ ᠰᠢᠨᠵᠢᠯᠡᠬᠦ ᠶᠢᠨ ᠨᠡᠷᠡ ᠲᠣᠮᠢᠶ᠎ᠠ ᠶᠢ ᠬᠡᠷᠡᠭᠯᠡᠭᠰᠡᠨ ᠪᠠᠶᠢᠳᠠᠯ ᠳᠤ ᠪᠠᠨ ᠮᠣᠩᠭᠣᠯ ᠤᠨ ᠦᠭᠡ ᠬᠡᠯᠡᠨ ᠦ ᠮᠣᠩᠭᠣᠯ ᠤᠨ ᠬᠡᠯᠡᠨ ᠦ ᠵᠢᠷᠤᠮ ᠤᠨ ᠵᠦᠢ ᠶᠢ ᠲᠣᠳᠣᠷᠬᠠᠢᠯᠠᠨ ᠲᠣᠭᠲᠠᠭᠠᠭᠰᠠᠨ ᠪᠠᠶᠢᠨ᠎ᠠ᠃

ᠮᠣᠩᠭᠣᠯ ᠬᠡᠯᠡ ᠪᠢᠴᠢᠭ ᠦᠨ ᠰᠤᠳᠤᠯᠤᠯ ᠤᠨ ᠲᠡᠦᠬᠡ ᠳᠦ ᠮᠣᠩᠭᠣᠯ ᠬᠡᠯᠡᠨ ᠦ ᠰᠢᠨᠵᠢᠯᠡᠬᠦ ᠤᠬᠠᠭᠠᠨ ᠤ ᠬᠥᠭᠵᠢᠯ ᠤᠨ ᠲᠤᠬᠠᠢ ᠬᠡᠯᠡᠯᠴᠡᠭᠰᠡᠨ ᠨᠢ ᠮᠣᠩᠭᠣᠯ ᠬᠡᠯᠡᠨ ᠦ ᠣᠶᠢᠯᠠᠭᠠᠯᠲᠠ ᠶᠢ ᠭᠦᠨᠵᠡᠭᠦᠷᠡᠭᠦᠯᠬᠦ ᠳᠤ ᠴᠢᠬᠤᠯᠠ ᠠᠴᠢ ᠬᠣᠯᠪᠣᠭᠳᠠᠯ ᠲᠠᠢ ᠪᠠᠶᠢᠨ᠎ᠠ᠃

ᠮᠣᠩᠭᠣᠯ ᠬᠡᠯᠡᠨ ᠦ ᠰᠤᠳᠤᠯᠤᠯ ᠤᠨ ᠣᠨᠣᠯ ᠤᠨ ᠠᠰᠠᠭᠤᠳᠠᠯ ᠳᠤ ᠮᠣᠩᠭᠣᠯ ᠬᠡᠯᠡᠨ ᠦ ᠵᠢᠷᠤᠮ ᠢ ᠰᠢᠨᠵᠢᠯᠡᠬᠦ ᠪᠣᠯᠤᠨ ᠮᠣᠩᠭᠣᠯ ᠬᠡᠯᠡᠨ ᠦ ᠲᠣᠪᠴᠢᠶᠠᠨ ᠤ ᠬᠡᠯᠡᠨ ᠦ ᠪᠠᠶᠢᠭᠤᠯᠤᠯᠲᠠ ᠶᠢᠨ ᠣᠨᠴᠠᠯᠢᠭ ᠢ ᠲᠣᠳᠣᠷᠬᠠᠢᠯᠠᠵᠤ ᠪᠣᠯᠬᠤ ᠪᠠᠶᠢᠨ᠎ᠠ᠃

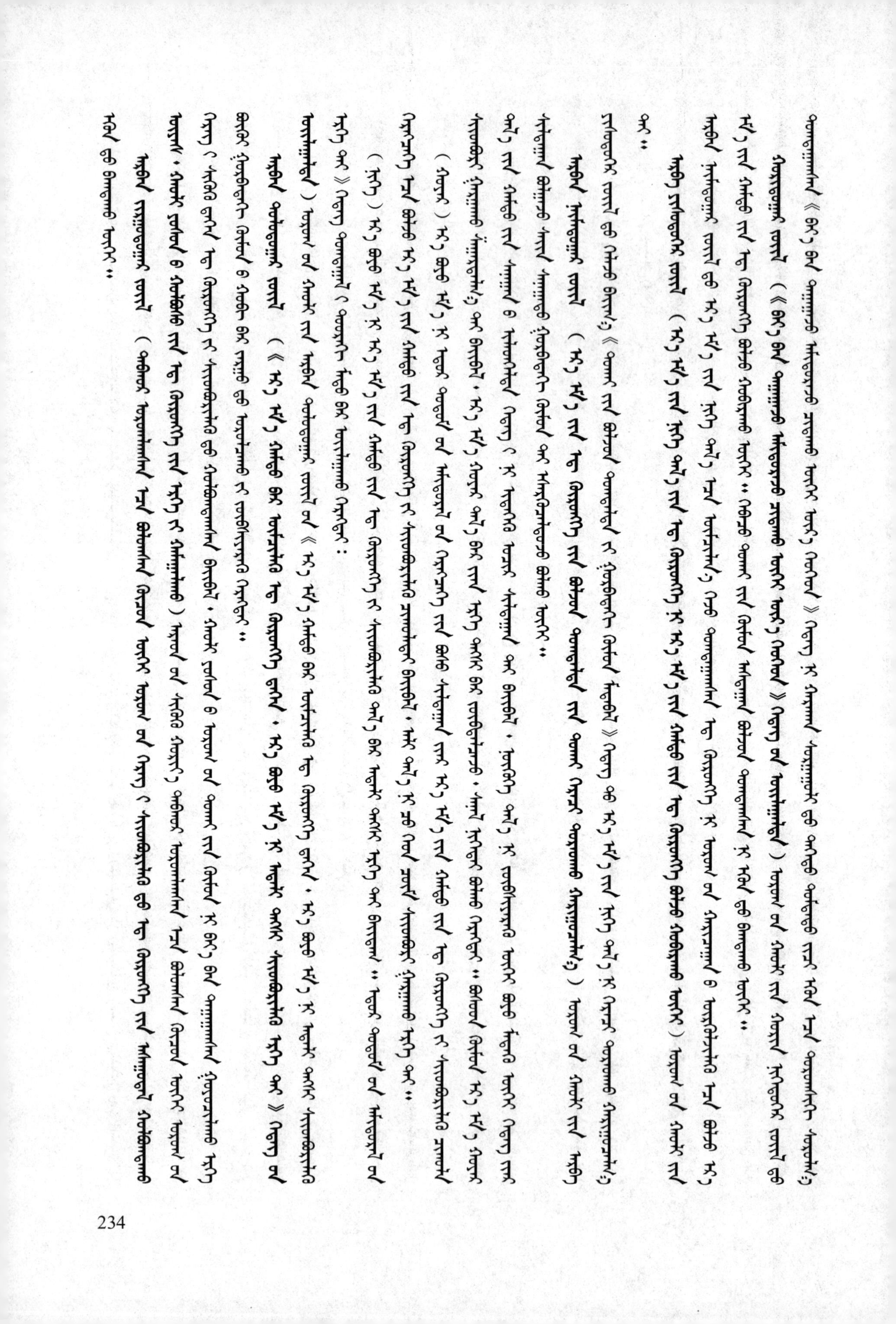

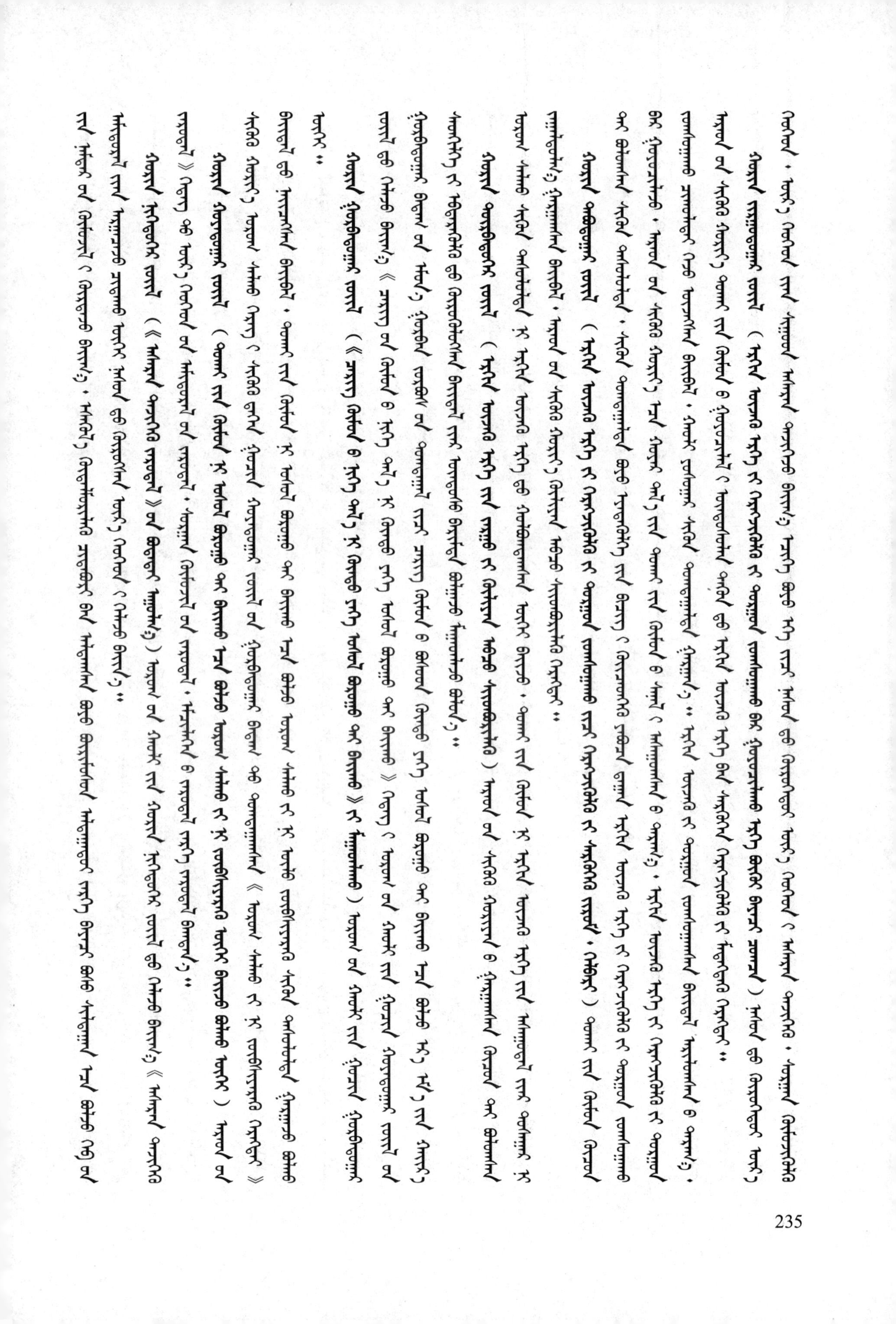

[illegible]

[illegible]

[illegible]

[illegible]

[illegible]

[illegible]

[illegible]

ᠲᠣᠭᠠᠴᠠᠭᠤᠯᠬᠤ ᠶᠣᠰᠣ ᠲᠠᠢ ᠪᠣᠢ ::

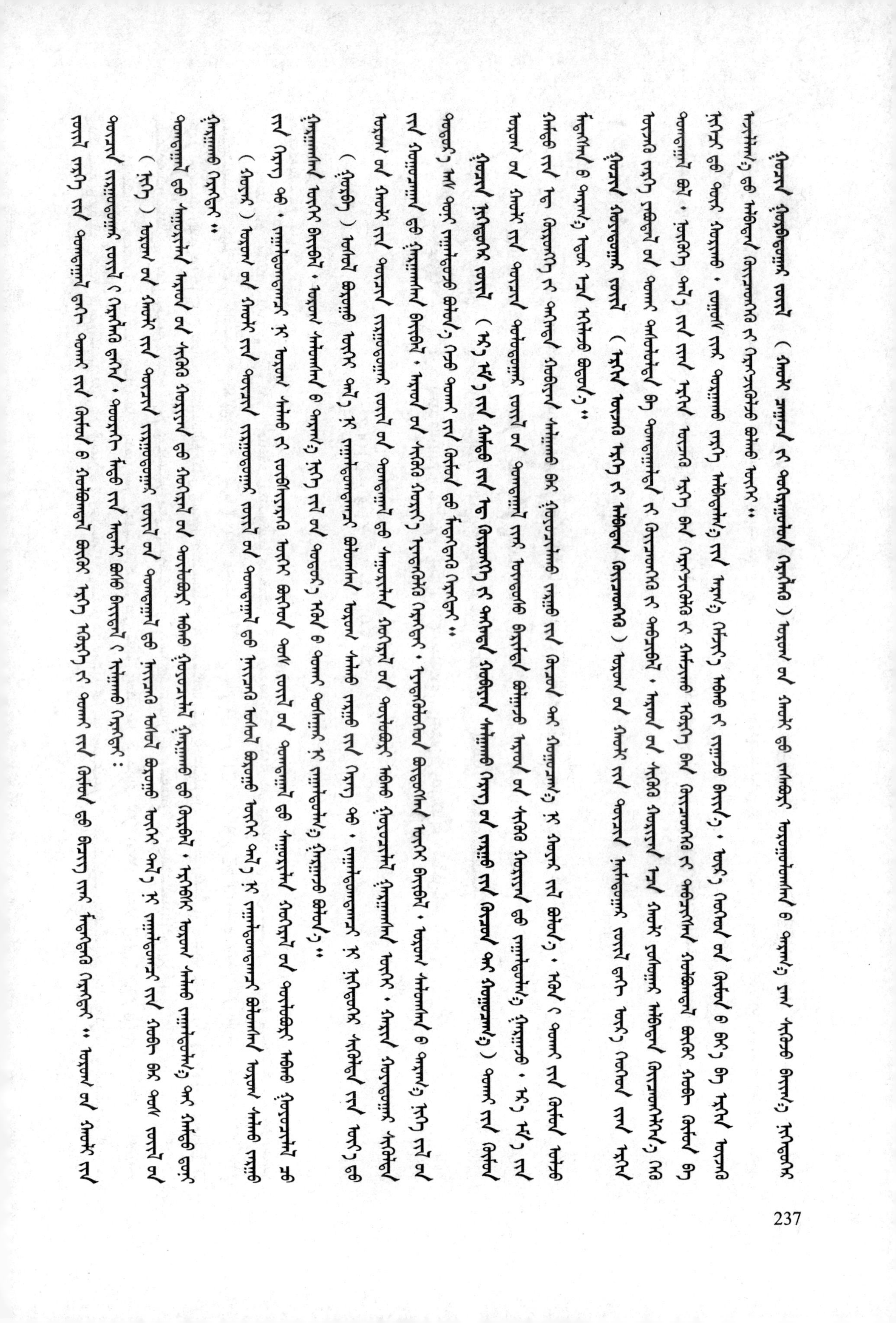

ᠨᠡᠢᠲᠡᠯᠡᠭᠰᠡᠨ ᠮᠣᠩᠭᠣᠯ ᠬᠡᠯᠡ ᠪᠢᠴᠢᠭ ᠦᠨ ᠬᠦᠷᠢᠶᠡᠯᠡᠩ《ᠮᠣᠩᠭᠣᠯ ᠤᠨ ᠨᠢᠭᠤᠴᠠ》(ᠮᠣᠩᠭᠣᠯ《ᠮᠣᠩᠭᠣᠯ ᠤᠨ ᠨᠢᠭᠤᠴᠠ》ᠶᠢᠨ ᠬᠡᠪᠯᠡᠯ) ᠢ ᠬᠡᠪᠯᠡᠨ ᠨᠡᠢᠲᠡᠯᠡᠭᠰᠡᠨ ᠪᠠᠢᠨ᠎ᠠ ᠃ ᠬᠡᠪᠯᠡᠯ ᠦᠨ ᠬᠦᠷᠢᠶᠡᠯᠡᠩ ᠦᠨ ᠬᠡᠪᠯᠡᠯ ᠦᠨ ᠮᠣᠩᠭᠣᠯ ᠤᠨ ᠬᠡᠪᠯᠡᠯ ᠦᠨ ᠭᠠᠵᠠᠷ ᠠᠴᠠ 2001 ᠣᠨ ᠤ 4 ᠰᠠᠷ᠎ᠠ ᠳᠤ《ᠮᠣᠩᠭᠣᠯ ᠤᠨ ᠨᠢᠭᠤᠴᠠ ᠲᠣᠪᠴᠢᠶᠠᠨ》ᠢ ᠬᠡᠪᠯᠡᠭᠰᠡᠨ ᠪᠣᠯᠪᠠ ᠂ ᠮᠣᠩᠭᠣᠯ ᠤᠨ ᠨᠢᠭᠤᠴᠠ ᠲᠣᠪᠴᠢᠶᠠᠨ ᠤ ᠬᠡᠪᠯᠡᠯ ᠦᠨ ᠬᠣᠶᠠᠳᠤᠭᠠᠷ ᠬᠡᠪᠯᠡᠯ ᠪᠣᠯᠤᠨ᠎ᠠ ᠃ ᠨᠡᠢᠲᠡᠯᠡᠭᠰᠡᠨ ᠪᠢᠴᠢᠭ ᠦᠨ 1202 ᠣᠨ ᠠᠴᠠ ᠡᠬᠢᠯᠡᠨ ᠬᠡᠪᠯᠡᠭᠰᠡᠨ ᠂ ᠮᠣᠩᠭᠣᠯ ᠤᠨ ᠨᠢᠭᠤᠴᠠ ᠲᠣᠪᠴᠢᠶᠠᠨ ᠤ ᠬᠡᠪᠯᠡᠯ ᠪᠣᠯᠤᠨ᠎ᠠ ᠃ ᠮᠣᠩᠭᠣᠯ ᠳᠤ《ᠮᠣᠩᠭᠣᠯ ᠤᠨ ᠨᠢᠭᠤᠴᠠ ᠲᠣᠪᠴᠢᠶᠠᠨ》ᠢ ᠨᠡᠢᠲᠡᠯᠡᠭᠰᠡᠨ (ᠨᠢᠭᠤᠴᠠ)》(ᠮᠣᠩᠭᠣᠯ《ᠮᠣᠩᠭᠣᠯ ᠤᠨ ᠨᠢᠭᠤᠴᠠ ᠲᠣᠪᠴᠢᠶᠠᠨ (ᠨᠢᠭᠤᠴᠠ)》ᠶᠢᠨ ᠬᠡᠪᠯᠡᠯ) ᠢ ᠣᠨ ᠤ 12 ᠰᠠᠷ᠎ᠠ ᠶᠢᠨ 24 ᠤ ᠡᠳᠦᠷ ᠮᠣᠩᠭᠣᠯ ᠤᠨ ᠮᠣᠩᠭᠣᠯ ᠬᠡᠯᠡ ᠪᠢᠴᠢᠭ ᠦᠨ ᠬᠦᠷᠢᠶᠡᠯᠡᠩ ᠳᠦ《ᠮᠣᠩᠭᠣᠯ ᠤᠨ ᠮᠣᠩᠭᠣᠯ ᠬᠡᠯᠡ ᠪᠢᠴᠢᠭ ᠦᠨ ᠬᠦᠷᠢᠶᠡᠯᠡᠩ ᠦᠨ ᠨᠢᠭᠤᠴᠠ ᠲᠣᠪᠴᠢᠶᠠᠨ ᠤ ᠰᠤᠳᠤᠯᠤᠯ ᠤᠨ ᠬᠡᠪᠯᠡᠯ〉ᠳᠦ ᠨᠡᠢᠲᠡᠯᠡᠭᠰᠡᠨ ᠰᠤᠳᠤᠯᠭ᠎ᠠ ᠶᠢᠨ ᠲᠣᠪᠴᠢᠶᠠᠨ ᠳᠤ ᠨᠡᠢᠲᠡᠯᠡᠭᠳᠡᠪᠡ ᠃

(2001 ᠣᠨ ᠤ 12 ᠰᠠᠷ᠎ᠠ ᠶᠢᠨ 26 ᠤ ᠡᠳᠦᠷ)

(ᠨᠢᠭᠤᠴᠠ)》ᠳᠦ ᠨᠡᠢᠲᠡᠯᠡᠭᠰᠡᠨ ᠮᠣᠩᠭᠣᠯ ᠬᠡᠯᠡ ᠨᠡᠢᠲᠡᠯᠡᠭᠰᠡᠨ ᠮᠣᠩᠭᠣᠯ ᠤᠨ ᠰᠤᠳᠤᠯᠤᠯ ᠤᠨ ᠰᠤᠳᠤᠯᠭ᠎ᠠ ᠶᠢᠨ ᠤᠨ ᠰᠤᠳᠤᠯ〉ᠳᠦ ᠬᠡᠪᠯᠡᠭᠰᠡᠨ ᠰᠤᠳᠤᠯᠤᠯ ᠤᠨ ᠨᠢᠭᠤᠴᠠ ᠲᠣᠪᠴᠢᠶᠠᠨ ᠤ ᠮᠣᠩᠭᠣᠯ ᠨᠡᠢᠲᠡᠯᠡᠭᠰᠡᠨ ᠮᠣᠩᠭᠣᠯ ᠬᠡᠯᠡ ᠰᠤᠳᠤᠯᠭ᠎ᠠ ᠶᠢᠨ ᠲᠣᠪᠴᠢᠶᠠᠨ ᠳᠤ〈ᠰᠤᠳᠤᠯᠤᠯ ᠨᠡᠢᠲᠡᠯᠡᠭᠰᠡᠨ ᠮᠣᠩᠭᠣᠯ ᠬᠡᠯᠡ ᠪᠢᠴᠢᠭ ᠦᠨ ᠬᠦᠷᠢᠶᠡᠯᠡᠩ ᠦᠨ ᠮᠣᠩᠭᠣᠯ ᠤᠨ ᠨᠢᠭᠤᠴᠠ ᠲᠣᠪᠴᠢᠶᠠᠨ ᠤ ᠰᠤᠳᠤᠯᠭ᠎ᠠ ᠶᠢᠨ ᠬᠡᠪᠯᠡᠯ ᠦᠨ ᠨᠡᠢᠲᠡᠯᠡᠭᠰᠡᠨ ᠤ《ᠮᠣᠩᠭᠣᠯ ᠤᠨ

【 ᠲᠠᠶᠢᠯᠪᠤᠷᠢ 】

ᠲᠠᠶᠢᠯᠪᠤᠷᠢ ᠮᠣᠩᠭᠣᠯ ᠬᠡᠯᠡ (ᠮᠣᠩᠭᠣᠯ ᠰᠤᠳᠤᠯᠤᠯ ᠤᠨ ᠬᠡᠪᠯᠡᠯ ᠳᠦ ᠨᠡᠢᠲᠡᠯᠡᠭᠰᠡᠨ ᠮᠣᠩᠭᠣᠯ ᠬᠡᠯᠡ) ᠮᠣᠩᠭᠣᠯ ᠰᠤᠳᠤᠯᠤᠯ ᠤᠨ ᠳᠦ ᠨᠡᠢᠲᠡᠯᠡᠭᠰᠡᠨ ᠮᠣᠩᠭᠣᠯ ᠬᠡᠯᠡ ᠨᠡᠢᠲᠡᠯᠡᠭᠰᠡᠨ ᠪᠠᠢᠨ᠎ᠠ ᠃ ᠮᠣᠩᠭᠣᠯ ᠰᠤᠳᠤᠯᠤᠯ ᠤᠨ ᠪᠣᠯ ᠬᠡᠪᠯᠡᠭᠰᠡᠨ ᠪᠣᠯᠤᠨ᠎ᠠ ᠃ ᠮᠣᠩᠭᠣᠯ ᠤᠨ ᠮᠣᠩᠭᠣᠯ ᠬᠡᠯᠡ ᠰᠤᠳᠤᠯᠤᠯ ᠤᠨ ᠨᠢᠭᠤᠴᠠ ᠲᠣᠪᠴᠢᠶᠠᠨ ᠢ ᠮᠣᠩᠭᠣᠯ ᠰᠤᠳᠤᠯᠤᠯ ᠤᠨ ᠳᠦ ᠬᠡᠪᠯᠡᠭᠰᠡᠨ ᠪᠣᠯᠤᠨ᠎ᠠ ᠂ ᠮᠣᠩᠭᠣᠯ ᠬᠡᠯᠪᠡᠷᠢ ᠂ ᠰᠤᠳᠤᠯᠤᠯ ᠤᠨ ᠬᠡᠪᠯᠡᠭᠰᠡᠨ ᠨᠢ ᠮᠣᠩᠭᠣᠯ ᠤᠨ ᠨᠡᠢᠲᠡᠯᠡᠭᠰᠡᠨ ᠤ ᠮᠣᠩᠭᠣᠯ ᠤᠨ ᠳᠦ ᠬᠡᠪᠯᠡᠭᠰᠡᠨ ᠪᠠᠢᠨ᠎ᠠ ᠃ ᠮᠣᠩᠭᠣᠯ ᠬᠡᠯᠡ

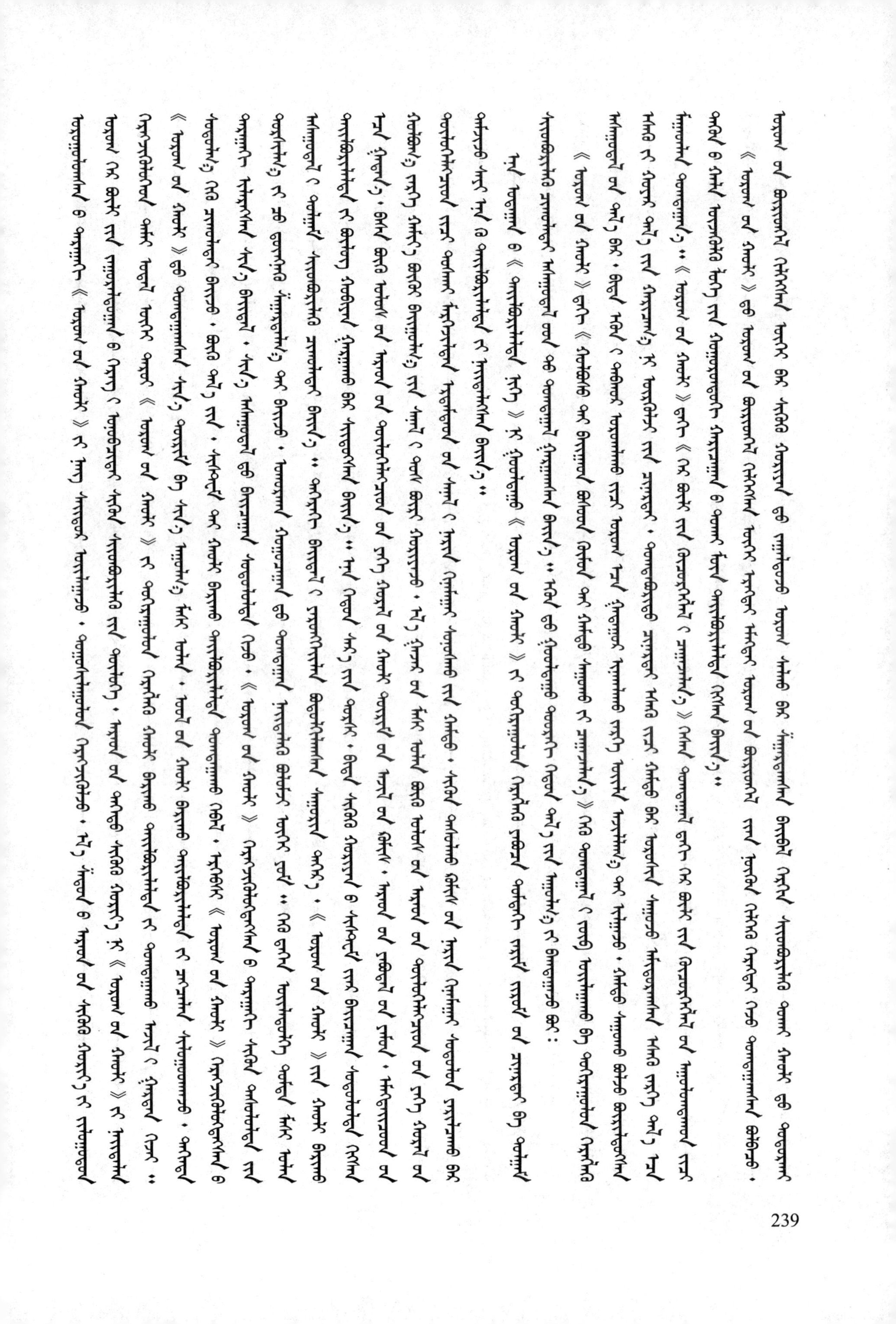

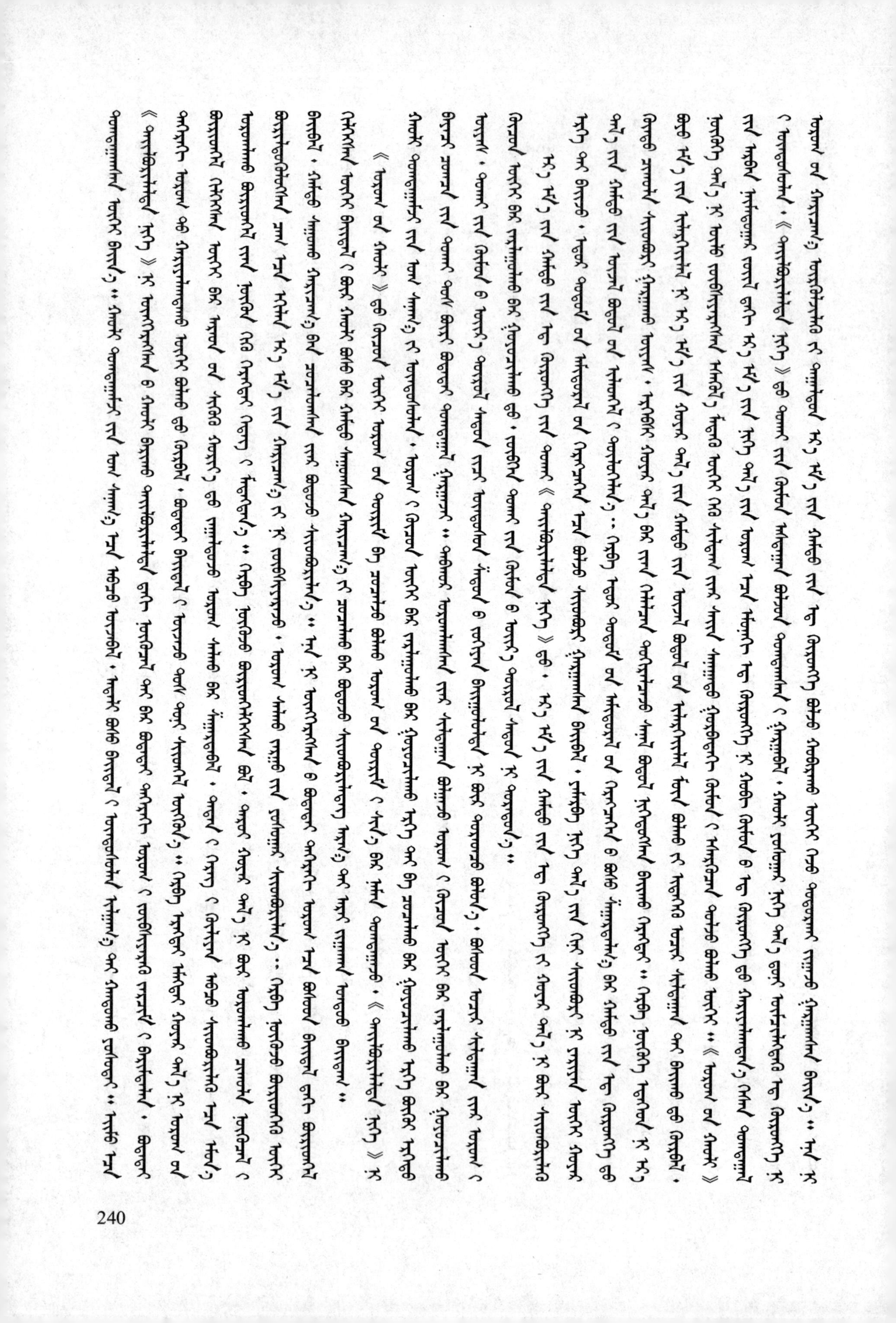

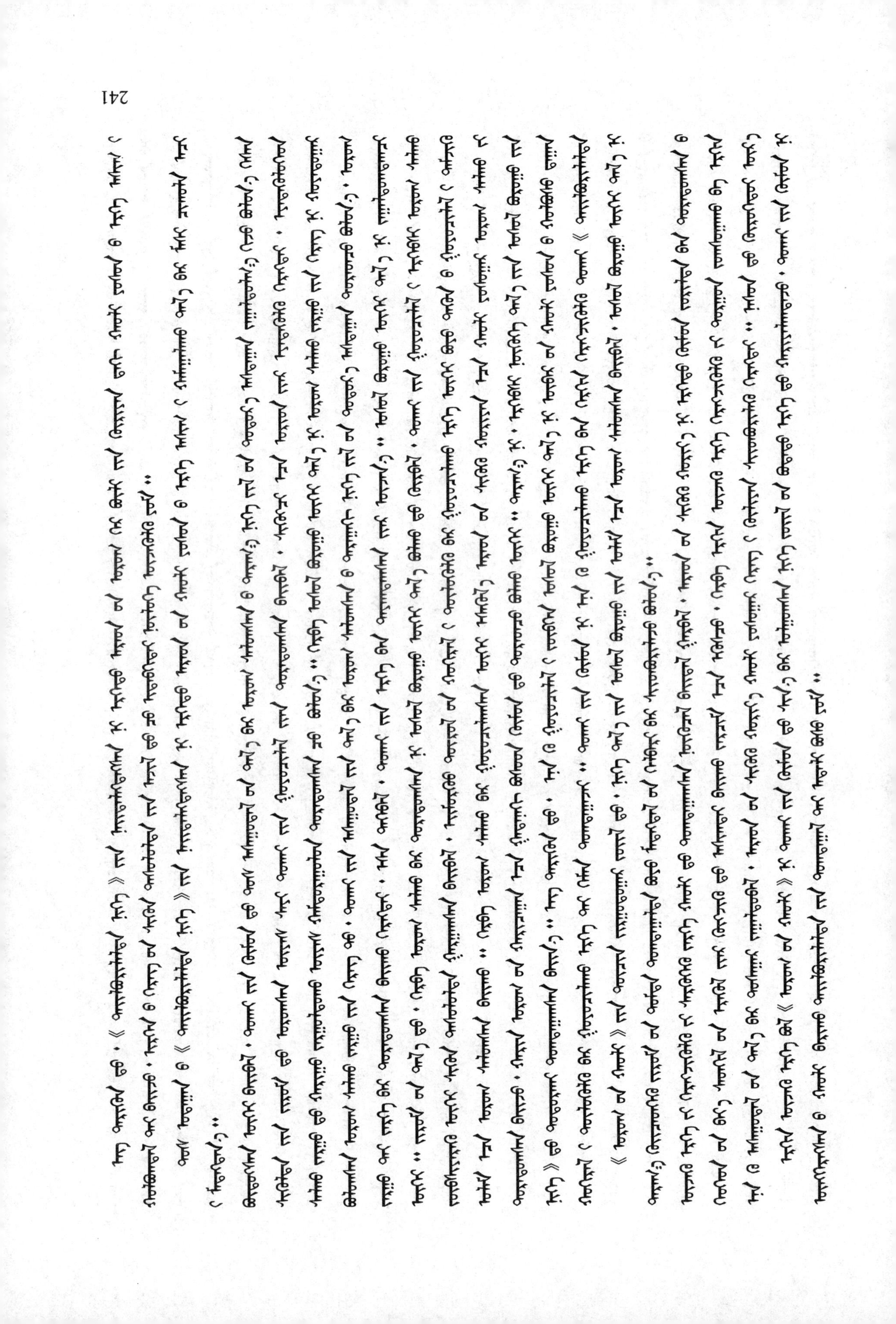

[illegible]

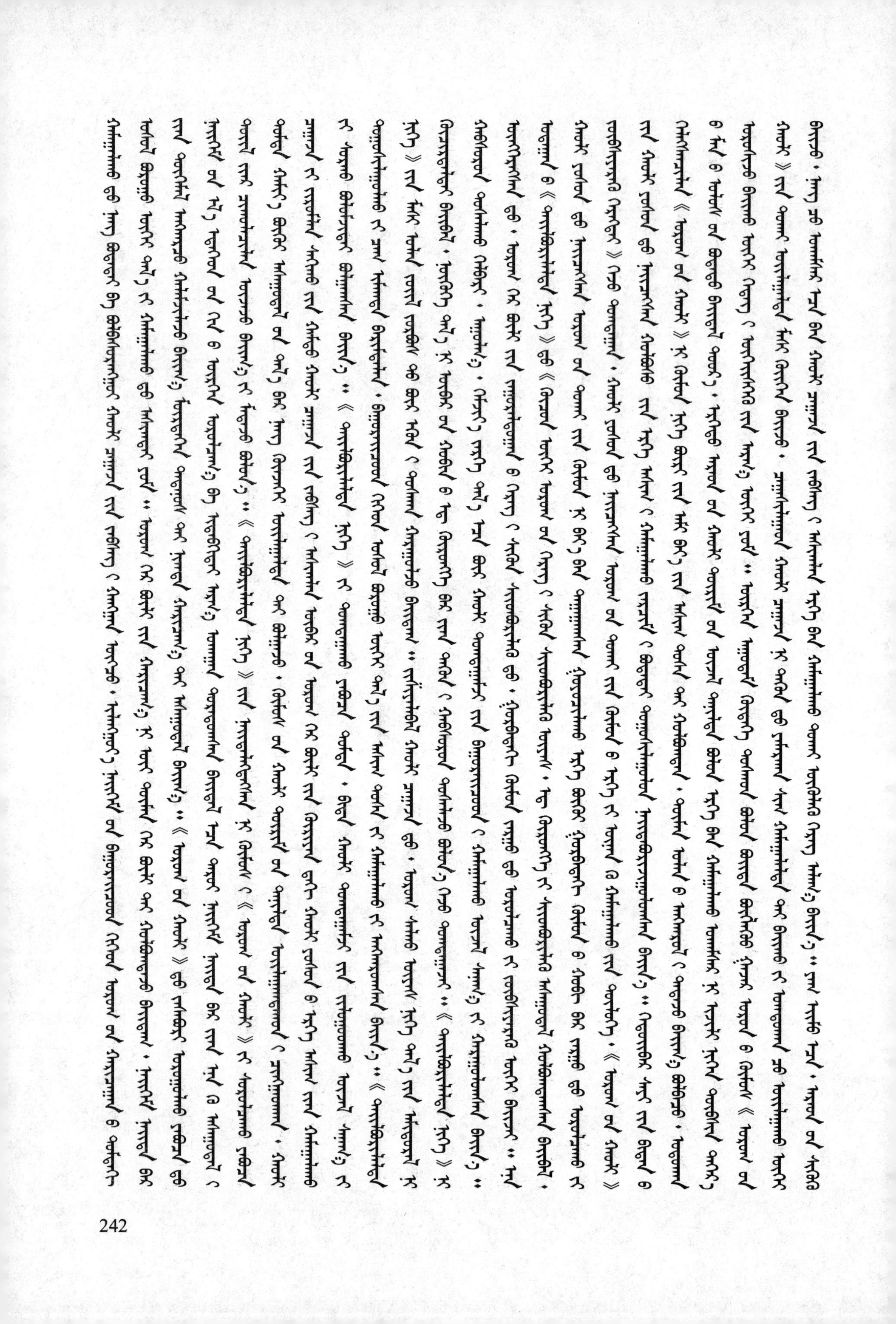

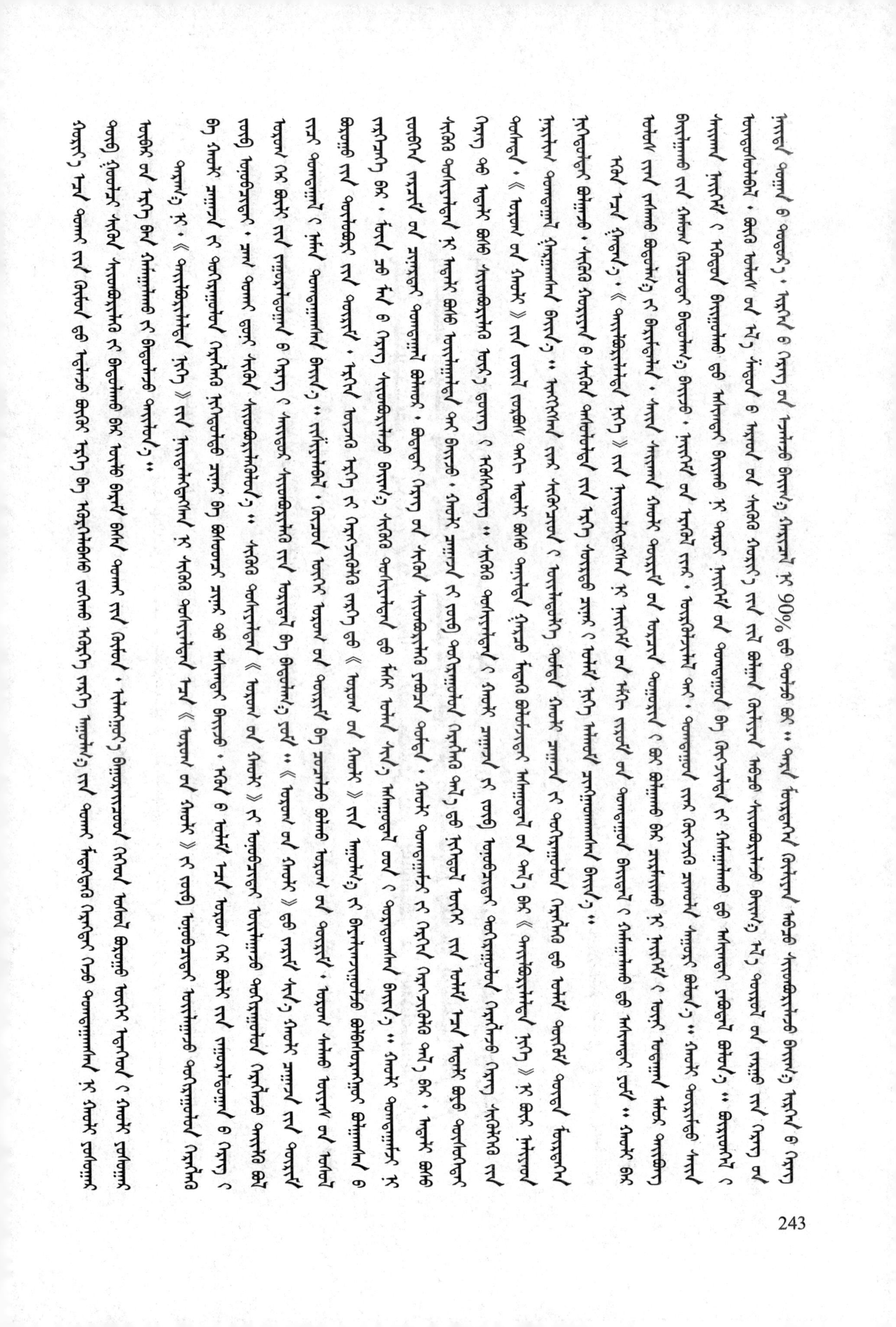

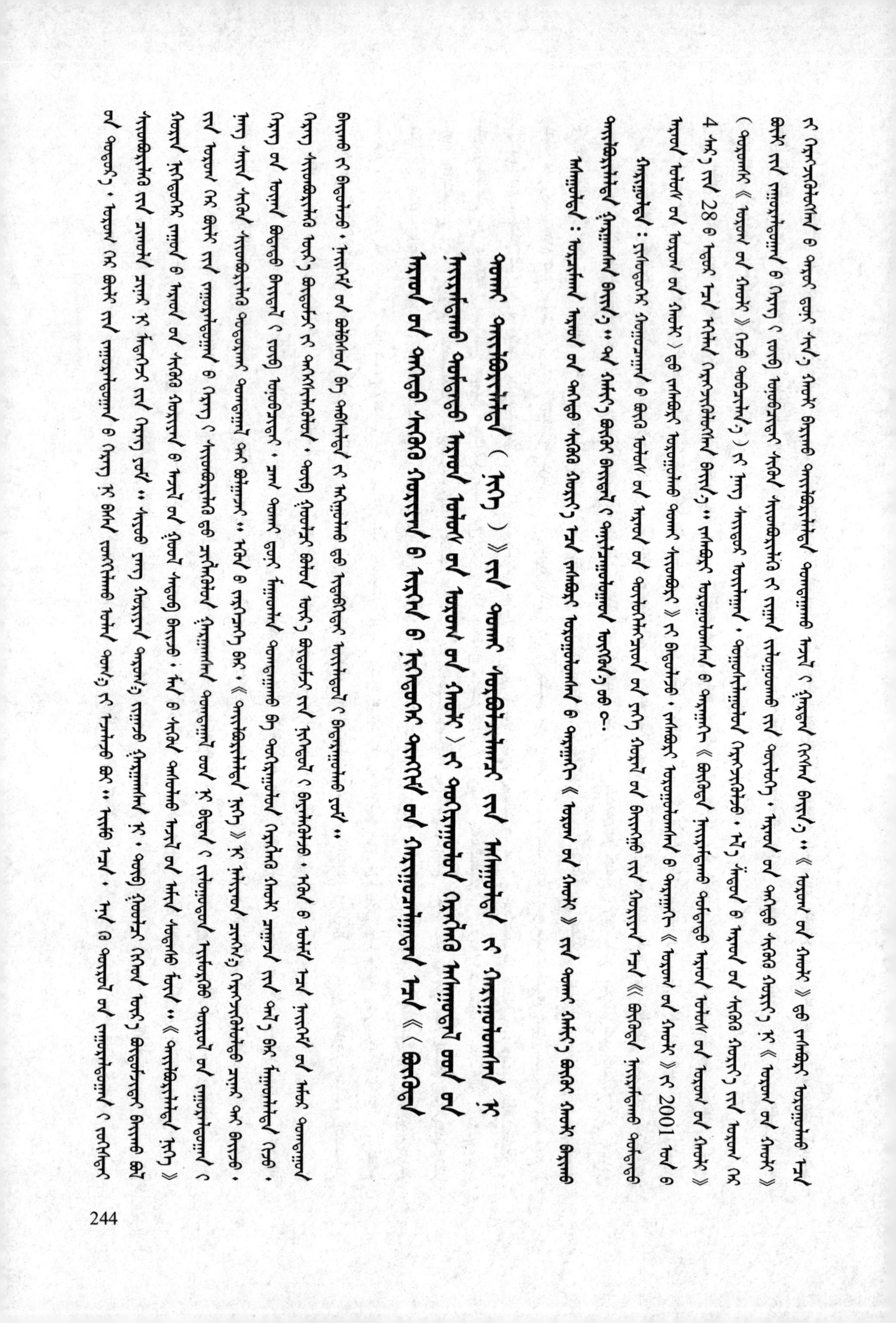

[illegible]

[illegible]

[illegible] (ᠨᠢᠭᠡ) [illegible]

[illegible]

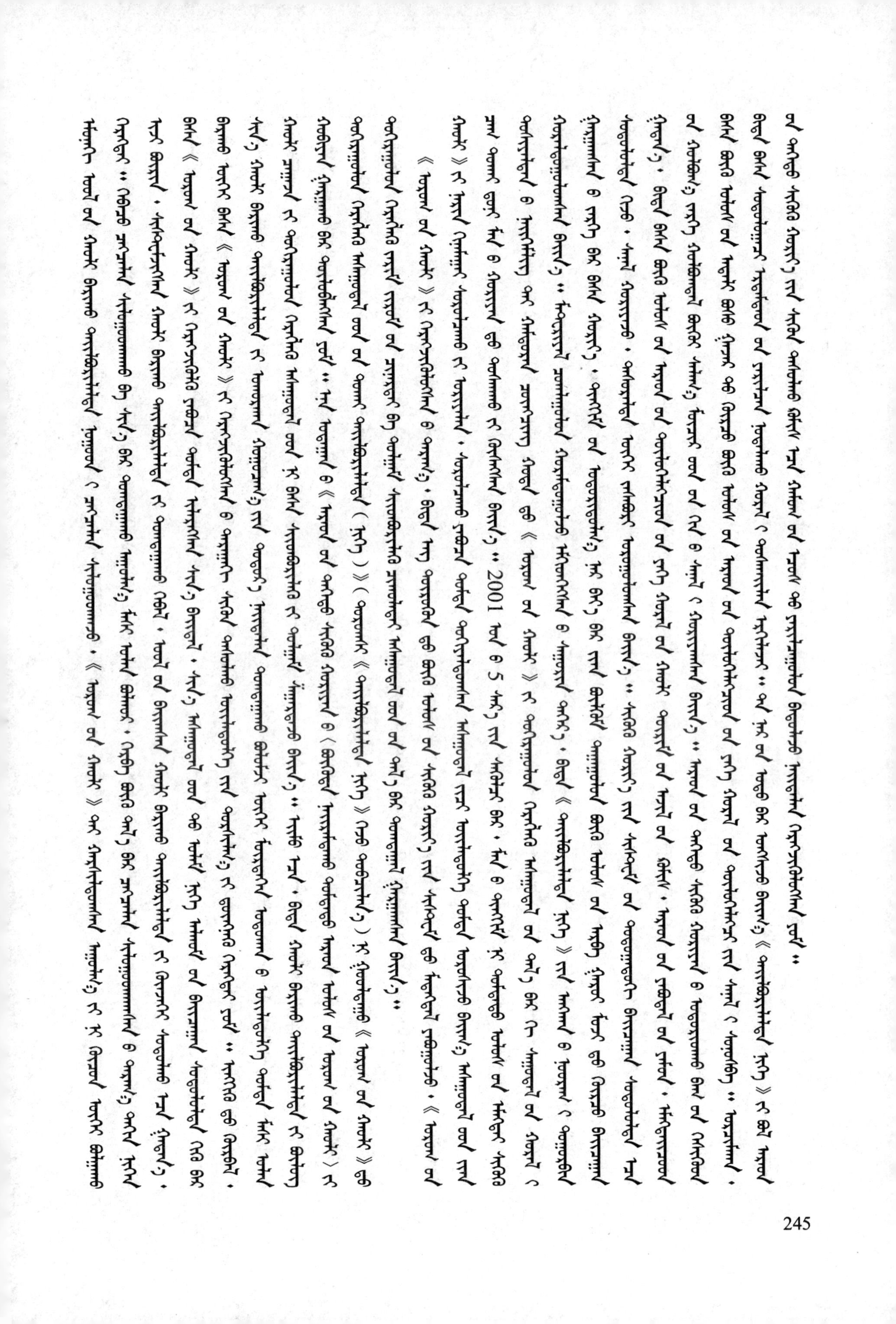

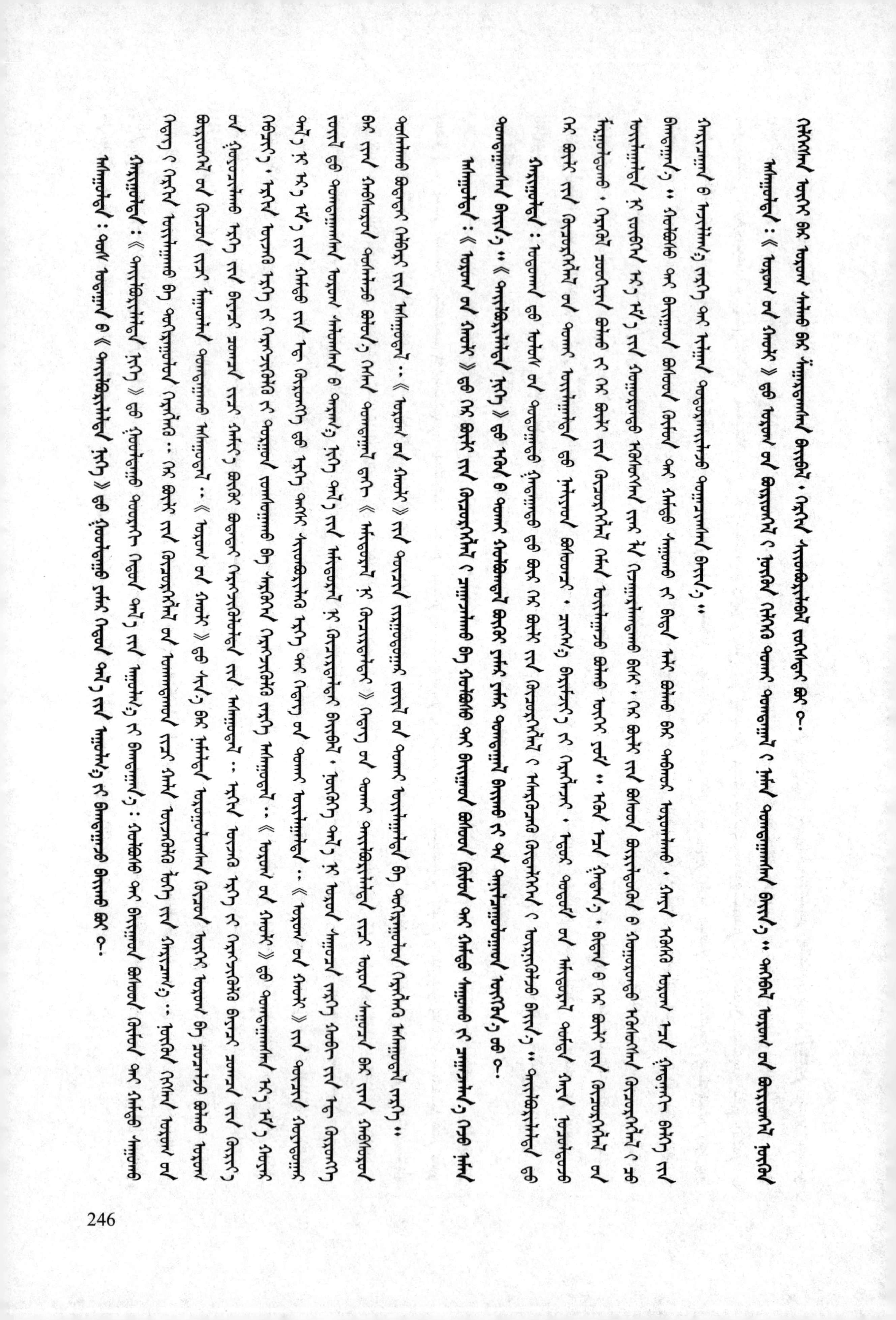

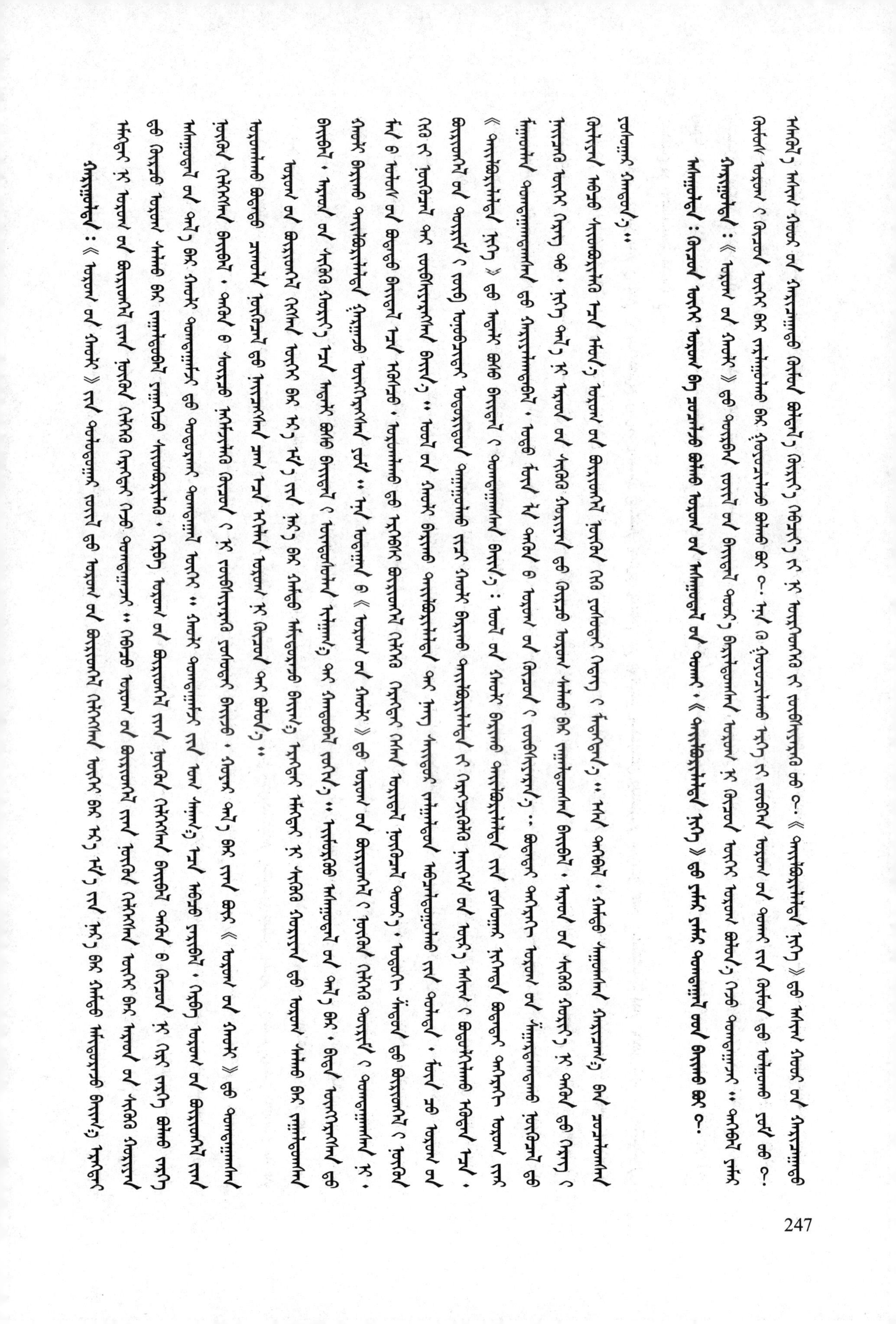

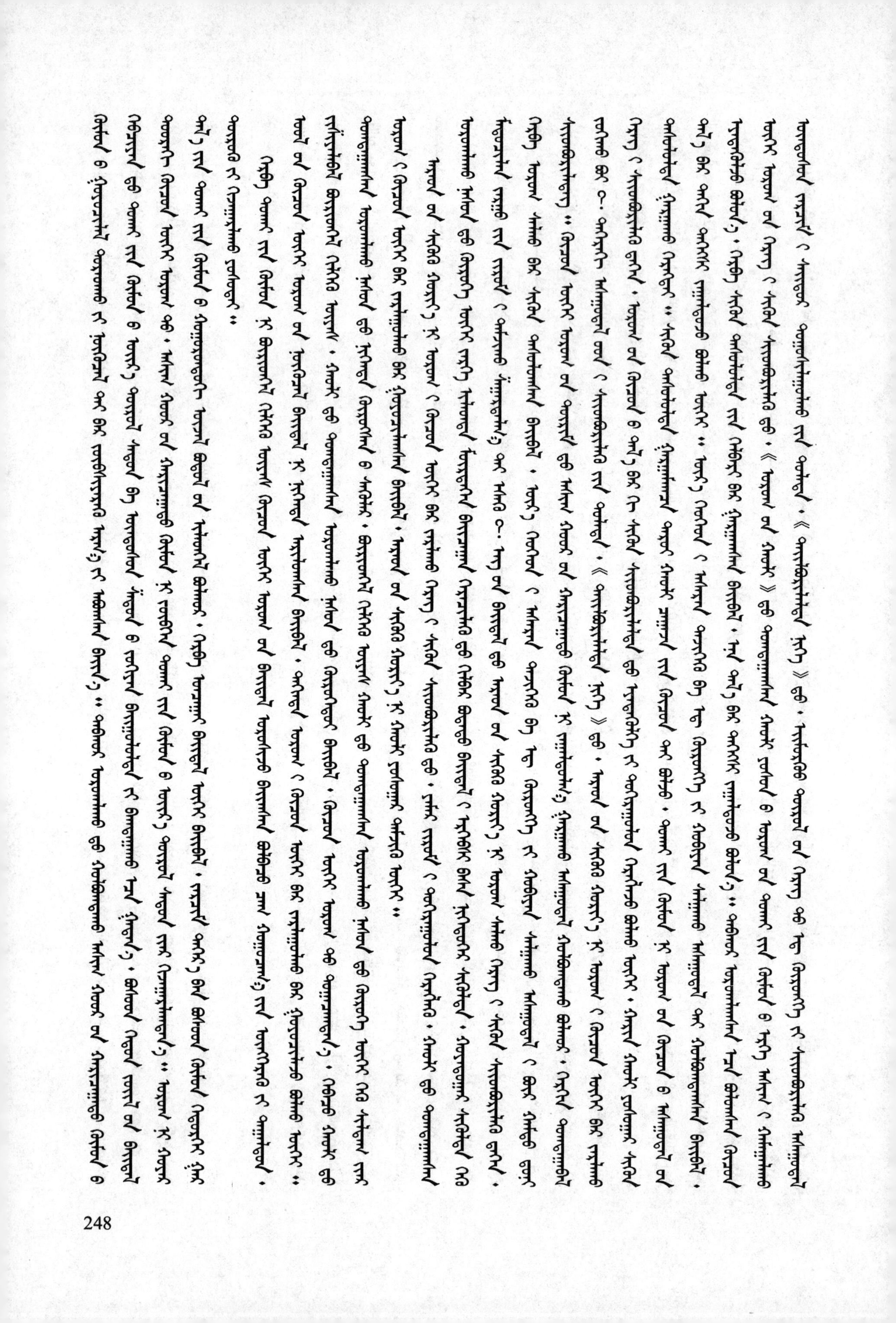

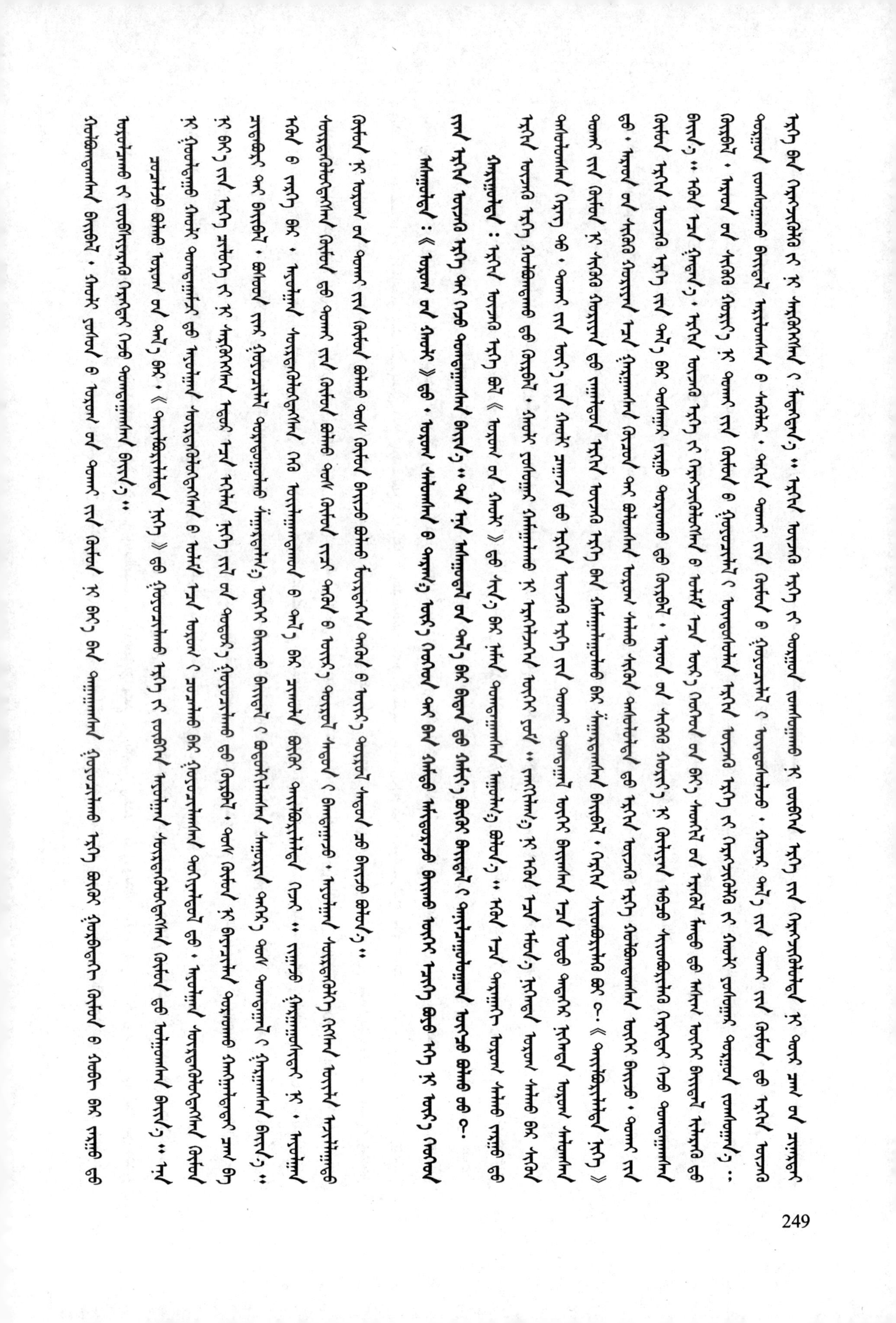

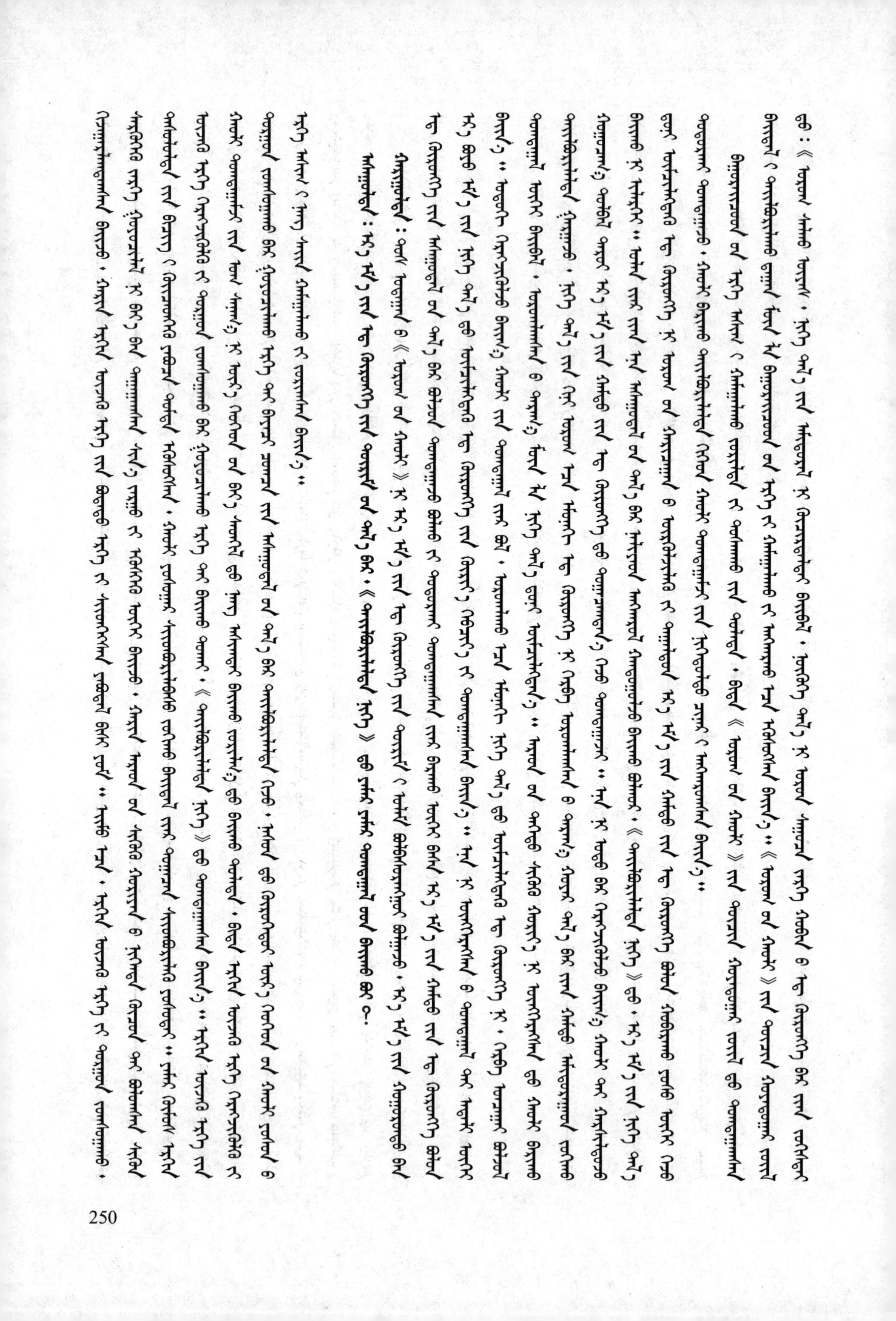

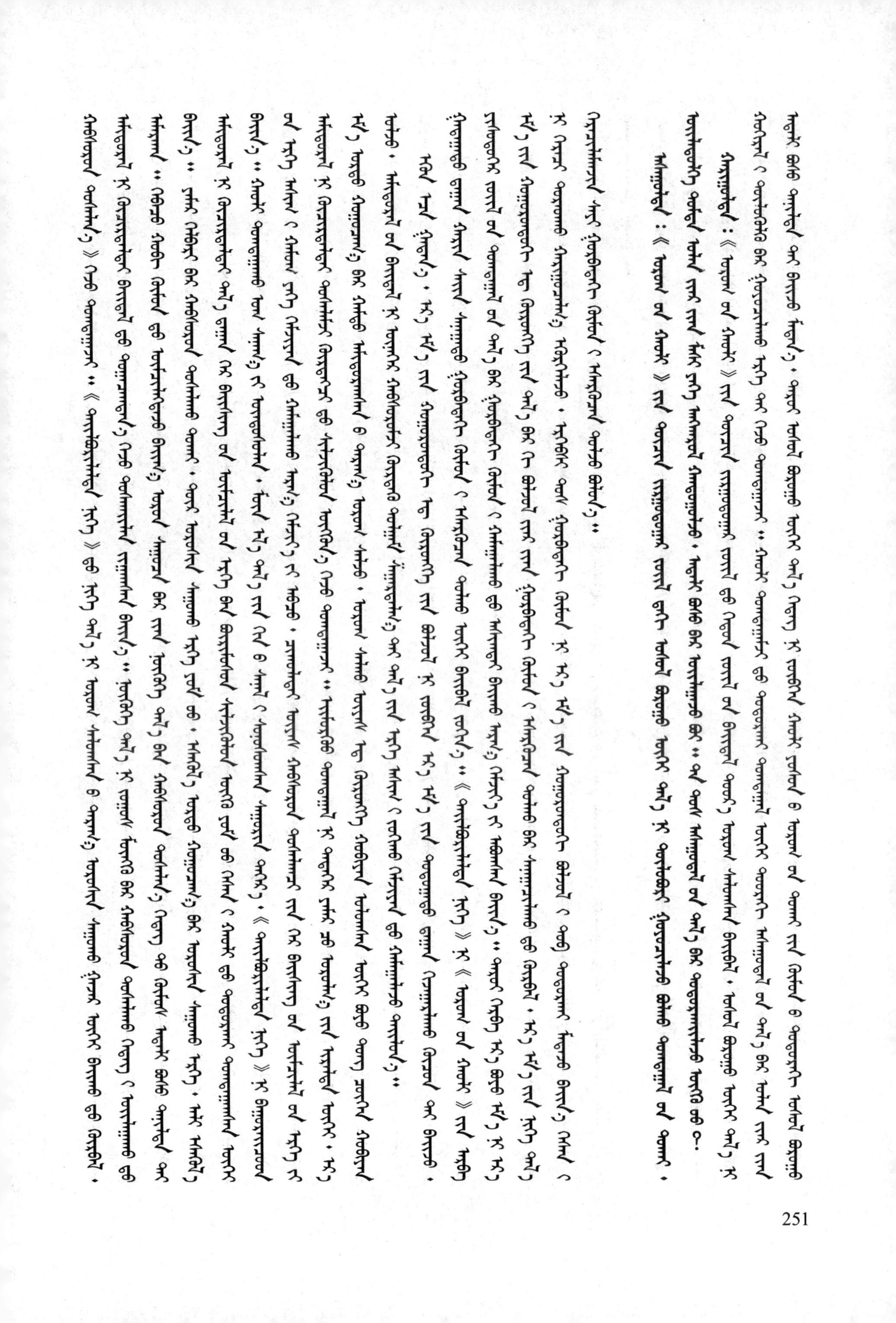

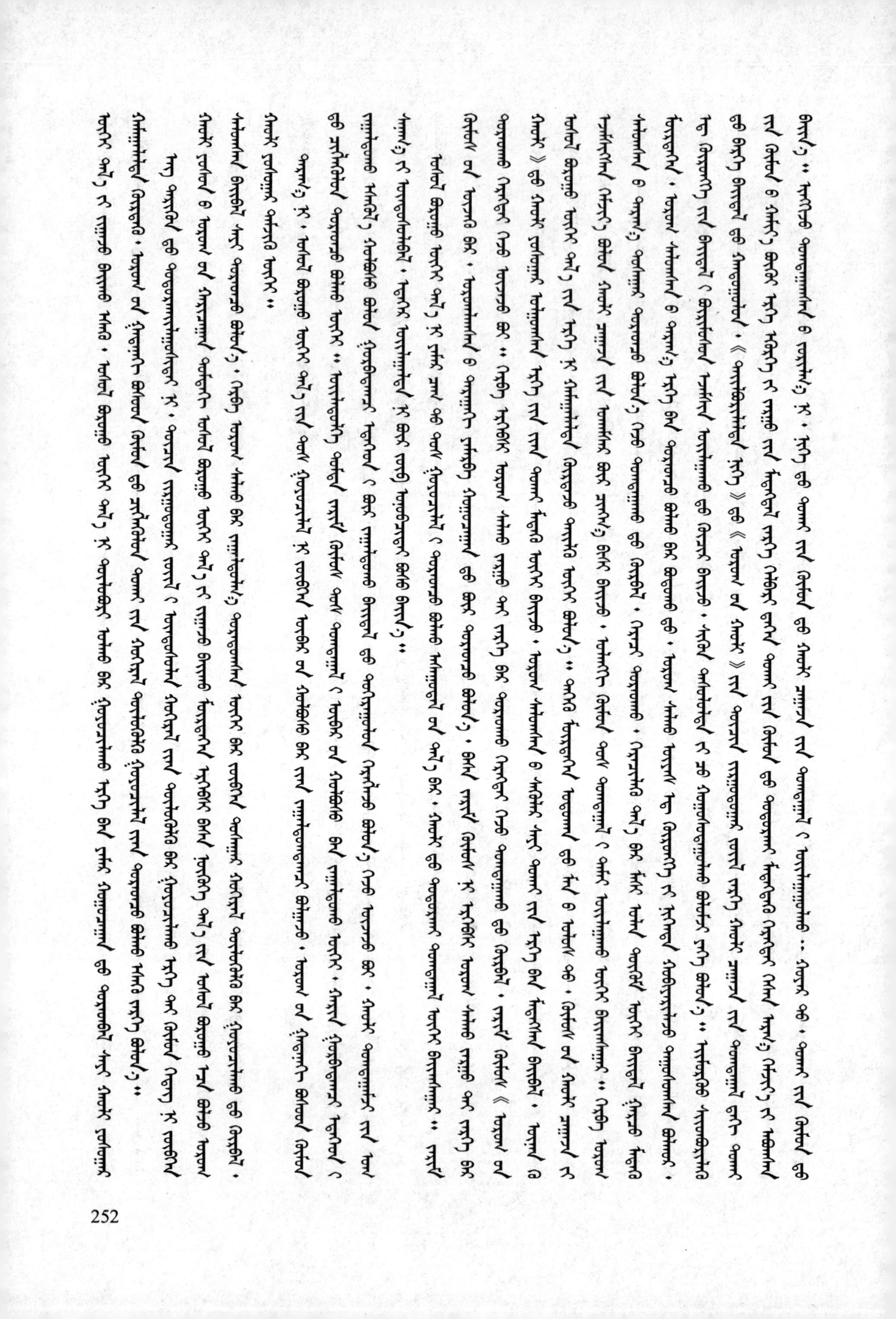

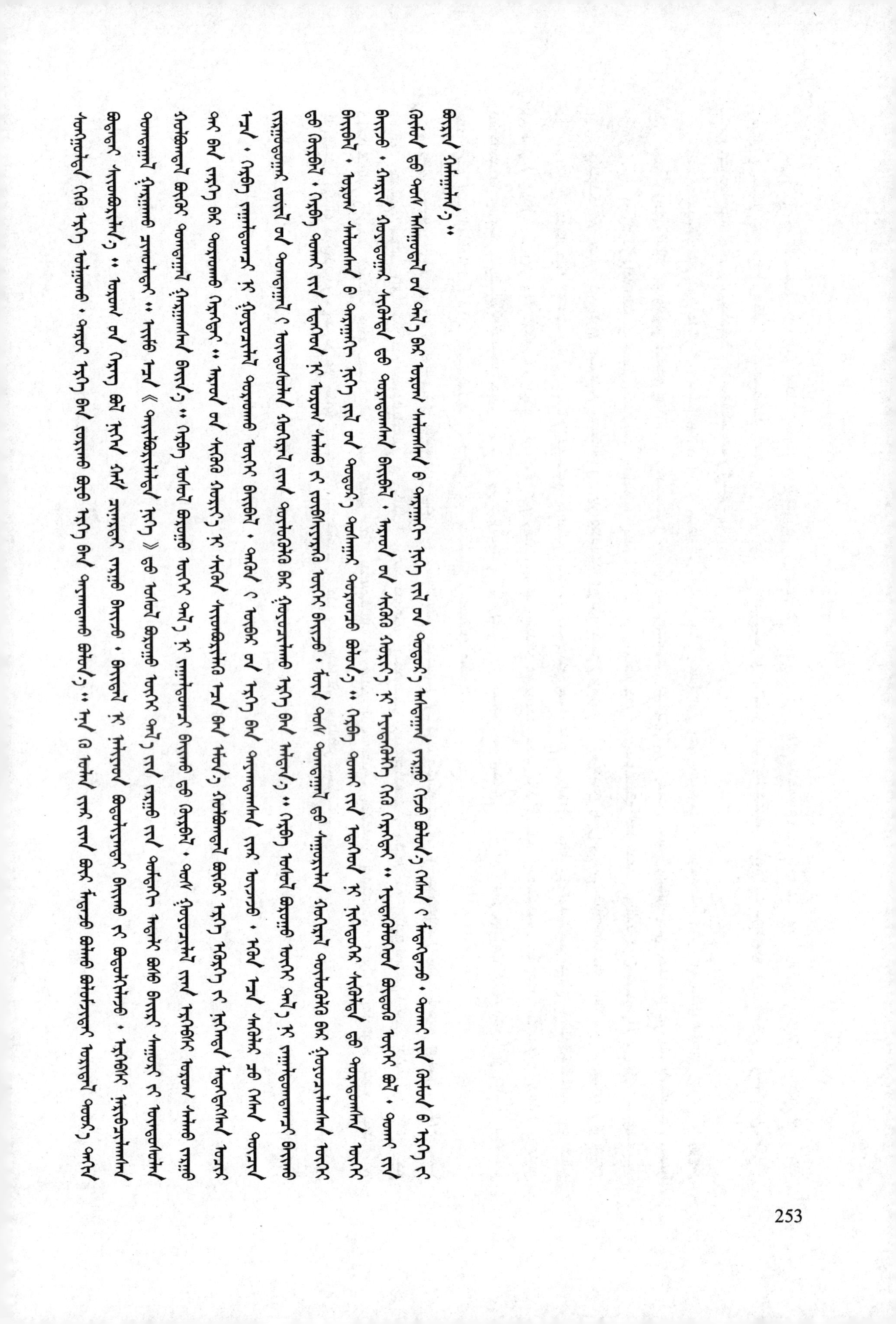

[illegible]

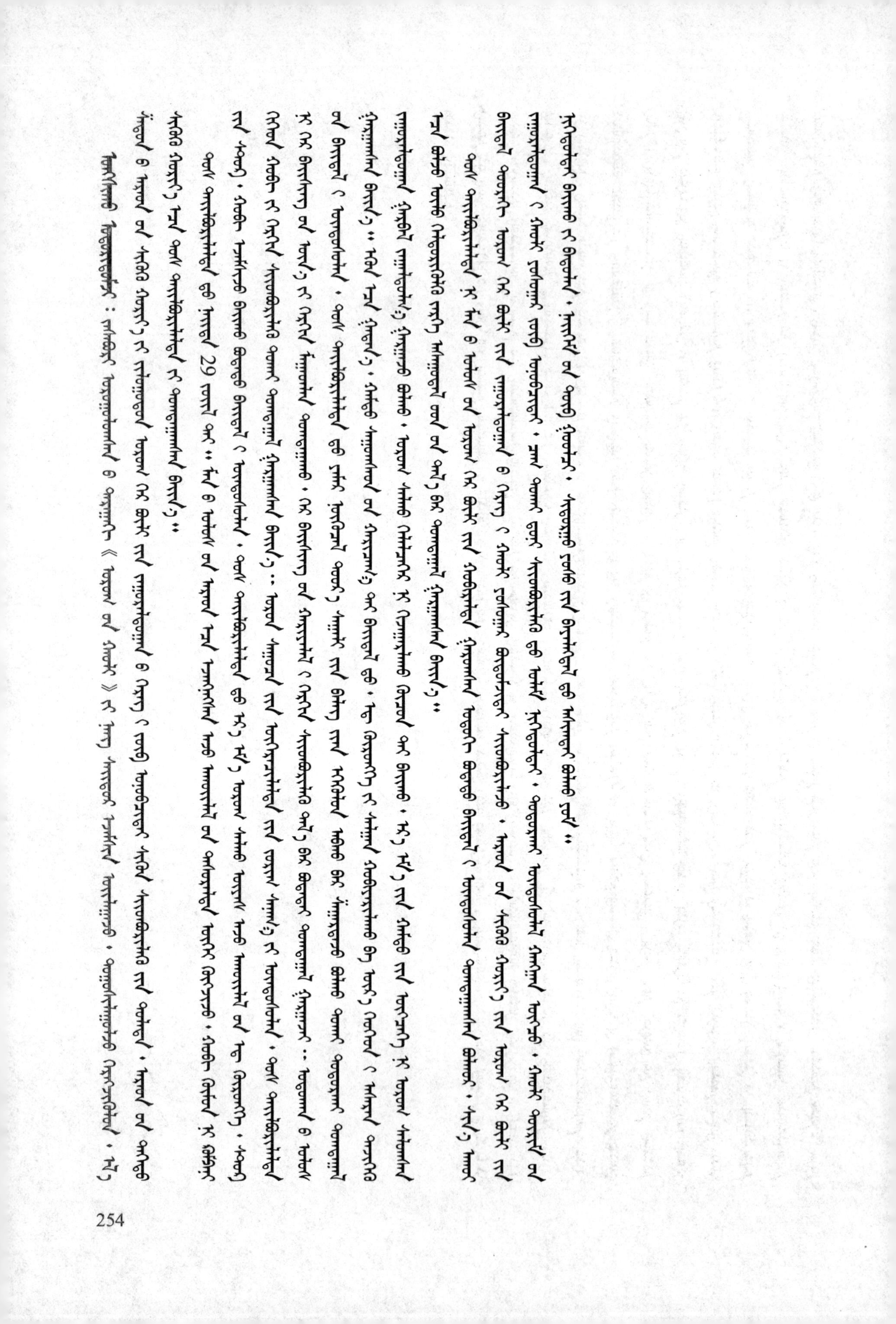

ᠮᠣᠩᠭᠣᠯ ᠤᠨ ᠠᠷᠠᠳ ᠤᠨ ᠬᠡᠪᠯᠡᠯ ᠦᠨ ᠬᠣᠷᠢᠶ᠎ᠠ ᠪᠠ

ᠥᠷᠭᠡᠵᠢᠭᠦᠯᠦᠨ ᠬᠥᠭᠵᠢᠭᠦᠯᠬᠦ ᠮᠡᠷᠭᠡᠵᠢᠯ ᠢᠲᠠᠯ ᠤᠨ ᠰᠤᠷᠭᠠᠨ ᠬᠦᠮᠦᠵᠢᠯ (ᠲᠣᠪᠴᠢ) 《 ᠪᠠᠶᠢᠭᠠᠯ ᠬᠠᠮᠢᠭᠠᠯᠠᠬᠤ ᠣᠷᠴᠢᠨ ᠲᠣᠭᠣᠷᠢᠨ ᠤ ᠮᠡᠷᠭᠡᠵᠢᠯ ᠦᠨ ᠬᠠᠤᠯᠢ 》 ᠳᠤ

ᠨᠡᠢᠲᠡ ᠪᠣᠯᠪᠠᠰᠤᠷᠠᠯᠤᠨ ᠲᠣᠭᠲᠠᠭᠠᠯ (2003) 19 ᠳᠦᠭᠡᠷ ᠳᠤᠭᠠᠷ

ᠪᠠᠷᠢᠮᠲᠠ ᠪᠢᠴᠢᠭ ᠦᠨ ᠤᠳᠬ᠎ᠠ ᠪᠠᠨ ᠬᠡᠪᠯᠡᠭᠰᠡᠨ 2004 ᠣᠨ ᠤ 4 ᠰᠠᠷ᠎ᠠ ᠶᠢᠨ 1 ᠦ ᠡᠳᠦᠷ ᠬᠡᠪᠯᠡᠭᠰᠡᠨ ᠬᠡᠪᠯᠡᠯ ᠦᠨ ᠳ᠋ᠤᠭᠠᠷ) 1299 ᠳᠤᠭᠠᠷ ᠲᠣᠭᠲᠠᠭᠠᠯ ᠪᠡᠷ ᠪᠠᠲᠤᠯᠠᠭᠰᠠᠨ 2003 ᠣᠨ ᠤ 12 ᠰᠠᠷ᠎ᠠ ᠶᠢᠨ 25 ᠦ ᠡᠳᠦᠷ ᠨᠡᠢᠲᠡ ᠶᠢᠨ ᠠᠵᠢᠯ ᠤᠨ ᠬᠤᠷᠠᠯ (2003 ᠣᠨ ᠤ 12 ᠰᠠᠷ᠎ᠠ ᠶᠢᠨ 4 ᠦ ᠡᠳᠦᠷ ᠨᠡᠢᠲᠡ ᠶᠢᠨ ᠠᠵᠢᠯ ᠤᠨ ᠬᠤᠷᠠᠯ ᠤᠨ

ᠣᠷᠣᠰᠢᠯ 《 ᠪᠠᠶᠢᠭᠠᠯ ᠬᠠᠮᠢᠭᠠᠯᠠᠬᠤ ᠣᠷᠴᠢᠨ ᠲᠣᠭᠣᠷᠢᠨ ᠤ ᠮᠡᠷᠭᠡᠵᠢᠯ ᠦᠨ ᠬᠠᠤᠯᠢ 》 ᠶᠢᠨ ᠲᠤᠬᠠᠢ ᠲᠣᠭᠲᠠᠭᠠᠯ ᠢ ᠬᠡᠷᠡᠭᠵᠢᠭᠦᠯᠬᠦ ᠲᠤᠬᠠᠢ ᠲᠣᠭᠲᠠᠭᠠᠯ ᠢ ᠪᠠᠲᠤᠯᠠᠨ ᠭᠠᠷᠭᠠᠵᠤ ᠂ 《 ᠪᠠᠶᠢᠭᠠᠯ ᠬᠠᠮᠢᠭᠠᠯᠠᠬᠤ ᠣᠷᠴᠢᠨ ᠲᠣᠭᠣᠷᠢᠨ ᠤ ᠮᠡᠷᠭᠡᠵᠢᠯ ᠦᠨ ᠬᠠᠤᠯᠢ 》 ᠶᠢ ᠣᠳᠣ ᠨᠡᠢᠲᠡᠯᠡᠵᠦ ᠪᠠᠶᠢᠨ ᠠ ᠂ 《 ᠪᠠᠶᠢᠭᠠᠯ ᠬᠠᠮᠢᠭᠠᠯᠠᠬᠤ ᠣᠷᠴᠢᠨ ᠲᠣᠭᠣᠷᠢᠨ ᠤ ᠮᠡᠷᠭᠡᠵᠢᠯ ᠦᠨ ᠬᠠᠤᠯᠢ 》 ᠶᠢ ᠬᠡᠷᠡᠭᠵᠢᠭᠦᠯᠬᠦ ᠳᠦ ᠮᠡᠳᠡᠭᠳᠡᠵᠡᠢ :

ᠬᠣᠷᠢᠶᠠᠨ ᠬᠡᠯᠡᠯ (ᠰᠢᠨᠵᠢᠯᠡᠬᠦ ᠤᠬᠠᠭᠠᠨ ᠰᠢᠨᠵᠢᠯᠡᠯᠲᠡ ᠶᠢ ᠬᠥᠭᠵᠢᠭᠦᠯᠬᠦ) ᠪᠣᠯᠤᠨ ᠪᠠᠶᠢᠭᠠᠯ ᠬᠠᠮᠢᠭᠠᠯᠠᠬᠤ ᠣᠷᠴᠢᠨ ᠲᠣᠭᠣᠷᠢᠨ ᠤ ᠮᠡᠷᠭᠡᠵᠢᠯ ᠦᠨ ᠰᠤᠷᠭᠠᠨ ᠬᠦᠮᠦᠵᠢᠯ ᠦᠨ ᠰᠢᠨᠵᠢᠯᠡᠨ ᠰᠤᠳᠤᠯᠬᠤ ᠠᠵᠢᠯ ᠢ ᠬᠥᠭᠵᠢᠭᠦᠯᠬᠦ ᠶᠢᠨ ᠲᠥᠯᠥᠭᠡ ᠂ ᠮᠣᠩᠭᠣᠯ ᠤᠨ ᠦᠨᠳᠦᠰᠦᠲᠡᠨ ᠦ ᠪᠠᠶᠢᠭᠠᠯ ᠬᠠᠮᠢᠭᠠᠯᠠᠬᠤ ᠰᠤᠷᠭᠠᠨ ᠬᠦᠮᠦᠵᠢᠯ ᠢ ᠬᠥᠭᠵᠢᠭᠦᠯᠦᠨ ᠰᠢᠨᠵᠢᠯᠡᠬᠦ ᠤᠬᠠᠭᠠᠨ ᠤ ᠰᠤᠳᠤᠯᠭ᠎ᠠ ᠶᠢ ᠡᠷᠴᠢᠮᠵᠢᠭᠦᠯᠬᠦ ᠳᠦ ᠠᠴᠢ ᠬᠣᠯᠪᠣᠭᠳᠠᠯ ᠲᠠᠢ ᠂ ᠮᠣᠩᠭᠣᠯ ᠤᠨ ᠪᠠᠶᠢᠭᠠᠯ ᠤᠨ ᠰᠤᠳᠤᠯᠬᠤ ᠰᠤᠷᠪᠤᠯᠵᠢ 》 ᠪᠢᠴᠢᠭ ᠦᠳ ᠢ ᠲᠣᠭᠲᠠᠭᠠᠵᠤ ᠂ ᠮᠣᠩᠭᠣᠯ ᠤᠨ ᠦᠨᠳᠦᠰᠦ ᠰᠣᠶᠣᠯ ᠤᠨ ᠤᠯᠠᠮᠵᠢᠯᠠᠯ ᠢ ᠪᠡᠬᠡᠵᠢᠭᠦᠯᠦᠨ ᠬᠥᠭᠵᠢᠭᠦᠯᠬᠦ ᠰᠢᠨᠵᠢᠯᠡᠬᠦ ᠤᠬᠠᠭᠠᠨ ᠤ ᠠᠵᠢᠯ ᠢ ᠣᠨᠴᠠᠭᠠᠢ ᠴᠢᠬᠤᠯᠠ ᠪᠠᠢᠳᠠᠯ ᠳᠤ ᠲᠠᠯᠪᠢᠵᠤ ᠪᠠᠶᠢᠨ ᠠ ::

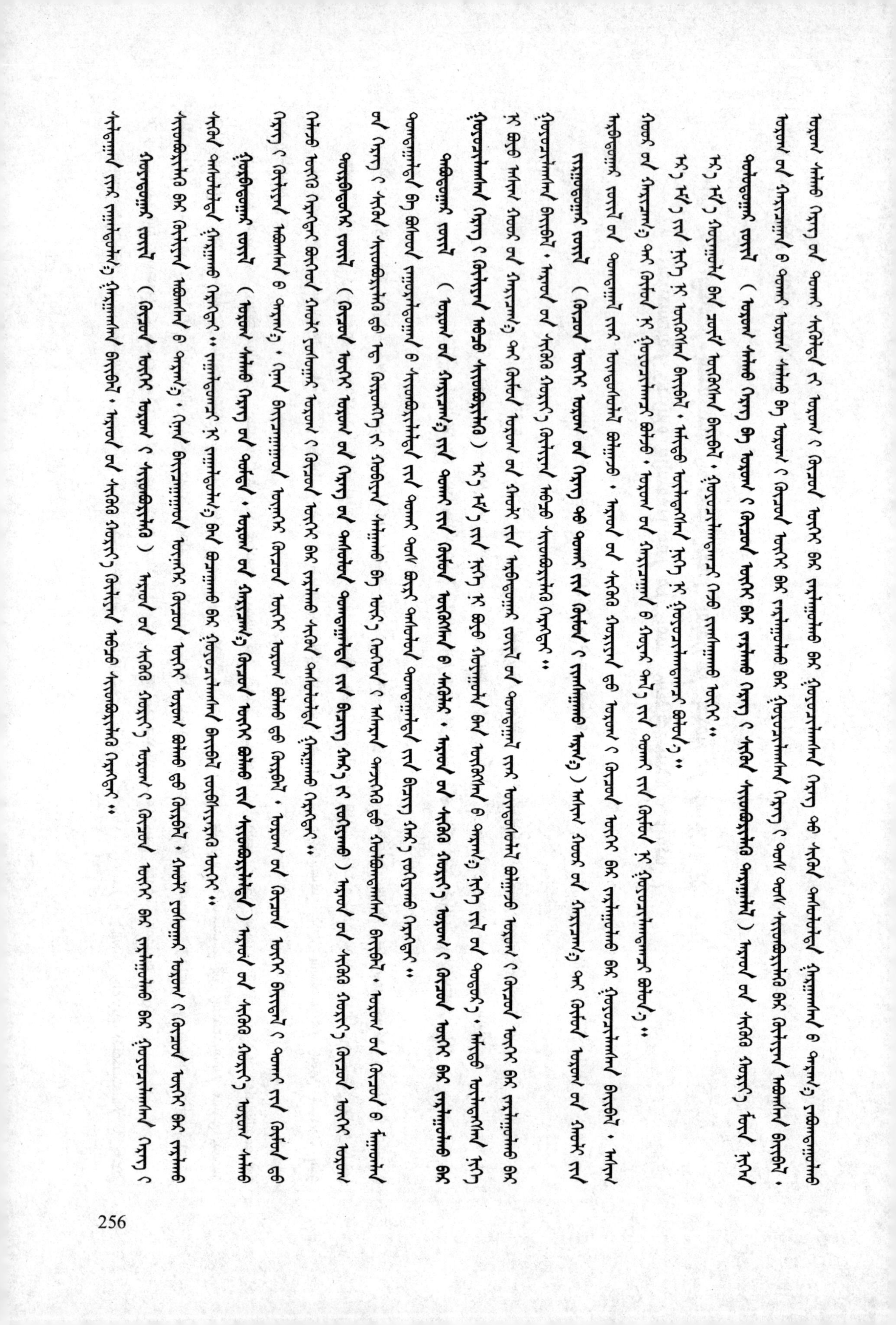

[illegible]

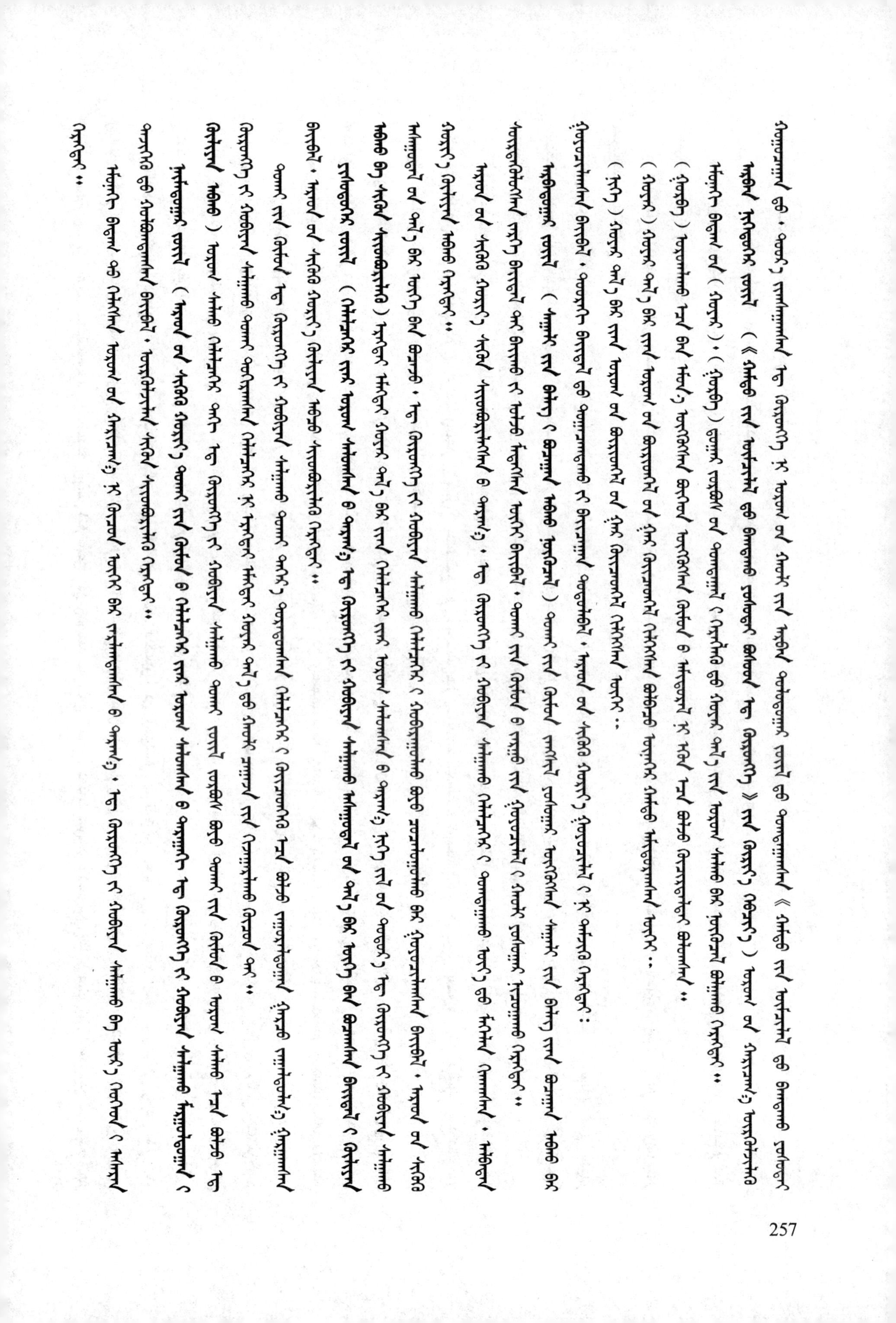

ᠪᠣ ᠭᠦᠢᠴᠡᠳᠬᠡᠭᠰᠡᠨ ᠬᠡᠷᠡᠭ ᠶᠠᠪᠤᠳᠠᠯ ᠢ ᠬᠡᠷᠡᠭᠵᠢᠭᠦᠯᠦᠭᠰᠡᠨ ᠳᠦᠷᠢᠮ ᠂ ᠬᠠᠷᠢᠭᠤᠴᠠᠯᠭ᠎ᠠ ᠬᠢᠭᠡᠳ ᠲᠡᠳᠡ ᠲᠠᠢ ᠬᠠᠷᠢᠯᠴᠠᠭᠰᠠᠨ ᠪᠠᠷᠢᠮᠲᠠ ᠪᠢᠴᠢᠭ ᠮᠠᠲ᠋ᠧᠷᠢᠶᠠᠯ ᠢ ᠬᠠᠳᠠᠭᠠᠯᠠᠬᠤ ᠪᠣᠯᠤᠨ᠎ᠠ ᠂ ᠪᠦᠷᠢᠳᠬᠡᠯ ᠦᠨ ᠬᠠᠮᠲᠤ ᠳᠠᠩᠰᠠᠯᠠᠬᠤ ᠶᠣᠰᠣᠲᠠᠢ ᠂ ᠲᠡᠳᠡᠭᠡᠷ ᠦᠨ ᠬᠠᠷᠢᠭᠤᠴᠠᠯᠭ᠎ᠠ ᠶᠢ ᠬᠡᠷᠡᠭᠵᠢᠭᠦᠯᠬᠦ ᠶᠣᠰᠣᠲᠠᠢ ᠂ ᠦᠨᠳᠦᠰᠦᠨ ᠳᠦ ᠨᠢ ᠬᠠᠮᠲᠤ ᠠᠵᠢᠯᠯᠠᠬᠤ ᠲᠤᠬᠠᠢ (ᠪᠢᠳᠡ ᠬᠠᠮᠲᠤᠷᠠᠭᠤᠯᠬᠤ ᠤᠨ ᠵᠢᠷᠤᠮ ᠢᠶᠠᠷ ᠬᠡᠷᠡᠭᠵᠢᠭᠦᠯᠦᠯ ᠢ ᠶᠣᠰᠣᠯᠠᠯ ᠬᠢᠨ᠎ᠠ ᠂ ᠪᠠᠢᠭᠤᠯᠤᠯᠭ᠎ᠠ ᠬᠢᠭᠡᠳ ᠰᠠᠯᠪᠤᠷᠢ ᠶᠢᠨ ᠭᠠᠵᠠᠷ ᠤᠨ ᠬᠠᠷᠢᠭᠤᠴᠠᠯᠭ᠎ᠠ ᠶᠢ ᠬᠡᠷᠡᠭᠵᠢᠭᠦᠯᠬᠦ ᠶᠣᠰᠣᠲᠠᠢ ::

ᠲᠡᠳᠡ ᠲᠠᠢ ᠬᠠᠷᠢᠯᠴᠠᠭᠰᠠᠨ ᠦᠢᠯᠡᠳᠪᠦᠷᠢ ᠶᠢᠨ ᠪᠠᠢᠭᠤᠯᠤᠯᠭ᠎ᠠ ᠤᠨ ᠠᠵᠢᠯ ᠤᠨ ᠠᠯᠪᠠ ᠶᠢ ᠬᠡᠷᠡᠭᠵᠢᠭᠦᠯᠬᠦ ᠶᠣᠰᠣᠲᠠᠢ ::

ᠬᠠᠮᠲᠤ ᠠᠵᠢᠯᠯᠠᠬᠤ ᠲᠤᠬᠠᠢ (ᠵᠠᠰᠠᠭ ᠤᠨ ᠭᠠᠵᠠᠷ ᠤᠨ ᠰᠠᠯᠪᠤᠷᠢ ᠶᠢᠨ ᠬᠠᠷᠢᠭᠤᠴᠠᠯᠭ᠎ᠠ ᠶᠢ ᠲᠣᠭᠲᠠᠭᠠᠬᠤ) ᠲᠤᠰ ᠪᠠᠢᠭᠤᠯᠤᠯᠭ᠎ᠠ ᠶᠢᠨ ᠬᠡᠷᠡᠭᠵᠢᠭᠦᠯᠦᠯ ᠢ ᠵᠠᠰᠠᠭ ᠤᠨ ᠭᠠᠵᠠᠷ ᠤᠨ ᠪᠠᠢᠭᠤᠯᠤᠯᠭ᠎ᠠ ᠳᠤ ᠲᠤᠰᠬᠠᠢ ᠬᠠᠷᠢᠭᠤᠴᠠᠭᠤᠯᠬᠤ ᠪᠣᠯᠤᠨ᠎ᠠ ::

ᠬᠠᠮᠲᠤ ᠠᠵᠢᠯᠯᠠᠬᠤ ᠲᠤᠬᠠᠢ (ᠵᠠᠰᠠᠭ ᠤᠨ ᠭᠠᠵᠠᠷ ᠤᠨ ᠬᠠᠷᠢᠭᠤᠴᠠᠯᠭ᠎ᠠ ᠶᠢᠨ ᠠᠵᠢᠯ ᠤᠨ ᠵᠢᠷᠤᠮ) ᠵᠠᠰᠠᠭ ᠤᠨ ᠭᠠᠵᠠᠷ ᠤᠨ ᠬᠡᠯᠲᠡᠰ ᠦᠨ ᠠᠵᠢᠯ ᠤᠨ ᠵᠢᠷᠤᠮ ᠢ ᠲᠣᠭᠲᠠᠭᠠᠨ᠎ᠠ ᠂ ᠲᠤᠰ ᠪᠠᠢᠭᠤᠯᠤᠯᠭ᠎ᠠ ᠶᠢᠨ ᠬᠡᠷᠡᠭᠵᠢᠭᠦᠯᠦᠯ ᠢ ᠬᠠᠮᠲᠤ ᠪᠡᠷ ᠪᠠᠢᠭᠤᠯᠤᠨ᠎ᠠ ::

ᠬᠠᠮᠲᠤ ᠠᠵᠢᠯᠯᠠᠬᠤ ᠲᠤᠬᠠᠢ (ᠵᠠᠰᠠᠭ ᠤᠨ ᠭᠠᠵᠠᠷ ᠤᠨ ᠬᠡᠯᠲᠡᠰ ᠦᠨ ᠬᠠᠷᠢᠭᠤᠴᠠᠯᠭ᠎ᠠ) ᠵᠠᠰᠠᠭ ᠤᠨ ᠭᠠᠵᠠᠷ ᠤᠨ ᠬᠠᠷᠢᠭᠤᠴᠠᠯᠭ᠎ᠠ ᠶᠢᠨ ᠬᠡᠯᠲᠡᠰ ᠦᠨ ᠠᠵᠢᠯ ᠢ ᠬᠠᠮᠲᠤ ᠪᠡᠷ ᠬᠡᠷᠡᠭᠵᠢᠭᠦᠯᠦᠨ᠎ᠡ ::

ᠬᠠᠮᠲᠤ ᠠᠵᠢᠯᠯᠠᠬᠤ ᠲᠤᠬᠠᠢ (《 ᠬᠠᠤᠯᠢ ᠶᠢᠨ ᠪᠠᠲᠤᠯᠠᠭᠠ ᠶᠢᠨ ᠲᠤᠬᠠᠢ 》 ᠶᠢᠨ ᠬᠡᠷᠡᠭᠵᠢᠭᠦᠯᠦᠯ) ᠲᠤᠰ ᠬᠠᠤᠯᠢ ᠶᠢᠨ ᠪᠠᠲᠤᠯᠠᠭᠠ ᠶᠢᠨ ᠬᠡᠷᠡᠭᠵᠢᠭᠦᠯᠦᠯ ᠢ ᠬᠠᠮᠲᠤ ᠪᠡᠷ ᠬᠢᠨᠠᠨ ᠬᠡᠷᠡᠭᠵᠢᠭᠦᠯᠦᠨ᠎ᠡ ::

(ᠰᠠᠯᠪᠤᠷᠢ) ᠬᠠᠷᠢᠭᠤᠴᠠᠯᠭ᠎ᠠ ᠪᠦᠬᠦᠢ ᠪᠠᠢᠭᠤᠯᠤᠯᠭ᠎ᠠ ᠶᠢᠨ ᠬᠡᠷᠡᠭᠵᠢᠭᠦᠯᠦᠯ ᠢ ᠶᠣᠰᠣᠭᠠᠷ ᠬᠢᠨ᠎ᠡ ᠂ ᠬᠡᠷᠡᠭᠵᠢᠭᠦᠯᠬᠦ ᠶᠣᠰᠣᠲᠠᠢ ::

(ᠰᠠᠯᠪᠤᠷᠢ) ᠬᠠᠷᠢᠭᠤᠴᠠᠯᠭ᠎ᠠ ᠪᠦᠬᠦᠢ ᠪᠠᠢᠭᠤᠯᠤᠯᠭ᠎ᠠ ᠶᠢᠨ ᠬᠡᠷᠡᠭᠵᠢᠭᠦᠯᠦᠯ ᠢ ᠶᠣᠰᠣᠭᠠᠷ ᠬᠢᠨ᠎ᠡ ᠂ ᠬᠡᠷᠡᠭᠵᠢᠭᠦᠯᠬᠦ ᠶᠣᠰᠣᠲᠠᠢ ::

(ᠬᠠᠷᠢᠭᠤᠴᠠᠯᠭ᠎ᠠ) ᠬᠠᠷᠢᠭᠤᠴᠠᠯᠭ᠎ᠠ ᠶᠢᠨ ᠪᠠᠢᠭᠤᠯᠤᠯᠭ᠎ᠠ ᠶᠢᠨ ᠬᠡᠷᠡᠭᠵᠢᠭᠦᠯᠦᠯ ᠦᠨ ᠠᠵᠢᠯ ᠢ ᠬᠠᠮᠲᠤ ᠪᠡᠷ ᠬᠡᠷᠡᠭᠵᠢᠭᠦᠯᠦᠨ᠎ᠡ ::

ᠪᠠᠷᠢᠮᠲᠠ ᠪᠣᠯᠭᠠᠨ 》 ᠳᠦ ᠪᠣᠯᠤᠨ᠎ᠠ :

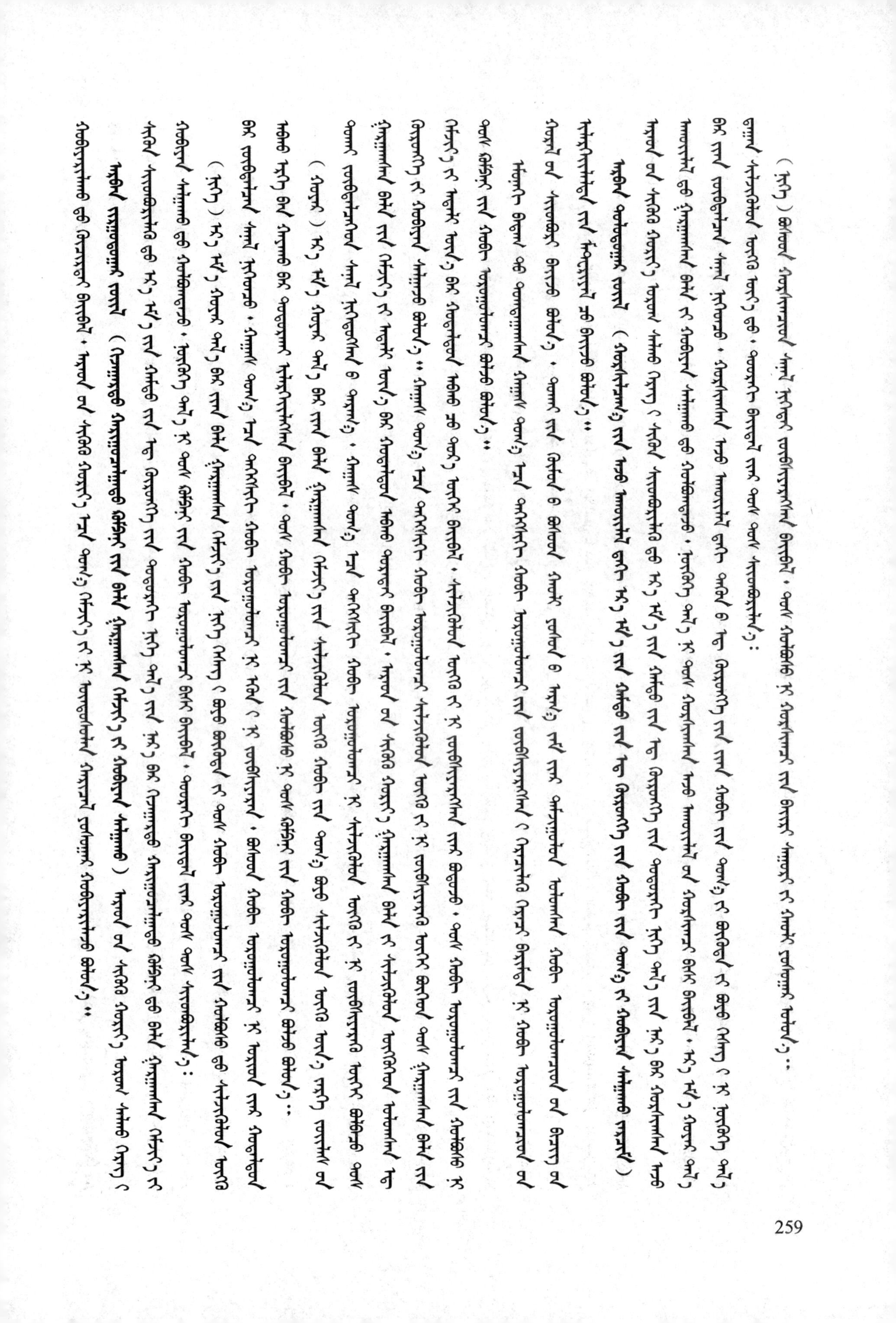

[illegible]

[illegible]

[illegible]

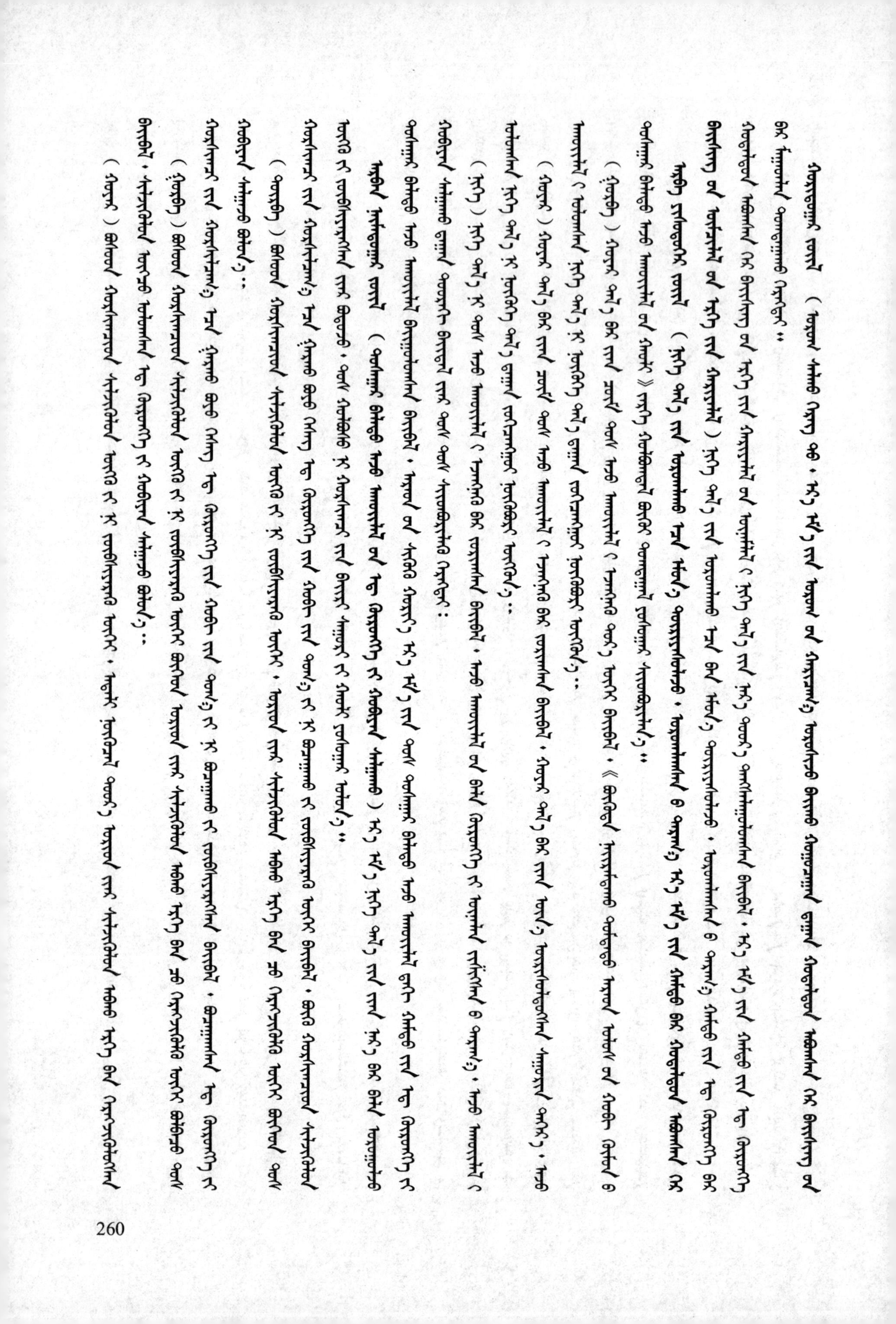

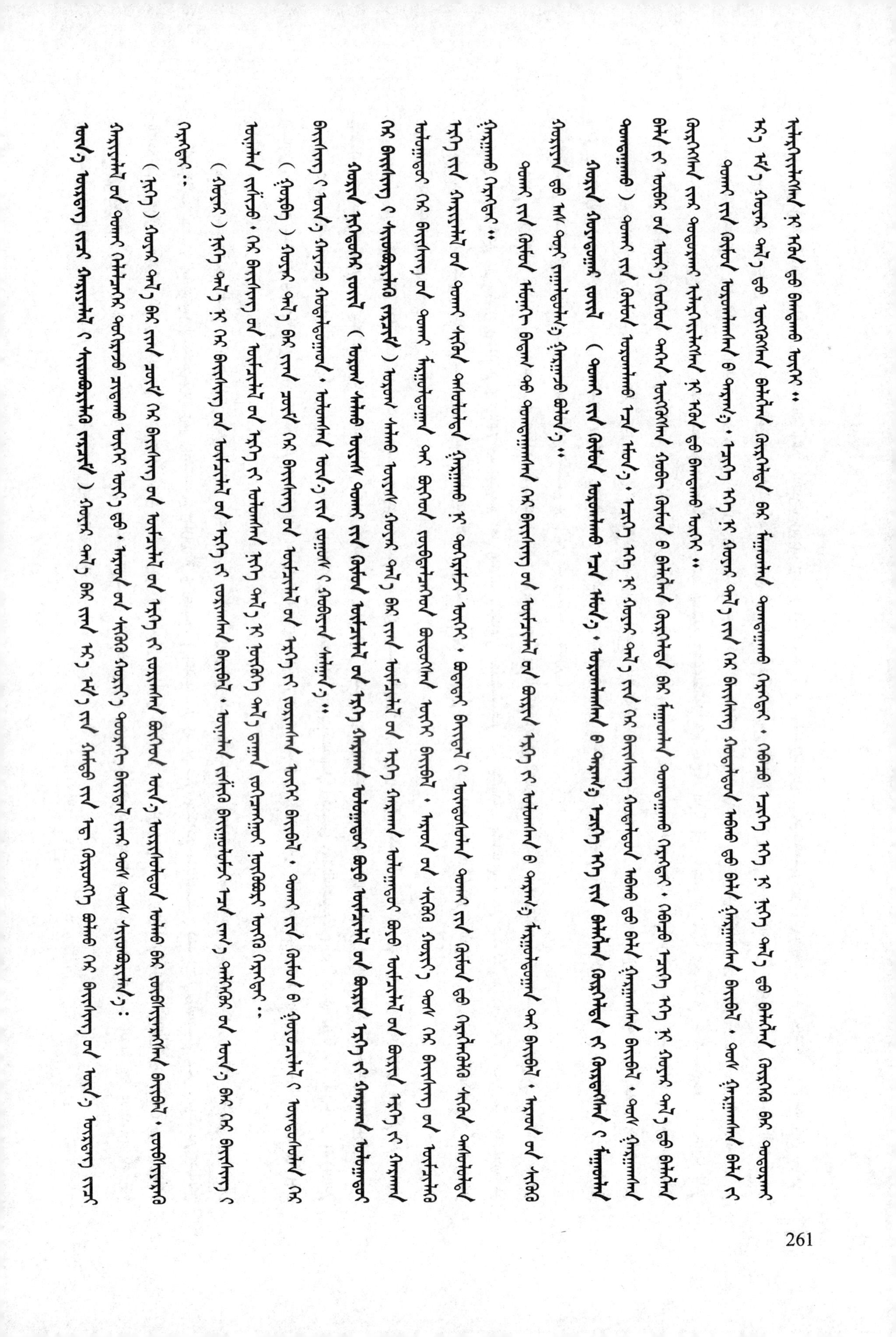

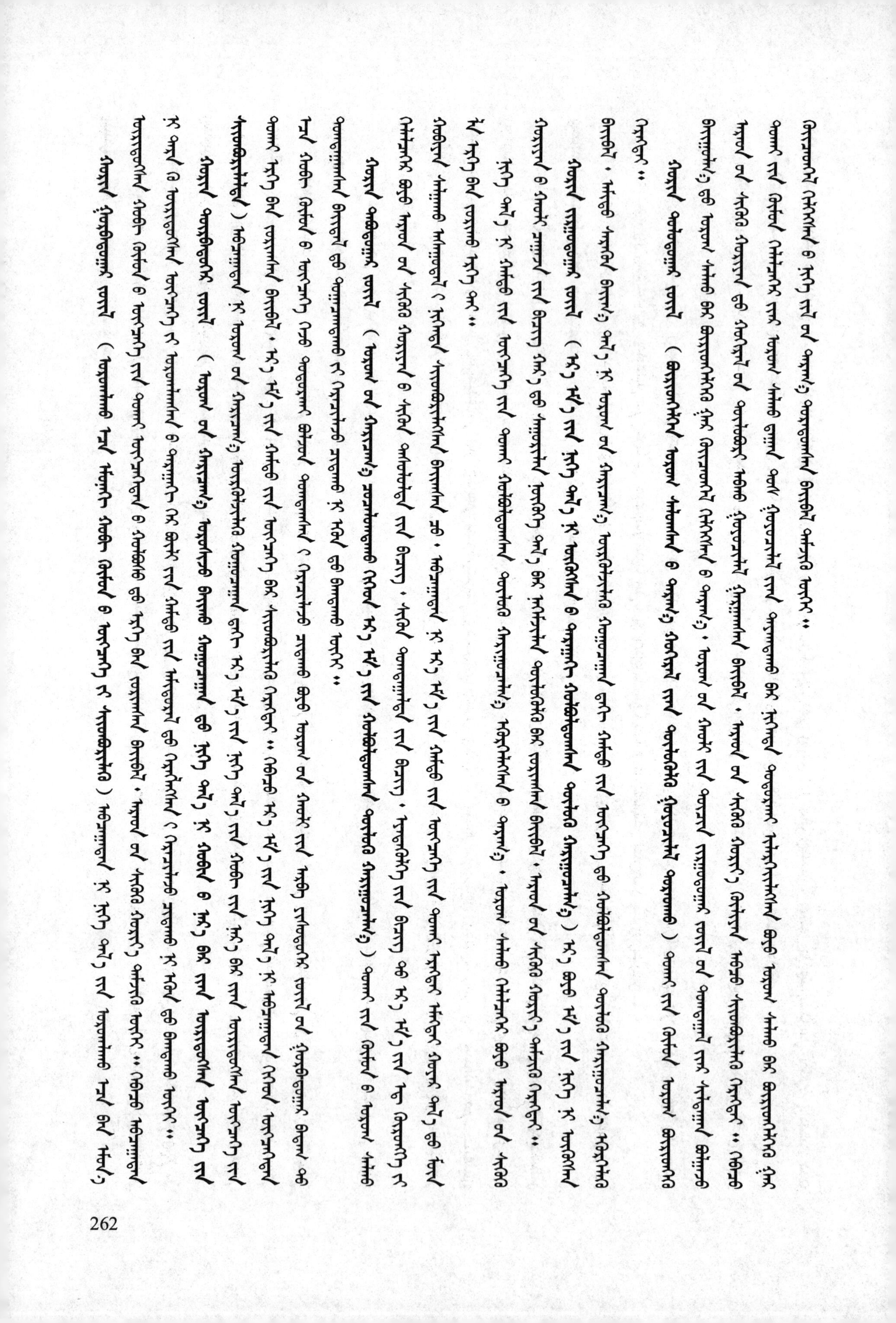

ᠬᠠᠮᠲᠤᠷᠠᠭᠰᠠᠨ : 《ᠮᠣᠩᠭᠣᠯ ᠤᠨ ᠨᠢᠭᠤᠴᠠ ᠲᠣᠪᠴᠢᠶᠠᠨ ᠳᠤ 〈ᠪᠢᠴᠢᠭ ᠰᠣᠶᠣᠯ ᠤᠨ ᠥᠪ〉 ᠢ ᠬᠠᠮᠢᠶᠠᠯᠠᠨ ᠬᠠᠮᠠᠭᠠᠯᠠᠬᠤ ᠲᠤᠬᠠᠢ ᠲᠣᠭᠲᠠᠭᠠᠯ ᠤᠨ

ᠨᠡᠶᠢᠲᠡᠯᠡᠭᠰᠡᠨ ᠬᠡᠪᠯᠡᠯ ᠬᠡᠯᠡᠯᠴᠡᠭᠡᠨ ᠪᠠᠶᠢᠨ᠎ᠠ

ᠵᠢᠴᠢ 《ᠬᠠᠮᠢᠶᠠᠯᠠᠬᠤ ᠵᠢᠷᠤᠮ》 ᠢ ᠲᠤᠰᠬᠠᠢ ᠪᠠᠢᠭᠤᠯᠬᠤ ᠶᠢ

(2003 ᠣᠨ ᠤ 12 ᠰᠠᠷ᠎ᠠ ᠶᠢᠨ 26 ᠤ ᠡᠳᠦᠷ)

ᠬᠠᠮᠢᠶᠠᠯᠠᠭᠳᠠᠬᠤ (ᠵᠦᠢᠯ) 》 ᠳᠤ ᠣᠷᠣᠭᠤᠯᠤᠭᠰᠠᠨ ᠳᠤ ᠨᠡᠶᠢᠲᠡᠯᠡᠭᠰᠡᠨ ᠢ ᠪᠠᠲᠤᠯᠠᠭᠰᠠᠨ ᠢ

ᠪᠠᠢᠭᠤᠯᠬᠤ ᠮᠣᠩᠭᠣᠯ ᠤᠨ ᠮᠣᠩᠭᠣᠯ ᠤᠨ ᠤᠯᠤᠰ〉 ᠤᠨ ᠪᠠᠢᠭᠤᠯᠤᠭᠳᠠᠭᠰᠠᠨ ᠬᠤᠷᠠᠯᠳᠠᠢ ᠳᠤ ᠳᠤ ᠪᠠᠢᠭ᠎ᠠ

ᠮᠣᠩᠭᠣᠯ ᠤᠨ ᠨᠢᠭᠤᠴᠠ ᠲᠣᠪᠴᠢᠶᠠᠨ ᠤ ᠰᠤᠳᠤᠯᠤᠯ ᠤᠨ ᠬᠠᠷᠢᠶᠠᠯᠠᠯ ᠲᠠᠢ 《ᠪᠢᠴᠢᠭ ᠰᠣᠶᠣᠯ ᠤᠨ

【ᠲᠠᠢᠯᠪᠤᠷᠢ】

ᠬᠠᠮᠢᠶᠠᠯᠠᠭᠳᠠᠬᠤ ᠶᠢ ᠪᠣᠯ ᠬᠠᠮᠢᠶᠠᠯᠠᠭᠳᠠᠬᠤ ᠪᠠ ᠲᠣᠭᠲᠠᠭᠠᠨ ᠪᠠᠢᠭᠤᠯᠤᠭᠳᠠᠭᠰᠠᠨ ᠪᠣᠯ ᠪᠠᠢᠨ᠎ᠠ᠃ ᠪᠣᠯ ᠬᠠᠮᠢᠶᠠᠯᠠᠭᠳᠠᠬᠤ ᠪᠠ ᠪᠠᠷᠢᠭᠳᠠᠭᠰᠠᠨ ᠪᠠᠢᠨ᠎ᠠ::

ᠪᠣᠯ ᠬᠠᠮᠢᠶᠠᠯᠠᠭᠳᠠᠬᠤ ᠶᠢᠨ ᠨᠡᠶᠢᠲᠡᠯᠡᠭᠳᠡᠭᠰᠡᠨ ᠦ ᠪᠠᠢᠳᠠᠯ᠃ ᠮᠣᠩᠭᠣᠯ ᠤᠨ ᠨᠢᠭᠤᠴᠠ ᠲᠣᠪᠴᠢᠶᠠᠨ ᠤ ᠰᠤᠳᠤᠯᠤᠯ ᠤᠨ ᠬᠠᠷᠢᠶᠠᠯᠠᠯ ᠪᠣᠯᠤᠨ ᠠᠷᠭ᠎ᠠ ᠪᠠᠷ ᠪᠠᠢᠭ᠎ᠠ

ᠲᠤᠰᠬᠠᠢ ᠬᠠᠮᠢᠶᠠᠯᠠᠬᠤ ᠳᠤ ᠬᠠᠮᠠᠭ ᠪᠠ ᠪᠣᠯ ᠬᠠᠮᠢᠶᠠᠯᠠᠭᠳᠠᠬᠤ ᠶᠢᠨ ᠨᠡᠶᠢᠲᠡᠯᠡᠭᠰᠡᠨ ᠢ ᠨᠡᠭᠡᠳᠦᠭᠡᠷ::

ᠪᠣᠯ ᠬᠠᠮᠢᠶᠠᠯᠠᠭᠳᠠᠬᠤ ᠶᠢᠨ ᠨᠡᠶᠢᠲᠡᠯᠡᠭᠰᠡᠨ ᠦ ᠪᠠᠢᠳᠠᠯ᠃ ᠮᠣᠩᠭᠣᠯ ᠤᠨ ᠰᠤᠳᠤᠯᠤᠯ ᠤᠨ ᠬᠠᠷᠢᠶᠠᠯᠠᠯ ᠪᠠ ᠰᠠᠶᠢᠬᠠᠨ ᠬᠠᠮᠢᠶᠠᠯᠠᠭᠳᠠᠬᠤ ᠶᠢᠨ ᠬᠤᠭᠤᠴᠠᠭ᠎ᠠ ᠳᠤ ᠬᠠᠮᠠᠭ ᠳᠤ ᠪᠣᠯᠤᠭᠰᠠᠨ ᠦ

ᠪᠣᠯᠭᠠᠨ ᠲᠣᠭᠲᠠᠭᠠᠭᠰᠠᠨ ᠪᠣᠯᠤᠨ᠎ᠠ (ᠪᠣᠯ ᠬᠠᠮᠢᠶᠠᠯᠠᠭᠳᠠᠬᠤ ᠶᠢᠨ ᠨᠡᠶᠢᠲᠡᠯᠡᠭᠰᠡᠨ ᠬᠡᠪᠯᠡᠯ) ᠪᠣᠯ ᠬᠠᠮᠢᠶᠠᠯᠠᠭᠳᠠᠬᠤ ᠶᠢᠨ 2004 ᠣᠨ ᠤ 4 ᠰᠠᠷ᠎ᠠ ᠳᠤ 1 ᠤ ᠡᠳᠦᠷ ᠡᠴᠡ ᠬᠡᠷᠡᠭᠵᠢᠭᠦᠯᠦᠨ᠎ᠡ::

ᠲᠠᠶᠢᠯᠪᠤᠷᠢᠯᠠᠬᠤ ᠬᠣᠷᠢᠶ᠎ᠠ ᠳᠤ ᠪᠣᠯᠤᠭᠰᠠᠨ ᠤ ᠪᠣᠯᠤᠨ ᠢ ᠪᠣᠯᠭᠠᠨ ᠪᠠᠢᠨ᠎ᠠ::

ᠬᠠᠮᠢᠶᠠᠯᠠᠬᠤ ᠵᠢᠷᠤᠮ ᠤᠨ ᠬᠠᠮᠢᠶᠠᠯᠠᠬᠤ ᠪᠣᠯᠤᠨ ᠬᠠᠷᠢᠶᠠᠯᠠᠯ ᠤᠨ ᠬᠤᠭᠤᠴᠠᠭ᠎ᠠ ᠶᠢᠨ ᠠᠷᠭ᠎ᠠ ᠪᠠᠷ ᠬᠡᠷᠡᠭᠵᠢᠭᠦᠯᠦᠨ᠎ᠡ᠃ ᠡᠨᠡ ᠬᠠᠮᠢᠶᠠᠯᠠᠯ ᠳᠤ

ᠪᠠᠢᠳᠠᠯ ᠤᠨ ᠡᠨᠡ ᠬᠠᠮᠢᠶᠠᠯᠠᠯ ᠪᠠᠷ ᠬᠠᠷᠢᠶᠠᠯᠠᠭᠰᠠᠨ ᠪᠣᠯᠤᠨ ᠬᠠᠮᠢᠶᠠᠯᠠᠬᠤ ᠶᠢᠨ ᠲᠣᠭᠲᠠᠭᠠᠯ ᠪᠣᠯᠤᠨ᠎ᠠ᠃ ᠮᠣᠩᠭᠣᠯ ᠤᠨ ᠬᠠᠷᠢᠶᠠᠯᠠᠯ

ᠪᠠᠢᠭᠤᠯᠤᠭᠳᠠᠭᠰᠠᠨ ᠬᠠᠮᠢᠶᠠᠯᠠᠬᠤ ᠶᠢᠨ ᠬᠠᠷᠢᠶᠠᠯᠠᠯ ᠤᠨ (ᠬᠣᠶᠠᠷ ᠳᠤᠭᠠᠷ ᠬᠠᠮᠢᠶᠠᠯᠠᠯ ᠤᠨ ᠠᠷᠭ᠎ᠠ ᠵᠢᠴᠢ ᠪᠣᠯᠤᠨ ᠳᠤ ᠳᠤ ᠬᠣᠶᠠᠷ

ᠯ ᠳᠡᠭᠡᠷᠡ ᠨᠡᠢᠲᠡᠯᠡᠭᠰᠡᠨ (ᠰᠡᠳᠬᠦᠯ) 》 (ᠬᠡᠪᠯᠡᠯ 《 ᠨᠡᠢᠲᠡᠯᠡᠭᠰᠡᠨ ᠰᠡᠳᠬᠦᠯ 》 ᠦᠨ ᠳᠡᠭᠡᠷᠡ) ᠶᠢ 2003 ᠣᠨ ᠤ 12 ᠰᠠᠷ᠎ᠠ ᠶᠢᠨ 26 ᠤ ᠡᠳᠦᠷ ᠬᠡᠪᠯᠡᠭᠳᠡᠭᠰᠡᠨ ᠪᠣᠯᠤᠨ᠎ᠠ ᠃ ᠵᠢᠱᠢᠶᠡᠯᠡᠪᠡᠯ ᠂ ᠡᠨᠡ ᠮᠣᠩᠭᠣᠯ ᠤᠨ ᠡᠷᠳᠡᠮ ᠤᠨ ᠰᠡᠳᠬᠦᠯ ᠢ ᠰᠢᠨᠵᠢᠯᠡᠭᠡ ᠪᠠᠷᠢᠮᠲᠠᠳᠠᠭᠤᠯᠤᠭᠰᠠᠨ ᠰᠢᠨᠵᠢᠯᠡᠬᠦ ᠤᠬᠠᠭᠠᠨ ᠤ ᠪᠣᠯᠪᠠᠰᠤ ᠤᠤ ?

ᠨᠡᠢᠲᠡᠯᠡᠭᠰᠡᠨ : ᠬᠡᠪᠯᠡᠯ ᠦᠨ ᠨᠡᠢᠲᠡᠯᠡᠯ ᠦᠨ ᠬᠠᠮᠲᠤ ᠪᠠᠷ ᠤᠨ ᠬᠡᠪᠯᠡᠯ ᠦᠨ ᠰᠡᠳᠬᠦᠯ ᠬᠡᠪᠯᠡᠭᠳᠡᠭᠰᠡᠨ ᠰᠡᠳᠬᠦᠯ (ᠪᠣᠯᠪᠠᠰᠤᠷᠠᠯ ᠂ ᠰᠤᠷᠪᠠᠯᠵᠢᠯᠠᠭᠰᠠᠨ ᠤ ᠰᠣᠶᠣᠯ 《 ᠮᠣᠩᠭᠣᠯ ᠤᠨ ᠰᠣᠶᠣᠯ 》 ᠳᠤ 2001 ᠣᠨ ᠤ 4 ᠰᠠᠷ᠎ᠠ ᠶᠢᠨ 28 ᠤ ᠡᠳᠦᠷ ᠬᠡᠪᠯᠡᠭᠳᠡᠭᠰᠡᠨ ᠪᠣᠯᠤᠨ᠎ᠠ ᠃ ᠶᠠᠭ 《 ᠮᠣᠩᠭᠣᠯ ᠤᠨ ᠰᠣᠶᠣᠯ 》 ᠳᠤ ᠬᠡᠪᠯᠡᠭᠳᠡᠭᠰᠡᠨ ᠨᠢ ᠪᠠᠰᠠ ᠨᠢᠭᠡ ᠨᠡᠢᠲᠡᠯᠡᠯ ᠢ ᠰᠤᠷᠪᠠᠯᠵᠢᠯᠠᠭᠰᠠᠨ ᠪᠢᠴᠢᠭ ᠂ ᠬᠡᠪᠯᠡᠯ ᠮᠣᠩᠭᠣᠯ ᠤᠨ ᠪᠢᠴᠢᠭ ᠤᠨ ᠬᠡᠪᠯᠡᠯ ᠦᠨ ᠪᠠᠢᠳᠠᠯ ᠢ ᠰᠤᠳᠤᠯᠵᠤ ᠂ 《 ᠮᠣᠩᠭᠣᠯ ᠤᠨ ᠰᠣᠶᠣᠯ 》 ᠤᠨ ᠬᠡᠪᠯᠡᠯ ᠦᠨ ᠬᠡᠷᠡᠭ ᠢ ᠰᠢᠨᠵᠢᠯᠡᠨ ᠪᠠᠢᠨ᠎ᠠ ᠃

ᠮᠣᠩᠭᠣᠯ ᠬᠡᠯᠡ ᠪᠢᠴᠢᠭ ᠦᠨ ᠰᠡᠳᠬᠦᠯ ᠳᠦ 2001 ᠣᠨ ᠤ ᠬᠣᠶᠠᠳᠤᠭᠠᠷ ᠳᠤᠭᠠᠷ ᠲᠤ ᠬᠡᠪᠯᠡᠭᠳᠡᠭᠰᠡᠨ 《 ᠮᠣᠩᠭᠣᠯ ᠤᠨ ᠰᠣᠶᠣᠯ 》 ᠤᠨ ᠨᠡᠢᠲᠡᠯᠡᠯ ᠢ ᠰᠤᠷᠪᠠᠯᠵᠢᠯᠠᠭᠰᠠᠨ ᠪᠢᠴᠢᠭ ᠂ ᠬᠡᠪᠯᠡᠯ ᠦᠨ ᠬᠡᠯᠡ ᠶᠢᠨ ᠰᠢᠨᠵᠢᠯᠡᠯ ᠢ ᠪᠠᠷᠢᠮᠲᠠᠯᠠᠨ ᠬᠡᠪᠯᠡᠭᠰᠡᠨ ᠪᠢᠯᠡ ᠃

ᠬᠠᠮᠤᠭ ᠣᠢᠷ᠎ᠠ ᠳᠤ 2002 ᠣᠨ ᠤ ᠬᠣᠶᠠᠳᠤᠭᠠᠷ ᠰᠠᠷ᠎ᠠ ᠳᠤ 《 ᠮᠣᠩᠭᠣᠯ ᠤᠨ ᠰᠣᠶᠣᠯ 》 ᠳᠤ ᠬᠡᠪᠯᠡᠭᠳᠡᠭᠰᠡᠨ ᠨᠡᠢᠲᠡᠯᠡᠯ ᠦᠨ ᠰᠤᠷᠪᠠᠯᠵᠢᠯᠠᠭᠰᠠᠨ ᠪᠢᠴᠢᠭ ᠂ ᠬᠡᠪᠯᠡᠯ ᠦᠨ ᠭᠠᠵᠠᠷ ᠤᠨ ᠳᠠᠷᠤᠭ᠎ᠠ ᠪᠡᠷ ᠬᠡᠪᠯᠡᠭᠰᠡᠨ ᠪᠣᠯᠤᠨ᠎ᠠ ᠃ ᠲᠡᠷᠡ ᠪᠡᠷ ᠬᠡᠪᠯᠡᠭᠳᠡᠭᠰᠡᠨ ᠨᠡᠢᠲᠡᠯᠡᠯ ᠦᠨ ᠳᠤᠭᠠᠷ ᠤᠨ (ᠰᠡᠳᠬᠦᠯ) 》 ᠤᠨ ᠬᠠᠮᠲᠤ ᠪᠠᠷ ᠬᠡᠪᠯᠡᠭᠳᠡᠭᠰᠡᠨ ᠪᠠᠢᠨ᠎ᠠ ᠃

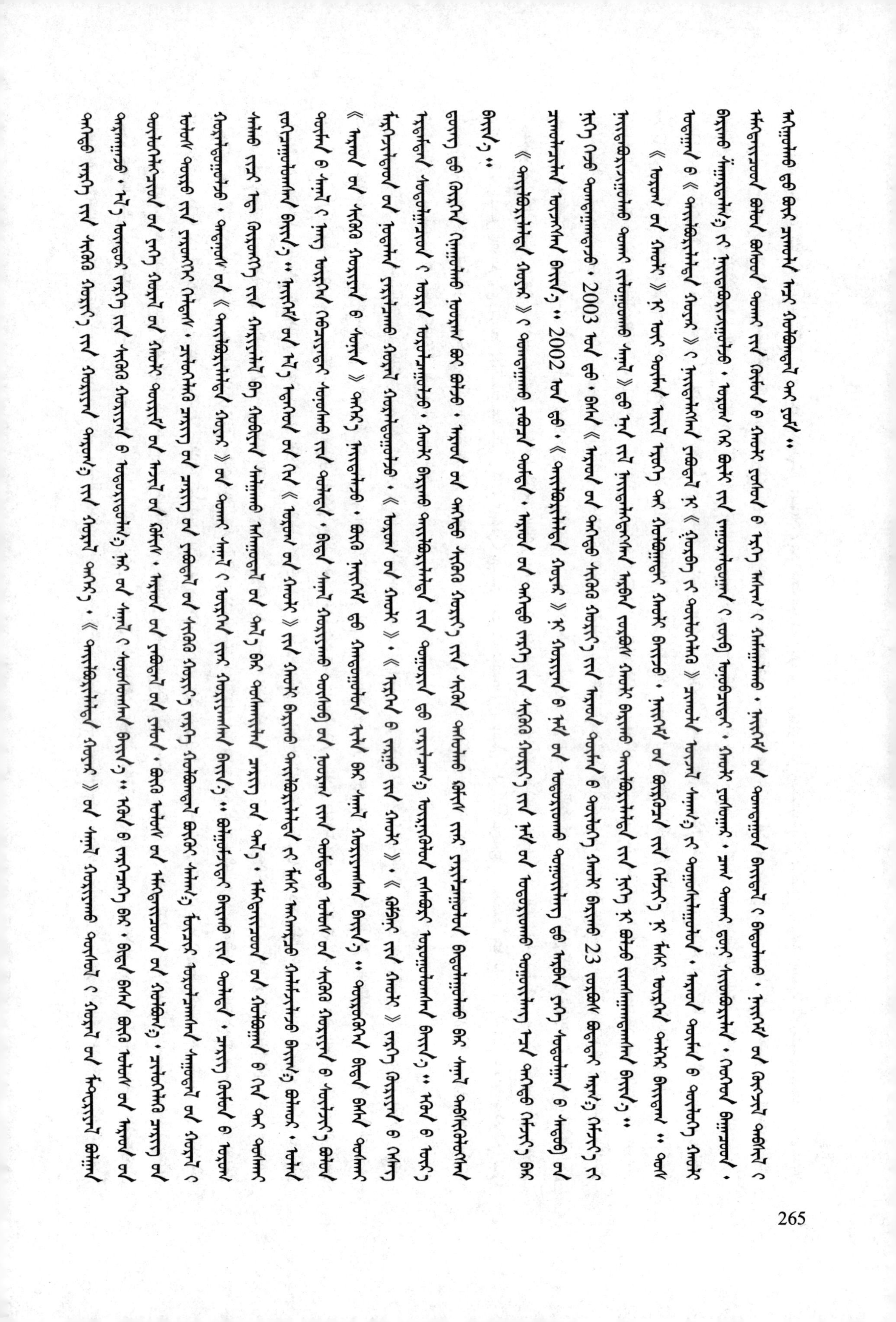

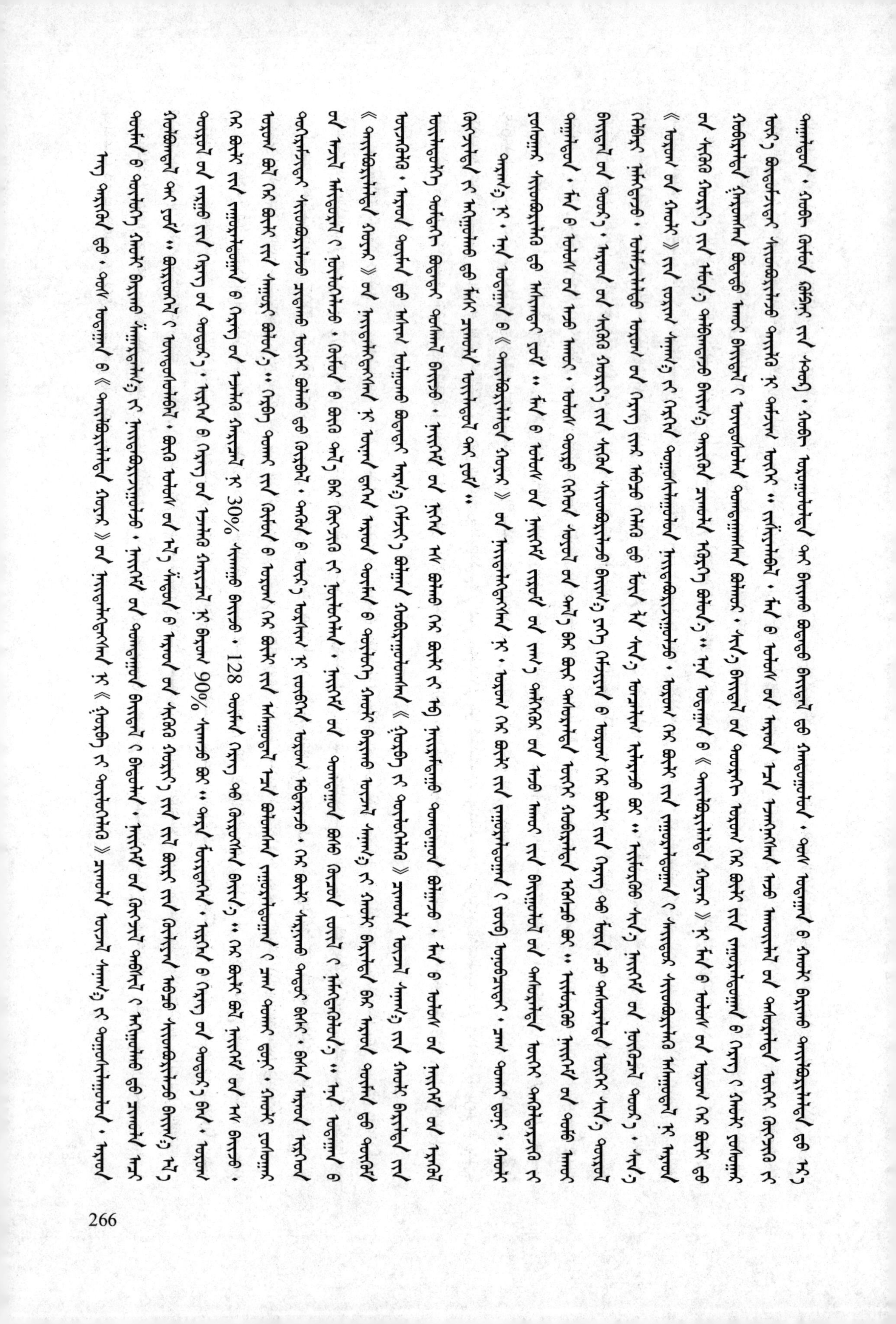

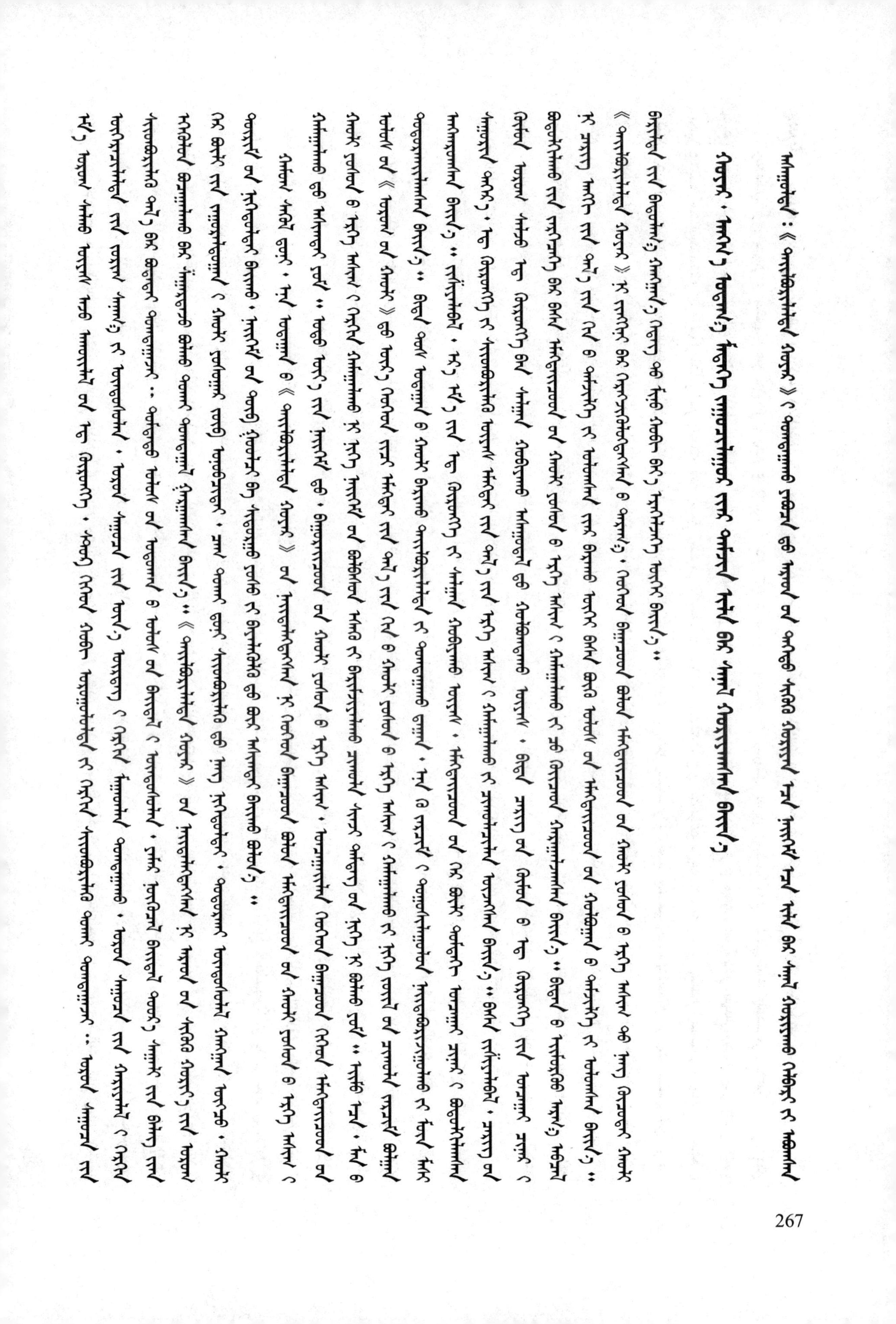

[illegible]

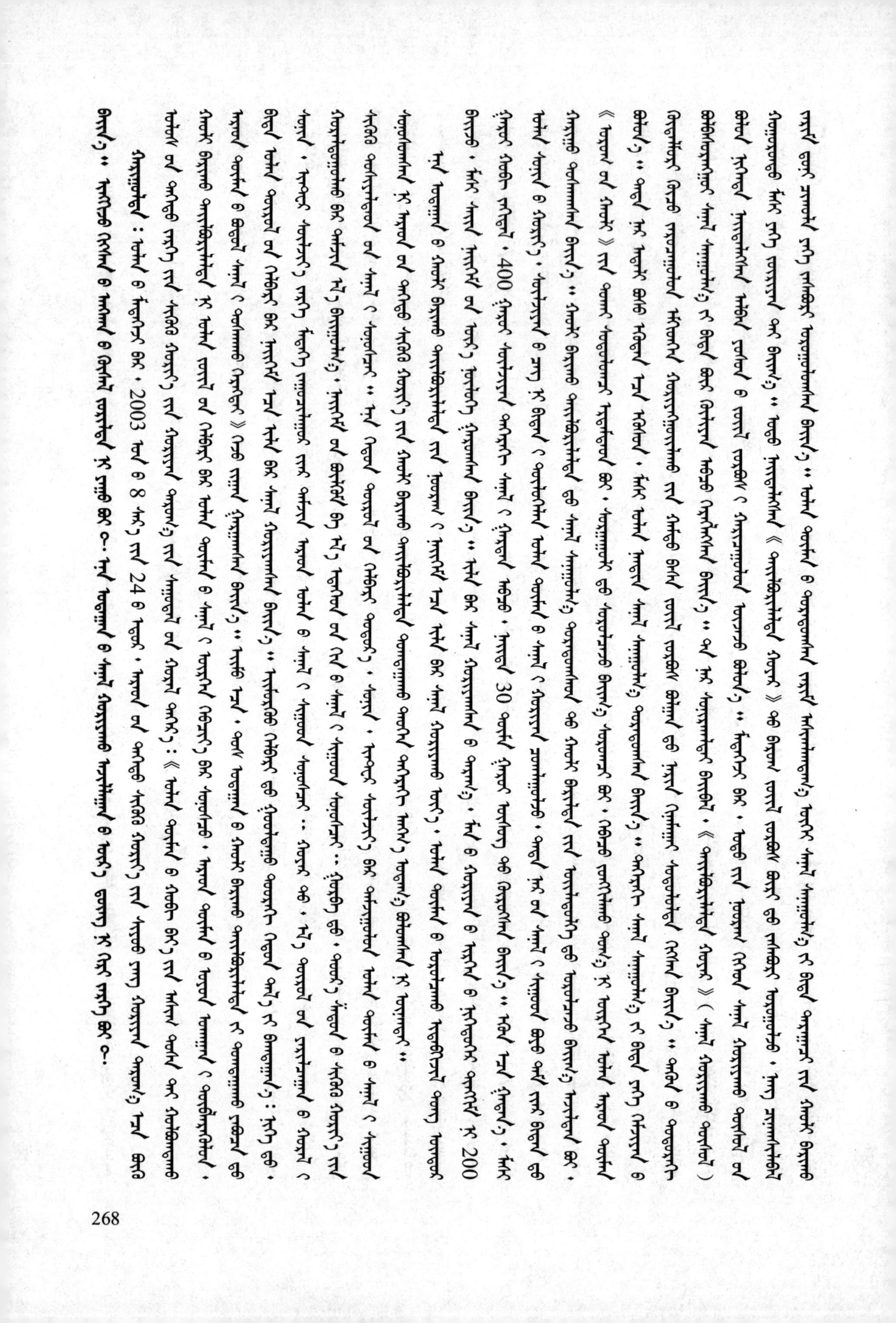

ᠳᠥᠷᠪᠡ ᠂ ᠬᠢᠴᠢᠶᠡᠯ ᠦᠨ ᠪᠠᠶᠢᠳᠠᠯ ᠢ ᠦᠨᠡᠯᠡᠬᠦ ᠠᠷᠭ᠎ᠠ ᠶᠢ ᠰᠣᠩᠭᠣᠬᠤ ᠳᠤ ᠶᠠᠮᠠᠷ ᠰᠢᠯᠲᠠᠭᠠᠨ ᠪᠠᠶᠢᠨ᠎ᠠ

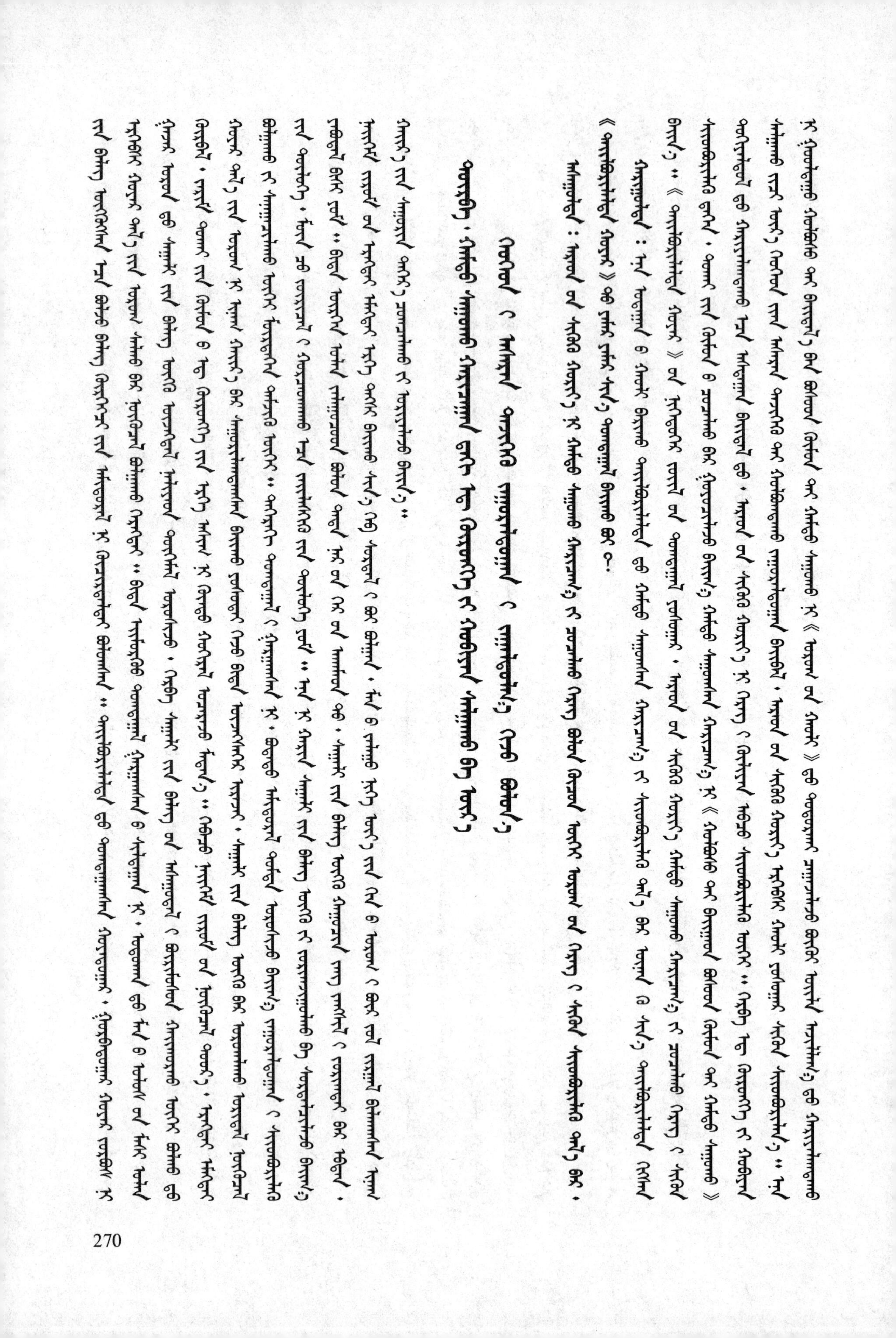

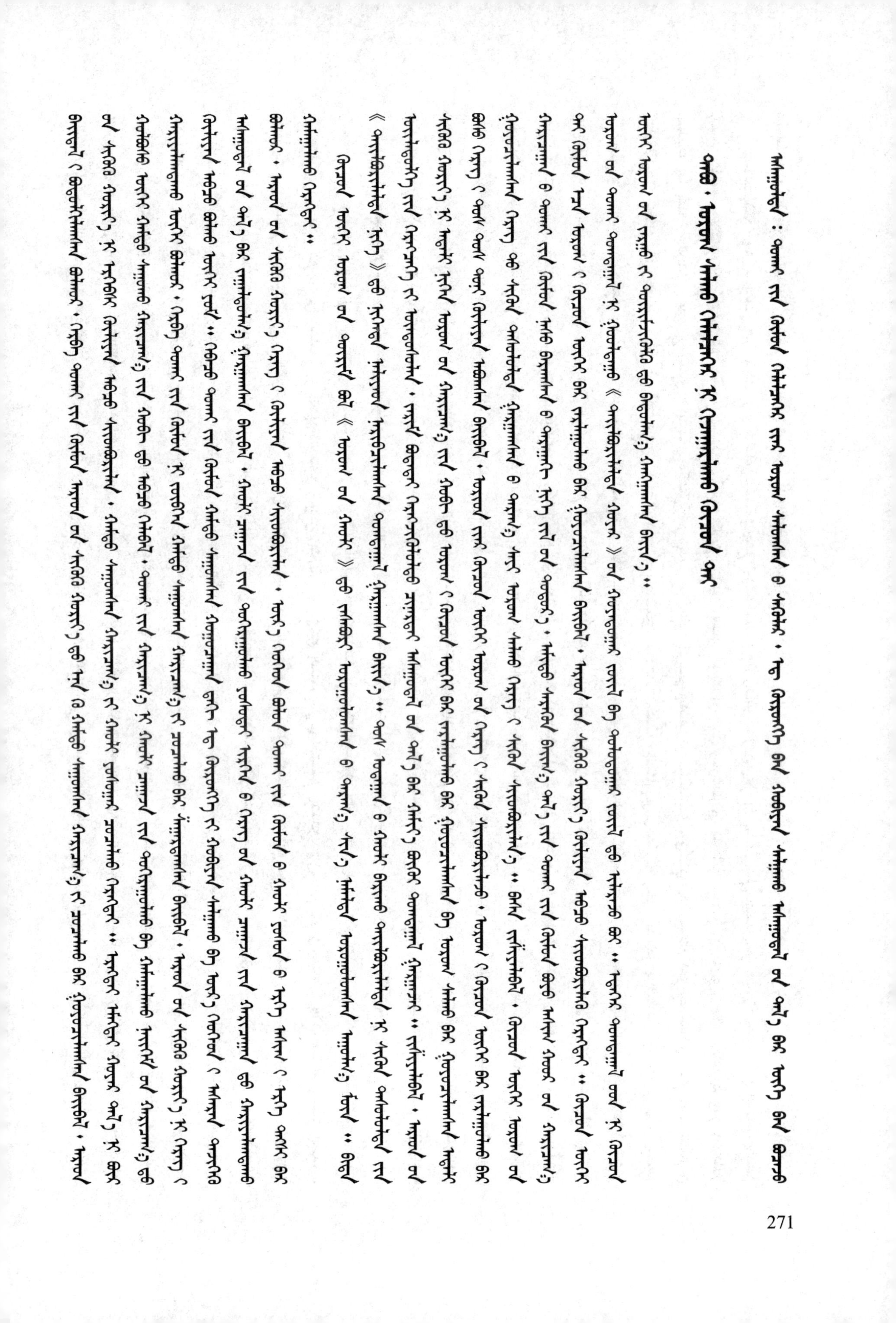

[illegible]

[illegible]

[illegible]

[illegible]

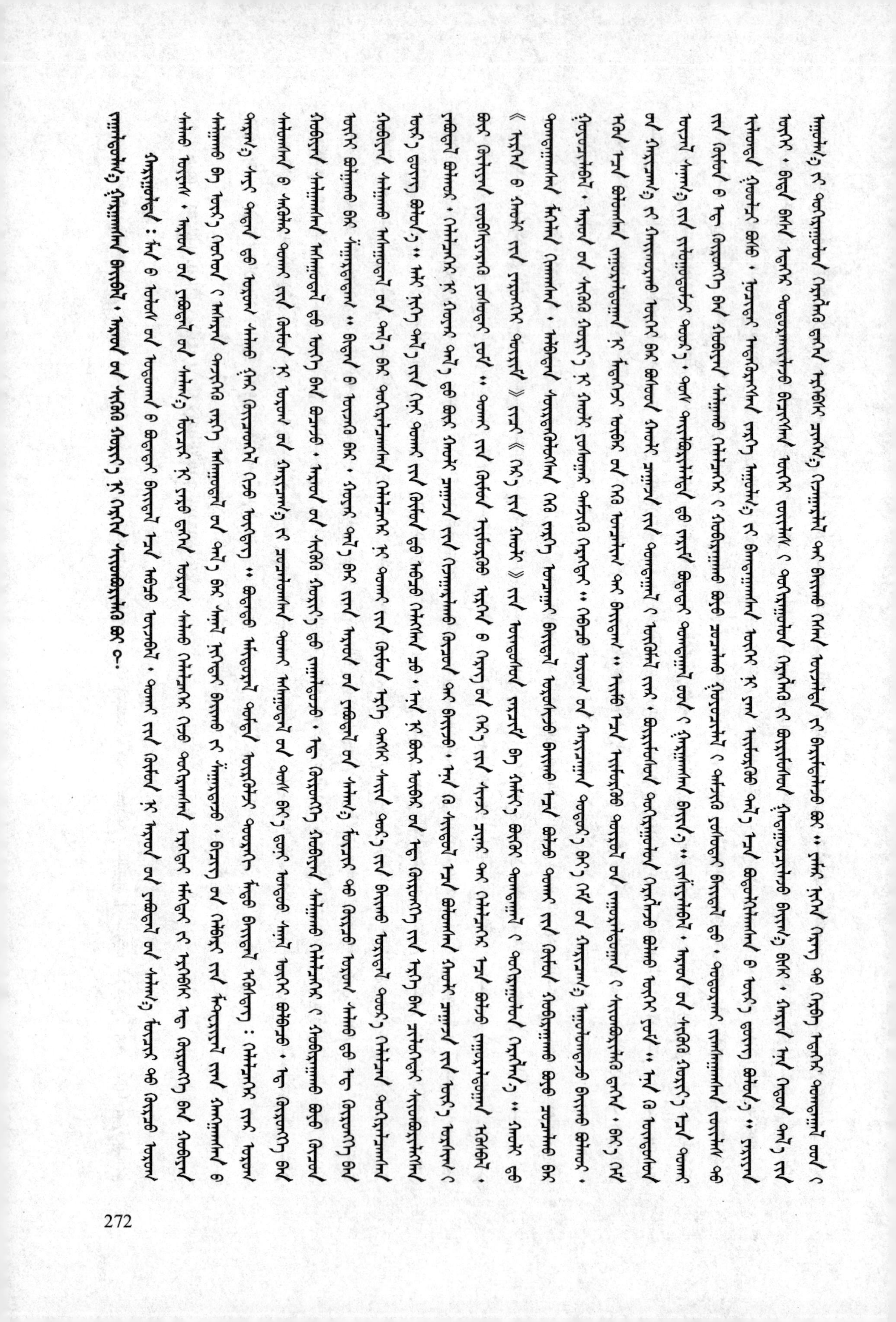

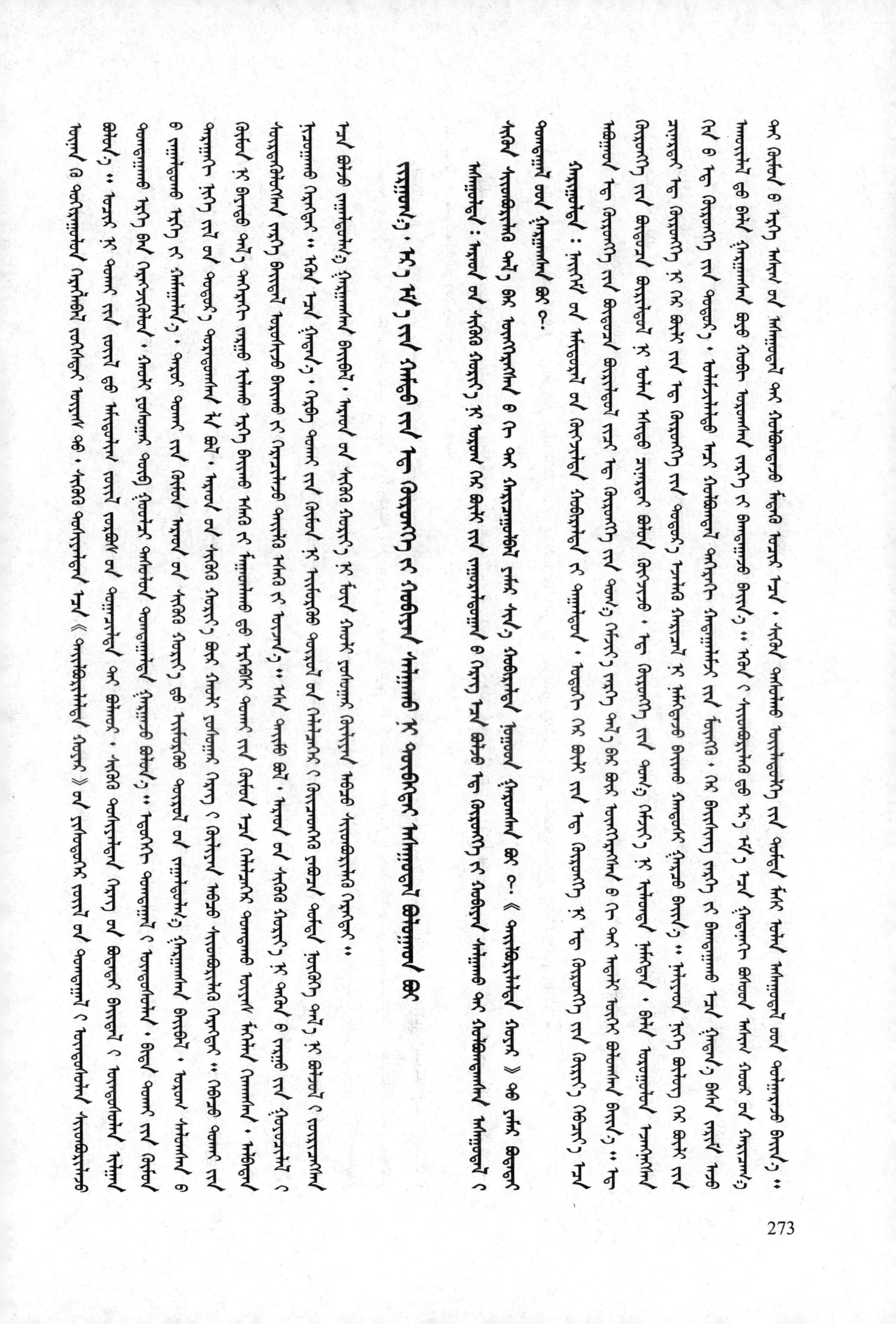

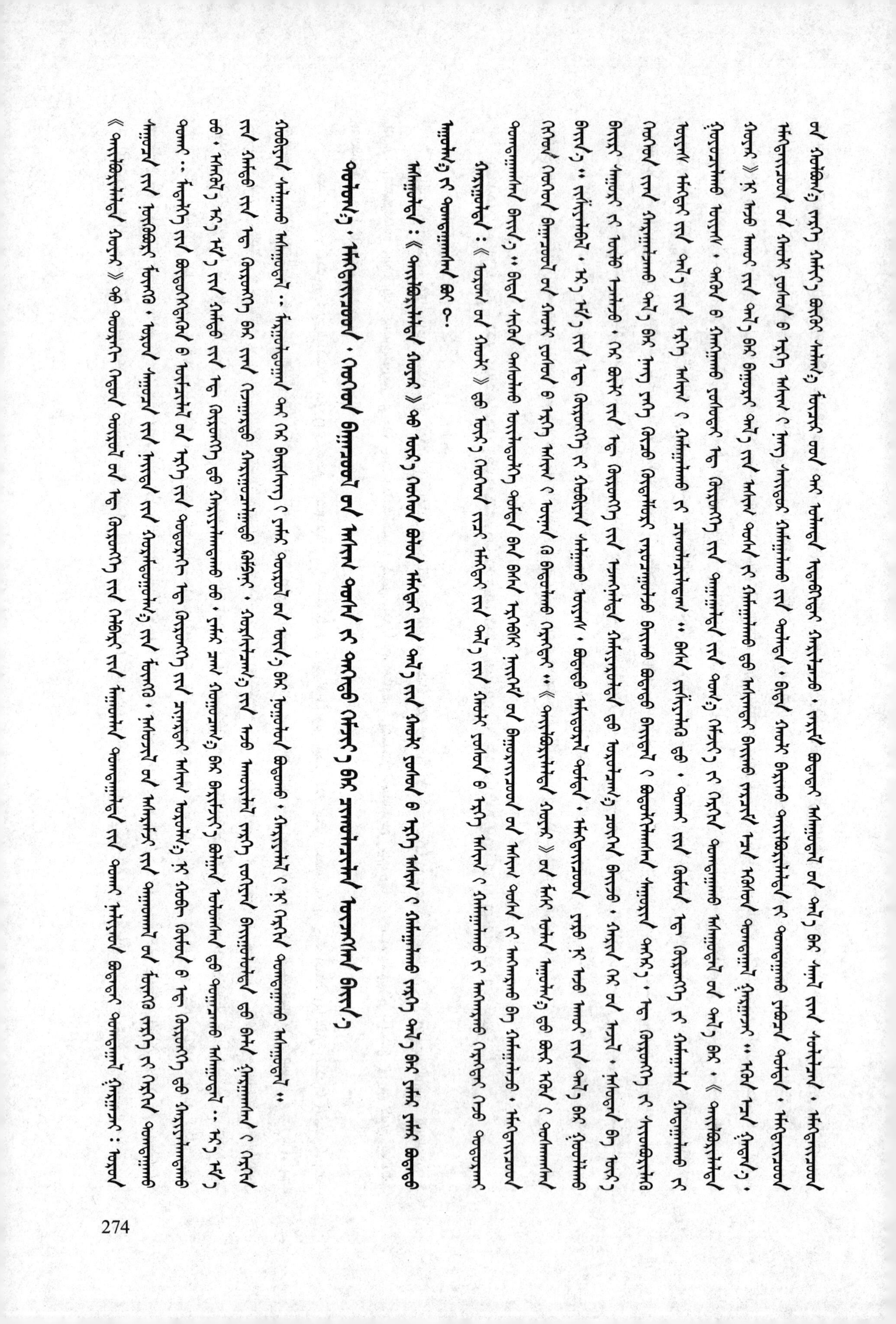

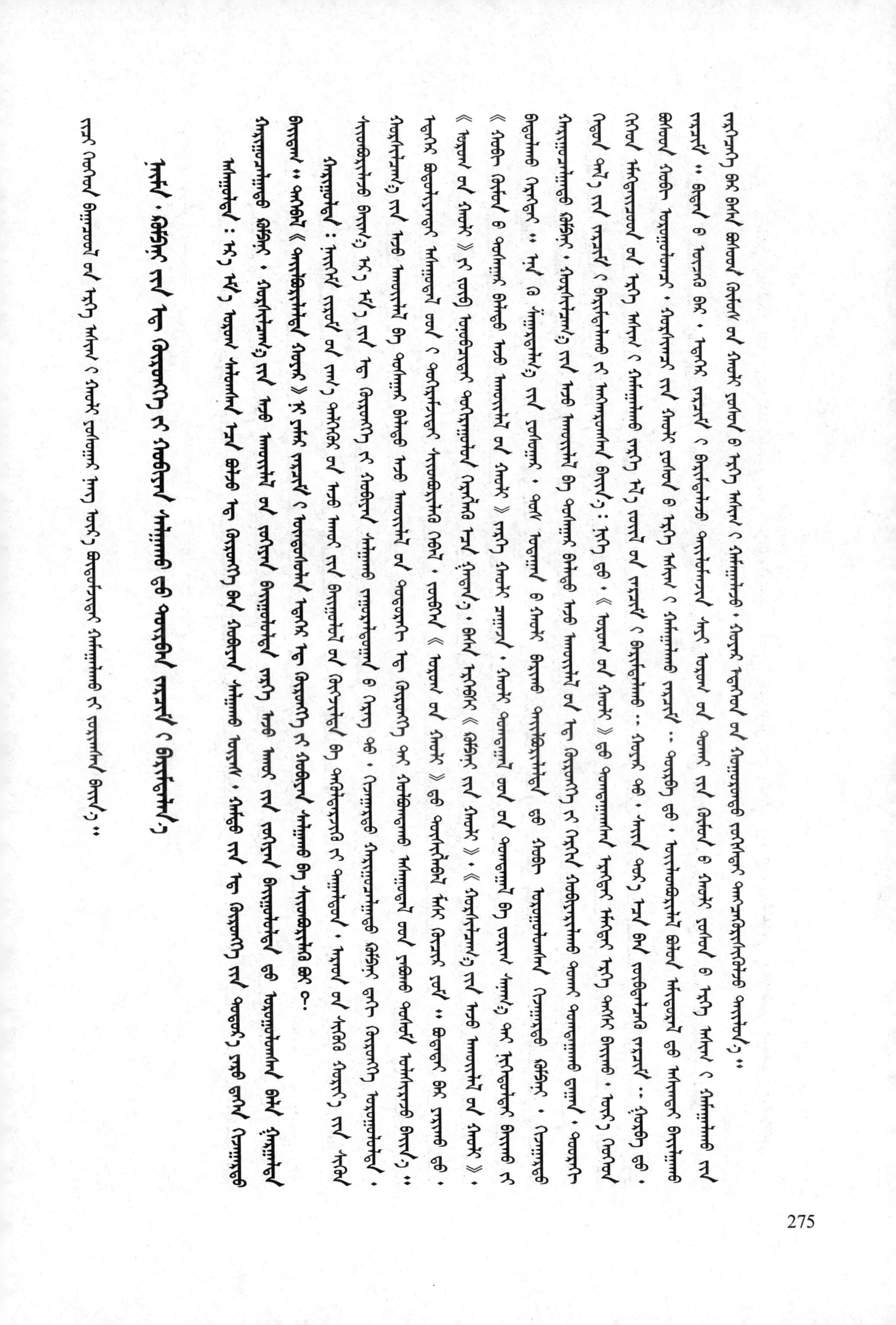

[illegible]

ᠨᠢᠭᠡ᠂ [illegible]

[illegible]

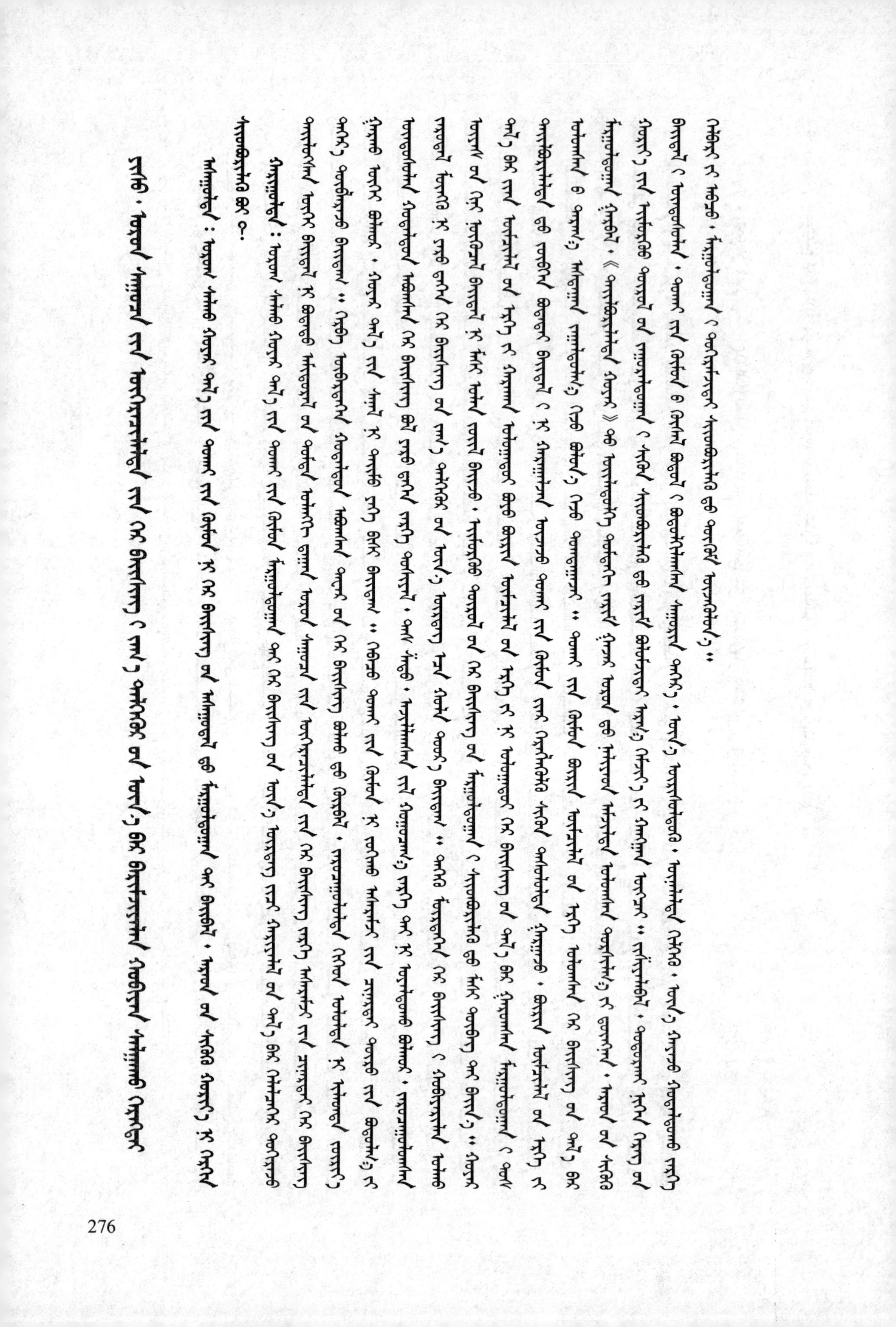

[illegible]

[illegible] : [illegible]

[illegible] : [illegible]

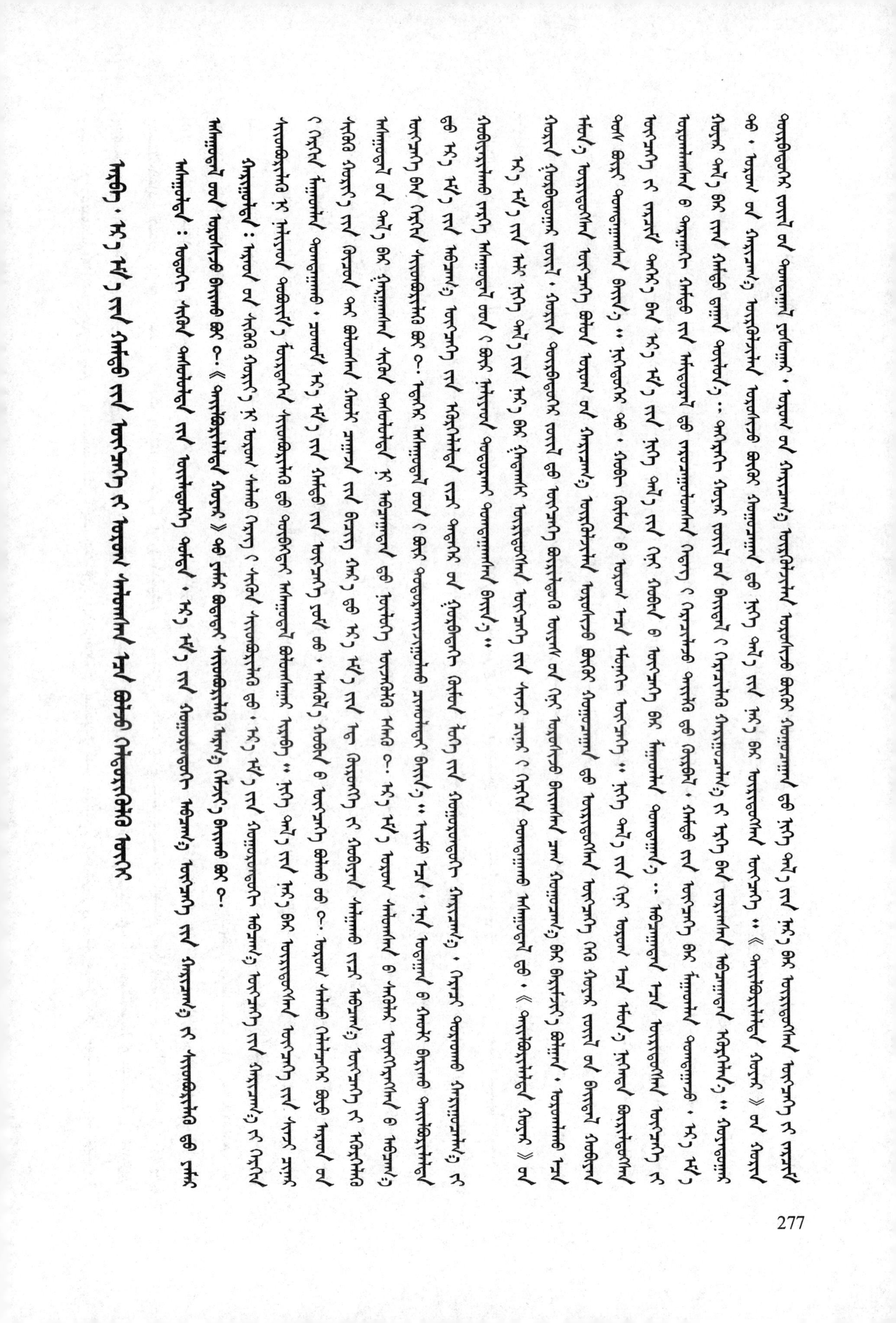

[illegible]

[illegible]

[illegible]

[illegible]

[illegible]

ᠮᠣᠩᠭᠣᠯ ᠬᠡᠯᠡ ᠶᠢ ᠰᠤᠷᠤᠯᠴᠠᠬᠤ ᠳᠤ ᠮᠣᠩᠭᠣᠯ ᠪᠢᠴᠢᠭ ᠦᠨ ᠳᠦᠷᠢᠮ ᠢ ᠰᠤᠷᠤᠯᠴᠠᠬᠤ ᠬᠡᠷᠡᠭᠲᠡᠢ ᠪᠣᠯᠤᠨᠠ ᠃ ᠮᠣᠩᠭᠣᠯ ᠪᠢᠴᠢᠭ ᠦᠨ

ᠬᠣ ᠪᠣᠯ :: [illegible] ᠪᠠᠢᠨ᠎ᠠ ::

ᠮᠣᠩᠭᠣᠯ ᠬᠡᠯᠡ · [illegible]
[illegible] ᠭᠠᠷᠴᠠᠭ

ᠭᠠᠷᠴᠠᠭ : 《[illegible]》 [illegible] 《[illegible]》 [illegible] ᠪᠣᠢ ᠤ ?

ᠰᠠᠨᠠᠭᠤᠯᠤᠯᠲᠠ : [illegible] 《ᠮᠣᠩᠭᠣᠯ [illegible]》 [illegible] ᠬᠣ

[illegible]

ᠭᠤᠷᠪᠠ᠂ ᠢᠳᠠᠯᠢ ᠳᠠᠬᠢ 《ᠮᠣᠩᠭᠣᠯ ᠤᠨ ᠨᠢᠭᠤᠴᠠ ᠲᠣᠪᠴᠢᠶᠠᠨ》 ᠤ ᠰᠤᠳᠤᠯᠤᠯ

[illegible]

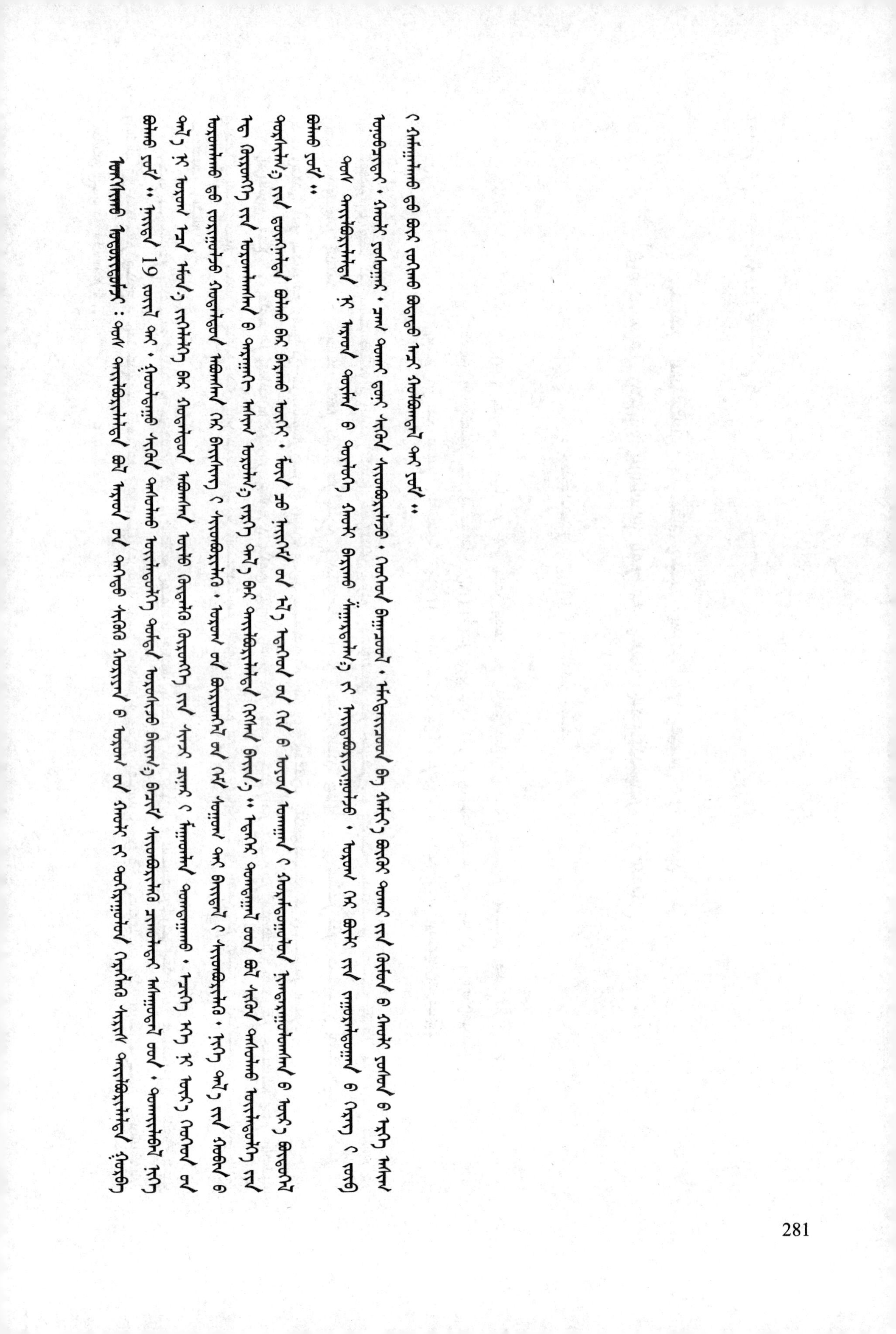

ᠳᠡᠭᠡᠳᠦ ᠠᠷᠠᠳ ᠤᠨ ᠱᠢᠭᠦᠬᠦ ᠶᠢᠨ ᠭᠠᠵᠠᠷ ᠤᠨ

《ᠪᠦᠭᠦᠳᠡ ᠨᠠᠢᠷᠠᠮᠳᠠᠬᠤ ᠳᠤᠮᠳᠠᠳᠤ ᠠᠷᠠᠳ ᠤᠯᠤᠰ ᠤᠨ ᠭᠡᠷᠯᠡᠯᠲᠡ ᠶᠢᠨ ᠬᠠᠤᠯᠢ》 ᠢ ᠬᠡᠷᠡᠭᠯᠡᠬᠦ ᠳᠦ ᠬᠠᠮᠢᠶᠠᠷᠠᠬᠤ ᠵᠠᠷᠢᠮ ᠠᠰᠠᠭᠤᠳᠠᠯ ᠤᠨ ᠲᠠᠢᠯᠪᠤᠷᠢ (ᠭᠤᠷᠪᠠ)

ᠬᠠᠤᠯᠢ ᠲᠠᠢᠯᠪᠤᠷᠢᠯᠠᠯ 〔2011〕18 ᠳ᠋ᠤᠭᠠᠷ

(2011 ᠣᠨ ᠤ 7 ᠰᠠᠷ᠎ᠠ ᠶᠢᠨ 4 ᠤ ᠡᠳᠦᠷ ᠳᠡᠭᠡᠳᠦ ᠠᠷᠠᠳ ᠤᠨ ᠱᠢᠭᠦᠬᠦ ᠶᠢᠨ ᠭᠠᠵᠠᠷ ᠤᠨ ᠱᠢᠭᠦᠨ ᠲᠣᠭᠲᠠᠭᠠᠬᠤ ᠵᠥᠪᠯᠡᠯ ᠦᠨ 1525 ᠳᠤᠭᠠᠷ ᠬᠤᠷᠠᠯ ᠳᠤ ᠪᠠᠲᠤᠯᠠᠭᠳᠠᠵᠤ 2011 ᠣᠨ ᠤ 8 ᠰᠠᠷ᠎ᠠ ᠶᠢᠨ 9 ᠤ ᠡᠳᠦᠷ ᠳᠡᠭᠡᠳᠦ ᠠᠷᠠᠳ ᠤᠨ ᠱᠢᠭᠦᠬᠦ ᠶᠢᠨ ᠭᠠᠵᠠᠷ ᠤᠨ ᠮᠡᠳᠡᠭᠳᠡᠯ ᠢᠶᠡᠷ ᠨᠡᠢᠲᠡᠯᠡᠵᠦ 2011 ᠣᠨ ᠤ 8 ᠰᠠᠷ᠎ᠠ ᠶᠢᠨ 13 ᠤ ᠡᠳᠦᠷ ᠡᠴᠡ ᠡᠬᠢᠯᠡᠨ ᠬᠡᠷᠡᠭᠵᠢᠭᠦᠯᠦᠨ᠎ᠡ)

[illegible]

[illegible]

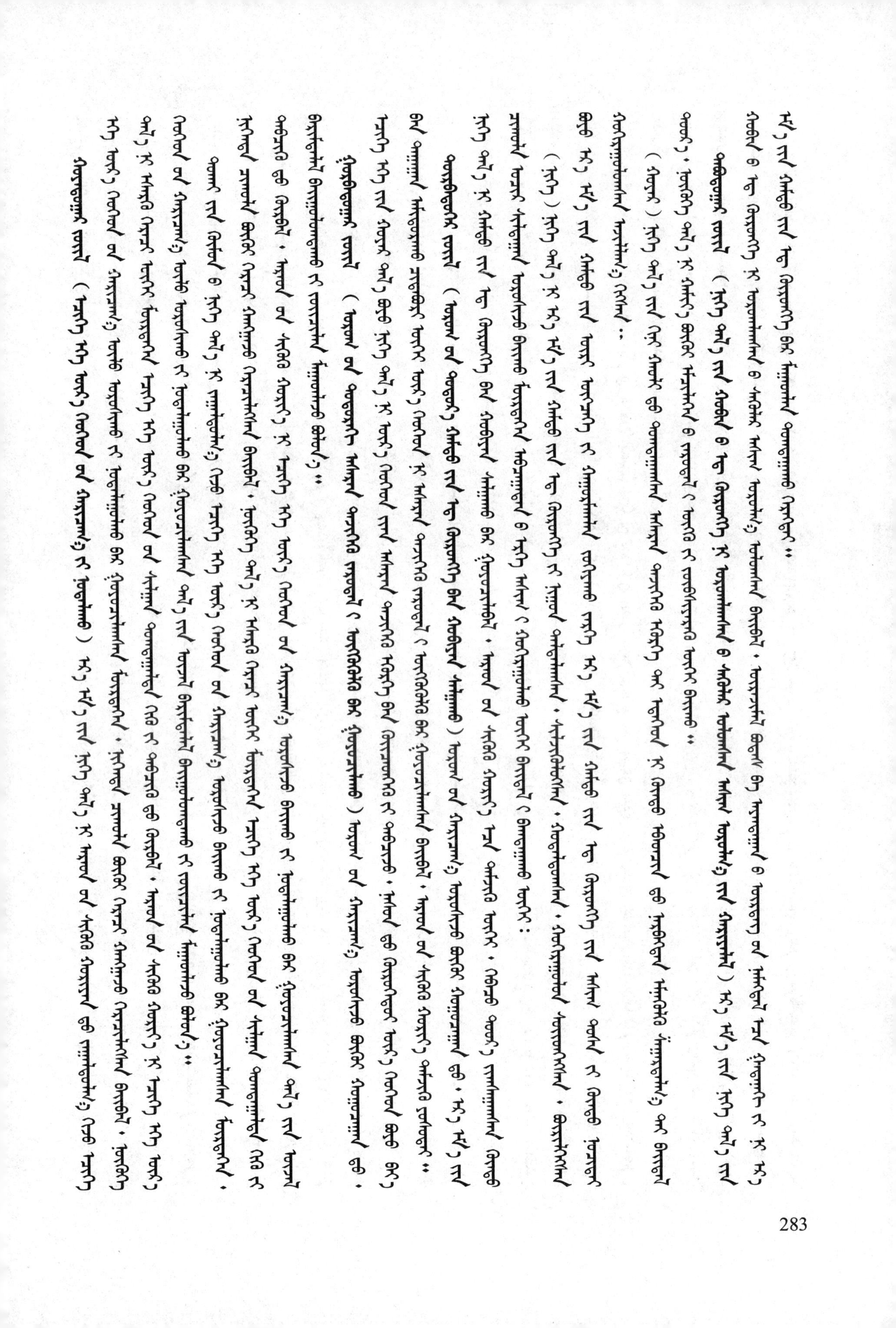

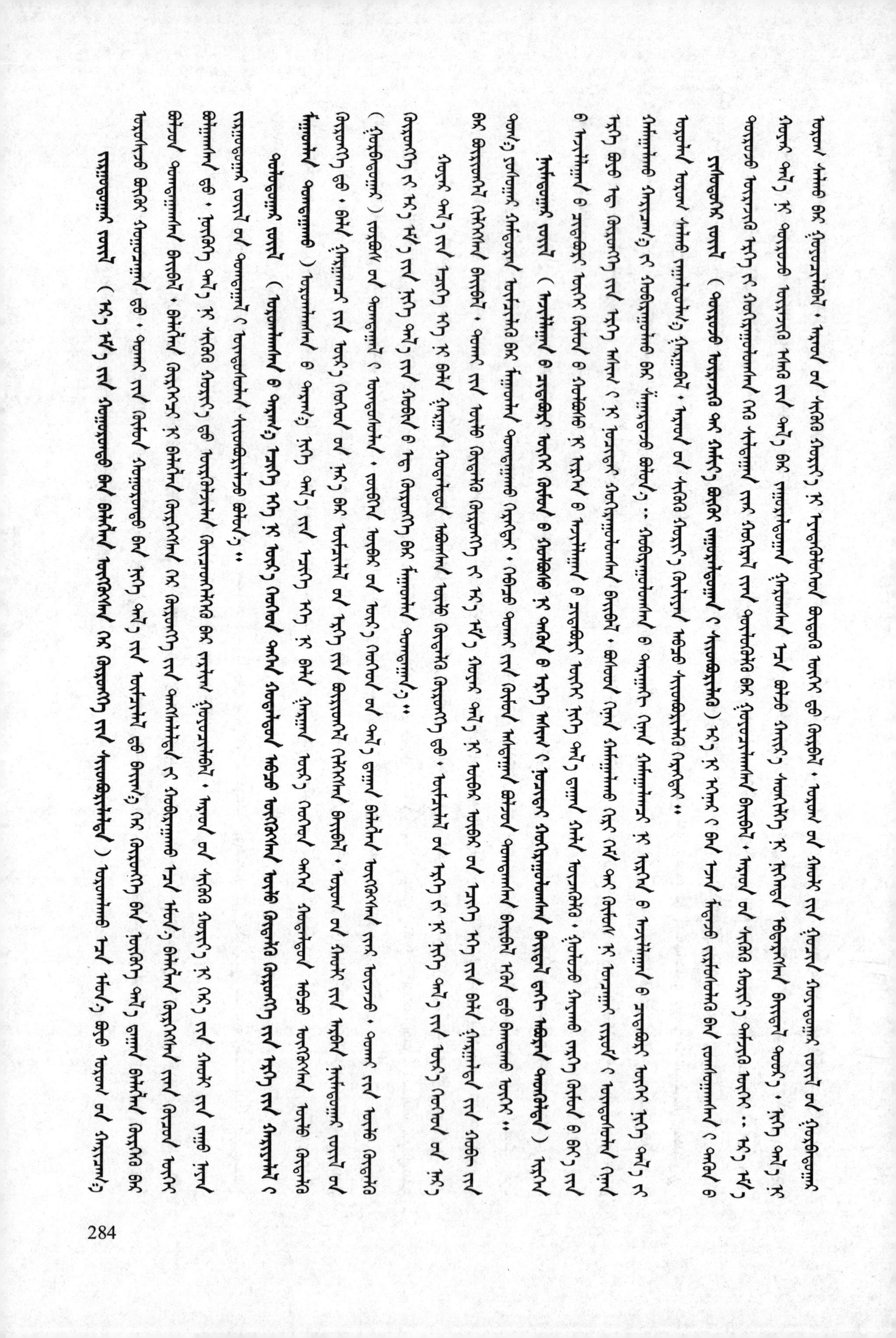

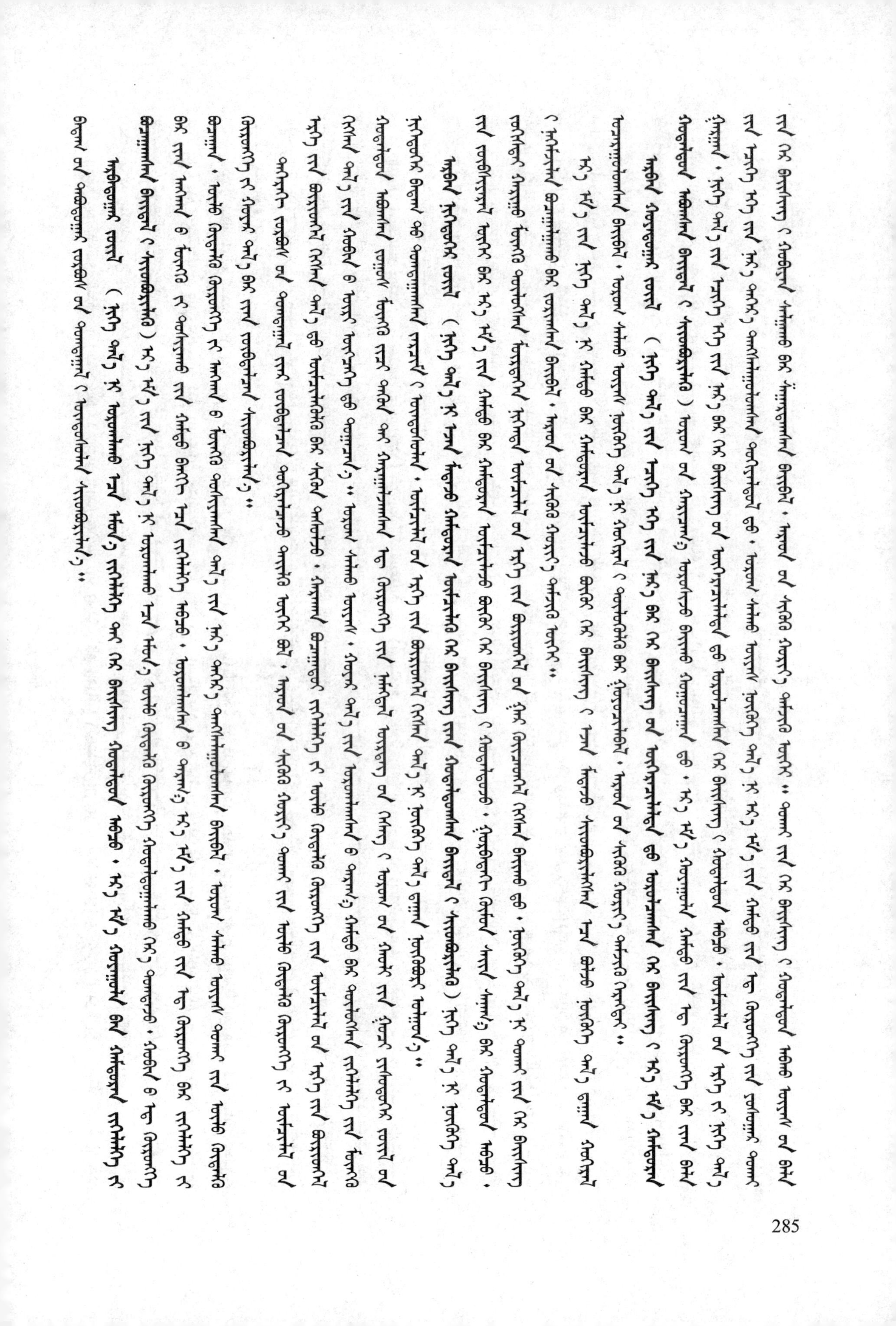

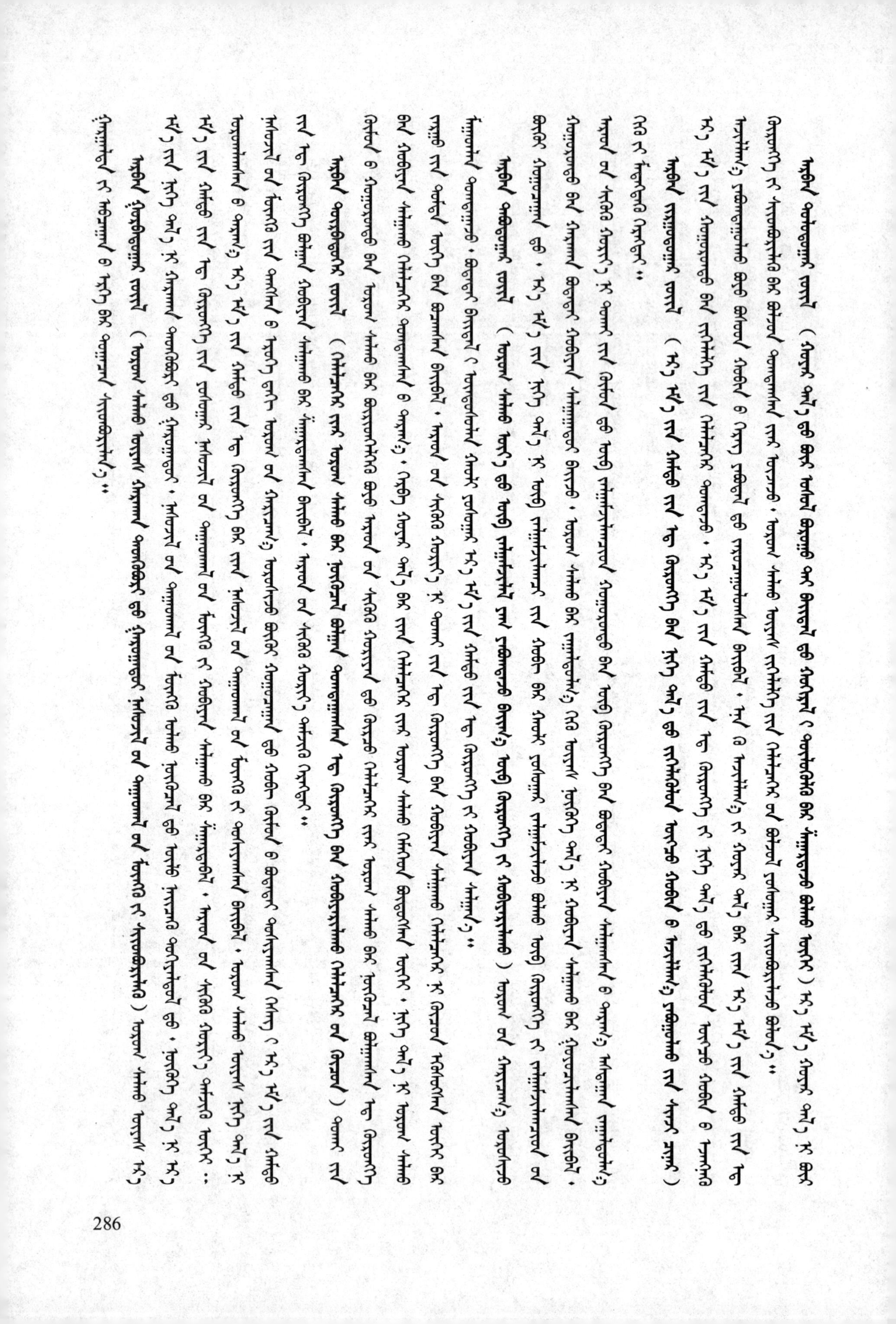

ᠮᠣᠩᠭᠣᠯ ᠤᠨ ᠬᠡᠯᠡᠨ ᠦ ᠶᠠᠷᠢᠶᠠᠨ ᠤ ᠳᠦᠷᠢᠮ ᠤᠨ ᠬᠡᠰᠡᠭ ᠲᠦ ᠪᠠᠶᠢᠭᠠ ᠦᠭᠡ ᠶᠢᠨ ᠬᠡᠯᠪᠡᠷᠢ ᠶᠢ ᠰᠢᠨᠵᠢᠯᠡᠨ ᠦᠵᠡᠬᠦ ᠳᠦ ᠂ ᠮᠣᠩᠭᠣᠯ ᠬᠡᠯᠡᠨ ᠦ ᠦᠭᠡ ᠶᠢᠨ ᠰᠠᠩ ᠤᠨ ᠪᠠᠶᠠᠯᠢᠭ ᠪᠣᠯᠤᠨ᠎ᠠ ᠃

ᠮᠣᠩᠭᠣᠯ ᠬᠡᠯᠡᠨ ᠦ ᠦᠭᠡ ᠶᠢᠨ ᠪᠦᠲᠦᠴᠡ ᠶᠢᠨ ᠰᠤᠳᠤᠯᠤᠯ ᠢ ᠶᠠᠷᠢᠶᠠᠨ ᠤ ᠮᠠᠲ᠋ᠸᠷᠢᠶᠠᠯ ᠲᠤ ᠰᠤᠳᠤᠯᠬᠤ ᠨᠢ ᠴᠢᠬᠤᠯᠠ ᠴᠢᠨᠠᠷ ᠲᠠᠢ ᠂ ᠶᠠᠷᠢᠶᠠᠨ ᠤ ᠮᠠᠲ᠋ᠸᠷᠢᠶᠠᠯ ᠢ ᠰᠤᠳᠤᠯᠤᠨ ᠰᠢᠨᠵᠢᠯᠡᠬᠦ ᠳᠦ ᠲᠤᠰᠠ ᠲᠠᠢ ᠃

ᠶᠠᠷᠢᠶᠠᠨ ᠤ ᠮᠠᠲ᠋ᠸᠷᠢᠶᠠᠯ ᠢ ᠴᠤᠭᠯᠠᠭᠤᠯᠬᠤ ᠳᠤ ᠂ ᠮᠣᠩᠭᠣᠯ ᠬᠡᠯᠡᠨ ᠦ ᠶᠠᠷᠢᠶᠠᠨ ᠤ ᠦᠭᠡ ᠶᠢᠨ ᠪᠦᠲᠦᠴᠡ ᠪᠣᠯᠤᠨ ᠵᠢᠷᠤᠮ ᠢ ᠲᠣᠳᠤᠷᠬᠠᠢᠯᠠᠨ᠎ᠠ ᠃

【ᠵᠢᠱᠢᠶ᠎ᠡ】

ᠡᠩ ᠤᠨ ᠬᠦᠮᠦᠰ ᠦᠨ ᠶᠠᠷᠢᠶᠠᠨ ᠳᠤ ᠬᠡᠷᠡᠭᠯᠡᠭᠳᠡᠵᠦ ᠪᠠᠶᠢᠭᠠ ᠦᠭᠡ ᠬᠡᠯᠡᠯᠭᠡ ᠪᠣᠯ ᠮᠣᠩᠭᠣᠯ ᠬᠡᠯᠡᠨ ᠦ ᠦᠨᠳᠦᠰᠦ ᠶᠢᠨ ᠪᠠᠶᠠᠯᠢᠭ ᠮᠥᠨ ᠃ ᠮᠣᠩᠭᠣᠯ ᠬᠡᠯᠡᠨ ᠦ ᠶᠠᠷᠢᠶᠠᠨ ᠤ ᠬᠡᠯᠪᠡᠷᠢ ᠶᠢ ᠰᠤᠳᠤᠯᠬᠤ ᠳᠤ ᠵᠠᠷᠢᠮ ᠤᠨ ᠲᠣᠳᠤᠷᠬᠠᠢ ᠪᠠᠶᠢᠳᠠᠯ ᠢ ᠠᠩᠬᠠᠷᠬᠤ ᠬᠡᠷᠡᠭᠲᠡᠢ ᠃

ᠮᠣᠩᠭᠣᠯ ᠬᠡᠯᠡᠨ ᠦ ᠶᠠᠷᠢᠶᠠᠨ ᠤ ᠦᠭᠡ ᠶᠢᠨ ᠰᠠᠩ ᠢ ᠴᠤᠭᠯᠠᠭᠤᠯᠬᠤ ᠳᠤ ᠂ ᠲᠤᠬᠠᠢ ᠶᠢᠨ ᠪᠠᠶᠢᠳᠠᠯ ᠢ ᠰᠢᠨᠵᠢᠯᠡᠨ ᠦᠵᠡᠵᠦ ᠂ ᠦᠭᠡ ᠶᠢᠨ ᠬᠡᠯᠪᠡᠷᠢ ᠶᠢᠨ ᠥᠪᠡᠷᠮᠢᠴᠡ ᠶᠢ ᠲᠣᠳᠤᠷᠬᠠᠢᠯᠠᠬᠤ ᠬᠡᠷᠡᠭᠲᠡᠢ （ ᠮᠣᠩᠭᠣᠯ ᠶᠠᠷᠢᠶᠠᠨ ᠤ ᠦᠭᠡ ᠶᠢᠨ ᠬᠡᠯᠪᠡᠷᠢ ᠶᠢ ᠦᠵᠡᠬᠦ ） ᠃

ᠮᠣᠩᠭᠣᠯ ᠬᠡᠯᠡᠨ ᠦ ᠶᠠᠷᠢᠶᠠᠨ ᠤ ᠦᠭᠡ ᠶᠢᠨ ᠪᠦᠲᠦᠴᠡ ᠶᠢ ᠰᠤᠳᠤᠯᠬᠤ ᠳᠤ ᠲᠤᠰᠠ ᠲᠠᠢ ᠪᠣᠯᠤᠨ᠎ᠠ ᠃

—— 《ᠮᠣᠩᠭᠣᠯ ᠬᠡᠯᠡᠨ ᠦ ᠶᠠᠷᠢᠶᠠᠨ ᠤ ᠰᠤᠳᠤᠯᠤᠯ》

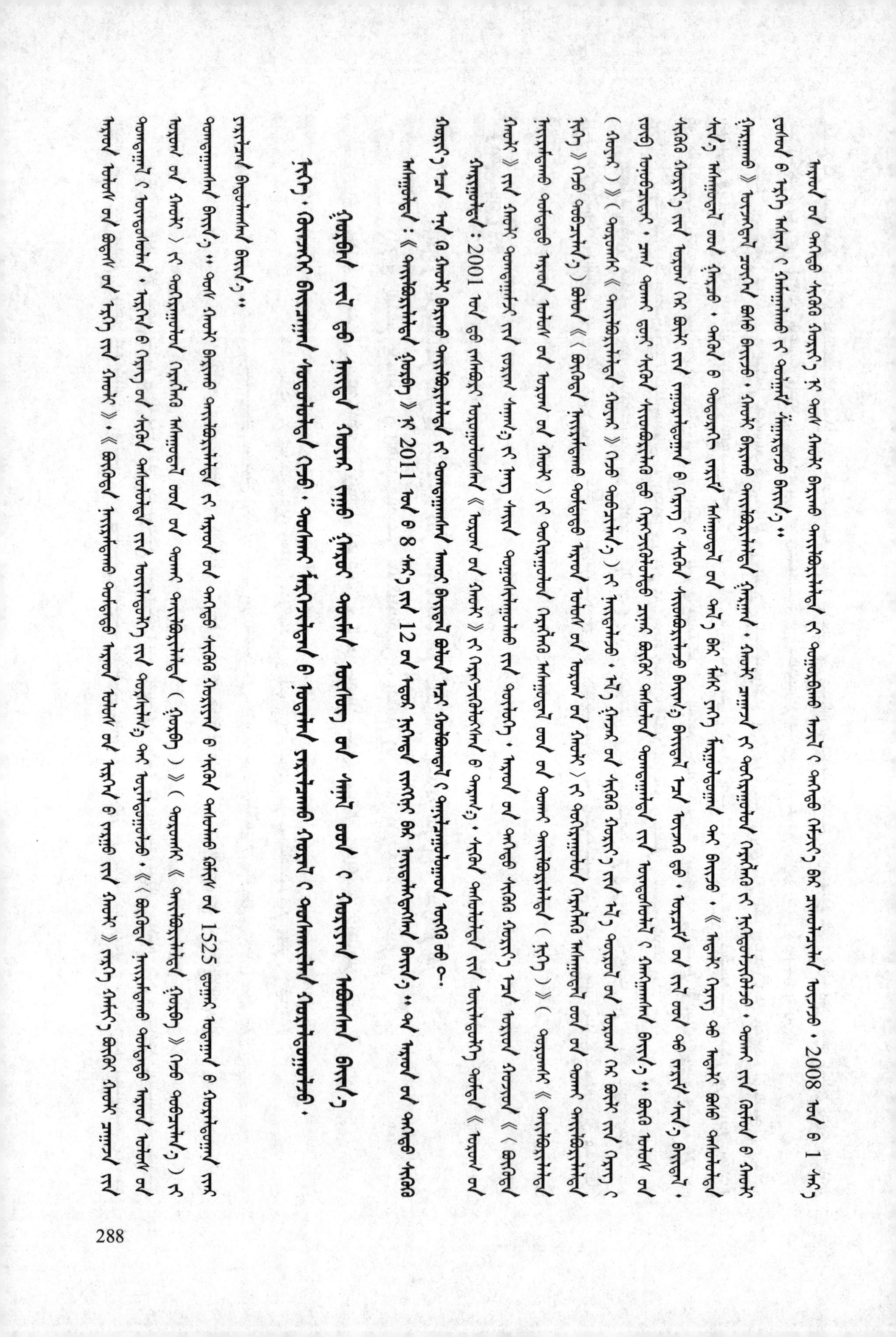

ᠰᠢᠨᠵᠢᠯᠡᠭᠳᠡᠭᠰᠡᠨ ᠪᠣᠯᠤᠨ᠎ᠠ ᠃

ᠬᠠᠮᠢᠶᠠᠷᠤᠯᠤᠨ ᠠᠵᠢᠯᠯᠠᠨ᠎ᠠ ᠭᠡᠵᠦ ᠲᠣᠳᠣᠷᠬᠠᠶᠢᠯᠠᠭᠰᠠᠨ ᠪᠠᠶᠢᠨ᠎ᠠ ᠃ 2010 ᠣᠨ ᠤ 11 ᠰᠠᠷ᠎ᠠ ᠶᠢᠨ 15 ᠤ ᠡᠳᠦᠷ ᠂ 2010 ᠣᠨ ᠤ 12 ᠰᠠᠷ᠎ᠠ ᠶᠢᠨ 15 ᠤ ᠡᠳᠦᠷ ᠂ 181 ᠵᠦᠢᠯ ᠂ 17 ᠵᠦᠢᠯ ᠂ 9974 ᠲᠣᠭ᠎ᠠ ᠪᠦᠬᠦᠢ ᠬᠡᠷᠡᠭ ᠢ ᠰᠢᠯᠭᠠᠨ ᠰᠢᠢᠳᠪᠦᠷᠢᠯᠡᠭᠰᠡᠨ ᠪᠠᠶᠢᠨ᠎ᠠ ᠃

《ᠬᠠᠤᠯᠢ ᠶᠢᠨ ᠰᠢᠨᠵᠢ》 ᠢ ᠮᠠᠰᠢ ᠬᠠᠤᠯᠢ ᠶᠢᠨ ᠦᠨᠳᠦᠰᠦ ᠪᠠᠷ ᠬᠡᠷᠡᠭᠵᠢᠭᠦᠯᠬᠦ ᠶᠢᠨ ᠲᠤᠯᠠ ᠂ ᠬᠠᠤᠯᠢ ᠶᠢᠨ ᠠᠵᠢᠯ ᠢ ᠬᠠᠮᠲᠤ ᠪᠠᠷ ᠰᠠᠶᠢᠵᠢᠷᠠᠭᠤᠯᠬᠤ ᠪᠣᠯᠤᠨ᠎ᠠ ᠃ ᠬᠠᠤᠯᠢ ᠶᠢᠨ ᠪᠠᠶᠢᠭᠤᠯᠤᠯᠭ᠎ᠠ ᠶᠢᠨ ᠬᠠᠮᠲᠤ ᠶᠢᠨ ᠠᠵᠢᠯ ᠪᠠᠷ ᠂ ᠬᠠᠤᠯᠢ ᠶᠢ ᠮᠡᠳᠡᠭᠦᠯᠬᠦ ᠶᠢᠨ ᠠᠵᠢᠯ ᠢ ᠰᠠᠶᠢᠵᠢᠷᠠᠭᠤᠯᠬᠤ ᠪᠣᠯᠤᠨ᠎ᠠ ᠃ ᠬᠠᠤᠯᠢ ᠶᠢᠨ ᠦᠢᠯᠡ ᠶᠢᠨ ᠠᠵᠢᠯ ᠢ ᠬᠡᠷᠡᠭᠵᠢᠭᠦᠯᠬᠦ ᠳᠦ 《ᠬᠠᠤᠯᠢ ᠶᠢᠨ ᠰᠤᠷᠭᠠᠯ》 ᠢ ᠬᠡᠷᠡᠭᠵᠢᠭᠦᠯᠦᠨ᠎ᠡ ᠃

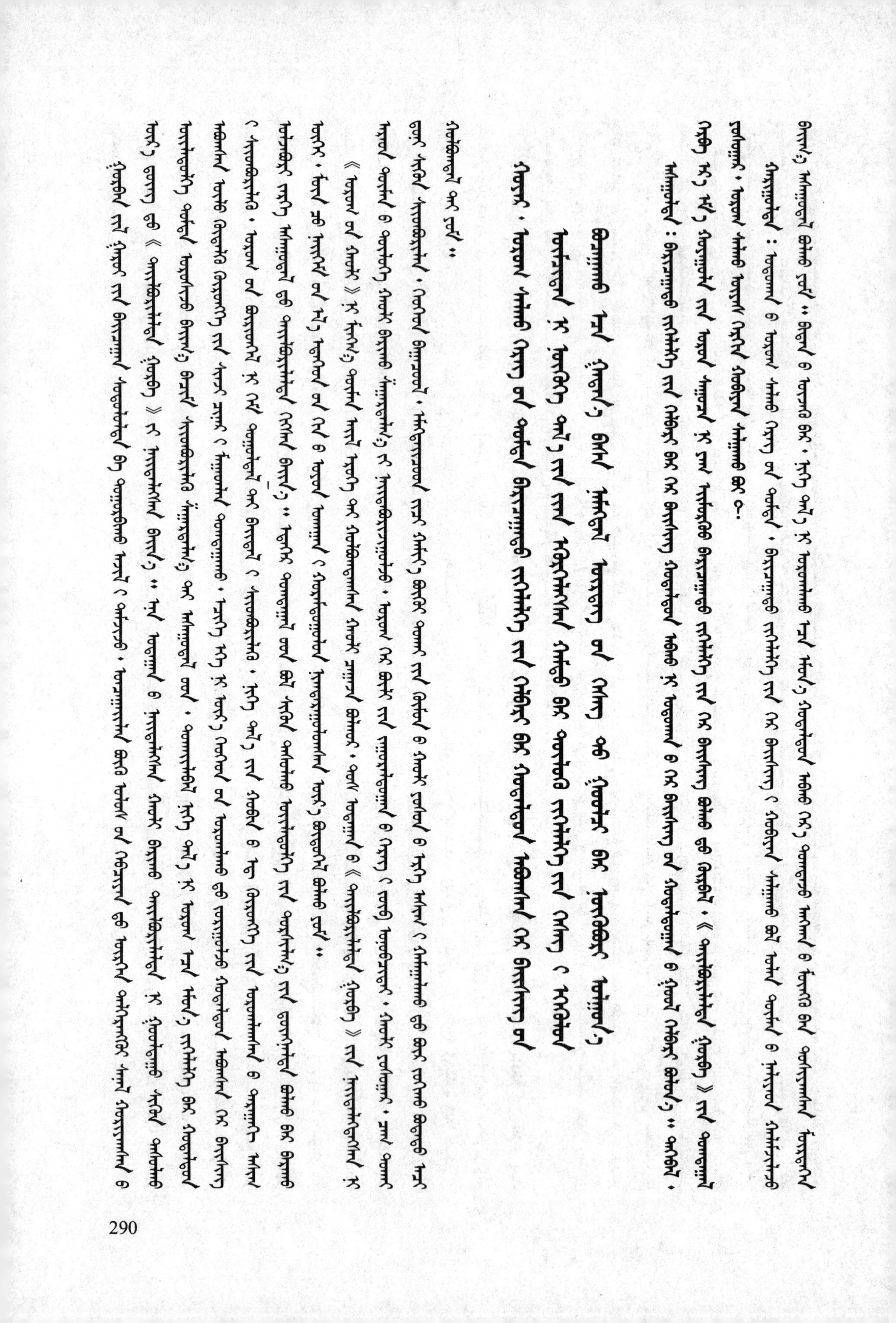

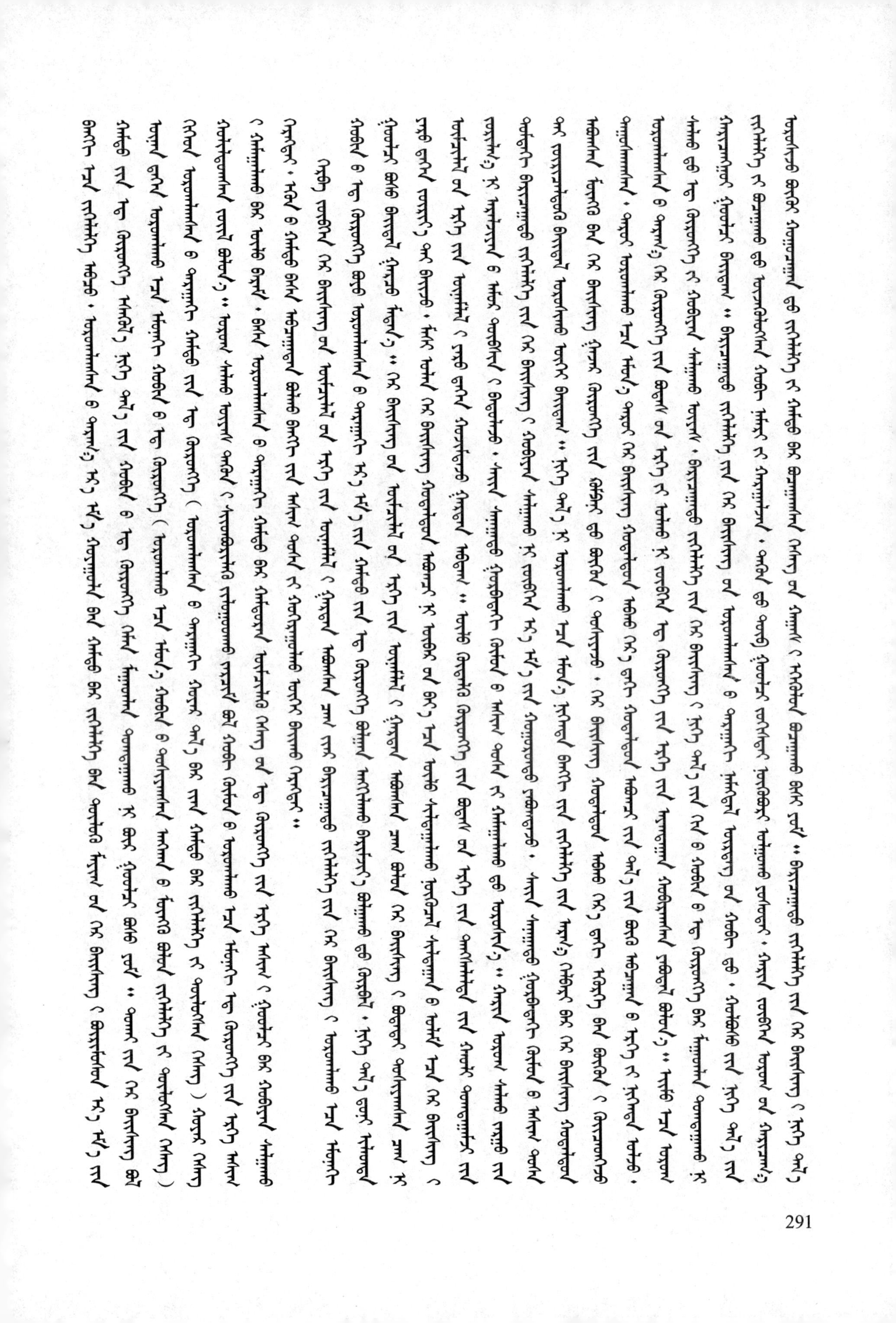

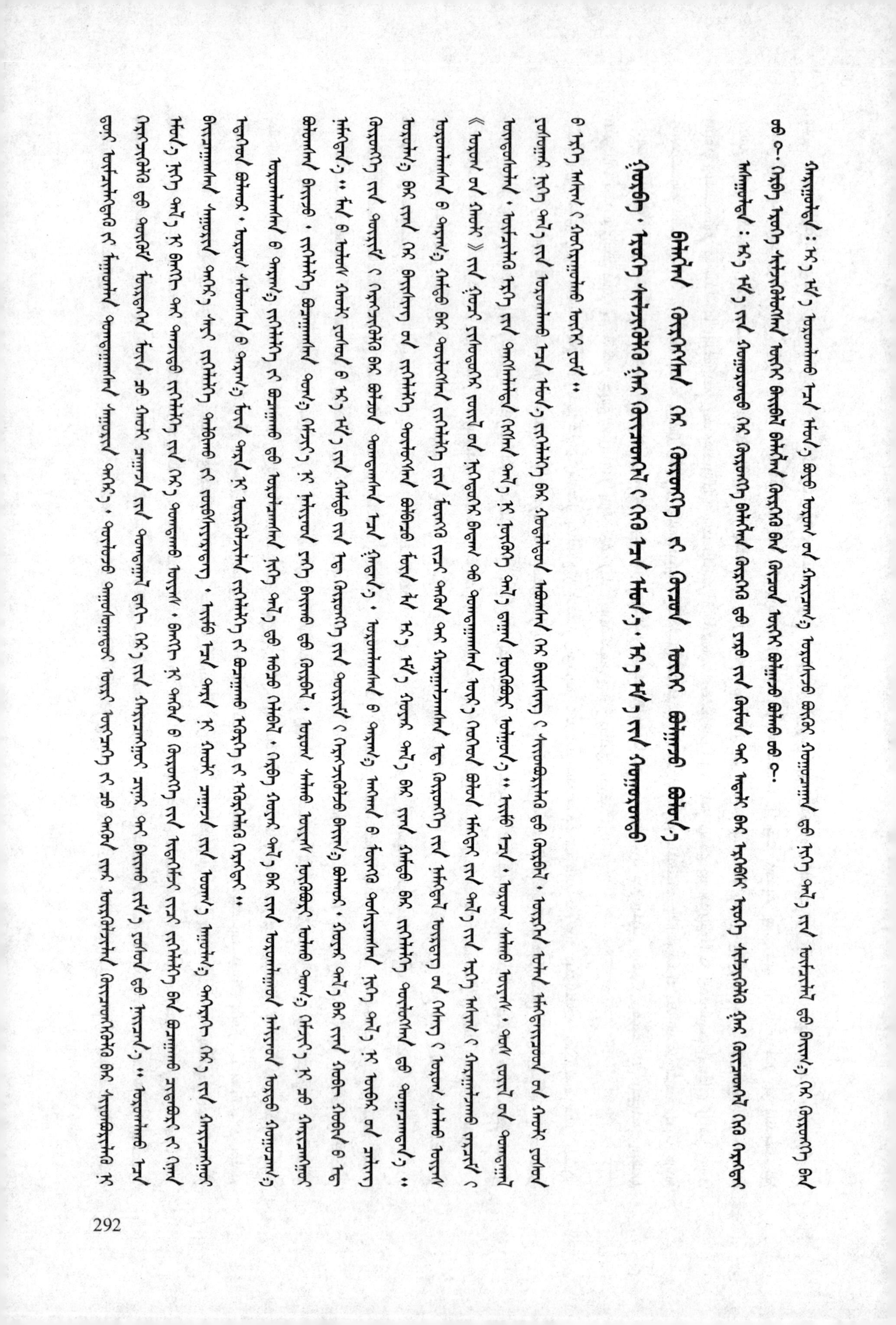

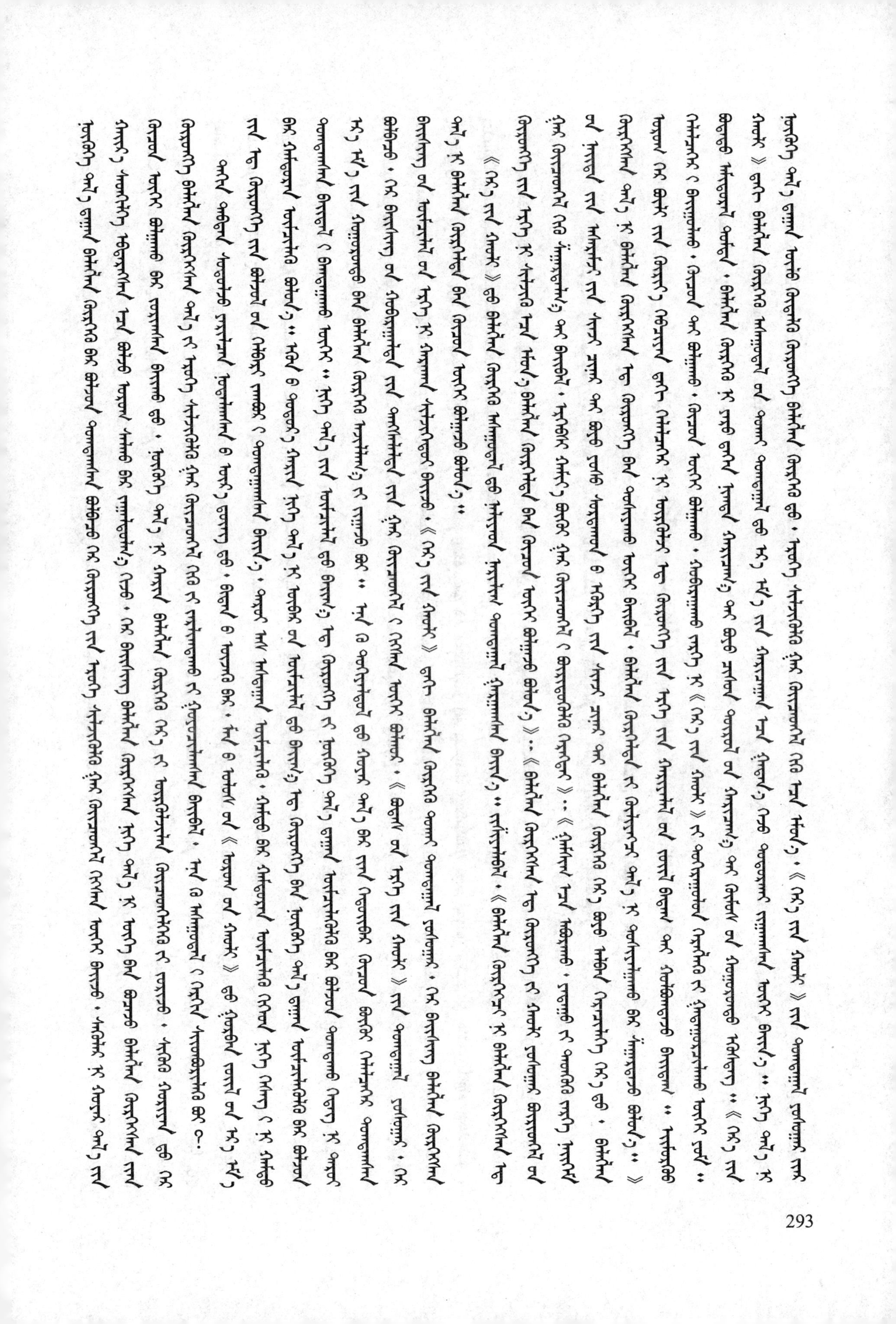

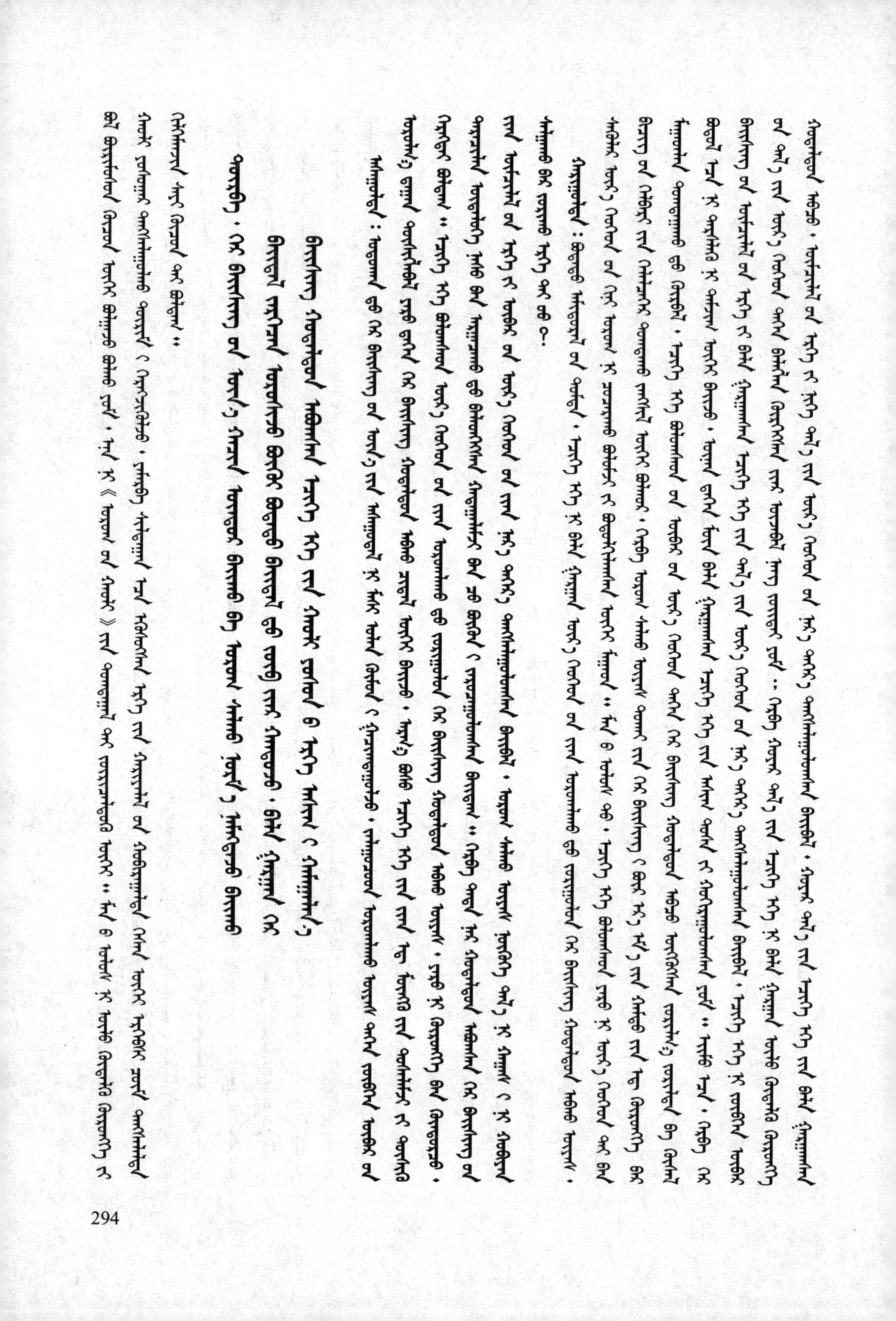

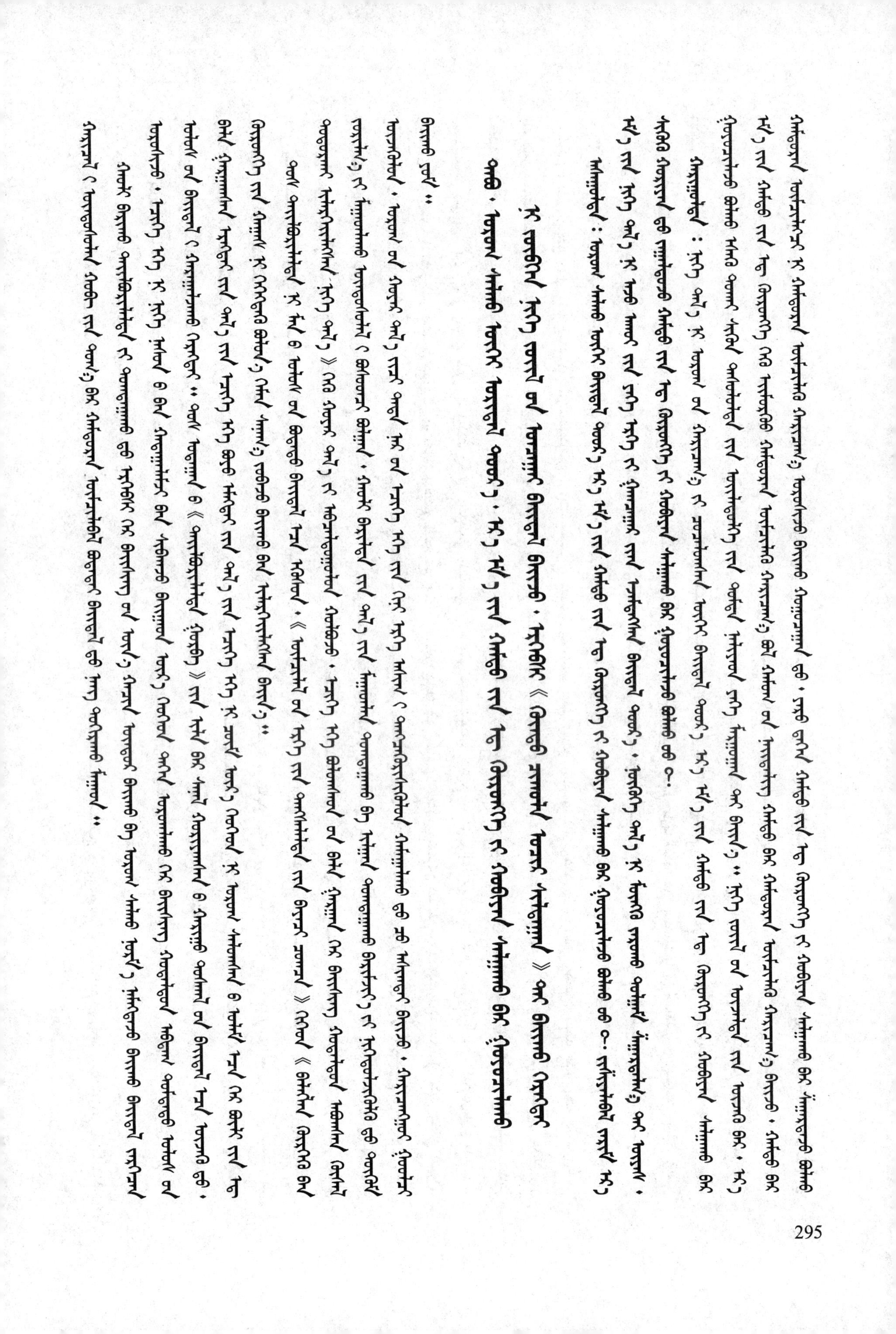

[illegible]

[illegible]

[illegible]

[illegible]

[illegible]

[illegible]

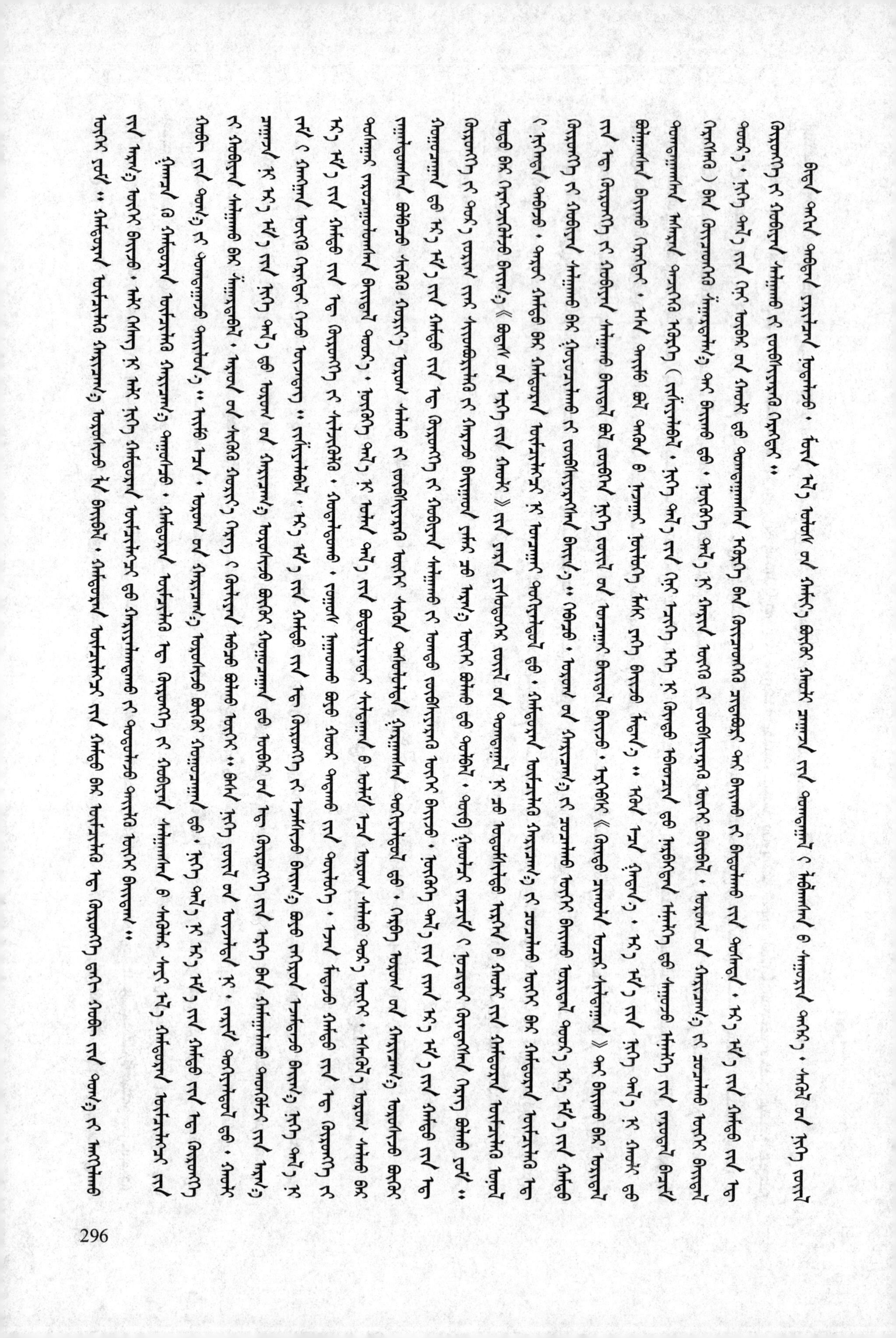

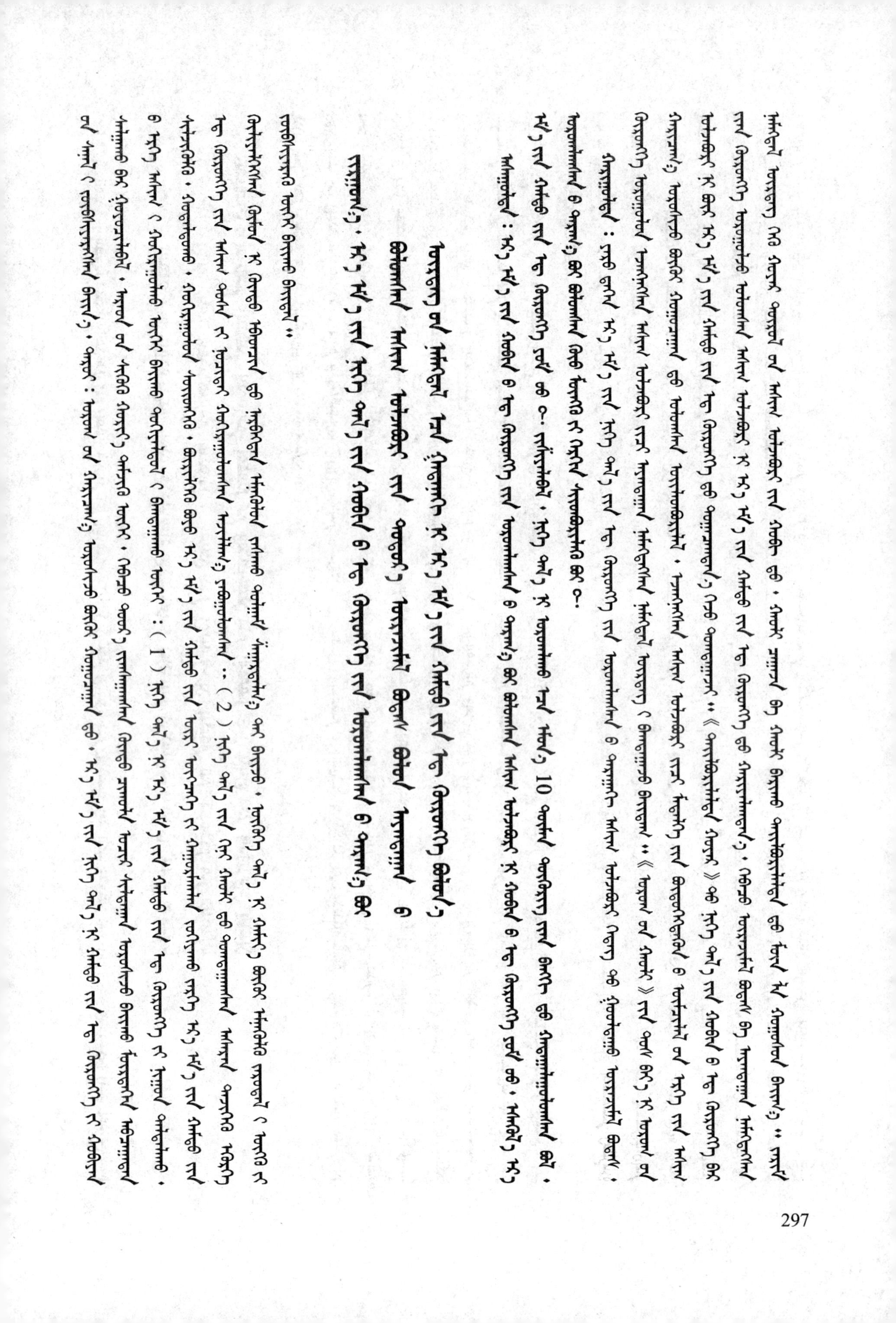

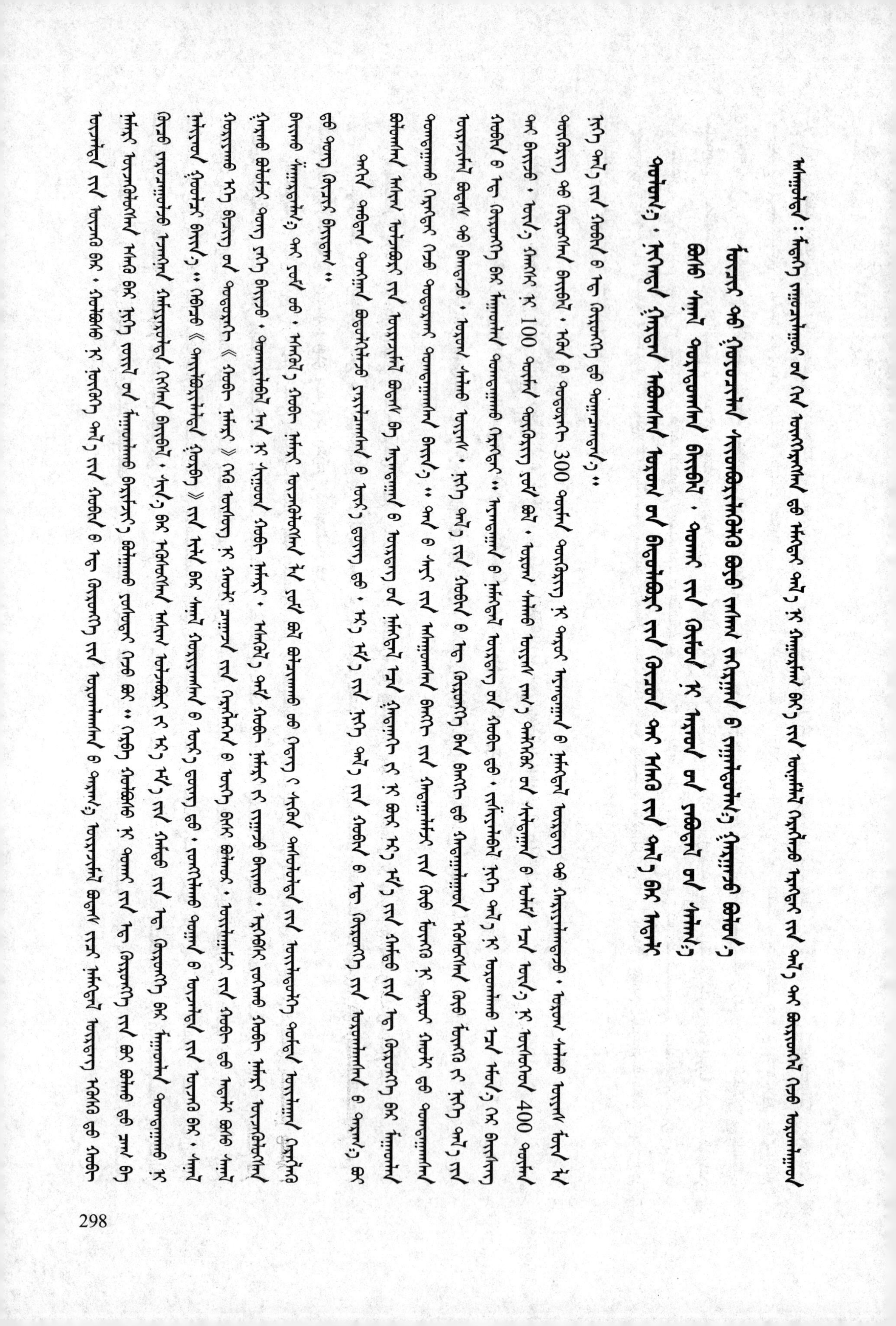

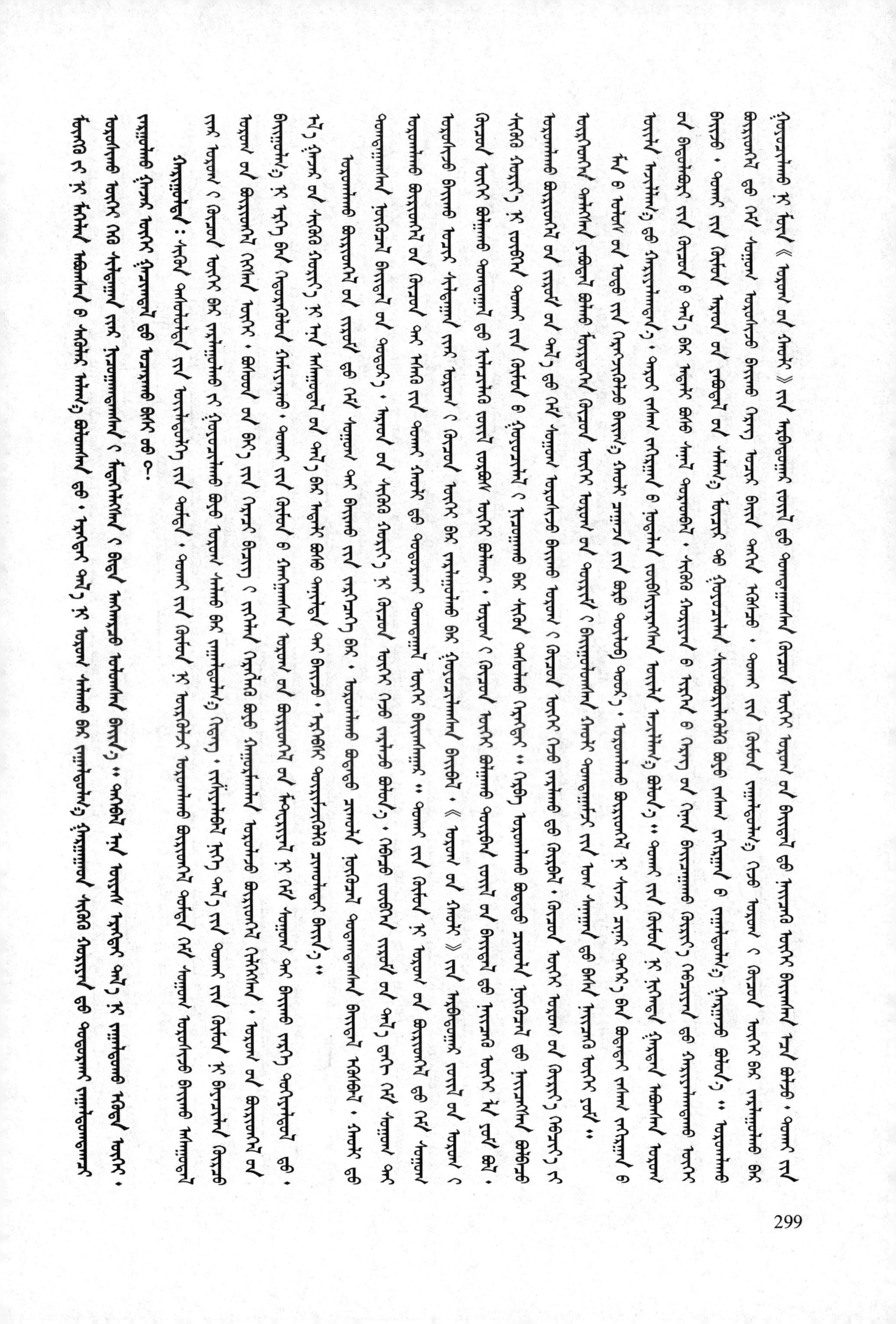

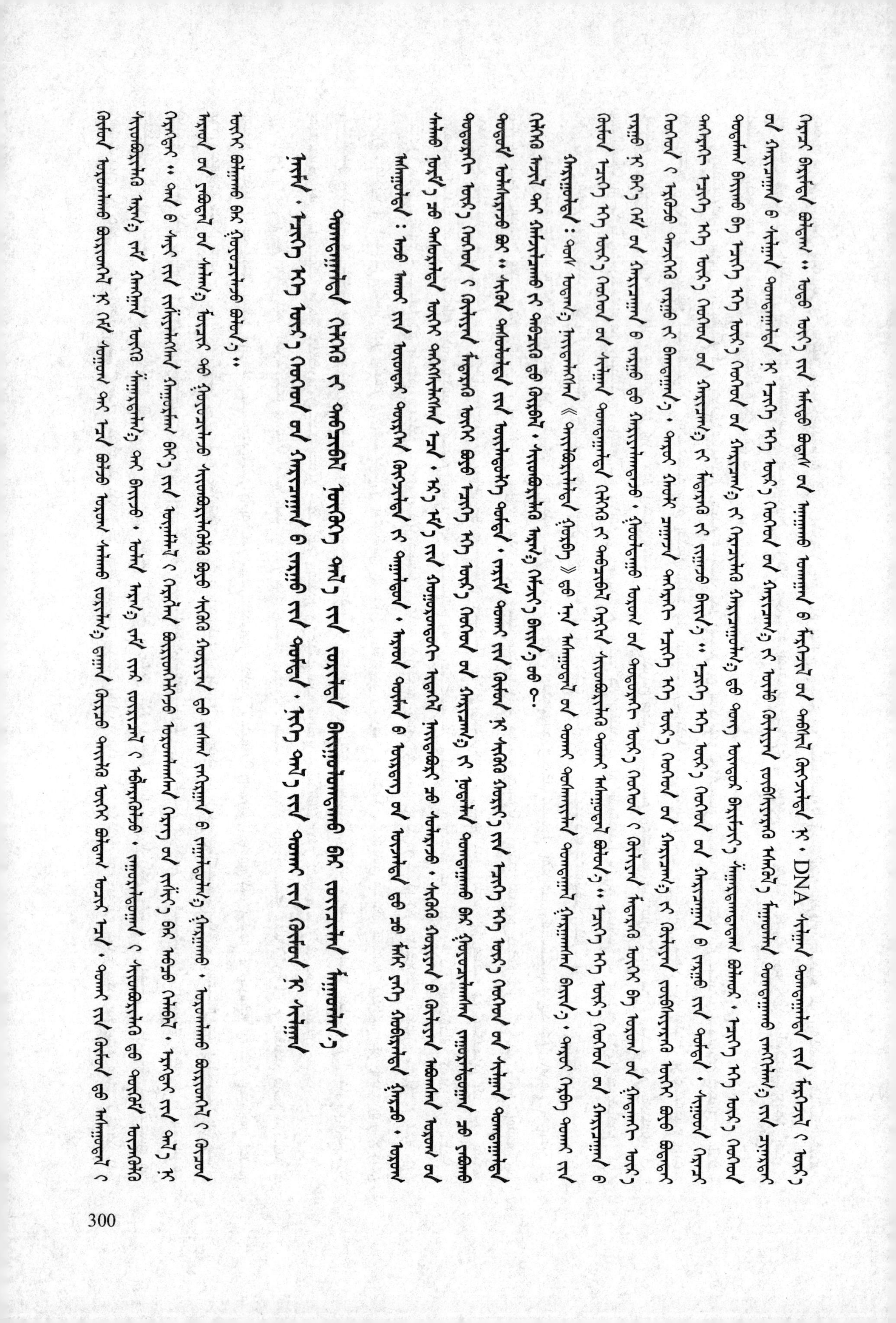

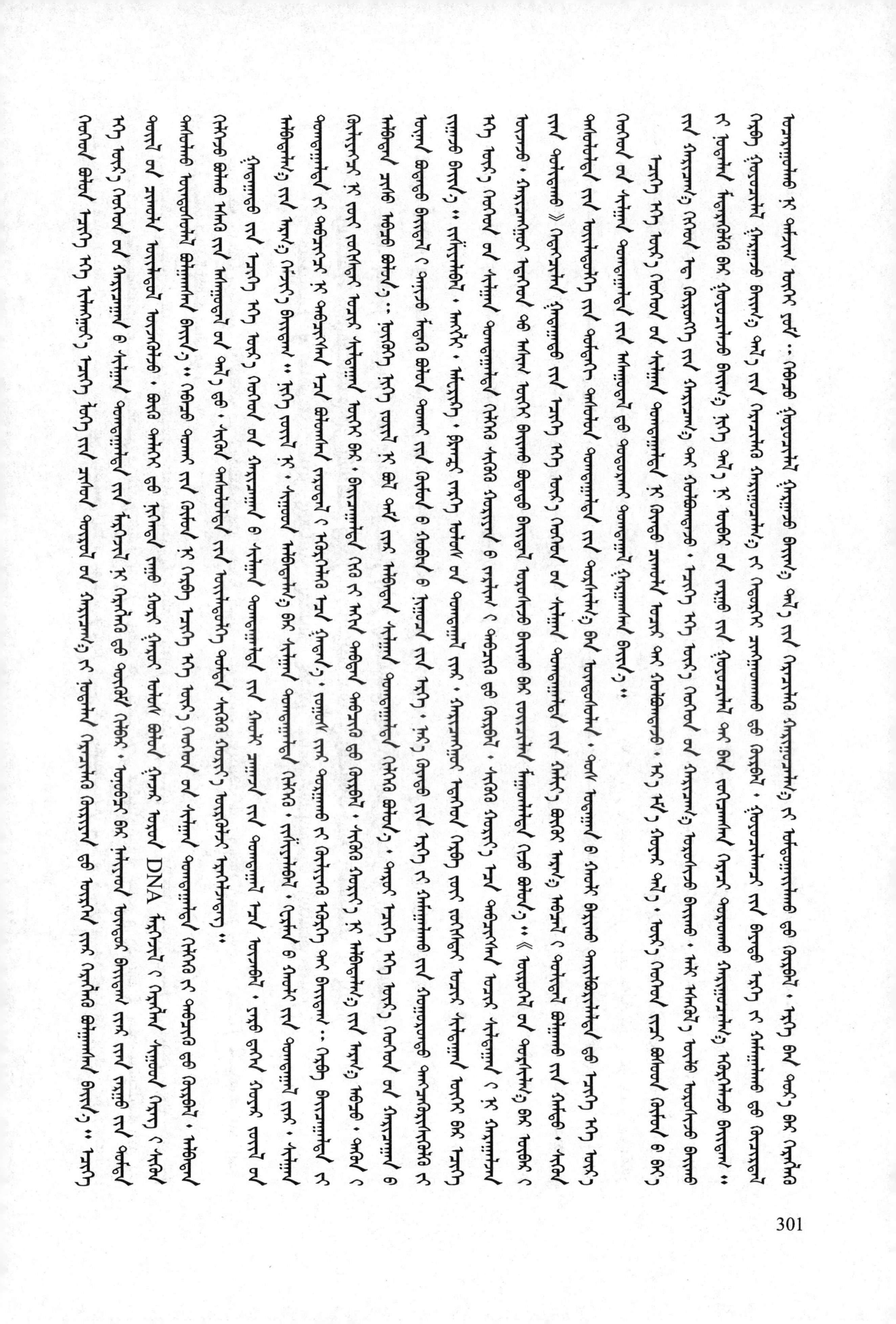

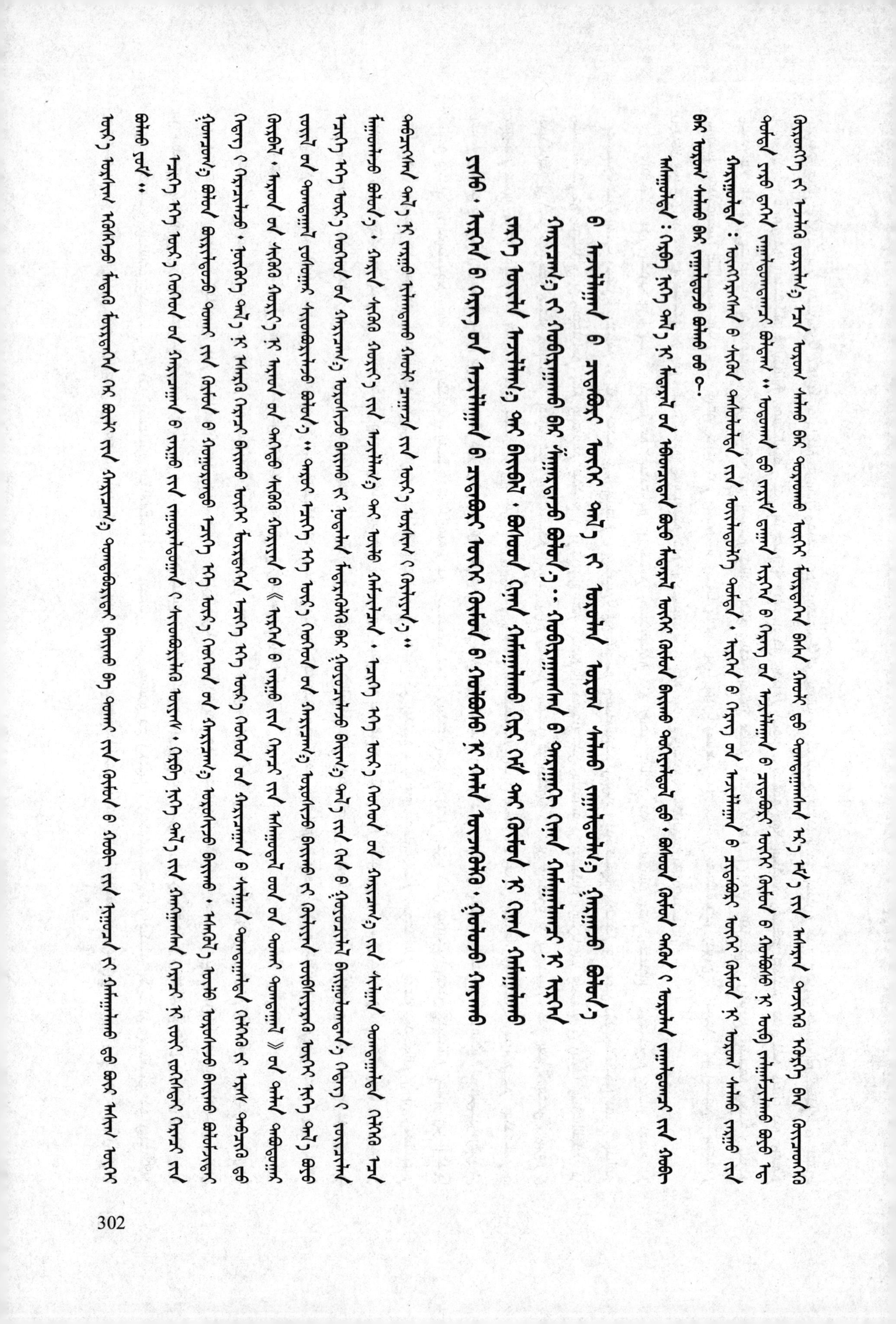

ᠪᠣᠯᠤᠨᠠ ᠶᠤᠮ ::

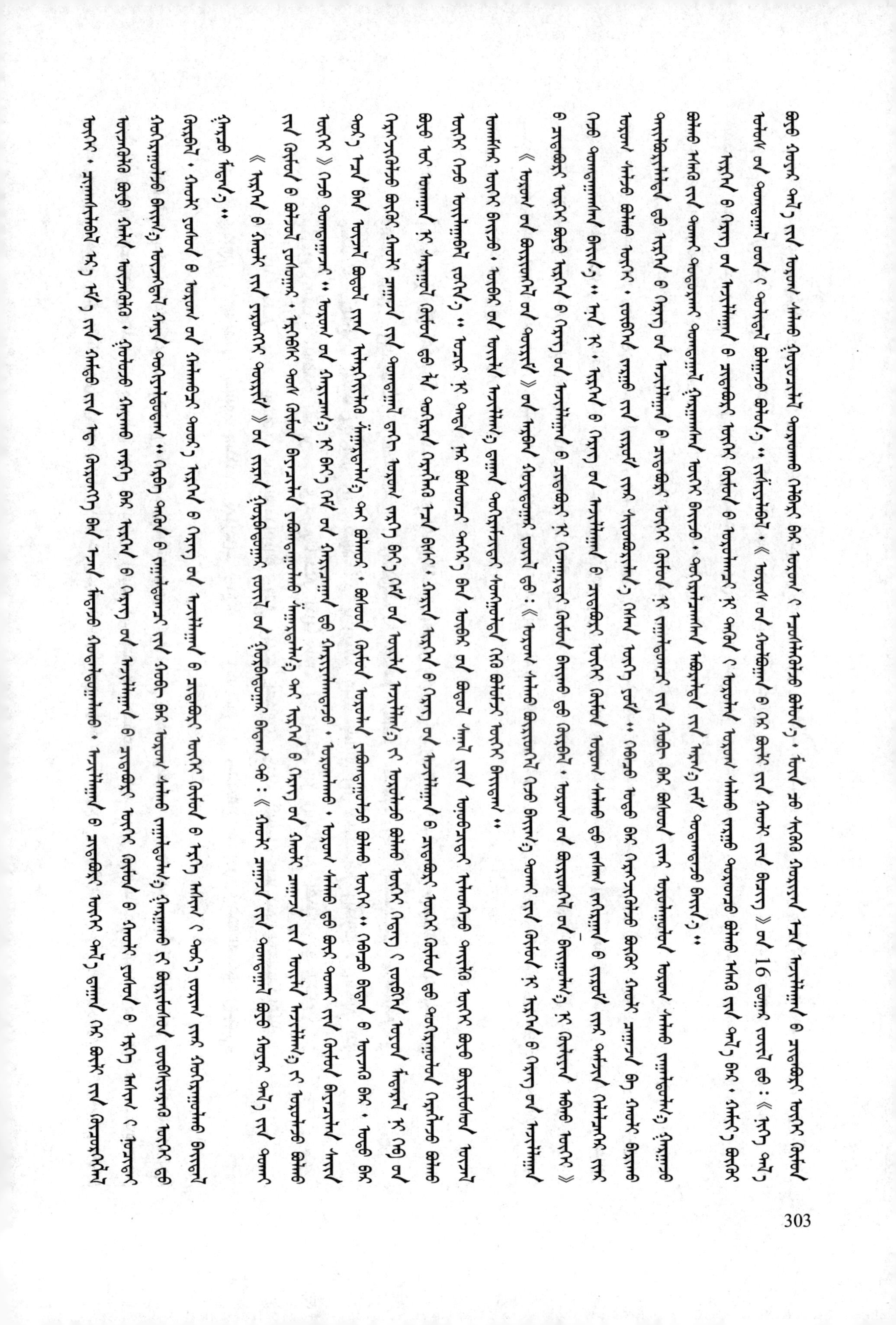

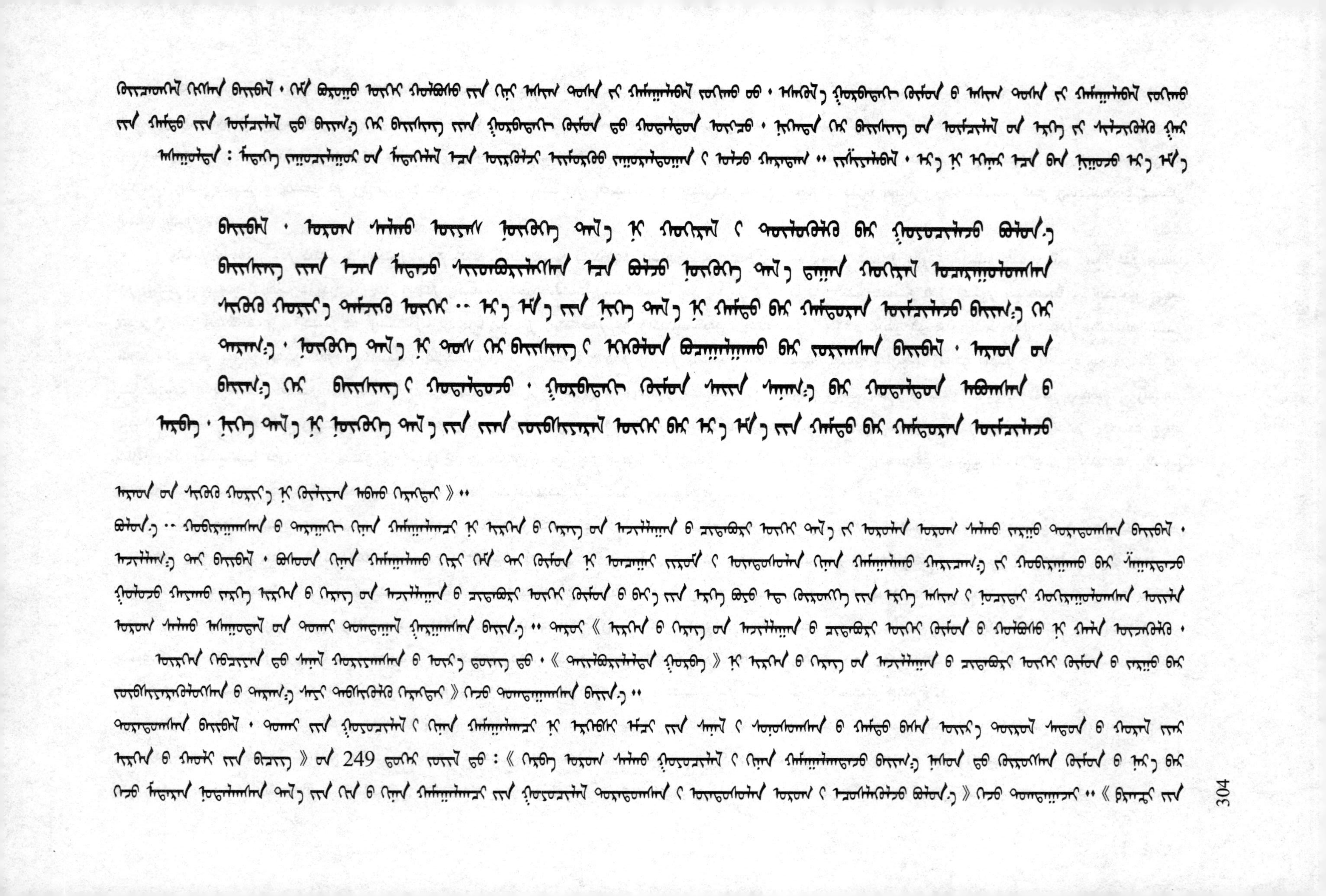

[illegible]

> [illegible]

[illegible]

[illegible] 249 [illegible]

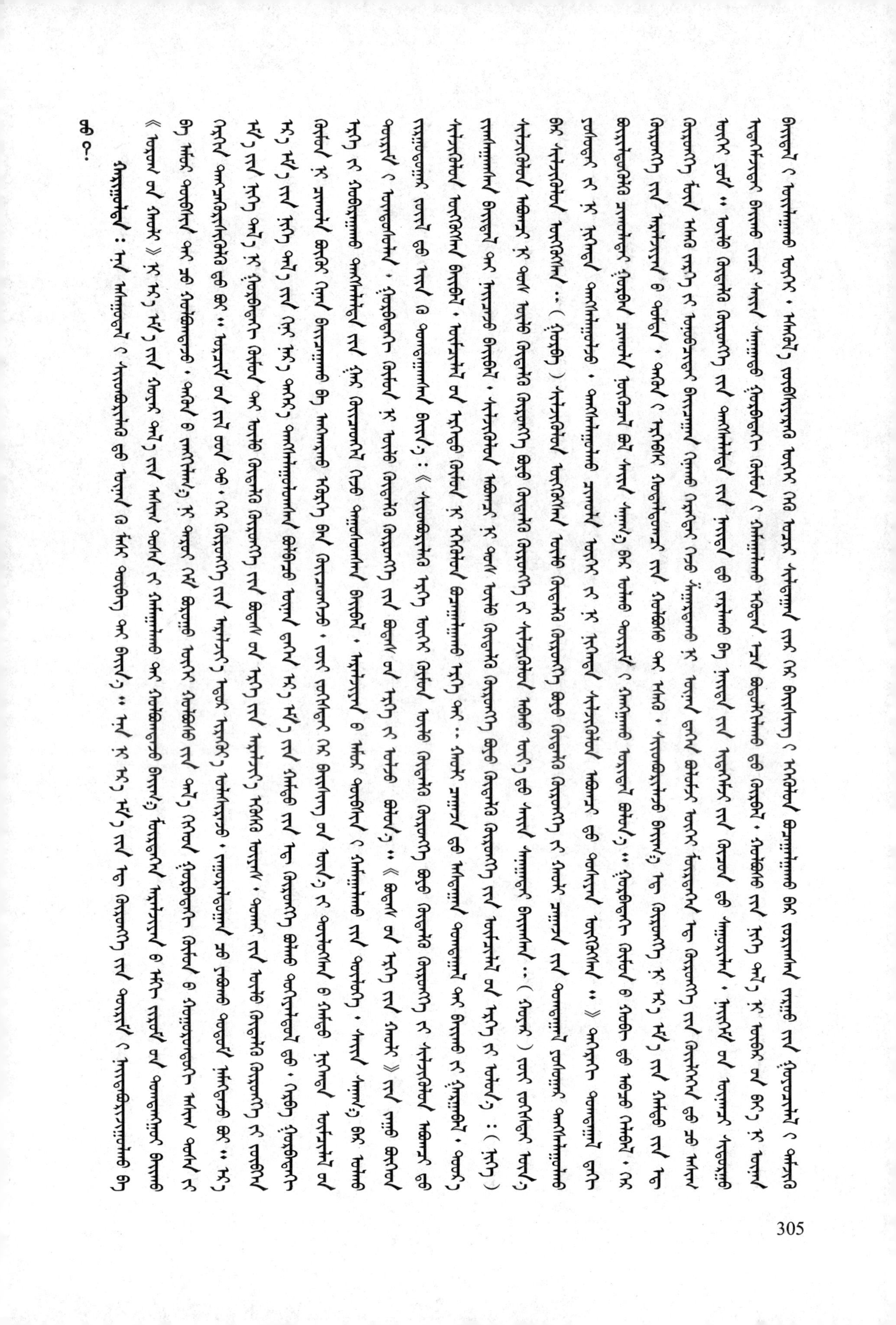

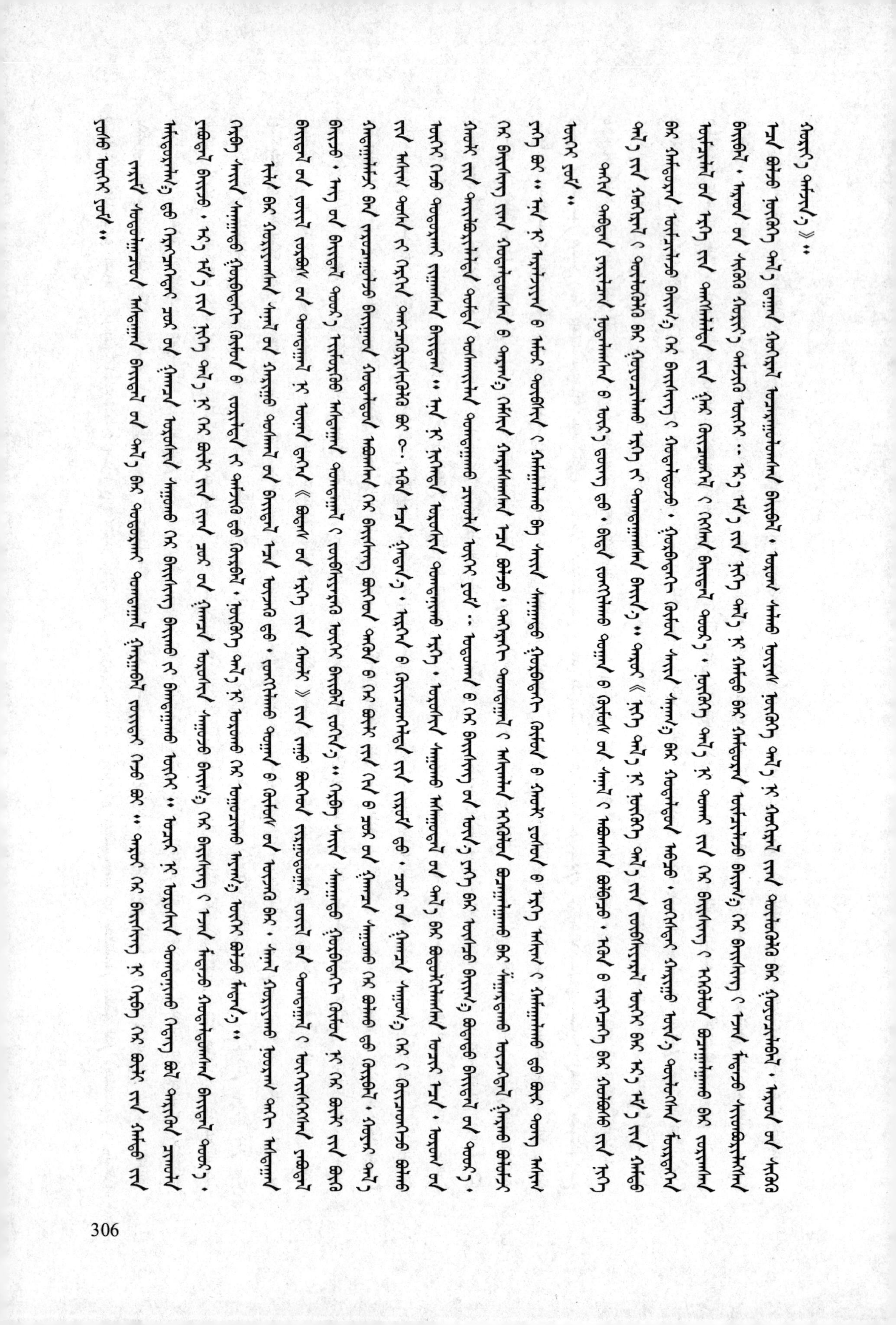

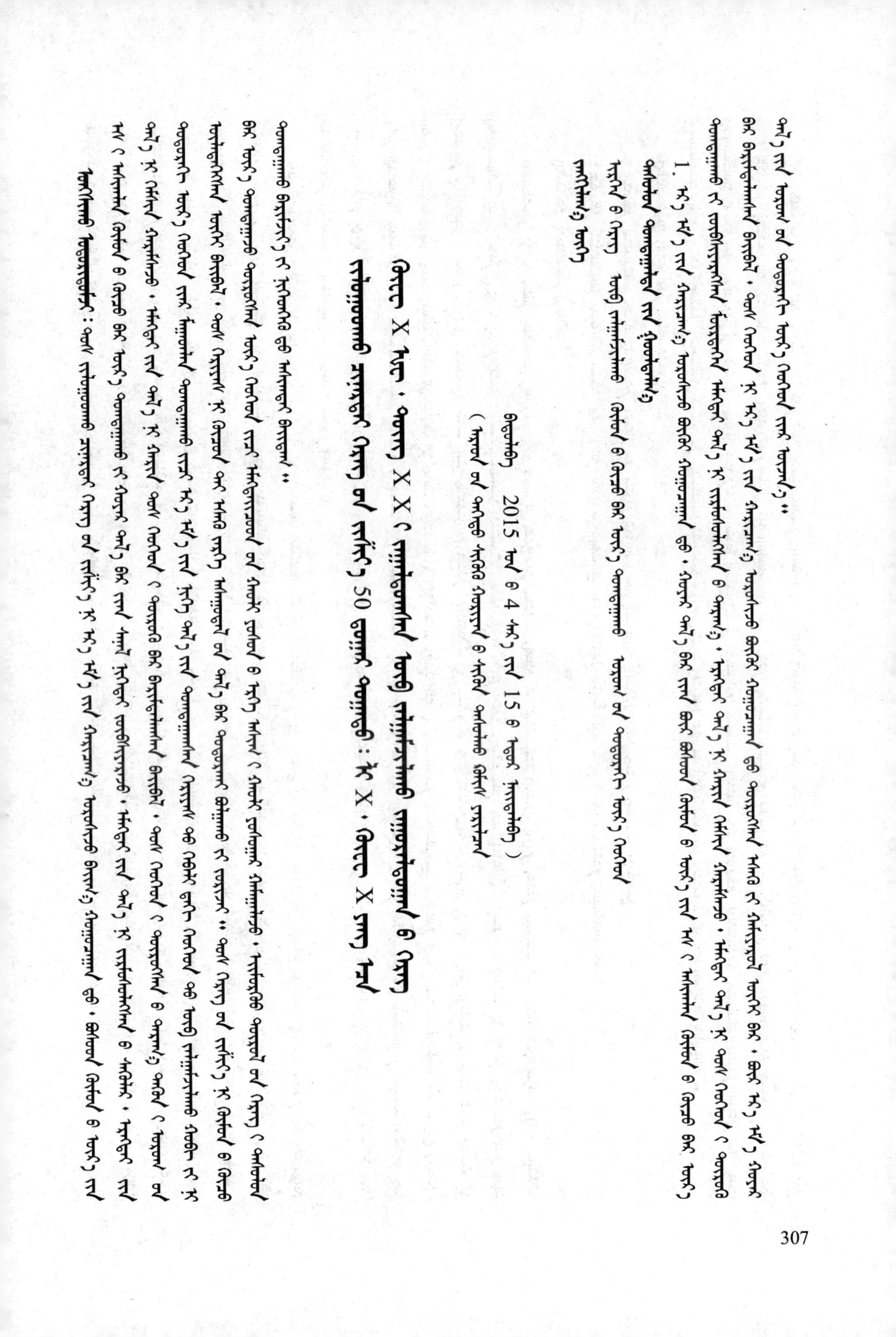

[illegible] ::

1. [illegible]

[illegible]

[illegible]

(2015 ᠣᠨ ᠤ 4 ᠰᠠᠷ᠎ᠠ ᠶᠢᠨ 15 ᠤ [illegible])

[illegible]

[illegible] X [illegible] X X [illegible] 50 [illegible] : [illegible] X [illegible] X [illegible]

[illegible] ::

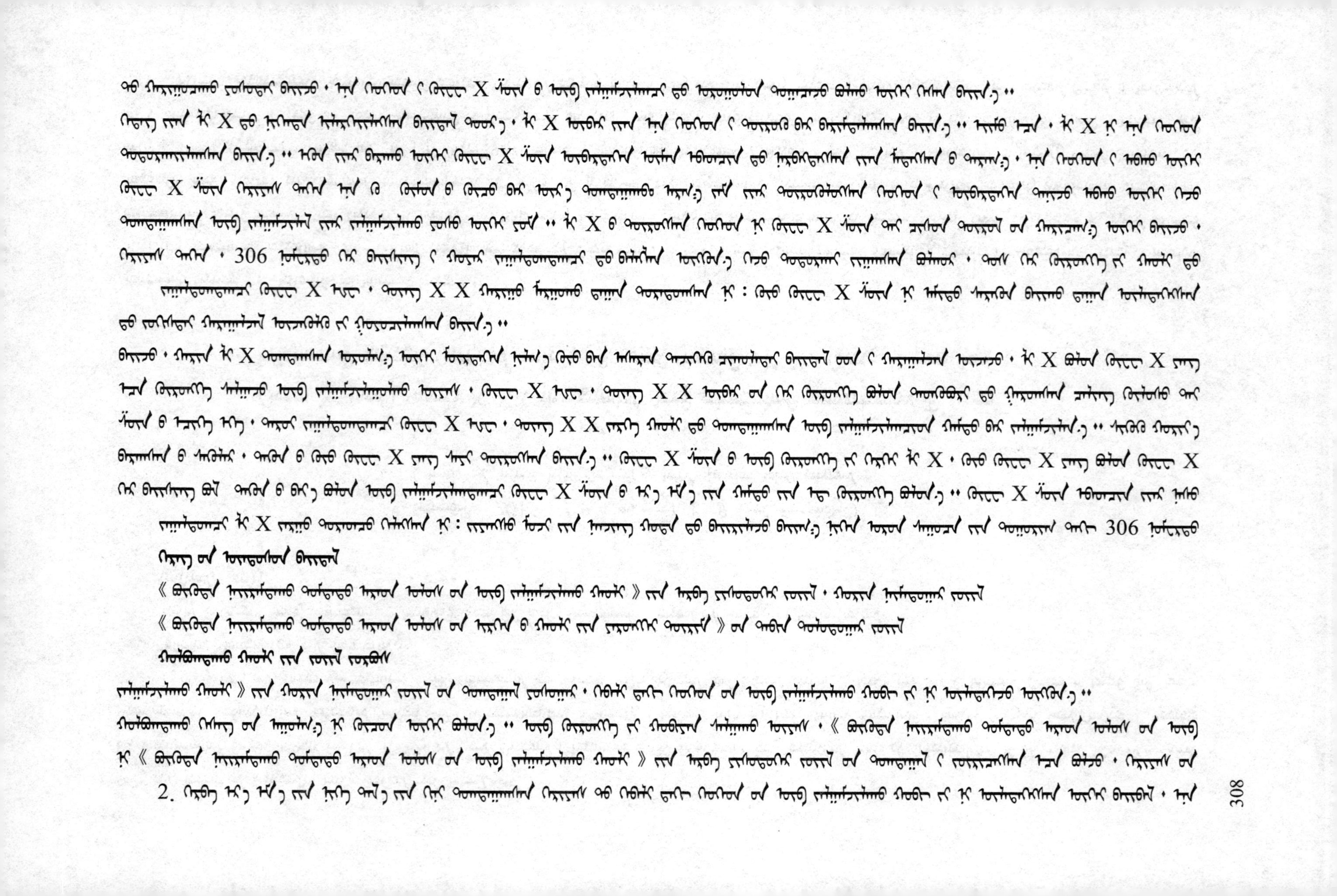

[illegible] X [illegible] ::

[illegible] X [illegible] X [illegible] X [illegible] X [illegible]

[illegible] X [illegible] ::

[illegible] X [illegible] X [illegible]

[illegible] X [illegible] X [illegible]

[illegible] 306 [illegible]

[illegible] X [illegible] X X [illegible] X [illegible]

[illegible] ::

[illegible] X [illegible] X [illegible]

[illegible] X [illegible] X X [illegible]

[illegible] X [illegible] X X [illegible] ::

[illegible] X [illegible] X [illegible] X [illegible] X [illegible] X

[illegible] X [illegible] :: [illegible] X [illegible]

[illegible] X [illegible] 306 [illegible]

[illegible]

《[illegible]》[illegible]

《[illegible]》[illegible]

[illegible]

[illegible]《[illegible] ::

[illegible]《[illegible]

[illegible]《[illegible]》[illegible]

2. [illegible]

ᠪᠠᠢᠴᠠᠭᠠᠨ ᠤ ᠬᠤᠷᠢᠶᠠᠯᠠᠭᠰᠠᠨ ᠲᠡᠳᠦᠢ ᠲᠠᠯ᠎ᠠ ᠬᠠᠭᠠᠰ 30 ᠲᠡᠳᠦᠢ ᠶᠢᠨ ᠬᠤᠭᠤᠴᠠᠭ᠎ᠠ᠂ ᠰᠢᠭᠦᠯᠲᠡ ᠪᠠᠢᠢ X ᠰᠠᠩ ᠳᠤ 33442.4 ᠲᠦᠮᠡᠨ ᠶᠤᠸᠠᠨ ᠬᠣᠬᠢᠷᠠᠭᠤᠯᠪᠠ᠂ ᠬᠡᠷᠡᠭ ᠬᠤᠪᠢ ᠶᠢ ᠪᠠᠢᠢ X ᠰᠠᠩ ᠳᠤ ᠬᠠᠷᠢᠭᠤ ᠠᠷᠭᠠᠴᠠᠭᠠᠨ ᠢ ᠣᠯᠵᠤ ᠠᠪᠤᠭᠠᠳᠤ ᠪᠠᠢᠨ᠎ᠠ᠄ ᠬᠠᠷᠢᠨ ᠪᠠ ᠬᠠᠷᠢᠭᠤᠴᠠᠭᠤ 306 ᠳᠤᠭᠠᠷ ᠵᠦᠢᠯ ᠳᠦ ᠰᠢᠭᠦᠯᠲᠡ ᠶᠢ X ᠢᠶᠡᠷ ᠲᠤᠯᠭᠠᠷᠠᠭᠤᠯᠪᠠ᠃ ᠶᠢ X ᠬᠡᠷᠡᠭ ᠬᠠᠷᠢᠭᠤ ᠠᠷᠭᠠᠴᠠᠭᠠᠨ ᠠᠴᠠ ᠰᠢᠭᠦᠯᠲᠡ ᠶᠢᠨ ᠬᠡᠷᠡᠭ ᠦᠨ ᠲᠤᠬᠠᠢ ᠳᠤ ᠬᠡᠷᠡᠭ 2006 ᠣᠨ ᠤ 4 ᠰᠠᠷ᠎ᠠ ᠶᠢᠨ 20 ᠤ ᠡᠳᠦᠷ ᠬᠣᠷᠢᠭᠳᠠᠭᠰᠠᠨ ᠬᠡᠷᠡᠭᠲᠡᠨ ᠦ ᠲᠤᠬᠠᠢ ᠶᠢᠨ ᠬᠡᠷᠡᠭ ᠦᠨ ᠲᠠᠯ᠎ᠠ ᠶᠢᠨ ᠮᠠᠳᠡᠯᠡᠯ ᠪᠠᠷ ᠰᠢᠭᠦᠯᠲᠡ ᠶᠢᠨ ᠬᠡᠷᠡᠭ ᠦᠨ ᠮᠡᠳᠡᠭᠳᠡᠯ ᠲᠤ ᠰᠢᠭᠦᠯᠲᠡ ᠶᠢᠨ ᠬᠣᠷᠢᠭᠳᠠᠭᠰᠠᠨ ᠠᠷᠭᠠᠴᠠᠭᠠᠨ ᠢ ᠬᠡᠷᠡᠭᠯᠡᠭᠰᠡᠨ ᠦᠭᠡ ᠶᠢᠨ ᠬᠡᠷᠡᠭ ᠦᠨ ᠬᠠᠷᠢᠭᠤᠴᠠᠭᠤ ᠶᠢ ᠰᠢᠬᠠᠨ ᠮᠠᠳᠡᠯᠡᠭᠰᠡᠨ ᠶᠢᠨ ᠲᠤᠬᠠᠢ ᠲᠠᠢᠯᠪᠤᠷᠢ᠃

ᠬᠠᠷᠢᠭᠤᠴᠠᠭᠤ ᠶᠢ 19.3 ᠲᠦᠮᠡᠨ ᠶᠤᠸᠠᠨ ᠬᠣᠬᠢᠷᠠᠭᠤᠯᠪᠠ᠃

ᠬᠠᠷᠢᠭᠤᠴᠠᠭᠤ ᠶᠢᠨ ᠲᠤ ᠬᠡᠷᠡᠭ ᠪᠠᠷ ᠰᠢᠭᠦᠯᠲᠡ ᠶᠢᠨ ᠰᠢᠭᠦᠨ ᠲᠠᠰᠤᠯᠤᠭᠰᠠᠨ ᠨᠢ ᠂ 2006 ᠣᠨ ᠤ 3 ᠰᠠᠷ᠎ᠠ ᠳᠤ ᠬᠠᠷᠢᠨ ᠪᠠ ᠬᠠᠷᠢᠭᠤᠴᠠᠭᠤ 306 ᠳᠤᠭᠠᠷ ᠵᠦᠢᠯ ᠦᠨ ᠤ ᠬᠡᠷᠡᠭ ᠢ ᠰᠢᠭᠦᠨ ᠪᠠᠢᠴᠠᠭᠠᠭᠰᠠᠨ ᠤ ᠳᠠᠷᠠᠭ᠎ᠠ ᠡᠴᠡ ᠪᠡᠨ ᠢ ᠰᠢᠭᠦᠯᠲᠡ ᠶᠢᠨ ᠬᠡᠷᠡᠭ ᠦᠨ ᠲᠤᠬᠠᠢ ᠪᠠᠷ ᠮᠡᠳᠡᠭᠳᠡᠯ ᠦ ᠦᠭᠡ ᠶᠢ ᠰᠢᠬᠠᠨ ᠮᠠᠳᠡᠯᠡᠭᠰᠡᠨ ᠳᠤ ᠶᠢ ᠬᠡᠷᠡᠭᠯᠡᠭᠰᠡᠨ ᠪᠠᠢᠨ᠎ᠠ᠃ ᠰᠠᠷ᠎ᠠ ᠳᠤ ᠂ ᠪᠠᠢᠢ X ᠬᠡᠷᠡᠭ ᠤ ᠳᠤᠷ᠎ᠠ ᠲᠠᠢ ᠪᠠᠢᠴᠠᠭᠠᠯ ᠂ ᠰᠢᠭᠦᠨ ᠲᠠᠰᠤᠯᠤᠭᠰᠠᠨ ᠳᠤ 305 ᠳᠤᠭᠠᠷ ᠵᠦᠢᠯ ᠦᠨ ᠢ ᠬᠡᠷᠡᠭᠯᠡᠭᠰᠡᠨ᠂ ᠬᠡᠷᠡᠭ ᠮᠡᠳᠡᠭᠳᠡᠯ ᠦᠨ ᠬᠤᠷᠢᠶᠠᠯᠠᠭᠰᠠᠨ ᠪᠠᠢᠨ᠎ᠠ᠃ 2001 ᠣᠨ ᠤ 3 X ᠬᠡᠷᠡᠭ ᠪᠠᠢᠢ X ᠬᠡᠷᠡᠭ ᠤ ᠳᠤᠷ᠎ᠠ ᠬᠡᠷᠡᠭ ᠂ ᠬᠠᠷᠢᠭᠤᠴᠠᠭᠤ ᠳᠤ ᠬᠡᠷᠡᠭ X X ᠲᠠᠯ᠎ᠠ 8500 ᠲᠦᠮᠡᠨ ᠶᠤᠸᠠᠨ ᠬᠣᠬᠢᠷᠠᠭᠤᠯᠤᠭᠰᠠᠨ ᠪᠠᠢᠨ᠎ᠠ᠃ ᠰᠠᠷ᠎ᠠ ᠶᠢᠨ ᠬᠡᠷᠡᠭ ᠦᠨ ᠬᠣᠷᠢᠭᠳᠠᠭᠰᠠᠨ ᠬᠡᠷᠡᠭ ᠦᠨ ᠲᠤᠬᠠᠢ ᠪᠠᠷ ᠮᠡᠳᠡᠭᠳᠡᠯ ᠦᠨ ᠬᠡᠷᠡᠭ ᠦᠨ 18705.4 ᠲᠦᠮᠡᠨ ᠶᠤᠸᠠᠨ ᠪᠠᠢᠨ᠎ᠠ᠃ ᠰᠢᠭᠦᠯᠲᠡ ᠶᠢᠨ ᠪᠠᠢᠢ X ᠬᠡᠷᠡᠭ᠂ ᠬᠠᠷᠢᠨ X ᠰᠠᠷ᠎ᠠ ᠶᠢᠨ ᠬᠡᠷᠡᠭ ᠦᠨ ᠬᠠᠷᠢᠭᠤᠴᠠᠭᠤ ᠬᠡᠷᠡᠭ ᠦᠨ ᠲᠤᠬᠠᠢ ᠪᠠᠷ ᠮᠡᠳᠡᠭᠳᠡᠯ ᠦᠨ ᠬᠡᠷᠡᠭᠯᠡᠭᠰᠡᠨ ᠪᠠᠢᠨ᠎ᠠ᠃ ᠬᠡᠷᠡᠭ ᠲᠠᠯ᠎ᠠ ᠶᠢᠨ ᠬᠡᠷᠡᠭ ᠦᠨ ᠲᠤᠬᠠᠢ ᠪᠠᠷ ᠬᠡᠷᠡᠭᠯᠡᠭᠰᠡᠨ᠃ ᠰᠢᠭᠦᠯᠲᠡ ᠶᠢᠨ ᠶᠢ X ᠪᠠᠷ ᠬᠡᠷᠡᠭᠯᠡᠭᠰᠡᠨ ᠬᠡᠷᠡᠭ ᠬᠡᠷᠡᠭ ᠪᠠᠢᠨ᠎ᠠ᠃ ᠶᠢ X ᠬᠡᠷᠡᠭ ᠳᠦ 10 ᠰᠠᠷ᠎ᠠ ᠶᠢᠨ 22 ᠳᠤ ᠡᠳᠦᠷ ᠬᠡᠷᠡᠭ ᠦᠨ ᠬᠡᠷᠡᠭ᠂ ᠪᠠᠢᠢ X ᠰᠠᠩ ᠳᠤ ᠬᠡᠷᠡᠭ ᠪᠠᠢᠨ᠎ᠠ᠃ ᠰᠢᠭᠦᠯᠲᠡ ᠶᠢᠨ ᠶᠢ X ᠶᠢ ᠬᠡᠷᠡᠭᠯᠡᠭᠰᠡᠨ ᠬᠡᠷᠡᠭ ᠪᠠᠷ ᠬᠡᠷᠡᠭ ᠦᠨ ᠪᠠᠢᠢ X ᠬᠡᠷᠡᠭ᠂ ᠬᠠᠷᠢᠨ X X ᠶᠢᠨ ᠬᠡᠷᠡᠭ ᠦᠨ ᠪᠠᠢᠴᠠᠭᠠᠯ ᠦᠨ ᠬᠡᠷᠡᠭᠯᠡᠭᠰᠡᠨ ᠪᠠᠢᠨ᠎ᠠ᠃ ᠪᠠᠢᠢ X ᠬᠡᠷᠡᠭ 5 ᠰᠠᠷ᠎ᠠ ᠶᠢᠨ 23 ᠤ ᠡᠳᠦᠷ ᠬᠡᠷᠡᠭ ᠦᠨ ᠪᠠᠢᠴᠠᠭᠠᠯ ᠪᠠ ᠬᠡᠷᠡᠭ ᠦᠨ ᠬᠠᠷᠢᠭᠤᠴᠠᠭᠤ ᠶᠢᠨ ᠬᠡᠷᠡᠭ ᠦᠨ ᠬᠡᠷᠡᠭᠯᠡᠭᠰᠡᠨ ᠬᠠᠷᠢᠭᠤᠴᠠᠭᠤ ᠶᠢᠨ ᠬᠡᠷᠡᠭ ᠦᠨ ᠲᠤᠬᠠᠢ 306 ᠳᠤᠭᠠᠷ ᠵᠦᠢᠯ ᠦᠨ ᠤ ᠬᠠᠷᠢᠭᠤᠴᠠᠭᠤ ᠶᠢᠨ ᠬᠡᠷᠡᠭᠯᠡᠭᠰᠡᠨ ᠪᠠᠢᠨ᠎ᠠ᠃ 5 ᠰᠠᠷ᠎ᠠ ᠶᠢᠨ 20 ᠤ ᠡᠳᠦᠷ᠂ ᠪᠠᠢᠢ X ᠬᠡᠷᠡᠭ ᠬᠡᠷᠡᠭ ᠦᠨ ᠬᠡᠷᠡᠭᠯᠡᠭᠰᠡᠨ ᠬᠡᠷᠡᠭ ᠦᠨ ᠬᠡᠷᠡᠭᠯᠡᠭᠰᠡᠨ᠂ ᠬᠡᠷᠡᠭ ᠦᠨ ᠣᠨ ᠤ ᠬᠡᠷᠡᠭ ᠤ ᠬᠡᠷᠡᠭ ᠦᠨ ᠬᠡᠷᠡᠭᠯᠡᠭᠰᠡᠨ ᠬᠡᠷᠡᠭ ᠦᠨ ᠬᠡᠷᠡᠭ᠂ ᠶᠢ X ᠬᠡᠷᠡᠭ ᠤ ᠬᠡᠷᠡᠭ ᠪᠠᠷ ᠬᠡᠷᠡᠭ ᠦᠨ ᠬᠡᠷᠡᠭᠯᠡᠭᠰᠡᠨ ᠬᠡᠷᠡᠭ ᠦᠨ ᠬᠡᠷᠡᠭ ᠪᠠᠢᠨ᠎ᠠ᠂ ᠬᠡᠷᠡᠭ ᠦᠨ 2004 ᠣᠨ ᠤ 4 ᠰᠠᠷ᠎ᠠ ᠶᠢᠨ᠂ ᠪᠠᠢᠢ X ᠬᠡᠷᠡᠭ ᠬᠡᠷᠡᠭᠯᠡᠭᠰᠡᠨ ᠬᠡᠷᠡᠭ ᠦᠨ ᠬᠡᠷᠡᠭ᠂ ᠬᠡᠷᠡᠭ ᠦᠨ ᠬᠡᠷᠡᠭᠯᠡᠭᠰᠡᠨ ᠬᠡᠷᠡᠭ ᠦᠨ ᠬᠡᠷᠡᠭᠯᠡᠭᠰᠡᠨ ᠬᠡᠷᠡᠭ ᠪᠠᠢᠨ᠎ᠠ᠂ ᠶᠢ X ᠬᠡᠷᠡᠭ ᠦᠨ ᠬᠡᠷᠡᠭ ᠬᠡᠷᠡᠭᠯᠡᠭᠰᠡᠨ ᠬᠡᠷᠡᠭ ᠦᠨ ᠬᠡᠷᠡᠭ ᠪᠠᠢᠨ᠎ᠠ᠂ ᠶᠢ X ᠬᠡᠷᠡᠭ ᠤ ᠬᠡᠷᠡᠭ ᠪᠠᠷ ᠬᠡᠷᠡᠭᠯᠡᠭᠰᠡᠨ ᠬᠡᠷᠡᠭ ᠦᠨ ᠬᠡᠷᠡᠭ ᠪᠠᠢᠨ᠎ᠠ᠃ ᠬᠡᠷᠡᠭ ᠦᠨ ᠬᠡᠷᠡᠭᠯᠡᠭᠰᠡᠨ ᠬᠡᠷᠡᠭ ᠦᠨ ᠬᠡᠷᠡᠭ ᠪᠠᠷ ᠬᠡᠷᠡᠭ ᠦᠨ ᠬᠡᠷᠡᠭᠯᠡᠭᠰᠡᠨ ᠬᠡᠷᠡᠭ ᠦᠨ ᠬᠡᠷᠡᠭ ᠪᠠᠢᠨ᠎ᠠ᠃ 2004 ᠣᠨ ᠤ 1 ᠰᠠᠷ᠎ᠠ ᠶᠢᠨ 30 ᠤ ᠡᠳᠦᠷ᠂ ᠶᠢ X ᠬᠡᠷᠡᠭ ᠤ ᠬᠡᠷᠡᠭ ᠪᠠᠷ ᠬᠡᠷᠡᠭ ᠦᠨ ᠪᠠᠢᠢ X ᠬᠡᠷᠡᠭ ᠤ ᠬᠡᠷᠡᠭ ᠪᠠᠢᠴᠠᠭᠠᠯ ᠤ ᠬᠡᠷᠡᠭᠯᠡᠭᠰᠡᠨ ᠬᠡᠷᠡᠭ ᠦᠨ ᠬᠡᠷᠡᠭ ᠪᠠᠷ ᠬᠡᠷᠡᠭ ᠦᠨ ᠬᠡᠷᠡᠭᠯᠡᠭᠰᠡᠨ ᠬᠡᠷᠡᠭ ᠪᠠᠢᠨ᠎ᠠ᠃ 2002 ᠣᠨ ᠤ᠂ ᠪᠠᠢᠢ X ᠬᠡᠷᠡᠭ ᠬᠡᠷᠡᠭ ᠳᠤ ᠬᠡᠷᠡᠭ ᠪᠠᠷ ᠬᠡᠷᠡᠭ ᠦᠨ ᠬᠠᠷᠢᠨ ᠪᠠ ᠬᠠᠷᠢᠭᠤᠴᠠᠭᠤ ᠪᠠᠢᠨ᠎ᠠ ᠶᠢᠨ ᠬᠡᠷᠡᠭ ᠶᠢ 45.08m^2 ᠪᠠᠢᠰᠢᠩ 306 ᠳᠤᠭᠠᠷ ᠬᠡᠷᠡᠭ ᠦᠨ ᠬᠡᠷᠡᠭᠯᠡᠭᠰᠡᠨ ᠪᠠᠢᠨ᠎ᠠ ᠶᠢ᠄ 1998 ᠣᠨ ᠤ 3 ᠰᠠᠷ᠎ᠠ ᠶᠢᠨ 3 ᠤ ᠡᠳᠦᠷ᠂ ᠰᠢᠭᠦᠯᠲᠡ ᠶᠢᠨ ᠶᠢ X ᠪᠠᠢᠰᠢᠩ ᠪᠠᠢᠢ X ᠬᠡᠷᠡᠭ ᠦᠨ ᠬᠡᠷᠡᠭ ᠳᠤ

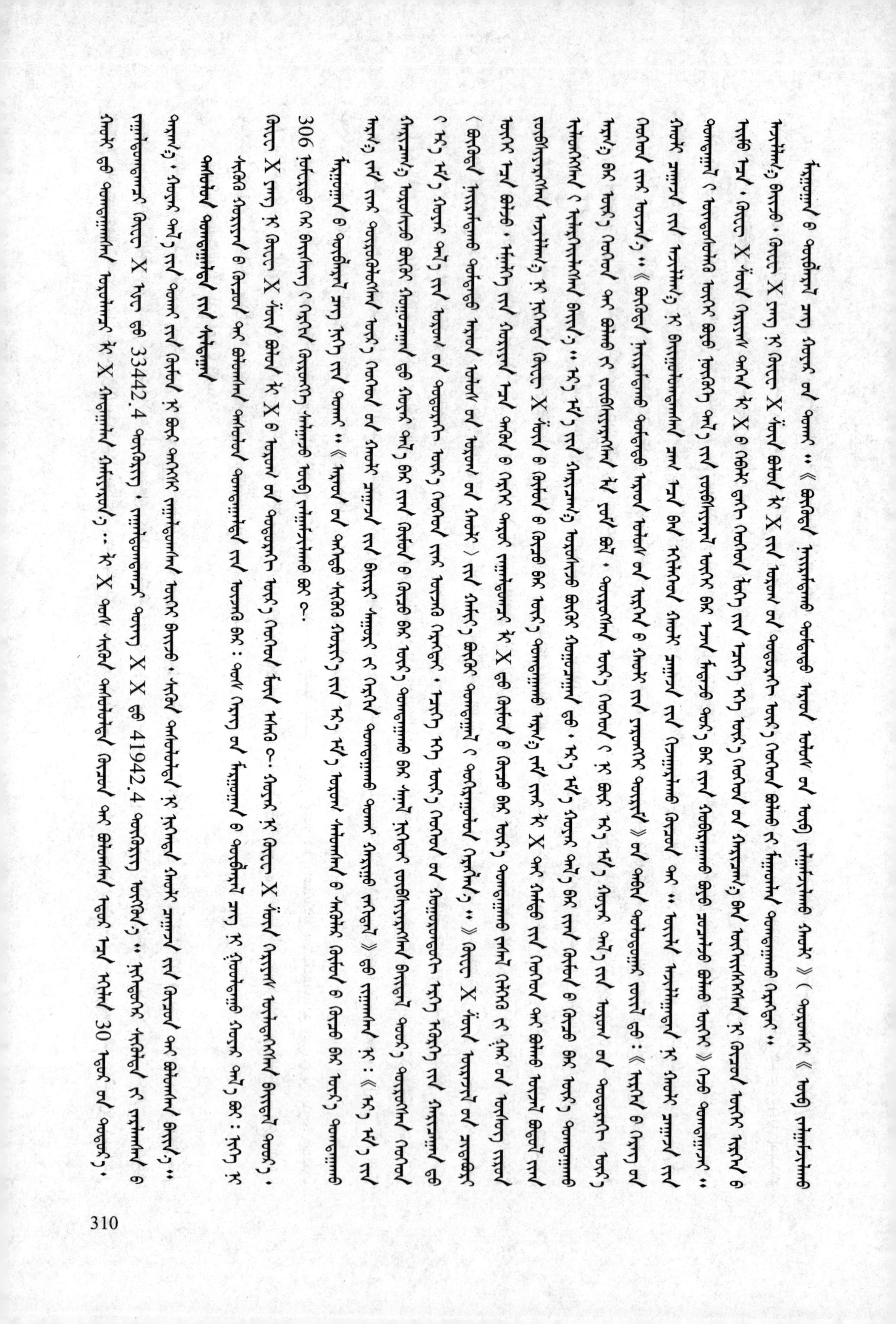

ᠣᠷᠴᠢᠭᠤᠯᠤᠭᠰᠠᠨ ᠤ ᠲᠠᠢᠯᠪᠤᠷᠢ (ᠵᠢᠱᠢᠶ᠎ᠡ)

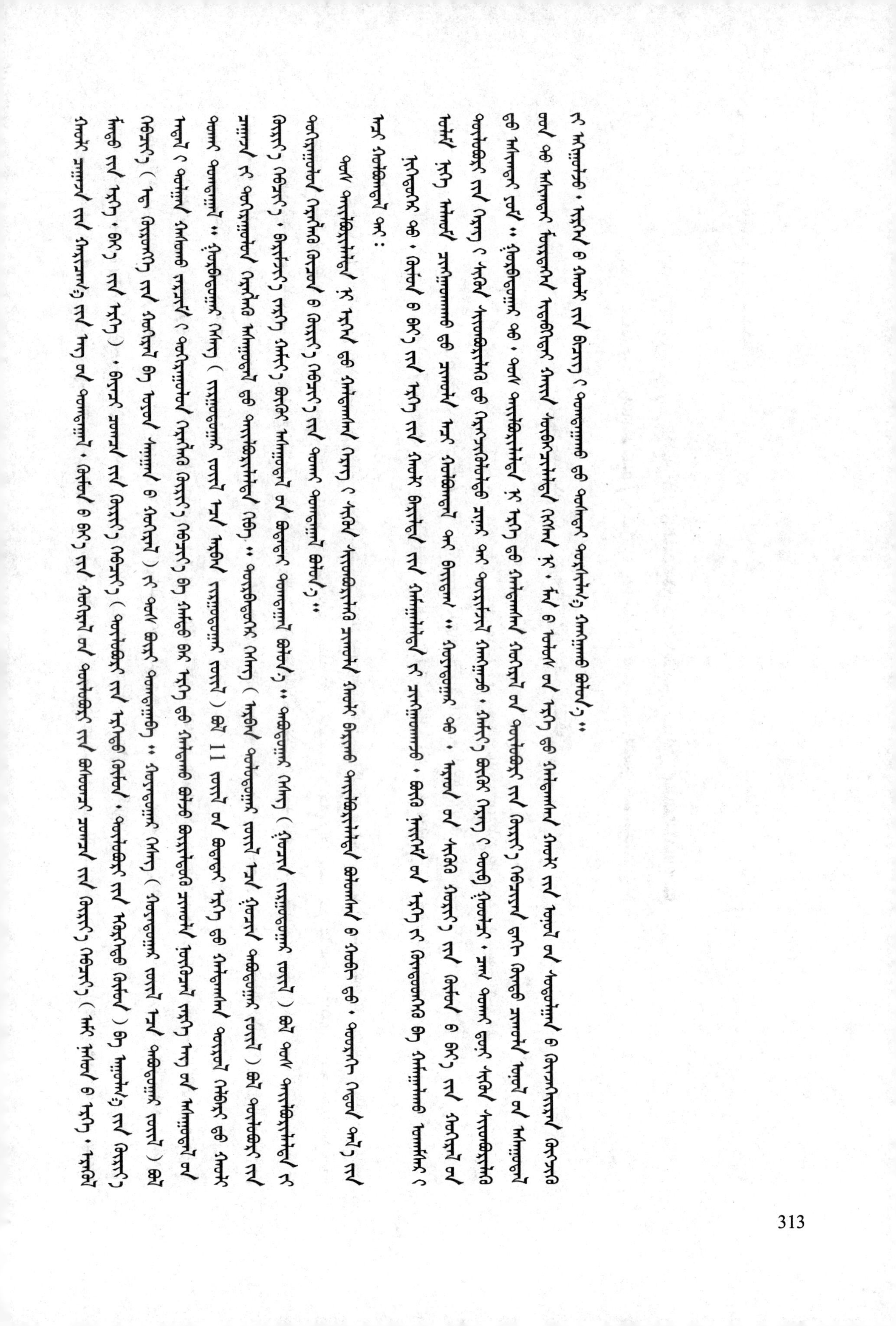

ᠡᠨᠡ ᠬᠠᠤᠯᠢ ᠶᠢ ᠬᠡᠷᠡᠭᠵᠢᠭᠦᠯᠬᠦ ᠪᠡᠷ 《ᠪᠦᠬᠦ ᠨᠠᠶᠢᠷᠠᠮᠳᠠᠬᠤ ᠬᠢᠲᠠᠳ ᠠᠷᠠᠳ ᠤᠯᠤᠰ ᠤᠨ ᠬᠠᠤᠯᠢ》 ᠶᠢᠨ ᠲᠣᠭᠲᠠᠭᠠᠯ ᠢ ᠪᠠᠷᠢᠮᠲᠠᠯᠠᠬᠤ ᠪᠣᠯᠤᠨ ᠬᠡᠷᠡᠭᠵᠢᠭᠦᠯᠦᠨ᠎ᠡ᠂ ᠬᠤᠷᠠᠯ ᠤᠨ ᠰᠢᠢᠳᠪᠦᠷᠢ ᠶᠢ ᠬᠡᠷᠡᠭᠵᠢᠭᠦᠯᠬᠦ ᠳᠦ ᠬᠠᠮᠢᠶᠠᠷᠤᠯᠬᠤ ᠪᠣᠯᠤᠨ ᠳᠠᠭᠠᠵᠤ ᠮᠦᠷᠢᠳᠡᠬᠦ ᠶᠢᠨ ᠬᠠᠮᠲᠤ᠂ ᠬᠢᠨᠠᠨ ᠬᠢᠨᠠᠯᠲᠠ ᠬᠢᠵᠦ ᠪᠠᠢᠢᠬᠤ ᠶᠢ ᠰᠠᠨᠠᠭᠠᠯᠠᠨ᠎ᠠ᠃ ᠦᠨᠳᠦᠰᠦᠲᠡᠨ ᠦ ᠥᠪᠡᠷᠲᠡᠭᠡᠨ ᠵᠠᠰᠠᠬᠤ ᠣᠷᠣᠨ ᠤ ᠶᠠᠮᠤ ᠲᠠᠰᠤᠭ ᠤᠳ ᠪᠡᠷ ᠬᠡᠷᠡᠭᠵᠢᠭᠦᠯᠦᠨ᠎ᠡ (ᠦᠨᠳᠦᠰᠦᠨ ᠦ ᠪᠠᠢᠢᠳᠠᠯ ᠤᠨ ᠣᠷᠣᠨ ᠤ ᠬᠤᠷᠠᠯ ᠤᠨ ᠪᠠᠢᠩᠭᠠ ᠶᠢᠨ ᠵᠢᠷᠤᠮ ᠤᠨ ᠬᠠᠤᠯᠢ) ᠶᠢ ᠬᠡᠷᠡᠭᠵᠢᠭᠦᠯᠬᠦ᠂ ᠶᠠᠮᠤ᠂ ᠬᠣᠲᠠ᠂ ᠰᠢᠶᠠᠨ ᠤ ᠰᠢᠭᠦᠨ ᠶᠢᠨ ᠪᠠᠢᠭᠤᠯᠤᠯᠭ᠎ᠠ ᠶᠢ ᠦᠨᠳᠦᠰᠦᠨ ᠳᠡᠭᠡᠨ ᠲᠤᠯᠭᠤᠷᠢᠯᠠᠨ ᠬᠡᠷᠡᠭᠵᠢᠭᠦᠯᠦᠨ᠎ᠡ:

ᠦᠨᠳᠦᠰᠦᠲᠡᠨ ᠦ ᠥᠪᠡᠷᠲᠡᠭᠡᠨ ᠵᠠᠰᠠᠬᠤ ᠣᠷᠣᠨ ᠤ ᠡᠷᠬᠡ ᠮᠡᠳᠡᠯ ᠢ ᠬᠡᠷᠡᠭᠵᠢᠭᠦᠯᠬᠦ᠂ ᠦᠨᠳᠦᠰᠦᠲᠡᠨ ᠦ ᠥᠪᠡᠷᠲᠡᠭᠡᠨ ᠵᠠᠰᠠᠬᠤ ᠣᠷᠣᠨ ᠤ ᠤᠯᠤᠰ ᠲᠥᠷᠦ ᠶᠢᠨ ᠪᠣᠳᠣᠯᠭ᠎ᠠ ᠶᠢ ᠬᠡᠷᠡᠭᠵᠢᠭᠦᠯᠬᠦ 《ᠬᠠᠤᠯᠢ ᠳᠦᠷᠢᠮ ᠤᠨ ᠨᠡᠶᠢᠲᠡ ᠶᠢᠨ ᠬᠡᠷᠡᠭᠯᠡᠭᠡ》(ᠬᠠᠤᠯᠢ 《 ᠬᠠᠤᠯᠢ ᠶᠢᠨ ᠲᠣᠭᠲᠠᠭᠠᠯ ᠤᠨ ᠦᠨᠳᠦᠰᠦ》ᠶᠢ ᠬᠡᠷᠡᠭᠵᠢᠭᠦᠯᠬᠦ) ᠪᠣᠯᠤᠨ ᠦᠨᠳᠦᠰᠦᠨ ᠦ

《ᠬᠠᠤᠯᠢ ᠳᠦᠷᠢᠮ ᠤᠨ ᠨᠡᠶᠢᠲᠡ ᠶᠢᠨ ᠬᠡᠷᠡᠭᠯᠡᠭᠡ ᠶᠢᠨ ᠬᠠᠤᠯᠢ ᠶᠢᠨ ᠦᠨᠳᠦᠰᠦᠲᠡᠨ ᠦ ᠣᠷᠣᠨ ᠤ ᠲᠣᠭᠲᠠᠭᠠᠯ》(ᠬᠠᠤᠯᠢ 《ᠬᠠᠤᠯᠢ ᠶᠢᠨ ᠦᠨᠳᠦᠰᠦᠲᠡᠨ ᠦ ᠣᠷᠣᠨ ᠤ ᠲᠣᠭᠲᠠᠭᠠᠯ》ᠶᠢ ᠬᠡᠷᠡᠭᠵᠢᠭᠦᠯᠬᠦ)᠂

ᠪᠡᠶ᠎ᠡ ᠶᠢᠨ ᠡᠷᠬᠡ ᠶᠢᠨ ᠬᠡᠷᠡᠭᠵᠢᠭᠦᠯᠬᠦ ᠶᠢᠨ ᠲᠤᠯᠠ ᠬᠠᠤᠯᠢ ᠳᠦ ᠬᠠᠮᠢᠶᠠᠷᠤᠯᠬᠤ ᠲᠥᠷᠥ ᠶᠢᠨ ᠪᠣᠳᠣᠯᠭ᠎ᠠ᠂ ᠮᠡᠳᠡᠯ ᠦᠨ ᠪᠠᠢᠢᠳᠠᠯ ᠤᠨ ᠦᠨᠳᠦᠰᠦᠲᠡᠨ ᠦ ᠣᠷᠣᠨ ᠤ ᠦᠨᠳᠦᠰᠦᠲᠡᠨ ᠦ ᠬᠡᠷᠡᠭᠵᠢᠭᠦᠯᠬᠦ ᠶᠢᠨ ᠬᠡᠷᠡᠭᠵᠢᠭᠦᠯᠦᠨ᠎ᠡ᠃

ᠬᠠᠪᠰᠤᠷᠤᠯᠲᠠ ᠶᠢᠨ ᠬᠡᠷᠡᠭ ᠤᠨ ᠬᠠᠤᠯᠢ ᠶᠢᠨ ᠲᠣᠭᠲᠠᠭᠠᠯ 2004 ᠣᠨ ᠤ 5 ᠰᠠᠷ᠎ᠠ ᠶᠢᠨ 1 ᠦ ᠡᠳᠦᠷ ᠡᠴᠡ ᠡᠬᠢᠯᠡᠨ ᠬᠡᠷᠡᠭᠵᠢᠭᠦᠯᠦᠨ᠎ᠡ)

1299 ᠳᠤᠭᠠᠷ ᠬᠤᠷᠠᠯᠳᠠᠭᠠᠨ ᠤ ᠬᠤᠷᠠᠯ 2003 ᠣᠨ ᠤ 12 ᠰᠠᠷ᠎ᠠ ᠶᠢᠨ 26 ᠤ ᠡᠳᠦᠷ ᠬᠤᠷᠠᠯ ᠳᠤ ᠪᠠᠲᠤᠯᠠᠭᠳᠠᠪᠠ

(2003 ᠣᠨ ᠤ 12 ᠰᠠᠷ᠎ᠠ ᠶᠢᠨ 4 ᠦ ᠡᠳᠦᠷ ᠬᠤᠷᠠᠯ ᠳᠤ ᠪᠠᠲᠤᠯᠠᠭᠰᠠᠨ ᠬᠠᠪᠰᠤᠷᠤᠯᠲᠠ ᠶᠢᠨ ᠬᠡᠷᠡᠭ ᠤᠨ ᠲᠤᠬᠠᠢ

ᠬᠠᠪᠰᠤᠷᠤᠯᠲᠠ ᠶᠢᠨ ᠬᠡᠷᠡᠭ〔2003〕20 ᠳᠤᠭᠠᠷ ᠲᠣᠭᠲᠠᠭᠠᠯ

ᠦᠨᠳᠦᠰᠦᠲᠡᠨ ᠦ ᠥᠪᠡᠷᠲᠡᠭᠡᠨ ᠵᠠᠰᠠᠬᠤ ᠣᠷᠣᠨ ᠤ ᠬᠠᠤᠯᠢ ᠶᠢᠨ ᠲᠣᠭᠲᠠᠭᠠᠯ ᠤᠨ ᠬᠡᠷᠡᠭᠵᠢᠭᠦᠯᠬᠦ ᠶᠢᠨ ᠲᠤᠬᠠᠢ ᠦᠨᠳᠦᠰᠦᠨ ᠦ ᠬᠠᠤᠯᠢ ᠶᠢᠨ ᠪᠠᠢᠢᠭᠤᠯᠤᠯᠭ᠎ᠠ ᠳᠤ

ᠬᠡᠷᠡᠭ ᠤᠨ ᠬᠠᠤᠯᠢ ᠶᠢᠨ ᠬᠤᠷᠠᠯᠳᠠᠭᠠᠨ ᠤ

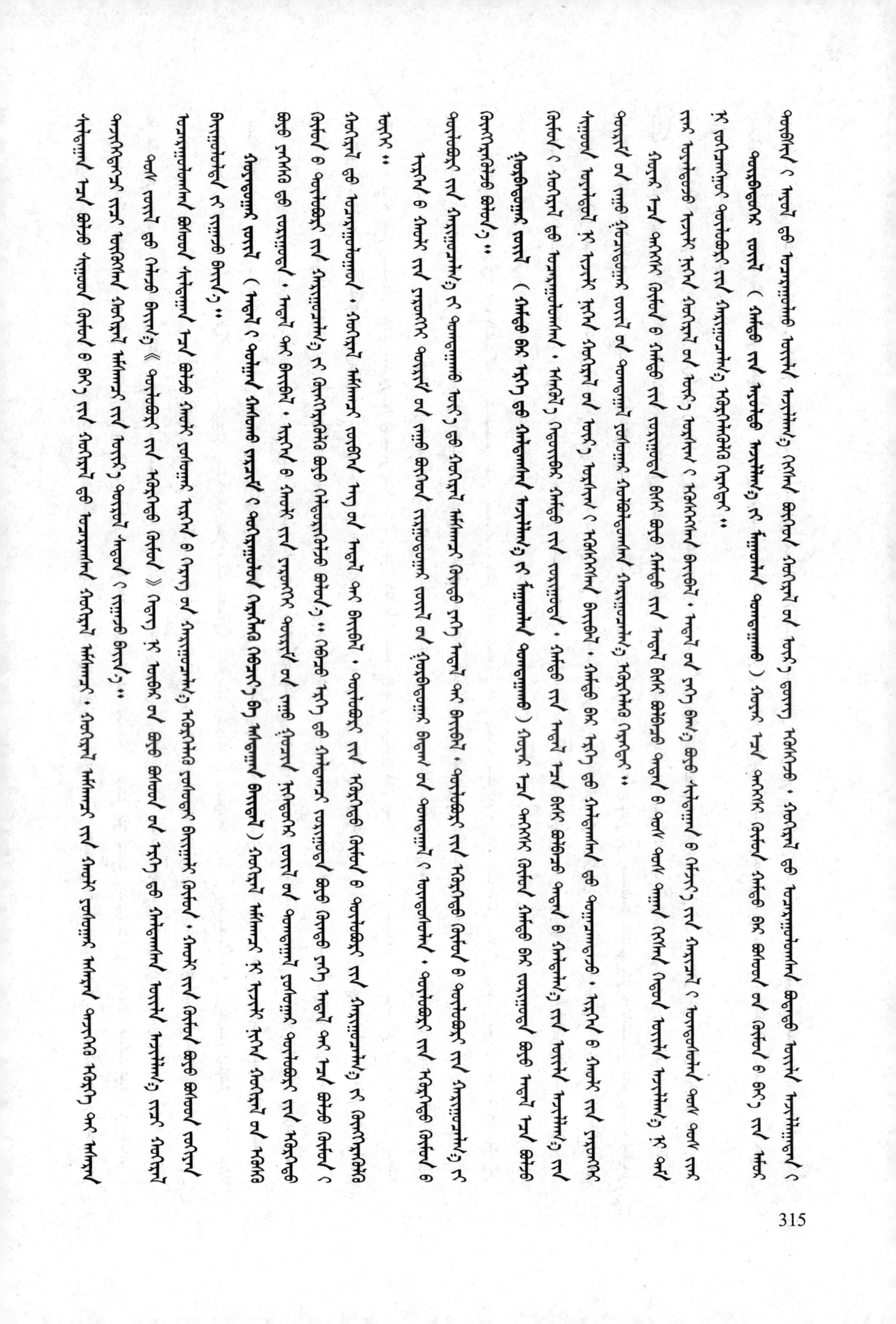

[illegible]

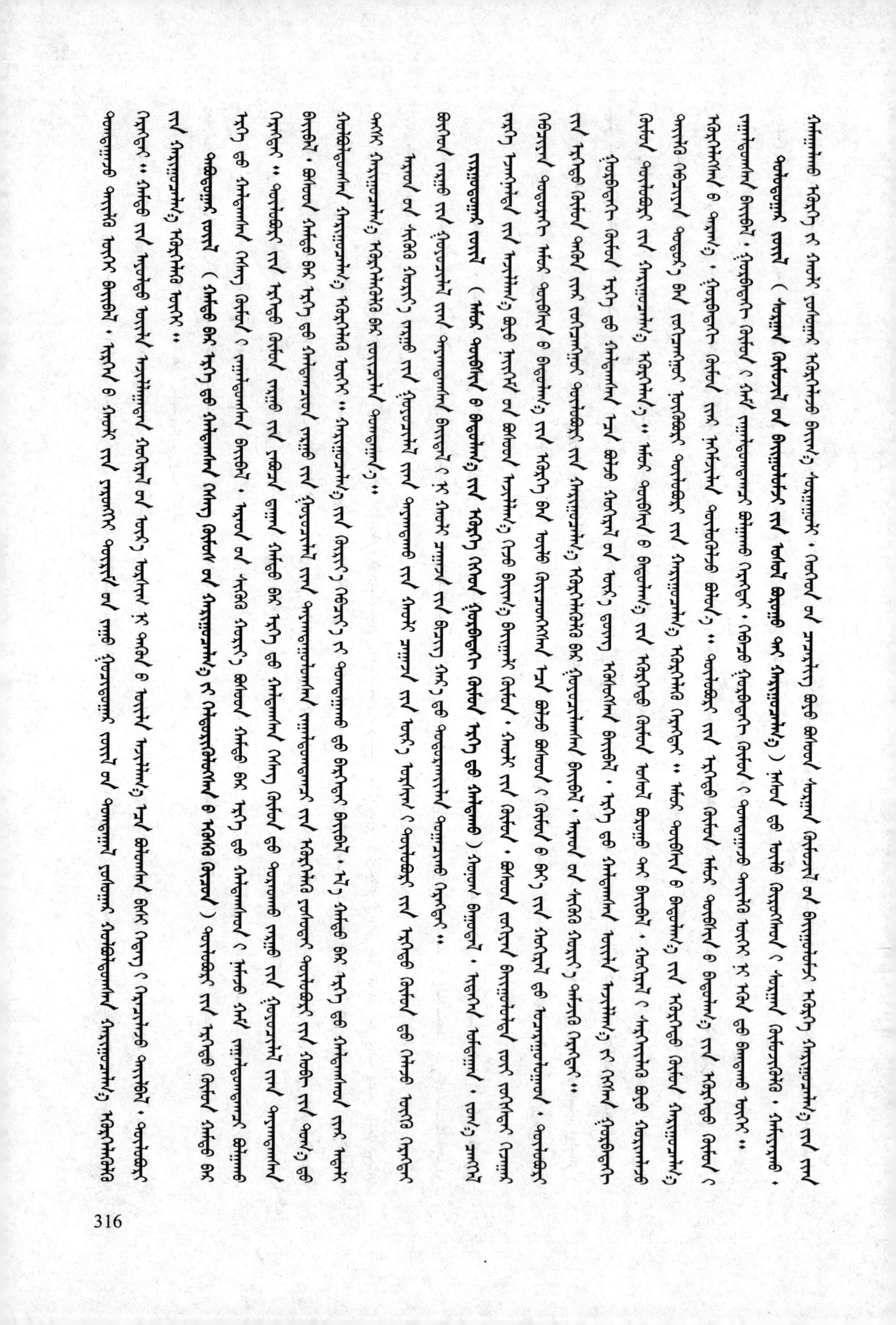

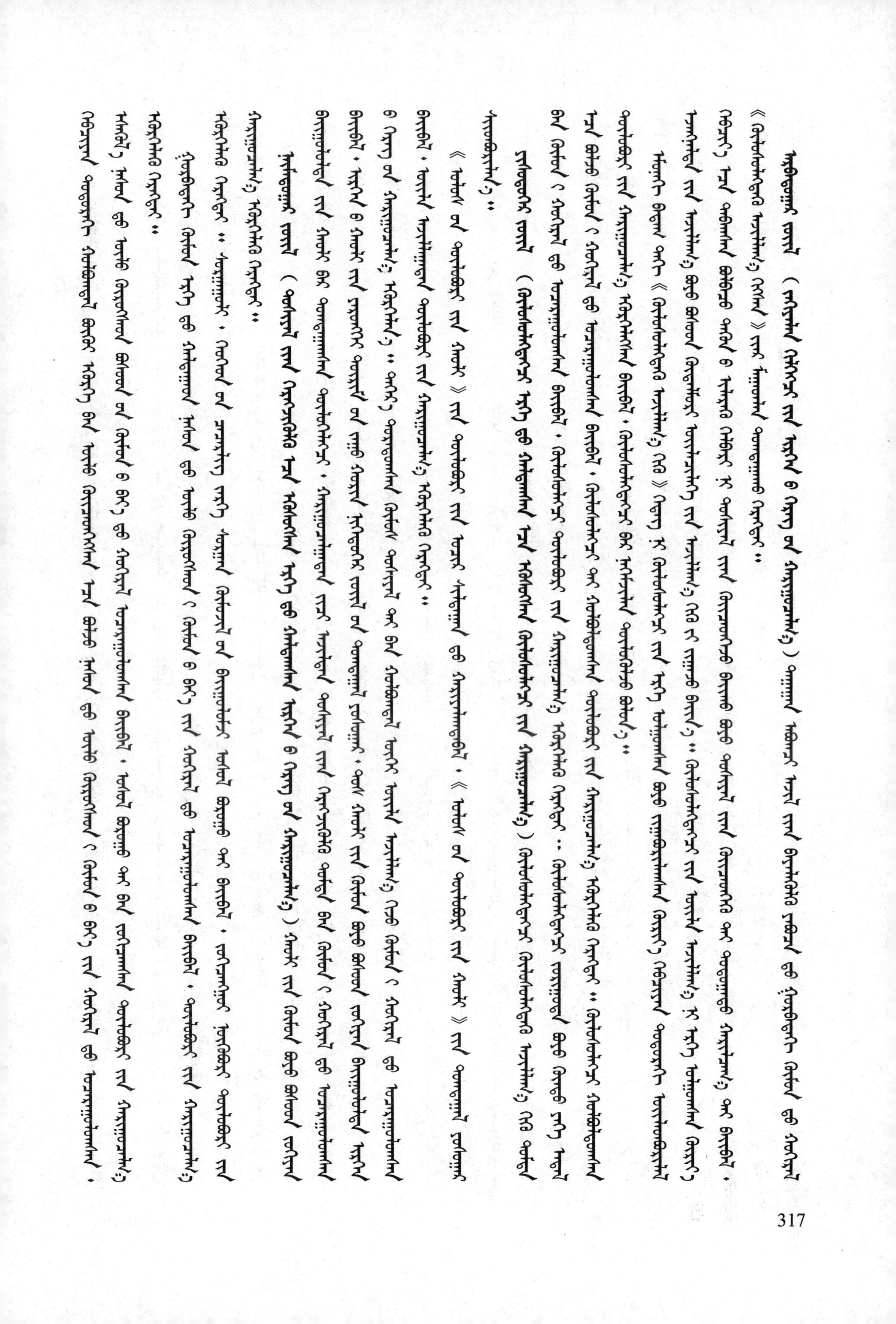

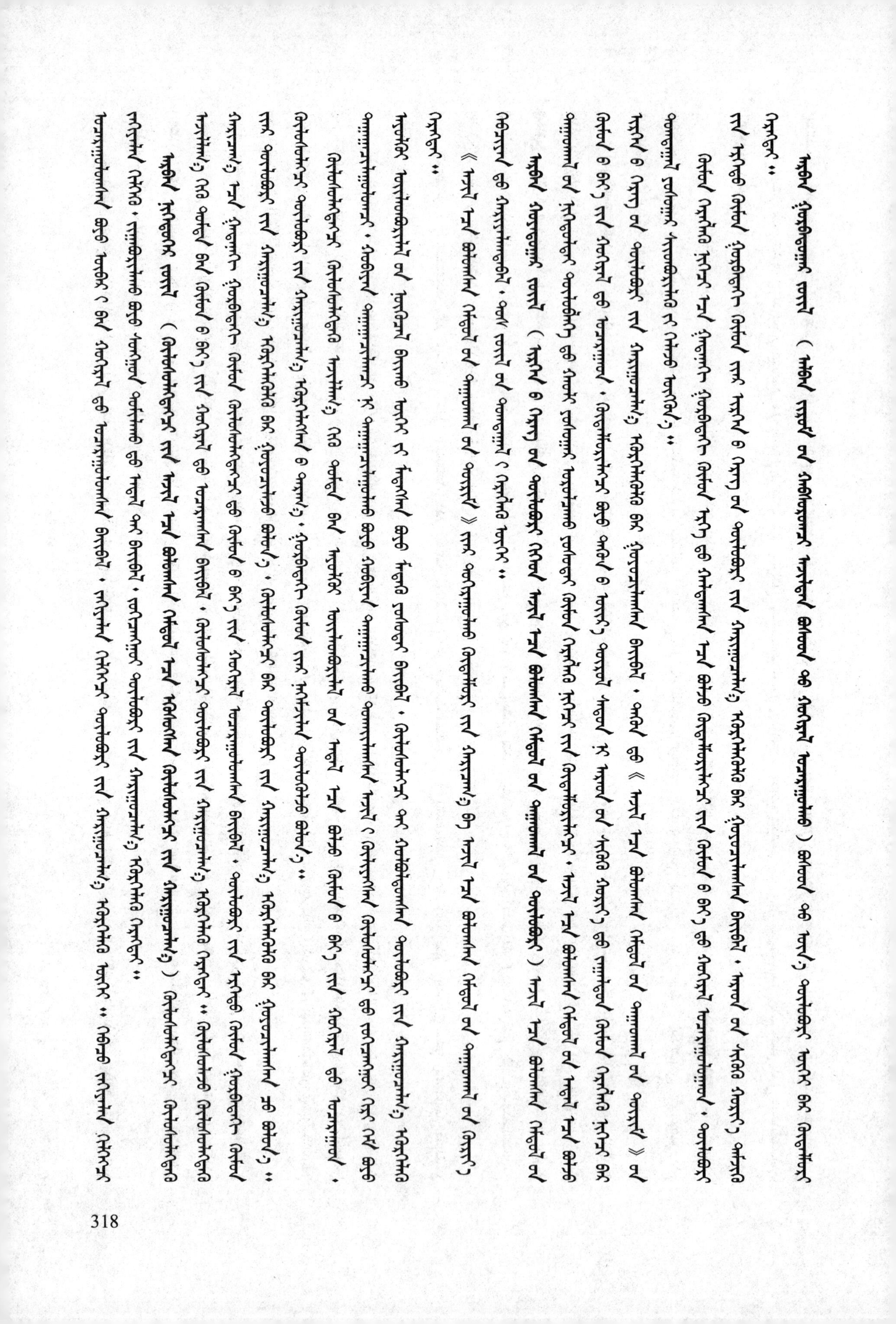

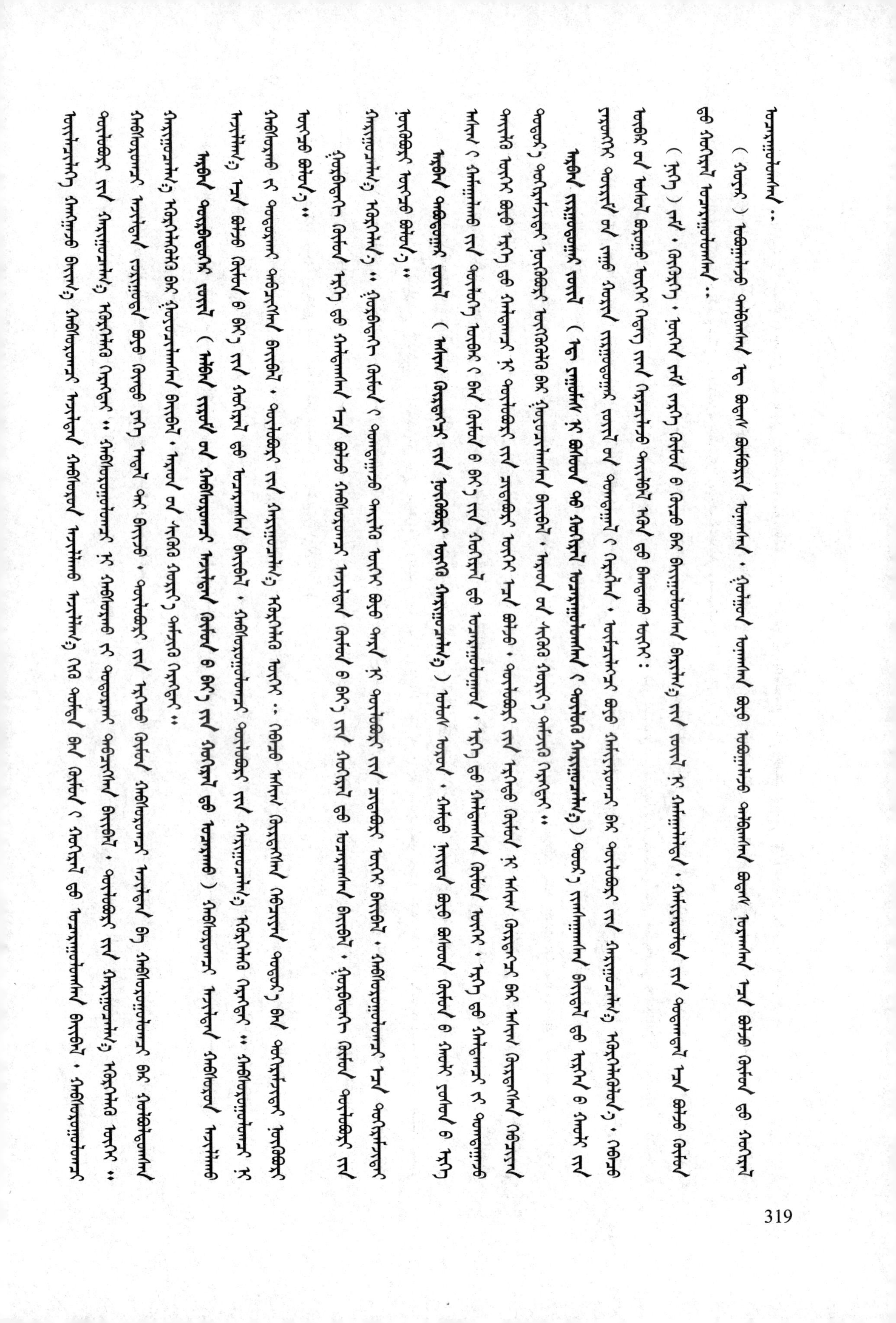

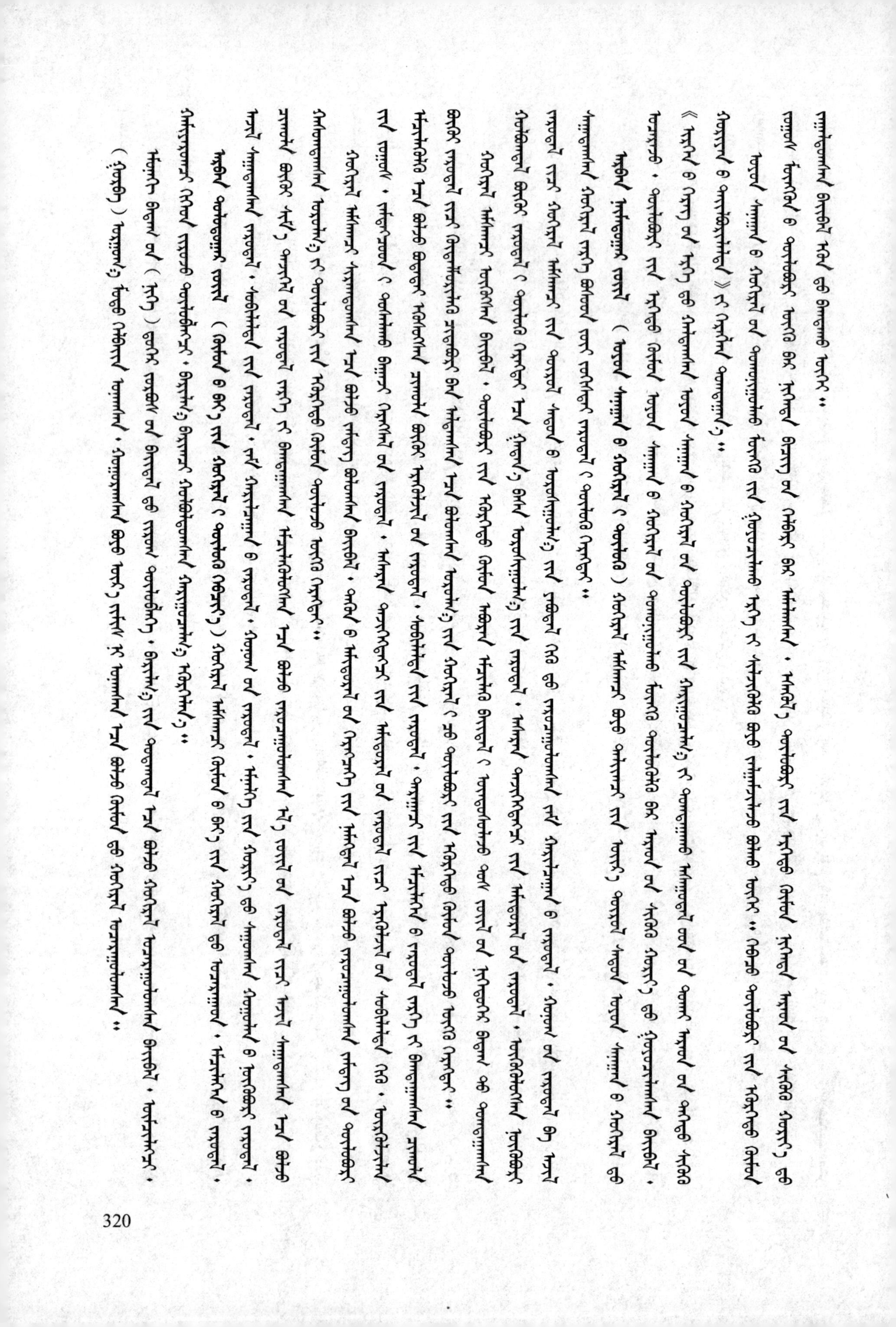

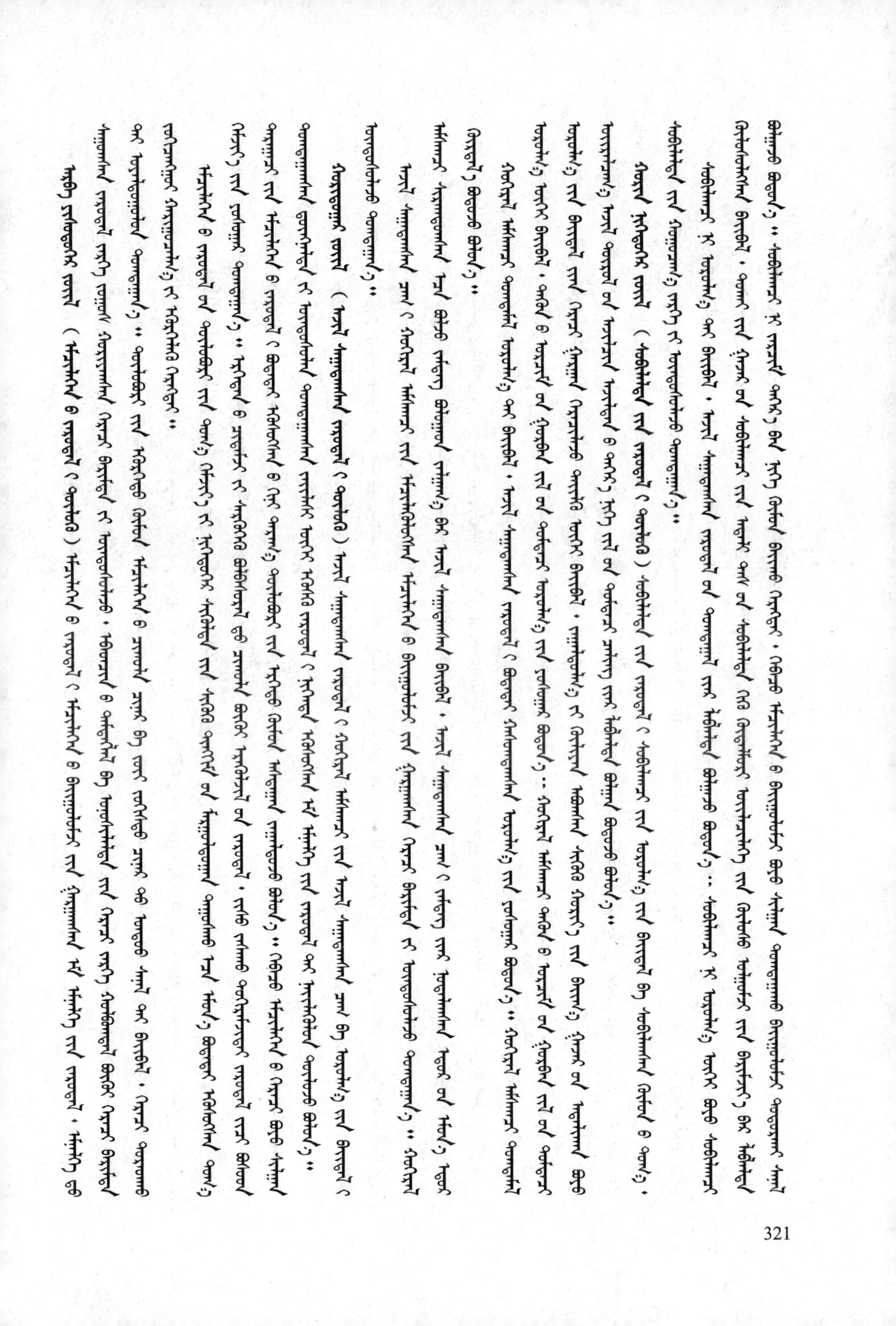

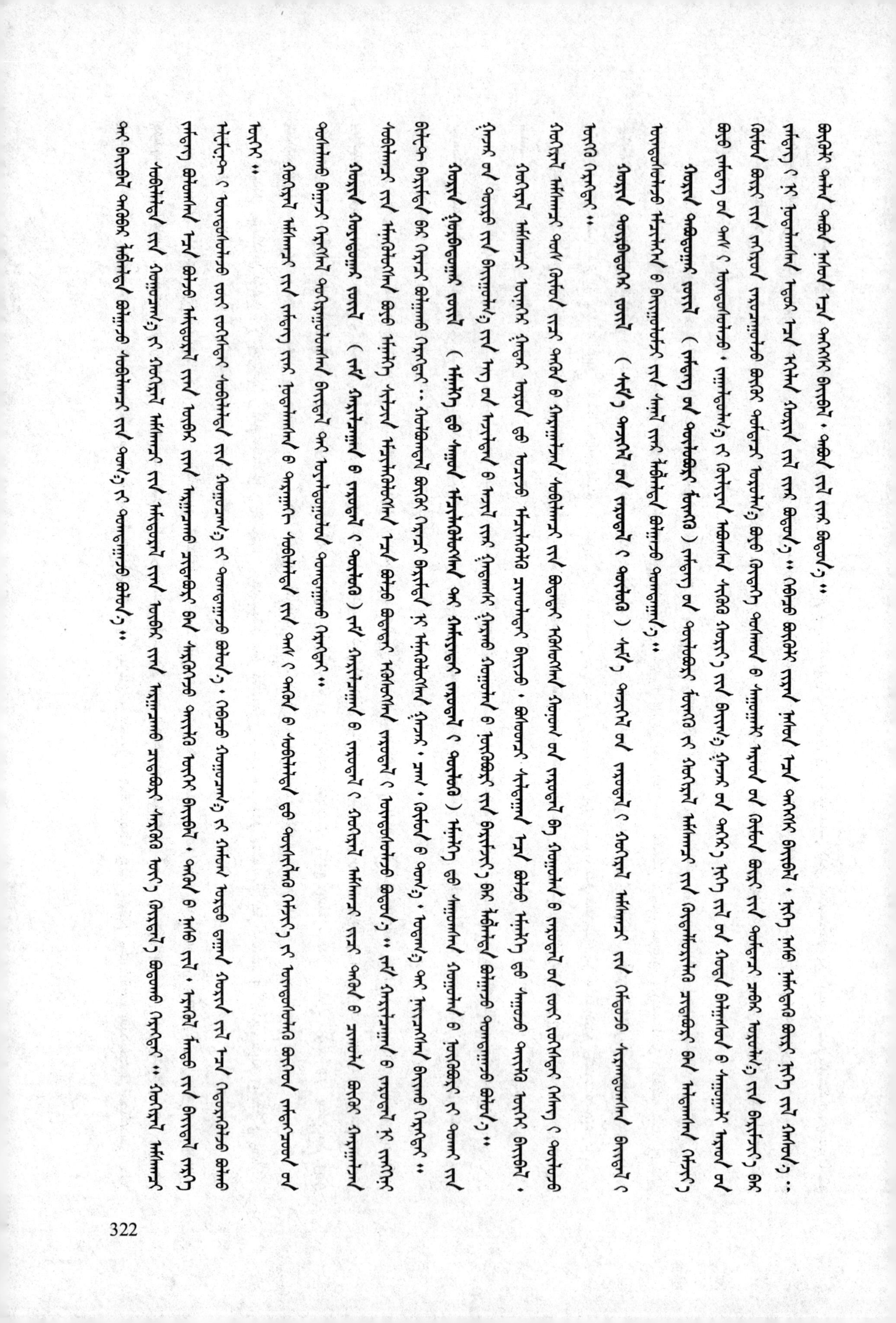

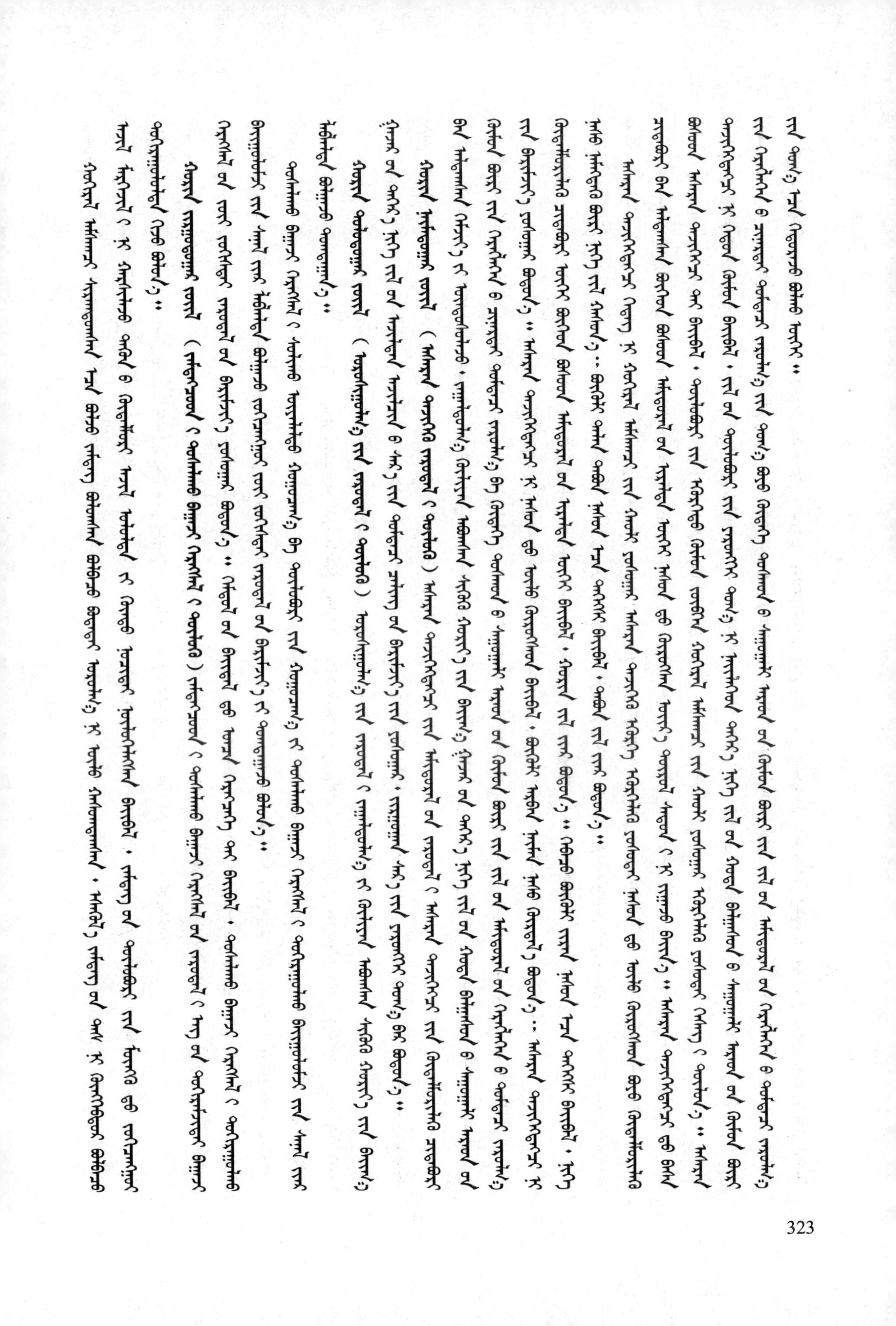

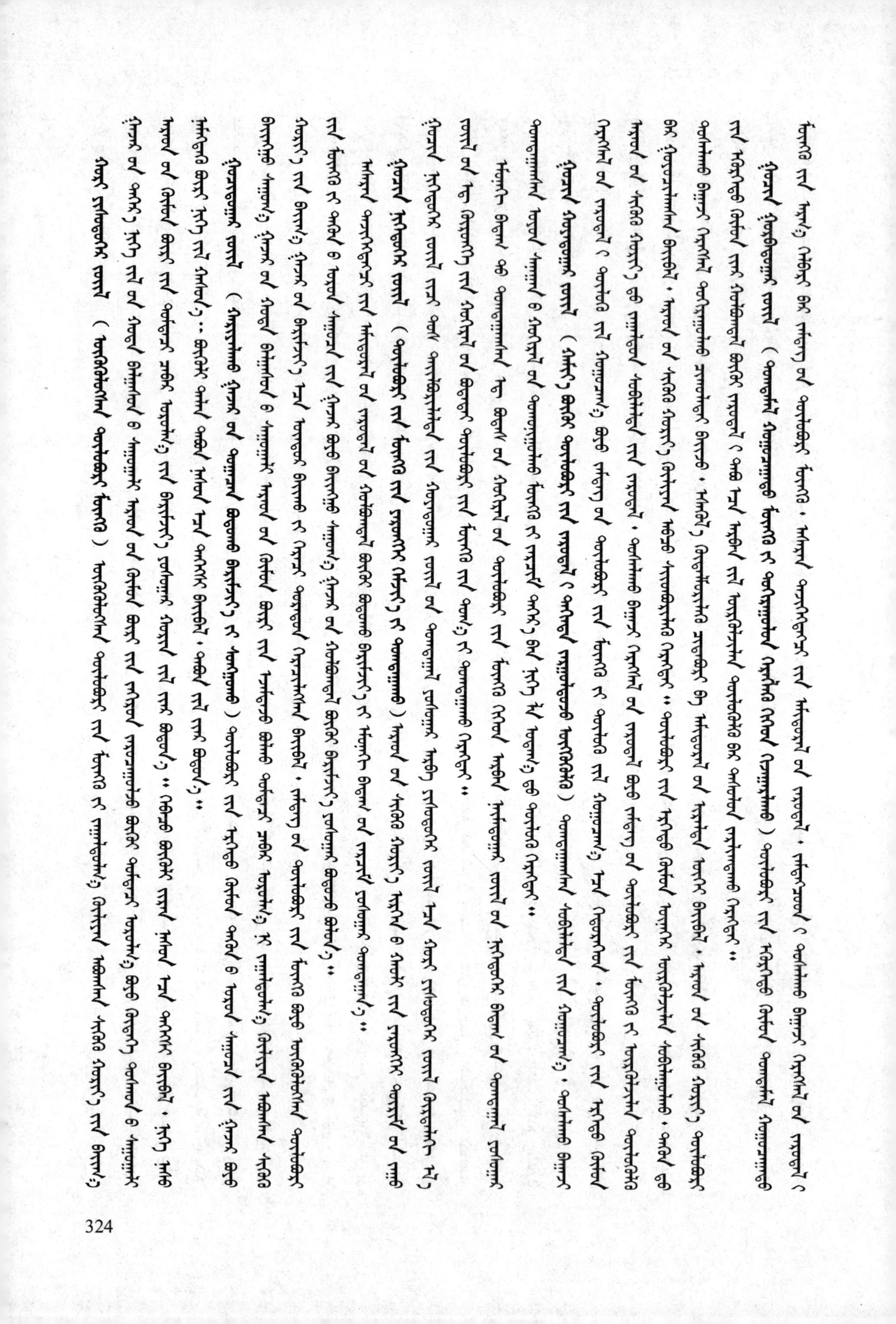

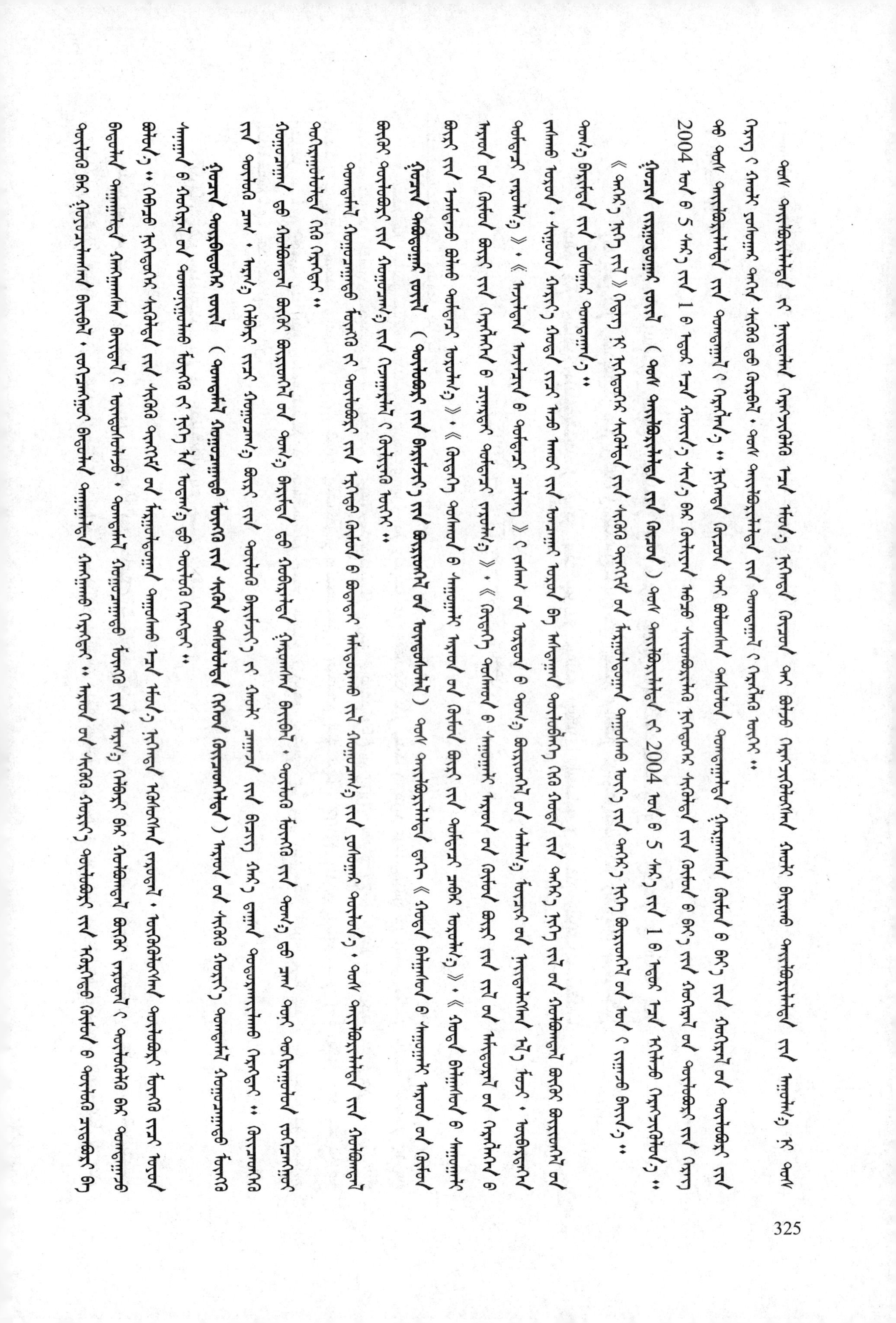

ᠪ ᠮᠠᠨ ᠤ ᠳᠡᠭᠡᠳᠦ ᠱᠡᠭᠦᠨ ᠮᠠᠨ ᠤ ᠠᠯᠪᠠᠨ ᠪᠠᠢᠢᠭᠤᠯᠭ᠎ᠠ ᠪᠣᠯᠤᠨ᠎ᠠ᠃ ᠬᠣᠶᠠᠷ ᠲᠤ ᠰᠢᠭᠦᠬᠦ ᠶᠠᠮᠤᠨ ᠤ ᠬᠣᠷᠢᠶ᠎ᠠ᠂ ᠭᠤᠷᠪᠠ ᠳᠤ ᠪᠣᠳᠣᠯᠭ᠎ᠠ ᠶᠢᠨ ᠮᠠᠨ ᠤ ᠬᠠᠤᠯᠢ ᠪᠠᠲᠤᠯᠠᠯ ᠤᠨ ᠰᠢᠭᠦᠬᠦ ᠶᠠᠮᠤᠨ᠂ ᠬᠣᠶᠠᠷ ᠲᠤ ᠰᠢᠭᠦᠬᠦ ᠮᠠᠨ ᠢ ᠨᠢ ᠲᠤᠰᠬᠠᠢ ᠨᠢ ᠬᠡᠷᠡᠭᠵᠢᠭᠦᠯᠬᠦ ᠡᠴᠡ ᠮᠠᠨ ᠢ ᠰᠢᠭᠦᠨ ᠲᠠᠰᠤᠯᠤᠨ᠎ᠠ

ᠬᠣᠶᠠᠷ᠂ ᠬᠠᠤᠯᠢ ᠲᠠᠶᠢᠯᠪᠤᠷᠢᠯᠠᠯ ᠢ ᠬᠡᠷᠡᠭᠵᠢᠭᠦᠯᠬᠦ ᠲᠤᠬᠠᠢ ᠪᠢᠴᠢᠭ

ᠠᠯᠳᠠᠷᠰᠢᠭᠰᠠᠨ ᠤ ᠬᠣᠬᠢᠷᠠᠯ ᠢ ᠨᠥᠬᠥᠨ ᠲᠣᠯᠣᠭᠰᠢᠬᠤ ᠲᠤᠬᠠᠢ ᠰᠢᠭᠦᠬᠦ ᠶᠠᠮᠤᠨ ᠤ ᠬᠠᠤᠯᠢ ᠲᠠᠶᠢᠯᠪᠤᠷᠢᠯᠠᠯ ᠢ ᠬᠡᠷᠡᠭᠵᠢᠭᠦᠯᠬᠦ ᠲᠤᠬᠠᠢ ᠮᠡᠳᠡᠭᠳᠡᠯ᠂ ᠳᠡᠭᠡᠳᠦ ᠱᠡᠭᠦᠨ ᠰᠢᠭᠦᠬᠦ ᠶᠠᠮᠤᠨ ᠤ ᠱᠦᠬᠦ ᠵᠢᠭᠦᠷᠯᠡᠯ ᠦᠨ 1299 ᠳᠤᠭᠠᠷ ᠬᠤᠷᠠᠯ ᠳᠠᠭᠠᠯᠲᠠ ᠪᠡᠷ ᠪᠠᠲᠤᠯᠠᠭᠰᠠᠨ᠂ 2004 ᠣᠨ ᠤ 5 ᠰᠠᠷ᠎ᠠ ᠶᠢᠨ 1 ᠦ ᠡᠳᠦᠷ ᠡᠴᠡ ᠡᠬᠢᠯᠡᠨ ᠬᠡᠷᠡᠭᠵᠢᠭᠦᠯᠬᠦ ᠪᠠᠢᠨ᠎ᠠ᠃ 《ᠬᠠᠤᠯᠢ ᠶᠢᠨ ᠳᠠᠭᠠᠭᠤ ᠲᠠᠶᠢᠯᠪᠤᠷᠢᠯᠠᠯ》(ᠬᠠᠤᠯᠢ《ᠬᠠᠤᠯᠢ ᠲᠠᠶᠢᠯᠪᠤᠷᠢᠯᠠᠯ》ᠤᠨ ᠳᠤᠭᠠᠷ) ᠢ 2003 ᠣᠨ ᠤ 12 ᠰᠠᠷ᠎ᠠ ᠶᠢᠨ 4 ᠦ ᠡᠳᠦᠷ ᠬᠦᠮᠦᠨ ᠦ ᠪᠡᠶ᠎ᠡ ᠶᠢᠨ ᠭᠡᠮᠳᠡᠯ ᠦᠨ ᠬᠣᠬᠢᠷᠠᠯ ᠢ ᠨᠥᠬᠥᠨ ᠲᠣᠯᠣᠭᠰᠢᠬᠤ ᠳᠤ ᠬᠡᠷᠡᠭᠯᠡᠬᠦ ᠬᠠᠤᠯᠢ ᠲᠠᠶᠢᠯᠪᠤᠷᠢᠯᠠᠯ ᠢ ᠨᠡᠶᠢᠲᠡᠯᠡᠨ ᠬᠦᠷᠭᠡᠭᠦᠯᠦᠭᠰᠡᠨ ᠪᠣᠯᠬᠤ ᠶᠢ ᠲᠣᠳᠣᠷᠬᠠᠶᠢᠯᠠᠨ᠎ᠠ᠂ ᠲᠡᠶᠢᠮᠦ ᠡᠴᠡ ᠪᠠ:

(2003 ᠣᠨ ᠤ 12 ᠰᠠᠷ᠎ᠠ ᠶᠢᠨ 29 ᠦ ᠡᠳᠦᠷ)

ᠡᠨᠡ ᠨᠢ ᠬᠠᠤᠯᠢ ᠲᠠᠶᠢᠯᠪᠤᠷᠢᠯᠠᠯ 》 ᠢ ᠬᠡᠷᠡᠭᠵᠢᠭᠦᠯᠬᠦ ᠲᠤᠬᠠᠢ ᠮᠡᠳᠡᠭᠳᠡᠯ ᠪᠠᠢᠭᠤᠯᠤᠯᠲᠠ ᠶᠢᠨ ᠲᠣᠭᠲᠠᠭᠠᠯ ᠢ ᠨᠥᠬᠥᠨ ᠲᠣᠯᠣᠭᠰᠢᠬᠤ ᠶᠢᠨ ᠦᠨᠳᠦᠰᠦ ᠬᠡᠮᠵᠢᠶ᠎ᠡ ᠶᠢ ᠲᠣᠭᠲᠠᠭᠠᠭᠰᠠᠨ ᠤ ᠳᠠᠷᠠᠭ᠎ᠠ ᠬᠠᠤᠯᠢ ᠶᠢᠨ ᠲᠠᠶᠢᠯᠪᠤᠷᠢᠯᠠᠯ ᠤᠨ ᠪᠠᠶᠢᠷᠢ ᠰᠠᠭᠤᠷᠢ ᠶᠢ ᠲᠣᠳᠣᠷᠬᠠᠶᠢᠯᠠᠭᠰᠠᠨ ᠤ 《 ᠬᠠᠤᠯᠢ ᠶᠢᠨ ᠳᠠᠭᠠᠭᠤ ᠲᠤ

【 ᠲᠠᠶᠢᠯᠪᠤᠷᠢ 】

ᠠᠯᠳᠠᠷᠰᠢᠭᠰᠠᠨ ᠤ ᠬᠣᠬᠢᠷᠠᠯ ᠤᠨ ᠬᠡᠮᠵᠢᠶ᠎ᠡ᠂ ᠬᠠᠤᠯᠢ ᠲᠠᠶᠢᠯᠪᠤᠷᠢᠯᠠᠯ ᠢ ᠪᠠᠷᠢᠮᠲᠠᠯᠠᠨ ᠪᠣᠯᠤᠨ᠎ᠠ᠃

[illegible] ᠪᠣᠯᠪᠠ ::

[illegible] 1991 ᠣᠨ ᠤ 9 ᠰᠠᠷ᠎ᠠ ᠶᠢᠨ 22 ᠨ ᠳᠦ [illegible]

[illegible] 1987 ᠣᠨ ᠤ 1 ᠰᠠᠷ᠎ᠠ ᠶᠢᠨ 1 ᠳᠦ [illegible]

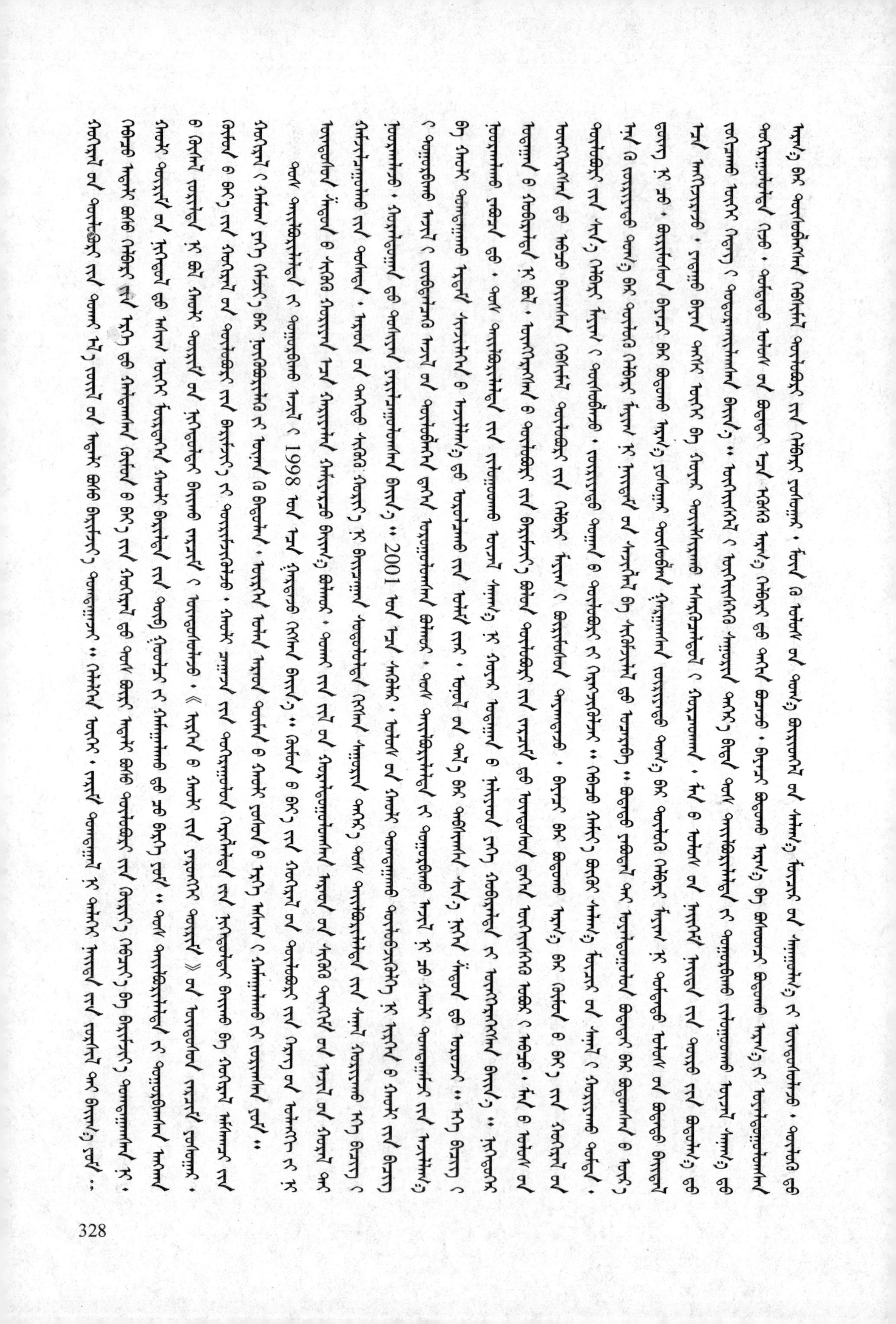

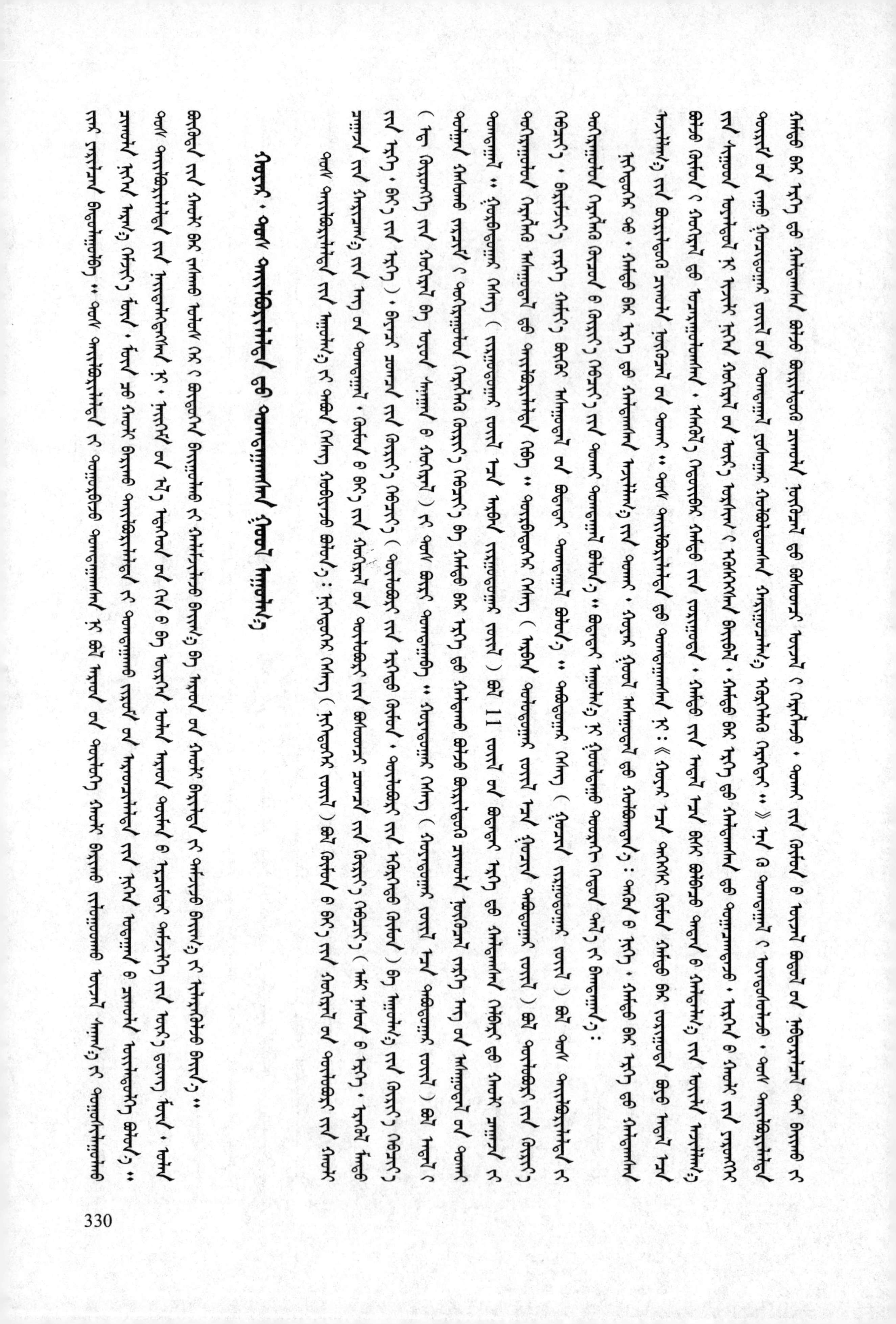

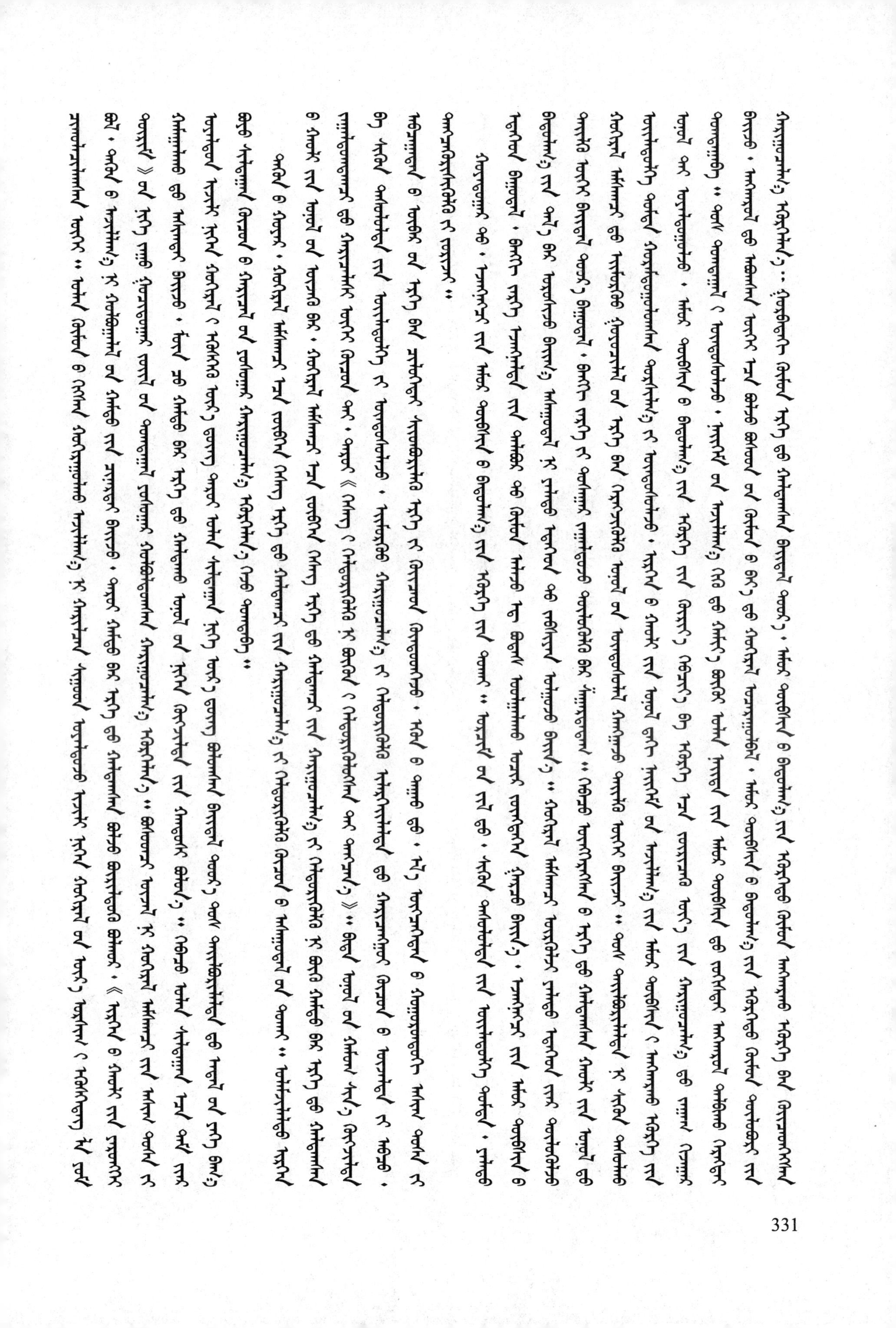

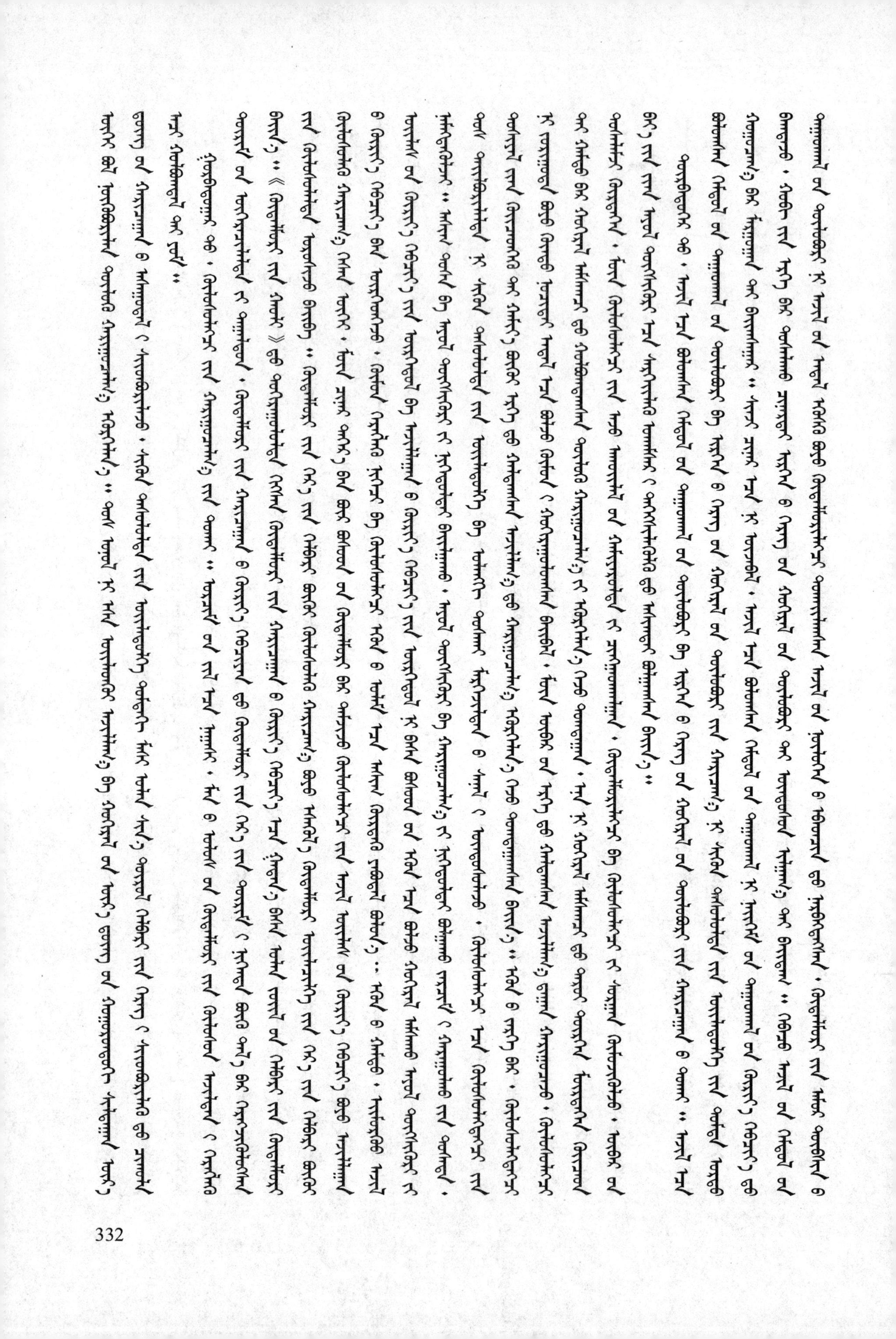

[illegible]

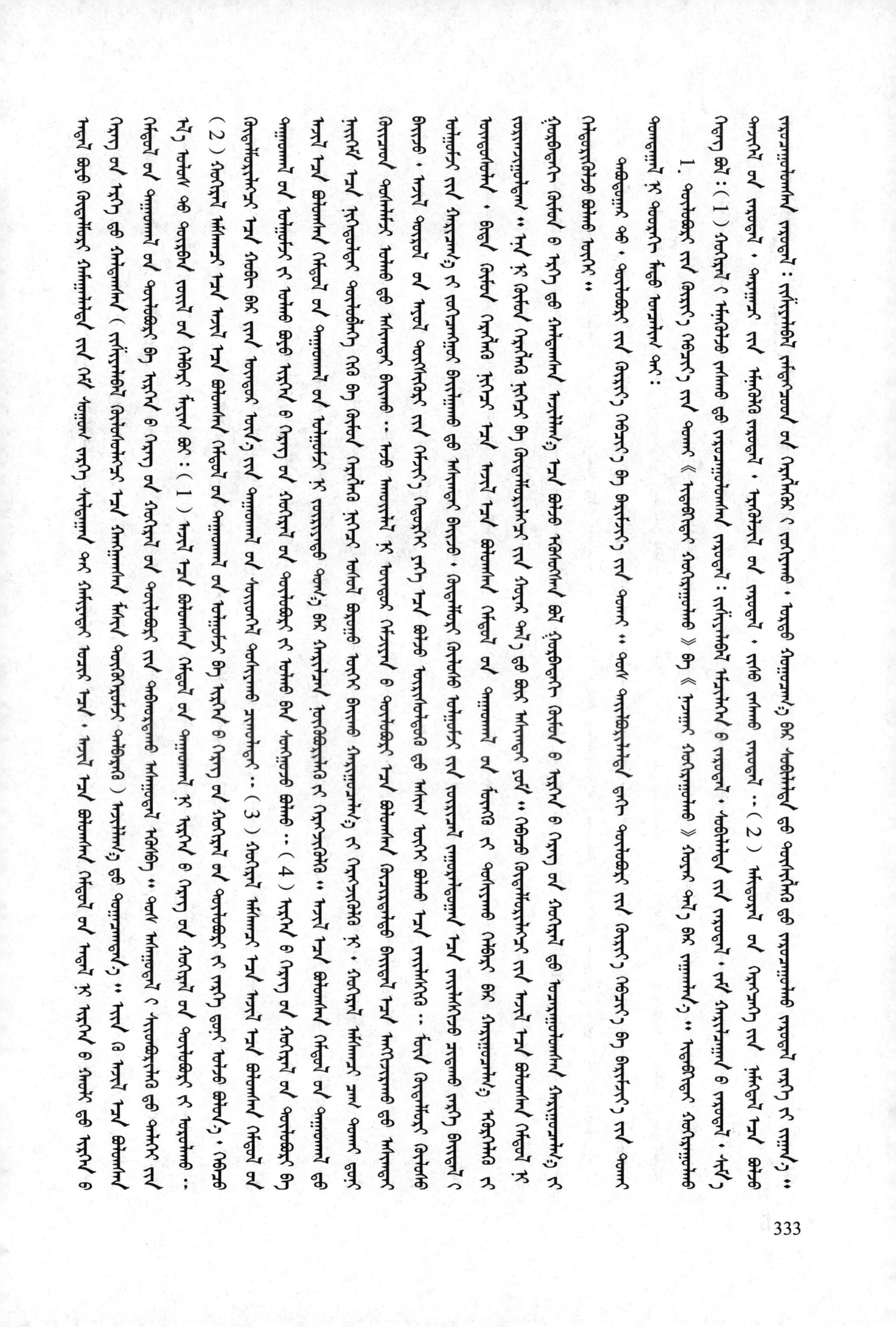

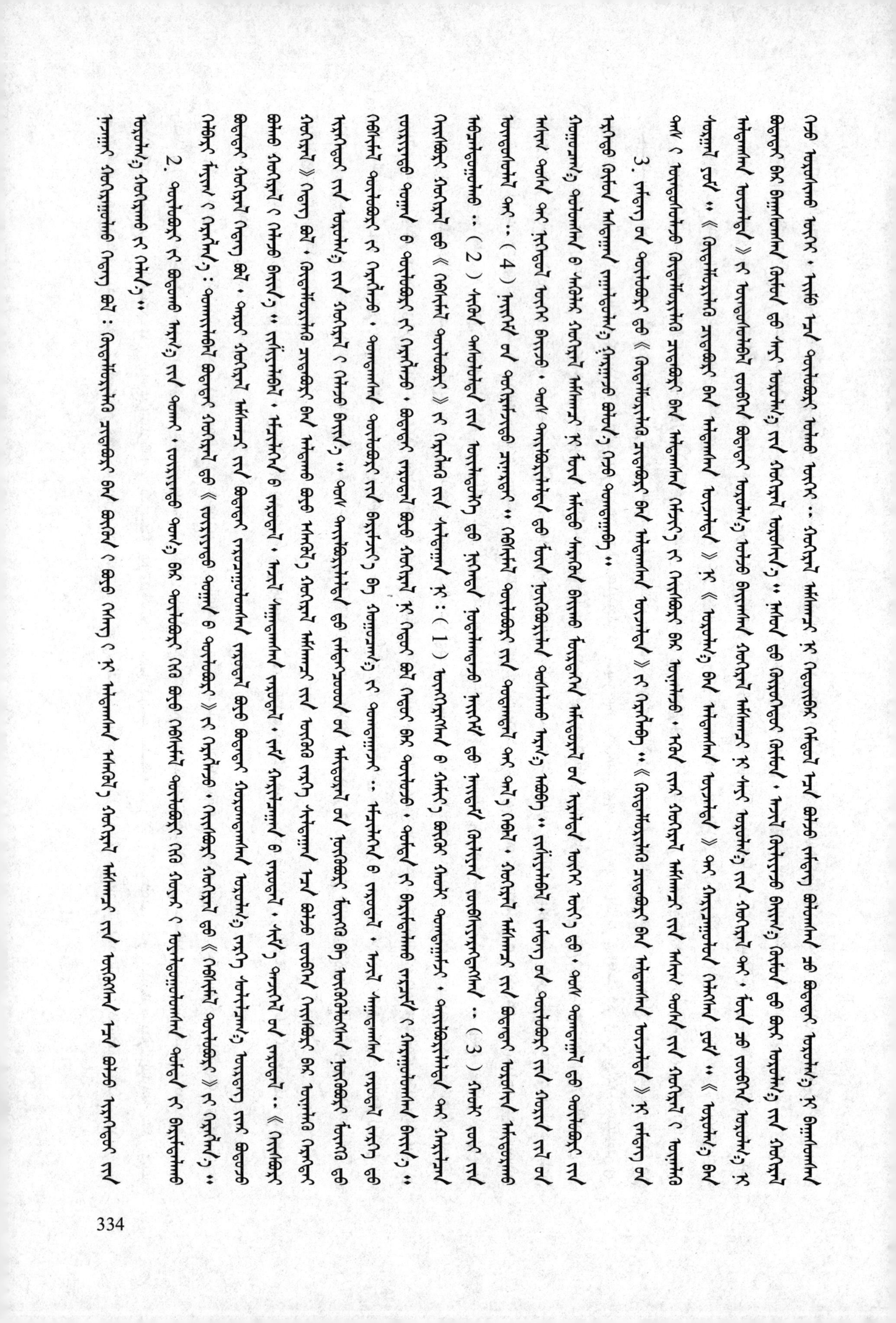

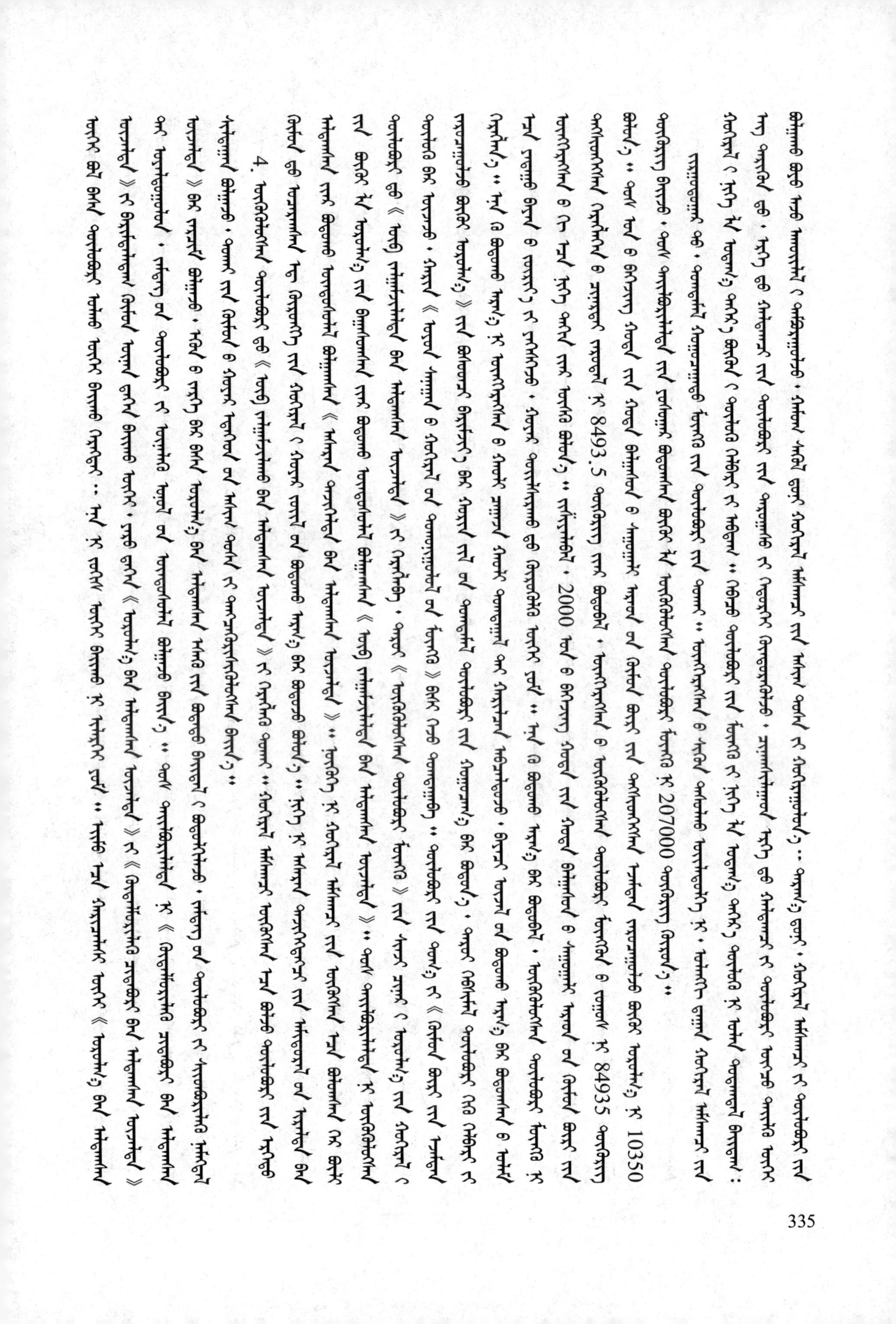

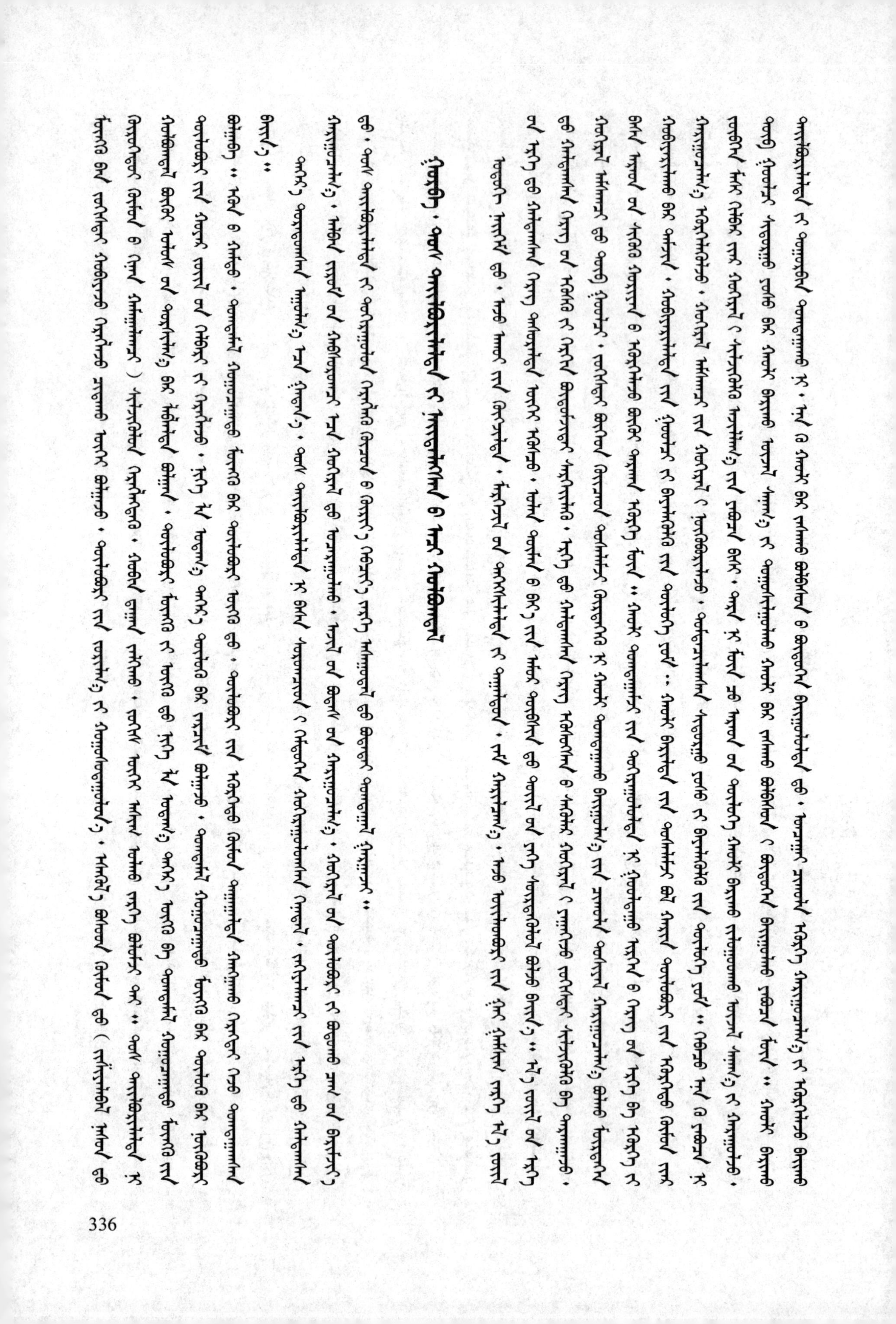

ᠮᠣᠩᠭᠣᠯ ᠰᠤᠷᠭᠠᠭᠤᠯᠢ ᠶᠢᠨ ᠰᠤᠷᠭᠠᠨ ᠬᠦᠮᠦᠵᠢᠯ » ᠦᠨ ᠰᠤᠷᠭᠠᠭᠤᠯᠢ ᠳᠤ ᠲᠤᠰᠬᠠᠢ ᠪᠠᠢᠭᠤᠯᠤᠯ ᠤᠨ ᠮᠣᠩᠭᠣᠯ ᠬᠡᠯᠡ ᠪᠢᠴᠢᠭ ᠦᠨ ᠰᠤᠷᠭᠠᠯᠲᠠ ᠶᠢᠨ ᠠᠵᠢᠯ ᠤᠨ ᠬᠠᠮᠢᠶᠠᠷᠤᠯᠲᠠ ᠪᠠ ᠬᠤᠪᠢ ᠨᠡᠮᠡᠷ ᠢ ᠬᠦᠷᠲᠡᠭᠡᠵᠦ ᠪᠠᠢᠨ᠎ᠠ ᠂ ᠮᠣᠩᠭᠣᠯ ᠬᠡᠯᠡ ᠪᠢᠴᠢᠭ ᠦᠨ ᠰᠤᠷᠭᠠᠯᠲᠠ ᠶᠢᠨ « ᠮᠣᠩᠭᠣᠯ ᠬᠡᠯᠡ ᠪᠢᠴᠢᠭ ᠦᠨ ᠰᠤᠷᠭᠠᠨ ᠬᠦᠮᠦᠵᠢᠯ ᠦᠨ ᠲᠥᠪ » ᠢ ᠪᠠᠢᠭᠤᠯᠵᠤ ᠂ ᠰᠤᠷᠭᠠᠨ ᠬᠦᠮᠦᠵᠢᠯ ᠦᠨ ᠬᠥᠲᠦᠯᠪᠦᠷᠢ ᠶᠢ ᠪᠣᠯᠪᠠᠰᠤᠷᠠᠭᠤᠯᠵᠤ ᠪᠠᠢᠨ᠎ᠠ :: 2000 ᠣᠨ ᠤ 1 ᠰᠠᠷ᠎ᠠ ᠳᠤ ᠂ ᠮᠣᠩᠭᠣᠯ ᠬᠡᠯᠡ ᠪᠢᠴᠢᠭ ᠦᠨ ᠰᠤᠷᠭᠠᠯᠲᠠ ᠶᠢᠨ ᠰᠤᠷᠭᠠᠨ ᠬᠦᠮᠦᠵᠢᠯ ᠦᠨ ᠬᠤᠷᠠᠯ ᠢ ᠬᠡᠷᠡᠭᠵᠢᠭᠦᠯᠬᠦ ᠳᠦ ᠂ ᠮᠣᠩᠭᠣᠯ ᠬᠡᠯᠡ ᠪᠢᠴᠢᠭ ᠦᠨ ᠰᠤᠷᠭᠠᠯᠲᠠ ᠶᠢᠨ ᠠᠵᠢᠯ ᠢ ᠨᠢᠭᠡᠳᠦᠭᠡᠷ ᠳᠦ ᠲᠠᠯᠪᠢᠵᠤ ᠂ ᠰᠤᠷᠭᠠᠯᠲᠠ ᠶᠢᠨ ᠴᠢᠨᠠᠷ ᠢ ᠳᠡᠭᠡᠭᠰᠢᠯᠡᠭᠦᠯᠬᠦ ᠶᠢ ᠴᠢᠬᠤᠯᠠ ᠰᠢᠭᠤᠳ ᠬᠡᠷᠡᠭᠵᠢᠭᠦᠯᠵᠦ ᠪᠠᠢᠨ᠎ᠠ ::

ᠮᠣᠩᠭᠣᠯ ᠬᠡᠯᠡ ᠪᠢᠴᠢᠭ ᠦᠨ ᠰᠤᠷᠭᠠᠯᠲᠠ ᠶᠢᠨ ᠰᠤᠷᠭᠠᠨ ᠬᠦᠮᠦᠵᠢᠯ ᠦᠨ ᠠᠵᠢᠯ ᠢ ᠰᠠᠢᠵᠢᠷᠠᠭᠤᠯᠬᠤ ᠶᠢᠨ ᠲᠥᠯᠦᠭᠡ ᠂ ᠮᠣᠩᠭᠣᠯ ᠬᠡᠯᠡ ᠪᠢᠴᠢᠭ ᠦᠨ ᠰᠤᠷᠭᠠᠯᠲᠠ ᠶᠢᠨ ᠴᠢᠨᠠᠷ ᠢ ᠳᠡᠭᠡᠭᠰᠢᠯᠡᠭᠦᠯᠬᠦ ᠶᠢᠨ ᠲᠥᠯᠦᠭᠡ ᠂ ᠰᠤᠷᠭᠠᠭᠤᠯᠢ ᠶᠢᠨ ᠰᠤᠷᠭᠠᠨ ᠬᠦᠮᠦᠵᠢᠯ ᠦᠨ ᠠᠵᠢᠯ ᠢ ᠰᠢᠨᠵᠢᠯᠡᠬᠦ ᠶᠢᠨ ᠲᠥᠯᠦᠭᠡ ᠂ « ᠮᠣᠩᠭᠣᠯ ᠬᠡᠯᠡ ᠪᠢᠴᠢᠭ ᠦᠨ ᠰᠤᠷᠭᠠᠯᠲᠠ ᠶᠢᠨ ᠰᠤᠷᠭᠠᠨ ᠬᠦᠮᠦᠵᠢᠯ ᠦᠨ ᠲᠥᠪ » ᠢ ᠪᠠᠢᠭᠤᠯᠤᠭᠰᠠᠨ ᠪᠠᠢᠨ᠎ᠠ ᠂ ᠡᠨᠡ ᠲᠥᠪ ᠤᠨ ᠠᠵᠢᠯ ᠳᠤ ᠮᠣᠩᠭᠣᠯ ᠬᠡᠯᠡ ᠪᠢᠴᠢᠭ ᠦᠨ ᠰᠤᠷᠭᠠᠯᠲᠠ ᠶᠢᠨ ᠰᠤᠷᠭᠠᠨ ᠬᠦᠮᠦᠵᠢᠯ ᠦᠨ ᠠᠵᠢᠯ ᠢ ᠵᠣᠬᠢᠶᠠᠨ ᠪᠠᠢᠭᠤᠯᠬᠤ ᠂ ᠮᠣᠩᠭᠣᠯ ᠬᠡᠯᠡ ᠪᠢᠴᠢᠭ ᠦᠨ ᠰᠤᠷᠭᠠᠯᠲᠠ ᠶᠢᠨ ᠰᠤᠷᠭᠠᠨ ᠬᠦᠮᠦᠵᠢᠯ ᠦᠨ ᠰᠢᠨᠵᠢᠯᠡᠭᠡ ᠶᠢ ᠬᠦᠢᠴᠡᠳᠭᠡᠬᠦ ᠪᠡᠷ ᠲᠤᠭᠳᠠᠭᠰᠠᠨ ᠪᠠᠢᠨ᠎ᠠ :: ᠡᠨᠡ ᠲᠥᠪ ᠨᠢ ᠮᠣᠩᠭᠣᠯ ᠬᠡᠯᠡ ᠪᠢᠴᠢᠭ ᠦᠨ ᠰᠤᠷᠭᠠᠯᠲᠠ ᠶᠢᠨ ᠰᠤᠷᠭᠠᠨ ᠬᠦᠮᠦᠵᠢᠯ ᠦᠨ ᠠᠵᠢᠯ ᠢ ᠵᠣᠬᠢᠶᠠᠨ ᠪᠠᠢᠭᠤᠯᠬᠤ ᠂ ᠰᠤᠷᠭᠠᠯᠲᠠ ᠶᠢᠨ ᠴᠢᠨᠠᠷ ᠢ ᠳᠡᠭᠡᠭᠰᠢᠯᠡᠭᠦᠯᠬᠦ ᠶᠢᠨ ᠲᠥᠯᠦᠭᠡ ᠂ ᠮᠣᠩᠭᠣᠯ ᠬᠡᠯᠡ ᠪᠢᠴᠢᠭ ᠦᠨ ᠰᠤᠷᠭᠠᠯᠲᠠ ᠶᠢᠨ ᠰᠤᠷᠭᠠᠨ ᠬᠦᠮᠦᠵᠢᠯ ᠦᠨ ᠰᠢᠨᠵᠢᠯᠡᠭᠡ ᠶᠢᠨ ᠠᠵᠢᠯ ᠢ ᠬᠦᠢᠴᠡᠳᠬᠡᠬᠦ ᠪᠠᠢᠨ᠎ᠠ :: ᠮᠣᠩᠭᠣᠯ ᠬᠡᠯᠡ ᠪᠢᠴᠢᠭ ᠦᠨ ᠰᠤᠷᠭᠠᠯᠲᠠ ᠶᠢᠨ ᠰᠤᠷᠭᠠᠨ ᠬᠦᠮᠦᠵᠢᠯ ᠦᠨ ᠰᠢᠨᠵᠢᠯᠡᠭᠡ ᠶᠢ ᠭᠦᠨᠵᠡᠭᠦᠷᠡᠭᠦᠯᠬᠦ ᠂ ᠮᠣᠩᠭᠣᠯ ᠬᠡᠯᠡ ᠪᠢᠴᠢᠭ ᠦᠨ ᠰᠤᠷᠭᠠᠯᠲᠠ ᠶᠢᠨ ᠴᠢᠨᠠᠷ ᠢ ᠳᠡᠭᠡᠭᠰᠢᠯᠡᠭᠦᠯᠬᠦ ᠳᠦ ᠴᠢᠬᠤᠯᠠ ᠶᠠᠪᠤᠳᠠᠯ ᠪᠣᠯᠤᠨ᠎ᠠ :: ᠮᠣᠩᠭᠣᠯ ᠬᠡᠯᠡ ᠪᠢᠴᠢᠭ ᠦᠨ ᠰᠤᠷᠭᠠᠯᠲᠠ ᠶᠢᠨ ᠰᠤᠷᠭᠠᠨ ᠬᠦᠮᠦᠵᠢᠯ ᠦᠨ ᠬᠦᠷᠢᠶᠡᠯᠡᠩ ᠢ ᠥᠷᠭᠡᠳᠬᠡᠬᠦ ᠂ ᠮᠣᠩᠭᠣᠯ ᠬᠡᠯᠡ ᠪᠢᠴᠢᠭ ᠦᠨ ᠰᠤᠷᠭᠠᠯᠲᠠ ᠶᠢᠨ ᠰᠤᠷᠭᠠᠨ ᠬᠦᠮᠦᠵᠢᠯ ᠦᠨ ᠠᠵᠢᠯ ᠢ ᠭᠦᠢᠴᠡᠳᠬᠡᠬᠦ ᠳᠦ ᠴᠢᠬᠤᠯᠠ ᠬᠤᠪᠢ ᠨᠡᠮᠡᠷ ᠢ ᠣᠷᠤᠭᠤᠯᠵᠤ ᠪᠠᠢᠨ᠎ᠠ ::

ᠮᠣᠩᠭᠣᠯ ᠬᠡᠯᠡ ᠪᠢᠴᠢᠭ ᠦᠨ ᠰᠤᠷᠭᠠᠯᠲᠠ ᠶᠢᠨ ᠰᠤᠷᠭᠠᠨ ᠬᠦᠮᠦᠵᠢᠯ ᠦᠨ ᠠᠵᠢᠯ ᠢ ᠬᠦᠢᠴᠡᠳᠬᠡᠬᠦ ᠳᠦ ᠂ ᠮᠣᠩᠭᠣᠯ ᠬᠡᠯᠡ ᠪᠢᠴᠢᠭ ᠦᠨ ᠰᠤᠷᠭᠠᠯᠲᠠ ᠶᠢᠨ ᠪᠠᠭᠰᠢ ᠨᠠᠷ ᠤᠨ ᠪᠠᠭ ᠢ ᠪᠡᠯᠡᠳᠬᠡᠬᠦ ᠪᠠᠢᠨ᠎ᠠ :: ᠮᠣᠩᠭᠣᠯ ᠬᠡᠯᠡ ᠪᠢᠴᠢᠭ ᠦᠨ ᠪᠠᠭᠰᠢ ᠨᠠᠷ ᠤᠨ ᠰᠤᠷᠭᠠᠨ ᠬᠦᠮᠦᠵᠢᠯ ᠦᠨ ᠴᠢᠳᠠᠪᠤᠷᠢ ᠶᠢ ᠳᠡᠭᠡᠭᠰᠢᠯᠡᠭᠦᠯᠬᠦ ᠂ ᠬᠣᠶᠠᠷ ᠬᠡᠯᠡᠨ ᠦ ᠰᠤᠷᠭᠠᠯᠲᠠ ᠶᠢᠨ ᠰᠤᠷᠭᠠᠨ ᠬᠦᠮᠦᠵᠢᠯ ᠢ ᠬᠦᠢᠴᠡᠳᠬᠡᠬᠦ ᠪᠠᠢᠨ᠎ᠠ :: ᠮᠣᠩᠭᠣᠯ ᠬᠡᠯᠡ ᠪᠢᠴᠢᠭ ᠦᠨ ᠰᠤᠷᠭᠠᠯᠲᠠ ᠶᠢᠨ ᠡᠷᠬᠢᠮ ᠠᠵᠢᠯ ᠪᠣᠯ ᠮᠣᠩᠭᠣᠯ ᠬᠡᠯᠡ ᠪᠢᠴᠢᠭ ᠦᠨ ᠰᠤᠷᠭᠠᠯᠲᠠ ᠶᠢᠨ ᠴᠢᠨᠠᠷ ᠢ ᠳᠡᠭᠡᠭᠰᠢᠯᠡᠭᠦᠯᠬᠦ ᠶᠢᠨ ᠲᠥᠯᠦᠭᠡ ᠪᠠᠢᠨ᠎ᠠ :

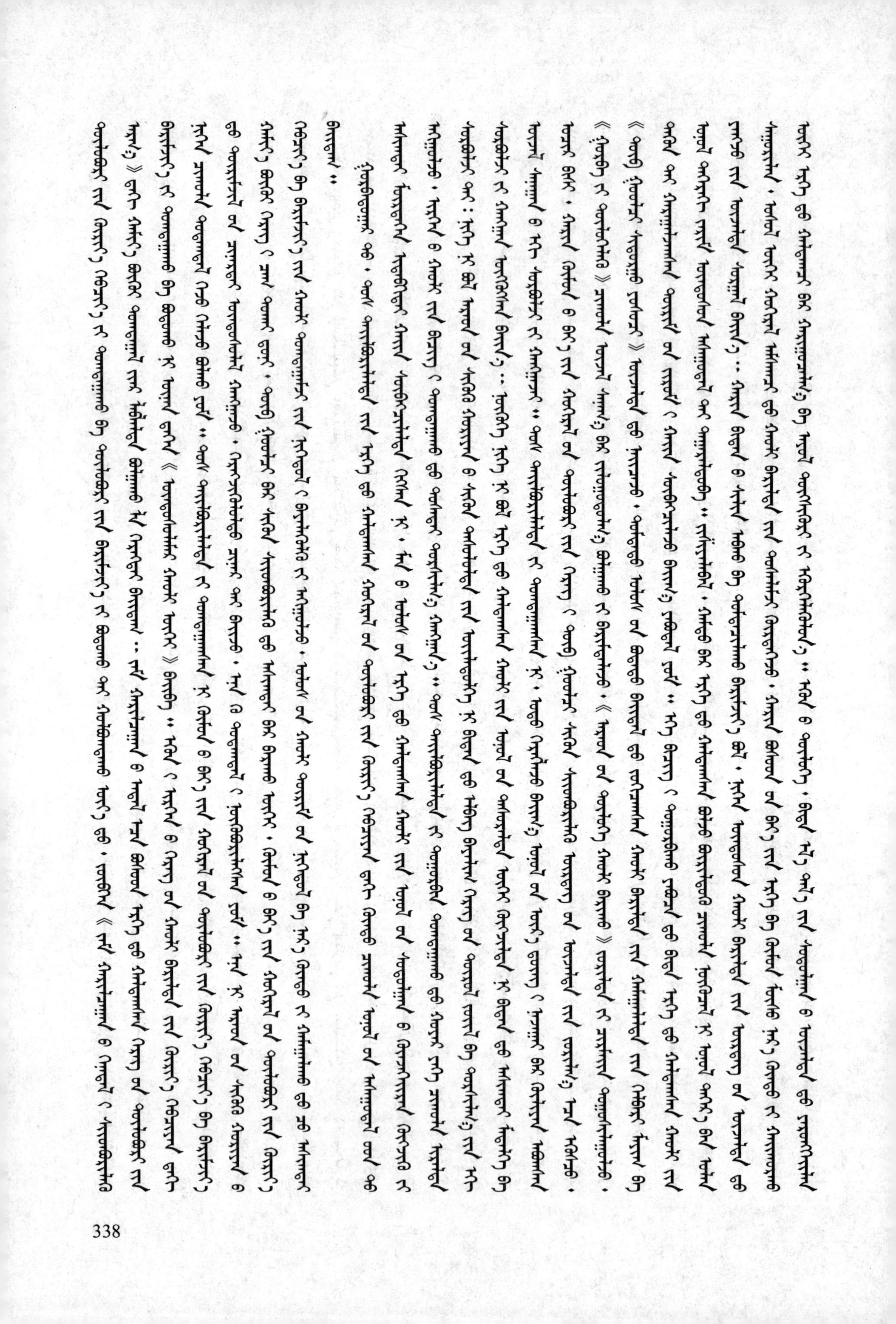

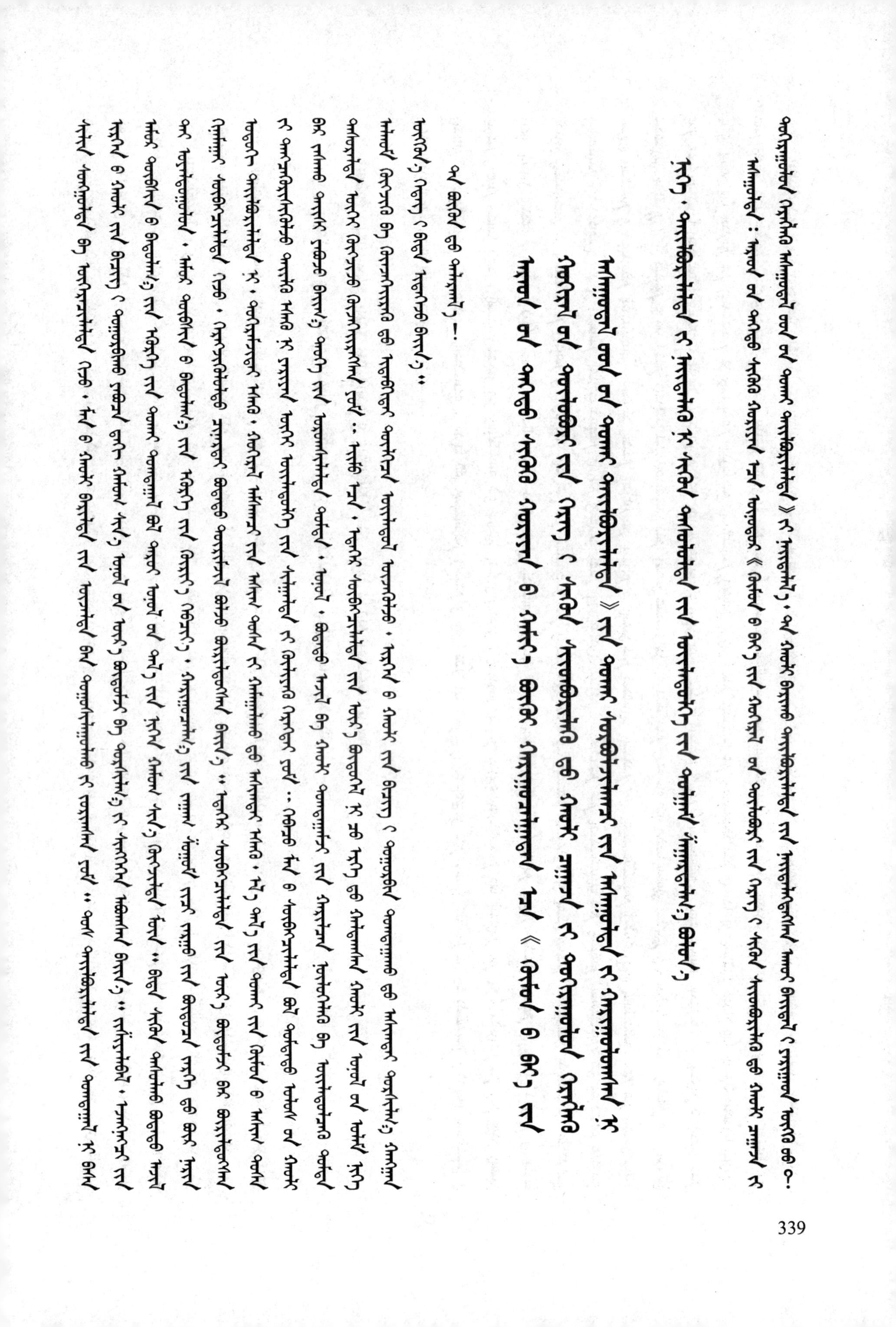

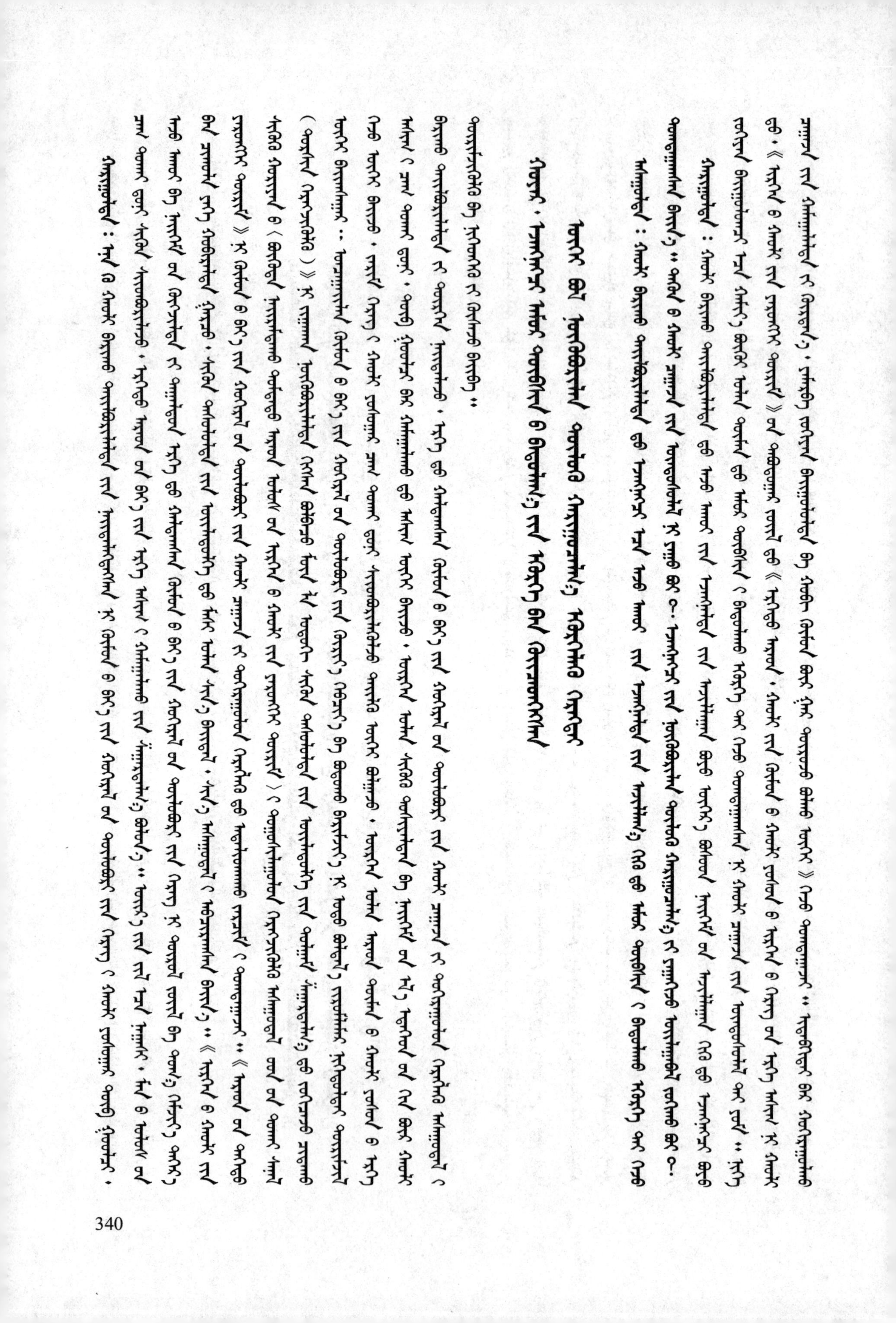

ᠭᠤᠷᠪᠠ᠂ ᠮᠣᠩᠭᠣᠯᠴᠤᠳ ᠤᠨ ᠮᠣᠩᠭᠣᠯᠴᠤᠳ ᠤᠨ ᠪᠠᠷᠠᠭᠤᠨ ᠭᠠᠵᠠᠷ ᠤᠨ ᠬᠣᠯᠪᠣᠭᠳᠠᠯ ᠢ ᠰᠤᠳᠤᠯᠤᠭᠰᠠᠳ ᠤᠨ ᠦᠵᠡᠯ ᠪᠠᠷ ᠭᠠᠷᠭᠠᠭᠰᠠᠨ ᠶᠠᠪᠤᠭᠳᠠᠯ

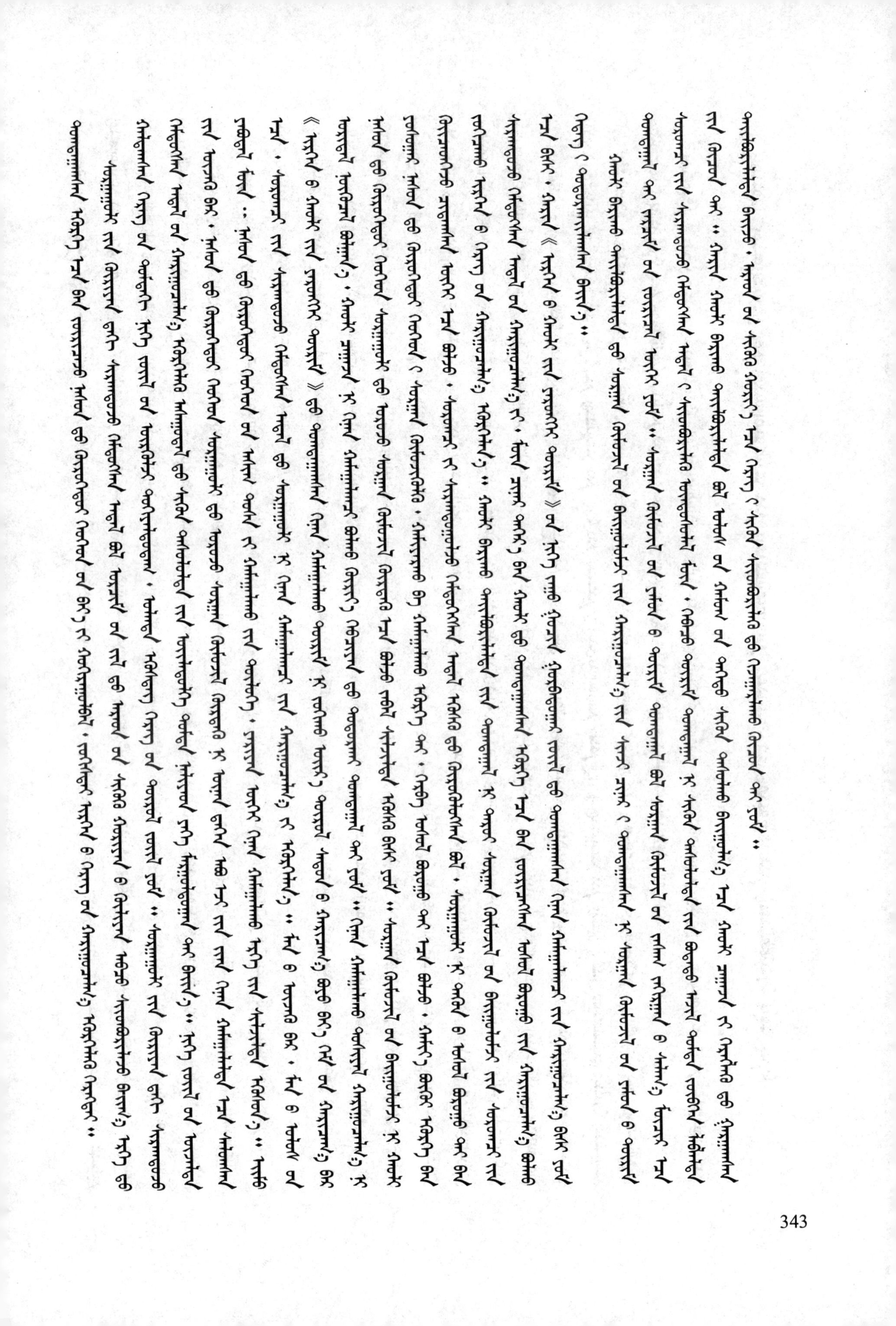

[illegible]

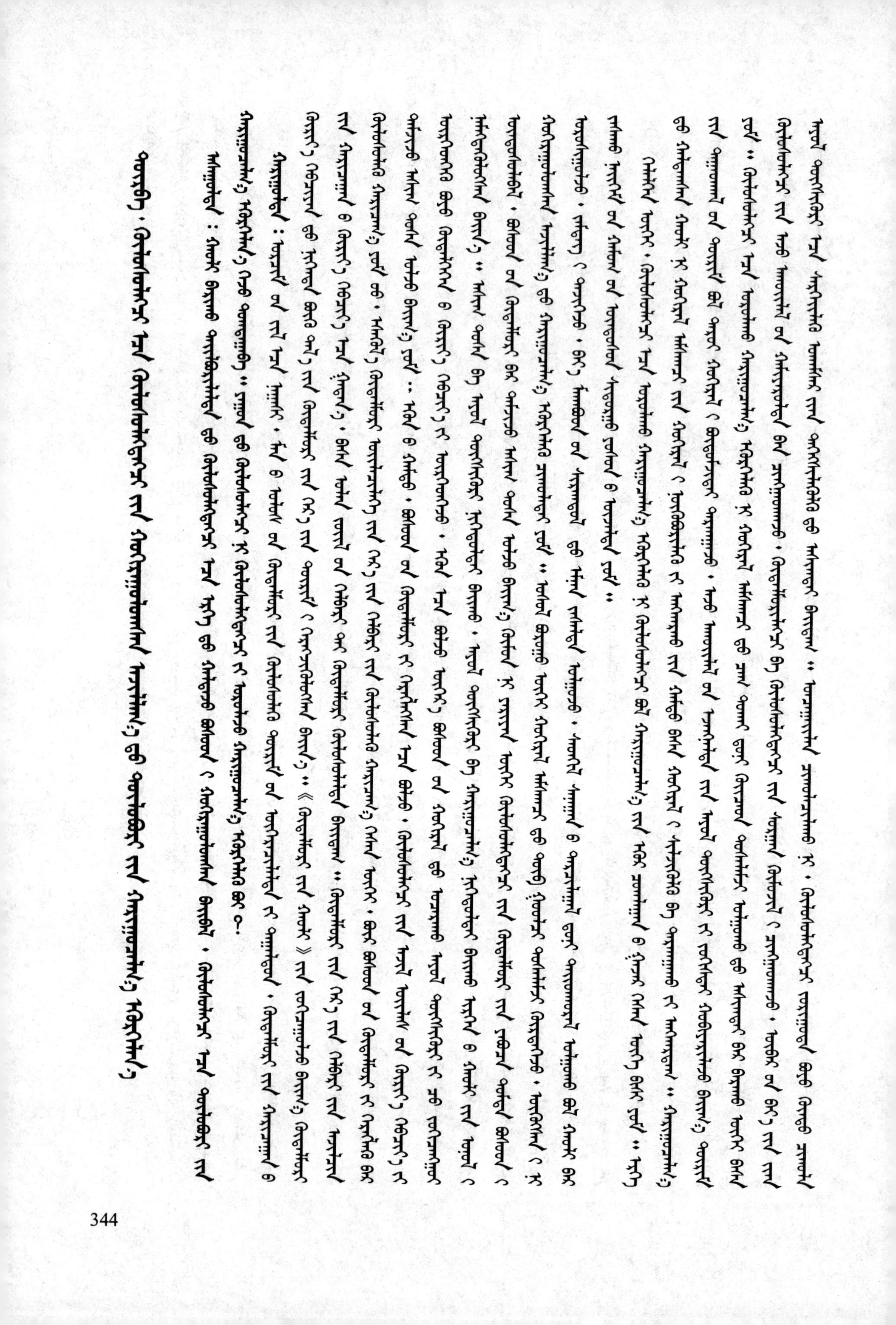

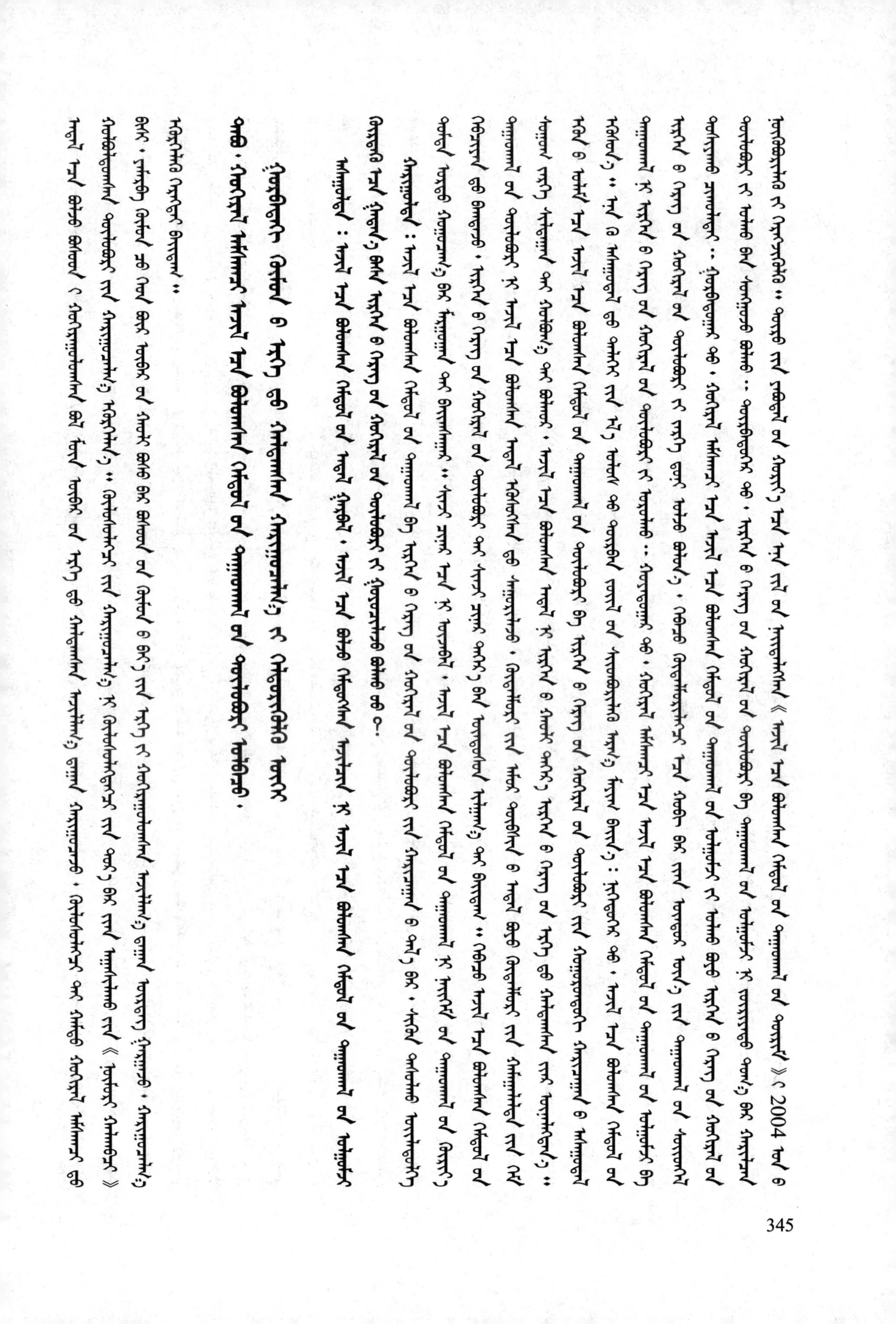

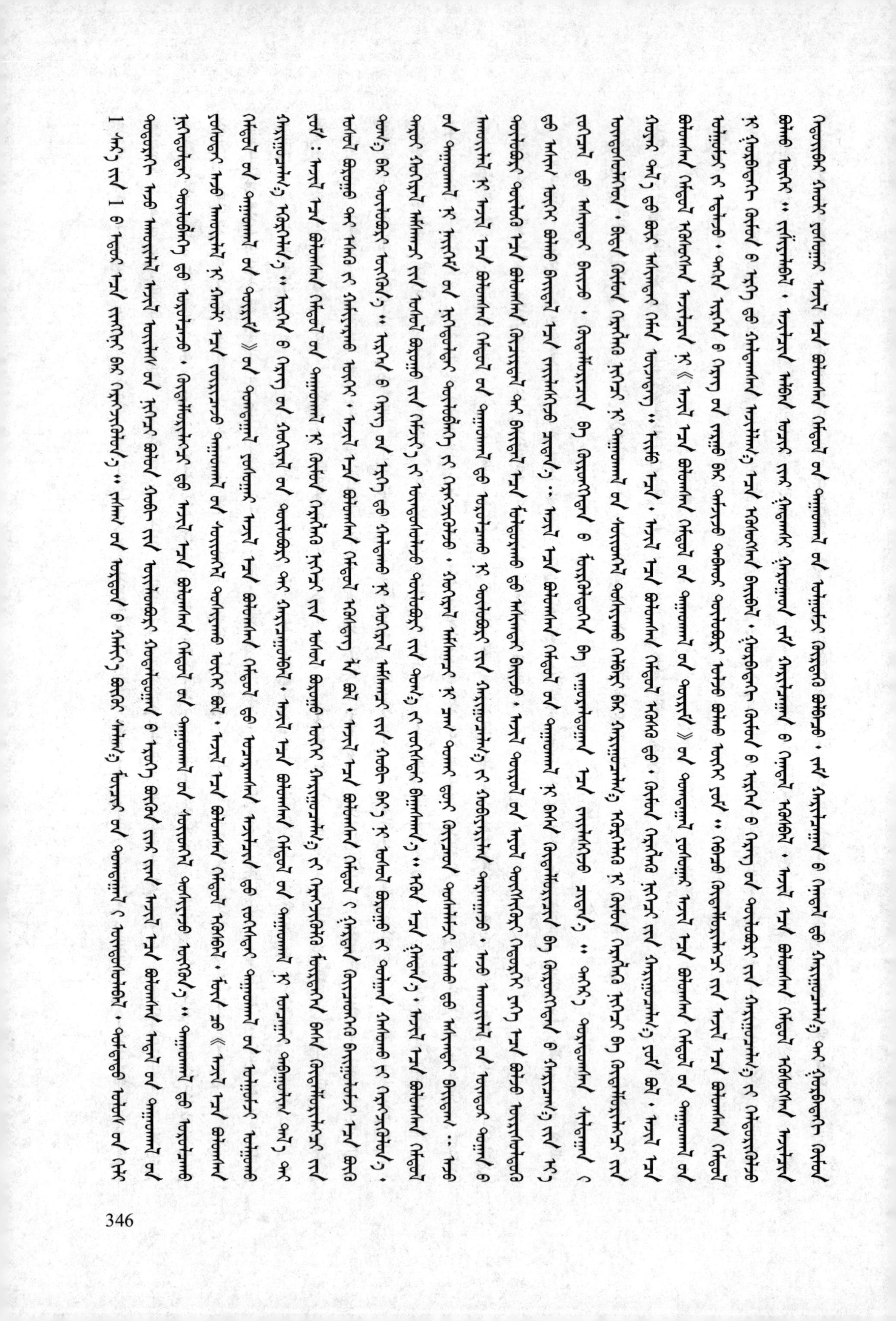

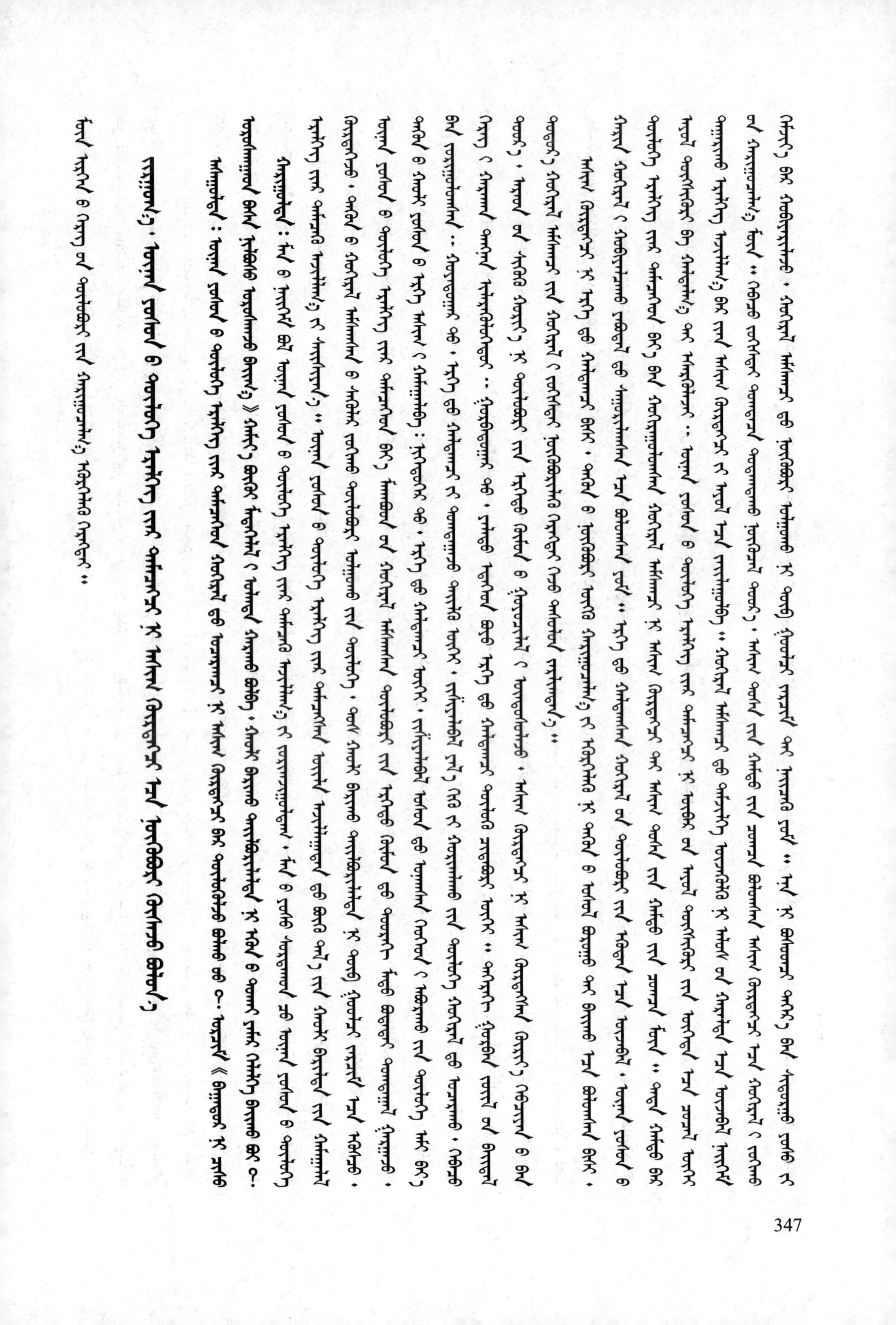

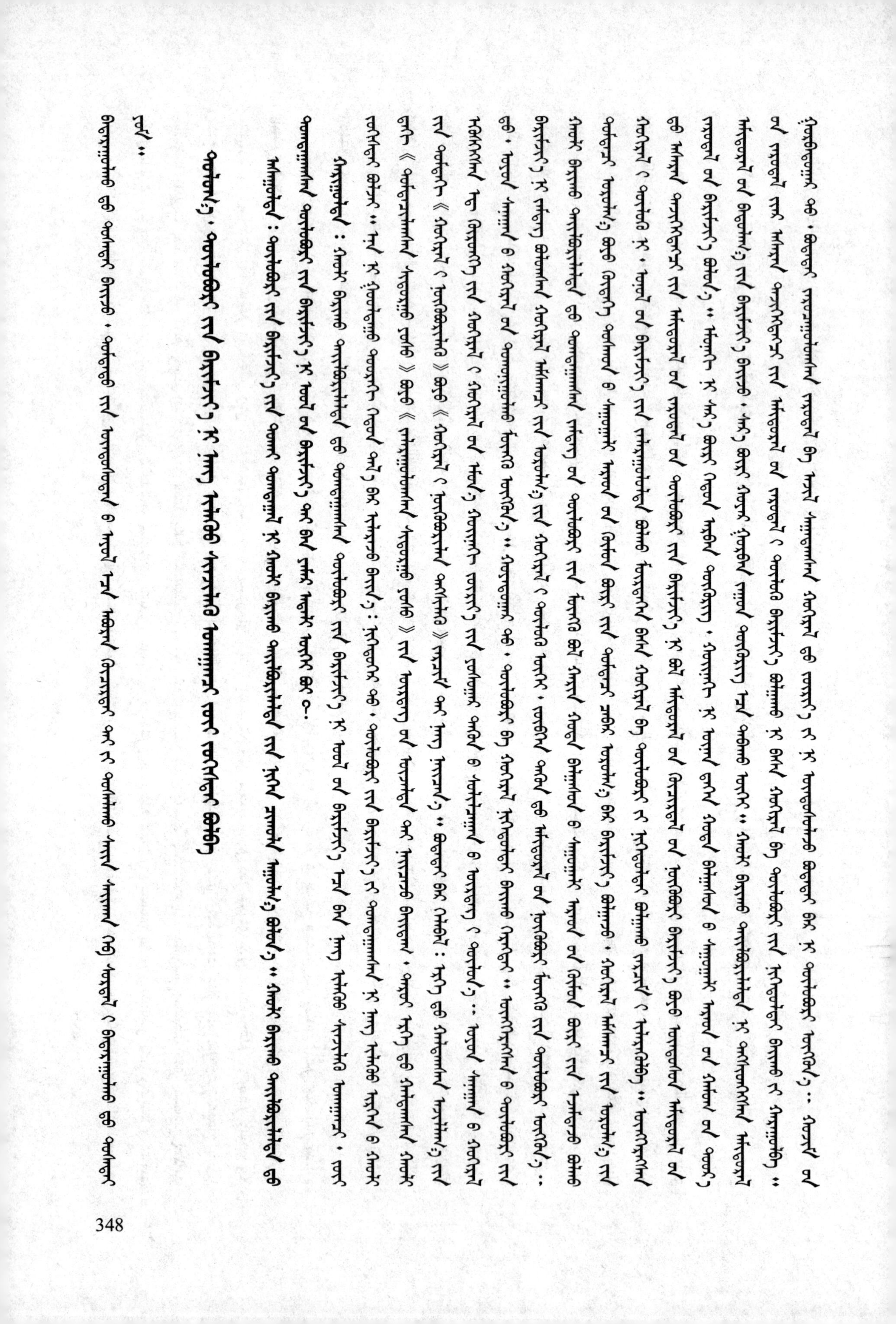

ᠲᠤ 《 ᠪᠢᠴᠢᠭ ᠰᠤᠷᠭᠠᠭᠤᠯᠢ ᠶᠢᠨ ... 》 ... 1994 ᠣᠨ ᠤ 5 ᠰᠠᠷ᠎ᠠ ᠶᠢᠨ 12 ᠨᠤ ... [illegible]

[illegible]

ᠵᠢᠷᠭᠤ᠂ ᠰᠤᠷᠭᠠᠨ ᠬᠦᠮᠦᠵᠢᠯ ᠦᠨ ᠰᠤᠷᠭᠠᠭᠤᠯᠢ ᠶᠢᠨ ᠪᠠᠭᠰᠢ ᠨᠠᠷ ᠤᠨ ᠪᠣᠯᠪᠠᠰᠤᠷᠠᠯ

[illegible]

[illegible]

ᠬᠦᠷᠭᠡᠭᠳᠡᠵᠡᠢ ·· ᠡᠭᠦᠨ ᠡᠴᠡ 20 ᠳᠤᠭᠠᠷ ᠵᠠᠭᠤᠨ ᠤ ᠮᠣᠩᠭᠣᠯ ᠤᠷᠠᠨ ᠵᠣᠬᠢᠶᠠᠯ ᠤᠨ ᠲᠦᠦᠬᠡ ᠶᠢᠨ ᠬᠡᠪᠯᠡᠯ ·· ᠲᠡᠷᠡ ᠪᠣᠯ ᠬᠣᠷᠢᠳᠤᠭᠠᠷ ᠵᠠᠭᠤᠨ ᠤ ᠡᠬᠢᠨ ᠡᠴᠡ 20 ᠳᠤᠭᠠᠷ ᠵᠠᠭᠤᠨ ᠤ ᠡᠴᠦᠰ ᠬᠦᠷᠲᠡᠯᠡ
ᠬᠡᠷᠬᠢᠨ ᠬᠥᠭᠵᠢᠭᠰᠡᠨ ᠲᠤᠬᠠᠢ ᠶᠢ ᠲᠣᠳᠣᠷᠬᠠᠢ ᠬᠠᠷᠠᠭᠤᠯᠵᠤ ᠮᠣᠩᠭᠣᠯ ᠤᠷᠠᠨ ᠵᠣᠬᠢᠶᠠᠯ ᠤᠨ ᠰᠤᠳᠤᠯᠭ᠎ᠠ ᠶᠢᠨ ᠰᠢᠨ᠎ᠡ ᠦᠶ᠎ᠡ ᠶᠢ ᠨᠡᠭᠡᠭᠡᠭᠰᠡᠨ ᠪᠦᠲᠦᠭᠡᠯ ᠪᠣᠯᠤᠨ᠎ᠠ ·

ᠲᠠᠪᠤ · ᠬᠣᠷᠢᠨ ᠨᠢᠭᠡᠳᠦᠭᠡᠷ ᠵᠠᠭᠤᠨ ᠤ ᠡᠬᠢᠨ ᠡᠴᠡ ᠬᠣᠷᠢᠨ ᠨᠢᠭᠡᠳᠦᠭᠡᠷ ᠵᠠᠭᠤᠨ ᠤ ᠠᠷᠪᠠᠳ ᠣᠨ ᠦ ᠮᠣᠩᠭᠣᠯ ᠤᠷᠠᠨ ᠵᠣᠬᠢᠶᠠᠯ ᠤᠨ ᠰᠤᠳᠤᠯᠭ᠎ᠠ

ᠰᠢᠨᠵᠢᠯᠡᠬᠦ ᠤᠬᠠᠭᠠᠨ ᠤ ᠡᠷᠬᠢᠮ ᠣᠯᠠᠨ ᠬᠡᠪᠯᠡᠯ ᠦᠨ ᠭᠠᠵᠠᠷ ᠤᠳ ··
ᠦᠨᠳᠦᠰᠦᠲᠡᠨ ᠦ ᠬᠡᠪᠯᠡᠯ ᠦᠨ ᠬᠣᠷᠢᠶ᠎ᠠ ᠪᠣᠯ ᠮᠣᠩᠭᠣᠯ ᠬᠡᠯᠡ ᠪᠢᠴᠢᠭ ᠦᠨ ᠨᠣᠮ ᠤᠨ ᠬᠡᠪᠯᠡᠯ ᠦᠨ ᠭᠣᠣᠯ ᠲᠦᠯᠬᠢᠭᠦᠷ ᠪᠣᠯᠵᠤ · ᠦᠨᠳᠦᠰᠦᠲᠡᠨ ᠦ ᠬᠡᠪᠯᠡᠯ ᠦᠨ ᠬᠣᠷᠢᠶ᠎ᠠ ᠪᠠᠷ
ᠬᠡᠪᠯᠡᠭᠰᠡᠨ ᠮᠣᠩᠭᠣᠯ ᠤᠷᠠᠨ ᠵᠣᠬᠢᠶᠠᠯ ᠤᠨ ᠨᠣᠮ ᠤᠳ ᠤᠨ ᠲᠣᠭ᠎ᠠ ᠨᠢ 《 ᠮᠣᠩᠭᠣᠯ ᠨᠣᠮ ᠤᠨ ᠭᠠᠷᠴᠠᠭ 》 ᠤᠨ ᠲᠣᠭ᠎ᠠ ᠪᠠᠷ 122065 ᠬᠤᠪᠢ ᠬᠡᠪᠯᠡᠭᠳᠡᠵᠦ
ᠪᠠᠶᠢᠨ᠎ᠠ ᠡᠭᠦᠨ ᠦ ᠳᠣᠲᠣᠷ᠎ᠠ ᠮᠣᠩᠭᠣᠯ ᠤᠷᠠᠨ ᠵᠣᠬᠢᠶᠠᠯ ᠤᠨ ᠨᠣᠮ ᠢ 207000 ᠬᠤᠪᠢ ᠬᠡᠪᠯᠡᠵᠡᠢ · 《 ᠮᠣᠩᠭᠣᠯ ᠤᠨ ᠨᠢᠭᠤᠴᠠ ᠲᠣᠪᠴᠢᠶᠠᠨ 》 ᠤ ᠰᠤᠳᠤᠯᠭ᠎ᠠ ᠶᠢᠨ
ᠨᠣᠮ ᠤᠳ ᠤᠨ ᠬᠡᠪᠯᠡᠯ ᠨᠢ 10350 ᠬᠤᠪᠢ ᠪᠣᠯᠵᠤ · 《 ᠵᠠᠩᠭᠠᠷ 》 ᠤᠨ ᠰᠤᠳᠤᠯᠭ᠎ᠠ ᠶᠢᠨ ᠨᠣᠮ ᠤᠳ ᠤᠨ ᠬᠡᠪᠯᠡᠯ ᠨᠢ 84935 ᠬᠤᠪᠢ ·· ᠡᠨᠡ ᠦᠶ᠎ᠡ ᠳᠦ ᠬᠡᠪᠯᠡᠭᠰᠡᠨ ᠨᠣᠮ ᠤᠳ ᠤᠨ
ᠶᠡᠷᠦᠩᠬᠡᠢ ᠬᠡᠮᠵᠢᠶ᠎ᠡ ᠨᠢ 8493.5 ᠮᠢᠩᠭᠠᠨ ᠦᠰᠦᠭ ᠪᠣᠯᠵᠤ · ᠡᠳᠦᠷ ᠦᠨ ᠬᠣᠷᠢᠶ᠎ᠠ ᠪᠣᠯ ᠬᠡᠪᠯᠡᠯ ᠦᠨ ᠬᠥᠭᠵᠢᠯ ᠦᠨ ᠬᠠᠮᠤᠭ ᠤᠨ ᠥᠨᠳᠦᠷ ᠦᠶ᠎ᠡ ᠪᠣᠯᠤᠨ᠎ᠠ ·
2000 ᠣᠨ ᠤ ᠪᠠᠶᠢᠳᠠᠯ ᠢᠶᠠᠷ ᠮᠣᠩᠭᠣᠯ ᠤᠷᠠᠨ ᠵᠣᠬᠢᠶᠠᠯ ᠤᠨ ᠰᠤᠳᠤᠯᠭ᠎ᠠ ᠶᠢᠨ ᠨᠣᠮ ᠤᠳ ᠤᠨ ᠬᠡᠪᠯᠡᠯ ᠦᠨ ᠲᠣᠭ᠎ᠠ · ᠬᠡᠪᠯᠡᠯ ᠦᠨ ᠡᠷᠬᠢᠮ ᠦᠨ
ᠬᠡᠮᠵᠢᠶ᠎ᠡ 20 ᠵᠢᠯ ᠦᠨ 10 ᠳᠤᠭᠠᠷ ᠣᠨ ᠤ ᠦᠶ᠎ᠡ ᠳᠦ · ᠬᠠᠮᠤᠭ ᠤᠨ ᠶᠡᠬᠡ ᠳᠡᠭᠡᠳᠦ ᠬᠡᠮᠵᠢᠶ᠎ᠡ ᠳᠦ ᠬᠦᠷᠴᠡᠢ ·· ᠮᠣᠩᠭᠣᠯ ᠤᠷᠠᠨ ᠵᠣᠬᠢᠶᠠᠯ ᠤᠨ ᠰᠤᠳᠤᠯᠭ᠎ᠠ ᠶᠢᠨ
ᠡᠷᠳᠡᠮ ᠰᠢᠨᠵᠢᠯᠡᠭᠡᠨ ᠦ 《 ᠮᠣᠩᠭᠣᠯ ᠤᠷᠠᠨ ᠵᠣᠬᠢᠶᠠᠯ 》 ᠤᠨ ᠬᠡᠪᠯᠡᠯ ·· ᠡᠨᠡ ᠦᠶ᠎ᠡ ᠳᠦ ᠬᠡᠪᠯᠡᠭᠰᠡᠨ ᠨᠣᠮ ᠤᠳ ᠤᠨ ᠬᠡᠮᠵᠢᠶ᠎ᠡ 8922.7 ᠮᠢᠩᠭᠠᠨ ᠦᠰᠦᠭ ·· ᠲᠡᠭᠦᠨ ᠦ
ᠬᠣᠶᠢᠨ᠎ᠠ · ᠮᠣᠩᠭᠣᠯ ᠤᠷᠠᠨ ᠵᠣᠬᠢᠶᠠᠯ ᠤᠨ ᠰᠤᠳᠤᠯᠭ᠎ᠠ ᠶᠢᠨ ᠨᠣᠮ ᠤᠳ ᠤᠨ ᠬᠡᠪᠯᠡᠯ ᠦᠨ ᠡᠷᠬᠢᠮ ᠦᠨ ᠬᠡᠮᠵᠢᠶ᠎ᠡ 11577.8
2001 ᠣᠨ ᠤ ᠪᠠᠶᠢᠳᠠᠯ ᠢᠶᠠᠷ ᠮᠣᠩᠭᠣᠯ ᠤᠷᠠᠨ ᠵᠣᠬᠢᠶᠠᠯ ᠤᠨ ᠰᠤᠳᠤᠯᠭ᠎ᠠ ᠶᠢᠨ ᠨᠣᠮ ᠤᠳ ᠤᠨ ᠬᠡᠪᠯᠡᠯ ᠦᠨ ᠡᠷᠬᠢᠮ ᠦᠨ ᠬᠡᠮᠵᠢᠶ᠎ᠡ ᠶᠢ ᠰᠢᠨᠵᠢᠯᠡᠪᠡᠯ ·
ᠮᠣᠩᠭᠣᠯ ᠬᠡᠯᠡ ᠪᠢᠴᠢᠭ ᠦᠨ ᠨᠣᠮ ᠤᠨ ᠬᠡᠪᠯᠡᠯ ᠦᠨ ᠬᠠᠮᠤᠭ ᠤᠨ ᠣᠯᠠᠨ ᠨᠢ · ᠰᠤᠳᠤᠯᠭ᠎ᠠ ᠶᠢᠨ ᠨᠣᠮ ᠢ ᠬᠡᠪᠯᠡᠵᠦ ᠪᠠᠶᠢᠭ᠎ᠠ ᠨᠢ ᠡᠷᠳᠡᠮ ᠦᠨ ᠬᠥᠭᠵᠢᠯ ·
《 ᠮᠣᠩᠭᠣᠯ ᠤᠷᠠᠨ ᠵᠣᠬᠢᠶᠠᠯ ᠤᠨ ᠰᠤᠳᠤᠯᠭ᠎ᠠ ᠶᠢᠨ ᠨᠣᠮ 》 ᠢ ᠬᠡᠪᠯᠡᠭᠰᠡᠨ ᠬᠡᠪᠯᠡᠯ ᠦᠨ ᠬᠣᠷᠢᠶ᠎ᠠ ᠨᠢ · ᠦᠨᠳᠦᠰᠦᠲᠡᠨ ᠦ ᠬᠡᠪᠯᠡᠯ ᠦᠨ ᠬᠣᠷᠢᠶ᠎ᠠ ᠪᠣᠯᠤᠨ ᠣᠯᠠᠨ ᠨᠡᠢᠲᠡ
ᠶᠢᠨ ᠬᠡᠪᠯᠡᠯ ᠦᠨ ᠬᠣᠷᠢᠶ᠎ᠠ · ᠮᠣᠩᠭᠣᠯ ᠤᠷᠠᠨ ᠵᠣᠬᠢᠶᠠᠯ ᠤᠨ ᠰᠤᠳᠤᠯᠭ᠎ᠠ ᠶᠢᠨ ᠨᠣᠮ ᠤᠳ ᠤᠨ ᠲᠣᠭ᠎ᠠ ·· ᠡᠨᠡ ᠬᠤᠭᠤᠴᠠᠭ᠎ᠠ ᠳᠤ ᠬᠡᠪᠯᠡᠭᠰᠡᠨ 《 ᠮᠣᠩᠭᠣᠯ ᠤᠷᠠᠨ ᠵᠣᠬᠢᠶᠠᠯ ᠤᠨ
ᠲᠦᠦᠬᠡ 》 ᠪᠣᠯᠤᠨ ᠰᠤᠳᠤᠯᠭ᠎ᠠ ᠶᠢᠨ ᠨᠣᠮ ᠤᠳ ᠤᠨ ᠬᠡᠪᠯᠡᠯ ᠢ ᠬᠠᠮᠤᠭ ᠤᠨ ᠣᠯᠠᠨ ᠬᠡᠪᠯᠡᠭᠰᠡᠨ ᠬᠡᠪᠯᠡᠯ ᠦᠨ ᠭᠠᠵᠠᠷ ᠤᠳ ᠤᠨ ᠨᠢᠭᠡ ᠪᠣᠯᠤᠨ᠎ᠠ ·

ᠬᠡᠷᠡᠭᠯᠡᠭᠳᠡᠭᠰᠡᠨ ᠦ ᠳᠠᠷᠠᠭ᠎ᠠ ᠂ ᠮᠣᠩᠭᠣᠯ ᠤᠨ ᠲᠡᠦᠬᠡ ᠶᠢᠨ ᠰᠤᠳᠤᠯᠭ᠎ᠠ ᠶᠢᠨ ᠠᠷᠭ᠎ᠠ ᠪᠠᠷᠢᠯ ᠨᠢ ᠡᠷᠲᠡ ᠦᠶ᠎ᠡ ᠡᠴᠡ ᠡᠬᠢᠯᠡᠨ ᠬᠦᠭᠵᠢᠭᠰᠡᠨ ᠪᠣᠯᠤᠨ᠎ᠠ ᠃ 20 ᠳᠤᠭᠠᠷ ᠵᠠᠭᠤᠨ ᠤ ᠮᠣᠩᠭᠣᠯ ᠤᠨ ᠲᠡᠦᠬᠡ ᠶᠢᠨ ᠰᠤᠳᠤᠯᠭ᠎ᠠ ᠨᠢ ᠰᠢᠨᠵᠢᠯᠡᠬᠦ ᠤᠬᠠᠭᠠᠨ ᠤ ᠠᠷᠭ᠎ᠠ ᠪᠠᠷᠢᠯ ᠢ ᠬᠡᠷᠡᠭᠯᠡᠵᠦ ᠂ ᠲᠡᠦᠬᠡ ᠶᠢᠨ ᠮᠠᠲ᠋ᠧᠷᠢᠶᠠᠯ ᠢ ᠴᠤᠭᠯᠠᠭᠤᠯᠬᠤ ᠂ ᠨᠡᠶᠢᠲᠡᠯᠡᠬᠦ ᠂ ᠰᠤᠳᠤᠯᠬᠤ ᠠᠵᠢᠯ ᠢ ᠶᠡᠬᠡ ᠬᠡᠮᠵᠢᠶ᠎ᠡ ᠪᠡᠷ ᠬᠢᠭᠰᠡᠨ ᠪᠣᠯᠤᠨ᠎ᠠ ᠃

ᠲᠡᠷᠡ ᠨᠢ ᠲᠡᠦᠬᠡ ᠶᠢᠨ ᠰᠤᠳᠤᠯᠭ᠎ᠠ ᠶᠢᠨ ᠠᠷᠭ᠎ᠠ ᠪᠠᠷᠢᠯ ᠤᠨ ᠬᠦᠭᠵᠢᠯ ᠲᠡᠢ ᠨᠢᠭᠡᠳᠦᠯ ᠲᠠᠢ ᠪᠠᠢᠳᠠᠭ ᠃ 20 ᠳᠤᠭᠠᠷ ᠵᠠᠭᠤᠨ ᠤ ᠮᠣᠩᠭᠣᠯ ᠤᠨ ᠲᠡᠦᠬᠡ ᠶᠢᠨ ᠰᠤᠳᠤᠯᠭ᠎ᠠ ᠶᠢᠨ ᠠᠷᠭ᠎ᠠ ᠪᠠᠷᠢᠯ ᠤᠨ ᠰᠢᠨᠵᠢ ᠴᠢᠨᠠᠷ ᠢ ᠳᠦᠩᠨᠡᠯᠡᠪᠡᠯ ᠂ ᠳᠣᠣᠷᠠᠬᠢ ᠮᠡᠲᠦ ᠪᠠᠢᠨ᠎ᠠ ᠃ ᠨᠢᠭᠡᠳᠦᠭᠡᠷ ᠂ ᠪᠠᠷᠢᠮᠲᠠ ᠮᠠᠲ᠋ᠧᠷᠢᠶᠠᠯ ᠢ ᠴᠤᠭᠯᠠᠭᠤᠯᠬᠤ ᠳᠤ ᠠᠨᠭᠬᠠᠷᠴᠤ ᠂ ᠬᠤᠹᠹᠮᠠᠨ (hoffmann) ᠮᠡᠲᠦ ᠡᠷᠳᠡᠮᠲᠡᠨ ᠦ ᠰᠤᠳᠤᠯᠭ᠎ᠠ ᠶᠢᠨ ᠠᠷᠭ᠎ᠠ ᠪᠠᠷᠢᠯ ᠢ ᠬᠡᠷᠡᠭᠯᠡᠵᠦ ᠂ 20 ᠳᠤᠭᠠᠷ ᠵᠠᠭᠤᠨ ᠤ ᠮᠣᠩᠭᠣᠯ ᠤᠨ ᠲᠡᠦᠬᠡ ᠶᠢᠨ ᠰᠤᠳᠤᠯᠭ᠎ᠠ ᠶᠢ ᠬᠥᠭᠵᠢᠭᠦᠯᠦᠭᠰᠡᠨ ᠪᠣᠯᠤᠨ᠎ᠠ ᠃

ᠲᠡᠦᠬᠡ ᠶᠢᠨ ᠰᠤᠳᠤᠯᠭ᠎ᠠ ᠶᠢᠨ ᠣᠨᠣᠯ ᠤᠨ ᠠᠰᠠᠭᠤᠳᠠᠯ ᠢ ᠰᠤᠳᠤᠯᠬᠤ ᠳᠤ ᠂ 《 ᠬᠣᠷᠢᠳᠤᠭᠠᠷ ᠵᠠᠭᠤᠨ ᠤ ᠲᠡᠦᠬᠡ ᠶᠢᠨ ᠰᠤᠳᠤᠯᠭ᠎ᠠ 》 ᠨᠢ ᠮᠣᠩᠭᠣᠯ ᠤᠨ ᠲᠡᠦᠬᠡ ᠶᠢᠨ ᠰᠤᠳᠤᠯᠭ᠎ᠠ ᠳᠤ ᠶᠡᠬᠡ ᠨᠥᠯᠦᠭᠡ ᠦᠵᠡᠭᠦᠯᠦᠭᠰᠡᠨ ᠪᠥᠭᠡᠳ 20 ᠳᠤᠭᠠᠷ ᠵᠠᠭᠤᠨ ᠤ ᠮᠣᠩᠭᠣᠯ ᠤᠨ ᠲᠡᠦᠬᠡ ᠶᠢᠨ ᠰᠤᠳᠤᠯᠭ᠎ᠠ ᠶᠢᠨ ᠠᠷᠭ᠎ᠠ ᠪᠠᠷᠢᠯ ᠤᠨ ᠦᠨᠳᠦᠰᠦ ᠪᠣᠯᠤᠭᠰᠠᠨ ᠃ 《 ᠨᠢᠭᠡ ᠵᠠᠭᠤᠨ ᠤ ᠲᠡᠦᠬᠡ ᠶᠢᠨ ᠰᠤᠳᠤᠯᠭ᠎ᠠ 》 ᠢ ᠰᠤᠷᠪᠤᠯᠵᠢᠯᠠᠭᠰᠠᠨ ᠮᠡᠳᠡᠯᠭᠡ ᠲᠡᠦᠬᠡ ᠂ ᠰᠤᠳᠤᠯᠭ᠎ᠠ ᠨᠢ ᠶᠡᠬᠡ ᠪᠠᠶᠠᠯᠢᠭ ᠪᠣᠯᠵᠤ ᠂ ᠮᠣᠩᠭᠣᠯ ᠤᠨ ᠲᠡᠦᠬᠡ ᠶᠢᠨ 《 ᠰᠤᠳᠤᠯᠭ᠎ᠠ 》 ᠶᠢ ᠪᠦᠷᠢᠯᠳᠦᠭᠦᠯᠦᠭᠰᠡᠨ ᠪᠣᠯᠤᠨ᠎ᠠ ᠃

ᠲᠡᠦᠬᠡ ᠶᠢᠨ ᠰᠤᠳᠤᠯᠭ᠎ᠠ ᠶᠢᠨ ᠠᠷᠭ᠎ᠠ ᠪᠠᠷᠢᠯ ᠪᠣᠯ :

ᠲᠡᠦᠬᠡ ᠶᠢᠨ ᠪᠣᠳᠠᠳᠤ ᠶᠢᠨ ᠰᠢᠨᠵᠢ ᠴᠢᠨᠠᠷ ᠢ ᠲᠣᠳᠣᠷᠬᠠᠢᠯᠠᠬᠤ ᠳᠤ ᠪᠠᠷᠢᠮᠲᠠ ᠮᠠᠲ᠋ᠧᠷᠢᠶᠠᠯ ᠢ ᠬᠡᠷᠡᠭᠯᠡᠵᠦ ᠂ ᠣᠨᠣᠯ ᠤᠨ ᠦᠦᠳᠡ ᠡᠴᠡ ᠨᠢ ᠳᠦᠭᠨᠡᠯᠡᠬᠦ ᠬᠡᠷᠡᠭᠲᠡᠢ : 20 ᠳᠤᠭᠠᠷ ᠵᠠᠭᠤᠨ ᠤ ᠮᠣᠩᠭᠣᠯ ᠤᠨ ᠲᠡᠦᠬᠡ ᠶᠢᠨ ᠰᠤᠳᠤᠯᠭ᠎ᠠ ᠶᠢᠨ ᠠᠷᠭ᠎ᠠ ᠪᠠᠷᠢᠯ ᠢ ᠬᠡᠷᠬᠢᠨ ᠦᠨᠡᠯᠡᠬᠦ ᠪᠤᠢ ᠃

ᠮᠣᠩᠭᠣᠯ ᠲᠡᠦᠬᠡ ᠪᠢᠴᠢᠯᠭᠡ ᠂ ᠲᠡᠦᠬᠡ ᠶᠢᠨ ᠰᠤᠳᠤᠯᠭ᠎ᠠ ᠪᠤᠢ ᠤ ?

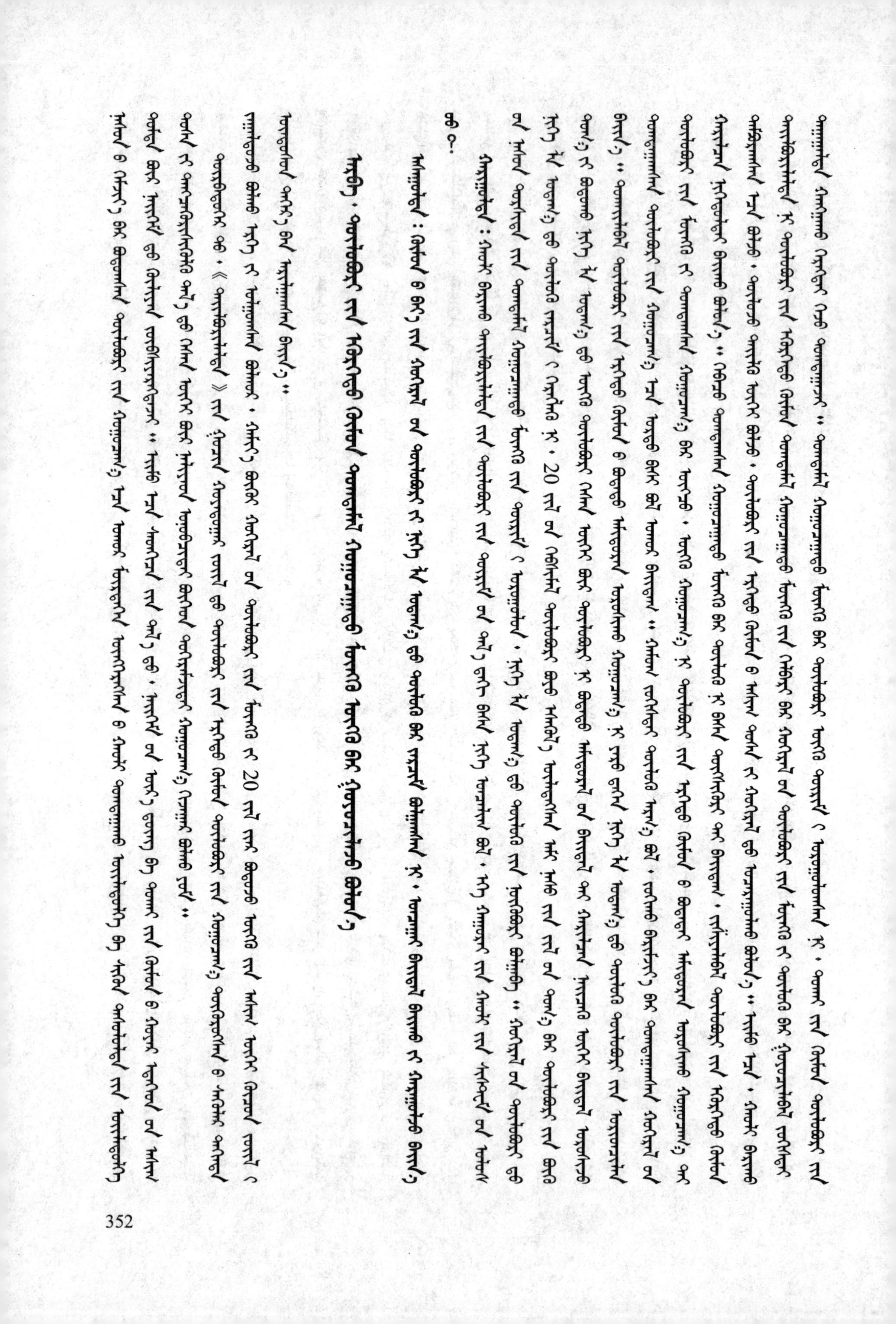

[illegible]

ᠬᠣᠶᠠᠷ᠂ ᠮᠣᠩᠭᠣᠯᠴᠤᠳ ᠤᠨ ... [illegible]

[illegible]

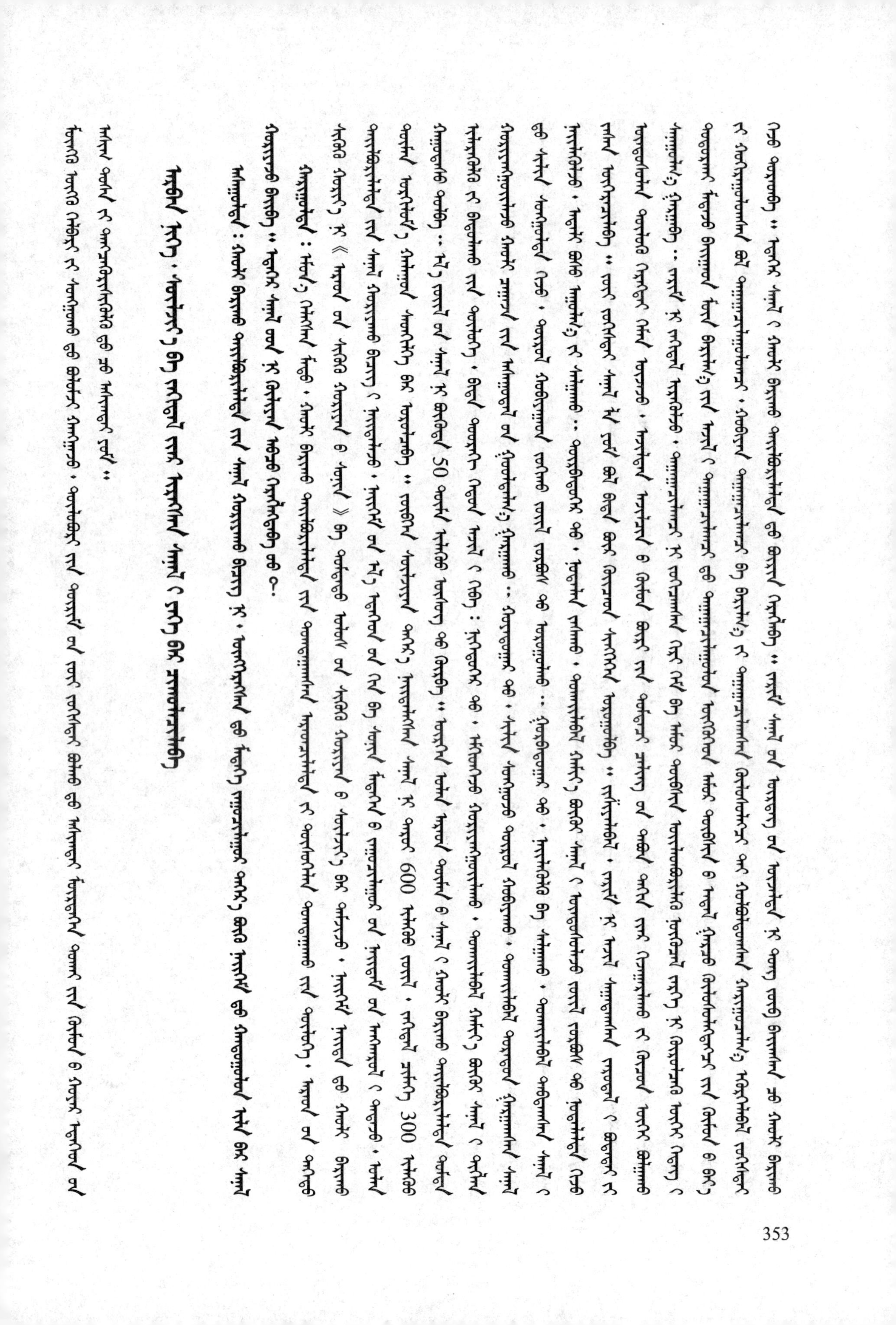

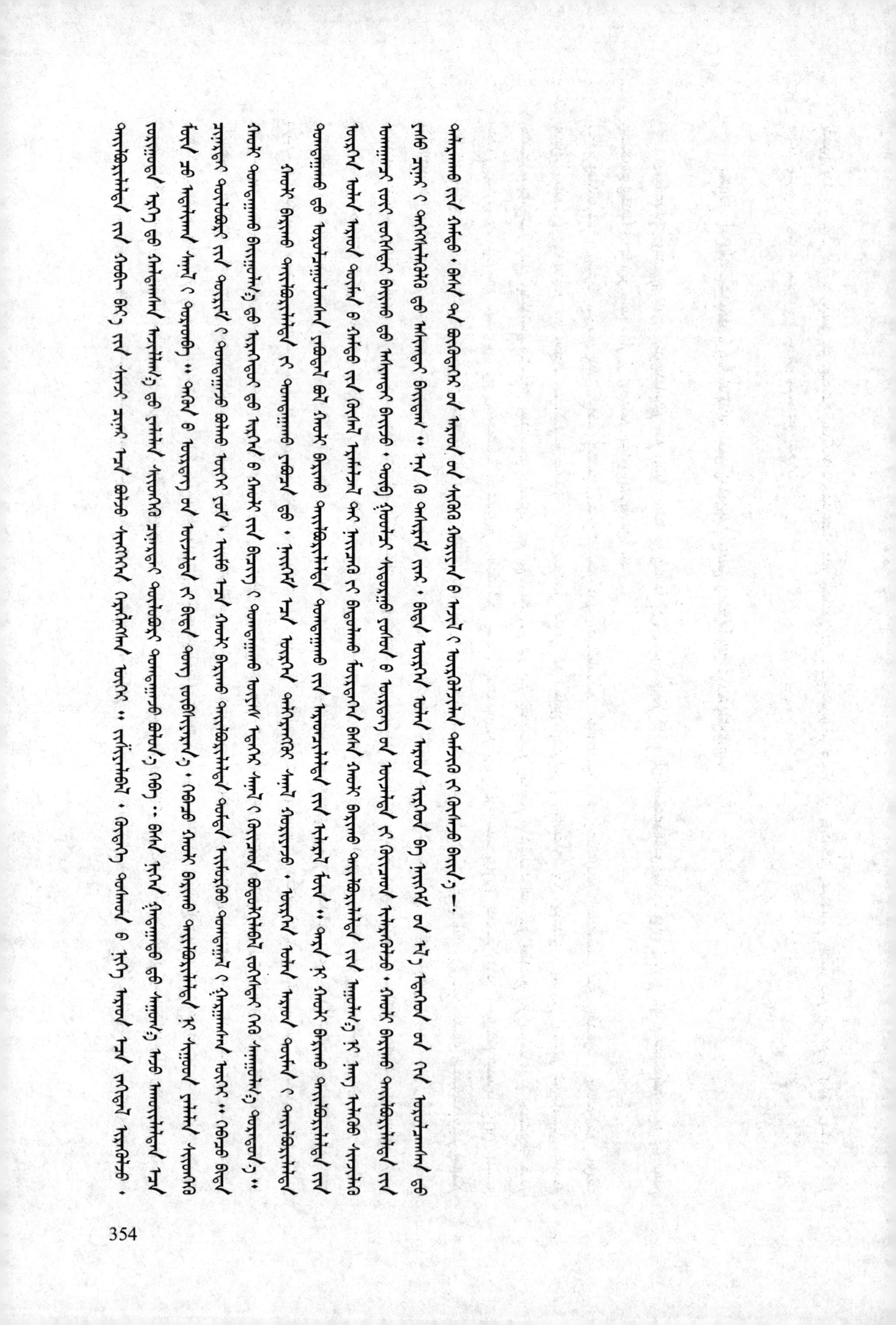

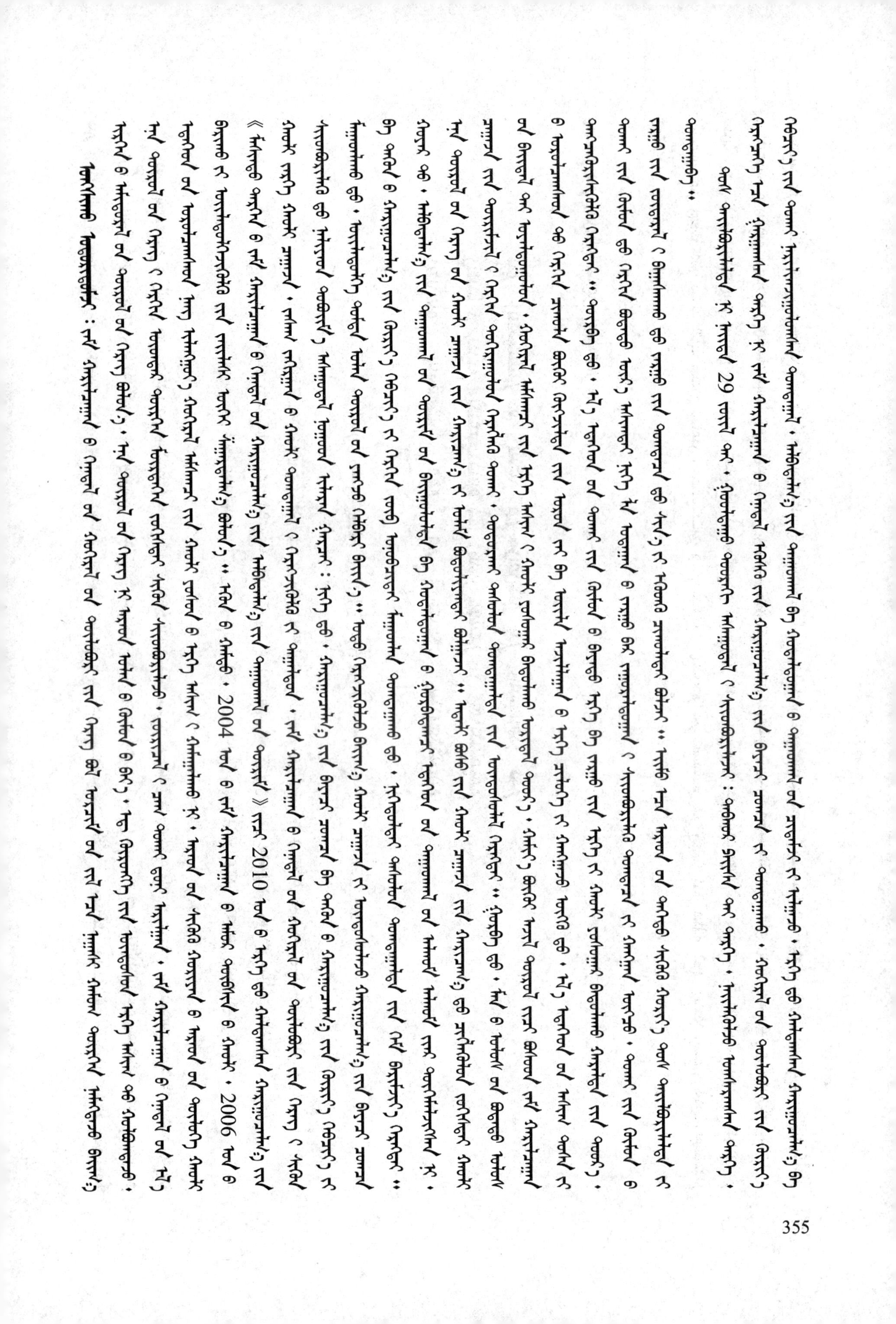

[illegible] ᠪᠣᠯᠤᠨ᠎ᠠ ᠃

ᠳᠡᠭᠡᠳᠦ ᠠᠷᠠᠳ ᠤᠨ ᠱᠢᠭᠦᠬᠦ ᠶᠠᠮᠤᠨ ᠤ

ᠵᠠᠮ ᠬᠠᠷᠢᠯᠴᠠᠭᠠᠨ ᠤ ᠣᠰᠣᠯ ᠤᠨ ᠬᠣᠬᠢᠷᠠᠯ ᠤᠨ ᠲᠥᠯᠥᠪᠦᠷᠢ ᠶᠢᠨ ᠬᠡᠷᠡᠭ ᠢ ᠱᠢᠭᠦᠨ ᠰᠢᠳᠬᠡᠬᠦ ᠳᠦ ᠬᠠᠤᠯᠢ ᠴᠠᠭᠠᠵᠠ ᠶᠢ ᠬᠡᠷᠡᠭᠯᠡᠬᠦ ᠬᠡᠳᠦᠨ ᠠᠰᠠᠭᠤᠳᠠᠯ ᠤᠨ ᠲᠤᠬᠠᠢ ᠲᠠᠢᠯᠪᠤᠷᠢ

ᠬᠠᠤᠯᠢ ᠲᠠᠢᠯᠪᠤᠷᠢ 〔2012〕19 ᠳ᠋ᠤᠭᠠᠷ ᠨᠣᠮᠧᠷ

(2012 ᠣᠨ ᠤ 9 ᠰᠠᠷ᠎ᠠ ᠶᠢᠨ 17 ᠤ ᠡᠳᠦᠷ ᠳᠡᠭᠡᠳᠦ ᠠᠷᠠᠳ ᠤᠨ ᠱᠢᠭᠦᠬᠦ ᠶᠠᠮᠤᠨ ᠤ ᠱᠢᠭᠦᠬᠦ ᠵᠥᠪᠯᠡᠯ ᠦᠨ 1556 ᠳ᠋ᠤᠭᠠᠷ ᠬᠤᠷᠠᠯ ᠪᠠᠷ ᠪᠠᠲᠤᠯᠠᠭᠰᠠᠨ 2012 ᠣᠨ ᠤ 11 ᠰᠠᠷ᠎ᠠ ᠶᠢᠨ 27 ᠤ ᠡᠳᠦᠷ ᠳᠡᠭᠡᠳᠦ ᠠᠷᠠᠳ ᠤᠨ ᠱᠢᠭᠦᠬᠦ ᠶᠠᠮᠤᠨ ᠤ ᠵᠠᠷᠯᠠᠯ ᠢᠶᠠᠷ ᠨᠡᠢᠲᠡᠯᠡᠭᠰᠡᠨ 2012 ᠣᠨ ᠤ 12 ᠰᠠᠷ᠎ᠠ ᠶᠢᠨ 21 ᠦ ᠡᠳᠦᠷ ᠡᠴᠡ ᠡᠬᠢᠯᠡᠨ ᠬᠡᠷᠡᠭᠵᠢᠭᠦᠯᠦᠨ᠎ᠡ)

ᠵᠠᠮ ᠬᠠᠷᠢᠯᠴᠠᠭᠠᠨ ᠤ ᠣᠰᠣᠯ ᠤᠨ ᠬᠣᠬᠢᠷᠠᠯ ᠤᠨ ᠲᠥᠯᠥᠪᠦᠷᠢ ᠶᠢᠨ ᠬᠡᠷᠡᠭ ᠢ ᠵᠥᠪ ᠱᠢᠭᠦᠨ ᠰᠢᠳᠬᠡᠬᠦ ᠶᠢᠨ ᠲᠤᠯᠠᠳ᠂ « ᠪᠦᠭᠦᠳᠡ ᠨᠠᠶᠢᠷᠠᠮᠳᠠᠬᠤ ᠳᠤᠮᠳᠠᠳᠤ ᠠᠷᠠᠳ ᠤᠯᠤᠰ ᠤᠨ ᠡᠷᠬᠡ ᠳᠦ ᠬᠠᠯᠳᠠᠬᠤ ᠶᠢᠨ ᠬᠠᠷᠢᠭᠤᠴᠠᠯᠭ᠎ᠠ ᠶᠢᠨ ᠬᠠᠤᠯᠢ » « ᠪᠦᠭᠦᠳᠡ ᠨᠠᠶᠢᠷᠠᠮᠳᠠᠬᠤ ᠳᠤᠮᠳᠠᠳᠤ ᠠᠷᠠᠳ ᠤᠯᠤᠰ ᠤᠨ ᠭᠡᠷ᠎ᠡ ᠶᠢᠨ ᠬᠠᠤᠯᠢ » « ᠪᠦᠭᠦᠳᠡ ᠨᠠᠶᠢᠷᠠᠮᠳᠠᠬᠤ ᠳᠤᠮᠳᠠᠳᠤ ᠠᠷᠠᠳ ᠤᠯᠤᠰ ᠤᠨ ᠵᠠᠮ ᠬᠠᠷᠢᠯᠴᠠᠭᠠᠨ ᠤ ᠠᠶᠤᠯ ᠦᠭᠡᠢ ᠪᠠᠶᠢᠳᠠᠯ ᠤᠨ ᠬᠠᠤᠯᠢ » « ᠪᠦᠭᠦᠳᠡ ᠨᠠᠶᠢᠷᠠᠮᠳᠠᠬᠤ ᠳᠤᠮᠳᠠᠳᠤ ᠠᠷᠠᠳ ᠤᠯᠤᠰ ᠤᠨ ᠳᠠᠭᠠᠳᠬᠠᠯ ᠤᠨ ᠬᠠᠤᠯᠢ » « ᠪᠦᠭᠦᠳᠡ ᠨᠠᠶᠢᠷᠠᠮᠳᠠᠬᠤ ᠳᠤᠮᠳᠠᠳᠤ ᠠᠷᠠᠳ ᠤᠯᠤᠰ ᠤᠨ

ᠢᠷᠭᠡᠨ ᠦ ᠬᠠᠤᠯᠢ ᠶᠢᠨ ᠲᠤᠬᠠᠢ》 ᠲᠠᠢ ᠬᠠᠷᠢᠴᠠᠭᠤᠯᠪᠠᠯ ᠪᠣᠳᠠᠰ ᠡᠷᠬᠡ ᠶᠢᠨ ᠬᠠᠮᠠᠭᠠᠯᠠᠯᠲᠠ ᠶᠢᠨ ᠠᠷᠭ᠎ᠠ ᠬᠡᠮᠵᠢᠶ᠎ᠡ ᠨᠢ ᠨᠡᠩ ᠪᠣᠯᠪᠠᠰᠤᠷᠠᠩᠭᠤᠢ ᠪᠡᠷ ᠲᠣᠭᠲᠠᠭᠠᠭᠳᠠᠭᠰᠠᠨ ᠪᠠᠶᠢᠨ᠎ᠠ ::

ᠬᠣᠶᠠᠷ᠂ ᠪᠣᠳᠠᠰ ᠡᠷᠬᠡ ᠶᠢᠨ ᠬᠠᠮᠠᠭᠠᠯᠠᠯᠲᠠ ᠶᠢ ᠪᠡᠬᠡᠵᠢᠭᠦᠯᠬᠦ ᠠᠷᠭ᠎ᠠ

ᠨᠢᠭᠡᠳᠦᠭᠡᠷ ᠲᠤᠢ (ᠡᠳ ᠦᠨ ᠡᠷᠬᠡ ᠶᠢᠨ ᠪᠠᠷᠢᠮᠲᠠ ᠶᠢ ᠲᠣᠳᠤᠷᠬᠠᠶᠢᠯᠠᠬᠤ ᠶᠢ ᠪᠠᠲᠤᠯᠠᠬᠤ) ᠪᠣᠳᠠᠰ ᠤᠨ ᠡᠷᠬᠡ ᠶᠢᠨ ᠬᠠᠮᠠᠭᠠᠯᠠᠯᠲᠠ ᠶᠢᠨ ᠬᠠᠷᠢᠭᠤᠴᠠᠯᠭ᠎ᠠ ᠶᠢ ᠬᠡᠷᠡᠭᠵᠢᠭᠦᠯᠬᠦ ᠳᠦ ᠡᠳ ᠦᠨ ᠡᠷᠬᠡ ᠶᠢᠨ ᠪᠠᠷᠢᠮᠲᠠ ᠶᠢ ᠲᠣᠳᠤᠷᠬᠠᠶᠢᠯᠠᠬᠤ ᠨᠢ ᠡᠬᠢ ᠰᠠᠭᠤᠷᠢ ᠪᠣᠯᠤᠨ᠎ᠠ᠂ ᠡᠳ ᠦᠨ ᠡᠷᠬᠡ ᠶᠢᠨ ᠪᠠᠷᠢᠮᠲᠠ ᠶᠢ ᠲᠣᠳᠤᠷᠬᠠᠶᠢᠯᠠᠬᠤ ᠳᠤ ᠬᠣᠶᠠᠷ ᠲᠠᠯ᠎ᠠ ᠶᠢᠨ ᠠᠰᠠᠭᠤᠳᠠᠯ ᠢ ᠵᠣᠬᠢᠴᠠᠭᠤᠯᠬᠤ ᠴᠢᠬᠤᠯᠠ᠂ ᠨᠢᠭᠡ ᠲᠠᠯ᠎ᠠ ᠳᠤ ᠪᠣᠳᠠᠰ ᠤᠨ ᠡᠷᠬᠡ ᠶᠢᠨ ᠲᠦᠷᠦᠯ ᠵᠦᠢᠯ ᠢ ᠲᠣᠳᠤᠷᠬᠠᠶᠢᠯᠠᠬᠤ᠂ ᠨᠥᠭᠥᠭᠡ ᠲᠠᠯ᠎ᠠ ᠳᠤ ᠡᠳ ᠦᠨ ᠡᠷᠬᠡ ᠶᠢᠨ ᠬᠠᠮᠠᠭᠠᠯᠠᠯᠲᠠ ᠶᠢᠨ ᠬᠡᠯᠪᠡᠷᠢ ᠶᠢ ᠲᠣᠳᠤᠷᠬᠠᠶᠢᠯᠠᠬᠤ ᠴᠢᠬᠤᠯᠠ ::

(ᠨᠢᠭᠡ) ᠪᠣᠳᠠᠰ ᠤᠨ ᠡᠷᠬᠡ ᠨᠢ ᠡᠵᠡᠮᠰᠢᠬᠦ᠂ ᠬᠡᠷᠡᠭᠯᠡᠬᠦ᠂ ᠣᠷᠣᠯᠭ᠎ᠠ ᠣᠯᠬᠤ᠂ ᠵᠠᠬᠢᠷᠤᠨ ᠵᠠᠷᠴᠠᠭᠤᠯᠬᠤ ᠡᠷᠬᠡ ᠶᠢ ᠠᠭᠤᠯᠤᠭᠰᠠᠨ ᠨᠢᠭᠡ ᠪᠦᠬᠦᠯᠢ ᠡᠷᠬᠡ ᠪᠣᠯᠤᠨ᠎ᠠ ::

(ᠬᠣᠶᠠᠷ) ᠡᠵᠡᠮᠰᠢᠭᠴᠢ ᠨᠢ ᠡᠵᠡᠮᠰᠢᠯ ᠦᠨ ᠡᠳ ᠢ ᠬᠠᠤᠯᠢ ᠶᠢᠨ ᠲᠣᠭᠲᠠᠭᠠᠯ ᠦᠨ ᠬᠦᠷᠢᠶᠡᠨ ᠳᠦ ᠡᠵᠡᠮᠰᠢᠬᠦ ᠡᠷᠬᠡ ᠲᠠᠢ ::

(ᠭᠤᠷᠪᠠ) ᠡᠵᠡᠮᠰᠢᠭᠴᠢ ᠨᠢ ᠬᠠᠤᠯᠢ ᠪᠤᠰᠤ ᠪᠠᠷ ᠡᠵᠡᠮᠰᠢᠭᠰᠡᠨ ᠪᠣᠯ᠂ ᠪᠣᠳᠠᠰ ᠤᠨ ᠡᠵᠡᠮᠰᠢᠯ ᠢ ᠪᠤᠴᠠᠭᠠᠨ ᠣᠯᠭᠤᠬᠤ ᠶᠢ ᠱᠠᠭᠠᠷᠳᠠᠬᠤ ᠡᠷᠬᠡ ᠲᠠᠢ ᠪᠣᠯᠤᠨ᠎ᠠ᠂ ᠡᠵᠡᠮᠰᠢᠯ ᠢ ᠰᠡᠷᠭᠦᠭᠡᠬᠦ ᠪᠣᠳᠠᠰ ᠤᠨ ᠡᠷᠬᠡ ᠶᠢᠨ ᠡᠵᠡᠮᠰᠢᠭᠴᠢ ᠨᠢ ᠡᠵᠡᠮᠰᠢᠭᠴᠢ ᠪᠤᠰᠤ ᠬᠦᠮᠦᠨ ᠡᠴᠡ ᠪᠤᠴᠠᠭᠠᠨ ᠣᠯᠭᠤᠬᠤ ᠶᠢ ᠱᠠᠭᠠᠷᠳᠠᠬᠤ ᠡᠷᠬᠡ ᠲᠠᠢ ::

(ᠳᠦᠷᠪᠡ) ᠪᠣᠳᠠᠰ ᠤᠨ ᠡᠷᠬᠡ ᠶᠢᠨ ᠬᠠᠮᠠᠭᠠᠯᠠᠯᠲᠠ ᠶᠢᠨ ᠪᠤᠰᠤᠳ ᠬᠡᠯᠪᠡᠷᠢ ᠶᠢ ᠲᠣᠳᠤᠷᠬᠠᠶᠢᠯᠠᠬᠤ ::

ᠬᠣᠶᠠᠳᠤᠭᠠᠷ ᠲᠤᠢ (ᠡᠳ ᠦᠨ ᠡᠷᠬᠡ ᠶᠢᠨ ᠦᠨᠡᠨ ᠮᠥᠨ ᠢ ᠲᠣᠳᠤᠷᠬᠠᠶᠢᠯᠠᠬᠤ ᠪᠣᠳᠠᠰ ᠡᠷᠬᠡ ᠶᠢᠨ ᠬᠠᠮᠠᠭᠠᠯᠠᠯᠲᠠ) ᠲᠣᠭᠲᠠᠭᠠᠯ ᠪᠦᠷᠢᠳᠬᠡᠯ ᠬᠢᠭᠰᠡᠨ ᠡᠳ ᠦᠨ ᠡᠷᠬᠡ ᠶᠢᠨ ᠦᠨᠡᠨ ᠮᠥᠨ ᠢ ᠲᠣᠳᠤᠷᠬᠠᠶᠢᠯᠠᠬᠤ ᠶᠢᠨ ᠬᠠᠮᠠᠭᠠᠯᠠᠯᠲᠠ ᠨᠢ ᠪᠣᠳᠠᠰ ᠤᠨ ᠡᠷᠬᠡ ᠶᠢᠨ ᠬᠠᠮᠠᠭᠠᠯᠠᠯᠲᠠ ᠶᠢᠨ ᠴᠢᠬᠤᠯᠠ ᠠᠷᠭ᠎ᠠ ᠮᠥᠨ᠃ ᠡᠳ ᠦᠨ ᠡᠷᠬᠡ ᠶᠢᠨ ᠪᠦᠷᠢᠳᠬᠡᠯ ᠨᠢ ᠪᠠᠷᠢᠮᠲᠠ ᠪᠣᠯᠤᠨ᠎ᠠ᠂ ᠪᠣᠳᠠᠰ ᠤᠨ ᠡᠷᠬᠡ ᠶᠢᠨ ᠬᠠᠮᠠᠭᠠᠯᠠᠯᠲᠠ ᠶᠢᠨ ᠬᠤᠪᠢ ᠳᠤ ᠴᠢᠬᠤᠯᠠ ᠨᠥᠯᠦᠭᠡ ᠲᠠᠢ ᠪᠣᠯᠬᠤ ᠪᠥᠭᠡᠳ᠂ ᠨᠢᠭᠡ ᠲᠠᠯ᠎ᠠ ᠳᠤ ᠪᠦᠷᠢᠳᠬᠡᠯ ᠦᠨ ᠬᠠᠮᠠᠭᠠᠯᠠᠯᠲᠠ ᠶᠢ ᠪᠡᠬᠡᠵᠢᠭᠦᠯᠬᠦ᠂ ᠨᠥᠭᠥᠭᠡ ᠲᠠᠯ᠎ᠠ ᠳᠤ ᠪᠣᠳᠠᠰ ᠤᠨ ᠡᠷᠬᠡ ᠶᠢᠨ ᠬᠠᠮᠠᠭᠠᠯᠠᠯᠲᠠ ᠶᠢ ᠬᠡᠷᠡᠭᠵᠢᠭᠦᠯᠬᠦ ᠳᠦ ᠴᠢᠬᠤᠯᠠ ᠨᠥᠯᠦᠭᠡ ᠲᠠᠢ ᠪᠣᠯᠤᠨ᠎ᠠ ::

ᠭᠤᠷᠪᠠᠳᠤᠭᠠᠷ ᠲᠤᠢ (ᠬᠤᠤᠯᠢ ᠶᠢᠨ ᠬᠠᠷᠢᠭᠤᠴᠠᠯᠭ᠎ᠠ ᠶᠢ ᠬᠡᠷᠡᠭᠵᠢᠭᠦᠯᠬᠦ ᠪᠣᠳᠠᠰ ᠡᠷᠬᠡ ᠶᠢᠨ ᠬᠠᠮᠠᠭᠠᠯᠠᠯᠲᠠ) ᠡᠷᠦᠭᠦᠦ ᠬᠡᠷᠡᠭ ᠦᠨ ᠬᠠᠷᠢᠭᠤᠴᠠᠯᠭ᠎ᠠ ᠪᠠ ᠵᠠᠰᠠᠭ ᠵᠠᠬᠢᠷᠭᠠᠨ ᠤ ᠬᠠᠷᠢᠭᠤᠴᠠᠯᠭ᠎ᠠ ᠶᠢ ᠬᠡᠷᠡᠭᠵᠢᠭᠦᠯᠬᠦ ᠶᠢᠨ ᠬᠠᠮᠲᠤ᠂ ᠪᠣᠳᠠᠰ ᠤᠨ ᠡᠷᠬᠡ ᠶᠢᠨ ᠬᠠᠮᠠᠭᠠᠯᠠᠯᠲᠠ ᠶᠢᠨ ᠬᠠᠷᠢᠭᠤᠴᠠᠯᠭ᠎ᠠ ᠶᠢᠨ ᠪᠣᠳᠠᠰ ᠤᠨ ᠡᠷᠬᠡ ᠶᠢᠨ ᠬᠠᠤᠯᠢ ᠶᠢᠨ ᠢᠷᠭᠡᠨ ᠦ ᠬᠠᠷᠢᠭᠤᠴᠠᠯᠭ᠎ᠠ ᠶᠢ ᠬᠡᠷᠡᠭᠵᠢᠭᠦᠯᠬᠦ ᠳᠦ ᠠᠨᠭᠬᠠᠷᠬᠤ ᠴᠢᠬᠤᠯᠠ::

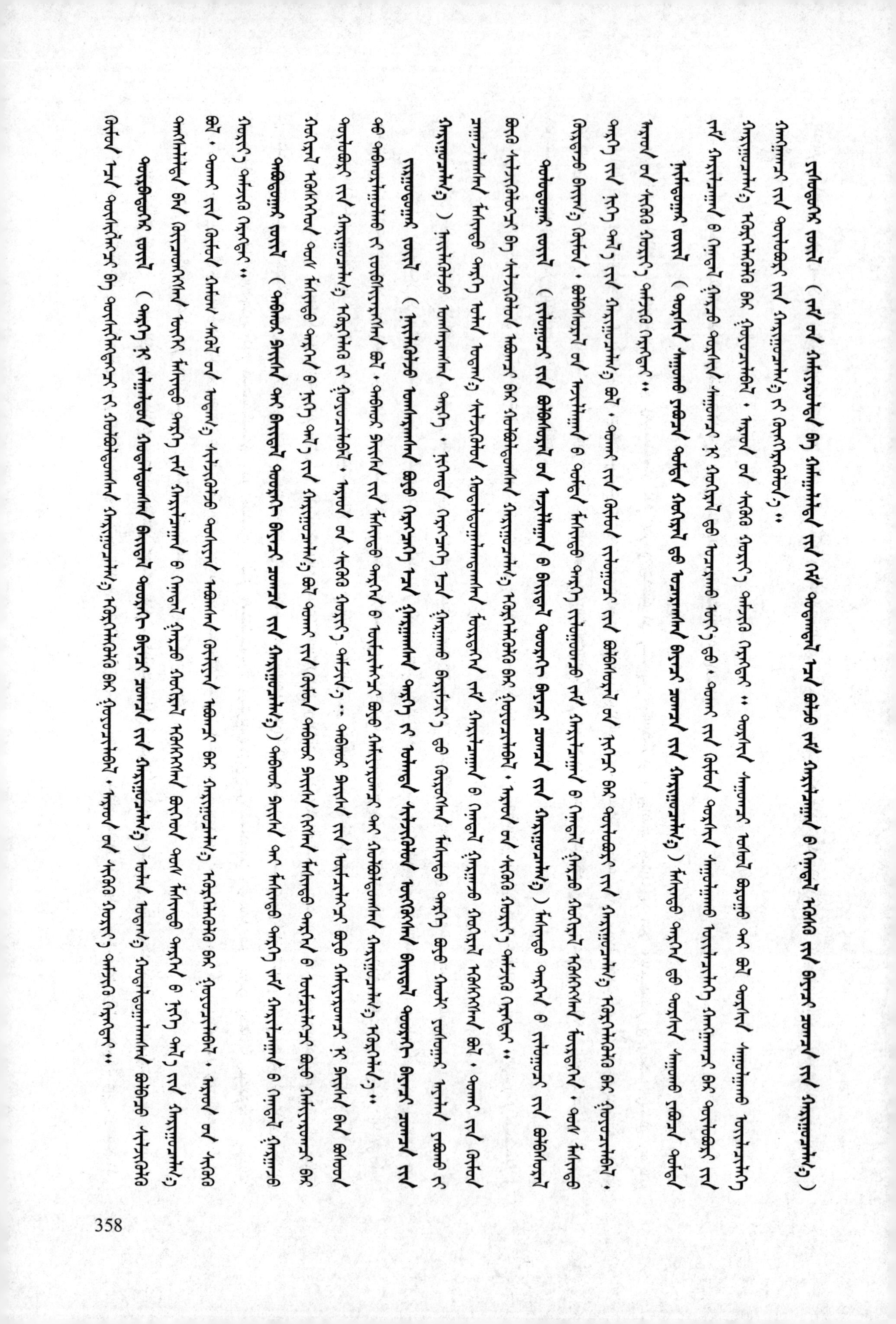

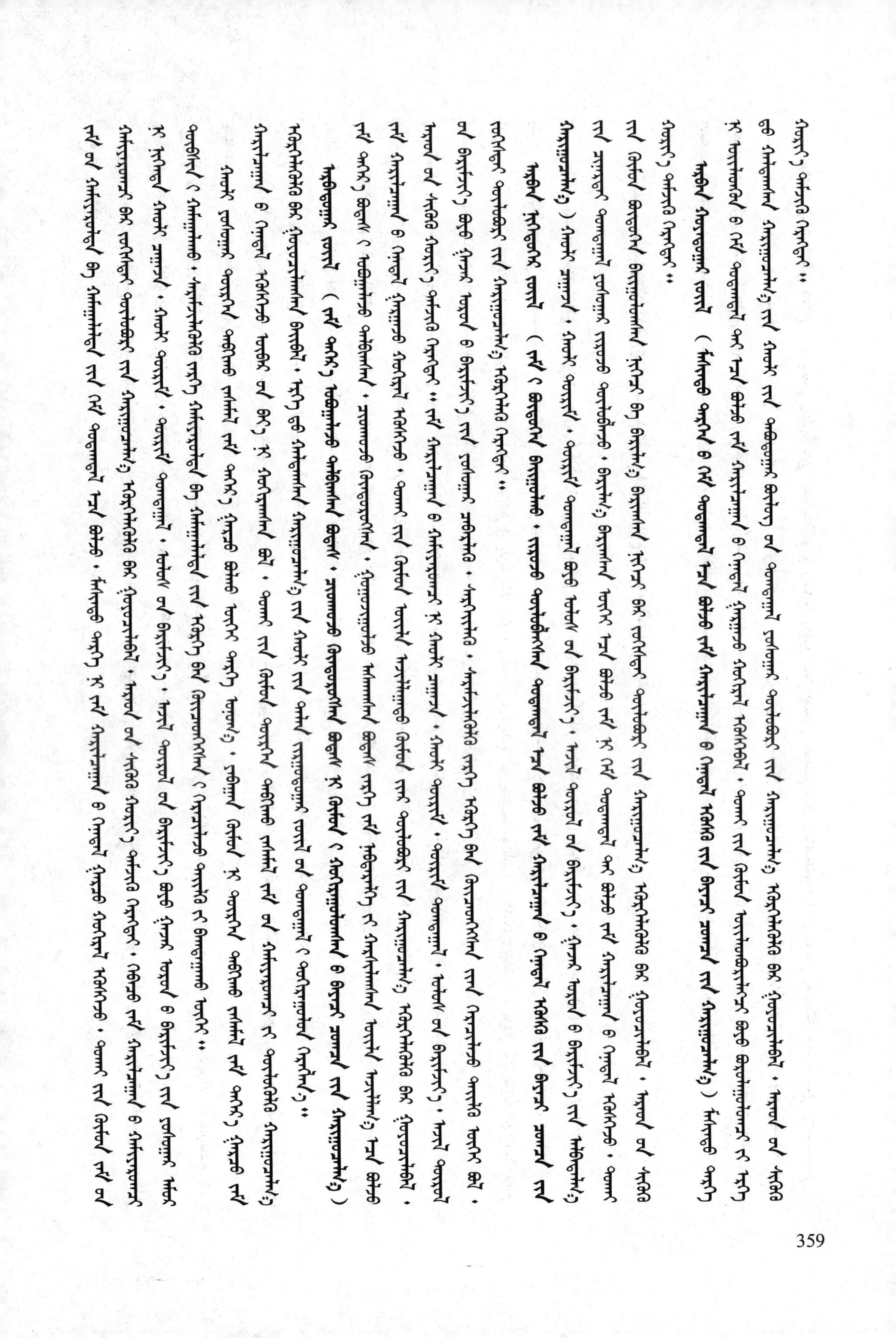

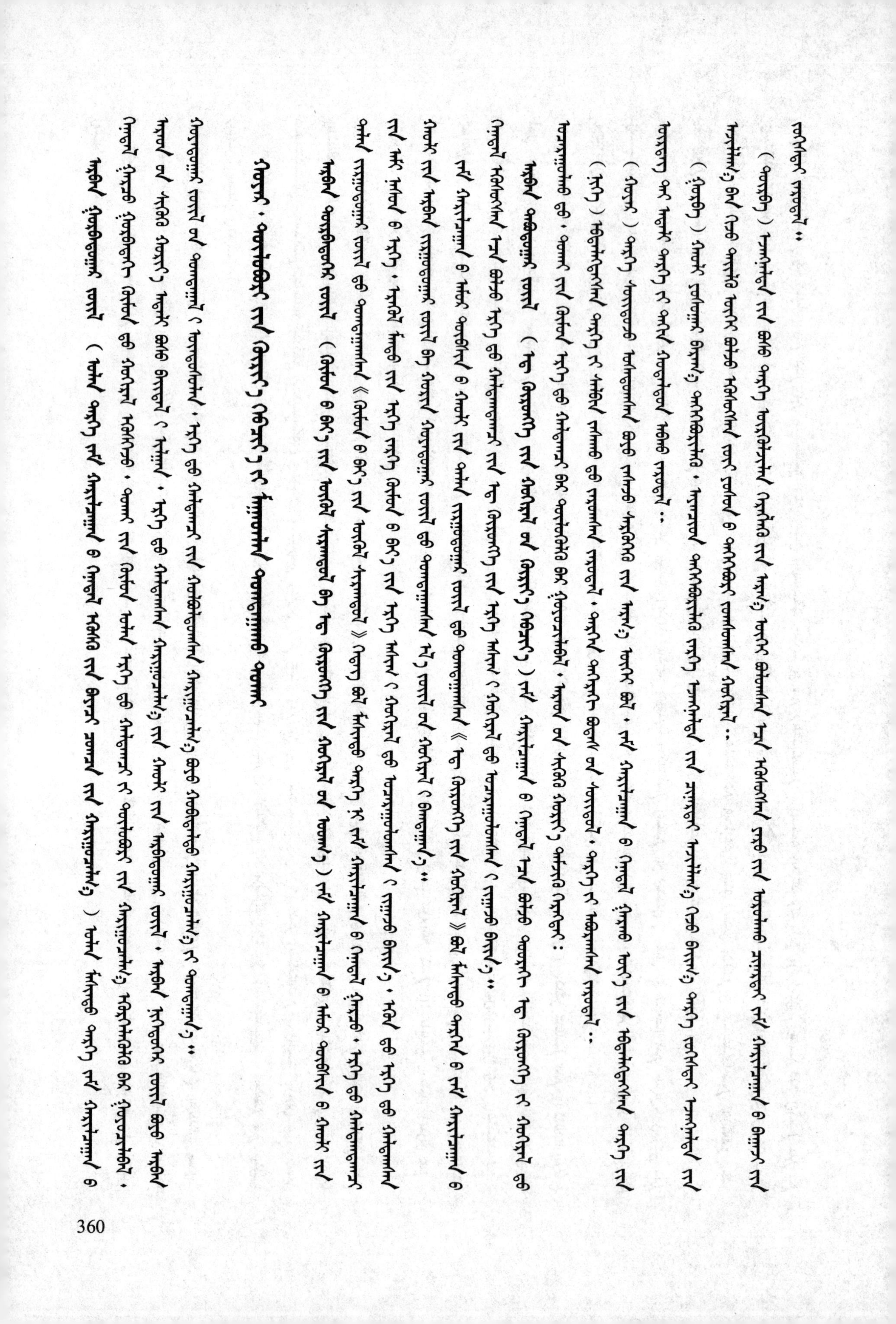

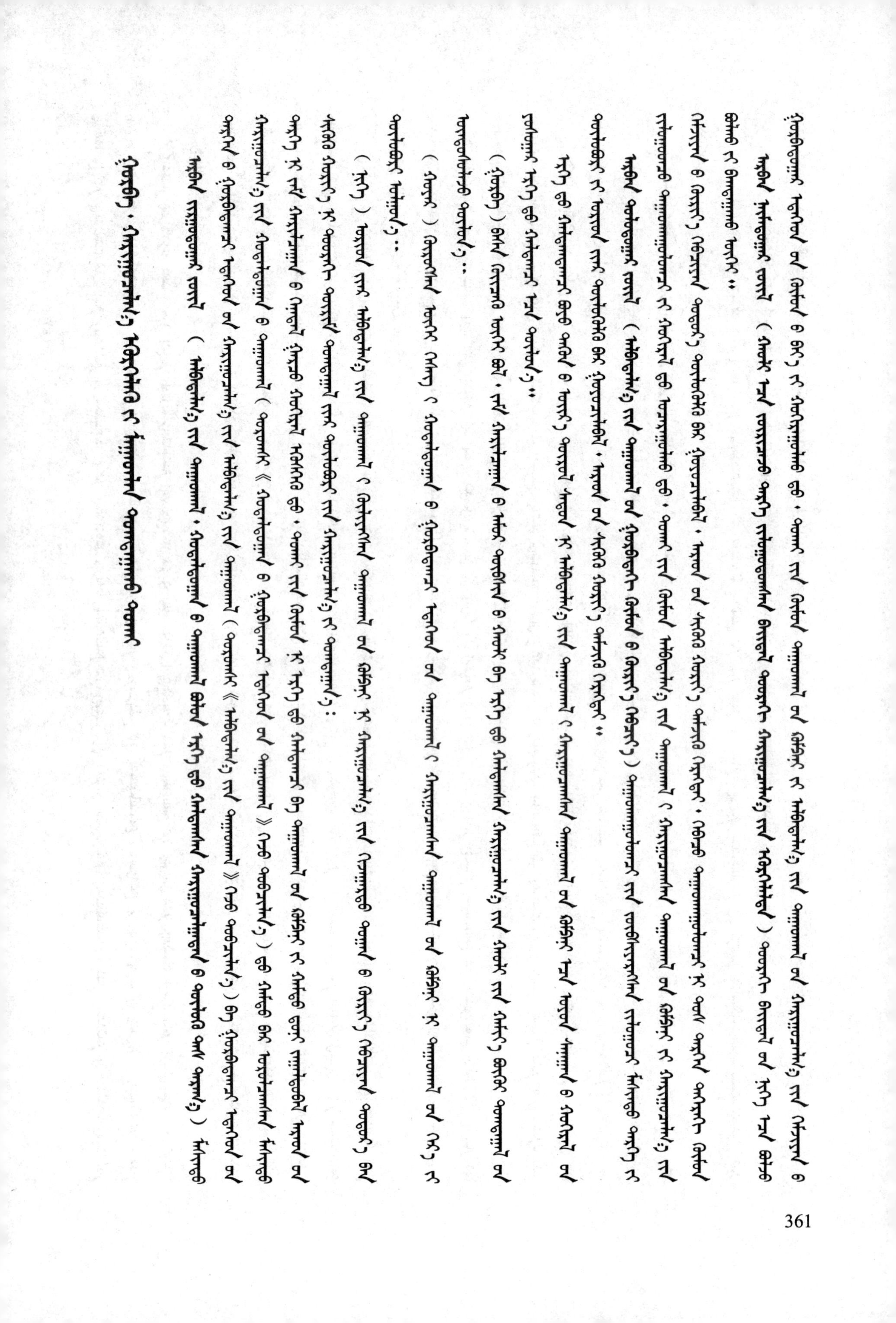

ᠮᠡᠳᠡᠭᠳᠡᠯ ᠪᠣᠯ ᠰᠤᠷᠭᠠᠭᠤᠯᠢᠳᠤ ᠶᠢᠨ ᠬᠠᠷᠢᠶᠠᠲᠤ ᠪᠠᠢᠭᠤᠯᠤᠯᠭ᠎ᠠ ᠶᠢᠨ ᠮᠡᠳᠡᠭᠳᠡᠯ ᠦ ᠰᠤᠷᠭᠠᠯ ᠤᠨ ᠬᠡᠷᠡᠭᠯᠡᠭᠡ ᠶᠢ ᠲᠤᠰᠬᠠᠢ ᠪᠠᠷ ᠭᠠᠷᠭᠠᠵᠤ ᠮᠡᠳᠡᠭᠳᠡᠯ ᠪᠣᠯ ᠬᠠᠷᠢᠶᠠᠲᠤ ᠪᠠᠢᠭᠤᠯᠤᠯᠭ᠎ᠠ ᠶᠢᠨ ᠮᠡᠳᠡᠭᠳᠡᠯ ᠦ ᠨᠢᠭᠡ ᠬᠡᠰᠡᠭ ᠪᠣᠯᠬᠤ ᠪᠥᠭᠡᠳ ᠲᠡᠭᠦᠨ ᠦ ᠲᠤᠬᠠᠢ ᠳᠤ ᠵᠢᠱᠢᠶ᠎ᠡ ᠪᠣᠯᠭᠠᠨ ᠲᠠᠢᠯᠪᠤᠷᠢᠯᠠᠬᠤ ᠬᠡᠷᠡᠭᠲᠡᠢ (ᠡᠨᠡ ᠪᠣᠯ ᠮᠡᠳᠡᠭᠳᠡᠯ ᠦᠨ ᠬᠡᠪ ᠵᠠᠷᠴᠢᠮ) ᠪᠠᠢᠳᠠᠭ ᠶᠠᠭᠤᠮ᠎ᠠ ᠪᠣᠯᠤᠨ᠎ᠠ ::

ᠮᠡᠳᠡᠭᠳᠡᠯ ᠦ ᠰᠤᠷᠭᠠᠭᠤᠯᠢᠳᠤ ᠶᠢᠨ ᠬᠠᠷᠢᠶᠠᠲᠤ ᠪᠠᠢᠭᠤᠯᠤᠯᠭ᠎ᠠ ᠶᠢᠨ ᠬᠡᠷᠡᠭᠯᠡᠭᠡ ᠶᠢ ᠲᠣᠳᠣᠷᠬᠠᠢᠯᠠᠬᠤ ᠳᠤ ᠮᠡᠳᠡᠭᠳᠡᠯ ᠦ ᠨᠡᠷ᠎ᠡ ᠶᠢ ᠲᠡᠮᠳᠡᠭᠯᠡᠬᠦ ᠪᠡᠷ ᠵᠢᠱᠢᠶᠡᠯᠡᠪᠡᠯ ᠮᠡᠳᠡᠭᠳᠡᠯ ᠦᠨ ᠲᠣᠭ᠎ᠠ ᠳᠤ ᠬᠠᠮᠢᠶᠠᠷᠠᠬᠤ ᠮᠡᠳᠡᠭᠳᠡᠯ ᠦ ᠰᠤᠷᠭᠠᠭᠤᠯᠢᠳᠤ ᠶᠢᠨ ᠲᠣᠭ᠎ᠠ ᠶᠢ ᠮᠡᠳᠡᠭᠳᠡᠬᠦ ᠶᠢᠨ ᠬᠠᠮᠲᠤ ᠮᠡᠳᠡᠭᠳᠡᠯ ᠦᠨ ᠬᠦᠷᠢᠶ᠎ᠡ ᠳᠦ ᠪᠠᠭᠲᠠᠬᠤ ᠮᠡᠳᠡᠭᠳᠡᠯ ᠦᠨ ᠲᠣᠭ᠎ᠠ ᠶᠢ ᠲᠡᠮᠳᠡᠭᠯᠡᠵᠦ ᠮᠡᠳᠡᠭᠳᠡᠯ ᠦᠨ ᠬᠡᠷᠡᠭᠯᠡᠭᠡ ᠶᠢ ᠲᠣᠳᠣᠷᠬᠠᠢᠯᠠᠨ᠎ᠠ᠂ ᠡᠨᠡ ᠪᠣᠯ ᠮᠡᠳᠡᠭᠳᠡᠯ ᠦᠨ ᠰᠤᠷᠭᠠᠭᠤᠯᠢᠳᠤ ᠶᠢᠨ ᠬᠠᠷᠢᠶᠠᠲᠤ ᠪᠠᠢᠭᠤᠯᠤᠯᠭ᠎ᠠ ᠶᠢᠨ ᠬᠡᠪ ᠵᠠᠷᠴᠢᠮ ᠪᠣᠯᠤᠨ᠎ᠠ (ᠡᠨᠡ ᠪᠣᠯ ᠮᠡᠳᠡᠭᠳᠡᠯ ᠦᠨ ᠬᠦᠷᠢᠶ᠎ᠡ) ᠪᠠᠢᠳᠠᠭ ᠶᠠᠭᠤᠮ᠎ᠠ ᠪᠣᠯᠤᠨ᠎ᠠ ::

ᠮᠡᠳᠡᠭᠳᠡᠯ ᠦᠨ ᠲᠣᠭ᠎ᠠ ᠶᠢ ᠲᠡᠮᠳᠡᠭᠯᠡᠬᠦ ᠶᠢᠨ ᠬᠠᠮᠲᠤ ᠮᠡᠳᠡᠭᠳᠡᠯ ᠦ ᠰᠤᠷᠭᠠᠭᠤᠯᠢᠳᠤ ᠶᠢᠨ ᠬᠠᠷᠢᠶᠠᠲᠤ ᠪᠠᠢᠭᠤᠯᠤᠯᠭ᠎ᠠ ᠶᠢᠨ ᠨᠡᠷ᠎ᠡ ᠶᠢ ᠲᠡᠮᠳᠡᠭᠯᠡᠬᠦ᠂ ᠮᠡᠳᠡᠭᠳᠡᠯ ᠦᠨ ᠬᠦᠷᠢᠶ᠎ᠡ ᠶᠢᠨ ᠲᠣᠭ᠎ᠠ ᠶᠢ ᠮᠡᠳᠡᠭᠳᠡᠬᠦ ᠬᠡᠷᠡᠭᠲᠡᠢ ᠪᠠᠢᠳᠠᠭ᠂ ᠮᠡᠳᠡᠭᠳᠡᠯ ᠦᠨ ᠬᠡᠷᠡᠭᠯᠡᠭᠡ ᠶᠢ ᠲᠣᠳᠣᠷᠬᠠᠢᠯᠠᠬᠤ ᠳᠤ ᠮᠡᠳᠡᠭᠳᠡᠯ ᠦᠨ ᠨᠡᠷ᠎ᠡ ᠶᠢ ᠮᠡᠳᠡᠭᠳᠡᠬᠦ ᠬᠡᠷᠡᠭᠲᠡᠢ ᠪᠣᠯᠤᠨ᠎ᠠ ::

(ᠨᠢᠭᠡᠳᠦᠭᠡᠷ) ᠰᠤᠷᠭᠠᠭᠤᠯᠢ ᠶᠢᠨ ᠣᠨᠴᠠ ᠰᠢᠨᠵᠢ ::

(ᠬᠣᠶᠠᠳᠤᠭᠠᠷ) ᠬᠠᠷᠢᠶᠠᠲᠤ ᠪᠠᠢᠭᠤᠯᠤᠯᠭ᠎ᠠ᠂ ᠮᠡᠳᠡᠭᠳᠡᠯ ᠦᠨ ᠬᠡᠷᠡᠭᠯᠡᠭᠡ ᠶᠢᠨ ᠪᠠᠢᠳᠠᠯ ᠢ ᠲᠣᠳᠣᠷᠬᠠᠢᠯᠠᠬᠤ ᠪᠣᠯᠤᠨ᠎ᠠ (ᠭᠤᠷᠪᠠᠳᠤᠭᠠᠷ) ᠮᠡᠳᠡᠭᠳᠡᠯ ᠦᠨ ᠬᠡᠷᠡᠭᠯᠡᠭᠡ ᠶᠢᠨ ᠪᠠᠢᠳᠠᠯ ::

ᠬᠠᠷᠢᠶᠠᠲᠤ ᠪᠠᠢᠭᠤᠯᠤᠯᠭ᠎ᠠ ᠶᠢᠨ ᠮᠡᠳᠡᠭᠳᠡᠯ ᠦᠨ ᠲᠣᠭ᠎ᠠ᠂ ᠮᠡᠳᠡᠭᠳᠡᠯ ᠪᠣᠯ ᠰᠤᠷᠭᠠᠭᠤᠯᠢᠳᠤ ᠶᠢᠨ ᠬᠡᠷᠡᠭᠯᠡᠭᠡ ᠪᠣᠯᠤᠨ᠎ᠠ :

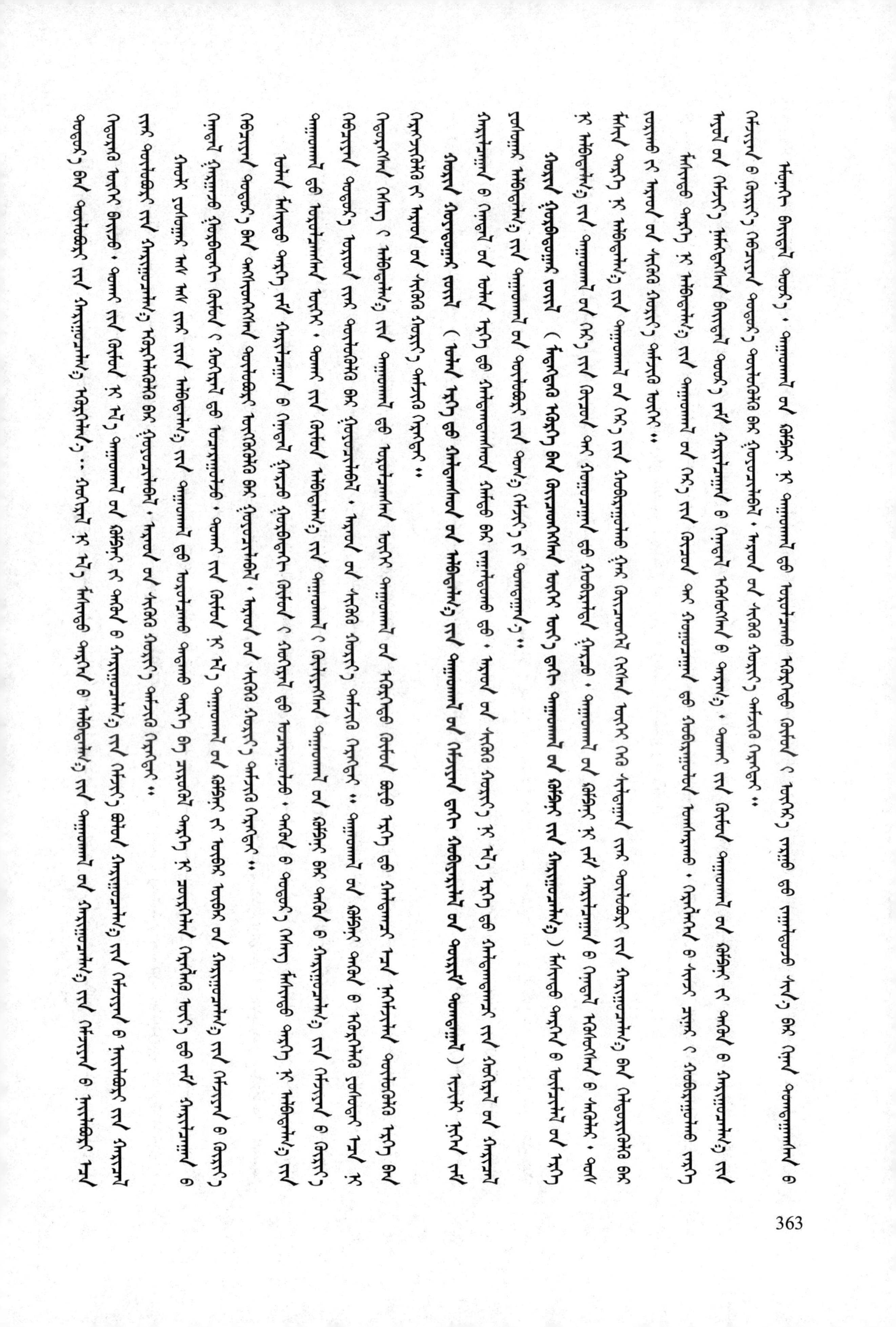

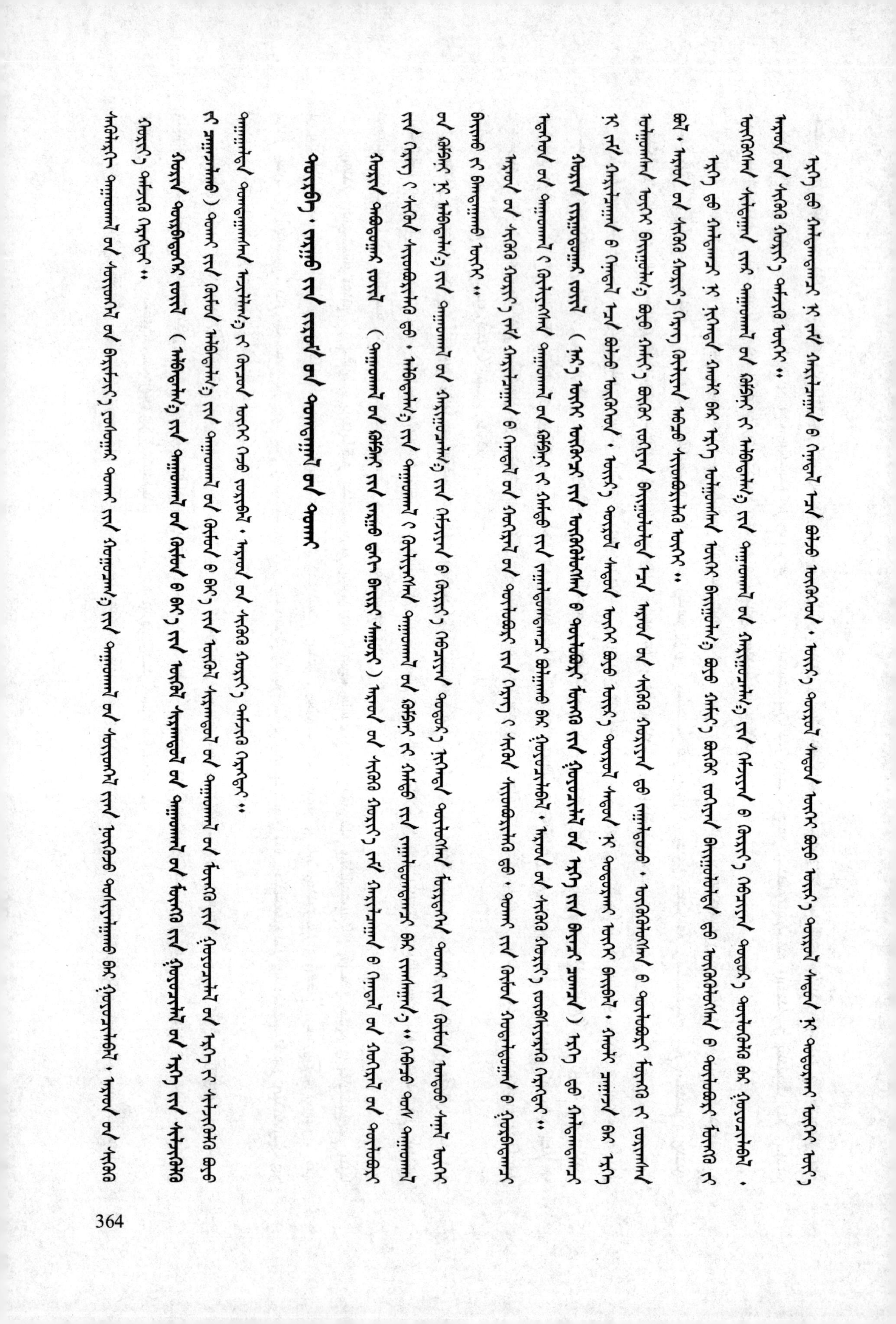

[illegible]

[illegible]

[illegible]

[illegible]

[illegible]

[illegible]

[illegible]

[illegible]

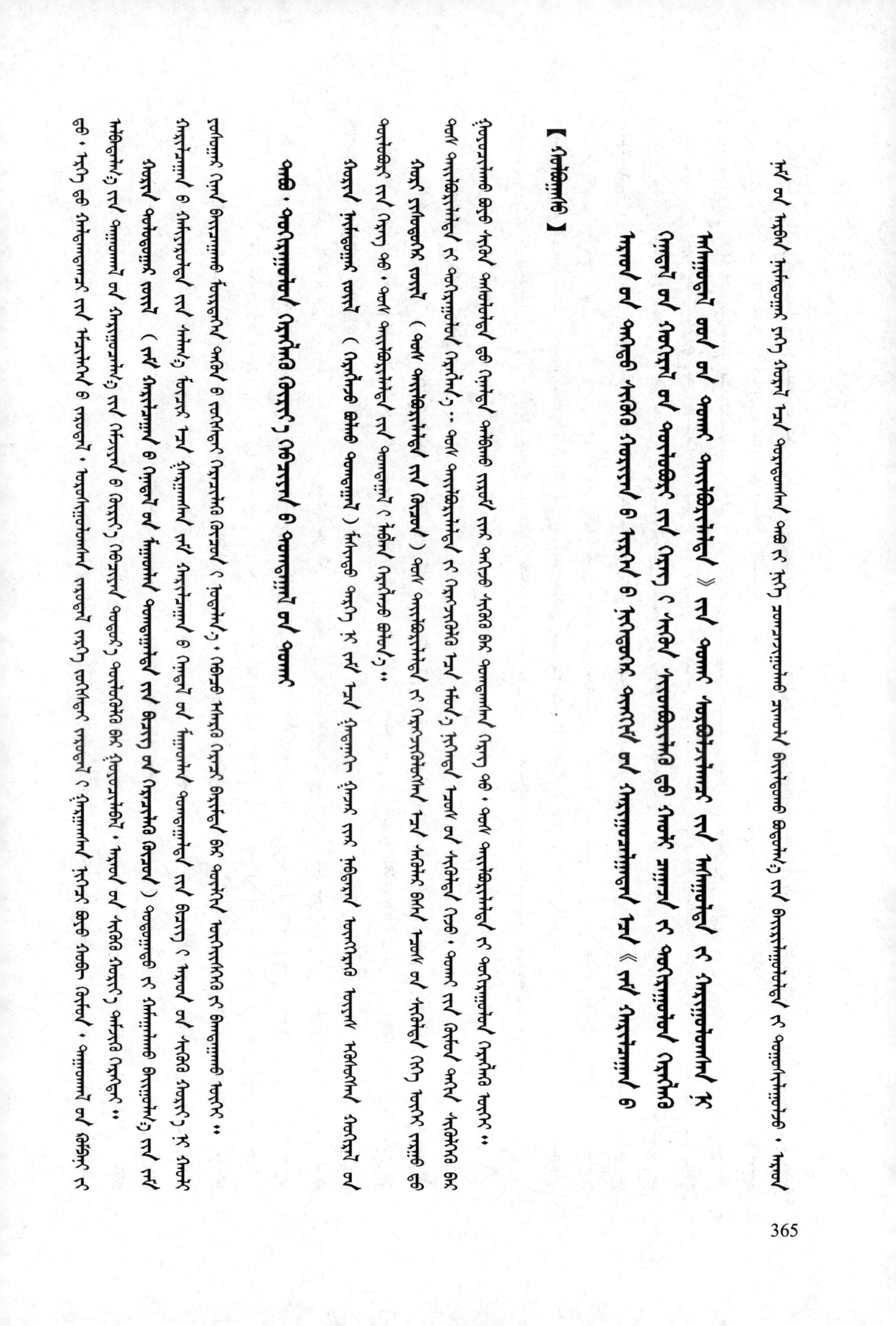

[illegible]

[illegible]

【[illegible]】

[illegible]

[illegible]

[illegible]

ᠬᠠᠮᠠᠭᠠᠯᠠᠭᠳᠠᠬᠤ ᠳᠠᠯᠠᠪᠠᠢ ᠶᠢᠨ ᠬᠡᠮᠵᠢᠶ᠎ᠡ ᠨᠢ 612596 ᠭᠧᠺᠲ᠋ᠠᠷ ᠂ 2011 ᠣᠨ ᠳᠤ 744570 ᠭᠧᠺᠲ᠋ᠠᠷ ᠂ ᠬᠣᠶᠠᠷ ᠵᠢᠯ ᠦᠨ ᠳᠤᠮᠳᠠ ᠶᠢᠨ
390.6 ᠮᠢᠩᠭ᠎ᠠ ᠭᠧᠺᠲ᠋ᠠᠷ ᠂ 2011 ᠣᠨ ᠳᠤ 422.4 ᠮᠢᠩᠭ᠎ᠠ ᠭᠧᠺᠲ᠋ᠠᠷ ᠬᠦᠷᠴᠡᠢ ᠃ 2010 ᠣᠨ ᠳᠤ ᠪᠦᠬᠦ ᠣᠷᠤᠨ ᠤ ᠨᠡᠢᠲᠡ ᠪᠦᠲᠦᠭᠡᠭᠳᠡᠬᠦᠨ ᠦ ᠦᠨ᠎ᠡ ᠶᠢᠨ ᠳᠤᠮᠳᠠ ᠪᠠᠷ
ᠪᠣᠳᠣᠬᠣ ᠳᠦ ᠂ 2010 ᠣᠨ ᠳᠤ ᠪᠦᠬᠦ ᠣᠷᠤᠨ ᠤ ᠬᠦᠮᠦᠨ ᠦ ᠮᠥᠩᠭᠦᠨ ᠣᠷᠣᠯᠭ᠎ᠠ ᠶᠢᠨ ᠬᠡᠮᠵᠢᠶ᠎ᠡ ᠨᠢ ᠪᠦᠬᠦ ᠣᠷᠤᠨ ᠤ ᠳᠤᠮᠳᠠᠳᠤ
ᠳᠦᠪᠰᠢᠨ ᠦ ᠮᠥᠩᠭᠦᠨ ᠤ ᠬᠡᠮᠵᠢᠶ᠎ᠡ ᠪᠠᠷ ᠪᠣᠳᠣᠬᠣ ᠳᠤ 2.47 ᠳᠠᠬᠢᠨ ᠨᠡᠮᠡᠭᠳᠡᠭᠰᠡᠨ ᠂ ᠬᠥᠳᠡᠭᠡ ᠶᠢᠨ ᠬᠦᠮᠦᠨ 1.86 ᠳᠠᠬᠢᠨ ᠨᠡᠮᠡᠭᠳᠡᠭᠰᠡᠨ ᠃ ᠬᠠᠮᠢᠶᠠᠷᠤ
ᠪᠣᠯᠤᠨ ᠬᠣᠲᠠ ᠶᠢᠨ ᠬᠦᠮᠦᠨ ᠤ ᠮᠥᠩᠭᠦᠨ ᠣᠷᠣᠯᠭ᠎ᠠ ᠨᠢ 2.33 ᠳᠠᠬᠢᠨ ᠨᠡᠮᠡᠭᠳᠡᠵᠦ ᠂ ᠬᠥᠳᠡᠭᠡ ᠶᠢᠨ ᠬᠦᠮᠦᠨ 1.14 ᠳᠠᠬᠢᠨ ᠂ ᠬᠣᠲᠠ ᠬᠥᠳᠡᠭᠡ 1.03 ᠳᠠᠬᠢᠨ ᠨᠡᠮᠡᠭᠳᠡᠭᠰᠡᠨ ᠃
ᠶᠡᠬᠡ ᠬᠡᠮᠵᠢᠶᠡᠨ ᠦ ᠬᠥᠭᠵᠢᠯ ᠢ ᠣᠯᠤᠭᠰᠠᠨ ᠃ ᠬᠠᠮᠢᠶᠠᠷᠤᠯᠲᠠ ᠶᠢᠨ ᠲᠤᠰᠠᠭ ᠶᠠᠮᠤ ᠪᠠᠷ 2012 ᠣᠨ ᠤ 6 ᠰᠠᠷ᠎ᠠ ᠳᠤ ᠬᠣᠶᠠᠳᠤᠭᠠᠷ ᠳᠡᠰ ᠦᠨ ᠳᠠᠯᠠᠪᠠᠢ ᠶᠢᠨ
ᠬᠠᠮᠢᠶᠠᠷᠤᠯᠲᠠ ᠶᠢᠨ ᠪᠠᠢᠭᠤᠯᠤᠯᠲᠠ ᠪᠠᠷ ᠦᠨᠡᠯᠡᠨ ᠲᠣᠳᠤᠷᠬᠠᠢᠯᠠᠭᠰᠠᠨ ᠂ ᠪᠦᠬᠦ ᠣᠷᠤᠨ ᠤ ᠨᠡᠢᠲᠡ ᠶᠢᠨ ᠬᠥᠭᠵᠢᠯ ᠦᠨ ᠳᠦᠪᠰᠢᠨ ᠢ ᠣᠯᠤᠭᠰᠠᠨ ᠃ ᠬᠥᠭᠵᠢᠯ ᠦᠨ ᠪᠣᠳᠣᠯᠭ᠎ᠠ
ᠬᠡᠷᠡᠭᠵᠢᠭᠦᠯᠬᠦ ᠶᠢᠨ ᠲᠥᠯᠦᠭᠡ ᠴᠢᠬᠤᠯᠠ ᠪᠠᠢᠳᠠᠯ ᠲᠠᠢ ᠂ ᠦᠨᠳᠦᠰᠦᠨ ᠦ ᠲᠤᠰᠬᠠᠢ ᠲᠣᠭ᠎ᠠ ᠪᠠᠷ ᠳᠤᠮᠳᠠ ᠵᠢᠷᠤᠭ ᠢ ᠳᠠᠮᠵᠢᠨ ᠳᠤ ᠣᠷᠣᠭᠤᠯᠤᠨ ᠠ᠃

ᠦᠯᠠᠭᠠᠨᠴᠠᠪ ᠬᠣᠲᠠ ᠶᠢᠨ ᠤᠯᠠᠮᠵᠢᠯᠠᠯᠲᠤ ᠰᠣᠶᠣᠯ ᠤᠨ 《ᠮᠠᠨᠵᠤᠷᠰᠢᠢ》 ᠶᠢ 12 ᠵᠠᠭᠤᠨ ᠤ 21 ᠳᠦᠭᠡᠷ ᠵᠢᠯ ᠦᠨ ᠬᠦᠮᠦᠨ ᠲᠥᠷᠦᠯᠬᠢᠲᠡᠨ ᠦ 《ᠮᠠᠨᠵᠤᠰᠢᠷᠢ》 ᠶᠢ ᠪᠠᠢᠭᠤᠯᠬᠤ ᠳᠤ
ᠬᠠᠮᠢᠶᠠᠷᠤᠬᠤ ᠶᠢᠨ ᠲᠤᠯᠠᠳᠠ ᠂ ᠦᠯᠠᠭᠠᠨᠴᠠᠪ ᠬᠣᠲᠠ ᠶᠢᠨ ᠤᠯᠠᠮᠵᠢᠯᠠᠯᠲᠤ 《ᠮᠠᠨᠵᠤᠰᠢᠷᠢ》 ᠶᠢᠨ ᠰᠣᠶᠣᠯ ᠤᠨ ᠬᠠᠮᠢᠶᠠᠷᠤᠯᠲᠠ ᠶᠢᠨ ᠠᠵᠢᠯ ᠢ ᠶᠠᠪᠤᠭᠤᠯᠬᠤ ᠳᠤ ᠶᠠᠮᠠᠷ ᠨᠢᠭᠡ
ᠬᠡᠮᠵᠢᠶ᠎ᠡ ᠶᠢᠨ ᠠᠮᠵᠢᠯᠲᠠ ᠣᠯᠤᠭᠰᠠᠨ ᠂ ᠭᠡᠪᠡᠴᠦ ᠵᠠᠷᠢᠮ ᠠᠰᠠᠭᠤᠳᠠᠯ ᠪᠠᠢᠰᠠᠭᠠᠷ ᠪᠠᠢᠨ᠎ᠠ ᠃

ᠨᠢᠭᠡ ᠂ ᠦᠯᠠᠭᠠᠨᠴᠠᠪ ᠬᠣᠲᠠ ᠶᠢᠨ 《ᠮᠠᠨᠵᠤᠰᠢᠷᠢ》 ᠶᠢᠨ ᠤᠯᠠᠮᠵᠢᠯᠠᠯᠲᠤ ᠰᠣᠶᠣᠯ ᠤᠨ ᠬᠠᠮᠢᠶᠠᠷᠤᠯᠲᠠ ᠶᠢᠨ 《ᠮᠠᠨᠵᠤᠰᠢᠷᠢ》 ᠶᠢᠨ ᠬᠡᠪ ᠵᠠᠭᠪᠤᠷ ᠪᠠᠨ ᠬᠠᠳᠠᠭᠠᠯᠠᠭᠰᠠᠨ
ᠬᠡᠷᠡᠭᠴᠡᠭᠡ ᠶᠢᠨ 《ᠮᠠᠨᠵᠤᠰᠢᠷᠢ》 ᠭᠡᠳᠡᠭ ᠨᠡᠷ᠎ᠡ ᠶᠢᠨ ᠭᠠᠷᠤᠯ ᠨᠢ ᠂ ᠡᠷᠲᠡᠨ ᠦ ᠵᠠᠮ ᠤᠨ ᠳᠠᠭᠤᠯᠠᠯ ᠳᠤ ᠶᠢᠨ ᠳᠣᠯᠣᠭᠠᠨ ᠬᠣᠰᠢᠭᠤ ᠶᠢᠨ ᠨᠤᠲᠤᠭ ᠤᠨ
ᠪᠣᠯᠤᠨ ᠪᠤᠳᠠᠯ ᠤᠨ ᠪᠠᠶᠠᠷ ᠢ ᠲᠡᠮᠳᠡᠭᠯᠡᠭᠰᠡᠨ ᠰᠣᠶᠣᠯ ᠤᠨ ᠤᠯᠠᠮᠵᠢᠯᠠᠯ ᠤᠨ 《ᠮᠠᠨᠵᠤᠰᠢᠷᠢ》 ᠭᠡᠳᠡᠭ ᠨᠡᠷ᠎ᠡ ᠶᠢᠨ ᠭᠠᠷᠤᠯ ᠨᠢ 《
ᠪᠢᠴᠢᠭ᠌ ᠦᠨ 》 ᠲᠤ ᠮᠡᠳᠡᠬᠦᠯᠡᠭᠰᠡᠨ ᠪᠠᠢᠨ᠎ᠠ ᠂ ᠡᠳᠡᠭᠡᠷ ᠦᠨ ᠳᠣᠲᠣᠷ᠎ᠠ ᠶᠢᠨ ᠰᠢᠨᠵᠢᠯᠡᠭᠡ ᠳᠦ ᠬᠠᠮᠢᠶᠠᠷᠤᠯᠲᠠ ᠶᠢᠨ ᠰᠢᠨᠵᠢᠯᠡᠬᠦ ᠮᠡᠳᠡᠯᠭᠡ ᠶᠢᠨ ᠨᠡᠷ᠎ᠡ ᠶᠢ ᠬᠡᠷᠡᠭᠯᠡᠭᠰᠡᠨ ᠪᠠᠢᠨ᠎ᠠ ᠃
ᠳᠤᠮᠳᠠ ᠶᠢᠨ ᠠᠯᠪᠠ ᠶᠢᠨ ᠨᠡᠷ᠎ᠡ ᠂ ᠰᠠᠷᠤᠯ ᠢᠷᠠᠭᠤ ᠶᠢᠨ 1556 ᠣᠨ ᠳᠤ ᠭᠤᠷᠪᠠᠳᠤᠭᠠᠷ ᠳᠠᠯᠠᠢ ᠯᠠᠮ᠎ᠠ ᠶᠢᠨ 《ᠮᠠᠨᠵᠤᠰᠢᠷᠢ》 ᠶᠢᠨ ᠬᠣᠲᠠ ᠶᠢᠨ
ᠭᠡᠷᠡᠯ ᠲᠦ ᠪᠣᠯᠤᠨ ᠬᠡᠯᠡ ᠪᠡᠷ ᠂ ᠭᠡᠭᠡᠨ ᠦ ᠵᠠᠷᠯᠢᠭ ᠪᠡᠷ ᠮᠠᠨᠵᠤᠰᠢᠷᠢ ᠶᠢᠨ ᠬᠡᠯᠡ ᠨᠢ 《ᠮᠠᠨᠵᠤᠰᠢᠷᠢ》 ᠶᠢᠨ ᠬᠡᠯᠡ ᠪᠡᠷ ᠬᠦᠯᠢᠶᠡᠵᠦ ᠪᠣᠯᠤᠨ ᠰᠣᠶᠣᠯ ᠤᠨ
ᠮᠠᠨᠵᠤᠰᠢᠷᠢ ᠶᠢᠨ ᠨᠡᠷ᠎ᠡ ᠶᠢ ᠮᠡᠳᠡᠬᠦ ᠮᠠᠨᠵᠤᠰᠢᠷᠢ ᠶᠢᠨ ᠬᠡᠯᠡ ᠶᠢ 《ᠮᠠᠨᠵᠤᠰᠢᠷᠢ》 ᠂ 《ᠮᠠᠨᠵᠤᠰᠢᠷᠢ ᠬᠣᠲᠠ ᠶᠢᠨ ᠰᠣᠶᠣᠯ ᠤᠨ》 ᠪᠣᠯᠤᠨ 《ᠮᠠᠨᠵᠤᠰᠢᠷᠢ ᠬᠣᠲᠠ ᠶᠢᠨ ᠰᠣᠶᠣᠯ
ᠮᠠᠨᠵᠤᠰᠢᠷᠢ ᠶᠢᠨ ᠬᠡᠯᠡ ᠶᠢᠨ ᠬᠢᠷᠢ ᠪᠡᠷ ᠬᠡᠮᠵᠢᠶ᠎ᠡ ᠶᠢᠨ ᠰᠣᠶᠣᠯ ᠤᠨ 》 ᠂ 《ᠮᠠᠨᠵᠤᠰᠢᠷᠢ ᠬᠣᠲᠠ ᠶᠢᠨ ᠰᠣᠶᠣᠯ ᠤᠨ ᠮᠠᠨᠵᠤᠰᠢᠷᠢ ᠶᠢᠨ ᠬᠡᠯᠡ 》 ᠂ 《ᠮᠠᠨᠵᠤᠰᠢᠷᠢ ᠬᠣᠲᠠ ᠶᠢᠨ ᠰᠣᠶᠣᠯ ᠤᠨ
ᠮᠠᠨᠵᠤᠰᠢᠷᠢ ᠶᠢᠨ ᠪᠢᠴᠢᠭ᠌ ᠢ ᠪᠣᠯᠤᠨ ᠪᠣᠯᠤᠨ ᠪᠦᠲᠦᠭᠡᠯ ᠦᠨ ᠭᠠᠷᠴᠠᠭ ᠲᠤ ᠪᠠᠢᠭᠤᠯᠤᠯᠲᠠ ᠶᠢᠨ ᠳᠣᠲᠣᠷ᠎ᠠ ᠶᠢᠨ ᠮᠡᠳᠡᠯᠭᠡ ᠶᠢᠨ 《ᠮᠠᠨᠵᠤᠰᠢᠷᠢ ᠬᠣᠲᠠ ᠶᠢᠨ ᠰᠣᠶᠣᠯ ᠤᠨ
ᠶᠢᠨ ᠬᠠᠮᠢᠶᠠᠷᠤᠯᠲᠠ ᠶᠢᠨ ᠪᠣᠳᠣᠯᠭ᠎ᠠ ᠶᠢᠨ ᠬᠣᠲᠠ ᠶᠢᠨ ᠳᠣᠲᠣᠷ᠎ᠠ ᠶᠢᠨ ᠪᠠᠢᠭᠤᠯᠤᠯᠲᠠ ᠶᠢᠨ ᠨᠡᠷ᠎ᠡ ᠶᠢ ᠣᠯᠠᠨ ᠪᠠᠢᠳᠠᠯ ᠤᠨ ᠬᠥᠭᠵᠢᠯ ᠳᠦ ᠬᠡᠮᠡᠭᠳᠡᠵᠦ ᠂ ᠬᠠᠮᠢᠶᠠᠷᠤᠯᠲᠠ

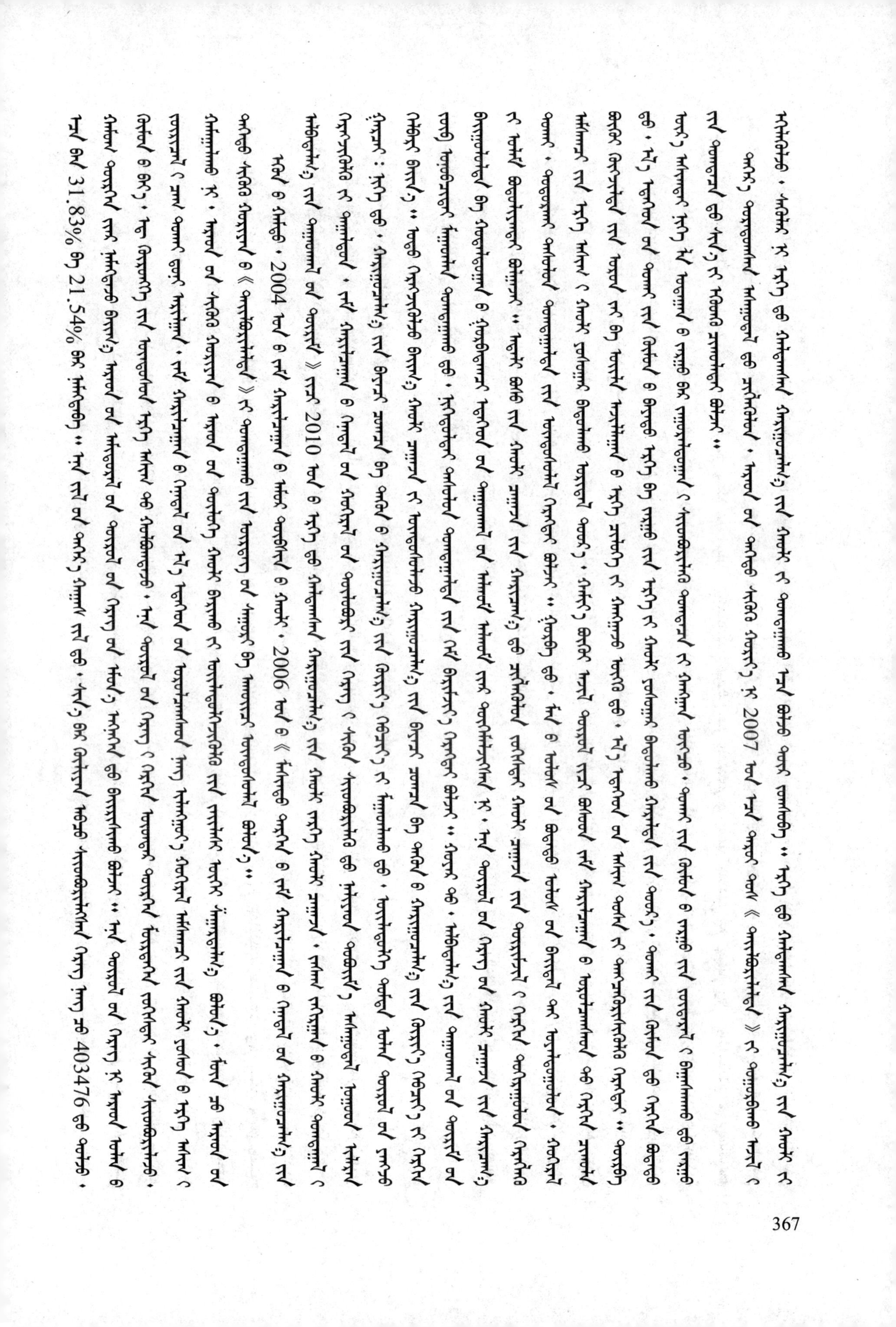

[illegible] 2007 [illegible]

[illegible] 2010 [illegible] 2004 [illegible] 2006 [illegible]

[illegible] 31.83% [illegible] 21.54% [illegible] 403476 [illegible]

ᠲᠠᠯᠠᠪᠣᠷᠢ ᠲᠠᠯ᠎ᠠ ᠳᠤ ᠰᠤᠳᠤᠯᠤᠭᠴᠢ ᠶᠢᠨ ᠠᠷᠭ᠎ᠠ ᠂ ᠲᠣᠭᠠᠨ ᠮᠡᠳᠡᠭᠡ ᠪᠠᠶᠢᠭᠤᠯᠬᠤ ᠪᠠᠷ ᠰᠢᠨᠵᠢᠯᠡᠬᠦ ᠣᠯᠠᠨ ᠤ ᠰᠤᠳᠤᠯᠤᠭᠴᠢ ᠳᠤ ᠰᠠᠨᠠᠭᠤᠯᠤᠯ ᠢ
ᠰᠣᠨᠢᠷᠬᠠᠭᠤᠯᠬᠤ ᠂ ᠡᠨᠡ ᠪᠣᠯ ᠰᠣᠳᠤᠯᠤᠯ ᠤᠨ ᠠᠷᠭ᠎ᠠ ᠪᠣᠯᠤᠨ ᠲᠠᠯ᠎ᠠ ᠶᠢᠨ ᠬᠠᠮᠲᠤᠷᠠᠯᠲᠠ ᠶᠢ ᠪᠣᠯᠭᠠᠪᠠ ᠄ ᠨᠢᠭᠡ ᠬᠡᠰᠡᠭ ᠂ ᠨᠢᠭᠡ ᠬᠡᠰᠡᠭ ᠰᠤᠷᠪᠠᠯᠵᠢᠲᠤ ᠮᠡᠳᠡᠭᠳᠡᠬᠦᠨ ᠦ ᠪᠠᠶᠢᠳᠠᠯ ᠢ ᠰᠣᠳᠤᠯᠬᠤ ᠳᠤ
ᠲᠤᠰᠠ ᠂ ᠡᠨᠡ ᠪᠣᠯ《ᠮᠣᠩᠭᠣᠯᠴᠤᠳ》ᠤᠨ ᠰᠤᠷᠪᠠᠯᠵᠢᠲᠤ ᠵᠢᠷᠤᠭ ᠮᠡᠳᠡᠭᠡ ᠶᠢ ᠨᠢᠭᠡ ᠲᠠᠯ᠎ᠠ ᠪᠠᠷ ᠨᠢᠭᠡ ᠬᠡᠰᠡᠭ ᠰᠤᠷᠪᠠᠯᠵᠢᠲᠤ ᠮᠡᠳᠡᠭᠳᠡᠬᠦᠨ ᠦ ᠰᠤᠳᠤᠯᠤᠯ ᠢ ᠳᠡᠮᠵᠢᠬᠦ ᠪᠣᠯᠤᠨ᠎ᠠ ᠃
ᠲᠡᠭᠦᠨ ᠦ ᠲᠡᠦᠬᠡᠨ ᠦ ᠂ ᠪᠠᠶᠢᠭᠤᠯᠤᠯᠲᠠ ᠶᠢᠨ ᠰᠤᠳᠤᠯᠤᠯ ᠤᠨ ᠬᠠᠮᠢᠶ᠎ᠠ ᠶᠢ ᠲᠤᠬᠠᠶ ᠲᠡᠭᠦᠨ ᠦ ᠰᠤᠷᠪᠠᠯᠵᠢᠲᠤ ᠮᠡᠳᠡᠭᠳᠡᠬᠦᠨ ᠦ ᠰᠤᠳᠤᠯᠤᠯ ᠤᠨ ᠦᠨᠡ ᠴᠡᠨᠡ ᠪᠣᠯᠤᠨ᠎ᠠ ᠃ ᠲᠡᠭᠦᠨ
ᠰᠤᠷᠪᠠᠯᠵᠢᠲᠤ ᠮᠡᠳᠡᠭᠡ ᠶᠢᠨ ᠰᠤᠳᠤᠯᠤᠯ ᠤᠨ ᠬᠡᠷᠡᠭᠯᠡᠭᠡ ᠂ ᠪᠠᠶᠢᠭ᠎ᠠ ᠲᠤᠬᠠᠶ ᠲᠡᠭᠦᠨ ᠦ ᠰᠤᠷᠪᠠᠯᠵᠢᠲᠤ ᠮᠡᠳᠡᠭᠳᠡᠬᠦᠨ ᠦ ᠰᠤᠳᠤᠯᠤᠯ ᠤᠨ ᠬᠡᠮᠵᠢᠶ᠎ᠡ ᠶᠢ ᠲᠣᠭᠲᠠᠭᠠᠬᠤ ᠳᠤ
ᠬᠡᠷᠡᠭᠲᠡᠢ ᠪᠣᠯᠤᠨ᠎ᠠ ᠂ ᠲᠡᠭᠦᠨ ᠦ ᠰᠤᠷᠪᠠᠯᠵᠢᠲᠤ ᠮᠡᠳᠡᠭᠳᠡᠬᠦᠨ ᠦ ᠰᠤᠳᠤᠯᠤᠯ ᠤᠨ ᠰᠤᠷᠪᠠᠯᠵᠢᠲᠤ ᠪᠠᠶᠢᠳᠠᠯ ᠂ ᠰᠤᠷᠪᠠᠯᠵᠢᠲᠤ ᠮᠡᠳᠡᠭᠡ ᠶᠢᠨ ᠰᠤᠳᠤᠯᠤᠯ ᠤᠨ ᠬᠡᠮᠵᠢᠶ᠎ᠡ ᠶᠢ ᠲᠣᠭᠲᠠᠭᠠᠬᠤ ᠳᠤ
ᠰᠤᠷᠪᠠᠯᠵᠢᠲᠤ ᠮᠡᠳᠡᠭᠡ ᠶᠢᠨ ᠰᠤᠳᠤᠯᠤᠯ ᠤᠨ ᠬᠡᠮᠵᠢᠶ᠎ᠡ ᠪᠣᠯᠤᠨ᠎ᠠ ᠄ ᠰᠤᠷᠪᠠᠯᠵᠢᠲᠤ ᠮᠡᠳᠡᠭᠳᠡᠬᠦᠨ ᠦ ᠰᠤᠳᠤᠯᠤᠯ ᠤᠨ ᠦᠨᠳᠦᠰᠦ ᠪᠣᠯᠤᠨ ᠰᠤᠷᠪᠠᠯᠵᠢᠲᠤ ᠮᠡᠳᠡᠭᠡ ᠶᠢᠨ ᠪᠠᠶᠢᠳᠠᠯ ᠢ ᠲᠣᠭᠲᠠᠭᠠᠬᠤ ᠳᠤ
ᠰᠤᠷᠪᠠᠯᠵᠢᠲᠤ ᠮᠡᠳᠡᠭᠳᠡᠬᠦᠨ ᠦ ᠰᠤᠳᠤᠯᠤᠯ ᠤᠨ ᠬᠡᠮᠵᠢᠶ᠎ᠡ ᠪᠣᠯᠤᠨ᠎ᠠ ᠃ ᠲᠡᠭᠦᠨ ᠦ ᠰᠤᠷᠪᠠᠯᠵᠢᠲᠤ ᠮᠡᠳᠡᠭᠡ ᠂《ᠮᠣᠩᠭᠣᠯᠴᠤᠳ》ᠤᠨ ᠰᠤᠷᠪᠠᠯᠵᠢᠲᠤ ᠮᠡᠳᠡᠭᠳᠡᠬᠦᠨ ᠦ ᠰᠤᠳᠤᠯᠤᠯ ᠤᠨ ᠬᠡᠮᠵᠢᠶ᠎ᠡ ᠪᠣᠯᠤᠨ᠎ᠠ ᠁

ᠪᠢᠴᠢᠭᠰᠡᠨ ᠄ ᠡᠨᠡ《ᠮᠣᠩᠭᠣᠯᠴᠤᠳ》ᠢ ᠲᠤᠰ ᠰᠤᠳᠤᠯᠤᠯ ᠤᠨ ᠰᠤᠷᠪᠠᠯᠵᠢᠲᠤ ᠮᠡᠳᠡᠭᠳᠡᠬᠦᠨ ᠦ ᠰᠤᠳᠤᠯᠤᠯ ᠤᠨ ᠬᠡᠮᠵᠢᠶ᠎ᠡ ᠪᠣᠯᠤᠨ ᠰᠤᠷᠪᠠᠯᠵᠢᠲᠤ ᠮᠡᠳᠡᠭᠡ ᠶᠢᠨ
ᠰᠤᠷᠪᠠᠯᠵᠢᠲᠤ ᠮᠡᠳᠡᠭᠳᠡᠬᠦᠨ ᠦ ᠰᠤᠳᠤᠯᠤᠯ ᠤᠨ ᠬᠡᠮᠵᠢᠶ᠎ᠡ ᠪᠣᠯᠤᠨ ᠰᠤᠷᠪᠠᠯᠵᠢᠲᠤ ᠮᠡᠳᠡᠭᠡ ᠶᠢᠨ ᠪᠠᠶᠢᠳᠠᠯ ᠢ ᠲᠣᠭᠲᠠᠭᠠᠬᠤ ᠳᠤ ᠬᠡᠷᠡᠭᠲᠡᠢ ᠪᠣᠯᠤᠨ᠎ᠠ ᠃

ᠡᠨᠡ ᠪᠣᠯ《ᠮᠣᠩᠭᠣᠯᠴᠤᠳ》ᠤᠨ ᠪᠣᠯᠪᠠᠰᠤᠷᠠᠯ ᠪᠣᠯᠤᠨ᠎ᠠ ᠃
ᠪᠢᠳᠡ ᠰᠤᠳᠤᠯᠤᠯ ᠤᠨ ᠪᠠᠭ ᠤᠨ ᠬᠠᠮᠲᠤ 2012 ᠣᠨ ᠤ 9 ᠰᠠᠷ᠎ᠠ ᠶᠢᠨ 17 ᠤ ᠡᠳᠦᠷ ᠡᠴᠡ 1556 ᠣᠷᠤᠨ ᠤ ᠰᠤᠷᠪᠠᠯᠵᠢᠲᠤ
ᠮᠡᠳᠡᠭᠡ ᠶᠢ 600 ᠭᠠᠷᠤᠨ ᠤ ᠰᠤᠷᠪᠠᠯᠵᠢᠲᠤ ᠮᠡᠳᠡᠭᠳᠡᠬᠦᠨ ᠢ ᠂ ᠲᠣᠭᠠᠨ ᠤ ᠪᠠᠶᠢᠳᠠᠯ ᠢ ᠰᠤᠳᠤᠯᠬᠤ ᠂ ᠰᠠᠨᠠᠭᠠᠯ ᠢ ᠪᠠᠶᠢᠭᠤᠯᠬᠤ ᠂ ᠲᠡᠭᠦᠨ ᠦ ᠬᠡᠷᠡᠭᠯᠡᠭᠡ ᠶᠢ
ᠰᠤᠷᠪᠠᠯᠵᠢᠲᠤ ᠮᠡᠳᠡᠭᠡ ᠶᠢᠨ ᠰᠤᠳᠤᠯᠤᠯ ᠤᠨ ᠪᠠᠶᠢᠳᠠᠯ ᠢ ᠬᠡᠷᠡᠭᠵᠢᠭᠦᠯᠬᠦ ᠶᠢᠨ ᠲᠤᠯᠠ ᠰᠤᠳᠤᠯᠬᠤ ᠶᠢ ᠲᠣᠭᠲᠠᠭᠠᠪᠠ ᠃ ᠲᠡᠭᠦᠨ ᠦ ᠪᠠᠶᠢᠳᠠᠯ ᠢ
ᠰᠤᠳᠤᠯᠪᠠ ᠂ ᠪᠢᠳᠡ 2012 ᠣᠨ ᠤ 3 ᠰᠠᠷ᠎ᠠ ᠶᠢᠨ 21 ᠡᠴᠡ 4 ᠰᠠᠷ᠎ᠠ ᠶᠢᠨ 21 ᠦ ᠡᠳᠦᠷ ᠬᠦᠷᠲᠡᠯᠡ《ᠬᠡᠪᠯᠡᠯ ᠦᠨ ᠰᠤᠷᠪᠠᠯᠵᠢ ᠶᠢᠨ ᠪᠠᠶᠢᠳᠠᠯ》ᠢ ᠰᠤᠳᠤᠯᠬᠤ ᠶᠢᠨ
ᠲᠤᠯᠠ ᠰᠤᠳᠤᠯᠪᠠ ᠂ ᠲᠡᠭᠦᠨ ᠦ ᠪᠠᠶᠢᠳᠠᠯ ᠢ ᠰᠤᠳᠤᠯᠬᠤ ᠳᠤ ᠲᠣᠭᠠᠨ ᠤ ᠰᠤᠷᠪᠠᠯᠵᠢᠲᠤ ᠮᠡᠳᠡᠭᠡ ᠶᠢᠨ ᠰᠤᠳᠤᠯᠤᠯ ᠤᠨ ᠪᠠᠶᠢᠳᠠᠯ ᠢ ᠰᠤᠳᠤᠯᠬᠤ ᠶᠢᠨ
ᠪᠢᠴᠢᠭ ᠦᠨ ᠰᠤᠷᠪᠠᠯᠵᠢᠲᠤ ᠮᠡᠳᠡᠭᠳᠡᠬᠦᠨ ᠢ ᠬᠡᠷᠡᠭᠵᠢᠭᠦᠯᠬᠦ ᠳᠤ ᠰᠤᠳᠤᠯᠪᠠ ᠃ ᠡᠨᠡ《ᠮᠣᠩᠭᠣᠯᠴᠤᠳ》ᠢ ᠰᠤᠳᠤᠯᠬᠤ ᠳᠤ ᠰᠤᠷᠪᠠᠯᠵᠢᠲᠤ ᠮᠡᠳᠡᠭᠳᠡᠬᠦᠨ
ᠲᠠᠯ᠎ᠠ ᠂ ᠲᠡᠭᠦᠨ ᠦ ᠰᠤᠷᠪᠠᠯᠵᠢᠲᠤ ᠮᠡᠳᠡᠭᠡ ᠶᠢᠨ ᠰᠤᠳᠤᠯᠤᠯ ᠳᠤ ᠰᠤᠳᠤᠯᠪᠠ ᠂ ᠰᠤᠷᠪᠠᠯᠵᠢᠲᠤ ᠮᠡᠳᠡᠭᠳᠡᠬᠦᠨ ᠦ ᠰᠤᠳᠤᠯᠤᠯ ᠤᠨ ᠪᠠᠶᠢᠳᠠᠯ ᠢ ᠲᠣᠭᠲᠠᠭᠠᠬᠤ ᠳᠤ
ᠰᠤᠷᠪᠠᠯᠵᠢᠲᠤ ᠮᠡᠳᠡᠭᠳᠡᠬᠦᠨ ᠦ ᠰᠤᠳᠤᠯᠤᠯ ᠤᠨ ᠬᠡᠷᠡᠭᠯᠡᠭᠡ ᠶᠢ ᠲᠣᠭᠲᠠᠭᠠᠬᠤ ᠳᠤ ᠰᠤᠳᠤᠯᠪᠠ ᠂ ᠲᠡᠭᠦᠨ ᠦ ᠪᠠᠶᠢᠳᠠᠯ ᠢ ᠰᠤᠳᠤᠯᠬᠤ ᠂ ᠰᠤᠷᠪᠠᠯᠵᠢᠲᠤ ᠮᠡᠳᠡᠭᠡ ᠶᠢ
ᠰᠤᠳᠤᠯᠤᠯ ᠤᠨ ᠪᠠᠶᠢᠳᠠᠯ ᠢ ᠰᠤᠳᠤᠯᠬᠤ ᠳᠤ ᠰᠤᠷᠪᠠᠯᠵᠢᠲᠤ ᠮᠡᠳᠡᠭᠳᠡᠬᠦᠨ ᠦ ᠰᠤᠳᠤᠯᠤᠯ ᠤᠨ ᠪᠠᠶᠢᠳᠠᠯ ᠢ ᠲᠣᠭᠲᠠᠭᠠᠬᠤ ᠂ ᠰᠤᠷᠪᠠᠯᠵᠢᠲᠤ ᠮᠡᠳᠡᠭᠡ ᠶᠢᠨ ᠰᠤᠳᠤᠯᠤᠯ ᠳᠤ
ᠰᠤᠷᠪᠠᠯᠵᠢᠲᠤ ᠮᠡᠳᠡᠭᠳᠡᠬᠦᠨ ᠢ ᠰᠤᠳᠤᠯᠪᠠ ᠃ ᠰᠤᠳᠤᠯᠤᠯ ᠤᠨ ᠬᠡᠷᠡᠭᠯᠡᠭᠡ ᠂ ᠲᠡᠭᠦᠨ ᠦ《ᠮᠣᠩᠭᠣᠯᠴᠤᠳ》ᠢ ᠰᠤᠳᠤᠯᠬᠤ ᠳᠤ ᠰᠤᠷᠪᠠᠯᠵᠢᠲᠤ ᠮᠡᠳᠡᠭᠳᠡᠬᠦᠨ ᠦ ᠰᠤᠳᠤᠯᠤᠯ ᠤᠨ
ᠪᠠᠶᠢᠳᠠᠯ ᠢ ᠰᠤᠳᠤᠯᠬᠤ ᠶᠢᠨ ᠲᠤᠯᠠ ᠂ ᠰᠤᠷᠪᠠᠯᠵᠢᠲᠤ ᠮᠡᠳᠡᠭᠳᠡᠬᠦᠨ ᠦ ᠰᠤᠳᠤᠯᠤᠯ ᠤᠨ ᠬᠡᠷᠡᠭᠯᠡᠭᠡ ᠶᠢ ᠲᠣᠭᠲᠠᠭᠠᠬᠤ ᠳᠤ ᠰᠤᠳᠤᠯᠪᠠ

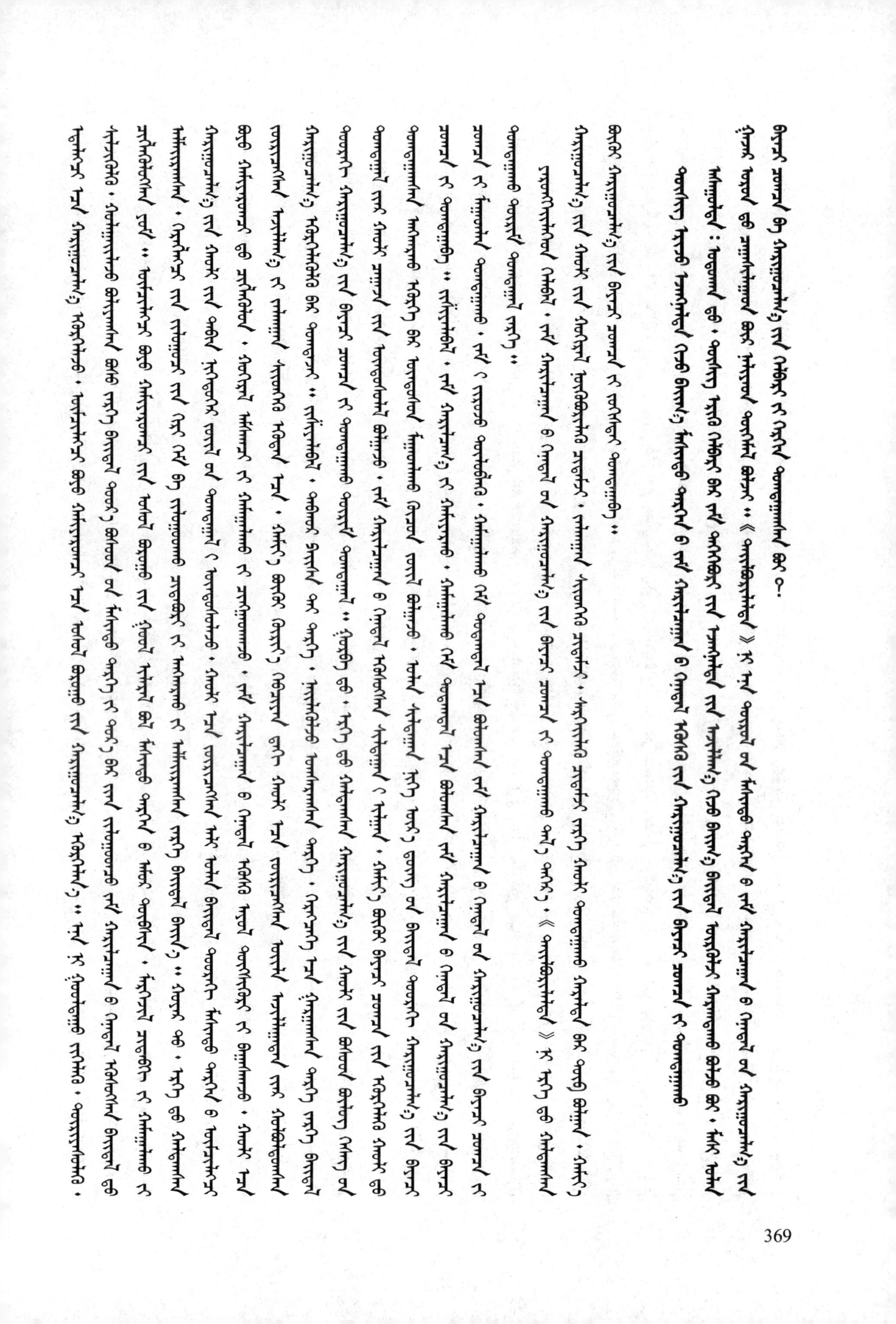

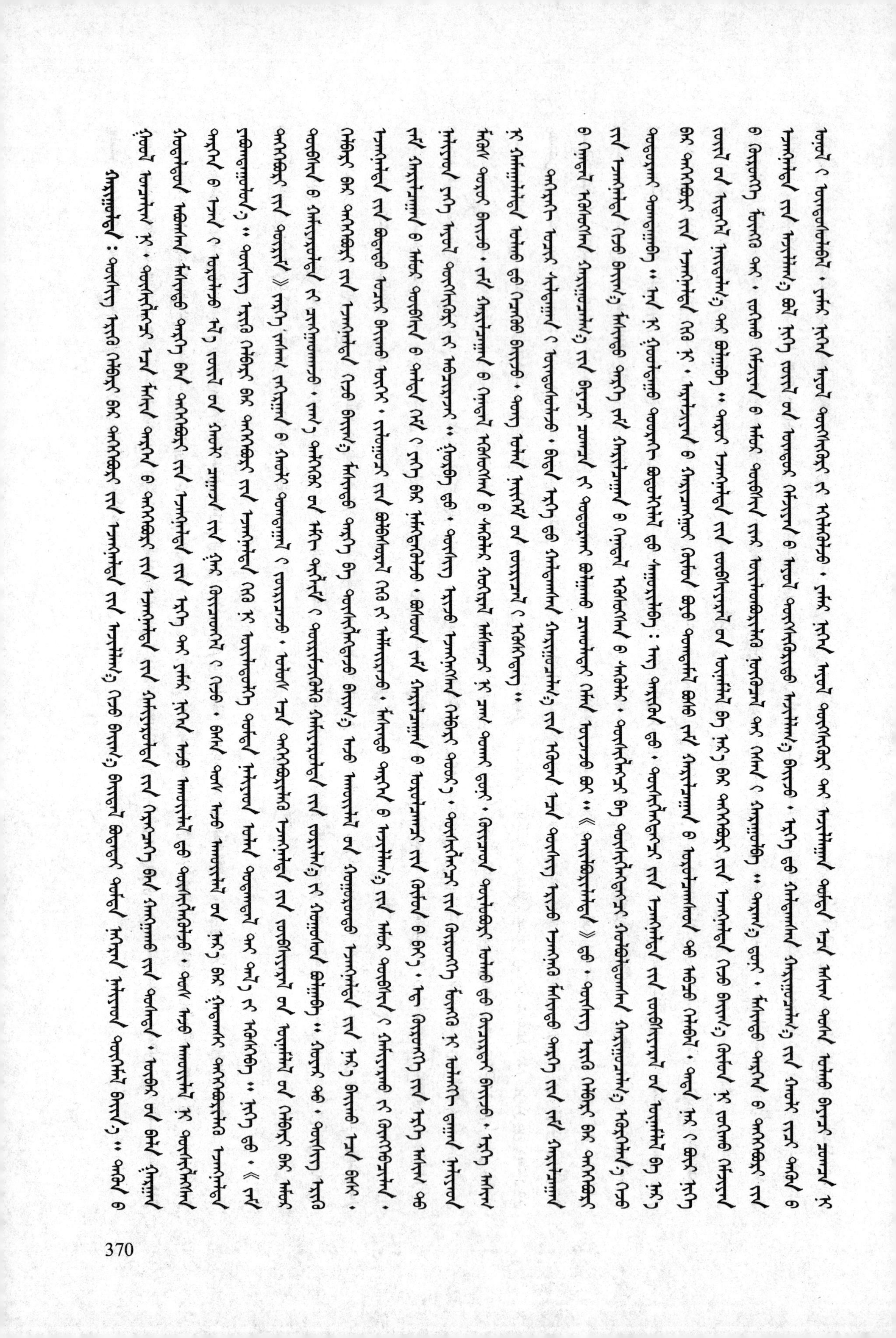

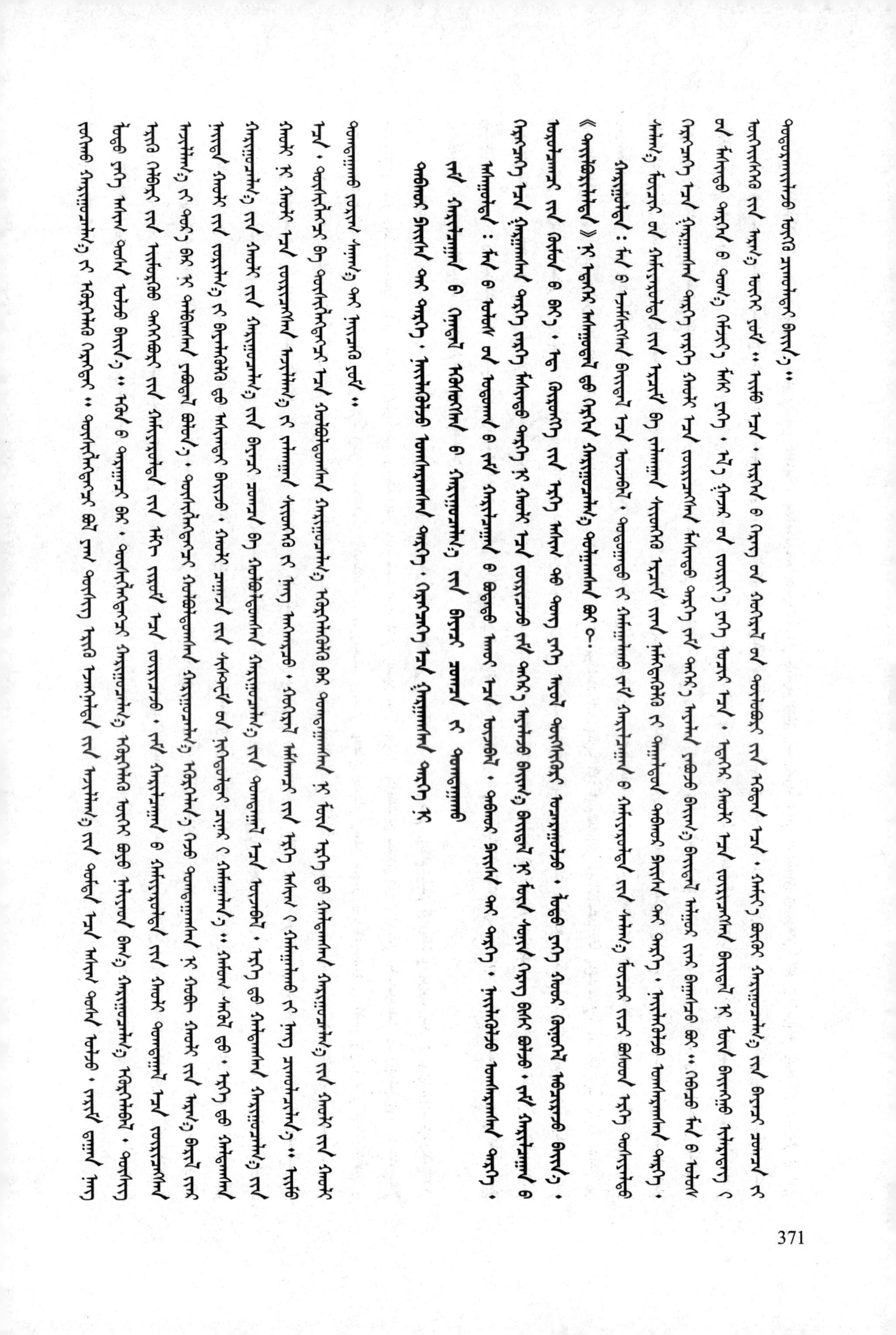

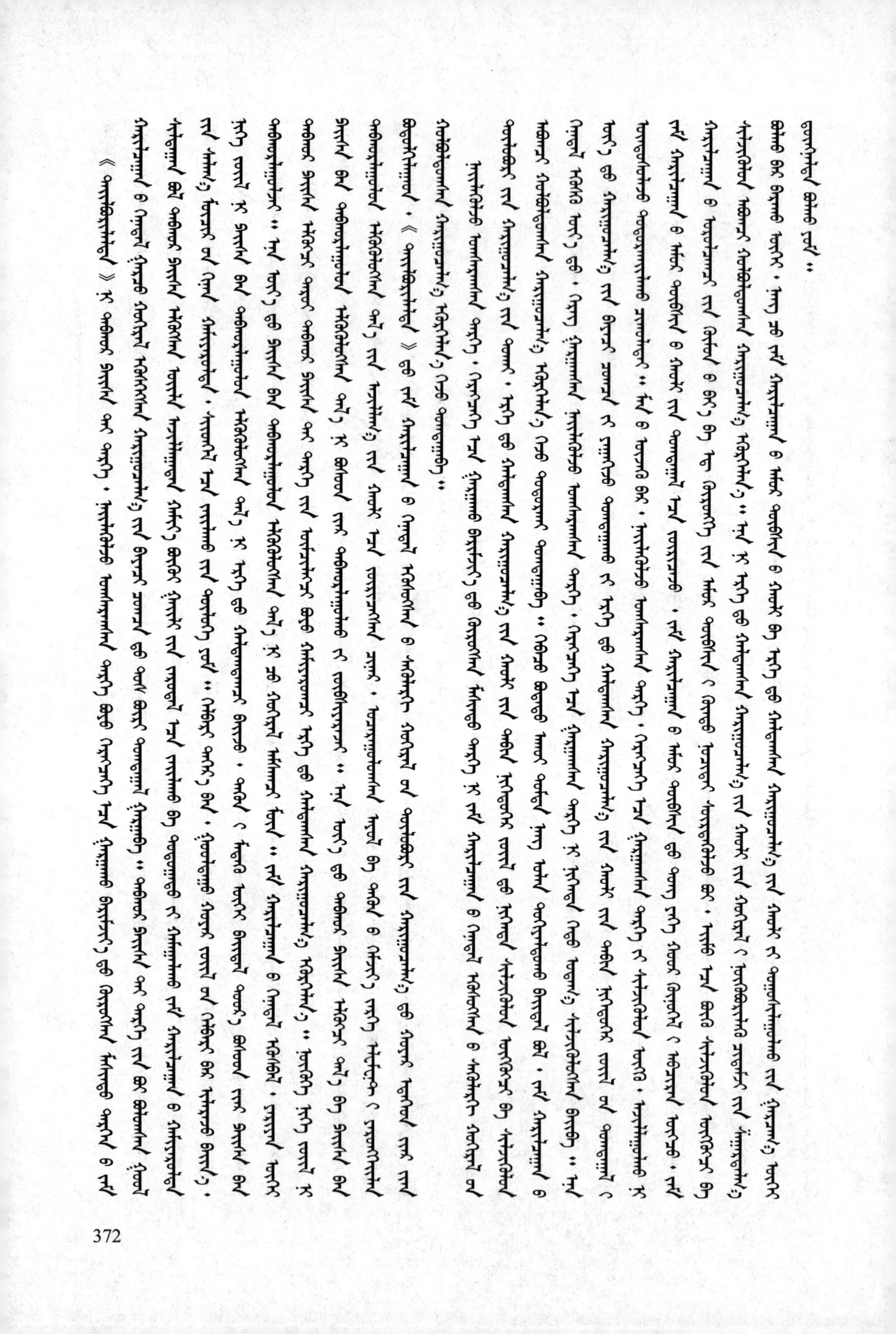

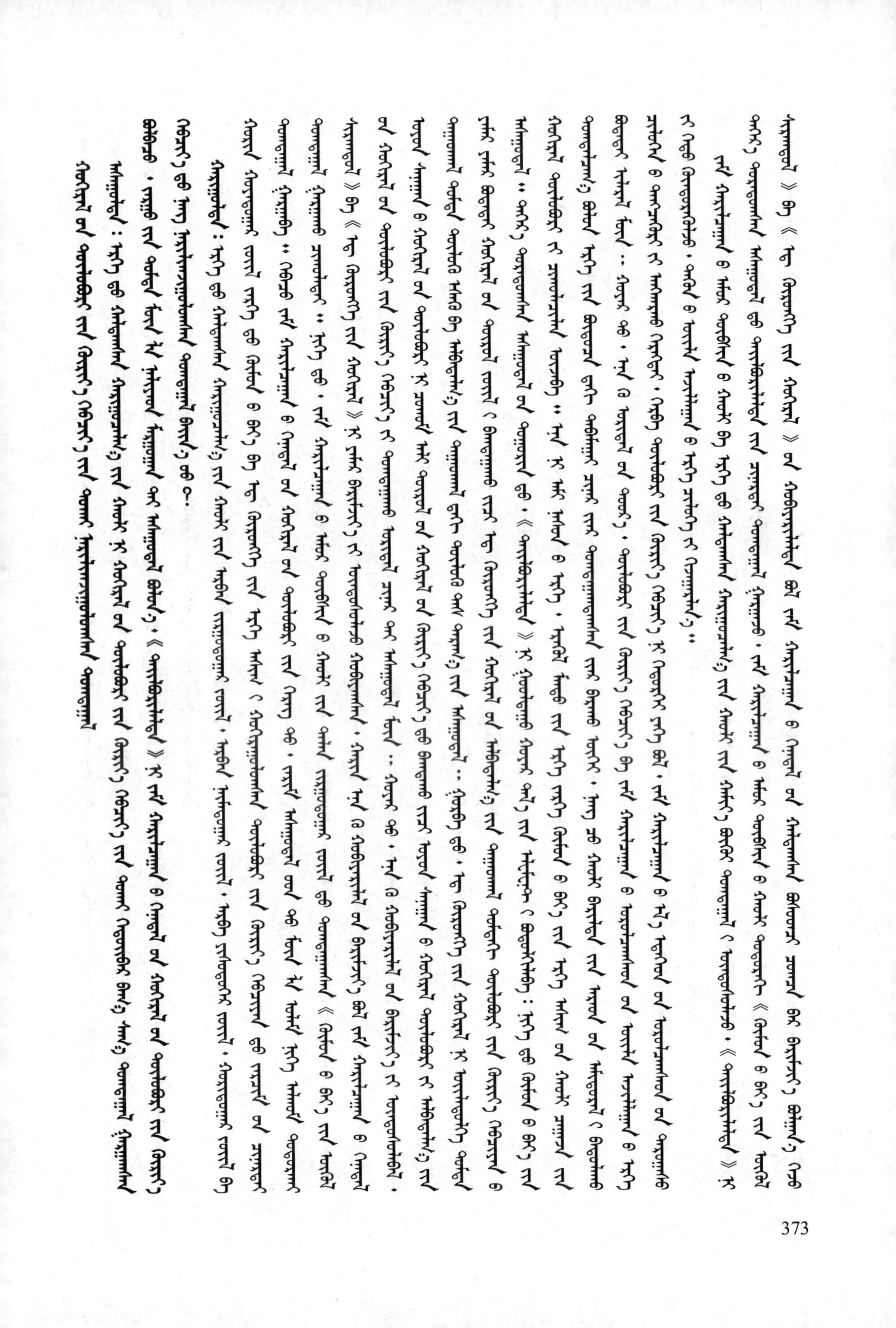

[illegible]

[illegible]

[illegible]

[illegible]

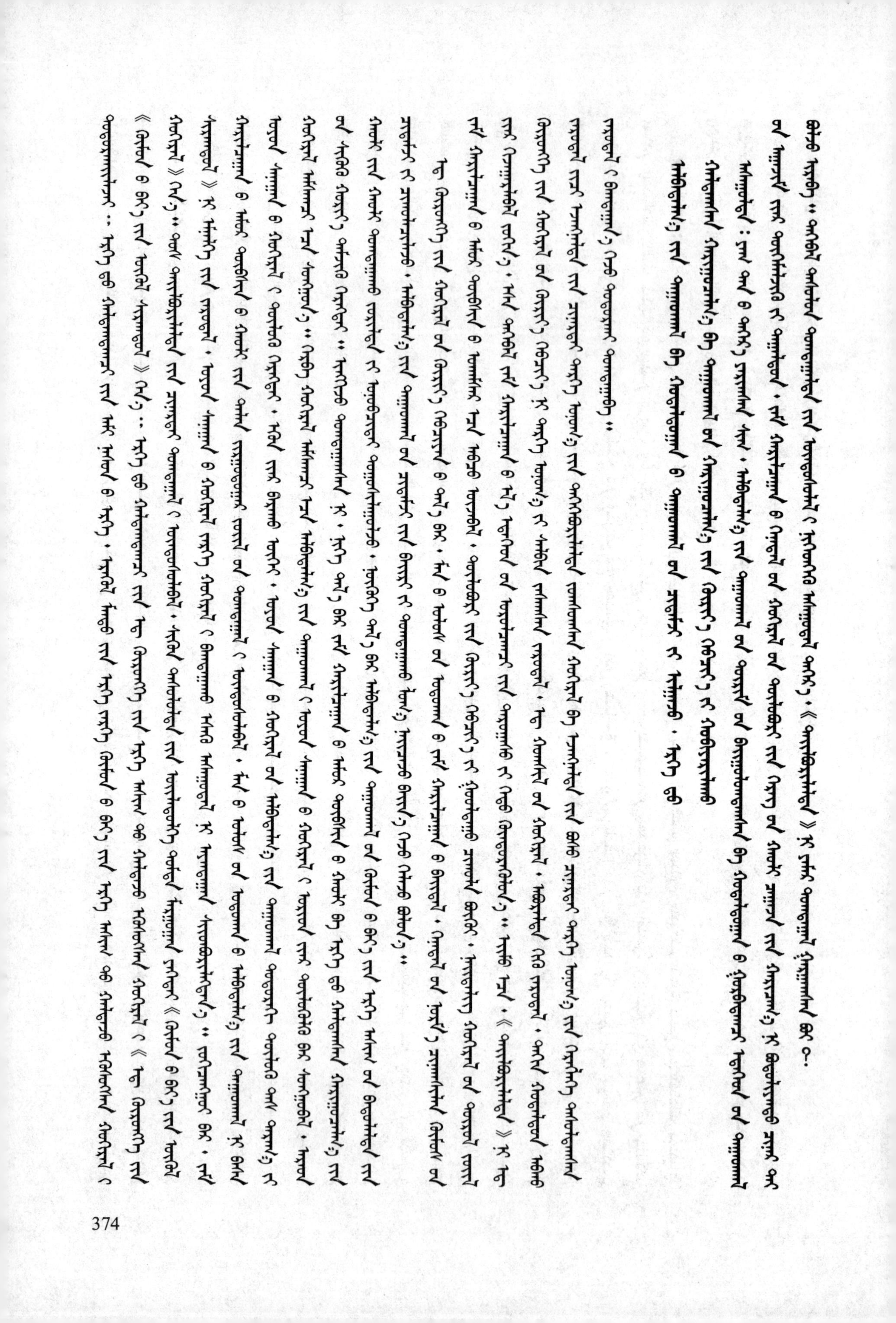

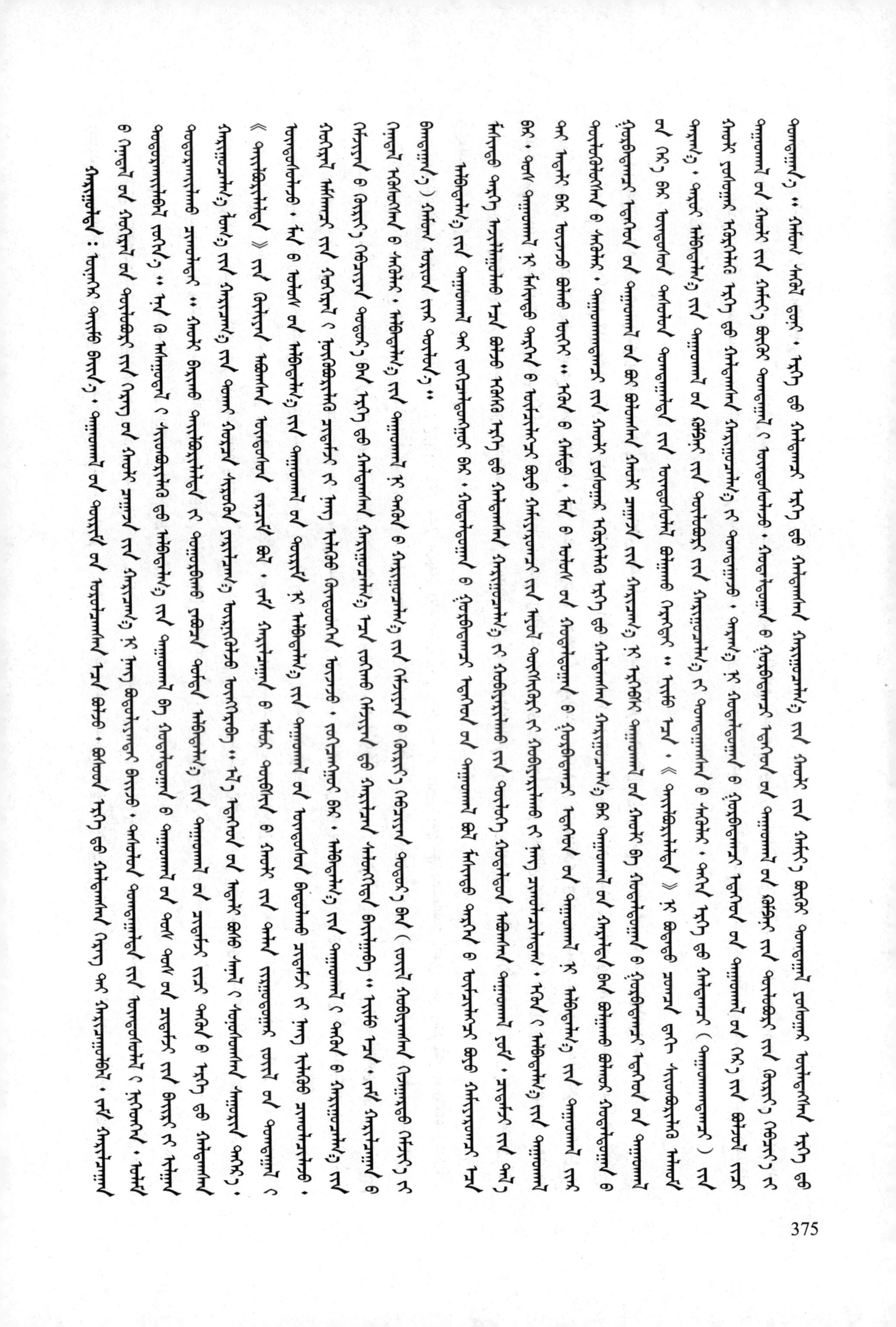

ᠰᠢᠯᠭᠠᠭᠰᠠᠨ ᠬᠡᠮᠵᠢᠶ᠎ᠡ ᠪᠣᠯ ᠂ ᠰᠤᠷᠭᠠᠭᠤᠯᠢ ᠳᠤ ᠰᠤᠷᠤᠯᠴᠠᠭᠰᠠᠳ ᠬᠡᠮᠵᠢᠶᠡᠭᠰᠡᠨ ᠪᠠᠢᠳᠠᠯ ᠢ ᠰᠤᠷᠤᠯᠴᠠᠭᠰᠠᠳ ᠤᠨ ᠮᠣᠩᠭᠣᠯ ᠬᠡᠯᠡ ᠪᠡᠷ ᠰᠤᠷᠭᠠᠭᠤᠯᠢ ᠳᠤ ᠰᠤᠷᠤᠯᠴᠠᠬᠤ ᠬᠡᠮᠵᠢᠶ᠎ᠡ ᠶᠢᠨ ᠮᠣᠩᠭᠣᠯ ᠬᠡᠯᠡ ᠪᠡᠷ ᠰᠤᠷᠤᠯᠴᠠᠬᠤ ᠶᠢᠨ

ᠣᠨ ᠤ ᠰᠤᠷᠭᠠᠭᠤᠯᠢ ᠳᠤ 《ᠮᠣᠩᠭᠣᠯ ᠪᠢᠴᠢᠭ》 ᠢ ᠂ ᠮᠣᠩᠭᠣᠯ ᠬᠡᠯᠡ ᠪᠡᠷ ᠰᠤᠷᠤᠯᠴᠠᠬᠤ ᠶᠢᠨ ᠰᠤᠷᠭᠠᠭᠤᠯᠢ ᠳᠤ ᠰᠤᠷᠤᠯᠴᠠᠭᠰᠠᠳ ᠤᠨ ᠬᠡᠮᠵᠢᠶ᠎ᠡ ᠶᠢᠨ ᠮᠣᠩᠭᠣᠯ ᠬᠡᠯᠡ ᠶᠢᠨ ᠰᠤᠷᠭᠠᠨ ᠬᠦᠮᠦᠵᠢᠯ ᠦᠨ ᠬᠡᠮᠵᠢᠶ᠎ᠡ ᠢ ᠮᠣᠩᠭᠣᠯ ᠬᠡᠯᠡ ᠪᠡᠷ ᠰᠤᠷᠤᠯᠴᠠᠭᠰᠠᠳ ᠢ ᠬᠡᠮᠵᠢᠭᠰᠡᠨ ᠪᠠᠢᠨ᠎ᠠ ᠃

ᠢ ᠶᠡᠭᠡ ᠰᠢᠯᠭᠠᠯᠲᠠ ᠶᠢᠨ ᠬᠡᠮᠵᠢᠭᠳᠡᠬᠦᠨ ᠰᠢᠨᠵᠢ ᠴᠢᠨᠠᠷ ᠳᠦᠩ ᠱᠢᠯᠭᠠᠭᠰᠠᠨ ᠤ ᠳᠤᠷ᠎ᠠ ᠂ ᠰᠤᠷᠭᠠᠭᠤᠯᠢ ᠶᠢᠨ ᠰᠤᠷᠤᠯᠴᠠᠭᠰᠠᠳ ᠤᠨ ᠮᠣᠩᠭᠣᠯ ᠬᠡᠯᠡ ᠪᠡᠷ ᠰᠤᠷᠤᠯᠴᠠᠬᠤ ᠬᠤᠪᠢ ᠨᠢ ᠪᠠᠭᠤᠷᠠᠭᠰᠠᠨ ᠪᠠᠢᠨ᠎ᠠ ᠃ ᠪᠠᠭ᠎ᠠ ᠳᠤᠮᠳᠠ ᠶᠢᠨ ᠰᠤᠷᠭᠠᠭᠤᠯᠢ ᠳᠤ ᠮᠣᠩᠭᠣᠯ ᠬᠡᠯᠡ ᠪᠡᠷ ᠰᠤᠷᠤᠯᠴᠠᠬᠤ ᠰᠤᠷᠤᠯᠴᠠᠭᠴᠢ ᠶᠢᠨ ᠬᠤᠪᠢ ᠨᠢ ᠳᠡᠭᠡᠳᠦ ᠰᠤᠷᠭᠠᠭᠤᠯᠢ ᠳᠤ 81.1% ᠃ ᠪᠠᠭ᠎ᠠ ᠰᠤᠷᠭᠠᠭᠤᠯᠢ ᠶᠢᠨ ᠰᠤᠷᠤᠯᠴᠠᠭᠴᠢ ᠶᠢᠨ ᠮᠣᠩᠭᠣᠯ ᠬᠡᠯᠡ ᠪᠡᠷ ᠰᠤᠷᠤᠯᠴᠠᠬᠤ ᠬᠤᠪᠢ ᠨᠢ 50.6% ᠂ 49.0% ᠂ ᠳᠤᠮᠳᠠ ᠰᠤᠷᠭᠠᠭᠤᠯᠢ ᠶᠢᠨ ᠮᠣᠩᠭᠣᠯ ᠬᠡᠯᠡ ᠪᠡᠷ ᠰᠤᠷᠤᠯᠴᠠᠬᠤ ᠬᠤᠪᠢ ᠨᠢ 78.9 % ᠄ 2011 ᠣᠨ ᠤ ᠪᠠᠭ᠎ᠠ ᠰᠤᠷᠭᠠᠭᠤᠯᠢ ᠶᠢᠨ ᠮᠣᠩᠭᠣᠯ ᠬᠡᠯᠡ ᠪᠡᠷ ᠰᠤᠷᠤᠯᠴᠠᠬᠤ ᠬᠤᠪᠢ ᠨᠢ 45.6% ᠂ ᠳᠤᠮᠳᠠ ᠰᠤᠷᠭᠠᠭᠤᠯᠢ ᠶᠢᠨ ᠮᠣᠩᠭᠣᠯ ᠬᠡᠯᠡ ᠪᠡᠷ ᠰᠤᠷᠤᠯᠴᠠᠬᠤ ᠬᠤᠪᠢ ᠨᠢ 73.5% ᠄ 2010 ᠣᠨ ᠤ ᠪᠠᠭ᠎ᠠ ᠰᠤᠷᠭᠠᠭᠤᠯᠢ ᠶᠢᠨ ᠮᠣᠩᠭᠣᠯ ᠬᠡᠯᠡ ᠪᠡᠷ ᠰᠤᠷᠤᠯᠴᠠᠬᠤ ᠬᠤᠪᠢ ᠨᠢ 40.8% ᠂ ᠳᠤᠮᠳᠠ ᠰᠤᠷᠭᠠᠭᠤᠯᠢ ᠶᠢᠨ ᠮᠣᠩᠭᠣᠯ ᠬᠡᠯᠡ ᠪᠡᠷ ᠰᠤᠷᠤᠯᠴᠠᠬᠤ ᠬᠤᠪᠢ ᠨᠢ 67.6% ᠄ 2009 ᠣᠨ ᠤ ᠪᠠᠭ᠎ᠠ ᠰᠤᠷᠭᠠᠭᠤᠯᠢ ᠶᠢᠨ ᠮᠣᠩᠭᠣᠯ ᠬᠡᠯᠡ ᠪᠡᠷ ᠰᠤᠷᠤᠯᠴᠠᠬᠤ ᠰᠤᠷᠭᠠᠭᠤᠯᠢ ᠳᠤ ᠰᠠᠭᠤᠭᠰᠠᠨ ᠰᠤᠷᠤᠯᠴᠠᠭᠴᠢ ᠶᠢᠨ ᠲᠣᠭ᠎ᠠ ᠨᠢ ᠵᠢᠯ ᠢ ᠳᠠᠭᠠᠨ ᠪᠠᠭᠤᠷᠠᠭᠰᠠᠨ ᠪᠠᠢᠨ᠎ᠠ ᠂ 2008 ᠣᠨ ᠤ ᠪᠠᠭ᠎ᠠ ᠰᠤᠷᠭᠠᠭᠤᠯᠢ ᠶᠢᠨ ᠮᠣᠩᠭᠣᠯ ᠬᠡᠯᠡ ᠪᠡᠷ ᠰᠤᠷᠤᠯᠴᠠᠬᠤ ᠬᠤᠪᠢ ᠨᠢ ᠳᠣᠷᠣᠢᠲᠠᠭᠠᠨ ᠪᠠᠢᠨ᠎ᠠ ᠃

ᠰᠤᠷᠪᠤᠯᠵᠢ ᠄ ᠮᠣᠩᠭᠣᠯ ᠬᠡᠯᠡ ᠪᠡᠷ ᠰᠤᠷᠭᠠᠭᠤᠯᠢ ᠶᠢᠨ 2006 ᠣᠨ ᠡᠴᠡ ᠬᠣᠶᠢᠰᠢ ᠬᠡᠮᠵᠢᠶ᠎ᠡ ᠂ ᠰᠤᠷᠭᠠᠭᠤᠯᠢ ᠳᠤ ᠰᠤᠷᠤᠯᠴᠠᠬᠤ ᠬᠤᠪᠢ ᠨᠢ ᠵᠢᠯ ᠡᠴᠡ ᠵᠢᠯ ᠳᠤ ᠪᠠᠭᠤᠷᠠᠵᠤ ᠪᠠᠢᠨ᠎ᠠ ᠃

《ᠮᠣᠩᠭᠣᠯ ᠰᠤᠷᠭᠠᠨ ᠬᠦᠮᠦᠵᠢᠯ》 ᠳᠦ ᠨᠡᠢᠲᠡᠯᠡᠭᠳᠡᠭᠰᠡᠨ ᠪᠠᠢᠳᠠᠯ ᠳᠤ ᠣ᠃

ᠪᠠᠢᠨ᠎ᠠ ᠃ ᠡᠨᠡ ᠪᠣᠯ ᠂ ᠮᠣᠩᠭᠣᠯ ᠬᠡᠯᠡ ᠪᠡᠷ ᠰᠤᠷᠤᠯᠴᠠᠬᠤ ᠶᠢᠨ ᠰᠤᠷᠭᠠᠭᠤᠯᠢ ᠳᠤ ᠰᠤᠷᠤᠯᠴᠠᠬᠤ ᠬᠤᠪᠢ ᠨᠢ ᠪᠠᠭᠤᠷᠠᠭᠰᠠᠨ ᠤ ᠰᠢᠯᠳᠠᠭᠠᠨ ᠬᠡᠮᠵᠢᠶ᠎ᠡ ᠶᠢᠨ ᠰᠤᠷᠭᠠᠨ ᠬᠦᠮᠦᠵᠢᠯ ᠦᠨ ᠠᠰᠠᠭᠤᠳᠠᠯ ᠢ ᠰᠢᠢᠳᠪᠦᠷᠢᠯᠡᠬᠦ ᠳᠦ ᠂ ᠮᠣᠩᠭᠣᠯ ᠬᠡᠯᠡ ᠪᠡᠷ ᠰᠤᠷᠤᠯᠴᠠᠬᠤ ᠶᠢᠨ ᠰᠤᠷᠭᠠᠭᠤᠯᠢ ᠶᠢᠨ ᠡᠷᠬᠡ ᠠᠰᠢᠭ ᠢ ᠬᠠᠮᠠᠭᠠᠯᠠᠬᠤ ᠪᠣᠳᠤᠯᠭ᠎ᠠ ᠶᠢ ᠪᠣᠯᠪᠠᠰᠤᠷᠠᠭᠤᠯᠬᠤ ᠂ ᠰᠤᠷᠤᠯᠴᠠᠭᠴᠢ ᠶᠢᠨ ᠮᠣᠩᠭᠣᠯ ᠬᠡᠯᠡ ᠪᠡᠷ ᠰᠤᠷᠤᠯᠴᠠᠬᠤ ᠰᠣᠨᠢᠷᠬᠠᠯ ᠢ ᠳᠡᠭᠡᠭᠰᠢᠯᠡᠭᠦᠯᠬᠦ ᠳᠦ ᠰᠤᠷᠭᠠᠭᠤᠯᠢ ᠶᠢᠨ ᠰᠤᠷᠭᠠᠨ ᠬᠦᠮᠦᠵᠢᠯ ᠦᠨ ᠴᠢᠨᠠᠷ ᠤᠨ ᠠᠰᠠᠭᠤᠳᠠᠯ ᠢ ᠰᠢᠢᠳᠪᠦᠷᠢᠯᠡᠬᠦ ᠰᠠᠨᠠᠮᠰᠢᠯᠭ᠎ᠠ ᠄ ᠪᠠᠢᠭᠤᠯᠤᠯᠭ᠎ᠠ ᠶᠢᠨ ᠬᠠᠮᠲᠤ ᠂ ᠰᠤᠷᠭᠠᠭᠤᠯᠢ ᠶᠢᠨ ᠰᠤᠷᠤᠯᠴᠠᠭᠰᠠᠳ ᠤᠨ ᠮᠣᠩᠭᠣᠯ ᠬᠡᠯᠡ ᠪᠡᠷ ᠰᠤᠷᠤᠯᠴᠠᠬᠤ ᠶᠢ ᠳᠡᠮᠵᠢᠬᠦ ᠪᠣᠳᠤᠯᠭ᠎ᠠ ᠶᠢ ᠬᠡᠷᠡᠭᠵᠢᠭᠦᠯᠬᠦ ᠬᠡᠷᠡᠭᠲᠡᠢ ᠃

ᠡᠨᠡ ᠨᠢ ᠴᠢᠬᠤᠯᠠ ᠪᠣᠯᠤᠨ᠎ᠠ ᠃

ᠰᠤᠷᠭᠠᠭᠤᠯᠢ ᠰᠤᠷᠭᠠᠨ ᠬᠦᠮᠦᠵᠢᠯ ᠦᠨ ᠰᠤᠷᠭᠠᠭᠤᠯᠢ ᠳᠤ ᠰᠤᠷᠭᠠᠨ ᠬᠦᠮᠦᠵᠢᠯ ᠦᠨ ᠪᠠᠢᠳᠠᠯ ᠢ ᠰᠠᠢᠵᠢᠷᠠᠭᠤᠯᠬᠤ ᠂ ᠮᠣᠩᠭᠣᠯ ᠰᠤᠷᠭᠠᠭᠤᠯᠢ ᠶᠢᠨ ᠬᠥᠭᠵᠢᠯᠲᠡ ᠶᠢ ᠳᠡᠮᠵᠢᠬᠦ ᠰᠤᠷᠭᠠᠭᠤᠯᠢ ᠶᠢᠨ ᠠᠵᠢᠯ ᠤᠨ ᠬᠦᠮᠦᠵᠢᠯ ᠂ ᠪᠠᠭᠰᠢ ᠶᠢᠨ 《ᠮᠣᠩᠭᠣᠯ ᠰᠤᠷᠭᠠᠨ ᠬᠦᠮᠦᠵᠢᠯ》 ᠶᠢᠨ ᠣᠨ ᠤ ᠰᠤᠷᠭᠠᠭᠤᠯᠢ ᠳᠤ ᠰᠢᠨ᠎ᠡ ᠰᠤᠷᠭᠠᠭᠤᠯᠢ ᠶᠢ ᠮᠣᠩᠭᠣᠯ ᠬᠡᠯᠡ ᠪᠡᠷ ᠰᠤᠷᠭᠠᠬᠤ ᠶᠢᠨ ᠰᠤᠷᠭᠠᠭᠤᠯᠢ ᠶᠢᠨ ᠬᠠᠮᠢᠶ᠎ᠠ ᠳᠤ ᠠᠩᠬᠠᠷᠬᠤ ᠂ ᠡᠨᠡ ᠳᠦ 《ᠮᠣᠩᠭᠣᠯ ᠰᠤᠷᠭᠠᠨ ᠬᠦᠮᠦᠵᠢᠯ》

ᠰᠤᠷᠭᠠᠭᠤᠯᠢ ᠰᠤᠷᠭᠠᠨ ᠬᠦᠮᠦᠵᠢᠯ ᠢ ᠬᠥᠭᠵᠢᠭᠦᠯᠬᠦ ᠃

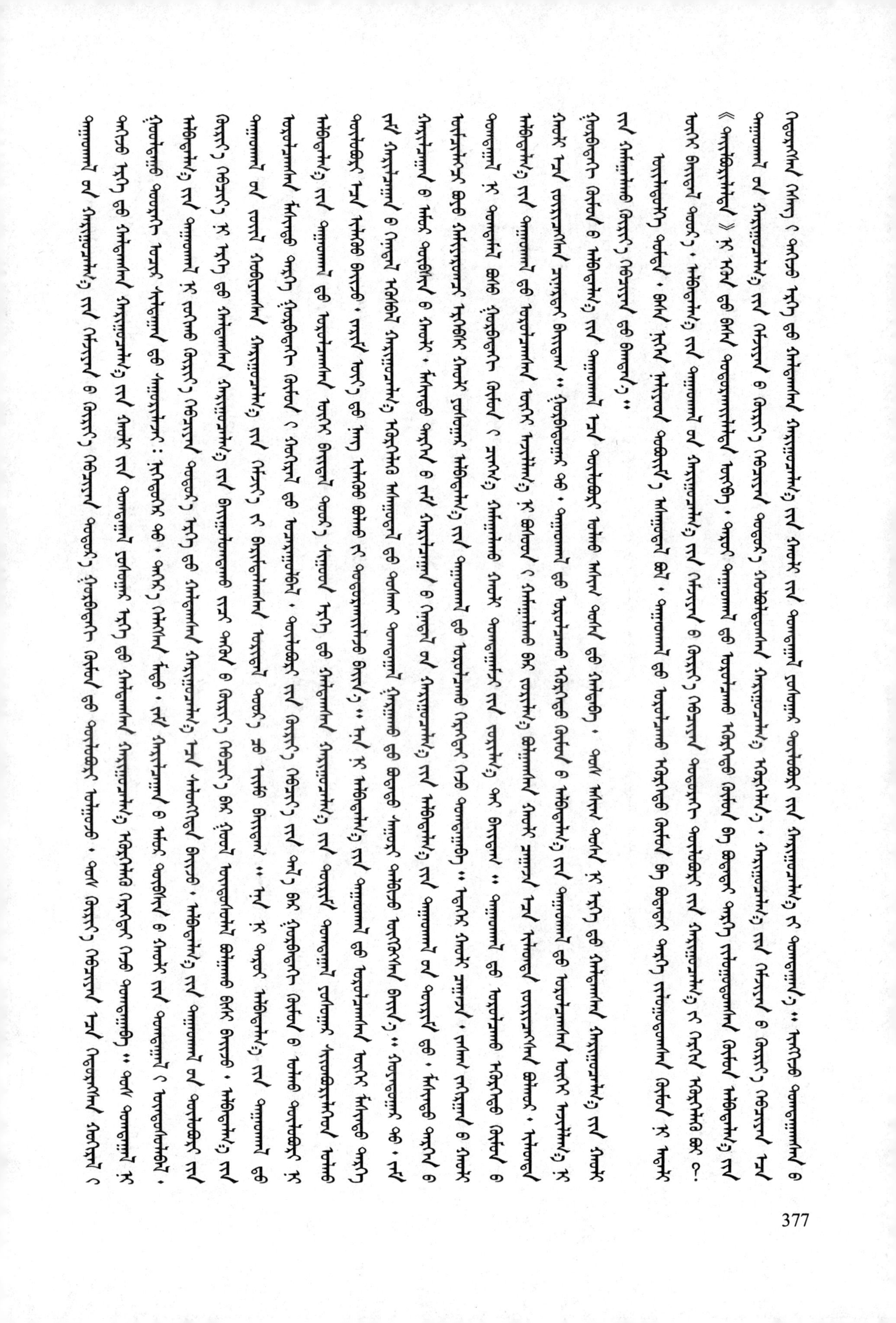

[illegible]

[illegible]

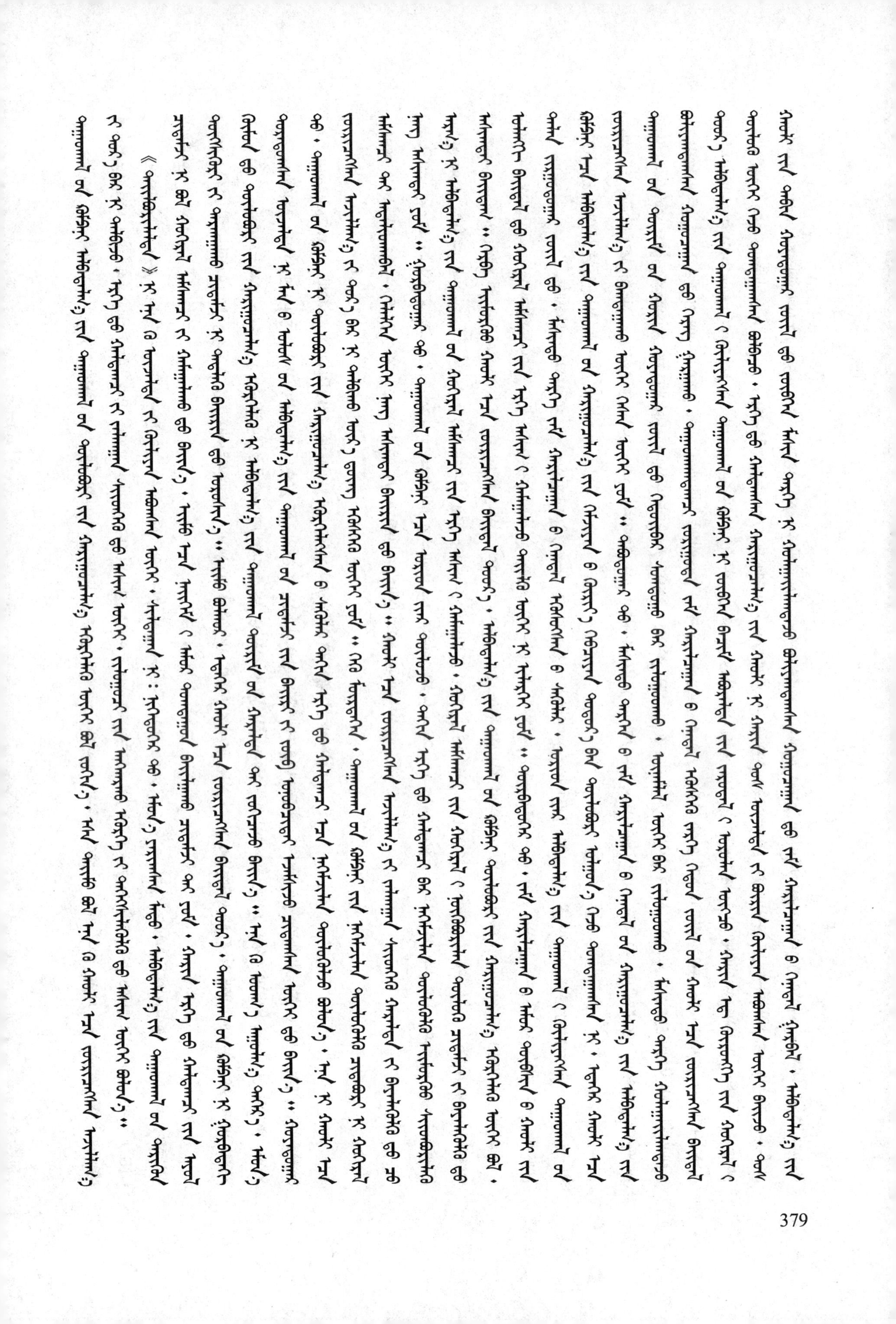

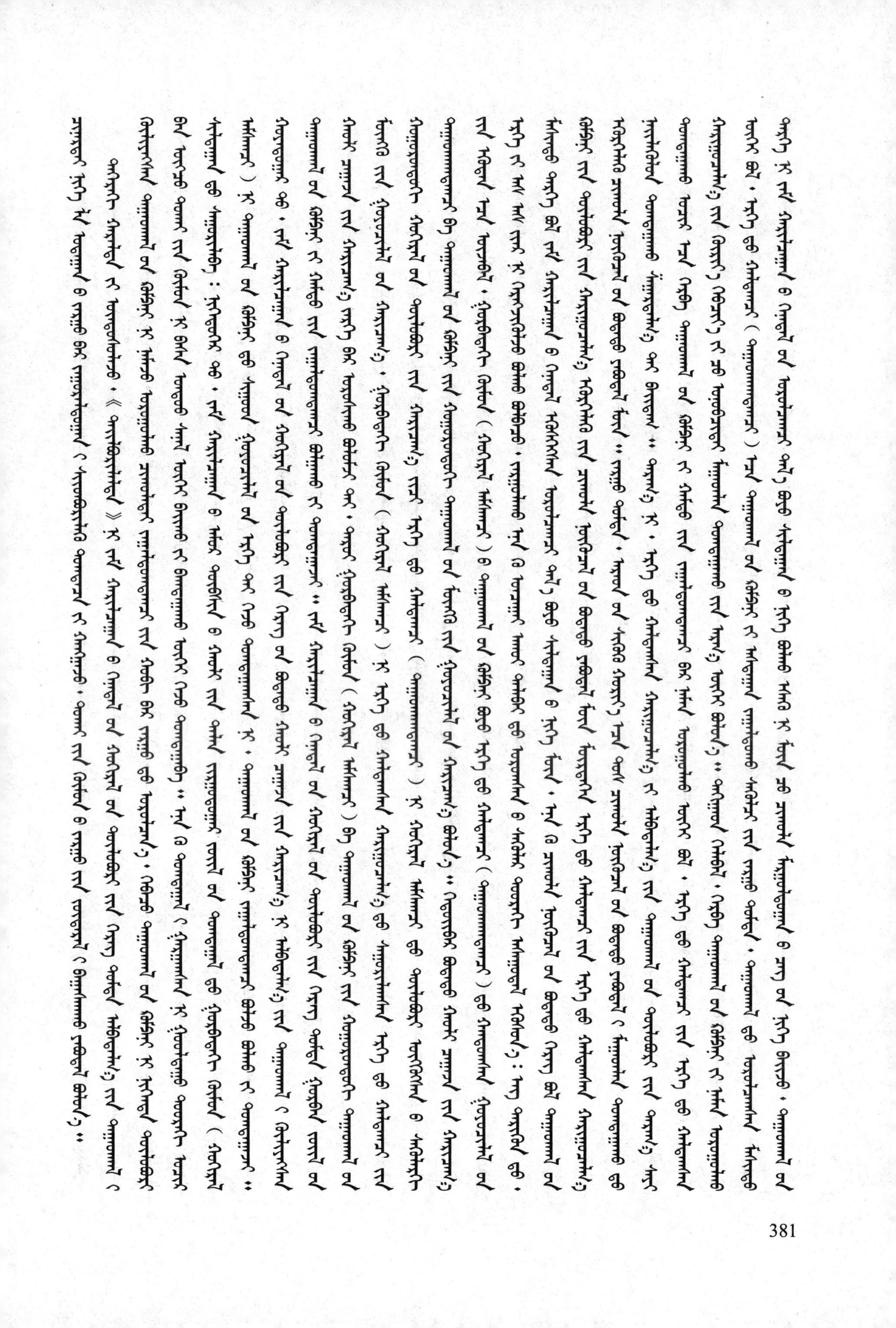

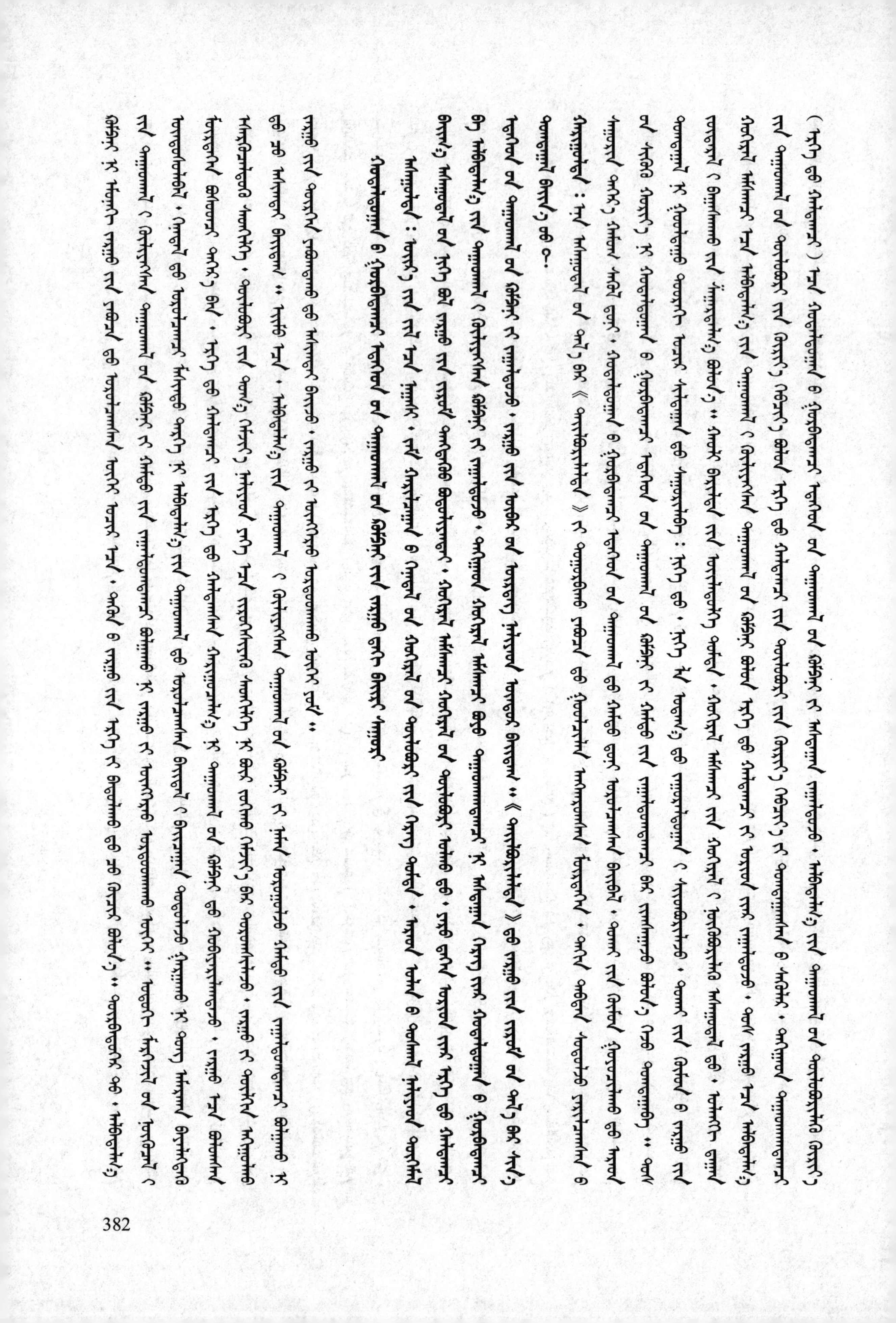

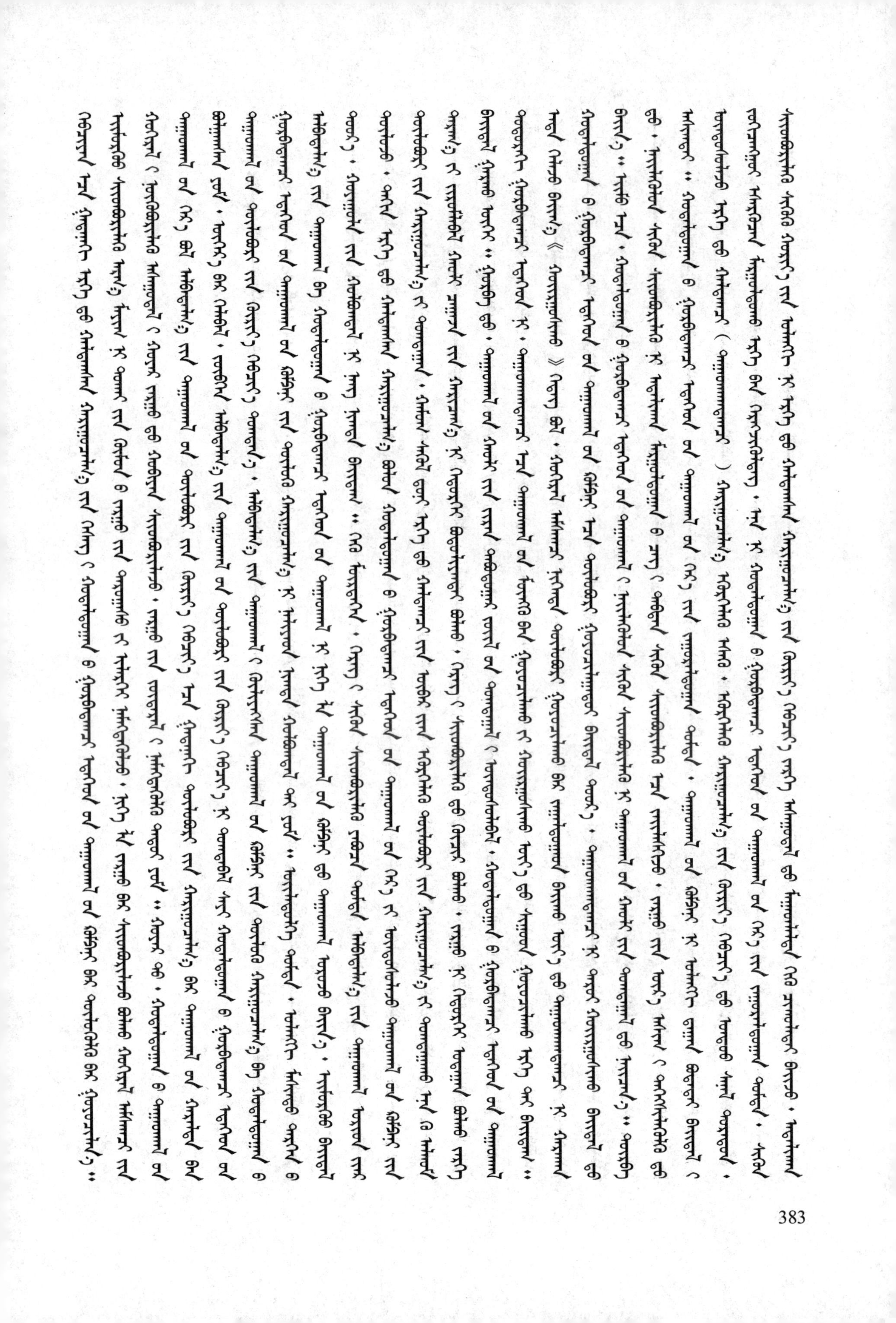

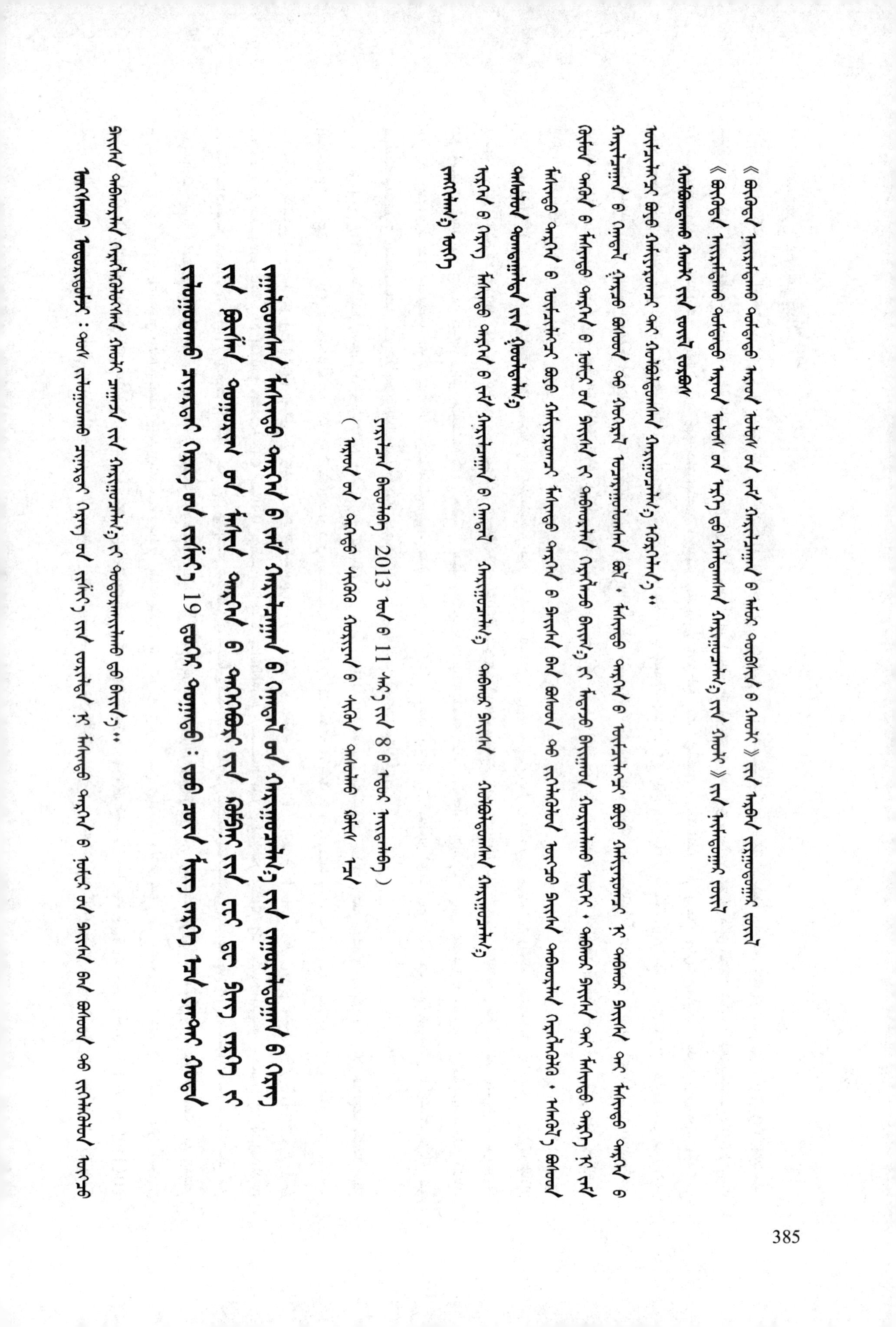

[illegible]

[illegible] 2013 [illegible] 11 [illegible] 8 [illegible]

([illegible])

[illegible]

[illegible] 2007 [illegible] 8 [illegible] 23 [illegible] 15 [illegible] 2 [illegible] ᠪᠦ F41703 [illegible] 2004 [illegible] 4 [illegible] 26 [illegible] 2008 [illegible] 7 [illegible]

ᠪᠦ F41703 [illegible] ([illegible]) [illegible] ::

[illegible] ([illegible]) [illegible] ([illegible]) [illegible]

ᠪᠦ F41703 [illegible] ::

[illegible] ×× [illegible] ×× [illegible] ×× [illegible] ::

2008 [illegible] 11 [illegible] 25 [illegible] 5 [illegible] 30 [illegible] ᠪᠦ F41703 [illegible]

ᠬᠡᠯᠪᠡᠷᠢ ᠳᠡᠭᠡᠷᠡᠬᠢ ᠶᠢᠨ ᠮᠡᠳᠡᠯ ᠢ ᠪᠣᠯᠪᠠᠰᠤᠷᠠᠯ ᠤᠨ ᠠᠵᠢᠯᠲᠠᠨ ᠤ ᠲᠣᠭ᠎ᠠ ᠶᠢᠨ ᠲᠡᠭᠦᠯᠳᠡᠷ ᠪᠡᠷ : ᠬᠣᠳᠠ ᠪᠠ ᠬᠥᠳᠡᠭᠡ ᠶᠢᠨ ᠡᠷᠦᠯ ᠮᠡᠨᠳᠦ ᠶᠢᠨ ᠬᠠᠮᠠᠭᠠᠯᠠᠯᠲᠠ ᠶᠢᠨ
ᠠᠵᠢᠯᠲᠠᠨ ᠤ ᠪᠦᠷᠢᠯᠳᠦᠬᠦᠨ ᠦ ᠪᠠᠶᠢᠳᠠᠯ

ᠡᠷᠦᠯ ᠮᠡᠨᠳᠦ ᠶᠢᠨ ᠠᠵᠢᠯᠲᠠᠨ ᠤ ᠵᠢᠭᠠᠮᠠᠯ ᠪᠦᠷᠢᠯᠳᠦᠬᠦᠨ : ᠣᠯᠠᠨ ᠨᠡᠶᠢᠲᠡ ᠶᠢᠨ ᠡᠷᠦᠯ ᠮᠡᠨᠳᠦ ᠶᠢᠨ ᠠᠵᠢᠯᠲᠠᠨ ᠤ ᠵᠢᠭᠠᠮᠠᠯ ᠢ ᠪᠦᠷᠢᠯᠳᠦᠭᠦᠯᠦᠨ᠎ᠡ ᠃
ᠡᠳᠦᠭᠡ ᠶᠢᠨ ᠪᠠᠶᠢᠳᠠᠯ ᠢᠶᠠᠷ 2010 ᠣᠨ ᠤ 8 ᠰᠠᠷ᠎ᠠ ᠶᠢᠨ 5 ᠤ ᠡᠳᠦᠷ (2010) ᠤᠨ ᠪᠠᠷᠢᠮᠳᠠ ᠶᠢ ᠦᠵᠡᠪᠡᠯ (ᠬᠦᠰᠦᠨᠦᠭ) ᠪᠦᠬᠦ ᠵᠠᠬᠢᠷᠭ᠎ᠠ 1353 ᠬᠦᠮᠦᠨ ᠡᠮᠨᠡᠯᠭᠡ ᠶᠢᠨ ᠠᠵᠢᠯᠲᠠᠨ ᠪᠠᠶᠢᠭ᠎ᠠ
ᠪᠥᠭᠡᠳ ᠡᠷᠦᠯ ᠮᠡᠨᠳᠦ ᠶᠢᠨ ᠠᠵᠢᠯᠲᠠᠨ ᠤ ᠵᠢᠭᠠᠮᠠᠯ ᠢ ᠪᠦᠷᠢᠯᠳᠦᠭᠦᠯᠦᠨ᠎ᠡ ᠃ ᠡᠮᠴᠢ ᠨᠠᠷ ᠤᠨ ᠲᠣᠭ᠎ᠠ ᠶᠢᠨ ᠲᠠᠯ᠎ᠠ ᠪᠠᠷ ᠭᠠᠷᠭᠠᠨ ᠤ ᠡᠮᠴᠢ ᠶᠢᠨ ᠡᠮᠨᠡᠯᠭᠡ ᠶᠢᠨ
ᠮᠡᠷᠭᠡᠵᠢᠯ ᠲᠦ ᠬᠠᠮᠢᠶᠠᠷᠠᠬᠤ ᠡᠮᠴᠢ ᠳᠡᠭᠡᠳᠦ ᠮᠡᠷᠭᠡᠵᠢᠯᠲᠡᠨ ᠃ ᠮᠡᠷᠭᠡᠵᠢᠯ ᠦᠨ ᠡᠮᠴᠢ ᠃ ᠡᠮᠴᠢ ᠶᠢᠨ ᠲᠤᠰᠠᠯᠠᠭᠴᠢ ᠃ ᠰᠤᠪᠢᠯᠢᠯᠠᠭᠴᠢ ᠡᠮᠴᠢ ᠮᠡᠲᠦ ᠶᠢᠨ ᠵᠡᠷᠭᠡ ᠬᠡᠮᠵᠢᠶ᠎ᠡ ᠲᠡᠢ
ᠡᠮᠨᠡᠯᠭᠡ ᠶᠢᠨ ᠠᠵᠢᠯᠲᠠᠨ ᠢ ᠪᠦᠷᠢᠯᠳᠦᠭᠦᠯᠵᠡᠢ ᠃ ᠠᠷᠠᠳ ᠤᠨ ᠡᠮᠨᠡᠯᠭᠡ ᠶᠢᠨ ᠠᠵᠢᠯᠲᠠᠨ ᠤ ᠲᠣᠭ᠎ᠠ ᠶᠢ ᠪᠠᠭᠠᠰᠬᠠᠨ ᠤ ᠪᠠᠶᠢᠳᠠᠯ ᠢᠶᠠᠷ ᠲᠣᠭᠠᠴᠠᠭᠠᠯᠲᠠ ᠬᠢᠭᠰᠡᠨ ᠪᠥᠭᠡᠳ ᠬᠥᠳᠡᠭᠡ
ᠠᠵᠢ ᠠᠬᠤᠢ ᠶᠢᠨ ᠡᠷᠦᠯ ᠮᠡᠨᠳᠦ ᠶᠢᠨ ᠠᠵᠢᠯᠲᠠᠨ ᠃ ᠮᠠᠯ ᠤᠨ ᠡᠮᠴᠢ ᠃ ᠭᠡᠷ ᠪᠦᠯᠢ ᠶᠢᠨ ᠡᠮᠴᠢ ᠮᠡᠲᠦ ᠠᠵᠢᠯᠲᠠᠨ ᠤ ᠡᠮᠨᠡᠯᠭᠡ ᠶᠢᠨ ᠬᠦᠴᠦᠨ ᠢ ᠳᠡᠭᠡᠭᠰᠢᠯᠡᠭᠦᠯᠦᠨ᠎ᠡ ᠃ ᠵᠢᠭᠠᠮᠠᠯ ᠤᠨ
ᠠᠵᠢᠯᠲᠠᠨ ᠢᠶᠠᠷ ᠡᠮᠨᠡᠯᠭᠡ ᠶᠢᠨ ᠦᠢᠯᠡᠴᠢᠯᠡᠭᠡ ᠢᠶᠡᠨ ᠬᠢᠬᠦ ᠶᠢᠨ ᠬᠠᠮᠲᠤ ᠃ ᠬᠣᠳᠠ ᠬᠥᠳᠡᠭᠡ ᠶᠢᠨ ᠡᠷᠦᠯ ᠮᠡᠨᠳᠦ ᠶᠢᠨ ᠪᠦᠲᠦᠴᠡ ᠶᠢ ᠪᠡᠬᠢᠵᠢᠭᠦᠯᠬᠦ ᠳᠦ ᠲᠣᠮᠣ ᠦᠨ᠎ᠡ ᠴᠡᠨᠡ ᠲᠡᠢ
ᠠᠵᠢᠯᠯᠠᠵᠤ ᠪᠠᠶᠢᠨ᠎ᠠ ᠃ ᠲᠣᠭᠠᠴᠠᠭᠠᠯᠲᠠ ᠶᠢᠨ ᠠᠵᠢᠯᠲᠠᠨ ᠤ ᠲᠠᠯ᠎ᠠ ᠶᠢᠨ ᠮᠡᠳᠡᠭᠡ ᠃ ᠨᠠᠰᠤ ᠶᠢᠨ ᠪᠦᠲᠦᠴᠡ ᠃ ᠡᠮᠨᠡᠯᠭᠡ ᠶᠢᠨ ᠦᠢᠯᠡᠴᠢᠯᠡᠭᠡ ᠶᠢᠨ ᠲᠣᠭ᠎ᠠ ᠶᠢᠨ ᠮᠡᠳᠡᠭᠡ ᠶᠢᠨ ᠡᠯᠡᠰᠦ 170084
ᠬᠦᠮᠦᠨ ᠤ ᠡᠮᠨᠡᠯᠭᠡ ᠶᠢᠨ ᠦᠢᠯᠡᠴᠢᠯᠡᠭᠡ ᠃ ᠡᠮᠨᠡᠯᠭᠡ ᠶᠢᠨ ᠬᠡᠷᠡᠭᠯᠡᠭᠡᠨ ᠦ ᠬᠠᠮᠲᠤ ᠶᠢ ᠪᠦᠷᠢᠯᠳᠦᠭᠦᠯᠵᠡᠢ ᠃ ᠡᠮ ᠨᠠᠢᠷᠠᠭᠤᠯᠤᠭᠰᠠᠨ ᠬᠢᠵᠠᠭᠠᠷ ᠃ ᠡᠮᠨᠡᠯᠭᠡ ᠶᠢᠨ ᠬᠡᠷᠡᠭᠯᠡᠭᠡᠨ ᠦ ᠡᠯᠡᠰᠦ ᠃
ᠡᠮᠨᠡᠯᠭᠡ ᠶᠢᠨ ᠲᠠᠯ᠎ᠠ ᠃ ᠨᠠᠰᠤ ᠶᠢᠨ ᠲᠠᠯ᠎ᠠ ᠶᠢᠨ ᠡᠮᠨᠡᠯᠭᠡ ᠶᠢᠨ ᠲᠠᠯ᠎ᠠ ᠶᠢᠨ 396863 ᠬᠦᠮᠦᠨ ᠦ ᠬᠡᠷᠡᠭᠯᠡᠭᠡ ᠃ ᠦᠢᠯᠡᠴᠢᠯᠡᠭᠡ ᠶᠢᠨ ᠬᠦᠮᠦᠨ ᠃ ᠡᠮᠨᠡᠯᠭᠡ ᠶᠢᠨ
ᠡᠮᠨᠡᠯᠭᠡ ᠶᠢᠨ ᠪᠦᠲᠦᠭᠡᠭᠳᠡᠬᠦᠨ ᠲᠡᠢ ᠃ ᠡᠮᠨᠡᠯᠭᠡ ᠶᠢᠨ ᠡᠷᠦᠯ ᠮᠡᠨᠳᠦ ᠶᠢᠨ ᠰᠤᠷᠲᠠᠯ ᠃ ᠰᠤᠷᠭᠠᠯᠲᠠ ᠶᠢᠨ ᠠᠵᠢᠯ ᠢ ᠡᠷᠦᠯ ᠮᠡᠨᠳᠦ ᠶᠢᠨ ᠮᠡᠳᠡᠯᠭᠡ ᠶᠢᠨ ᠰᠤᠷᠲᠠᠯᠴᠢᠯᠠᠭ᠎ᠠ ᠃ ᠡᠮᠨᠡᠯᠭᠡ
ᠦᠢᠯᠡᠴᠢᠯᠡᠭᠡ ᠶᠢᠨ ᠠᠵᠢᠯᠲᠠᠨ ᠲᠠᠢ ᠬᠠᠮᠲᠤ ᠡᠷᠦᠯ ᠮᠡᠨᠳᠦ ᠶᠢᠨ ᠮᠡᠳᠡᠯᠭᠡ ᠶᠢᠨ ᠰᠤᠷᠲᠠᠯᠴᠢᠯᠠᠭ᠎ᠠ ᠃ ᠬᠦᠮᠦᠨ ᠦ ᠡᠮᠨᠡᠯᠭᠡ ᠶᠢᠨ ᠲᠦᠪᠰᠢᠨ ᠢ ᠳᠡᠭᠡᠭᠰᠢᠯᠡᠭᠦᠯᠬᠦ ᠳᠦ ᠬᠦᠴᠦ ᠣᠷᠣᠭᠤᠯᠵᠡᠢ ᠃ ᠡᠮᠴᠢ
ᠬᠠᠮᠢᠶᠠᠷᠤᠯ 1128 ᠬᠦᠮᠦᠨ ᠡᠮᠨᠡᠯᠭᠡ ᠶᠢᠨ ᠠᠵᠢᠯᠲᠠᠨ ᠤ ᠵᠢᠭᠠᠮᠠᠯ ᠢ ᠪᠦᠷᠢᠯᠳᠦᠭᠦᠯᠵᠡᠢ ᠃ ᠡᠮᠨᠡᠯᠭᠡ ᠶᠢᠨ ᠠᠵᠢᠯᠲᠠᠨ ᠤ ᠲᠣᠭᠠᠴᠠᠭᠠᠯᠲᠠ : ᠪᠦᠬᠦ ᠃ ᠡᠮᠨᠡᠯᠭᠡ ᠶᠢᠨ ᠲᠠᠯ᠎ᠠ ᠶᠢᠨ ᠬᠦᠮᠦᠨ ᠦ ᠡᠮᠨᠡᠯᠭᠡ
ᠬᠦᠮᠦᠨ ᠲᠣᠭ᠎ᠠ ᠶᠢᠨ ᠪᠠᠶᠢᠳᠠᠯ ᠤᠨ ᠡᠮᠨᠡᠯᠭᠡ ᠶᠢᠨ ᠬᠡᠮᠵᠢᠶ᠎ᠡ ᠶᠢᠨ ᠪᠠᠶᠢᠳᠠᠯ ᠢᠶᠠᠷ 2010 ᠣᠨ ᠤ 5 ᠰᠠᠷ᠎ᠠ ᠶᠢᠨ 18 ᠤ ᠡᠳᠦᠷ 〔 2009 〕 ᠤᠨ ᠪᠠᠷᠢᠮᠳᠠ ᠶᠢ ᠦᠵᠡᠪᠡᠯ (ᠬᠦᠰᠦᠨᠦᠭ) ᠪᠣᠯᠤᠨ᠎ᠠ

ᠡᠷᠦᠯ ᠮᠡᠨᠳᠦ ᠶᠢᠨ ᠠᠵᠢᠯᠲᠠᠨ ᠤ ᠬᠠᠮᠢᠶᠠᠷᠤᠯ

ᠬᠣᠳᠠ ᠪᠠ ᠬᠥᠳᠡᠭᠡ ᠶᠢᠨ ᠡᠷᠦᠯ ᠮᠡᠨᠳᠦ ᠶᠢᠨ ᠠᠵᠢᠯᠲᠠᠨ ᠤ ᠡᠮᠨᠡᠯᠭᠡ ᠶᠢᠨ ᠪᠠᠶᠢᠳᠠᠯ ᠢ ᠰᠠᠶᠢᠵᠢᠷᠠᠭᠤᠯᠬᠤ (ᠡᠮᠨᠡᠯᠭᠡ ᠶᠢᠨ ᠬᠠᠮᠢᠶᠠᠷᠤᠯ) ᠤᠨ ᠡᠮᠨᠡᠯᠭᠡ ᠶᠢᠨ ᠦᠢᠯᠡᠴᠢᠯᠡᠭᠡ ᠶᠢ ᠪᠡᠬᠢᠵᠢᠭᠦᠯᠦᠨ᠎ᠡ ᠃
ᠬᠠᠮᠢᠶᠠᠷᠤᠯ ᠤᠨ ᠠᠵᠢᠯ ᠢ ᠡᠮᠨᠡᠯᠭᠡ ᠶᠢᠨ ᠠᠵᠢᠯᠲᠠᠨ ᠤ ᠲᠣᠭ᠎ᠠ ᠶᠢᠨ ᠪᠠᠶᠢᠳᠠᠯ ᠢᠶᠠᠷ ᠬᠢᠵᠦ ᠃ ᠡᠮᠨᠡᠯᠭᠡ ᠶᠢᠨ ᠪᠠᠶᠢᠭᠤᠯᠤᠯᠭ᠎ᠠ ᠶᠢᠨ ᠲᠣᠭ᠎ᠠ ᠶᠢ ᠬᠠᠮᠢᠶᠠᠷᠤᠯ ᠤᠨ ᠪᠠᠶᠢᠳᠠᠯ ᠢᠶᠠᠷ (ᠬᠠᠮᠢᠶᠠᠷᠤᠯ
ᠶᠢᠨ ᠬᠡᠮᠵᠢᠶ᠎ᠡ ᠶᠢ ᠪᠠᠲᠤᠯᠠᠬᠤ) ᠤᠨ ᠬᠠᠮᠲᠤ ᠡᠮᠨᠡᠯᠭᠡ ᠶᠢᠨ ᠠᠵᠢᠯᠲᠠᠨ ᠤ ᠵᠢᠭᠠᠮᠠᠯ ᠢ ᠪᠦᠷᠢᠯᠳᠦᠭᠦᠯᠬᠦ ᠶᠢᠨ ᠬᠠᠮᠲᠤ ᠡᠮᠨᠡᠯᠭᠡ ᠶᠢᠨ ᠦᠢᠯᠡᠴᠢᠯᠡᠭᠡ ᠶᠢᠨ ᠪᠠᠶᠢᠳᠠᠯ ᠢ ᠰᠠᠶᠢᠵᠢᠷᠠᠭᠤᠯᠵᠠᠢ ᠃ ᠬᠣᠳᠠ ᠪᠠ ᠬᠥᠳᠡᠭᠡ
ᠡᠷᠦᠯ ᠮᠡᠨᠳᠦ ᠶᠢᠨ ᠠᠵᠢᠯᠲᠠᠨ ᠤ ᠲᠣᠭᠠᠴᠠᠭᠠᠯᠲᠠ ᠶᠢᠨ ᠬᠡᠮᠵᠢᠶ᠎ᠡ ᠶᠢ ᠲᠣᠭᠲᠠᠭᠠᠨ ᠃ ᠡᠮᠨᠡᠯᠭᠡ ᠶᠢᠨ ᠠᠵᠢᠯᠲᠠᠨ ᠤ ᠲᠣᠭ᠎ᠠ ᠶᠢ ᠬᠡᠮᠵᠢᠶ᠎ᠡ ᠪᠡᠷ ᠨᠡᠮᠡᠭᠳᠡᠭᠦᠯᠵᠦ ᠃ ᠡᠮᠨᠡᠯᠭᠡ ᠶᠢᠨ ᠦᠢᠯᠡᠴᠢᠯᠡᠭᠡ ᠶᠢᠨ
ᠴᠢᠨᠠᠷ ᠢ ᠳᠡᠭᠡᠭᠰᠢᠯᠡᠭᠦᠯᠬᠦ ᠳᠦ ᠬᠦᠴᠦ ᠣᠷᠣᠭᠤᠯᠵᠤ ᠃ ᠬᠣᠳᠠ ᠬᠥᠳᠡᠭᠡ ᠶᠢᠨ ᠡᠷᠦᠯ ᠮᠡᠨᠳᠦ ᠶᠢᠨ ᠠᠵᠢᠯᠲᠠᠨ ᠤ ᠬᠠᠮᠢᠶᠠᠷᠤᠯ ᠢ ᠰᠠᠶᠢᠵᠢᠷᠠᠭᠤᠯᠬᠤ ᠳᠦ ᠴᠢᠬᠤᠯᠠ ᠦᠴᠢᠷ ᠲᠠᠢ ᠃ ᠡᠮᠨᠡᠯᠭᠡ ᠶᠢᠨ
ᠪᠠᠶᠢᠭᠤᠯᠤᠯᠭ᠎ᠠ ᠶᠢᠨ ᠪᠠᠶᠢᠳᠠᠯ ᠪᠡᠷ ᠪᠦᠷᠢᠯᠳᠦᠭᠦᠯᠬᠦ ᠶᠢ ᠰᠢᠭᠦᠳᠡᠵᠦ ᠃ ᠡᠮᠨᠡᠯᠭᠡ ᠶᠢᠨ ᠠᠵᠢᠯᠲᠠᠨ ᠤ ᠵᠢᠭᠠᠮᠠᠯ ᠢ ᠪᠡᠬᠢᠵᠢᠭᠦᠯᠵᠦ ᠪᠠᠶᠢᠨ᠎ᠠ ᠃
ᠡᠷᠦᠯ ᠮᠡᠨᠳᠦ ᠶᠢᠨ ᠡᠮᠨᠡᠯᠭᠡ ᠶᠢᠨ ᠪᠠᠶᠢᠳᠠᠯ ᠳᠤ ᠲᠤᠰᠠ ᠪᠣᠯᠤᠨ᠎ᠠ ᠃

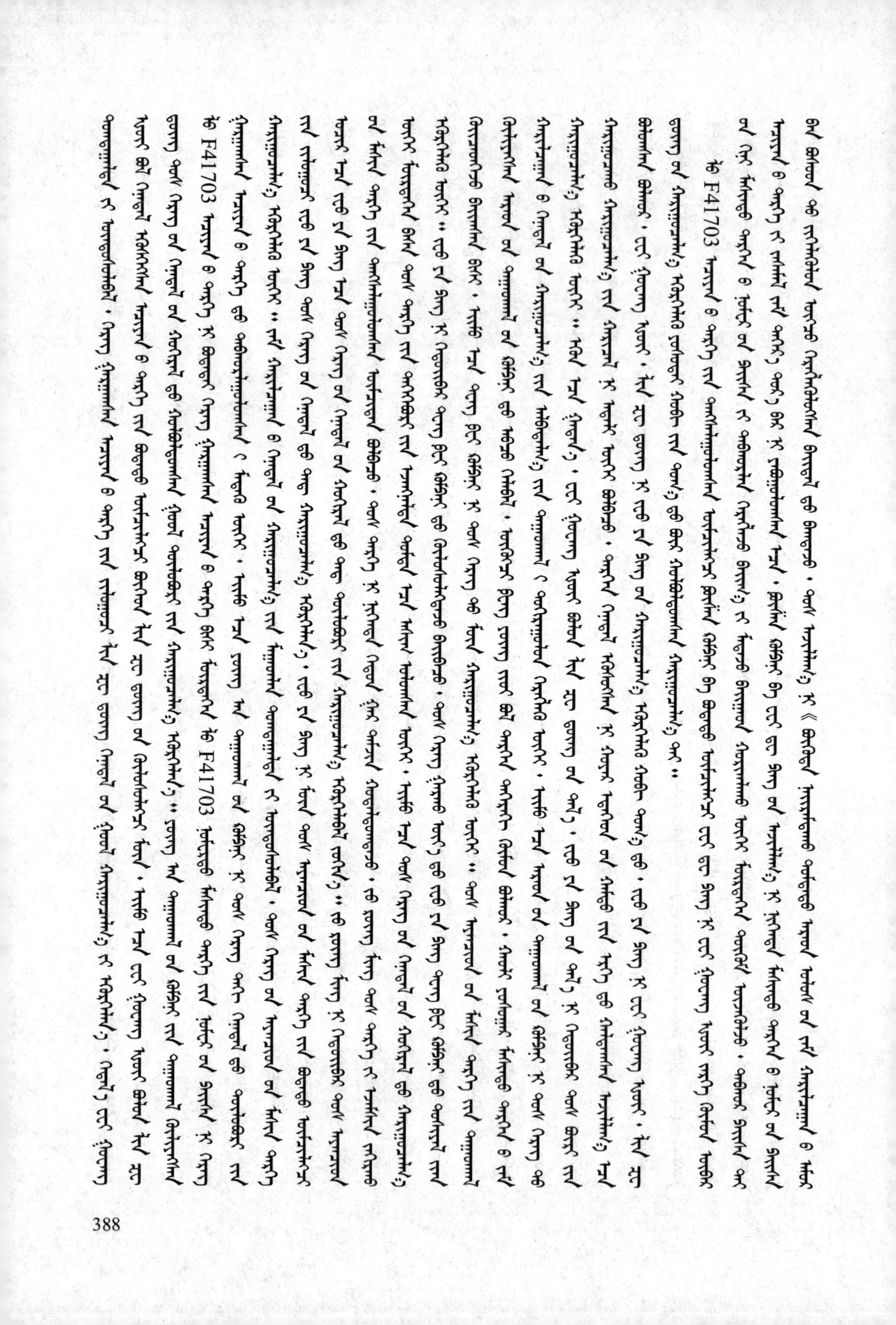

ᠪᠣᠯᠤᠭᠰᠠᠨ ᠤ ᠬᠡᠮᠵᠢᠶ᠎ᠡ 》 ᠭᠡᠳᠡᠭ ᠨᠣᠮ ᠳᠤ ᠮᠣᠩᠭᠣᠯ ᠬᠡᠯᠡᠨ ᠦ ᠰᠤᠷᠭᠠᠭᠤᠯᠢ ᠶᠢᠨ ᠪᠠᠭᠰᠢ ᠨᠠᠷ ᠤᠨ ᠰᠤᠷᠭᠠᠨ ᠬᠦᠮᠦᠵᠢᠯ ᠦᠨ ᠠᠵᠢᠯ ᠤᠨ ᠲᠤᠷᠰᠢᠯᠭ᠎ᠠ ᠶᠢ ᠨᠡᠶᠢᠲᠡᠯᠡᠭᠰᠡᠨ ᠪᠣᠯᠤᠨ᠎ᠠ ᠃ ᠮᠣᠩᠭᠣᠯ ᠬᠡᠯᠡᠨ ᠦ ᠰᠤᠷᠭᠠᠨ ᠬᠦᠮᠦᠵᠢᠯ ᠦᠨ ᠪᠣᠯᠪᠠᠰᠤᠷᠠᠯ ᠤᠨ ᠬᠡᠮᠵᠢᠶ᠎ᠡ ᠶᠢ ᠲᠣᠭᠲᠠᠭᠠᠵᠤ ᠂ ᠰᠤᠷᠭᠠᠭᠤᠯᠢ ᠶᠢᠨ ᠪᠠᠭᠰᠢ ᠨᠠᠷ ᠤᠨ ᠰᠤᠷᠭᠠᠨ ᠬᠦᠮᠦᠵᠢᠯ ᠦᠨ ᠠᠵᠢᠯ ᠢ ᠰᠠᠢᠵᠢᠷᠠᠭᠤᠯᠬᠤ ᠳᠤ ᠴᠢᠬᠤᠯᠠ ᠤᠴᠢᠷ ᠲᠠᠢ ᠃ ᠮᠣᠩᠭᠣᠯ ᠬᠡᠯᠡᠨ ᠦ ᠰᠤᠷᠭᠠᠭᠤᠯᠢ ᠶᠢᠨ ᠰᠤᠷᠤᠭᠴᠢᠳ ᠤᠨ ᠰᠤᠷᠤᠯᠴᠠᠭ᠎ᠠ ᠶᠢᠨ ᠴᠢᠨᠠᠷ ᠢ ᠳᠡᠭᠡᠭᠰᠢᠯᠡᠭᠦᠯᠬᠦ ᠳᠦ ᠮᠣᠩᠭᠣᠯ ᠬᠡᠯᠡᠨ ᠦ ᠰᠤᠷᠭᠠᠭᠤᠯᠢ ᠶᠢᠨ ᠰᠤᠷᠤᠭᠴᠢᠳ ᠤᠨ ᠰᠤᠷᠤᠯᠴᠠᠭ᠎ᠠ ᠶᠢᠨ ᠪᠠᠶᠢᠳᠠᠯ ᠢ ᠰᠢᠨᠵᠢᠯᠡᠨ ᠰᠤᠳᠤᠯᠬᠤ ᠨᠢ ᠴᠢᠬᠤᠯᠠ ᠃ ᠮᠣᠩᠭᠣᠯ ᠬᠡᠯᠡᠨ ᠦ ᠰᠤᠷᠭᠠᠭᠤᠯᠢ ᠶᠢᠨ ᠰᠤᠷᠤᠭᠴᠢᠳ ᠤᠨ ᠰᠤᠷᠤᠯᠴᠠᠭ᠎ᠠ ᠶᠢᠨ ᠲᠤᠷᠰᠢᠯᠭ᠎ᠠ ᠶᠢ ᠳᠦᠭᠦᠨᠴᠢᠯᠡᠨ ᠰᠤᠷᠤᠯᠴᠠᠭ᠎ᠠ ᠶᠢᠨ ᠠᠷᠭ᠎ᠠ ᠪᠠᠷ ᠰᠤᠷᠤᠭᠴᠢᠳ ᠢ ᠰᠤᠷᠤᠯᠴᠠᠭᠤᠯᠬᠤ ᠨᠢ ᠮᠣᠩᠭᠣᠯ ᠬᠡᠯᠡᠨ ᠦ ᠰᠤᠷᠭᠠᠨ ᠬᠦᠮᠦᠵᠢᠯ ᠦᠨ ᠴᠢᠨᠠᠷ ᠢ ᠳᠡᠭᠡᠭᠰᠢᠯᠡᠭᠦᠯᠬᠦ ᠳᠦ ᠴᠢᠬᠤᠯᠠ ᠤᠴᠢᠷ ᠲᠠᠢ ᠪᠣᠯᠤᠨ᠎ᠠ ᠃ ᠡᠨᠡ ᠨᠢ ᠰᠤᠷᠤᠭᠴᠢᠳ ᠤᠨ ᠰᠤᠷᠤᠯᠴᠠᠭ᠎ᠠ ᠶᠢᠨ ᠪᠣᠯᠪᠠᠰᠤᠷᠠᠯ ᠢ ᠳᠡᠭᠡᠭᠰᠢᠯᠡᠭᠦᠯᠬᠦ ᠰᠤᠷᠤᠭᠴᠢᠳ ᠤᠨ ᠰᠤᠷᠤᠯᠴᠠᠭ᠎ᠠ ᠶᠢᠨ ᠪᠣᠯᠪᠠᠰᠤᠷᠠᠯ ᠳᠤ ᠰᠤᠷᠤᠭᠴᠢᠳ ᠤᠨ ᠰᠤᠷᠤᠯᠴᠠ ᠶᠢ ᠪᠣᠯᠪᠠᠰᠤᠷᠠᠭᠤᠯᠬᠤ ᠰᠤᠷᠤᠭᠴᠢᠳ ᠤᠨ ᠰᠤᠷᠤᠯᠴᠠ ᠳᠤ ᠪᠣᠯᠪᠠᠰᠤᠷᠠᠭᠤᠯᠬᠤ ᠰᠤᠷᠤᠭᠴᠢᠳ ᠤᠨ ᠰᠤᠷᠤᠯᠴᠠᠭᠤᠯᠬᠤ ᠃

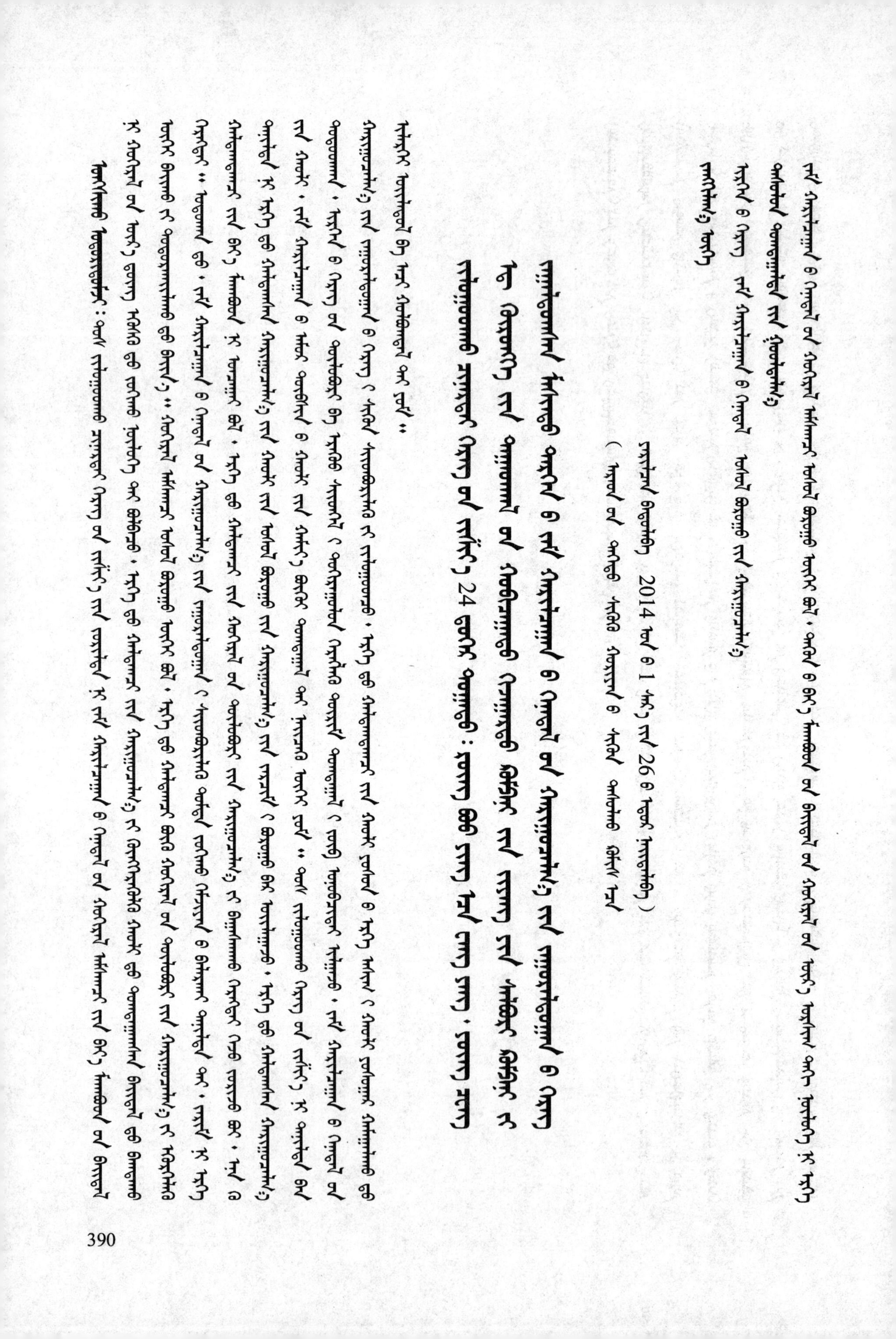

[illegible]

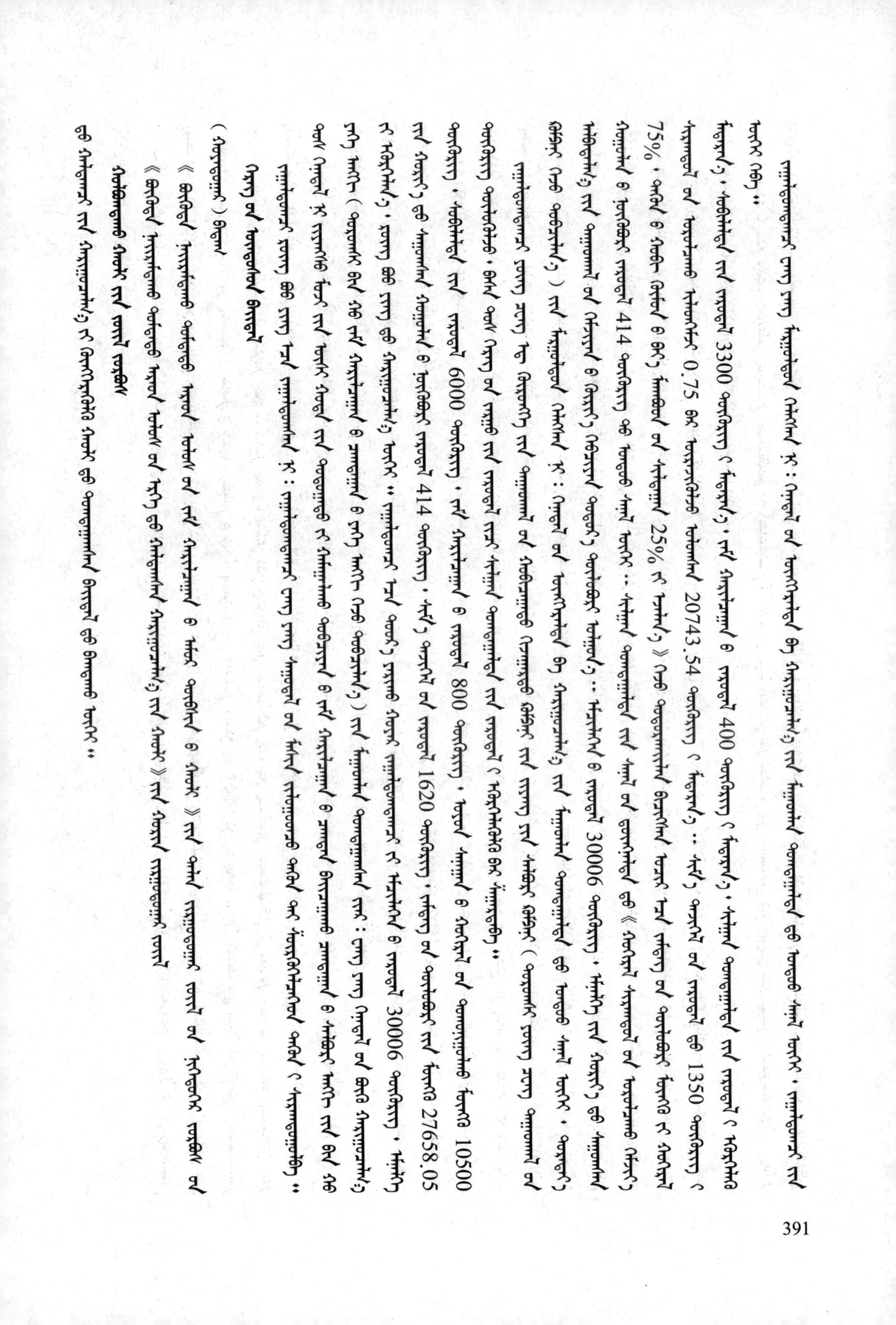

[illegible]

[illegible] ::

[illegible] 3300 [illegible] 400 [illegible]

[illegible] 0.75 [illegible] 20743.54 [illegible] 1350 [illegible]

75% [illegible] 25% [illegible]

[illegible] 414 [illegible]

[illegible] 30006 [illegible]

[illegible]

[illegible] 6000 [illegible] 800 [illegible] 10500

[illegible] 414 [illegible] 1620 [illegible] 27658.05

[illegible] 30006 [illegible]

[illegible] ::

[illegible]

([illegible]) [illegible]

《 [illegible] 》 [illegible]

《 [illegible] 》 [illegible]

[illegible]

[illegible] ::

20743.54 ᠮᠢᠩᠭᠠᠨ ᠶᠤᠸᠠᠨ ᠪᠣᠯᠵᠠᠢ ᠃

ᠪᠠᠢᠭᠤᠯᠬᠤ ᠮᠥᠩᠭᠦᠯᠡᠯᠲᠡ ᠃ ᠶᠡᠷᠦᠩᠬᠡᠢ ᠰᠢᠢᠳᠪᠦᠷᠢ ᠶᠢᠨ ᠬᠠᠷᠢᠭᠤ ᠬᠦᠮᠦᠨ ᠦ ᠬᠠᠷᠢᠭᠤᠴᠠᠯᠭ᠎ᠠ ᠶᠢᠨ ᠬᠤᠭᠤᠴᠠᠭᠠᠨ ᠳᠤ ᠲᠥᠯᠥᠪᠥᠷᠢ ᠶᠢ 27658.05 ᠮᠢᠩᠭᠠᠨ ᠶᠤᠸᠠᠨ ᠤ 25% ᠢ ᠨᠢ ᠬᠠᠰᠤᠭᠳᠠᠬᠤ ᠶᠢᠨ ᠲᠥᠯᠥᠭᠡ 150 ᠡᠳᠦᠷ ᠦᠨ ᠪᠠᠢᠭᠤᠯᠬᠤ ᠮᠥᠩᠭᠦᠯᠡᠯᠲᠡ ᠂ ᠬᠣᠪᠢᠶᠠᠷᠢᠯᠠᠬᠤ ᠶᠢᠨ ᠬᠤᠭᠤᠴᠠᠭᠠᠨ ᠤ 60 ᠡᠳᠦᠷ ᠦᠨ ᠪᠠᠢᠭᠤᠯᠬᠤ ᠮᠥᠩᠭᠦᠯᠡᠯᠲᠡ ᠂ ᠡᠮᠴᠢᠯᠡᠬᠦ ᠬᠤᠭᠤᠴᠠᠭᠠᠨ ᠤ 90 ᠡᠳᠦᠷ ᠦᠨ ᠪᠠᠢᠭᠤᠯᠬᠤ ᠮᠥᠩᠭᠦᠯᠡᠯᠲᠡ ᠶᠢᠨ 75% ᠢ ᠬᠠᠷᠢᠭᠤᠴᠠᠬᠤ ᠂ ᠪᠤᠰᠤᠳ ᠪᠠᠨ ᠬᠡᠯᠡᠪᠡᠯ ᠡᠮᠴᠢᠯᠡᠬᠦ ᠬᠣᠭᠣᠯᠠ ᠶᠢᠨ ᠲᠥᠯᠥᠪᠥᠷᠢ ᠶᠢᠨ 25% ᠢ ᠬᠠᠷᠢᠭᠤᠴᠠᠨ᠎ᠠ ᠃ 2. ᠳᠠᠷᠤᠭ ᠪᠠᠷ ᠳᠤᠷ ᠤᠨ ᠬᠣᠣᠰᠤᠯ ᠬᠤᠭᠤᠴᠠᠭᠠᠨ ᠦ ᠪᠠᠢᠭᠤᠯᠬᠤ ᠮᠥᠩᠭᠦᠯᠡᠯᠲᠡ ᠶᠢ ᠲᠥᠯᠥᠬᠦ ᠦᠭᠡᠢ ᠃ ᠬᠠᠷᠢᠭᠤ ᠬᠦᠮᠦᠨ ᠦ ᠬᠠᠷᠢᠭᠤᠴᠠᠬᠤ ᠦᠭᠡᠢ ᠪᠠᠢᠭᠤᠯᠬᠤ ᠮᠥᠩᠭᠦᠯᠡᠯᠲᠡ ᠶᠢ ᠨᠢ ᠤᠷᠢᠳᠠᠪᠡᠷ ᠲᠥᠯᠥᠪᠥᠷᠢ ᠶᠢᠨ ᠬᠠᠷᠢᠭᠤᠴᠠᠯᠭ᠎ᠠ ᠶᠢᠨ ᠬᠡᠮᠵᠢᠶ᠎ᠡ ᠶᠢᠨ ᠳᠤᠭᠠᠷ ᠤᠨ ᠳᠠᠭᠠᠭᠤ ᠲᠥᠯᠥᠬᠦ ᠶᠢ ᠨᠢ ᠬᠠᠷᠢᠭᠤᠴᠠᠭᠤᠯᠬᠤ ᠮᠥᠩᠭᠦᠯᠡᠯᠲᠡ ᠶᠢᠨ ᠬᠡᠮᠵᠢᠶ᠎ᠡ ᠳᠤ ᠬᠠᠮᠢᠶᠠᠷᠠᠬᠤ ᠪᠠᠢᠳᠠᠯ ᠢ ᠨᠢ ᠨᠡᠢᠲᠡ ᠳᠦ ᠵᠥᠪᠯᠡᠯᠴᠡᠭᠦᠯᠦᠨ ᠲᠣᠭᠲᠠᠭᠠᠬᠤ ᠶᠢᠨ ᠲᠥᠯᠥᠭᠡ ᠬᠠᠮᠢᠶᠠᠷᠠᠬᠤ ᠬᠡᠯᠳᠡᠰ ᠦᠨ ᠬᠤᠭᠤᠴᠠᠭ᠎ᠠ ᠶᠢᠨ ᠲᠤᠰᠬᠠᠢ ᠪᠠᠢᠭᠤᠯᠬᠤ ᠮᠥᠩᠭᠦᠯᠡᠯᠲᠡ ᠶᠢ ᠨᠢ 1. ᠳᠠᠷᠤᠭ ᠪᠠᠷ ᠳᠤᠷ ᠤᠨ ᠬᠡᠯᠡᠭᠰᠡᠨ ᠶᠣᠰᠣᠭᠠᠷ ᠲᠥᠯᠥᠪᠥᠷᠢ ᠶᠢᠨ ᠪᠡᠯᠡᠳᠬᠡᠯ ᠦᠨ ᠬᠤᠭᠤᠴᠠᠭᠠᠨ ᠤ ᠬᠤᠭᠤᠴᠠᠭ᠎ᠠ ᠶᠢᠨ ᠪᠠᠷᠢᠮᠲᠠ ᠶᠢᠨ ᠬᠡᠰᠡᠭ ᠦᠨ ᠲᠥᠯᠥᠭᠡ ᠭᠠᠷᠭᠠᠬᠤ ᠳᠠᠷᠤᠭ ᠪᠠᠷ ᠳᠤᠷ ᠤᠨ ᠬᠠᠷᠢᠭᠤᠴᠠᠭᠰᠠᠨ ᠮᠥᠩᠭᠦ ᠂ ᠨᠡᠢᠲᠡ ᠳᠦ ᠡᠮᠴᠢᠯᠡᠬᠦ ᠪᠡᠯᠡᠳᠬᠡᠯ ᠦᠨ ᠬᠤᠭᠤᠴᠠᠭᠠᠨ ᠤ ᠲᠥᠯᠥᠪᠥᠷᠢ 10500 ᠮᠢᠩᠭᠠᠨ ᠶᠤᠸᠠᠨ ᠨᠢ ᠪᠣᠯᠤᠨ ᠬᠣᠣᠯ ᠬᠦᠨᠰᠦ ᠶᠢᠨ ᠲᠥᠯᠥᠪᠥᠷᠢ 414 ᠮᠢᠩᠭᠠᠨ ᠶᠤᠸᠠᠨ ᠂ ᠬᠣᠣᠯ ᠬᠦᠨᠰᠦ ᠶᠢᠨ ᠲᠥᠯᠥᠪᠥᠷᠢ ᠶᠢᠨ ᠬᠠᠷᠢᠭᠤᠴᠠᠬᠤ ᠪᠤᠰᠤ ᠪᠠᠢᠭᠤᠯᠬᠤ ᠮᠥᠩᠭᠦᠯᠡᠯᠲᠡ ᠃

ᠳᠠᠷᠤᠭ ᠪᠠᠷ ᠳᠤᠷ ᠤᠨ ᠬᠠᠷᠢᠭᠤᠴᠠᠭᠤᠯᠬᠤ ᠮᠥᠩᠭᠦ ᠂ ᠨᠢᠭᠡᠳᠦᠭᠡᠷ ᠠᠢᠯ ᠤᠨ ᠬᠠᠷᠢᠭᠤ ᠬᠦᠮᠦᠨ ᠦ ᠬᠠᠷᠢᠭᠤᠴᠠᠬᠤ ᠮᠥᠩᠭᠦ ᠶᠢᠨ ᠡᠮᠴᠢᠯᠡᠬᠦ ᠲᠥᠯᠥᠪᠥᠷᠢ 30006 ᠮᠢᠩᠭᠠᠨ ᠶᠤᠸᠠᠨ ᠂ ᠬᠠᠷᠢᠭᠤ ᠬᠦᠮᠦᠨ ᠦ ᠲᠥᠯᠥᠭᠡ ᠬᠠᠷᠢᠭᠤᠴᠠᠬᠤ ᠮᠥᠩᠭᠦ ᠶᠢᠨ 24 ᠴᠠᠭ ᠤᠨ ᠳᠣᠲᠣᠷ᠎ᠠ ᠲᠥᠯᠥᠭᠡᠳ ᠡᠭᠦᠷᠭᠡ ᠶᠢ ᠳᠠᠭᠤᠰᠬᠠᠬᠤ ᠃ ᠰᠢᠭᠦᠨ ᠬᠠᠯᠳᠠᠮᠠᠷ ᠵᠢᠭᠠᠯᠭᠠᠭᠰᠠᠨ ᠬᠡᠷᠡᠭ ᠤᠨ ᠪᠠᠢᠳᠠᠯ ᠢ ᠲᠣᠭᠲᠠᠭᠠᠬᠤ ᠨᠢ 2011 ᠣᠨ ᠤ 8 ᠰᠠᠷ᠎ᠠ ᠶᠢᠨ 17 ᠤ ᠡᠳᠦᠷ ᠦᠨ 0 ᠴᠠᠭ ᠡᠴᠡ 2012 ᠣᠨ ᠤ 8 ᠰᠠᠷ᠎ᠠ ᠶᠢᠨ 16 ᠤ ᠡᠳᠦᠷ ᠦᠨ ᠬᠤᠭᠤᠴᠠᠭᠠᠨ ᠳᠤ ᠬᠡᠷᠡᠭᠵᠢᠭᠦᠯᠬᠦ ᠂ ᠵᠠᠯᠭᠠᠮᠵᠢᠯᠠᠬᠤ ᠬᠠᠷᠢᠭᠤᠴᠠᠯᠭ᠎ᠠ ᠶᠢᠨ ᠪᠢᠴᠢᠭ ᠦᠨ ᠳᠤᠭᠠᠷ ᠨᠢ ᠬᠣᠳᠠ ᠶᠢᠨ ᠬᠦᠳᠡᠭᠡ ᠶᠢᠨ ᠳᠡᠭᠡᠷ᠎ᠡ ᠶᠢᠨ ᠮᠠᠰᠢᠨ ᠲᠡᠷᠭᠡ ᠶᠢᠨ MT1888 ᠳᠤᠭᠠᠷ ᠤᠨ ᠮᠠᠰᠢᠨ ᠲᠡᠷᠭᠡ ᠶᠢᠨ ᠦᠢᠯᠡᠳᠬᠦᠨ ᠦ ᠬᠠᠷᠢᠭᠤᠴᠠᠯᠭ᠎ᠠ ᠶᠢᠨ ᠬᠡᠮᠵᠢᠶ᠎ᠡ ᠃ ᠳᠠᠷᠤᠭ ᠪᠠᠷ ᠳᠤᠷ ᠤᠨ ᠬᠠᠷᠢᠭᠤᠴᠠᠭᠤᠯᠬᠤ ᠮᠥᠩᠭᠦ ᠶᠢᠨ ᠲᠣᠭ᠎ᠠ ᠂ ᠬᠠᠮᠤᠭ ᠳᠡᠭᠡᠳᠦ 2200 ᠮᠢᠩᠭᠠᠨ ᠶᠤᠸᠠᠨ ᠤ ᠬᠡᠮᠵᠢᠶ᠎ᠡ ᠳᠦ ᠬᠦᠷᠦᠭᠰᠡᠨ ᠬᠤᠷᠢᠶᠠᠨ ᠳᠠᠩᠰᠠᠯᠠᠭᠰᠠᠨ ᠮᠥᠩᠭᠦ ᠃ ᠨᠢᠭᠡᠳᠦᠭᠡᠷ ᠠᠢᠯ ᠤᠨ ᠬᠠᠷᠢᠭᠤ ᠬᠦᠮᠦᠨ ᠦ ᠡᠮᠴᠢᠯᠡᠬᠦ ᠲᠥᠯᠥᠪᠥᠷᠢ 30006 ᠮᠢᠩᠭᠠᠨ ᠶᠤᠸᠠᠨ ᠂ ᠬᠣᠶᠠᠳᠤᠭᠠᠷ ᠠᠢᠯ ᠤᠨ 20000 ᠮᠢᠩᠭᠠᠨ ᠶᠤᠸᠠᠨ ᠢ ᠨᠢᠭᠡᠳᠦᠭᠡᠷ ᠠᠢᠯ ᠳᠤ ᠲᠥᠯᠥᠬᠦ ᠶᠢᠨ ᠬᠡᠷᠡᠭ ᠦᠨ ᠪᠠᠢᠳᠠᠯ ᠢ ᠲᠣᠭᠲᠠᠭᠠᠨ᠎ᠠ ᠂ ᠳᠠᠷᠤᠭ ᠪᠠᠷ ᠳᠤᠷ ᠤᠨ ᠬᠡᠷᠡᠭᠯᠡᠭᠦᠯᠬᠦ ᠶᠢᠨ ᠬᠤᠭᠤᠴᠠᠭ᠎ᠠ ᠂ ᠳᠠᠷᠤᠭ ᠪᠠᠷ ᠳᠤᠷ ᠤᠨ 《 ᠬᠦᠳᠡᠯᠮᠦᠷᠢ ᠶᠢᠨ ᠭᠡᠷ᠎ᠡ 》 ᠶᠢᠨ 2 ᠰᠠᠷ᠎ᠠ ᠶᠢᠨ 11 ᠤ ᠡᠳᠦᠷ ᠂ ᠪᠠᠰᠠ ᠬᠠᠷᠢᠭᠤᠴᠠᠭᠰᠠᠨ ᠤ ᠳᠠᠷᠠᠭ᠎ᠠ ᠶᠢᠨ ᠵᠢᠷᠤᠮ ᠤᠨ ᠳᠠᠭᠠᠭᠤ ᠳᠠᠷᠤᠭ ᠪᠠᠷ ᠳᠤᠷ ᠤᠨ ᠬᠠᠮᠤᠭ ᠤᠨ ᠬᠠᠷᠢᠭᠤᠴᠠᠭᠤᠯᠬᠤ ᠮᠥᠩᠭᠦ ᠶᠢ ᠨᠢ ᠳᠠᠷᠤᠢ ᠲᠥᠯᠥᠬᠦ ᠃ ᠬᠠᠷᠢᠭᠤᠴᠠᠭᠤᠯᠬᠤ ᠲᠤᠬᠠᠢ ᠶᠢᠨ ᠡᠮᠴᠢᠯᠡᠬᠦ ᠬᠠᠷᠢᠭᠤ ᠬᠦᠮᠦᠨ ᠦ ᠬᠠᠷᠢᠭᠤᠴᠠᠯᠭ᠎ᠠ ᠶᠢᠨ ᠮᠥᠩᠭᠦ ᠶᠢ ᠨᠢ ᠬᠠᠷᠢᠭᠤᠴᠠᠬᠤ ᠂ ᠳᠠᠷᠤᠭ ᠪᠠᠷ ᠳᠤᠷ ᠤᠨ ᠬᠣᠳᠠ ᠶᠢᠨ ᠬᠦᠳᠡᠭᠡ ᠶᠢᠨ ᠮᠠᠰᠢᠨ ᠲᠡᠷᠭᠡ ᠶᠢᠨ MT1888 ᠳᠤᠭᠠᠷ ᠤᠨ ᠮᠠᠰᠢᠨ ᠲᠡᠷᠭᠡ ᠶᠢᠨ ᠦᠢᠯᠡᠳᠬᠦᠨ ᠦ ᠬᠠᠷᠢᠭᠤᠴᠠᠯᠭ᠎ᠠ ᠶᠢᠨ ᠪᠢᠴᠢᠭ ᠢ 2012 ᠣᠨ ᠤ 2 ᠰᠠᠷ᠎ᠠ ᠶᠢᠨ 10 ᠤ ᠡᠳᠦᠷ ᠦᠨ 14 ᠴᠠᠭ 45 ᠮᠢᠨᠦ᠋ᠲ ᠦᠨ ᠳᠤᠭᠠᠷ ᠂ ᠳᠠᠷᠤᠭ ᠪᠠᠷ ᠳᠤᠷ ᠤᠨ ᠬᠠᠷᠢᠭᠤᠴᠠᠭᠤᠯᠬᠤ ᠮᠥᠩᠭᠦ ᠶᠢᠨ ᠬᠠᠷᠢᠭᠤᠴᠠᠯᠭ᠎ᠠ ᠶᠢᠨ ᠪᠠᠷᠢᠮᠲᠠ ᠶᠢᠨ ᠬᠤᠭᠤᠴᠠᠭ᠎ᠠ ᠶᠢᠨ ᠲᠥᠯᠥᠭᠡ 20000 ᠮᠢᠩᠭᠠᠨ ᠶᠤᠸᠠᠨ ᠲᠥᠯᠥᠬᠦ ᠪᠣᠯᠵᠠᠢ ᠃

ᠨ ᠬᠠᠮᠤᠭ ᠬᠠᠷᠢᠭᠤ ᠲᠠᠢ ᠬᠠᠷᠢᠭᠤ ᠬᠠᠷᠢᠯᠴᠠᠭ᠎ᠠ ᠪᠠᠢᠭᠤᠯᠬᠤ ᠮᠥᠩᠭᠦᠯᠡᠯᠲᠡ ᠶᠢᠨ ᠬᠣᠭᠣᠷᠣᠨᠳᠤ ᠂ ᠪᠣᠯᠤᠨ ᠲᠡᠷᠡ ᠮᠥᠩᠭᠦᠨ ᠦ ᠲᠥᠯᠥᠪᠥᠷᠢ ᠶᠢᠨ ᠬᠡᠮᠵᠢᠶ᠎ᠡ ᠶᠢᠨ ᠳᠤᠭᠠᠷ ᠤᠨ ᠳᠠᠭᠠᠭᠤ ᠨᠢ ᠬᠠᠷᠢᠭᠤᠴᠠᠭᠤᠯᠬᠤ ᠃ ᠠᠮᠢᠳᠤᠷᠠᠯ ᠨᠢ ᠬᠠᠷᠢᠭᠤ ᠲᠠᠢ ᠬᠠᠷᠢᠭᠤ ᠪᠠᠷ ᠲᠥᠯᠥᠪᠥᠷᠢ ᠶᠢᠨ ᠬᠠᠷᠢᠭᠤᠴᠠᠯᠭ᠎ᠠ ᠶᠢᠨ ᠬᠡᠯᠡᠯᠴᠡᠭᠡᠨ ᠦ ᠳᠠᠭᠠᠭᠤ ᠲᠥᠯᠥᠪᠥᠷᠢ ᠶᠢᠨ ᠮᠥᠩᠭᠦ ᠶᠢᠨ ᠬᠡᠷᠡᠭᠯᠡᠭᠡ ᠳᠦ ᠬᠠᠮᠤᠭ ᠤᠨ ᠬᠠᠷᠢᠭᠤ ᠶᠢᠨ ᠳᠤᠨᠳᠠ ᠳᠠᠩᠰᠠᠯᠠᠭᠳᠠᠨ᠎ᠠ ᠃

ᠬᠥᠭᠵᠢᠭᠦᠯᠬᠦ ᠪᠠᠢᠢᠬᠤ ᠬᠠᠷᠢᠶᠠᠨ ᠤ᠋ ᠠᠵᠢᠯᠲᠠᠨ ᠂ ᠠᠵᠢᠯ ᠮᠡᠷᠭᠡᠵᠢᠯ ᠤᠯᠠᠨ ᠵᠦᠢᠯ ᠪᠦᠲᠦᠭᠡᠬᠦ ᠪᠠᠷ ᠬᠢᠭᠡᠳ ᠬᠢᠷᠢ ᠬᠡᠮᠵᠢᠶ᠎ᠡ ᠪᠠᠷ ᠪᠣᠯ ᠂ ᠤᠯᠠᠨ ᠵᠦᠢᠯ ᠦ᠋ᠨ ᠡᠳ᠋ᠯᠡᠯ ᠢ᠋ ᠳᠡᠮᠵᠢᠭᠦᠯᠦᠯᠲᠡ ᠬᠥᠭᠵᠢᠭᠦᠯᠬᠦ ᠪᠠᠶᠢᠭ᠎ᠠ ᠶᠢᠨ ᠬᠡᠮᠵᠢᠶ᠎ᠡ ᠤᠯᠠᠨ ᠵᠦᠢᠯ ᠪᠦᠲᠦᠭᠡᠬᠦ ᠪᠠᠷ ᠪᠣᠯ ᠂ ᠬᠥᠭᠵᠢᠭᠦᠯᠬᠦ ᠪᠠᠶᠢᠭ᠎ᠠ ᠶᠢᠨ ᠪᠠᠶᠢᠳᠠᠯ ᠢ᠋ ᠪᠡᠬᠡᠵᠢᠭᠦᠯᠬᠦ ᠶᠢᠨ ᠲᠥᠯᠦᠭᠡ ᠬᠢᠴᠢᠶᠡᠩᠭᠦᠢᠯᠡᠵᠦ ᠂ ᠬᠥᠭᠵᠢᠭᠦᠯᠬᠦ ᠪᠠᠢᠢᠬᠤ ᠬᠠᠷᠢᠶᠠᠨ ᠤ᠋ ᠠᠵᠢᠯᠲᠠᠨ ᠂ ᠠᠵᠢᠯ ᠮᠡᠷᠭᠡᠵᠢᠯ ᠤᠯᠠᠨ ᠵᠦᠢᠯ ᠪᠦᠲᠦᠭᠡᠬᠦ ᠶᠢᠨ ᠬᠠᠮᠲᠤ ᠬᠥᠭᠵᠢᠭᠦᠯᠬᠦ ᠪᠠᠶᠢᠭ᠎ᠠ ᠪᠠᠷ ᠬᠢᠷᠢ ᠬᠡᠮᠵᠢᠶ᠎ᠡ ᠨᠢ (ᠬᠦᠷᠲᠡᠬᠦ) ᠬᠡᠮᠵᠢᠶ᠎ᠡ ᠨᠢ ᠦᠨᠳᠦᠰᠦᠨ ᠪᠠᠶᠢᠭᠤᠯᠤᠯᠲᠠ ᠶᠢᠨ ᠬᠡᠮᠵᠢᠶ᠎ᠡ ᠪᠣᠯᠪᠠ ᠃ 《 ᠪᠦᠬᠦ ᠨᠡᠢᠲᠡ ᠶᠢᠨ ᠥᠪᠡᠷᠲᠡᠭᠡᠨ ᠵᠠᠰᠠᠬᠤ ᠶᠢᠨ 》 ᠲᠤᠭᠠᠯᠠᠯ ᠳᠤ ᠪᠠᠷ 《 ᠪᠠᠢᠢᠬᠤ ᠪᠠᠷᠢᠯᠭ᠎ᠠ ᠶᠢᠨ ᠬᠡᠮᠵᠢᠶ᠎ᠡ 》 ᠶᠢᠨ ᠬᠠᠮᠲᠤ ᠥᠪᠡᠷᠲᠡᠭᠡᠨ ᠵᠠᠰᠠᠬᠤ ᠶᠢᠨ ᠵᠢᠷᠤᠮ ᠲᠤ ᠪᠠᠷ ᠂ ᠬᠥᠭᠵᠢᠭᠦᠯᠬᠦ ᠪᠠᠶᠢᠭ᠎ᠠ ᠶᠢᠨ ᠪᠠᠶᠢᠳᠠᠯ ᠢ᠋ ᠬᠥᠭᠵᠢᠭᠦᠯᠬᠦ 《 ᠦᠨᠳᠦᠰᠦᠨ ᠪᠠᠷᠢᠯᠭ᠎ᠠ ᠶᠢᠨ ᠲᠦᠷᠢᠮ ᠬᠤᠪᠢᠶᠠᠷᠢ 》 ᠶᠢᠨ ᠬᠡᠮᠵᠢᠶ᠎ᠡ ᠶᠢ ᠳᠡᠭᠡᠭᠰᠢᠯᠡᠭᠦᠯᠬᠦ ᠶᠢᠨ ᠲᠥᠯᠦᠭᠡ ᠬᠢᠴᠢᠶᠡᠩᠭᠦᠢᠯᠡᠵᠦ ᠪᠠᠶᠢᠨ᠎ᠠ ᠃

ᠪᠠᠷᠢᠯᠭ᠎ᠠ ᠪᠠᠢᠢᠭᠤᠯᠤᠯᠲᠠ ᠶᠢᠨ ᠵᠠᠰᠠᠪᠤᠷᠢ

ᠬᠡᠷᠡᠭᠵᠢᠭᠦᠯᠦᠯᠲᠡ ᠂ ᠰᠢᠯᠭᠠᠨ ᠪᠠᠢᠢᠴᠠᠭᠠᠯᠲᠠ ᠬᠢᠭᠡᠳ ᠪᠠᠢᠢᠭᠤᠯᠤᠯᠲᠠ ᠶᠢᠨ ᠬᠢᠨᠠᠨ ᠬᠠᠷᠢᠭᠤᠴᠠᠬᠤ ᠠᠵᠢᠯ ᠢ᠋ ᠰᠠᠢᠵᠢᠷᠠᠭᠤᠯᠪᠠ ᠃ ᠪᠠᠢᠢᠴᠠᠭᠠᠯᠲᠠ ᠂ ᠰᠢᠯᠭᠠᠨ ᠪᠠᠢᠢᠴᠠᠭᠠᠯᠲᠠ ᠬᠢᠭᠡᠳ ᠬᠢᠨᠠᠨ ᠬᠠᠷᠢᠭᠤᠴᠠᠬᠤ ᠠᠵᠢᠯ ᠢ᠋ ᠰᠠᠢᠵᠢᠷᠠᠭᠤᠯᠪᠠ ᠃

4040 ᠬᠠᠪᠲᠠᠭᠠᠢ ᠮᠧᠲ᠋ᠷ ᠪᠠᠢᠢᠭᠤᠯᠤᠯᠲᠠ ᠶᠢᠨ ᠲᠠᠯᠠᠪᠠᠢ ᠲᠠᠢ ᠰᠢᠨ᠎ᠡ ᠪᠠᠷᠢᠭᠰᠠᠨ ᠤᠷᠤᠨ ᠰᠠᠭᠤᠴᠠ ᠶᠢᠨ ᠪᠠᠢᠢᠭᠤᠯᠤᠯᠲᠠ ᠶᠢᠨ ᠲᠥᠰᠥᠯ ᠢ᠋ ᠬᠢᠨᠠᠨ ᠪᠠᠢᠢᠴᠠᠭᠠᠵᠤ ᠂ ᠰᠢᠯᠭᠠᠨ ᠪᠠᠢᠢᠴᠠᠭᠠᠯᠲᠠ ᠶᠢᠨ ᠰᠢᠬᠤᠳ ᠲᠠᠢᠯᠤᠨ ᠢ᠋ ᠭᠠᠷᠭᠠᠪᠠ ᠂ 52258.05 ᠬᠠᠪᠲᠠᠭᠠᠢ ᠮᠧᠲ᠋ᠷ ᠪᠠᠢᠢᠭᠤᠯᠤᠯᠲᠠ ᠶᠢᠨ ᠲᠠᠯᠠᠪᠠᠢ ᠲᠠᠢ ᠰᠢᠨ᠎ᠡ ᠪᠠᠷᠢᠭᠰᠠᠨ ᠤᠷᠤᠨ ᠰᠠᠭᠤᠴᠠ ᠶᠢᠨ ᠪᠠᠢᠢᠭᠤᠯᠤᠯᠲᠠ ᠶᠢᠨ ᠲᠥᠰᠥᠯ ᠢ᠋ ᠬᠢᠨᠠᠨ ᠪᠠᠢᠢᠴᠠᠭᠠᠪᠠ ᠃ ᠮᠥᠨ ᠂ ᠰᠢᠯᠭᠠᠨ ᠪᠠᠢᠢᠴᠠᠭᠠᠯᠲᠠ ᠬᠢᠭᠡᠳ (2012) ᠤ᠋ᠨ ᠣᠨ ᠤ᠋ ᠡᠴᠦᠰ ᠬᠦᠷᠲᠡᠯ᠎ᠡ ᠨᠡᠢᠲᠡ 1138 ᠰᠠᠶ᠎ᠠ ᠶᠤᠸᠠᠨ ᠤ᠋ ᠬᠥᠷᠥᠩᠭᠡ ᠣᠷᠤᠤᠯᠤᠭᠰᠠᠨ ᠪᠠᠢᠢᠭᠤᠯᠤᠯᠲᠠ ᠶᠢᠨ ᠲᠥᠰᠥᠯ ᠢ᠋ ᠬᠢᠨᠠᠨ ᠬᠠᠷᠢᠭᠤᠴᠠᠪᠠ ᠃ ᠮᠥᠨ ᠂ ᠰᠢᠯᠭᠠᠨ ᠪᠠᠢᠢᠴᠠᠭᠠᠯᠲᠠ ᠬᠢᠭᠡᠳ 497 ᠰᠠᠶ᠎ᠠ ᠶᠤᠸᠠᠨ ᠤ᠋ ᠬᠥᠷᠥᠩᠭᠡ ᠣᠷᠤᠤᠯᠤᠭᠰᠠᠨ ᠲᠥᠰᠥᠯ ᠢ᠋ ᠬᠡᠮᠨᠡᠯᠲᠡ ᠬᠢᠪᠡ ᠄ ᠨᠢᠭᠡ ᠂ ᠲᠥᠰᠥᠯ ᠮᠡᠳᠡᠭᠦᠯᠬᠦ ᠶᠢᠨ ᠠᠵᠢᠯ ᠢ᠋ ᠰᠠᠶᠢᠨ ᠬᠢᠵᠦ ᠂ ᠬᠤᠲᠠ ᠶᠢᠨ ᠪᠠᠢᠢᠭᠤᠯᠤᠯᠲᠠ ᠶᠢᠨ ᠬᠡᠯᠲᠡᠰ ᠪᠣᠯ (2013) ᠤ᠋ᠨ ᠣᠨ ᠤ᠋ ᠪᠦᠬᠦ ᠨᠡᠢᠲᠡ ᠶᠢᠨ ᠪᠠᠢᠢᠭᠤᠯᠤᠯᠲᠠ ᠶᠢᠨ ᠲᠥᠰᠥᠯ ᠦ᠋ᠳ ᠢ᠋ 2013 ᠣᠨ ᠤ᠋ 6 ᠰᠠᠷ᠎ᠠ ᠶᠢᠨ 21 ᠦ᠋ ᠡᠳᠦᠷ ᠦ᠋ᠨ ᠳᠣᠲᠣᠷ᠎ᠠ ᠮᠡᠳᠡᠭᠦᠯᠬᠦ ᠶᠢ ᠱᠠᠭᠠᠷᠳᠠᠵᠤ ᠂ ᠬᠤᠲᠠ ᠶᠢᠨ ᠪᠠᠢᠢᠭᠤᠯᠤᠯᠲᠠ ᠶᠢᠨ ᠲᠥᠰᠥᠯ ᠦ᠋ᠳ ᠲᠦ ᠬᠢᠨᠠᠨ ᠬᠠᠷᠢᠭᠤᠴᠠᠪᠠ ᠃ ᠬᠤᠲᠠ ᠶᠢᠨ ᠪᠠᠢᠢᠭᠤᠯᠤᠯᠲᠠ ᠶᠢᠨ ᠲᠥᠰᠥᠯ ᠢ᠋ ᠮᠡᠳᠡᠭᠦᠯᠬᠦ ᠶᠢᠨ ᠲᠤᠯᠠ ᠂ ᠪᠠᠢᠢᠴᠠᠭᠠᠯᠲᠠ ᠂ ᠰᠢᠯᠭᠠᠨ ᠪᠠᠢᠢᠴᠠᠭᠠᠯᠲᠠ ᠬᠢᠭᠡᠳ ᠪᠠᠢᠢᠭᠤᠯᠤᠯᠲᠠ ᠶᠢᠨ ᠬᠢᠨᠠᠨ ᠬᠠᠷᠢᠭᠤᠴᠠᠬᠤ ᠠᠵᠢᠯ ᠢ᠋ ᠰᠠᠢᠵᠢᠷᠠᠭᠤᠯᠪᠠ ᠃ 4040 ᠬᠠᠪᠲᠠᠭᠠᠢ ᠮᠧᠲ᠋ᠷ ᠤ᠋ᠨ ᠪᠠᠢᠢᠭᠤᠯᠤᠯᠲᠠ ᠶᠢᠨ ᠲᠥᠰᠥᠯ ᠂ ᠰᠢᠨ᠎ᠡ ᠪᠠᠷᠢᠭᠰᠠᠨ ᠤᠷᠤᠨ ᠰᠠᠭᠤᠴᠠ ᠂ ᠬᠤᠲᠠ ᠶᠢᠨ ᠬᠡᠮᠵᠢᠶ᠎ᠡ ᠂ ᠬᠠᠷᠢᠭᠤᠴᠠᠬᠤ ᠪᠠᠢᠭᠤᠯᠤᠯᠭ᠎ᠠ ᠶᠢᠨ ᠬᠡᠮᠵᠢᠶ᠎ᠡ ᠂ ᠪᠠᠢᠢᠭᠤᠯᠤᠯᠲᠠ ᠶᠢᠨ ᠲᠠᠯᠠᠪᠠᠢ ᠪᠣᠯᠤᠨ ᠪᠠᠢᠢᠭᠤᠯᠤᠯᠲᠠ ᠶᠢᠨ ᠲᠥᠰᠥᠯ ᠢ᠋ ᠬᠢᠨᠠᠨ ᠪᠠᠢᠢᠴᠠᠭᠠᠪᠠ ᠃ ᠮᠥᠨ ᠂ ᠰᠢᠯᠭᠠᠨ ᠪᠠᠢᠢᠴᠠᠭᠠᠯᠲᠠ ᠬᠢᠭᠡᠳ 45343.54 ᠬᠠᠪᠲᠠᠭᠠᠢ ᠮᠧᠲ᠋ᠷ ᠤ᠋ᠨ ᠪᠠᠢᠢᠭᠤᠯᠤᠯᠲᠠ ᠶᠢᠨ ᠲᠠᠯᠠᠪᠠᠢ ᠂ ᠬᠤᠲᠠ ᠶᠢᠨ ᠬᠡᠮᠵᠢᠶ᠎ᠡ ᠂ ᠰᠢᠨ᠎ᠡ ᠪᠠᠷᠢᠭᠰᠠᠨ ᠤᠷᠤᠨ ᠰᠠᠭᠤᠴᠠ ᠂ ᠬᠠᠷᠢᠭᠤᠴᠠᠬᠤ ᠪᠠᠢᠭᠤᠯᠤᠯᠭ᠎ᠠ ᠶᠢᠨ ᠬᠡᠮᠵᠢᠶ᠎ᠡ ᠂ ᠪᠠᠢᠢᠭᠤᠯᠤᠯᠲᠠ ᠶᠢᠨ ᠲᠠᠯᠠᠪᠠᠢ ᠲᠠᠢ ᠰᠢᠨ᠎ᠡ ᠪᠠᠷᠢᠭᠰᠠᠨ ᠤᠷᠤᠨ ᠰᠠᠭᠤᠴᠠ ᠶᠢᠨ ᠪᠠᠢᠢᠭᠤᠯᠤᠯᠲᠠ ᠶᠢᠨ ᠲᠥᠰᠥᠯ ᠢ᠋ ᠬᠡᠮᠨᠡᠯᠲᠡ ᠬᠢᠪᠡ ᠄ ᠬᠣᠶᠠᠷ ᠂ ᠰᠢᠯᠭᠠᠨ ᠪᠠᠢᠢᠴᠠᠭᠠᠯᠲᠠ ᠬᠢᠭᠡᠳ ᠬᠥᠷᠥᠩᠭᠡ ᠣᠷᠤᠤᠯᠤᠭᠰᠠᠨ 1138 ᠰᠠᠶ᠎ᠠ ᠶᠤᠸᠠᠨ ᠤ᠋ ᠬᠥᠷᠥᠩᠭᠡ ᠣᠷᠤᠤᠯᠤᠭᠰᠠᠨ ᠪᠠᠢᠢᠭᠤᠯᠤᠯᠲᠠ ᠶᠢᠨ ᠲᠥᠰᠥᠯ ᠢ᠋ (2012) ᠤ᠋ᠨ ᠣᠨ ᠤ᠋ ᠡᠴᠦᠰ ᠬᠦᠷᠲᠡᠯ᠎ᠡ 8 ᠳᠤᠭᠠᠷ ᠰᠠᠷ᠎ᠠ ᠶᠢᠨ 2 ᠦ᠋ ᠡᠳᠦᠷ 2013 ᠣᠨ ᠤ᠋ ᠬᠤᠲᠠ ᠶᠢᠨ ᠪᠠᠢᠢᠭᠤᠯᠤᠯᠲᠠ ᠶᠢᠨ ᠲᠥᠰᠥᠯ ᠦ᠋ᠳ ᠲᠦ ᠬᠢᠨᠠᠨ ᠬᠠᠷᠢᠭᠤᠴᠠᠬᠤ ᠠᠵᠢᠯ ᠢ᠋ ᠬᠠᠮᠲᠤ ᠪᠠᠢᠢᠭᠤᠯᠤᠯᠲᠠ ᠶᠢᠨ ᠲᠥᠰᠥᠯ ᠢ᠋ ᠰᠠᠢᠵᠢᠷᠠᠭᠤᠯᠪᠠ ᠃

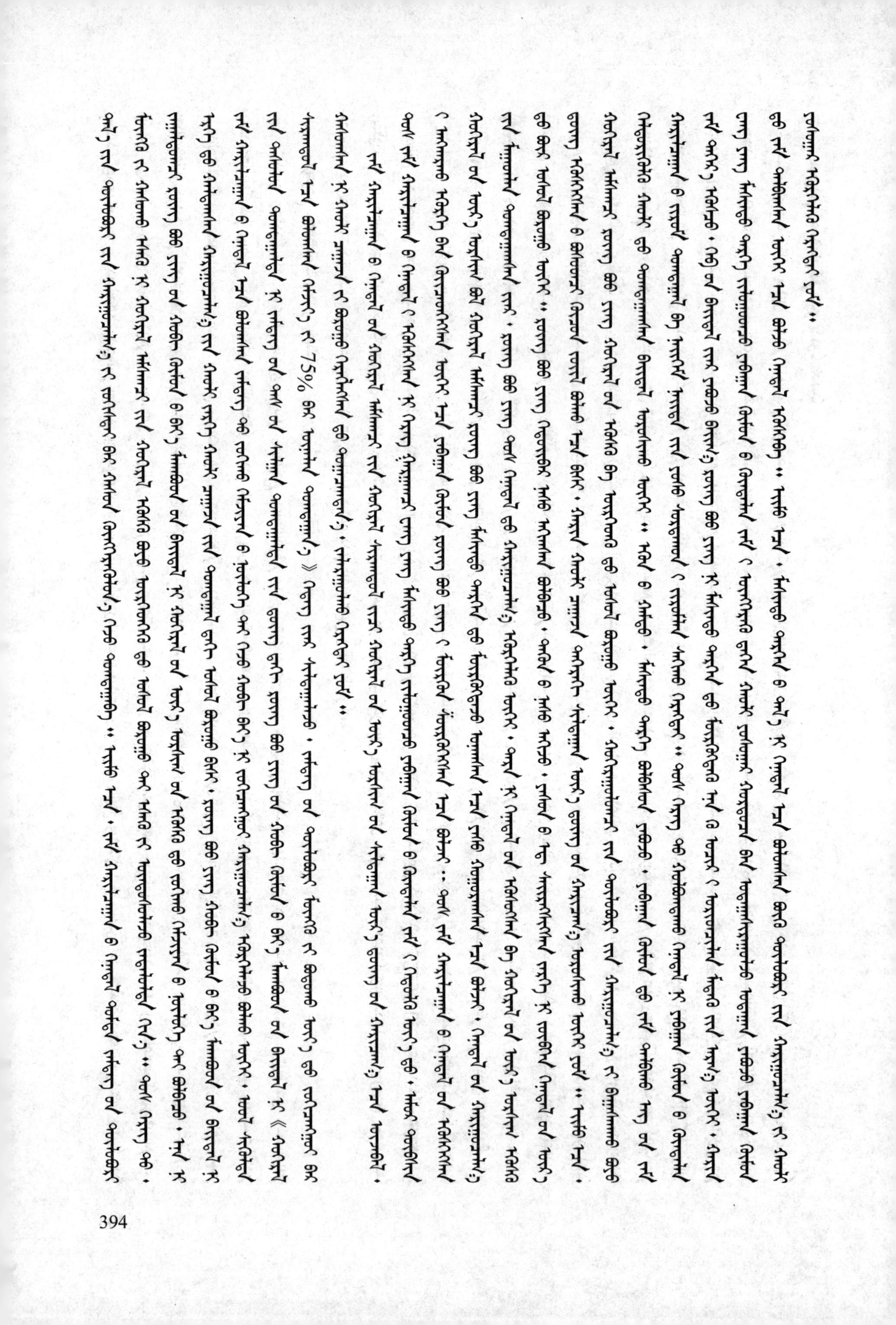

ᠮᠣᠩᠭᠣᠯ ᠤ ᠬᠡᠯᠡ ᠪᠢᠴᠢᠭ ᠦᠨ ᠰᠤᠷᠭᠠᠭᠤᠯᠢ ᠶᠢᠨ ᠪᠠᠭᠰᠢ ᠨᠠᠷ ᠤᠨ ᠪᠣᠯᠪᠠᠰᠤᠷᠠᠯ ᠤᠨ ᠲᠦᠪᠰᠢᠨ ᠢ ᠳᠡᠭᠡᠭᠰᠢᠯᠡᠭᠦᠯᠬᠦ ᠂ ᠰᠤᠷᠭᠠᠨ ᠬᠦᠮᠦᠵᠢᠯ ᠦᠨ ᠴᠢᠨᠠᠷ ᠢ ᠳᠡᠭᠡᠭᠰᠢᠯᠡᠭᠦᠯᠬᠦ ᠶᠢᠨ ᠲᠤᠯᠠᠳᠠ ᠂ ᠰᠤᠷᠭᠠᠭᠤᠯᠢ ᠶᠢᠨ ᠬᠥᠲᠥᠯᠪᠦᠷᠢ ᠶᠢᠨ ᠪᠠᠭ ᠤᠨ ᠪᠦᠲᠦᠴᠡ ᠶᠢ ᠰᠠᠢᠵᠢᠷᠠᠭᠤᠯᠬᠤ ᠂ ᠰᠤᠷᠭᠠᠭᠤᠯᠢ ᠶᠢᠨ ᠪᠠᠭᠰᠢ ᠨᠠᠷ ᠤᠨ ᠪᠠᠭ ᠢ ᠪᠡᠯᠡᠳᠬᠡᠬᠦ ᠬᠡᠷᠡᠭᠲᠡᠢ ᠃ ᠰᠤᠷᠭᠠᠭᠤᠯᠢ ᠶᠢᠨ ᠰᠤᠷᠭᠠᠨ ᠬᠦᠮᠦᠵᠢᠯ ᠦᠨ ᠴᠢᠨᠠᠷ ᠢ ᠳᠡᠭᠡᠭᠰᠢᠯᠡᠭᠦᠯᠬᠦ ᠳᠦ ᠂ ᠰᠤᠷᠭᠠᠭᠤᠯᠢ ᠶᠢᠨ ᠬᠥᠲᠥᠯᠪᠦᠷᠢ ᠶᠢᠨ ᠠᠵᠢᠯ ᠢ ᠰᠠᠢᠵᠢᠷᠠᠭᠤᠯᠬᠤ ᠬᠡᠷᠡᠭᠲᠡᠢ ᠃ ᠰᠤᠷᠭᠠᠭᠤᠯᠢ ᠶᠢᠨ ᠬᠥᠲᠥᠯᠪᠦᠷᠢ ᠶᠢᠨ ᠪᠠᠭ ᠤᠨ ᠪᠦᠲᠦᠴᠡ ᠶᠢ ᠰᠠᠢᠵᠢᠷᠠᠭᠤᠯᠵᠤ ᠂ ᠰᠤᠷᠭᠠᠭᠤᠯᠢ ᠶᠢᠨ ᠠᠵᠢᠯ ᠢ ᠰᠢᠨᠵᠢᠯᠡᠬᠦ ᠬᠡᠷᠡᠭᠲᠡᠢ ᠃ 《 ᠰᠤᠷᠭᠠᠨ ᠬᠦᠮᠦᠵᠢᠯ ᠦᠨ ᠬᠠᠤᠯᠢ 》 ᠪᠠ ᠪᠣᠯᠪᠠᠰᠤᠷᠠᠯ ᠰᠤᠷᠭᠠᠭᠤᠯᠢ ᠶᠢᠨ ᠠᠵᠢᠯᠯᠠᠭᠠᠨ ᠳᠤ ᠪᠣᠯᠪᠠᠰᠤᠷᠠᠯ ᠢ ᠬᠣᠶᠠᠷ ᠲᠦᠪᠡᠭ ᠴᠢᠬᠤᠯᠠ ᠪᠠᠷ ᠰᠢᠯᠭᠠᠨ ᠲᠣᠭᠲᠠᠭᠠᠬᠤ ᠬᠡᠷᠡᠭᠲᠡᠢ ᠃

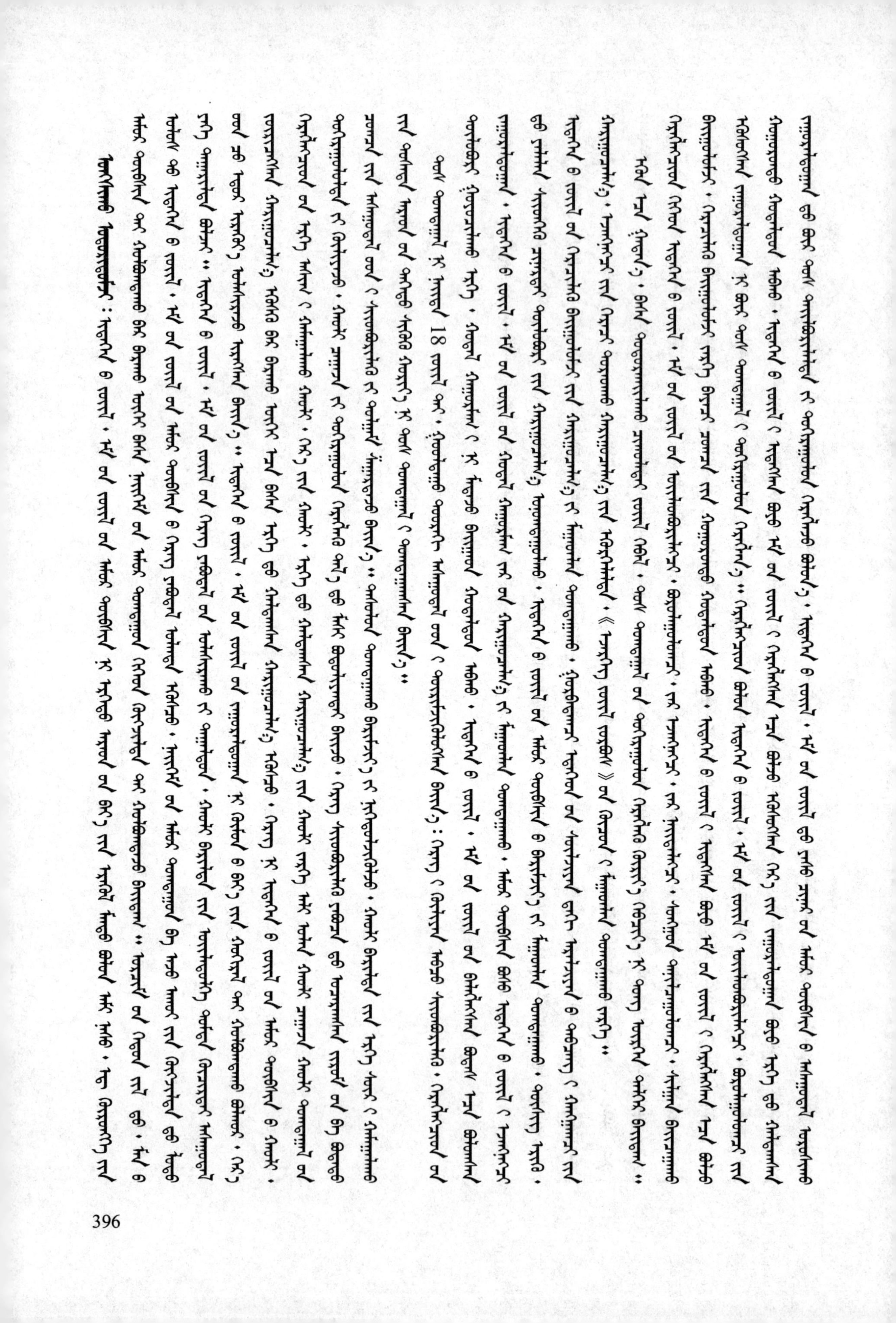

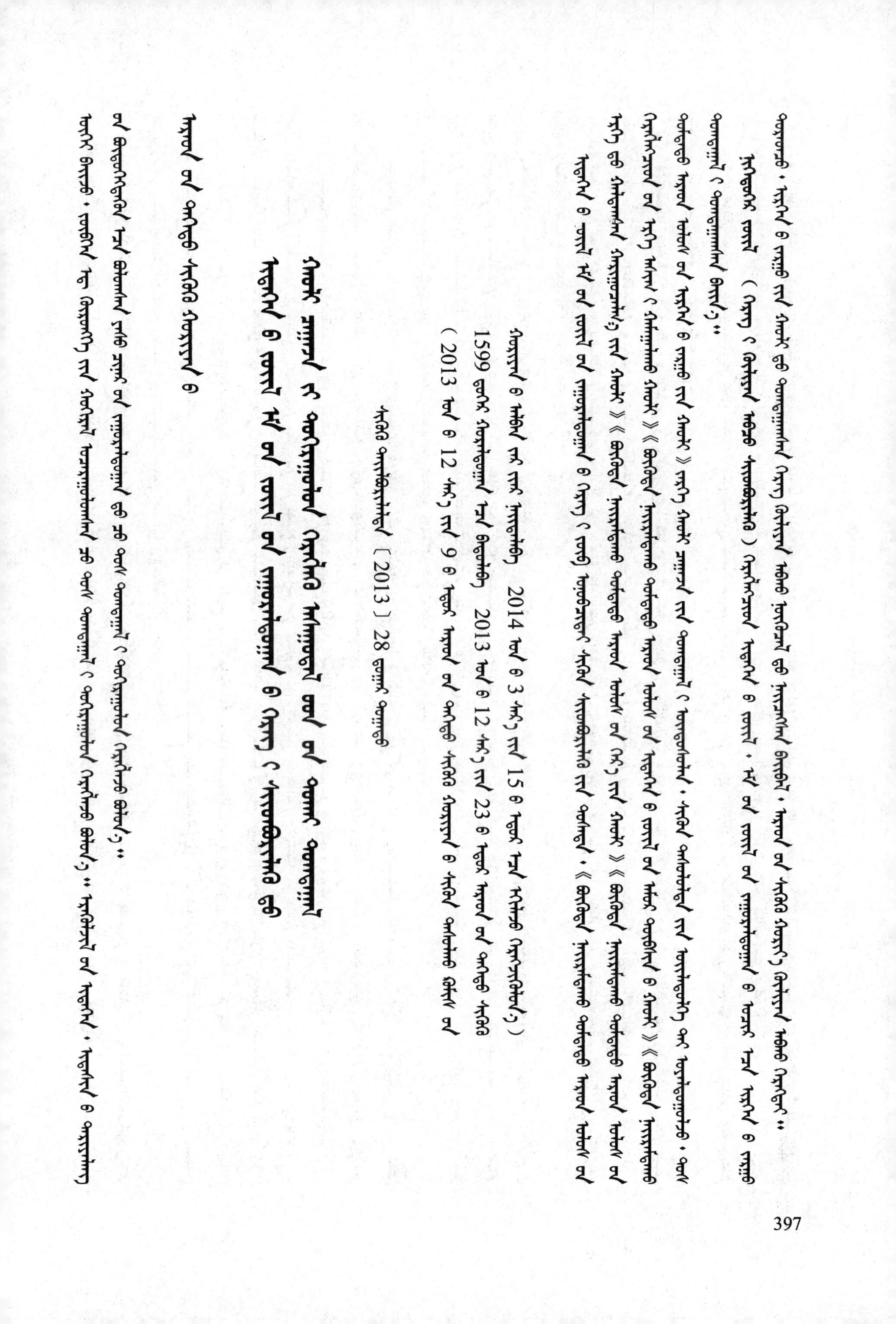

[illegible] ᠃ [illegible]

[illegible] ᠃

[illegible]

[illegible]

[illegible]〔2013〕28 [illegible]

(2013 [illegible] 12 [illegible] 9 [illegible]
1599 [illegible] 2013 [illegible] 12 [illegible] 23 [illegible]
[illegible] 2014 [illegible] 3 [illegible] 15 [illegible])

[illegible] 《[illegible]》 [illegible] 《[illegible]》 [illegible] 《[illegible]》 [illegible] 《[illegible]》 [illegible] ᠃

[illegible] ([illegible]) [illegible] ᠃

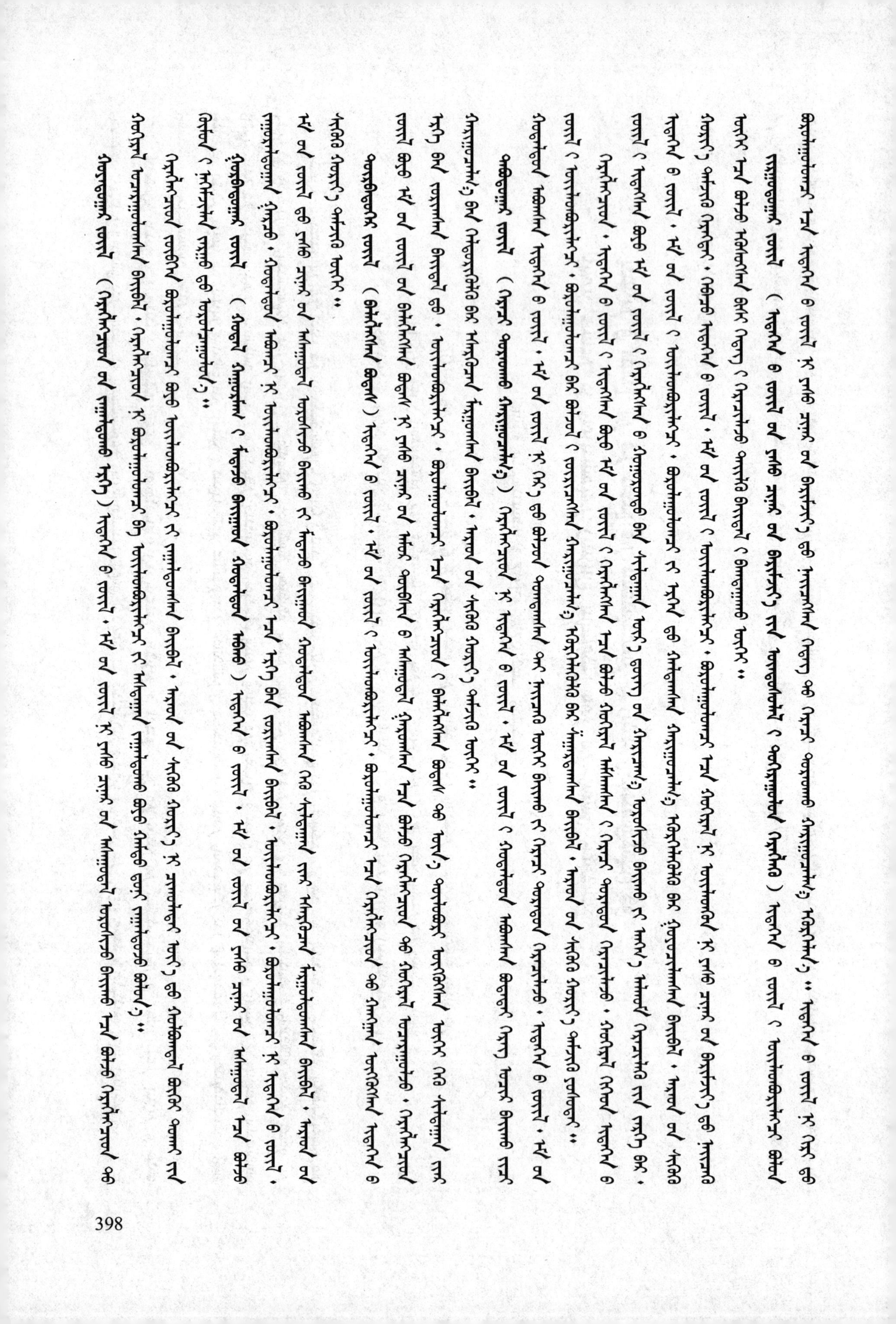

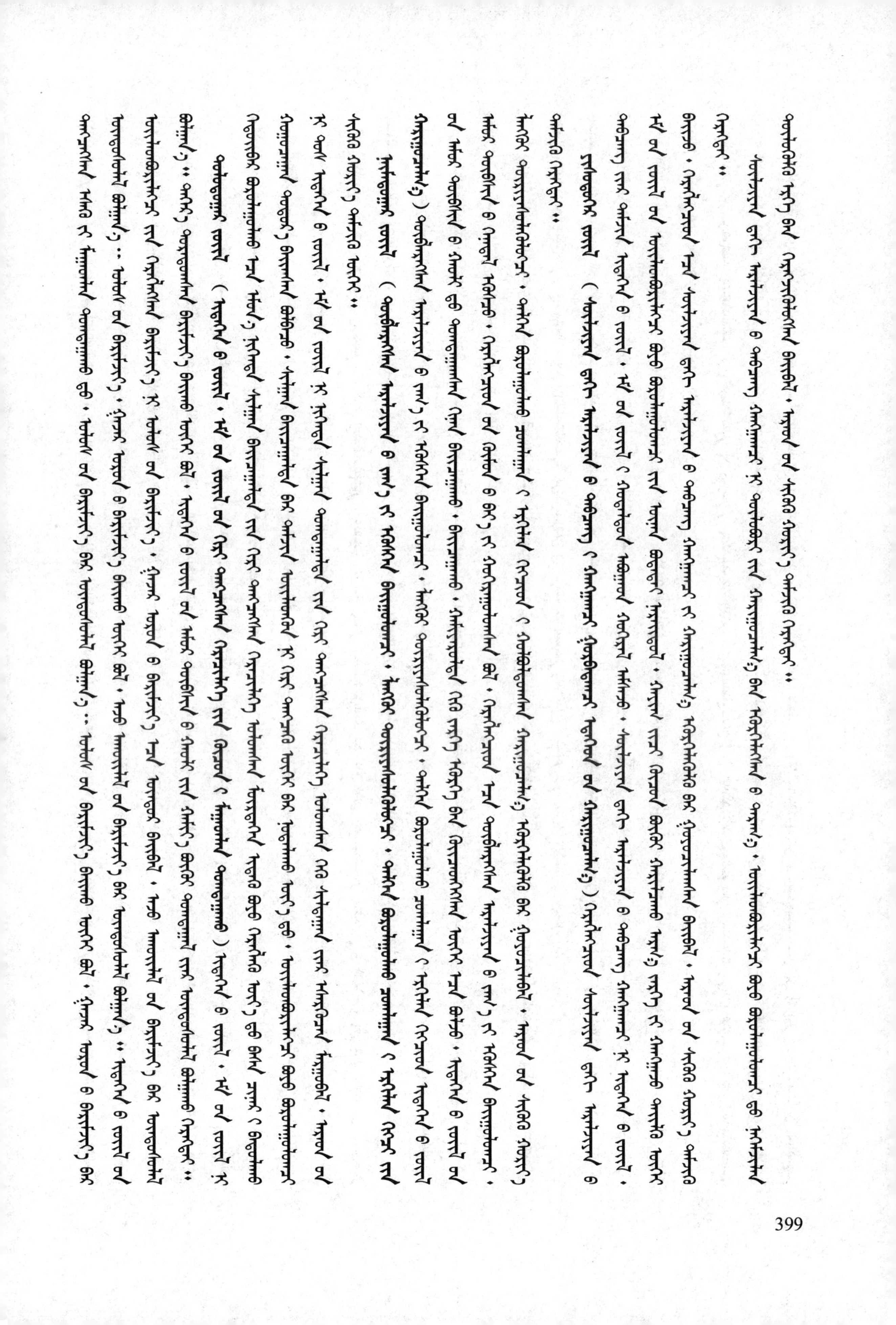

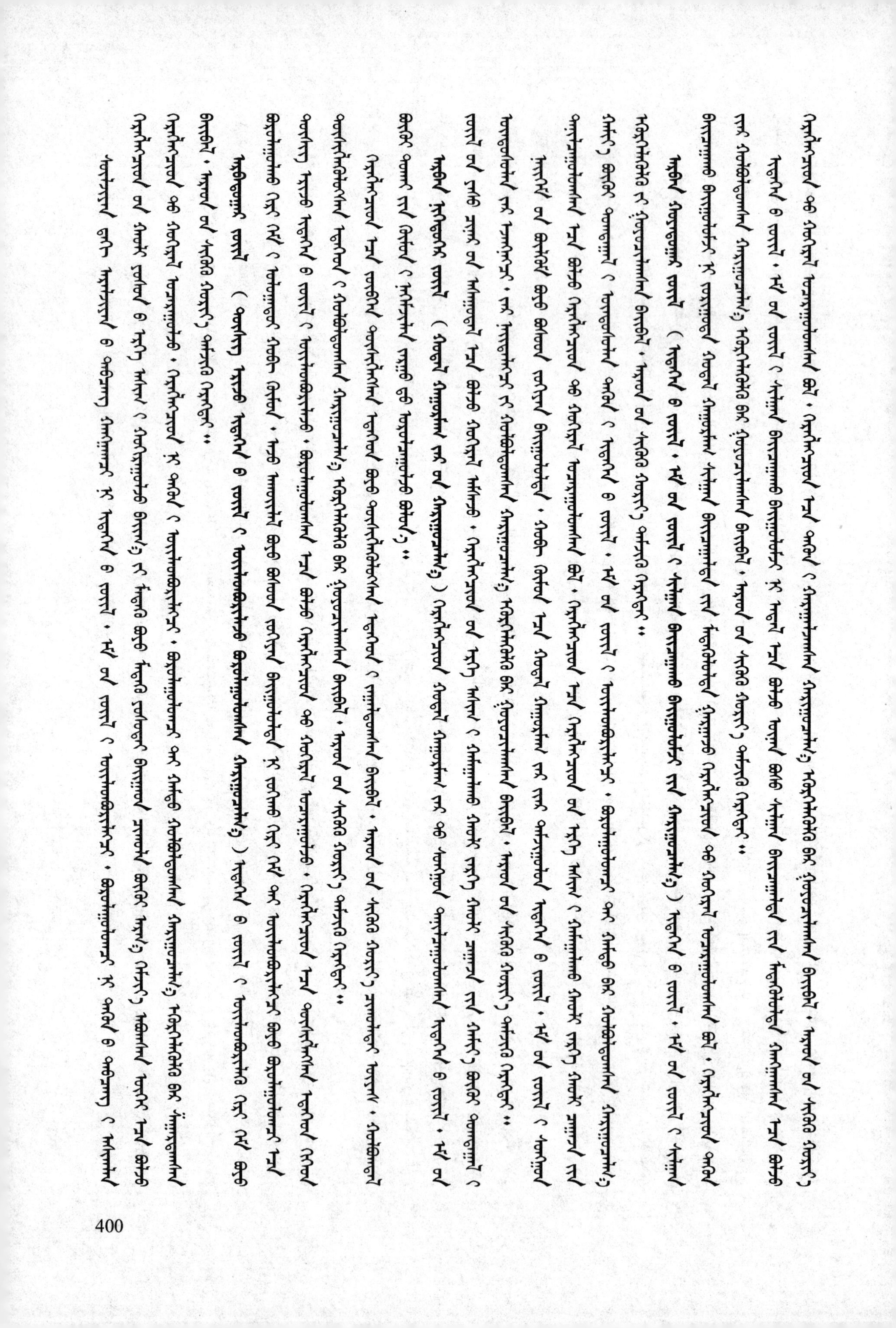

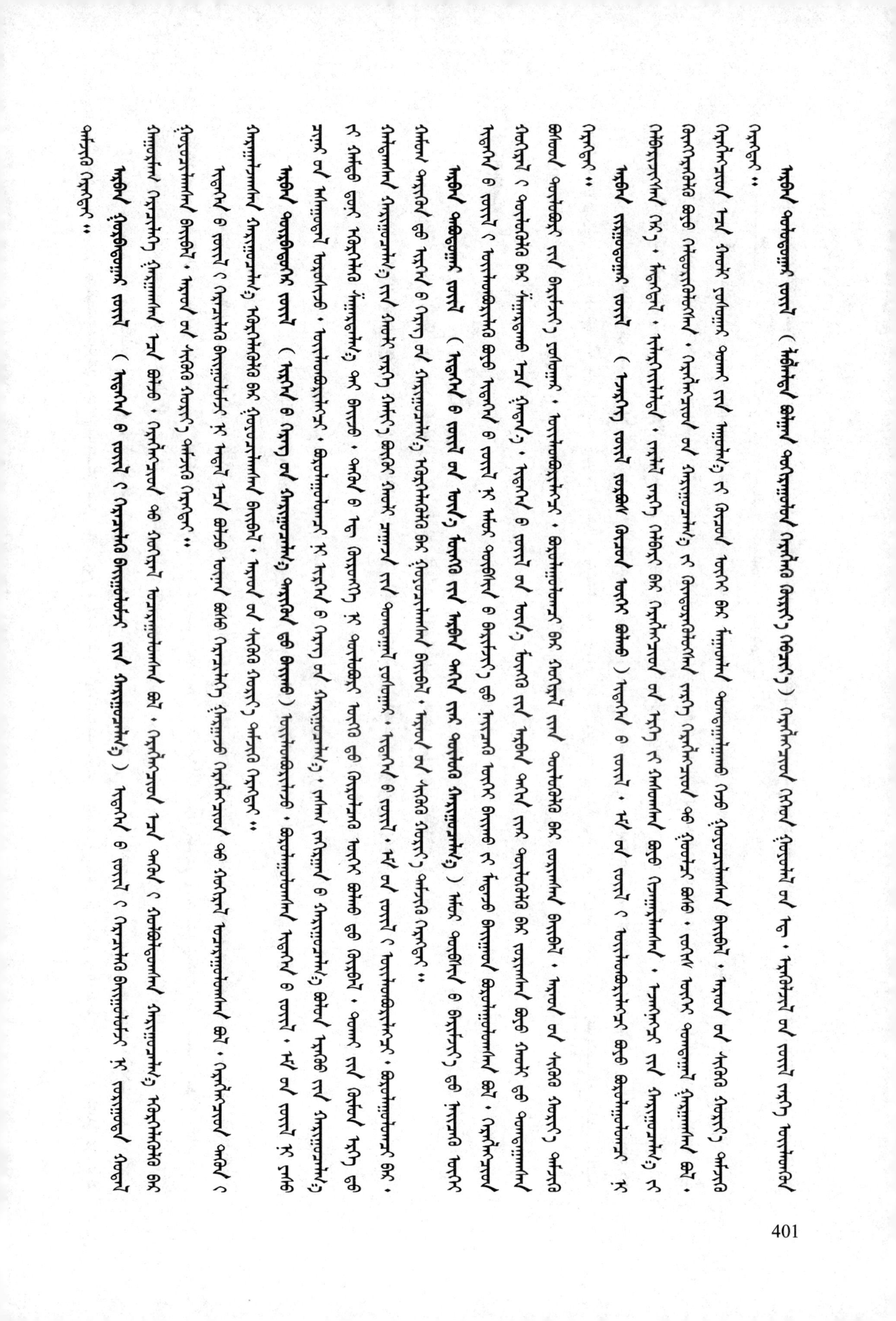

[illegible]

[illegible] ::

[illegible] ::

ᠲᠠᠢᠯᠪᠤᠷᠢ [illegible] 10 [illegible] ::

ᠠᠰᠠᠭᠤᠯᠲᠠ : [illegible] ᠪᠤᠢ ᠪᠤ ?

ᠬᠠᠷᠢᠭᠤᠯᠲᠠ : [illegible] 96 [illegible] 10 [illegible] ::

ᠲᠠᠢᠯᠪᠤᠷᠢ : [illegible] 10 [illegible] ::

[illegible] 96 [illegible]

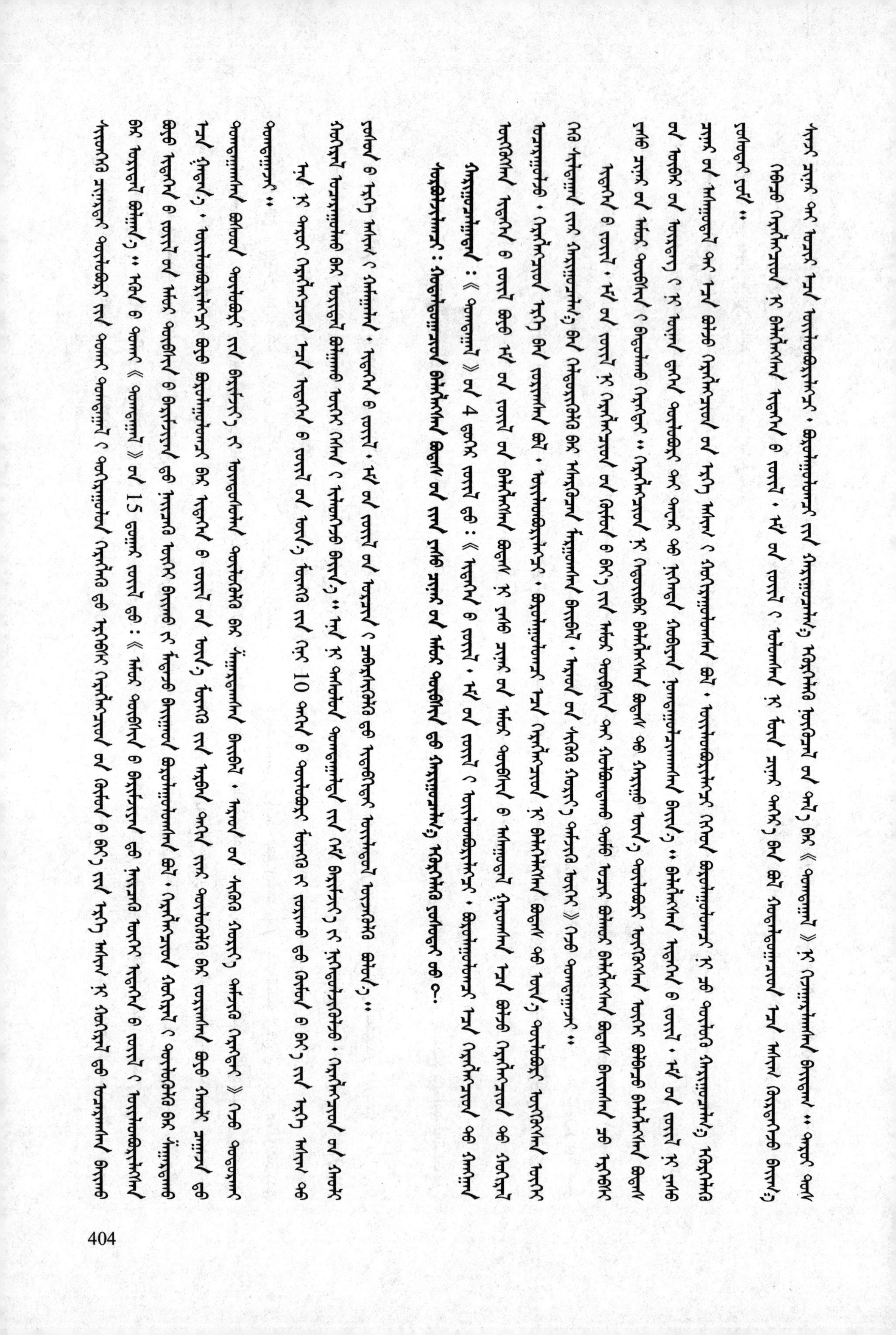

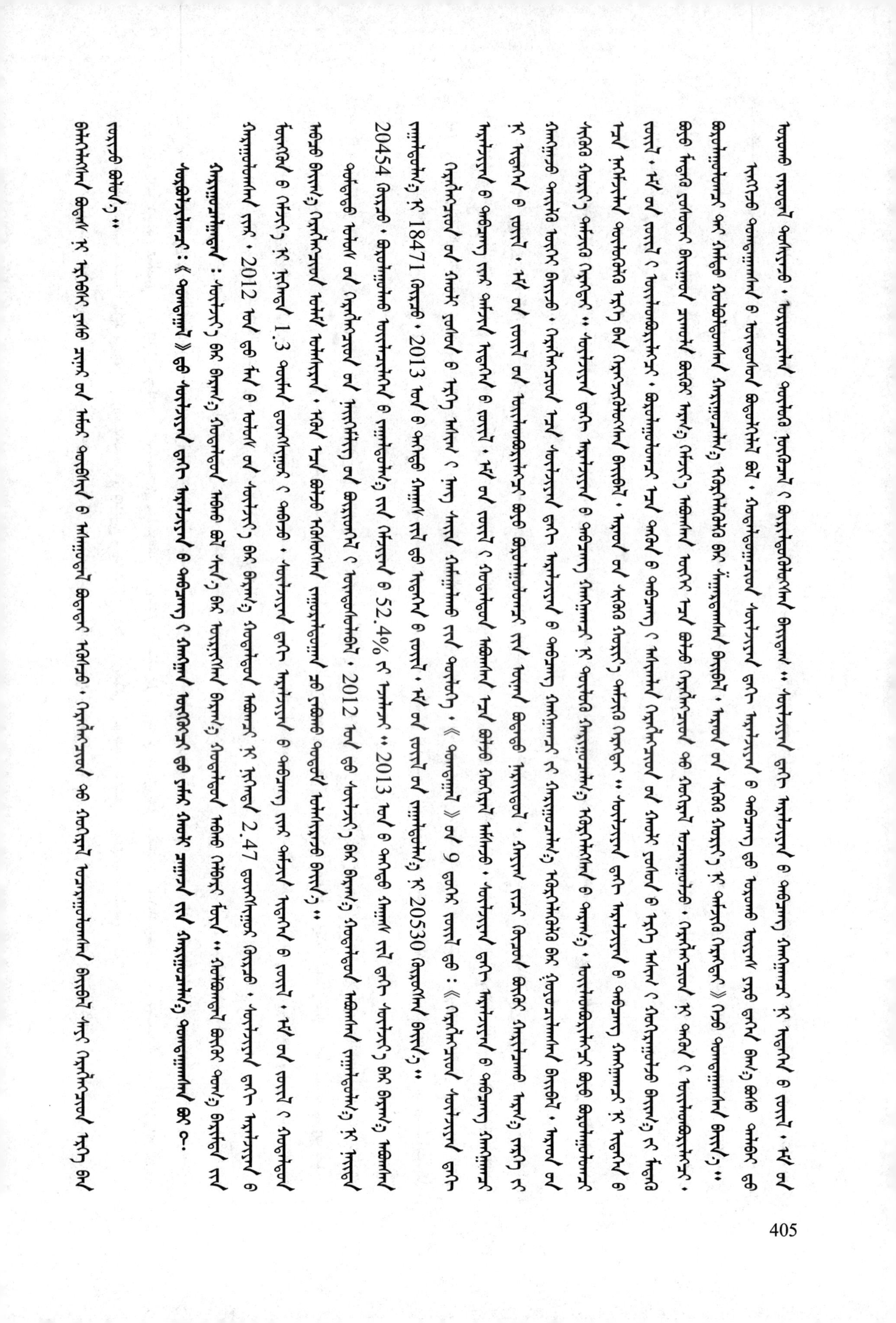

ᠠᠮᠢᠳᠤᠷᠠᠯ ᠤᠨ ᠰᠢᠨ ᠡᠷᠬᠡ ᠶᠢᠨ ᠦᠨᠳᠦᠰᠦᠨ ᠦ ᠬᠠᠮᠠᠭᠠᠯᠠᠯᠲᠠ ᠶᠢ ᠪᠡᠬᠢᠵᠢᠭᠦᠯᠬᠦ ᠳᠤ ᠴᠢᠬᠤᠯᠠ ᠠᠴᠢ ᠬᠢᠷᠢ ᠲᠠᠢ ᠪᠠᠢᠨ᠎ᠠ ::

ᠬᠦᠮᠦᠨ ᠦ ᠡᠷᠬᠡ ᠶᠢᠨ ᠬᠠᠮᠠᠭᠠᠯᠠᠯᠲᠠ ᠶᠢ ᠰᠠᠢᠵᠢᠷᠠᠭᠤᠯᠬᠤ ᠳᠤ ᠲᠤᠰᠠᠯᠠᠬᠤ ᠶᠤᠰᠤᠲᠠᠢ ᠪᠠᠢᠨ᠎ᠠ ᠂ ᠬᠠᠤᠯᠢ ᠴᠠᠭᠠᠵᠠ ᠶᠢᠨ ᠵᠠᠰᠠᠭ ᠤᠨ ᠡᠷᠬᠡ ᠶᠢ ᠬᠦᠨᠳᠦᠯᠡᠨ ᠬᠠᠮᠠᠭᠠᠯᠠᠬᠤ ᠶᠢᠨ ᠰᠢᠭᠦᠬᠦ ᠶᠢᠨ ᠪᠠᠢᠭᠤᠯᠭ᠎ᠠ ::》

ᠬᠤᠤᠯᠢ ᠴᠠᠭᠠᠵᠠ ᠶᠢᠨ ᠵᠠᠰᠠᠭ ᠤᠨ ᠬᠠᠮᠠᠭᠠᠯᠠᠯᠲᠠ ᠶᠢ ᠪᠡᠬᠢᠵᠢᠭᠦᠯᠬᠦ ᠂ ᠬᠦᠮᠦᠨ ᠦ ᠡᠷᠬᠡ ᠶᠢ ᠬᠦᠨᠳᠦᠯᠡᠬᠦ ᠪᠠ ᠬᠠᠮᠠᠭᠠᠯᠠᠬᠤ ᠶᠢ ᠰᠢᠭᠦᠬᠦ ᠶᠢᠨ ᠠᠵᠢᠯ ᠳᠤ ᠬᠡᠷᠡᠭᠵᠢᠭᠦᠯᠬᠦ ᠶᠢᠨ ᠲᠥᠯᠥᠭᠡ ᠂ 《ᠬᠦᠮᠦᠨ ᠦ ᠡᠷᠬᠡ ᠶᠢᠨ ᠬᠠᠮᠠᠭᠠᠯᠠᠯᠲᠠ》 ᠶᠢᠨ 13 ᠳᠤᠭᠠᠷ ᠵᠦᠢᠯ ᠳᠦ ᠬᠦᠮᠦᠨ ᠦ ᠡᠷᠬᠡ ᠶᠢᠨ ᠰᠢᠭᠦᠬᠦ ᠶᠢᠨ ᠬᠠᠮᠠᠭᠠᠯᠠᠯᠲᠠ ᠶᠢ ᠪᠡᠬᠢᠵᠢᠭᠦᠯᠬᠦ ᠳᠤ ᠵᠢᠭᠠᠨ ᠵᠢᠭᠠᠵᠤ ᠪᠠᠢᠨ᠎ᠠ :《ᠬᠦᠮᠦᠨ ᠦ ᠡᠷᠬᠡ ᠶᠢᠨ ᠰᠢᠭᠦᠬᠦ ᠶᠢᠨ ᠬᠠᠮᠠᠭᠠᠯᠠᠯᠲᠠ》 ᠂ ᠬᠦᠮᠦᠨ ᠦ ᠡᠷᠬᠡ ᠶᠢᠨ ᠰᠢᠭᠦᠬᠦ ᠶᠢᠨ ᠬᠠᠮᠠᠭᠠᠯᠠᠯᠲᠠ ᠶᠢ ᠪᠡᠬᠢᠵᠢᠭᠦᠯᠬᠦ ᠳᠦ ᠬᠦᠮᠦᠨ ᠦ ᠡᠷᠬᠡ ᠶᠢ ᠬᠦᠨᠳᠦᠯᠡᠬᠦ ᠶᠢᠨ ᠤᠴᠢᠷ ᠤᠳᠬ᠎ᠠ ᠶᠢ ᠲᠣᠳᠣᠷᠬᠠᠢ ᠪᠣᠯᠭᠠᠪᠠ ::

ᠬᠦᠮᠦᠨ ᠦ ᠡᠷᠬᠡ ᠶᠢᠨ ᠬᠠᠮᠠᠭᠠᠯᠠᠯᠲᠠ ᠶᠢᠨ ᠰᠢᠭᠦᠬᠦ ᠶᠢᠨ ᠪᠠᠢᠭᠤᠯᠭ᠎ᠠ 5468 ᠳᠤᠭᠠᠷ ᠂ 2013 ᠣᠨ ᠤ 4 ᠰᠠᠷ᠎ᠠ ᠶᠢᠨ 16 ᠤ ᠡᠳᠦᠷ ᠦᠨ 《ᠠᠷᠠᠳ ᠤᠨ ᠱᠦᠭᠦᠬᠦ ᠶᠢᠨ ᠰᠣᠨᠢᠨ》 ᠤ ᠳᠡᠭᠡᠷ᠎ᠡ ᠂ ᠬᠦᠮᠦᠨ ᠦ ᠡᠷᠬᠡ ᠶᠢᠨ ᠬᠠᠮᠠᠭᠠᠯᠠᠯᠲᠠ ᠶᠢᠨ ᠰᠢᠭᠦᠬᠦ ᠶᠢᠨ ᠠᠵᠢᠯ ᠤᠨ ᠬᠡᠪ ᠵᠦᠢ ᠶᠢ ᠪᠡᠬᠢᠵᠢᠭᠦᠯᠦᠨ᠎ᠡ ::

ᠬᠦᠮᠦᠨ ᠦ ᠡᠷᠬᠡ ᠶᠢᠨ ᠰᠢᠭᠦᠬᠦ ᠶᠢᠨ ᠬᠠᠮᠠᠭᠠᠯᠠᠯᠲᠠ ᠶᠢ ᠪᠡᠬᠢᠵᠢᠭᠦᠯᠬᠦ ᠂ ᠬᠦᠮᠦᠨ ᠦ ᠡᠷᠬᠡ ᠶᠢ ᠬᠦᠨᠳᠦᠯᠡᠬᠦ ᠪᠠ ᠬᠠᠮᠠᠭᠠᠯᠠᠬᠤ ᠶᠢᠨ ᠵᠠᠷᠴᠢᠮ ᠢ ᠬᠡᠷᠡᠭᠵᠢᠭᠦᠯᠬᠦ ᠂ ᠬᠦᠮᠦᠨ ᠦ ᠡᠷᠬᠡ ᠶᠢᠨ ᠰᠢᠭᠦᠬᠦ ᠶᠢᠨ ᠬᠠᠮᠠᠭᠠᠯᠠᠯᠲᠠ ᠶᠢᠨ ᠲᠦᠪᠰᠢᠨ ᠢ ᠳᠡᠭᠡᠭᠰᠢᠯᠡᠭᠦᠯᠬᠦ ᠪᠣᠯ ᠂ ᠬᠤᠤᠯᠢ ᠴᠠᠭᠠᠵᠠ ᠶᠢᠨ ᠵᠠᠰᠠᠭ ᠤᠨ ᠴᠢᠬᠤᠯᠠ ᠵᠣᠷᠢᠯᠭ᠎ᠠ ᠮᠥᠨ ::

ᠰᠢᠭᠦᠬᠦ ᠶᠢᠨ ᠪᠠᠢᠭᠤᠯᠭ᠎ᠠ : ᠬᠦᠮᠦᠨ ᠦ ᠡᠷᠬᠡ ᠶᠢᠨ ᠬᠠᠮᠠᠭᠠᠯᠠᠯᠲᠠ ᠶᠢᠨ ᠰᠢᠭᠦᠬᠦ ᠶᠢᠨ ᠠᠵᠢᠯ ᠢ ᠰᠠᠢᠵᠢᠷᠠᠭᠤᠯᠬᠤ ᠳᠤ ᠲᠤᠰᠠᠯᠠᠬᠤ ᠬᠡᠷᠡᠭᠲᠡᠢ ᠪᠣᠯᠤᠨ᠎ᠠ ::

ᠰᠢᠭᠦᠬᠦ ᠶᠢᠨ ᠵᠠᠰᠠᠭ : ᠬᠦᠮᠦᠨ ᠦ ᠡᠷᠬᠡ ᠶᠢᠨ ᠰᠢᠭᠦᠬᠦ ᠶᠢᠨ ᠬᠠᠮᠠᠭᠠᠯᠠᠯᠲᠠ ᠶᠢ ᠪᠡᠬᠢᠵᠢᠭᠦᠯᠬᠦ ᠂ ᠬᠦᠮᠦᠨ ᠦ ᠡᠷᠬᠡ ᠶᠢ ᠬᠦᠨᠳᠦᠯᠡᠬᠦ ᠪᠡᠷ ᠪᠠᠷ ᠤᠳᠤᠷᠢᠳᠬᠤ ᠤᠴᠢᠷ ᠲᠠᠢ ᠪᠤᠢ ᠃

ᠰᠢᠭᠦᠬᠦ ᠶᠢᠨ ᠠᠵᠢᠯ ᠤᠨ ᠪᠦᠬᠦ ᠰᠢᠲᠤᠯᠭ᠎ᠠ ᠳᠤ ᠬᠦᠮᠦᠨ ᠦ ᠡᠷᠬᠡ ᠶᠢ ᠬᠦᠨᠳᠦᠯᠡᠬᠦ ᠪᠤᠯᠭᠠᠪᠠ ::

ᠬᠤᠤᠯᠢ ᠶᠢᠨ ᠬᠦᠮᠦᠨ ᠦ ᠲᠦᠪᠰᠢᠨ ᠤ ᠬᠠᠮᠠᠭᠠᠯᠠᠯᠲᠠ ᠶᠢ ᠪᠡᠬᠢᠵᠢᠭᠦᠯᠬᠦ ᠂ ᠬᠦᠮᠦᠨ ᠦ ᠡᠷᠬᠡ ᠶᠢ ᠬᠦᠨᠳᠦᠯᠡᠬᠦ ᠂ ᠰᠢᠭᠦᠬᠦ ᠶᠢᠨ ᠠᠵᠢᠯ ᠢ ᠰᠠᠢᠵᠢᠷᠠᠭᠤᠯᠬᠤ ᠳᠤ ᠬᠦᠮᠦᠨ ᠦ ᠡᠷᠬᠡ ᠶᠢᠨ ᠬᠠᠮᠠᠭᠠᠯᠠᠯᠲᠠ ᠶᠢ ᠪᠡᠬᠢᠵᠢᠭᠦᠯᠦᠨ᠎ᠡ ᠂ ᠬᠦᠮᠦᠨ ᠦ ᠡᠷᠬᠡ ᠶᠢᠨ ᠰᠢᠭᠦᠬᠦ ᠶᠢᠨ ᠠᠵᠢᠯ ᠢ ᠰᠠᠢᠵᠢᠷᠠᠭᠤᠯᠬᠤ ᠂ ᠬᠦᠮᠦᠨ ᠦ ᠡᠷᠬᠡ ᠶᠢ ᠬᠦᠨᠳᠦᠯᠡᠬᠦ ᠂ ᠬᠠᠮᠠᠭᠠᠯᠠᠬᠤ ᠂

ᠬᠡᠷᠡᠭᠵᠢᠭᠦᠯᠦᠯᠲᠡ᠂ ᠬᠠᠷᠢᠭᠤᠴᠠᠯᠭ᠎ᠠ ᠶᠢᠨ ᠬᠡᠷᠡᠭᠵᠢᠭᠦᠯᠦᠯᠲᠡ ᠶᠢ ᠬᠠᠮᠠᠭᠠᠯᠠᠬᠤ ᠲᠡᠭᠦᠨ ᠬᠠᠷᠢᠭᠤᠴᠠᠯᠭ᠎ᠠ ᠳᠤ ᠣᠷᠣᠯᠴᠠᠬᠤ᠂ ᠲᠣᠮᠢᠯᠠᠬᠤ ᠡᠷᠬᠡ ᠪᠣᠯᠵᠣᠨ ᠲᠣᠭᠲᠠᠭᠠᠯ᠂ ᠬᠠᠷᠢᠭᠤᠴᠠᠯᠭ᠎ᠠ ᠲᠠᠶ ᠤᠯᠤᠰ ᠤᠨ ᠬᠡᠷᠡᠭᠵᠢᠭᠦᠯᠦᠯᠲᠡ᠂ ᠬᠦᠮᠦᠨ ᠦ ᠡᠷᠬᠡ ᠶᠢᠨ ᠬᠡᠷᠡᠭᠵᠢᠭᠦᠯᠦᠯᠲᠡ ᠪᠡᠷ ᠲᠣᠮᠢᠯᠠᠬᠤ ᠬᠠᠷᠢᠭᠤᠴᠠᠯᠭ᠎ᠠ ᠶᠢ ᠪᠠᠷᠢᠮᠲᠠᠯᠠᠬᠤ ᠪᠣᠯᠪᠠᠰᠤ᠂ ᠲᠡᠷᠡ ᠨᠢ 《ᠪᠣᠯᠵᠣᠨ》ᠤ 16 ᠳᠤᠭᠠᠷ ᠵᠦᠢᠯ ᠳᠦ: 《ᠬᠦᠮᠦᠨ ᠦ ᠡᠷᠬᠡ᠂ ᠤᠯᠤᠰ ᠤᠨ ᠡᠷᠬᠡ ᠶᠢᠨ ᠬᠠᠮᠠᠭᠠᠯᠠᠯᠲᠠ ᠪᠠᠷ ᠪᠠᠲᠤᠯᠠᠭᠳᠠᠬᠤ ᠬᠤᠪᠢ ᠬᠦᠮᠦᠨ ᠦ ᠡᠷᠬᠡ ᠶᠢ ᠬᠠᠮᠠᠭᠠᠯᠠᠬᠤ ᠪᠠᠶᠢᠳᠠᠯ》 ᠭᠡᠵᠦ ᠲᠣᠭᠲᠠᠭᠠᠭᠰᠠᠨ ᠪᠠᠶᠢᠨ᠎ᠠ᠃

ᠰᠤᠷᠭᠠᠭᠤᠯᠢ: 《ᠪᠣᠯᠵᠣᠨ》ᠢ ᠬᠡᠷᠡᠭᠵᠢᠭᠦᠯᠬᠦ ᠪᠠᠶᠢᠳᠠᠯ 《ᠤᠯᠠᠮᠵᠢᠯᠠᠯᠲᠤ ᠬᠦᠮᠦᠨ ᠦ ᠡᠷᠬᠡ》 ᠶᠢᠨ ᠬᠡᠷᠡᠭᠵᠢᠭᠦᠯᠦᠯᠲᠡ ᠳᠤ ᠶᠠᠮᠠᠷ ᠨᠥᠯᠥᠭᠡ ᠦᠵᠡᠭᠦᠯᠬᠦ ᠪᠣᠯ ᠪᠤᠢ ᠤᠤ?

ᠬᠦᠮᠦᠨ ᠦ ᠡᠷᠬᠡ ᠶᠢᠨ ᠬᠡᠷᠡᠭᠵᠢᠭᠦᠯᠦᠯᠲᠡ ᠶᠢᠨ ᠬᠠᠷᠢᠭᠤᠴᠠᠯᠭ᠎ᠠ᠂ ᠬᠦᠮᠦᠨ ᠦ ᠡᠷᠬᠡ ᠶᠢ ᠪᠠᠲᠤᠯᠠᠬᠤ ᠲᠠᠯ᠎ᠠ ᠶᠢᠨ ᠬᠠᠷᠢᠭᠤᠴᠠᠯᠭ᠎ᠠ ᠶᠢ ᠲᠣᠳᠣᠷᠬᠠᠶᠢᠯᠠᠬᠤ ᠳᠤ᠂ ᠬᠦᠮᠦᠨ ᠦ ᠡᠷᠬᠡ ᠶᠢᠨ ᠬᠠᠮᠠᠭᠠᠯᠠᠯᠲᠠ ᠪᠣᠯᠪᠠᠰᠤ ᠬᠡᠷᠡᠭᠵᠢᠭᠦᠯᠬᠦ ᠶᠣᠰᠤᠲᠠᠢ᠃ 《ᠪᠣᠯᠵᠣᠨ》ᠢ 《ᠬᠦᠮᠦᠨ ᠦ ᠡᠷᠬᠡ》ᠶᠢᠨ ᠬᠡᠷᠡᠭᠵᠢᠭᠦᠯᠦᠯᠲᠡ ᠳᠦ ᠪᠠᠷᠢᠮᠲᠠᠯᠠᠬᠤ ᠶᠣᠰᠤ ᠪᠠᠷ ᠲᠣᠭᠲᠠᠭᠠᠭᠰᠠᠨ ᠪᠣᠯ᠂ ᠬᠦᠮᠦᠨ ᠦ ᠡᠷᠬᠡ ᠶᠢᠨ ᠬᠠᠮᠠᠭᠠᠯᠠᠯᠲᠠ ᠶᠢ ᠪᠡᠶᠡᠯᠡᠭᠦᠯᠬᠦ ᠨᠢ ᠴᠢᠬᠤᠯᠠ᠃ ᠬᠦᠮᠦᠨ ᠦ ᠡᠷᠬᠡ ᠶᠢᠨ ᠬᠡᠷᠡᠭᠵᠢᠭᠦᠯᠦᠯᠲᠡ ᠶᠢ ᠪᠠᠲᠤᠯᠠᠬᠤ ᠳᠤ ᠤᠯᠤᠰ ᠤᠨ ᠬᠠᠷᠢᠭᠤᠴᠠᠯᠭ᠎ᠠ ᠶᠢ ᠬᠠᠮᠠᠭᠠᠯᠠᠬᠤ ᠶᠢᠨ ᠬᠠᠷᠢᠭᠤᠴᠠᠯᠭ᠎ᠠ ᠲᠠᠶ ᠪᠠᠶᠢᠳᠠᠯ ᠢ ᠲᠣᠭᠲᠠᠭᠠᠬᠤ᠂ ᠬᠦᠮᠦᠨ ᠦ ᠡᠷᠬᠡ᠂ ᠤᠯᠤᠰ ᠤᠨ ᠡᠷᠬᠡ ᠶᠢᠨ ᠬᠠᠮᠠᠭᠠᠯᠠᠯᠲᠠ ᠶᠢᠨ ᠬᠡᠷᠡᠭᠵᠢᠭᠦᠯᠦᠯᠲᠡ ᠶᠢ ᠪᠡᠶᠡᠯᠡᠭᠦᠯᠬᠦ ᠶᠣᠰᠤᠲᠠᠢ᠃ ᠬᠦᠮᠦᠨ ᠦ ᠡᠷᠬᠡ ᠶᠢᠨ ᠬᠠᠷᠢᠭᠤᠴᠠᠯᠭ᠎ᠠ ᠪᠠᠷ ᠲᠣᠭᠲᠠᠭᠰᠠᠨ ᠪᠠᠶᠢᠳᠠᠯ᠂ ᠬᠦᠮᠦᠨ ᠦ ᠡᠷᠬᠡ ᠶᠢᠨ ᠬᠡᠷᠡᠭᠵᠢᠭᠦᠯᠦᠯᠲᠡ ᠶᠢ ᠪᠠᠲᠤᠯᠠᠬᠤ᠂ ᠬᠦᠮᠦᠨ ᠦ ᠡᠷᠬᠡ᠂ ᠤᠯᠤᠰ ᠤᠨ ᠡᠷᠬᠡ ᠶᠢᠨ ᠬᠠᠮᠠᠭᠠᠯᠠᠯᠲᠠ ᠪᠠᠷ ᠪᠠᠲᠤᠯᠠᠭᠳᠠᠬᠤ ᠶᠣᠰᠤᠲᠠᠢ᠃

ᠰᠤᠷᠭᠠᠭᠤᠯᠢ: 《ᠪᠣᠯᠵᠣᠨ》ᠤᠨ 14 ᠳᠤᠭᠠᠷ ᠵᠦᠢᠯ ᠳᠦ: 《ᠬᠡᠷᠡᠭᠵᠢᠭᠦᠯᠬᠦ》 ᠪᠠᠶᠢᠳᠠᠯ ᠢ ᠬᠡᠷᠡᠭᠵᠢᠭᠦᠯᠬᠦ ᠳᠦ ᠶᠠᠮᠠᠷ ᠨᠥᠯᠥᠭᠡ ᠦᠵᠡᠭᠦᠯᠬᠦ ᠪᠣᠯ ᠪᠤᠢ ᠤᠤ?

ᠰᠤᠷᠭᠠᠭᠤᠯᠢ: 《ᠪᠣᠯᠵᠣᠨ》ᠤᠨ 14 ᠳᠤᠭᠠᠷ ᠵᠦᠢᠯ ᠳᠦ ᠬᠡᠷᠡᠭᠵᠢᠭᠦᠯᠬᠦ ᠪᠠᠶᠢᠳᠠᠯ ᠢ ᠶᠠᠮᠠᠷ ᠬᠡᠯᠪᠡᠷᠢ ᠪᠡᠷ ᠲᠣᠭᠲᠠᠭᠠᠭᠰᠠᠨ ᠪᠤᠢ ᠤᠤ?

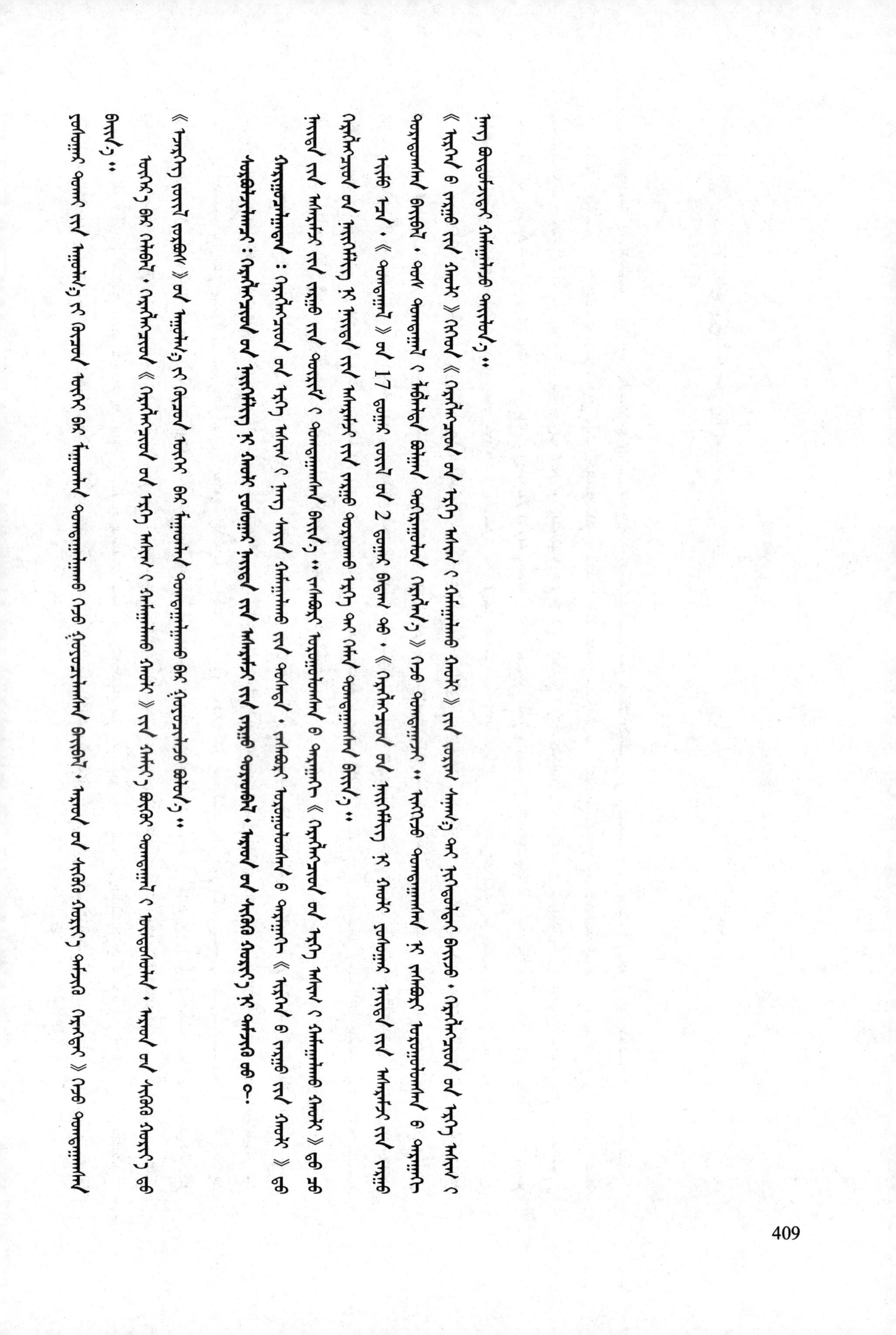

[illegible]

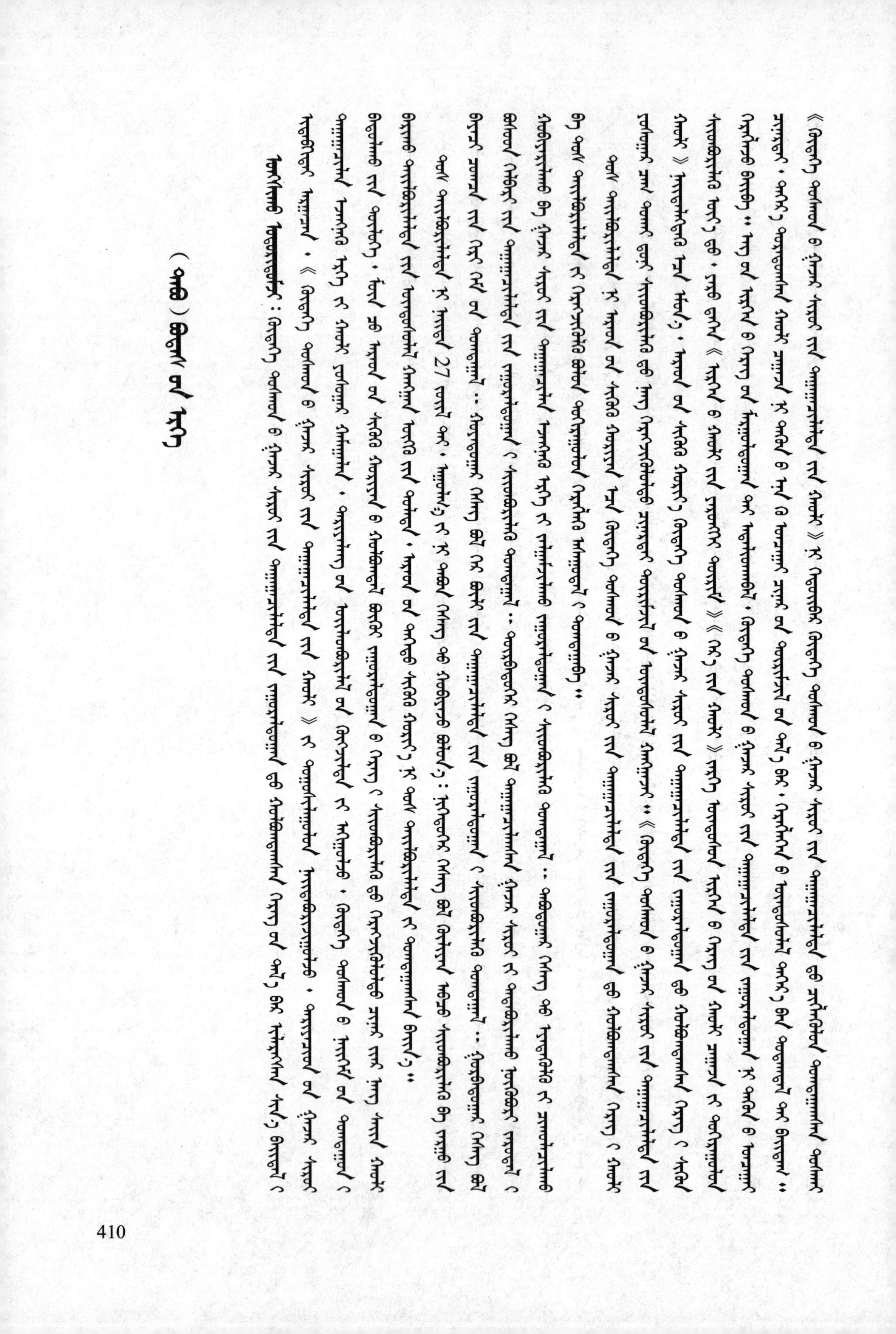

[illegible] ᠃

[illegible]

ᠪᠦᠭᠦᠳᠡ ᠨᠠᠶᠢᠷᠠᠮᠳᠠᠬᠤ ᠳᠤᠮᠳᠠᠳᠤ ᠠᠷᠠᠳ ᠤᠯᠤᠰ ᠤᠨ [illegible]

[illegible] 〔2005〕6 [illegible]

(2005 ᠣᠨ ᠤ 3 ᠰᠠᠷ᠎ᠠ ᠶᠢᠨ 29 ᠦ ᠡᠳᠦᠷ [illegible]
1346 [illegible] 2005 ᠣᠨ ᠤ 7 ᠰᠠᠷ᠎ᠠ ᠶᠢᠨ 29 ᠦ ᠡᠳᠦᠷ [illegible]
[illegible] 2005 ᠣᠨ ᠤ 9 ᠰᠠᠷ᠎ᠠ ᠶᠢᠨ 1 [illegible])

《ᠪᠦᠭᠦᠳᠡ ᠨᠠᠶᠢᠷᠠᠮᠳᠠᠬᠤ ᠳᠤᠮᠳᠠᠳᠤ ᠠᠷᠠᠳ ᠤᠯᠤᠰ ᠤᠨ [illegible]》· 《ᠪᠦᠭᠦᠳᠡ ᠨᠠᠶᠢᠷᠠᠮᠳᠠᠬᠤ ᠳᠤᠮᠳᠠᠳᠤ ᠠᠷᠠᠳ ᠤᠯᠤᠰ ᠤᠨ [illegible]》· 《ᠪᠦᠭᠦᠳᠡ ᠨᠠᠶᠢᠷᠠᠮᠳᠠᠬᠤ ᠳᠤᠮᠳᠠᠳᠤ ᠠᠷᠠᠳ ᠤᠯᠤᠰ ᠤᠨ [illegible]》· 《ᠪᠦᠭᠦᠳᠡ ᠨᠠᠶᠢᠷᠠᠮᠳᠠᠳᠤ ᠳᠤᠮᠳᠠᠳᠤ ᠠᠷᠠᠳ ᠤᠯᠤᠰ ᠤᠨ [illegible]》· [illegible]

ᠶᠠᠪᠤᠭᠳᠠᠭᠤᠯᠤᠨ᠂ ᠬᠡᠷᠡᠭ ᠦᠨ ᠪᠠᠢᠳᠠᠯ ᠢ ᠲᠣᠳᠤᠷᠬᠠᠢᠯᠠᠬᠤ ᠳᠤ ᠬᠦᠷᠭᠡᠬᠦ᠂ ᠮᠥᠷᠳᠡᠨ ᠪᠠᠢᠴᠠᠭᠠᠬᠤ ᠠᠵᠢᠯ ᠤᠨ ᠦᠷ᠎ᠡ ᠦᠢᠯᠡᠳᠦᠯ ᠢ ᠳᠡᠭᠡᠭᠰᠢᠯᠡᠭᠦᠯᠬᠦ ᠳᠤ ᠴᠢᠬᠤᠯᠠ ᠠᠴᠢ ᠬᠠᠷᠢᠯᠴᠠᠭ᠎ᠠ ᠲᠠᠢ ᠪᠠᠢᠨ᠎ᠠ ᠃

ᠨᠢᠭᠡ᠂ ᠮᠥᠷᠳᠡᠨ ᠪᠠᠢᠴᠠᠭᠠᠬᠤ ᠬᠤᠷᠢᠶᠠᠨ ᠬᠠᠮᠢᠭᠠᠯᠠᠬᠤ ᠬᠤᠭᠤᠴᠠᠭ᠎ᠠ ᠶᠢᠨ ᠲᠣᠭᠠᠴᠠᠬᠤ ᠠᠷᠭ᠎ᠠ

ᠬᠤᠷᠢᠶᠠᠨ ᠬᠠᠮᠢᠭᠠᠯᠠᠬᠤ ᠬᠤᠭᠤᠴᠠᠭ᠎ᠠ ᠶᠢ ᠲᠣᠭᠠᠴᠠᠬᠤ ᠳᠤ ᠬᠠᠤᠯᠢ ᠳᠤ ᠲᠣᠭᠲᠠᠭᠠᠭᠰᠠᠨ ᠦᠶ᠎ᠡ ᠡᠴᠡ ᠡᠬᠢᠯᠡᠨ ᠲᠣᠭᠠᠴᠠᠬᠤ ᠪᠠᠢᠨ᠎ᠠ ᠃ ᠮᠥᠷᠳᠡᠨ ᠪᠠᠢᠴᠠᠭᠠᠬᠤ ᠬᠤᠷᠢᠶᠠᠨ ᠬᠠᠮᠢᠭᠠᠯᠠᠬᠤ ᠬᠤᠭᠤᠴᠠᠭ᠎ᠠ ᠶᠢ ᠳᠣᠣᠷᠠᠬᠢ ᠮᠡᠲᠦ ᠬᠤᠪᠢᠶᠠᠨ ᠬᠤᠪᠢᠶᠠᠵᠤ ᠪᠣᠯᠣᠨ᠎ᠠ :

(ᠨᠢᠭᠡ) ᠡᠩ ᠦᠨ ᠬᠤᠷᠢᠶᠠᠨ ᠬᠠᠮᠢᠭᠠᠯᠠᠬᠤ ᠬᠤᠭᠤᠴᠠᠭ᠎ᠠ ᠶᠢᠨ ᠲᠣᠭᠠᠴᠠᠯᠠ ᠃

(ᠬᠣᠶᠠᠷ) ᠣᠨᠴᠠᠭᠠᠢ ᠪᠠᠢᠳᠠᠯ ᠳᠤ ᠬᠤᠷᠢᠶᠠᠨ ᠬᠠᠮᠢᠭᠠᠯᠠᠬᠤ ᠬᠤᠭᠤᠴᠠᠭ᠎ᠠ ᠶᠢ ᠤᠷᠲᠤᠰᠬᠠᠬᠤ ᠶᠢᠨ ᠲᠣᠭᠠᠴᠠᠯᠠ ᠃

(ᠭᠤᠷᠪᠠ) ᠬᠤᠷᠢᠶᠠᠨ ᠬᠠᠮᠢᠭᠠᠯᠠᠬᠤ ᠬᠤᠭᠤᠴᠠᠭ᠎ᠠ ᠶᠢ ᠳᠠᠬᠢᠨ ᠲᠣᠭᠠᠴᠠᠬᠤ ᠶᠢᠨ ᠲᠣᠭᠠᠴᠠᠯᠠ ᠃

(ᠳᠥᠷᠪᠡ) ᠬᠤᠷᠢᠶᠠᠨ ᠬᠠᠮᠢᠭᠠᠯᠠᠬᠤ ᠬᠤᠭᠤᠴᠠᠭ᠎ᠠ ᠳᠤ ᠣᠷᠣᠭᠤᠯᠬᠤ ᠦᠭᠡᠢ ᠪᠠᠢᠳᠠᠯ ᠤᠨ ᠲᠣᠭᠠᠴᠠᠯᠠ ᠃

(ᠲᠠᠪᠤ) ᠬᠤᠷᠢᠶᠠᠨ ᠬᠠᠮᠢᠭᠠᠯᠠᠬᠤ ᠶᠢᠨ ᠴᠠᠭ ᠶᠢᠨ ᠲᠣᠭᠠᠴᠠᠯᠠ ᠃

ᠮᠥᠷᠳᠡᠨ ᠪᠠᠢᠴᠠᠭᠠᠬᠤ ᠬᠤᠷᠢᠶᠠᠨ ᠬᠠᠮᠢᠭᠠᠯᠠᠬᠤ ᠬᠤᠭᠤᠴᠠᠭ᠎ᠠ ᠶᠢ ᠤᠷᠲᠤᠰᠬᠠᠬᠤ ᠳᠤ ᠬᠠᠤᠯᠢ ᠳᠤ ᠲᠣᠭᠲᠠᠭᠠᠭᠰᠠᠨ ᠪᠠᠢᠳᠠᠯ ᠪᠤᠶᠤ ᠨᠥᠬᠦᠴᠡᠯ ᠢ ᠬᠠᠩᠭᠠᠬᠤ ᠶᠤᠰᠤᠲᠠᠢ᠂ ᠮᠥᠷᠳᠡᠨ ᠪᠠᠢᠴᠠᠭᠠᠬᠤ ᠠᠵᠢᠯ ᠤᠨ ᠬᠡᠷᠡᠭᠴᠡᠭᠡ ᠪᠡᠷ ᠳᠠᠷᠤᠢ ᠤᠷᠲᠤᠰᠬᠠᠬᠤ ᠶᠢ ᠵᠥᠪᠰᠢᠶᠡᠷᠡᠬᠦ ᠦᠭᠡᠢ ᠪᠠᠢᠨ᠎ᠠ ᠃

ᠮᠥᠷᠳᠡᠨ ᠪᠠᠢᠴᠠᠭᠠᠬᠤ ᠬᠤᠷᠢᠶᠠᠨ ᠬᠠᠮᠢᠭᠠᠯᠠᠬᠤ ᠬᠤᠭᠤᠴᠠᠭ᠎ᠠ ᠶᠢ ᠳᠠᠬᠢᠨ ᠲᠣᠭᠠᠴᠠᠬᠤ ᠳᠤ ᠬᠠᠤᠯᠢ ᠶᠢᠨ ᠳᠠᠭᠠᠭ᠎ᠠ ᠵᠥᠪᠰᠢᠶᠡᠷᠡᠯ ᠢ ᠠᠪᠬᠤ ᠶᠤᠰᠤᠲᠠᠢ ᠪᠠᠢᠨ᠎ᠠ ᠃

ᠪᠦᠭᠦᠳᠡ ᠨᠠᠢᠷᠠᠮᠳᠠᠬᠤ ᠳᠤᠮᠳᠠᠳᠤ ᠠᠷᠠᠳ ᠤᠯᠤᠰ ᠤᠨ ᠡᠷᠦᠭᠦᠦ ᠪᠠᠢᠴᠠᠭᠠᠨ ᠮᠡᠳᠡᠬᠦ ᠬᠠᠤᠯᠢ 》 ᠤᠨ 145 ᠳ᠋ᠤᠭᠠᠷ ᠵᠦᠢᠯ ᠡᠴᠡ 148 ᠳ᠋ᠤᠭᠠᠷ ᠵᠦᠢᠯ ᠬᠦᠷᠲᠡᠯᠡ ᠲᠣᠭᠲᠠᠭᠠᠭᠰᠠᠨ ᠶᠢᠨ ᠳᠠᠭᠠᠭ᠎ᠠ ᠮᠥᠷᠳᠡᠨ ᠪᠠᠢᠴᠠᠭᠠᠬᠤ ᠬᠤᠷᠢᠶᠠᠨ ᠬᠠᠮᠢᠭᠠᠯᠠᠬᠤ ᠬᠤᠭᠤᠴᠠᠭ᠎ᠠ ᠶᠢ ᠲᠣᠭᠠᠴᠠᠬᠤ ᠪᠠᠢᠨ᠎ᠠ ᠃

ᠬᠤᠷᠢᠶᠠᠨ ᠬᠠᠮᠢᠭᠠᠯᠠᠬᠤ ᠬᠤᠭᠤᠴᠠᠭ᠎ᠠ ᠶᠢᠨ ᠡᠬᠢᠯᠡᠬᠦ ᠴᠠᠭ ᠢ ᠬᠤᠷᠢᠶᠠᠨ ᠬᠠᠮᠢᠭᠠᠯᠠᠭᠰᠠᠨ ᠡᠳᠦᠷ ᠡᠴᠡ ᠡᠬᠢᠯᠡᠨ ᠲᠣᠭᠠᠴᠠᠬᠤ ᠪᠠ ᠮᠥᠷᠳᠡᠨ ᠪᠠᠢᠴᠠᠭᠠᠬᠤ ᠠᠵᠢᠯ ᠤᠨ ᠪᠣᠳᠠᠲᠤ ᠪᠠᠢᠳᠠᠯ ᠢ ᠬᠠᠷᠭᠠᠯᠵᠠᠨ ᠲᠣᠭᠲᠠᠭᠠᠨ᠎ᠠ ᠃

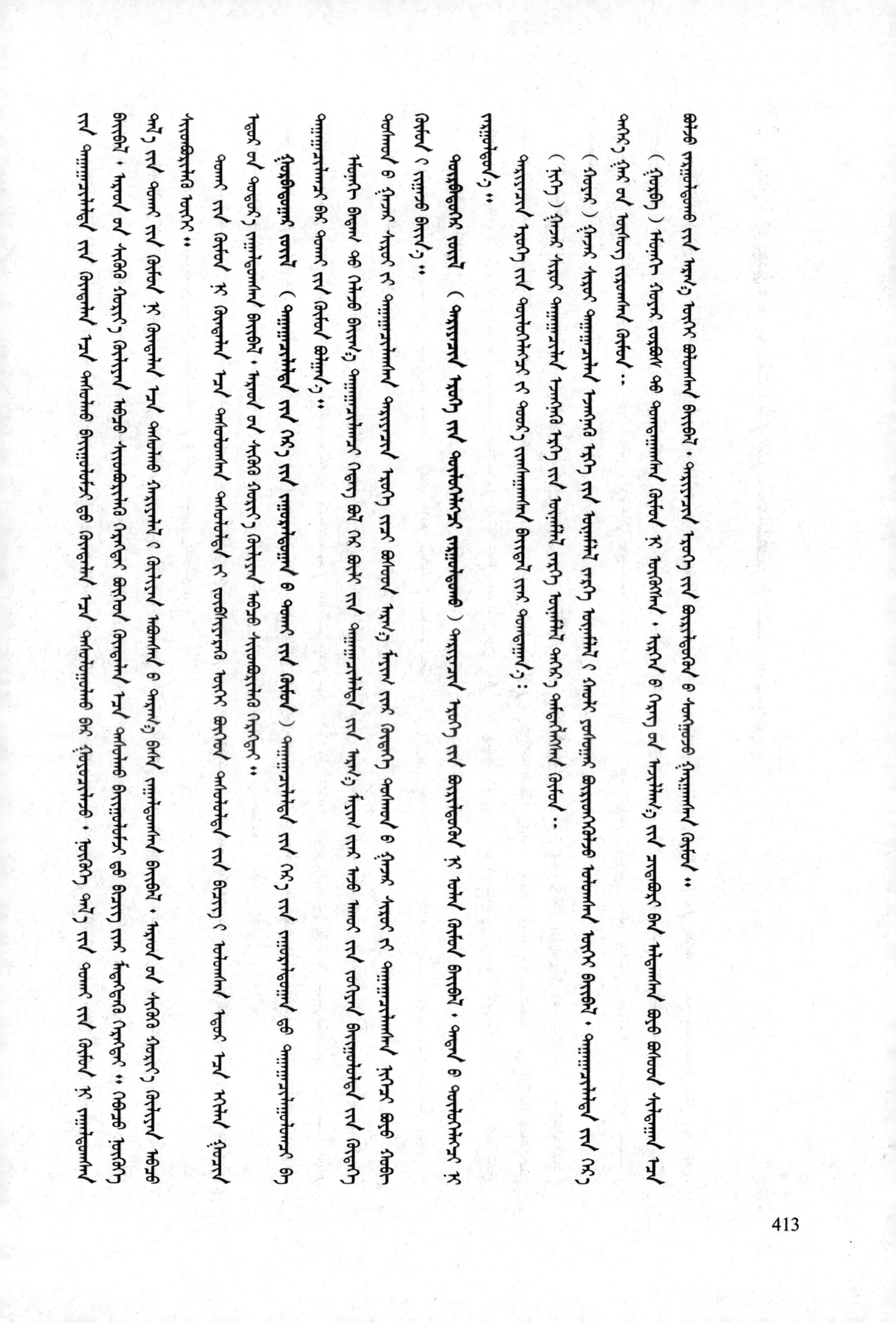

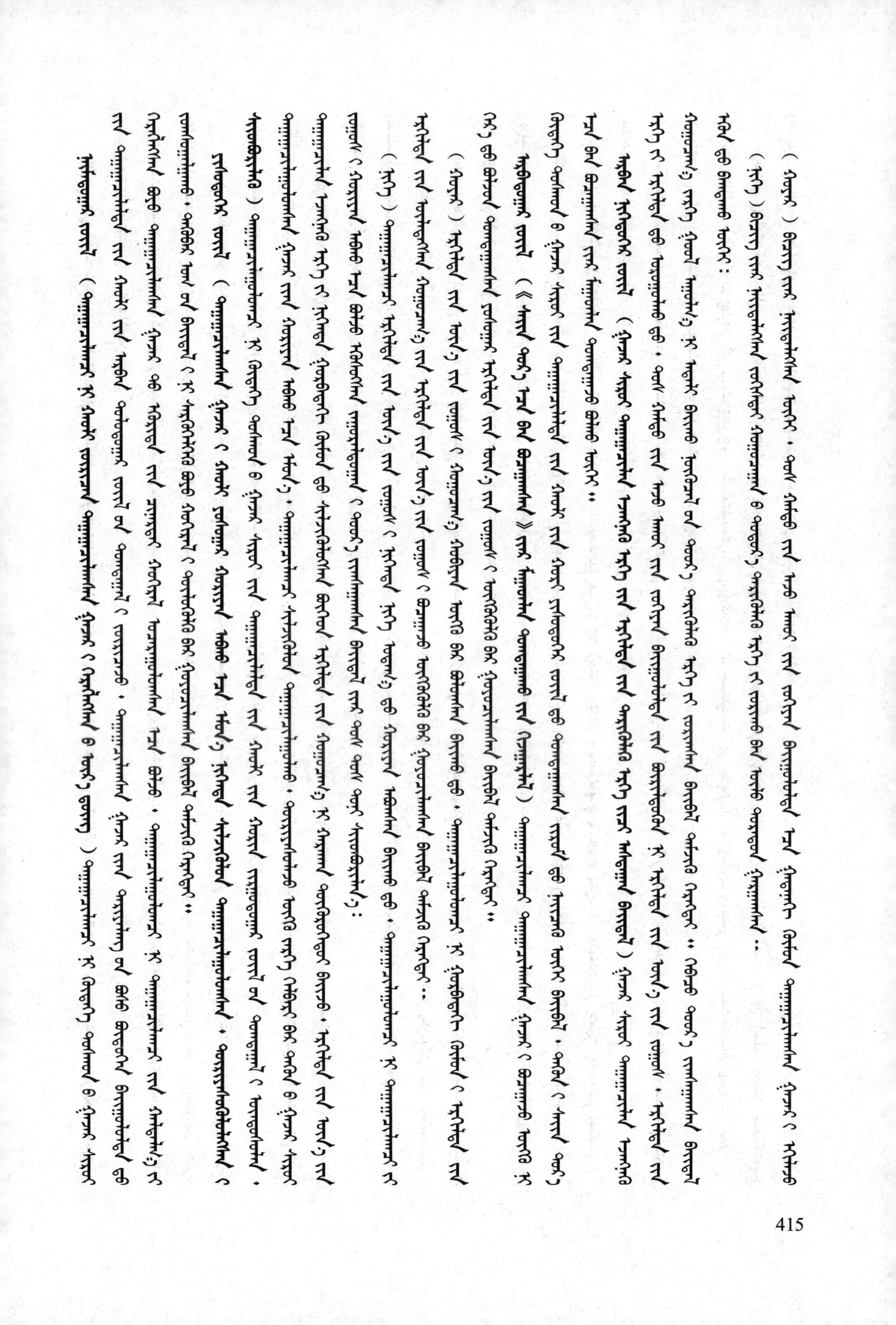

ᠬᠣᠷᠢᠨ ᠲᠠᠪᠤᠳᠤᠭᠠᠷ ᠵᠦᠢᠯ （ᠭᠡᠮᠲᠦ ᠬᠡᠷᠡᠭ ᠦᠨ ᠬᠠᠷᠢᠶᠠᠯᠠᠯ ᠤᠨ ᠭᠠᠵᠠᠷ ᠤᠨ ᠬᠠᠮᠢᠶ᠎ᠠ）ᠭᠡᠮᠲᠦ ᠬᠡᠷᠡᠭ ᠢ ᠭᠡᠮᠲᠦ ᠬᠡᠷᠡᠭ ᠦᠢᠯᠡᠳᠦᠭᠰᠡᠨ ᠭᠠᠵᠠᠷ ᠤᠨ ᠰᠢᠭᠦᠬᠦ ᠶᠠᠮᠤᠨ ᠬᠠᠷᠢᠶᠠᠯᠠᠨ ᠱᠢᠭᠦᠨ ᠲᠠᠰᠤᠯᠬᠤ ᠪᠣᠯᠤᠨ᠎ᠠ ᠃

ᠪᠣᠯᠪᠠᠴᠤ ᠰᠡᠵᠢᠭᠲᠡᠨ ᠦ ᠰᠠᠭᠤᠭ᠎ᠠ ᠭᠠᠵᠠᠷ ᠤᠨ ᠰᠢᠭᠦᠬᠦ ᠶᠠᠮᠤᠨ ᠱᠢᠭᠦᠨ ᠲᠠᠰᠤᠯᠪᠠᠯ ᠨᠡᠩ ᠲᠣᠬᠢᠷᠠᠮᠵᠢᠲᠠᠢ ᠪᠣᠯ ᠂ ᠰᠡᠵᠢᠭᠲᠡᠨ ᠦ ᠰᠠᠭᠤᠭ᠎ᠠ ᠭᠠᠵᠠᠷ ᠤᠨ ᠰᠢᠭᠦᠬᠦ ᠶᠠᠮᠤᠨ ᠬᠠᠷᠢᠶᠠᠯᠠᠨ ᠱᠢᠭᠦᠨ ᠲᠠᠰᠤᠯᠵᠤ ᠪᠣᠯᠤᠨ᠎ᠠ ᠃ ᠪᠣᠯᠪᠠᠴᠤ ᠂ ᠡᠩ ᠦᠨ ᠭᠡᠮᠲᠦ ᠬᠡᠷᠡᠭ ᠦᠨ ᠬᠡᠷᠡᠭ ᠢ ᠰᠢᠭᠦᠬᠦ ᠳᠦ ᠬᠠᠮᠢᠶᠠᠷᠤᠭᠤᠯᠬᠤ ᠦᠭᠡᠢ ᠪᠣᠯᠤᠨ᠎ᠠ ᠃

ᠬᠣᠷᠢᠨ ᠵᠢᠷᠭᠤᠳᠤᠭᠠᠷ ᠵᠦᠢᠯ （ᠤᠳᠠᠭ᠎ᠠ ᠳᠠᠷᠤᠢ ᠬᠠᠷᠢᠶᠠᠯᠠᠯ ᠤᠨ ᠲᠤᠬᠠᠢ ᠬᠠᠷᠢᠶᠠᠯᠠᠯ）ᠰᠢᠭᠦᠬᠦ ᠶᠠᠮᠤᠳ ᠤᠨ ᠳᠤᠮᠳᠠ ᠬᠠᠷᠢᠶᠠᠯᠠᠯ ᠤᠨ ᠲᠤᠬᠠᠢ ᠮᠠᠷᠭᠤᠯᠳᠤᠭᠠᠨ ᠭᠠᠷᠪᠠᠯ ᠂ ᠬᠠᠮᠤᠭ ᠤᠨ ᠡᠮᠦᠨ᠎ᠡ ᠬᠦᠯᠢᠶᠡᠨ ᠠᠪᠤᠭᠰᠠᠨ ᠰᠢᠭᠦᠬᠦ ᠶᠠᠮᠤᠨ ᠱᠢᠭᠦᠨ ᠲᠠᠰᠤᠯᠬᠤ ᠪᠣᠯᠤᠨ᠎ᠠ ᠃ ᠰᠢᠭᠠᠷᠳᠠᠯᠭ᠎ᠠ ᠪᠣᠯ ᠂ ᠭᠤᠤᠯ ᠭᠡᠮᠲᠦ ᠬᠡᠷᠡᠭ ᠦᠢᠯᠡᠳᠦᠭᠰᠡᠨ ᠭᠠᠵᠠᠷ ᠤᠨ ᠰᠢᠭᠦᠬᠦ ᠶᠠᠮᠤᠨ ᠳᠤ ᠱᠢᠯᠵᠢᠭᠦᠯᠦᠨ ᠱᠢᠭᠦᠨ ᠲᠠᠰᠤᠯᠤᠭᠤᠯᠵᠤ ᠪᠣᠯᠤᠨ᠎ᠠ ᠃

ᠬᠣᠷᠢᠨ ᠳᠣᠯᠤᠳᠤᠭᠠᠷ ᠵᠦᠢᠯ （ᠳᠡᠭᠡᠳᠦ ᠱᠠᠲᠤ ᠶᠢᠨ ᠰᠢᠭᠦᠬᠦ ᠶᠠᠮᠤᠨ ᠤ ᠲᠣᠭᠲᠠᠭᠠᠨ ᠬᠠᠷᠢᠶᠠᠯᠠᠯ）ᠳᠡᠭᠡᠳᠦ ᠱᠠᠲᠤ ᠶᠢᠨ ᠰᠢᠭᠦᠬᠦ ᠶᠠᠮᠤᠨ ᠪᠣᠭᠣᠷ ᠱᠠᠲᠤ ᠶᠢᠨ ᠰᠢᠭᠦᠬᠦ ᠶᠠᠮᠤᠨ ᠤ ᠬᠠᠷᠢᠶᠠᠯᠠᠯ ᠲᠣᠳᠣᠷᠬᠠᠢ ᠪᠤᠰᠤ ᠬᠡᠷᠡᠭ ᠢ ᠲᠣᠭᠲᠠᠭᠠᠨ ᠬᠠᠷᠢᠶᠠᠯᠠᠭᠤᠯᠵᠤ ᠪᠣᠯᠬᠤ ᠦᠭᠡᠢ ᠂ ᠮᠥᠨ ᠪᠣᠭᠣᠷ ᠱᠠᠲᠤ ᠶᠢᠨ ᠰᠢᠭᠦᠬᠦ ᠶᠠᠮᠤᠨ ᠳᠤ ᠬᠡᠷᠡᠭ ᠢ ᠥᠭᠡᠷ᠎ᠡ ᠰᠢᠭᠦᠬᠦ ᠶᠠᠮᠤᠨ ᠳᠤ ᠱᠢᠯᠵᠢᠭᠦᠯᠦᠨ ᠱᠢᠭᠦᠨ ᠲᠠᠰᠤᠯᠤᠭᠤᠯᠬᠤ ᠪᠣᠯᠤᠨ᠎ᠠ ᠃

ᠬᠣᠷᠢᠨ ᠨᠠᠢᠮᠠᠳᠤᠭᠠᠷ ᠵᠦᠢᠯ （ᠲᠤᠰᠬᠠᠢ ᠰᠢᠭᠦᠬᠦ ᠶᠠᠮᠤᠨ ᠤ ᠬᠠᠷᠢᠶᠠᠯᠠᠯ）ᠲᠤᠰᠬᠠᠢ ᠰᠢᠭᠦᠬᠦ ᠶᠠᠮᠤᠨ ᠤ ᠭᠡᠮᠲᠦ ᠬᠡᠷᠡᠭ ᠦᠨ ᠬᠠᠷᠢᠶᠠᠯᠠᠯ ᠢ ᠪᠦᠬᠦ ᠨᠡᠢᠲᠡ ᠶᠢᠨ ᠢᠳᠡᠪᠬᠢᠲᠡᠢ ᠲᠥᠷᠦ ᠶᠢᠨ ᠬᠤᠷᠠᠯ ᠤᠨ ᠪᠠᠢᠩᠭ᠎ᠠ ᠶᠢᠨ ᠵᠥᠪᠯᠡᠯ ᠡᠴᠡ ᠲᠣᠭᠲᠠᠭᠠᠨ᠎ᠠ ᠃

ᠬᠣᠷᠢᠨ ᠶᠢᠰᠦᠳᠦᠭᠡᠷ ᠵᠦᠢᠯ （ᠵᠠᠢᠯᠠᠭᠤᠯᠬᠤ ᠶᠢᠨ ᠰᠢᠯᠲᠠᠭᠠᠨ ᠪᠠ ᠬᠡᠯᠪᠡᠷᠢ）ᠱᠢᠭᠦᠨ ᠲᠠᠰᠤᠯᠬᠤ ᠠᠵᠢᠯᠲᠠᠨ ᠂ ᠭᠡᠷᠡᠴᠢᠯᠡᠬᠦ ᠠᠵᠢᠯᠲᠠᠨ ᠂ ᠮᠥᠷᠳᠡᠨ ᠰᠢᠯᠭᠠᠬᠤ ᠠᠵᠢᠯᠲᠠᠨ ᠳᠣᠣᠷᠠᠬᠢ ᠨᠥᠬᠦᠴᠡᠯ ᠤᠨ ᠨᠢᠭᠡ ᠳᠦ ᠬᠠᠮᠢᠶᠠᠷᠤᠭᠰᠠᠨ ᠪᠣᠯ ᠂ ᠥᠪᠡᠷ᠎ᠡ ᠥᠪᠡᠷ ᠢᠶᠡᠨ ᠵᠠᠢᠯᠠᠭᠤᠯᠬᠤ ᠶᠣᠰᠤᠲᠠᠢ ᠂ ᠬᠡᠷᠡᠭ ᠲᠦ ᠬᠣᠯᠪᠣᠭᠳᠠᠭᠰᠠᠳ ᠴᠤ ᠲᠡᠳᠡᠨ ᠢ ᠵᠠᠢᠯᠠᠭᠤᠯᠬᠤ ᠪᠠᠷ ᠱᠠᠭᠠᠷᠳᠠᠬᠤ ᠡᠷᠬᠡᠲᠡᠢ ᠃

（ᠨᠢᠭᠡ）ᠲᠤᠰ ᠬᠡᠷᠡᠭ ᠦᠨ ᠬᠡᠷᠡᠭᠲᠡᠨ ᠪᠤᠶᠤ ᠬᠡᠷᠡᠭᠲᠡᠨ ᠦ ᠤᠷᠤᠭ ᠰᠠᠳᠤ ᠪᠣᠯ ᠃

（ᠬᠣᠶᠠᠷ）ᠥᠪᠡᠷ ᠦᠨ ᠪᠤᠶᠤ ᠥᠪᠡᠷ ᠦᠨ ᠤᠷᠤᠭ ᠰᠠᠳᠤ ᠲᠤᠰ ᠬᠡᠷᠡᠭ ᠲᠦ ᠠᠰᠢᠭ ᠰᠣᠨᠢᠷᠬᠠᠯ ᠤᠨ ᠬᠠᠷᠢᠯᠴᠠᠭ᠎ᠠ ᠲᠠᠢ ᠪᠣᠯ ᠃

ᠭᠤᠴᠢᠳᠤᠭᠠᠷ ᠵᠦᠢᠯ （ᠱᠢᠭᠦᠨ ᠲᠠᠰᠤᠯᠬᠤ ᠠᠵᠢᠯᠲᠠᠨ ᠤ ᠬᠣᠷᠢᠭᠯᠠᠬᠤ ᠦᠢᠯᠡ ᠶᠠᠪᠤᠳᠠᠯ）ᠱᠢᠭᠦᠨ ᠲᠠᠰᠤᠯᠬᠤ ᠠᠵᠢᠯᠲᠠᠨ ᠂ ᠭᠡᠷᠡᠴᠢᠯᠡᠬᠦ ᠠᠵᠢᠯᠲᠠᠨ ᠂ ᠮᠥᠷᠳᠡᠨ ᠰᠢᠯᠭᠠᠬᠤ ᠠᠵᠢᠯᠲᠠᠨ ᠨᠢ ᠬᠡᠷᠡᠭᠲᠡᠨ ᠪᠣᠯᠤᠨ ᠲᠡᠳᠡᠨ ᠦ ᠲᠥᠯᠦᠭᠡᠯᠡᠭᠴᠢ ᠶᠢᠨ ᠵᠣᠭᠣᠭᠯᠠᠯ ᠪᠠ ᠪᠡᠯᠡᠭ ᠰᠡᠯᠲᠡ ᠶᠢ ᠬᠦᠯᠢᠶᠡᠨ ᠠᠪᠬᠤ ᠦᠭᠡᠢ ᠂ ᠲᠡᠳᠡᠨ ᠦ ᠳᠠᠯᠳᠠ ᠪᠡᠷ ᠤᠴᠠᠷᠠᠬᠤ ᠦᠭᠡᠢ ᠃

ᠳᠡᠭᠡᠷᠡᠬᠢ ᠵᠦᠢᠯᠴᠢ ᠶᠢ ᠵᠥᠷᠢᠴᠡᠭᠰᠡᠨ ᠠᠵᠢᠯᠲᠠᠨ ᠢ ᠬᠠᠤᠯᠢ ᠶᠢᠨ ᠳᠠᠭᠠᠤ ᠬᠠᠷᠢᠭᠤᠴᠠᠯᠭ᠎ᠠ ᠬᠦᠯᠢᠶᠡᠯᠭᠡᠨ᠎ᠡ ᠃ ᠬᠡᠷᠡᠭᠲᠡᠨ ᠪᠣᠯᠤᠨ ᠲᠡᠳᠡᠨ ᠦ ᠲᠥᠯᠦᠭᠡᠯᠡᠭᠴᠢ ᠨᠢ ᠲᠡᠳᠡᠨ ᠢ ᠵᠠᠢᠯᠠᠭᠤᠯᠬᠤ ᠪᠠᠷ ᠱᠠᠭᠠᠷᠳᠠᠬᠤ ᠡᠷᠬᠡᠲᠡᠢ ᠃

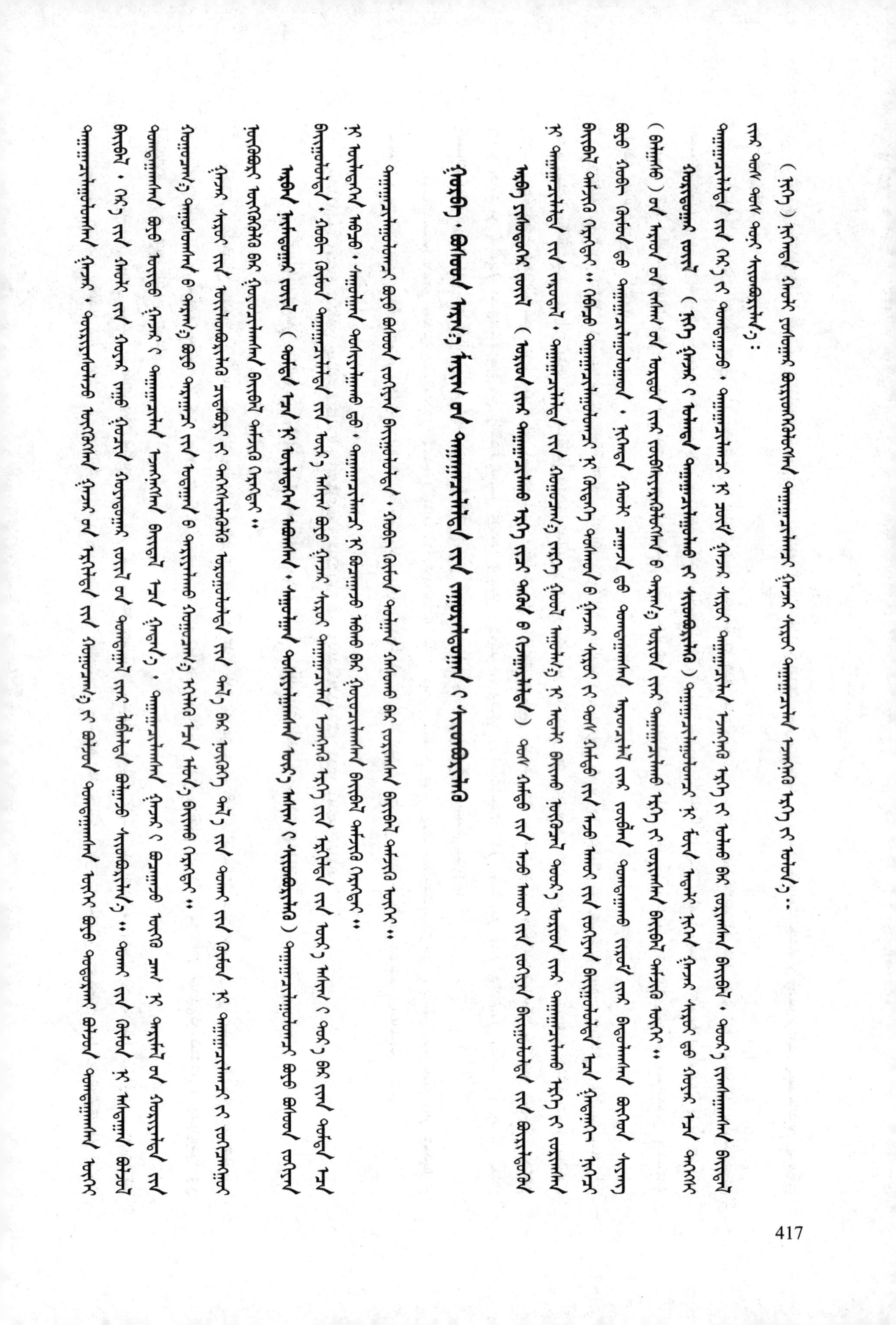

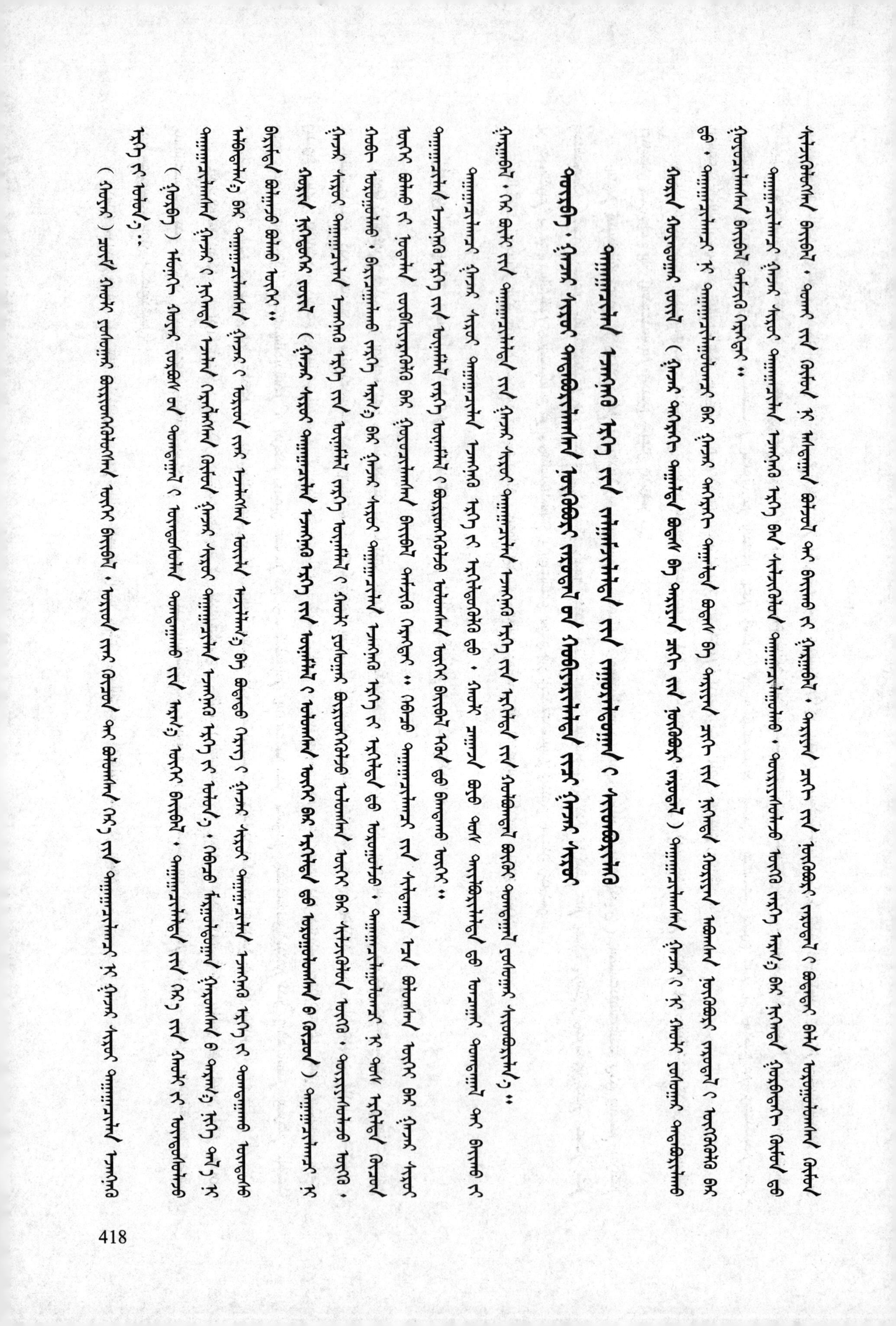

[illegible]

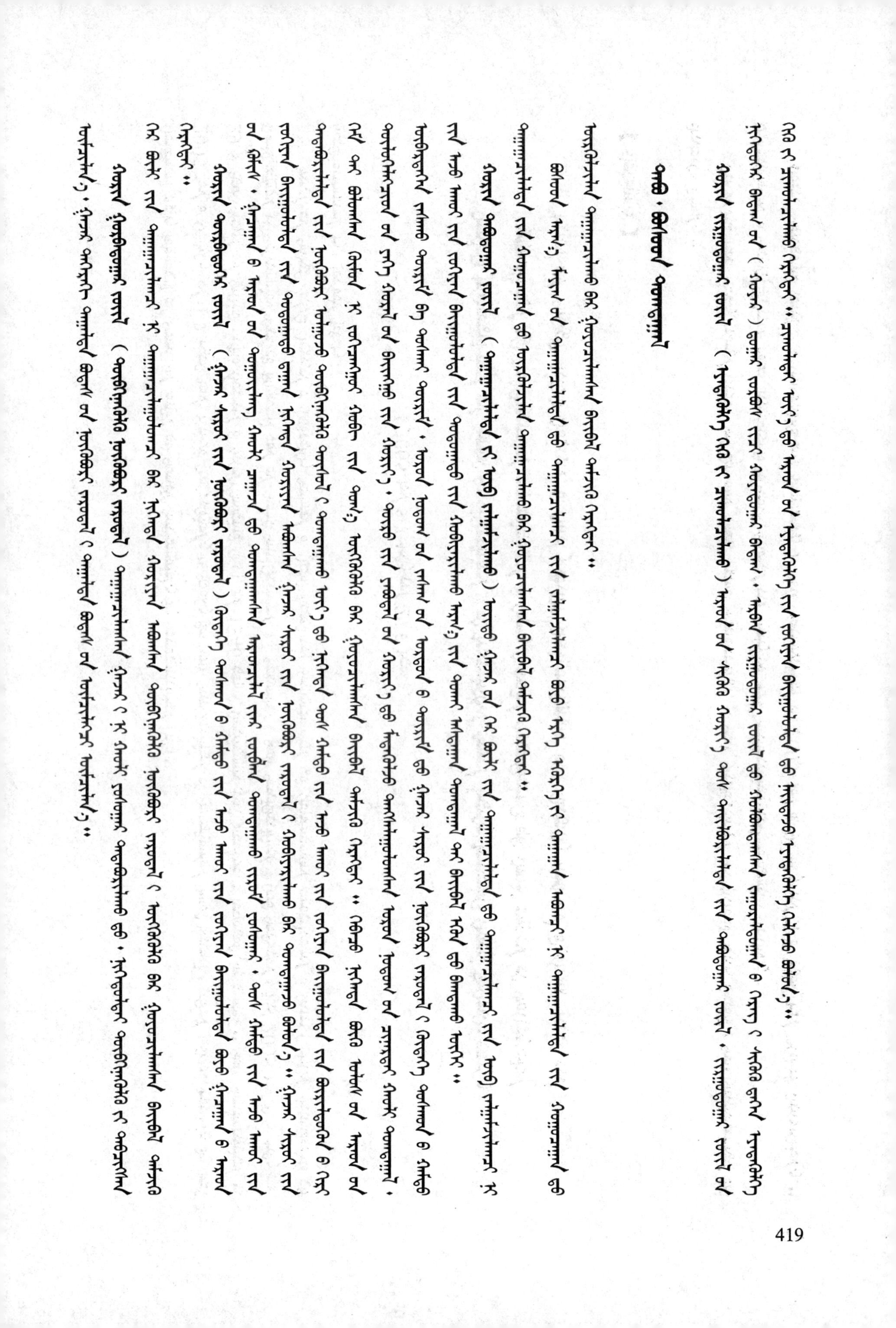

ᠬᠡᠷᠡᠭᠵᠢᠭᠦᠯᠦᠯ ᠳᠡᠭᠡᠨ ᠬᠠᠮᠢᠶᠠᠷᠤᠯᠲᠠ ᠶᠢᠨ ᠳᠦᠷᠢᠮ ᠢ ᠪᠣᠯᠪᠠᠰᠤᠷᠠᠭᠤᠯᠤᠨ ᠲᠣᠭᠲᠠᠭᠠᠨ᠎ᠠ ::

2005 ᠣᠨ ᠤ 9 ᠰᠠᠷ᠎ᠠ ᠶᠢᠨ 1 ᠤ ᠡᠳᠦᠷ ᠡᠴᠡ ᠡᠬᠢᠯᠡᠨ ᠬᠡᠷᠡᠭᠵᠢᠭᠦᠯᠦᠨ᠎ᠡ :: ᠲᠡᠭᠦᠨ ᠴᠤ ᠠᠯᠪᠠᠨ ᠬᠡᠷᠡᠭᠯᠡᠭᠰᠡᠨ ᠢ ᠪᠠᠶᠢᠴᠠᠭᠠᠨ ᠪᠠᠶᠢᠴᠠᠭᠠᠬᠤ ᠂ ᠵᠠᠰᠠᠬᠤ ᠂ ᠬᠦᠯᠢᠶᠡᠨ ᠠᠪᠬᠤ ᠶᠢᠨ ᠲᠤᠯᠠ 29 ᠤ ᠡᠳᠦᠷ ᠣᠷᠣᠨ ᠤ ᠵᠥᠪᠯᠡᠯ ᠦᠨ ᠬᠤᠷᠠᠯ ᠤᠨ ᠳᠡᠭᠡᠳᠦ ᠪᠠᠭ᠎ᠠ ᠤᠨ 1346 ᠳ᠋ᠤᠭᠠᠷ ᠨᠡᠶᠢᠲᠡᠯᠡᠭᠰᠡᠨ ᠪᠠᠷ ᠪᠠᠲᠤᠯᠠᠭᠰᠠᠨ ᠂ ᠨᠡᠶᠢᠲᠡᠯᠡᠭᠰᠡᠨ :: ᠠᠯᠪᠠᠨ ᠬᠡᠷᠡᠭᠯᠡᠭᠰᠡᠨ ᠢ ᠨᠡᠶᠢᠲᠡ ᠵᠠᠬᠢᠷᠭ᠎ᠠ ᠶᠢᠨ 《ᠠᠯᠪᠠᠨ ᠬᠡᠷᠡᠭᠯᠡᠭᠰᠡᠨ》(ᠲᠤᠷᠰᠢᠯᠲᠠ 《ᠠᠯᠪᠠᠨ ᠬᠡᠷᠡᠭᠯᠡᠭᠰᠡᠨ》 ᠶᠢ ᠲᠤᠪᠴᠢᠯᠠᠪᠠ) ᠶᠢ 2005 ᠣᠨ ᠤ 3 ᠰᠠᠷ᠎ᠠ ᠶᠢᠨ ᠡᠳᠦᠷ ᠣᠷᠣᠨ ᠤ ᠵᠥᠪᠯᠡᠯ ᠦᠨ ᠬᠤᠷᠠᠯ ᠤᠨ 《ᠪᠠᠢᠭᠤᠯᠤᠯ ᠤᠨ ᠬᠡᠷᠡᠭ》 ᠦᠨ ᠬᠡᠷᠡᠭᠵᠢᠭᠦᠯᠦᠯ ᠦᠨ ᠳᠦᠷᠢᠮ ᠤᠨ ᠠᠯᠪᠠᠨ ᠳᠤ ᠬᠡᠷᠡᠭᠵᠢᠭᠦᠯᠦᠭᠰᠡᠨ ᠳᠦ ᠂ ᠬᠦᠴᠦᠨ ᠦᠭᠡᠢ ᠪᠣᠯᠭᠠᠨ᠎ᠠ :

(2005 ᠣᠨ ᠤ 7 ᠰᠠᠷ᠎ᠠ ᠶᠢᠨ 29 ᠤ ᠡᠳᠦᠷ)

ᠬᠤᠳᠠᠯᠳᠤᠭ᠎ᠠ ᠬᠡᠷᠡᠭᠯᠡᠭᠴᠢ ᠶᠢᠨ ᠡᠷᠬᠡ ᠠᠰᠢᠭ ᠢ ᠬᠠᠮᠠᠭᠠᠯᠠᠬᠤ 《ᠠᠯᠪᠠᠨ ᠬᠡᠷᠡᠭᠯᠡᠭᠰᠡᠨ》 ᠤ ᠨᠡᠶᠢᠲᠡᠯᠡᠭᠰᠡᠨ ᠶᠠᠪᠤᠳᠠᠯ ᠢ ᠬᠡᠷᠡᠭᠵᠢᠭᠦᠯᠬᠦ ᠳᠤ ᠰᠠᠢᠢᠵᠢᠷᠠᠭᠤᠯᠬᠤ ᠶᠢᠨ ᠲᠥᠯᠦᠭᠡ ᠵᠢᠷᠤᠮ ᠳᠤ ᠲᠣᠭᠲᠠᠭᠠᠭᠰᠠᠨ ᠤ ᠳᠠᠷᠠᠭ᠎ᠠ ᠂ ᠠᠯᠪᠠᠨ ᠬᠡᠷᠡᠭᠯᠡᠭᠰᠡᠨ ᠦ ᠡᠷᠬᠡ ᠶᠢ ᠬᠠᠮᠠᠭᠠᠯᠠᠨ ᠣᠷᠣᠨ ᠤ ᠵᠥᠪᠯᠡᠯ ᠦᠨ ᠬᠤᠷᠠᠯ ᠤᠨ ᠳᠡᠭᠡᠳᠦ ᠪᠠᠭ᠎ᠠ ᠶᠢᠨ ᠨᠡᠶᠢᠲᠡᠯᠡᠭᠰᠡᠨ ᠦ 《ᠪᠠᠢᠭᠤᠯᠤᠯ ᠤᠨ ᠬᠡᠷᠡᠭ》 ᠦᠨ ᠵᠢᠷᠤᠮ ᠬᠡᠷᠡᠭᠲᠡᠢ

【 ᠲᠠᠶᠢᠯᠪᠤᠷᠢ 】

ᠪᠣᠯᠪᠠᠰᠤᠷᠠᠭᠤᠯᠤᠨ ᠬᠡᠯᠡᠯᠴᠡᠪᠡ ::

ᠬᠡᠷᠡᠭᠵᠢᠭᠦᠯᠬᠦ ᠡᠴᠡ ᠡᠬᠢᠯᠡᠨ ᠬᠠᠮᠢᠶᠠᠷᠤᠯᠲᠠ ᠪᠠᠢᠢᠭᠤᠯᠤᠯᠭ᠎ᠠ ᠶᠢᠨ ᠠᠯᠪᠠᠨ ᠬᠡᠷᠡᠭᠯᠡᠭᠰᠡᠨ ᠢ ᠠᠯᠪᠠᠨ ᠬᠡᠷᠡᠭᠯᠡᠭᠰᠡᠨ ᠦ ᠬᠠᠮᠢᠶᠠᠷᠤᠯᠲᠠ ᠪᠦᠬᠦ ᠂ ᠠᠯᠪᠠᠨ ᠬᠡᠷᠡᠭᠯᠡᠭᠰᠡᠨ ᠦ ᠬᠡᠷᠡᠭᠵᠢᠭᠦᠯᠦᠯ ᠦᠨ ᠠᠰᠢᠭ ᠲᠤᠰᠠ ᠶᠢᠨ ᠲᠥᠯᠦᠭᠡ ᠬᠠᠮᠠᠭᠠᠯᠠᠬᠤ ᠠᠯᠪᠠᠨ ᠬᠡᠷᠡᠭᠯᠡᠭᠰᠡᠨ ᠦ ᠬᠠᠮᠢᠶᠠᠷᠤᠯᠲᠠ ᠶᠢ ᠲᠣᠭᠲᠠᠭᠠᠨ᠎ᠠ :: ᠠᠯᠪᠠᠨ ᠬᠡᠷᠡᠭᠯᠡᠭᠰᠡᠨ ᠦ ᠬᠠᠮᠢᠶᠠᠷᠤᠯᠲᠠ ᠶᠢᠨ ᠪᠠᠶᠢᠴᠠᠭᠠᠯᠲᠠ (ᠬᠡᠷᠡᠭᠵᠢᠭᠦᠯᠬᠦ ᠶᠢᠨ ᠲᠣᠭᠲᠠᠭᠠᠯ) ᠠᠯᠪᠠᠨ ᠬᠡᠷᠡᠭᠯᠡᠭᠰᠡᠨ ᠶᠢ 2005 ᠣᠨ ᠤ 9 ᠰᠠᠷ᠎ᠠ ᠶᠢᠨ 1 ᠤ ᠡᠳᠦᠷ ᠡᠴᠡ ᠡᠬᠢᠯᠡᠨ ᠬᠡᠷᠡᠭᠵᠢᠭᠦᠯᠦᠨ᠎ᠡ ::

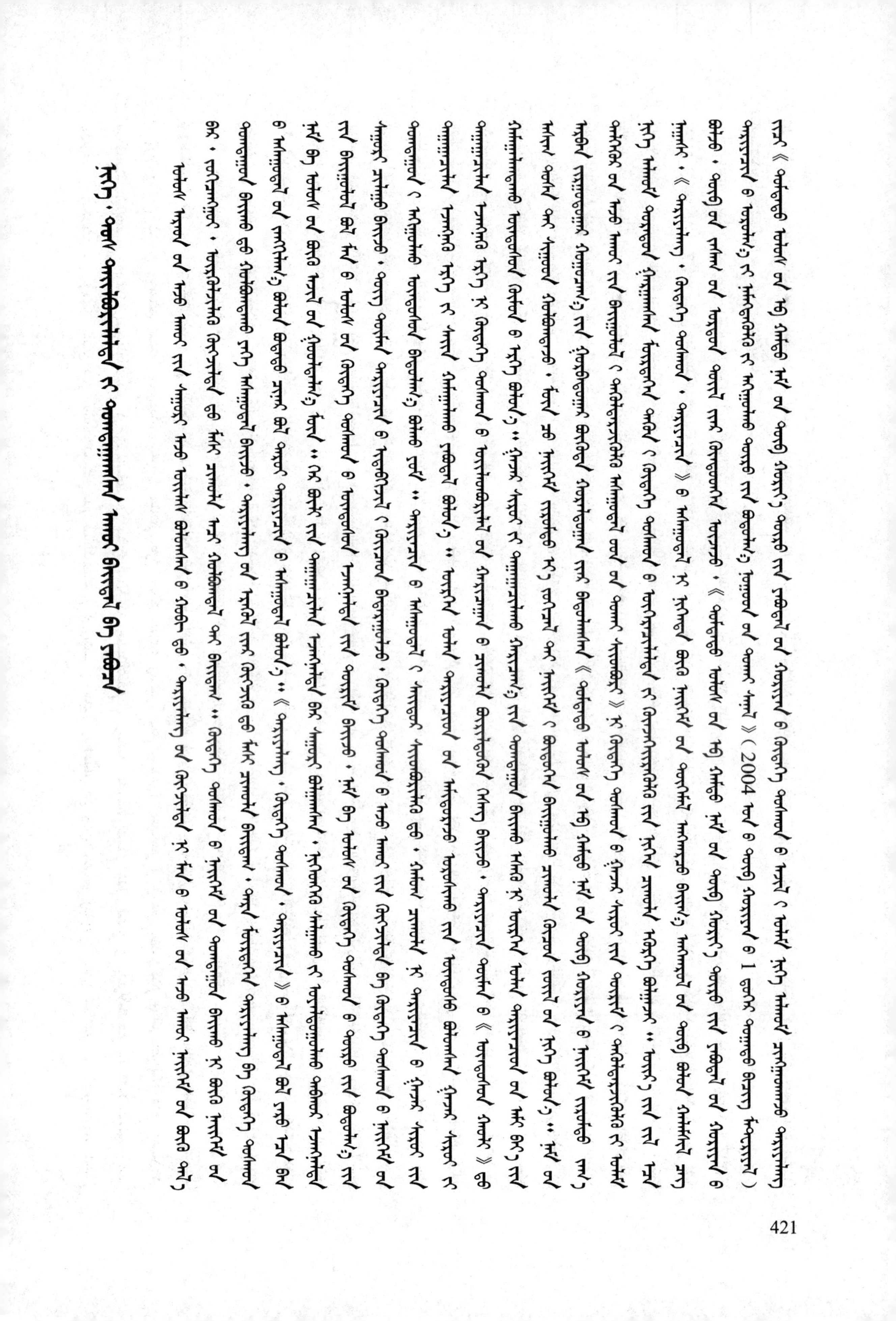

〔2004〕2

2004 ᠣᠨ ᠤ 1 ᠰᠠᠷ᠎ᠠ ᠶᠢᠨ 2 ᠨ ᠡᠳᠦᠷ

2003 ᠣᠨ ᠤ 11 ᠰᠠᠷ᠎ᠠ ᠶᠢᠨ 4 ᠨ ᠡᠳᠦᠷ

2002 ᠣᠨ ᠤ 8 ᠰᠠᠷ᠎ᠠ ᠶᠢᠨ 29 ᠨ ᠡᠳᠦᠷ

(2005 ᠣᠨ ᠤ … 1 …

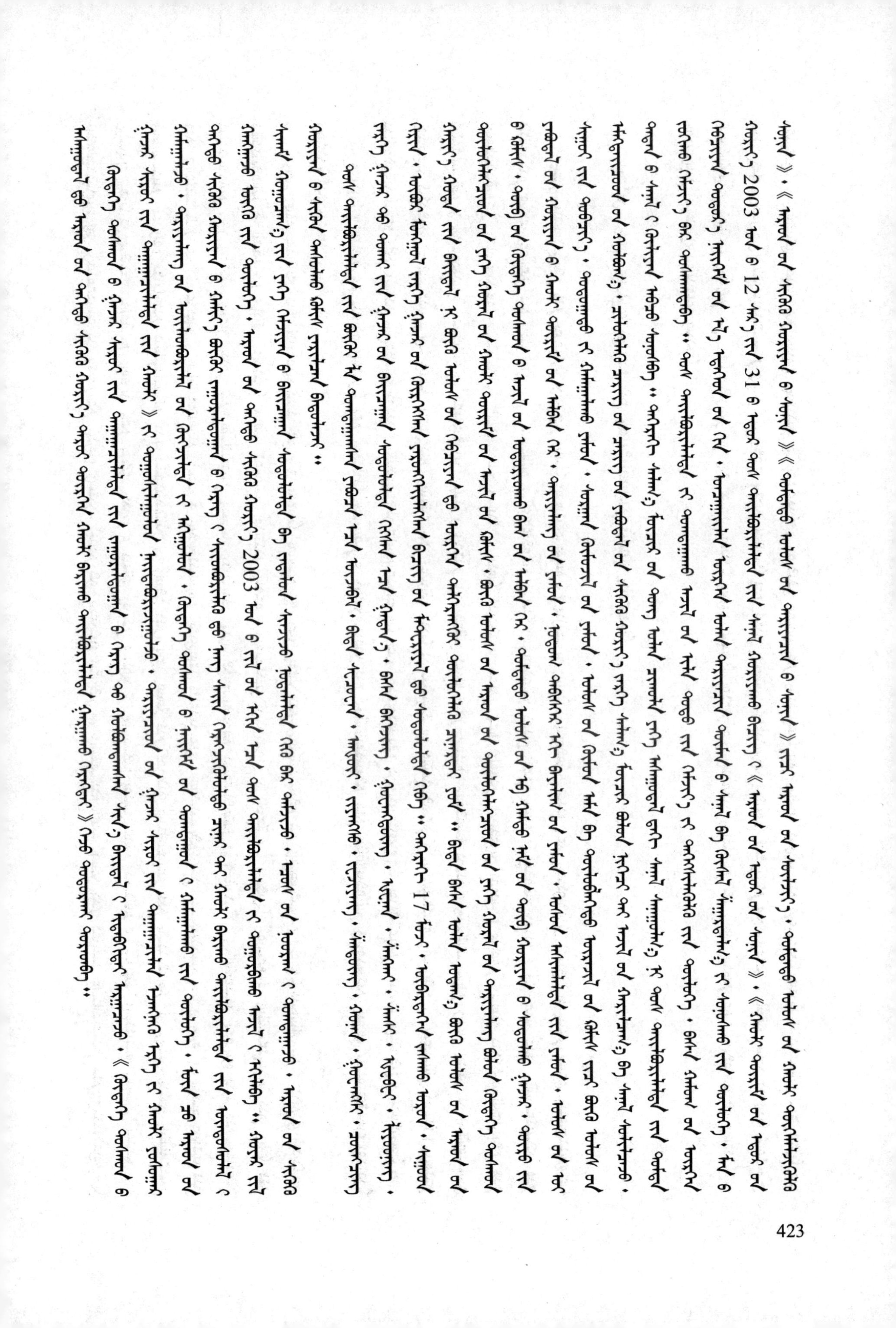

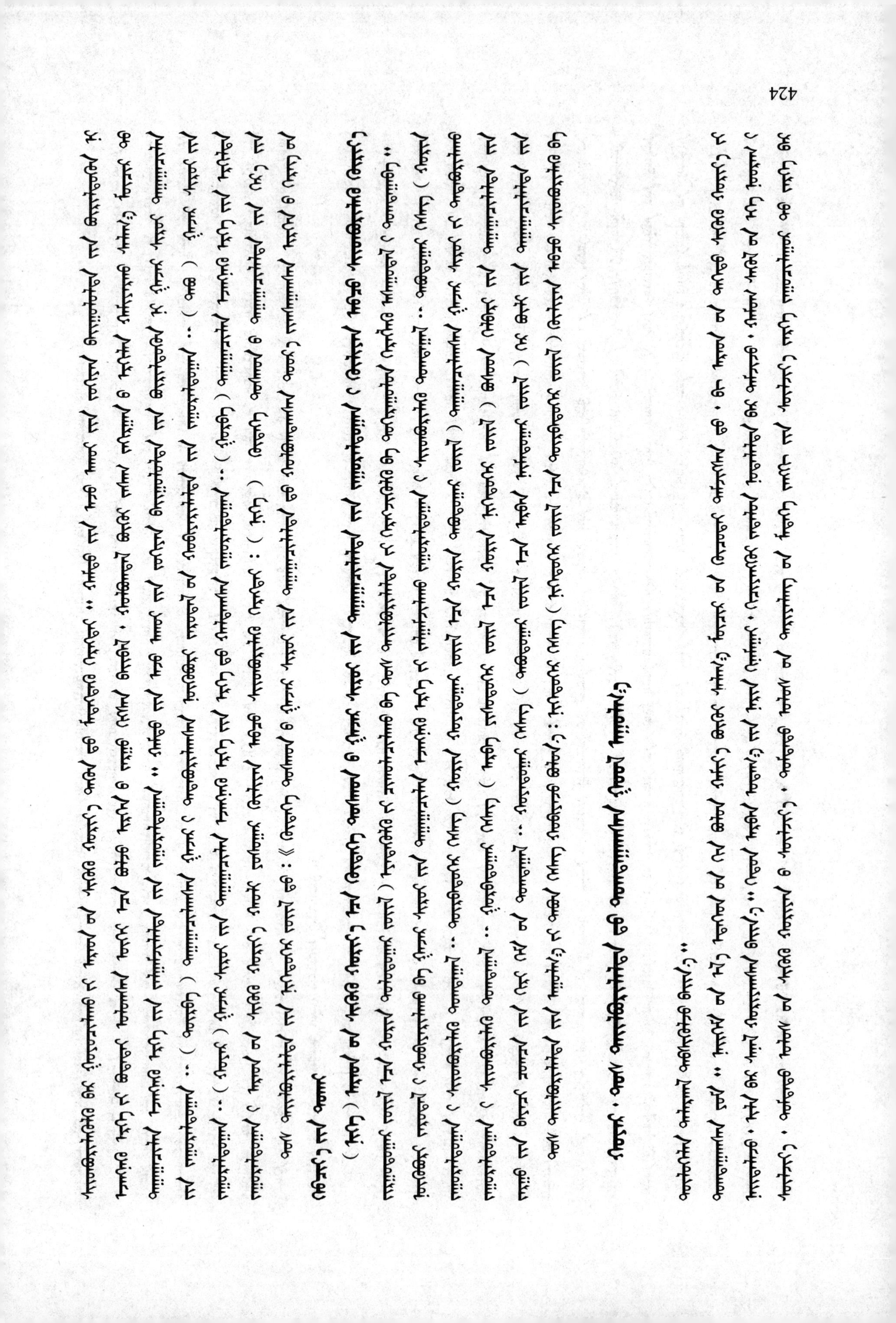

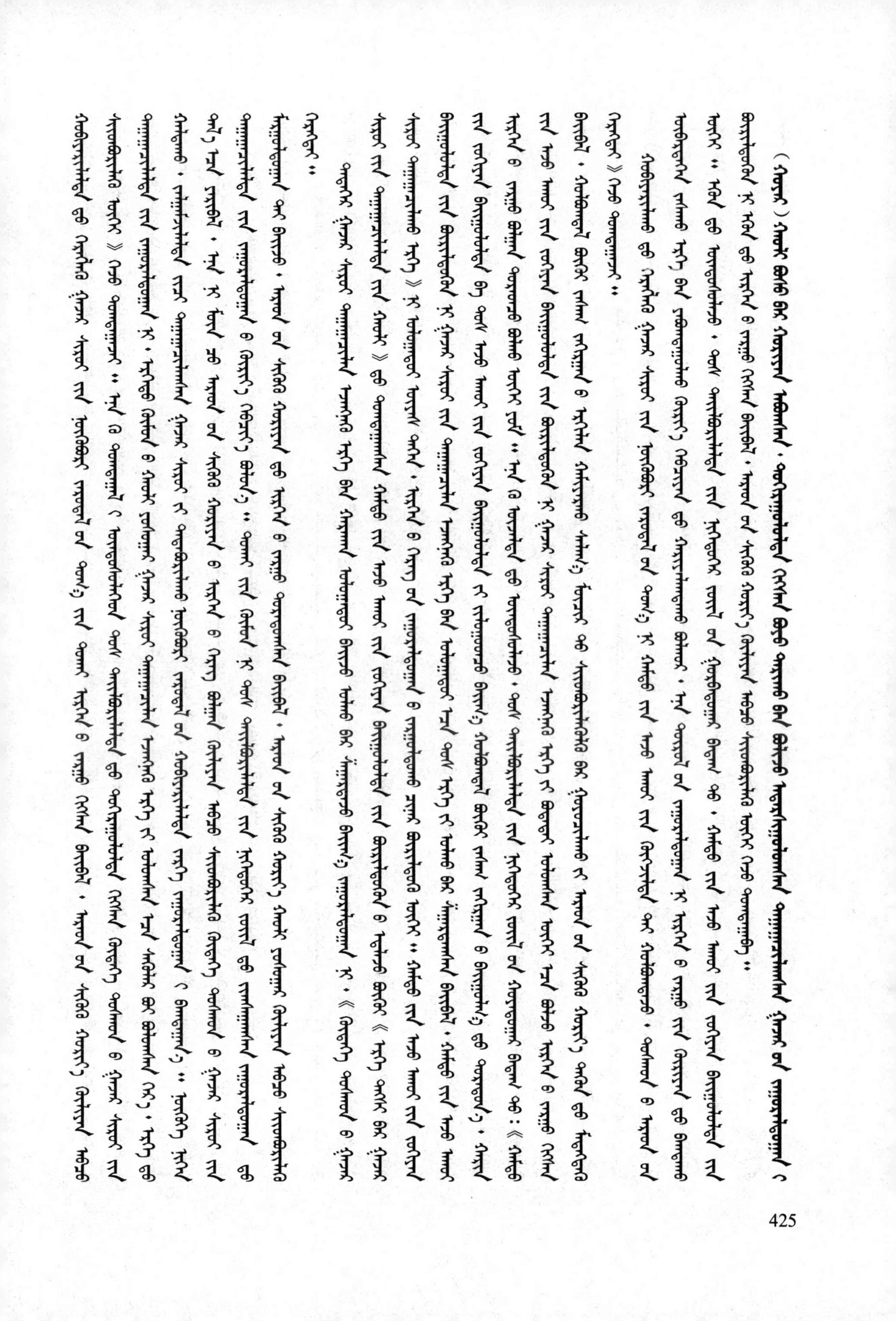

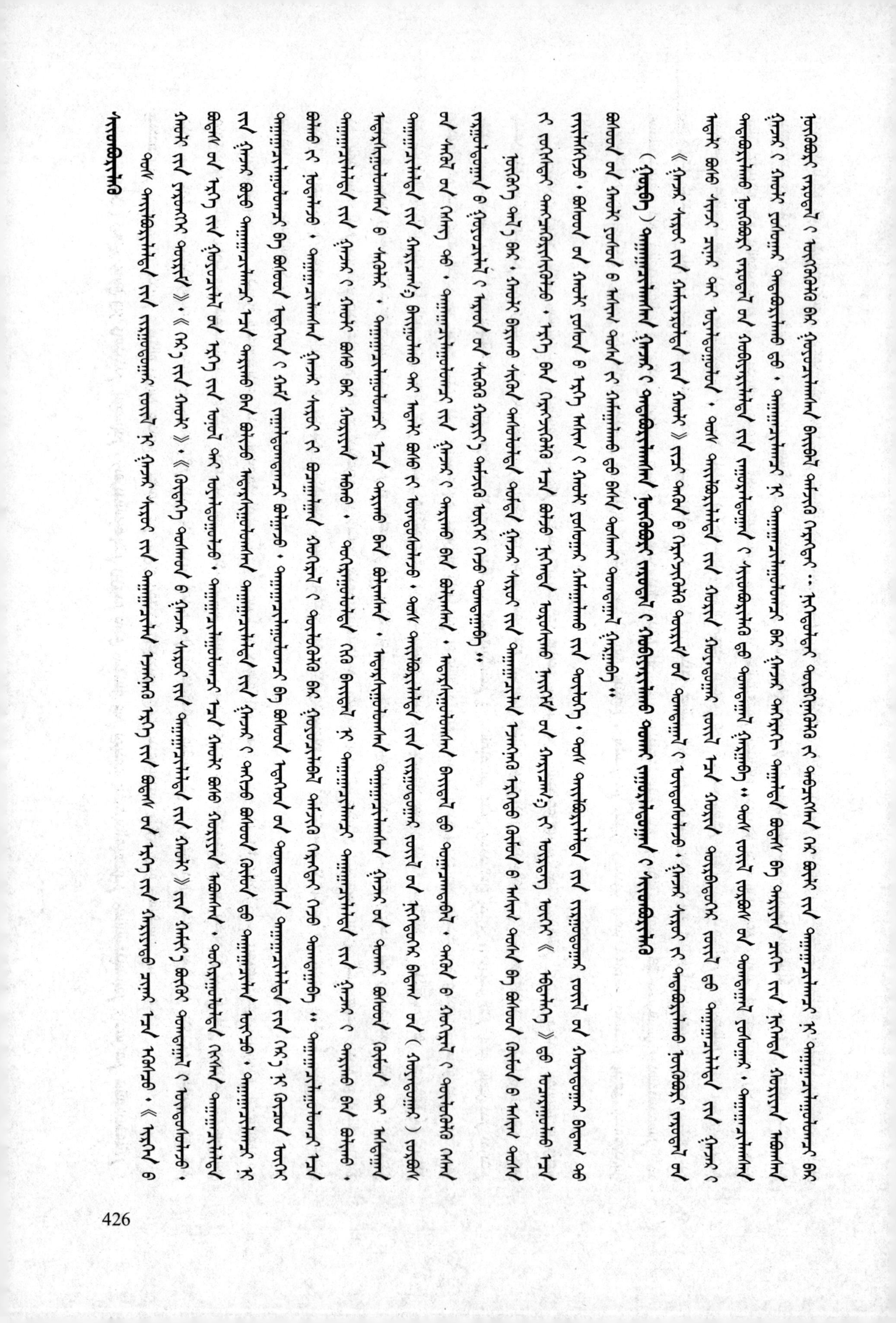

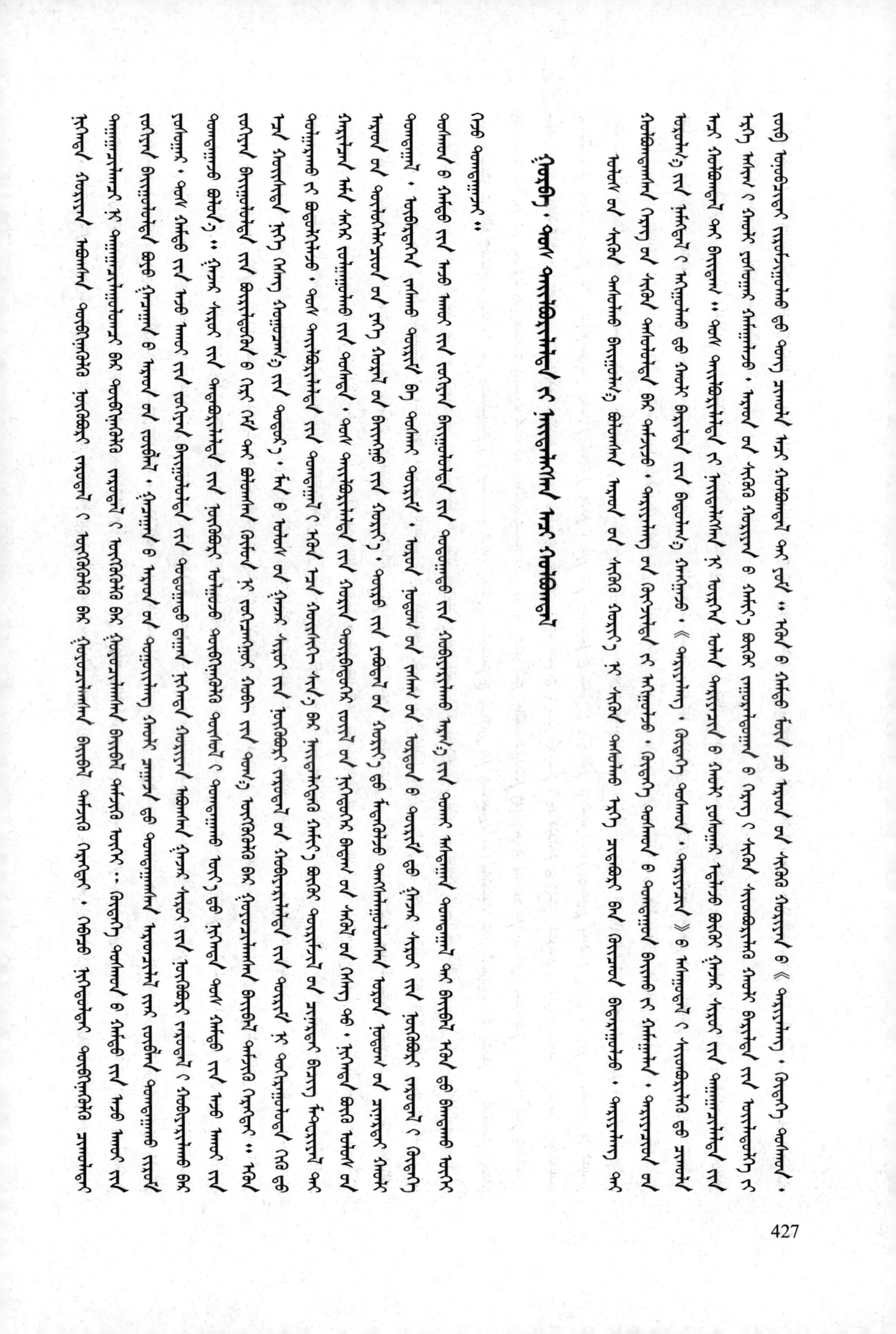

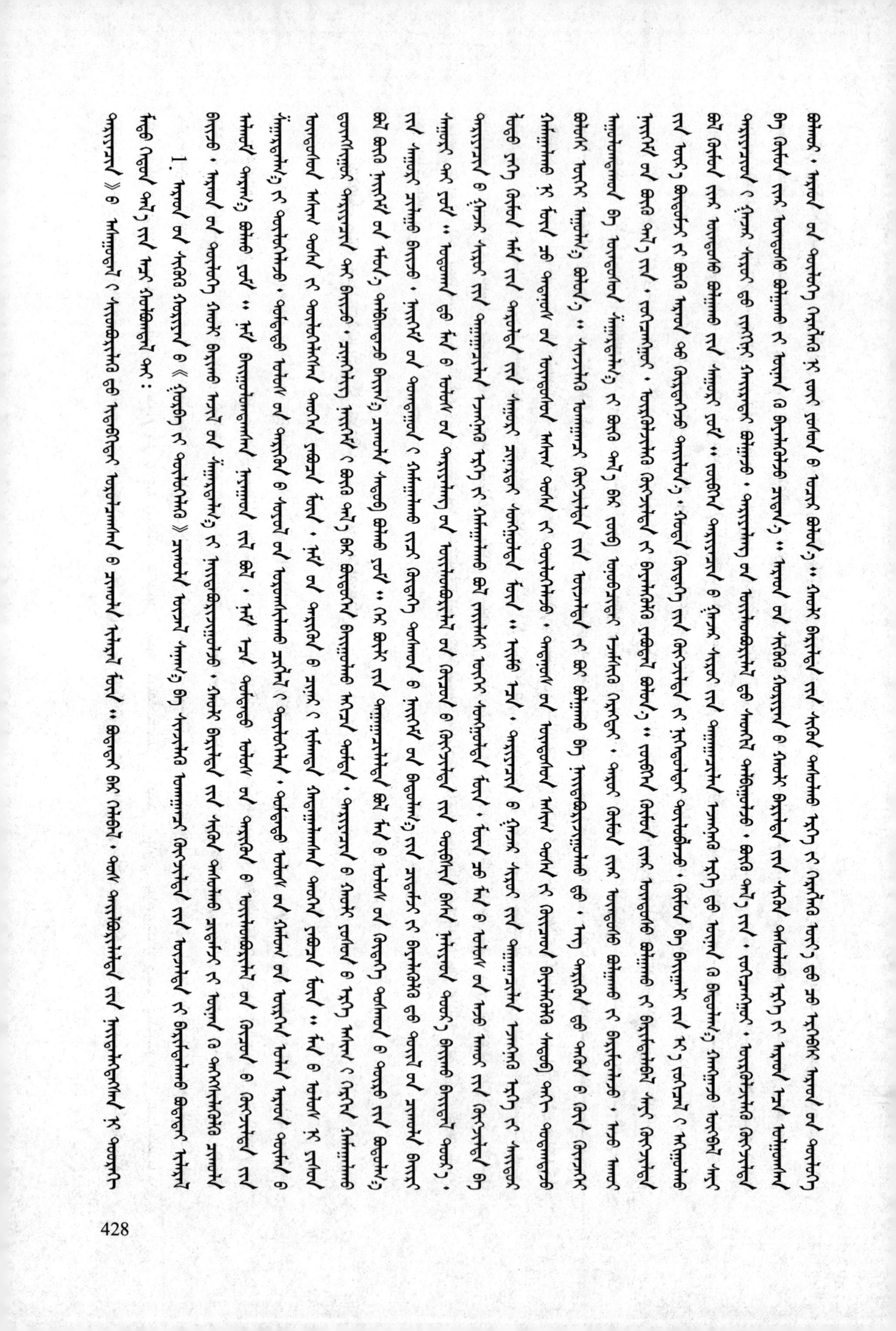

[illegible]

1. [illegible]

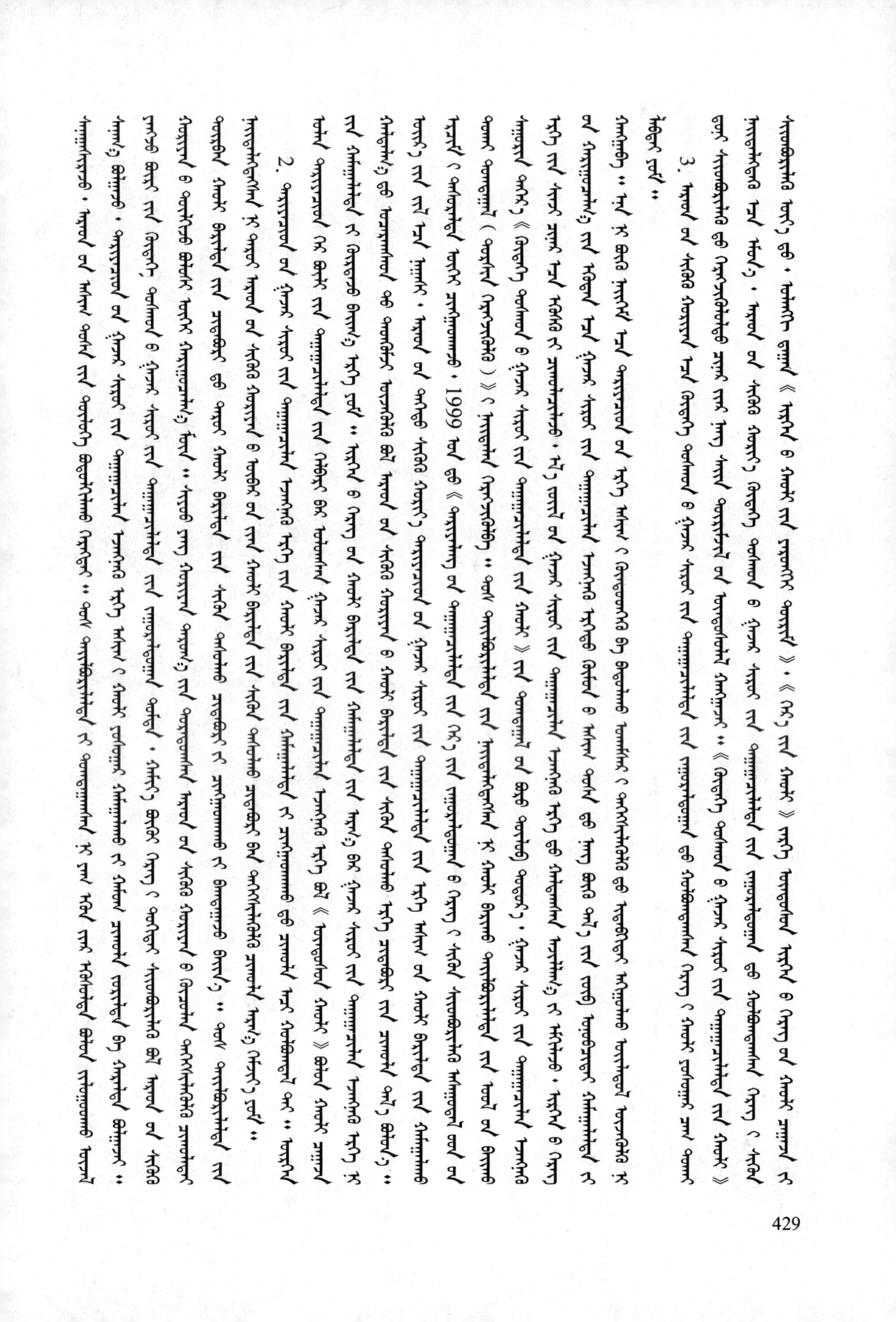

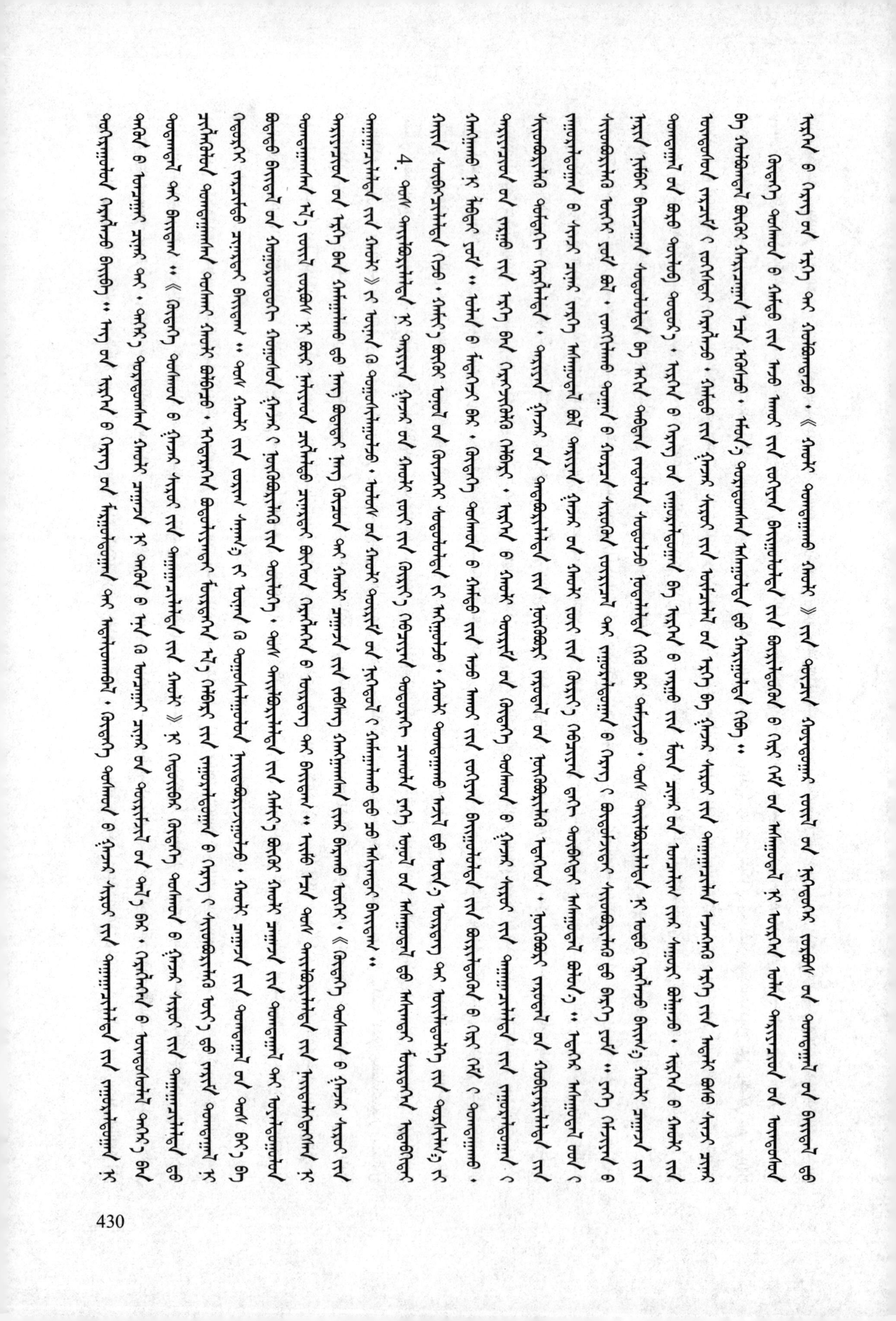

ᠭᠠᠷᠭᠠᠳᠠᠭ ᠂ ᠠᠷᠠᠳ ᠤᠨ ᠭᠣᠣᠯ ᠰᠠᠨᠠᠭ᠎ᠠ ᠶᠢᠨ ᠪᠦᠲᠦᠭᠡᠯ ᠶᠢᠨ ᠲᠤᠬᠠᠢ ᠶᠢ ᠪᠣᠳᠣ ᠪᠡᠶ᠎ᠡ ᠳᠤ ᠬᠡᠷᠡᠭᠵᠢᠭᠦᠯᠬᠦ ᠳᠤ ᠶᠠᠮᠠᠷ ᠤᠳᠬ᠎ᠠ ᠲᠠᠢ ᠪᠣᠯᠬᠤ ᠶᠢᠨ ᠲᠤᠬᠠᠢ ᠳᠤ ᠲᠤᠰᠬᠠᠶ ᠵᠢ ᠪᠠᠶᠢᠳᠠᠭ ᠂ ᠠᠷᠠᠳ ᠤᠨ ᠭᠣᠣᠯ ᠰᠠᠨᠠᠭ᠎ᠠ ᠶᠢᠨ ᠲᠤᠬᠠᠢ ᠶᠢᠨ ᠪᠦᠲᠦᠭᠡᠯ ᠶᠢᠨ ᠲᠤᠬᠠᠢ ᠠᠷᠠᠳ ᠤᠨ ᠦᠷ᠎ᠡ ᠪᠣᠯᠬᠤ ᠪᠣᠳᠣᠯᠭ᠎ᠠ ᠶᠢ ᠬᠦᠷᠭᠡᠬᠦ ᠂ ᠮᠠᠨ ᠤ ᠭᠣᠣᠯ ᠰᠠᠨᠠᠭ᠎ᠠ ᠶᠢᠨ 《 ᠭᠣᠣᠯ ᠰᠠᠨᠠᠭ᠎ᠠ ᠶᠢᠨ ᠪᠣᠳᠣᠯᠭ᠎ᠠ 》 ᠲᠠᠢ ᠬᠣᠯᠪᠣᠭᠳᠠᠨ᠎ᠠ ᠂ ᠪᠣᠯᠪᠠᠰᠤ ᠠᠷᠠᠳ ᠤᠨ ᠦᠷ᠎ᠡ ᠪᠣᠯᠬᠤ ᠪᠣᠳᠣᠯᠭ᠎ᠠ ᠶᠢᠨ ᠲᠤᠬᠠᠢ ᠪᠠᠷ ᠬᠦᠷᠭᠡᠬᠦ ᠶᠢᠨ ᠲᠤᠯᠠ ᠳᠤ ᠪᠣᠳᠣᠯᠭ᠎ᠠ ᠶᠢᠨ ᠭᠣᠣᠯ ᠰᠠᠨᠠᠭ᠎ᠠ ᠶᠢᠨ ᠬᠦᠷᠭᠡᠬᠦ ᠶᠢ ᠪᠣᠯᠭᠠᠨ᠎ᠠ ᠃ ᠡᠳᠡᠭᠡᠷ ᠪᠣᠯ ᠭᠣᠣᠯ ᠰᠠᠨᠠᠭ᠎ᠠ ᠶᠢ ᠪᠦᠷᠢᠯᠳᠦᠭᠦᠯᠬᠦ ᠶᠢᠨ ᠲᠤᠯᠠ ᠳᠤ ᠠᠷᠠᠳ ᠤᠨ ᠦᠷ᠎ᠡ ᠪᠣᠯᠬᠤ ᠶᠢ ᠬᠦᠷᠭᠡᠨ᠎ᠡ ᠃

ᠡᠨᠡ ᠪᠣᠯ ᠮᠠᠨ ᠤ ᠭᠣᠣᠯ ᠰᠠᠨᠠᠭ᠎ᠠ ᠶᠢᠨ ᠬᠦᠷᠭᠡᠬᠦ ᠶᠢ ᠪᠦᠷᠢᠯᠳᠦᠭᠦᠯᠬᠦ ᠶᠢᠨ ᠲᠤᠯᠠ ᠳᠤ ᠭᠣᠣᠯ ᠰᠠᠨᠠᠭ᠎ᠠ ᠶᠢᠨ ᠪᠣᠳᠣᠯᠭ᠎ᠠ ᠶᠢ ᠬᠦᠷᠭᠡᠬᠦ ᠶᠢᠨ ᠲᠤᠯᠠ ᠂ ᠡᠳᠡᠭᠡᠷ ᠪᠣᠯ ᠮᠠᠨ ᠤ ᠦᠷ᠎ᠡ ᠪᠣᠯᠬᠤ ᠶᠢᠨ ᠲᠤᠯᠠ ᠂ ᠡᠳᠡᠭᠡᠷ ᠪᠠᠷ ᠬᠦᠷᠭᠡᠬᠦ ᠶᠢ ᠬᠦᠷᠭᠡᠨ᠎ᠡ ᠃

ᠨᠢ ᠪᠣᠯ ᠪᠦᠦ ᠮᠠᠷᠲᠠᠭᠠᠷᠠᠢ !

ᠳᠡᠭᠡᠳᠦ ᠠᠷᠠᠳ ᠤᠨ ᠱᠦᠦᠬᠦ ᠶᠠᠮᠤᠨ ᠤ

《ᠪᠦᠭᠦᠳᠡ ᠨᠠᠶᠢᠷᠠᠮᠳᠠᠬᠤ ᠳᠤᠮᠳᠠᠳᠤ ᠠᠷᠠᠳ ᠤᠯᠤᠰ ᠤᠨ ᠡᠳ ᠤᠨ ᠡᠷᠬᠡ ᠶᠢᠨ ᠬᠠᠤᠯᠢ》 ᠢ
ᠬᠡᠷᠡᠭᠯᠡᠬᠦ ᠲᠤᠬᠠᠢ ᠵᠠᠷᠢᠮ ᠠᠰᠠᠭᠤᠳᠠᠯ ᠤᠨ ᠲᠠᠶᠢᠯᠪᠤᠷᠢ (ᠨᠢᠭᠡ)

ᠱᠦᠦᠬᠦ ᠲᠠᠶᠢᠯᠪᠤᠷᠢ〔2016〕5 ᠳᠤᠭᠠᠷ ᠨᠣᠮᠧᠷ

(2015 ᠣᠨ ᠤ 12 ᠰᠠᠷ᠎ᠠ ᠶᠢᠨ 10 ᠤ ᠡᠳᠦᠷ ᠳᠡᠭᠡᠳᠦ ᠠᠷᠠᠳ ᠤᠨ ᠱᠦᠦᠬᠦ ᠶᠠᠮᠤᠨ ᠤ ᠱᠦᠭᠦᠨ ᠲᠠᠰᠤᠯᠬᠤ ᠬᠣᠷᠢᠶ᠎ᠠ ᠶᠢᠨ 1670 ᠳᠤᠭᠠᠷ ᠬᠤᠷᠠᠯ ᠢᠶᠠᠷ ᠪᠠᠲᠤᠯᠵᠤ 2016 ᠣᠨ ᠤ 2 ᠰᠠᠷ᠎ᠠ ᠶᠢᠨ 22 ᠳᠤ ᠳᠡᠭᠡᠳᠦ ᠠᠷᠠᠳ ᠤᠨ ᠱᠦᠦᠬᠦ ᠶᠠᠮᠤᠨ ᠤ ᠨᠡᠶᠢᠲᠡᠯᠡᠭᠰᠡᠨ ᠢ 2016 ᠣᠨ ᠤ 3 ᠰᠠᠷ᠎ᠠ ᠶᠢᠨ 1 ᠦ ᠡᠳᠦᠷ ᠡᠴᠡ ᠡᠬᠢᠯᠡᠨ ᠬᠡᠷᠡᠭᠵᠢᠭᠦᠯᠦᠨ᠎ᠡ)

[illegible]
[illegible]
[illegible]
[illegible]
[illegible]
[illegible]
[illegible]
[illegible]
[illegible]

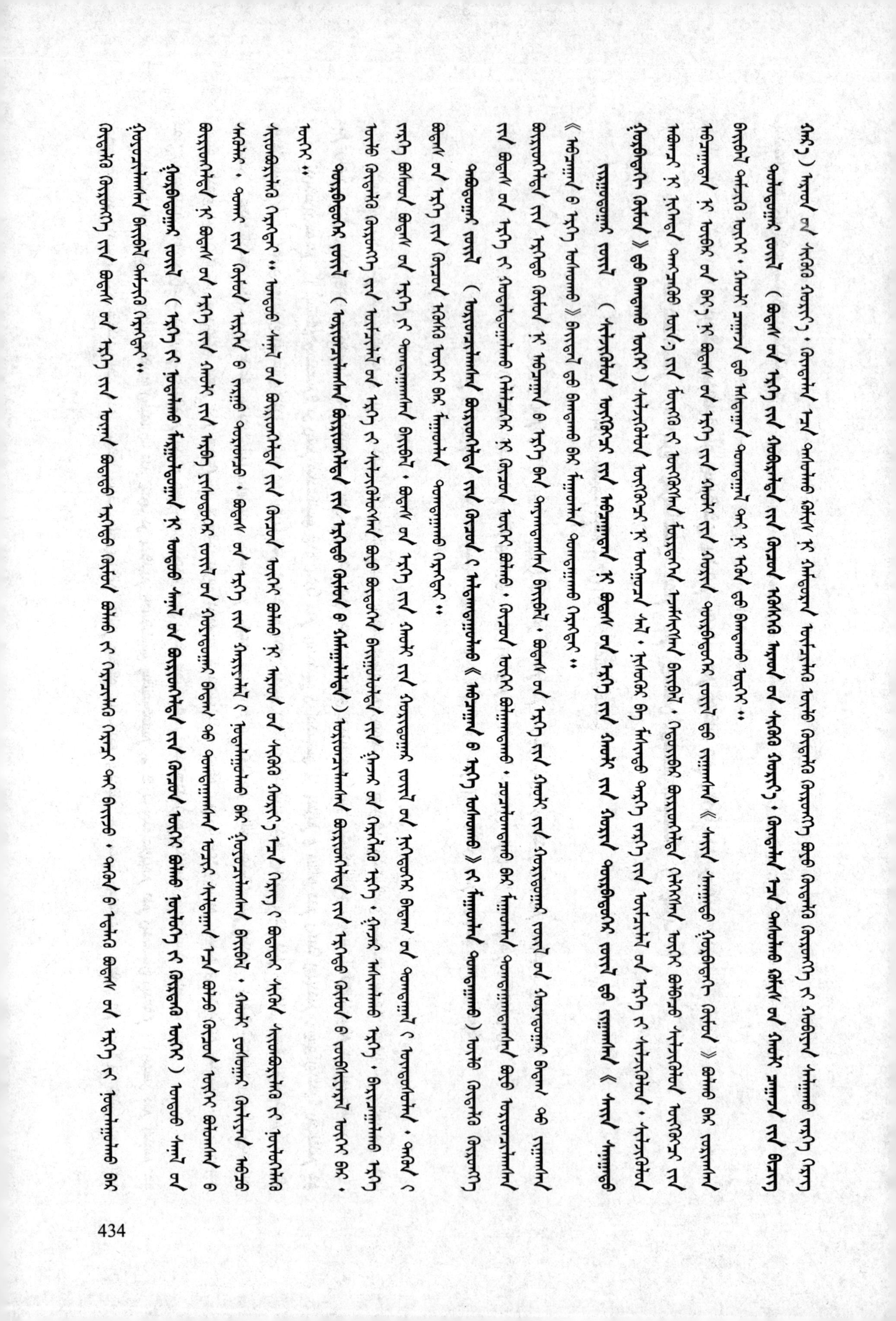

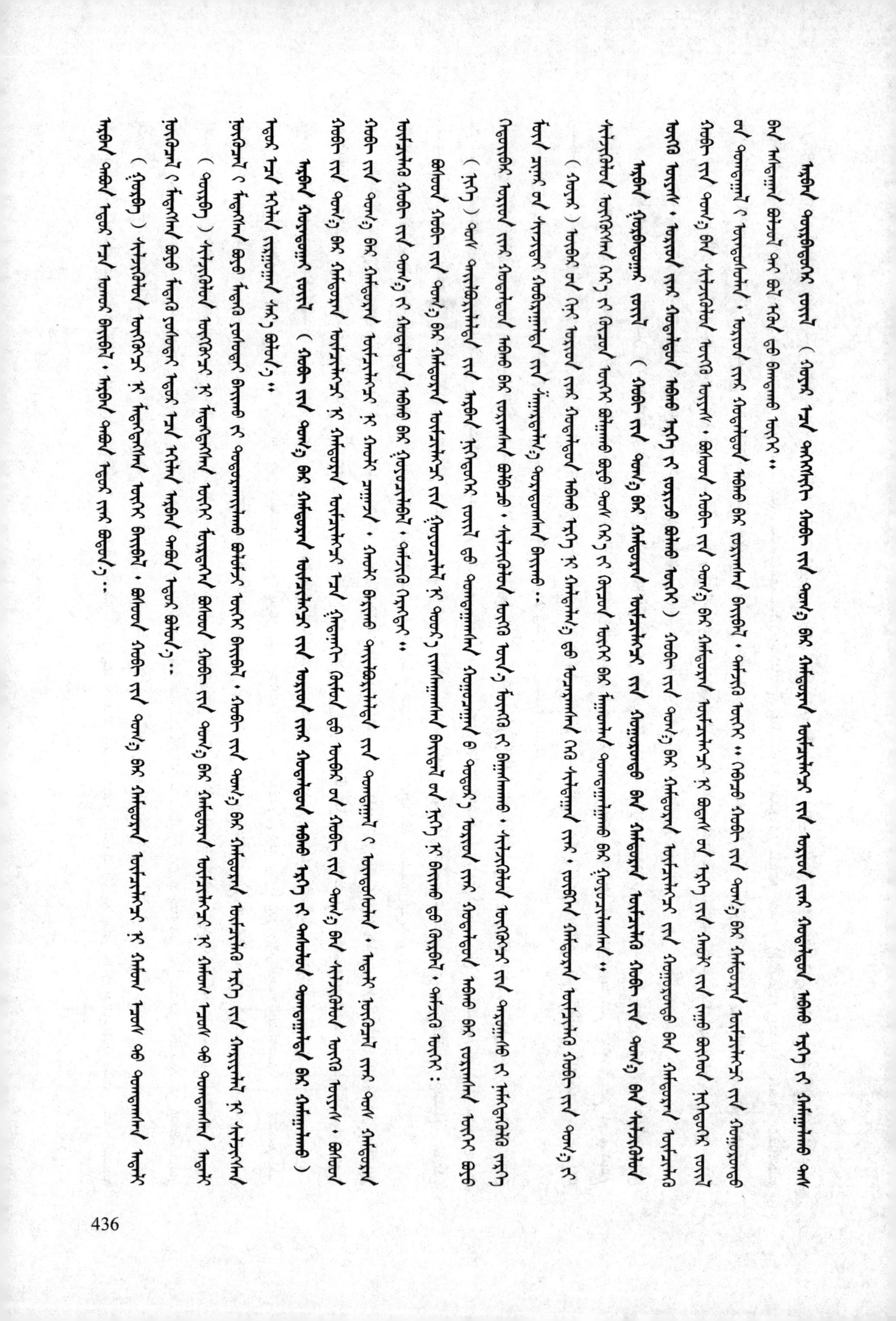

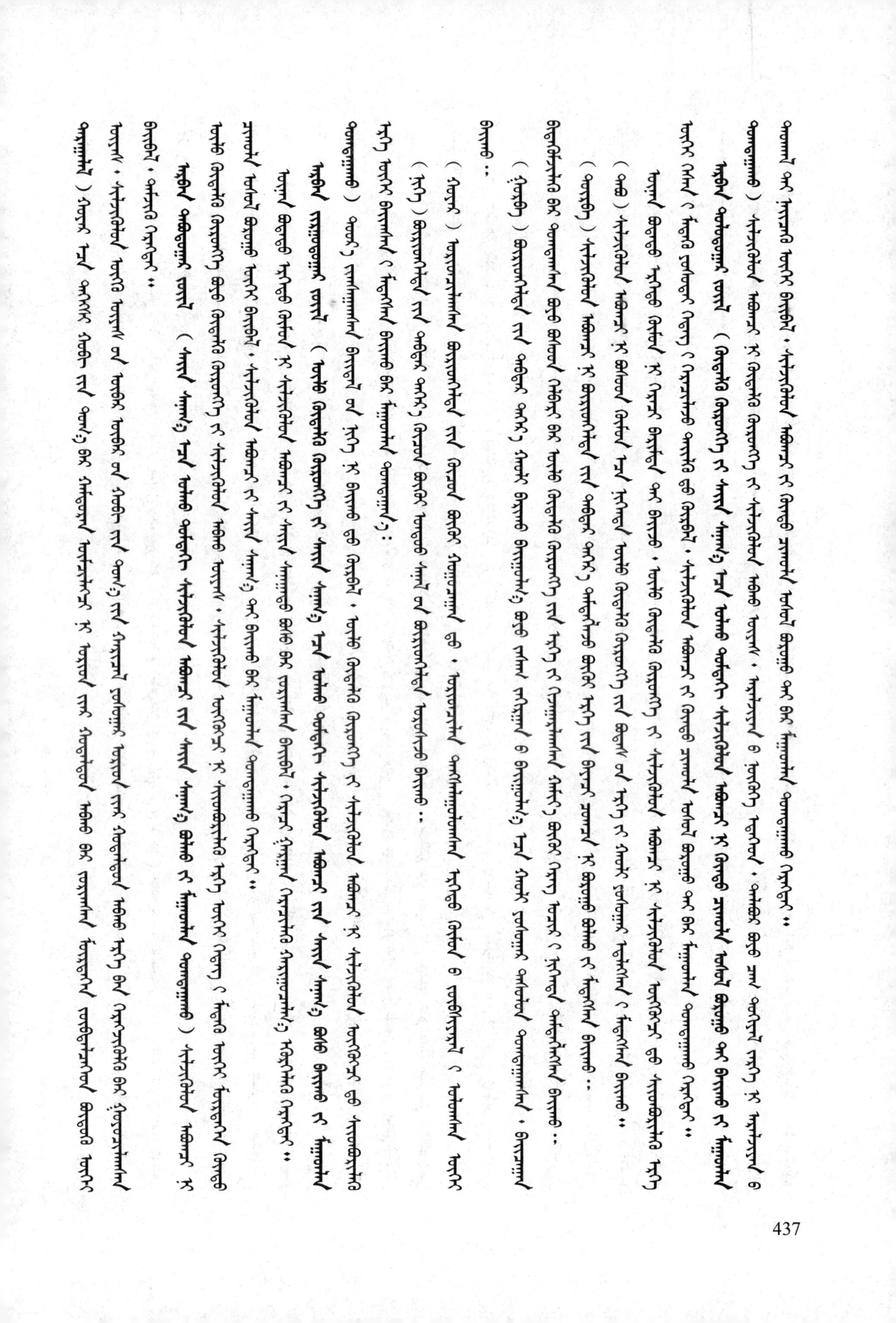

[illegible]

[illegible]

[illegible]

[illegible]

[illegible]

[illegible]

[illegible]

[illegible]

[illegible]

[illegible]

[illegible]

[illegible]

[illegible]

[illegible]

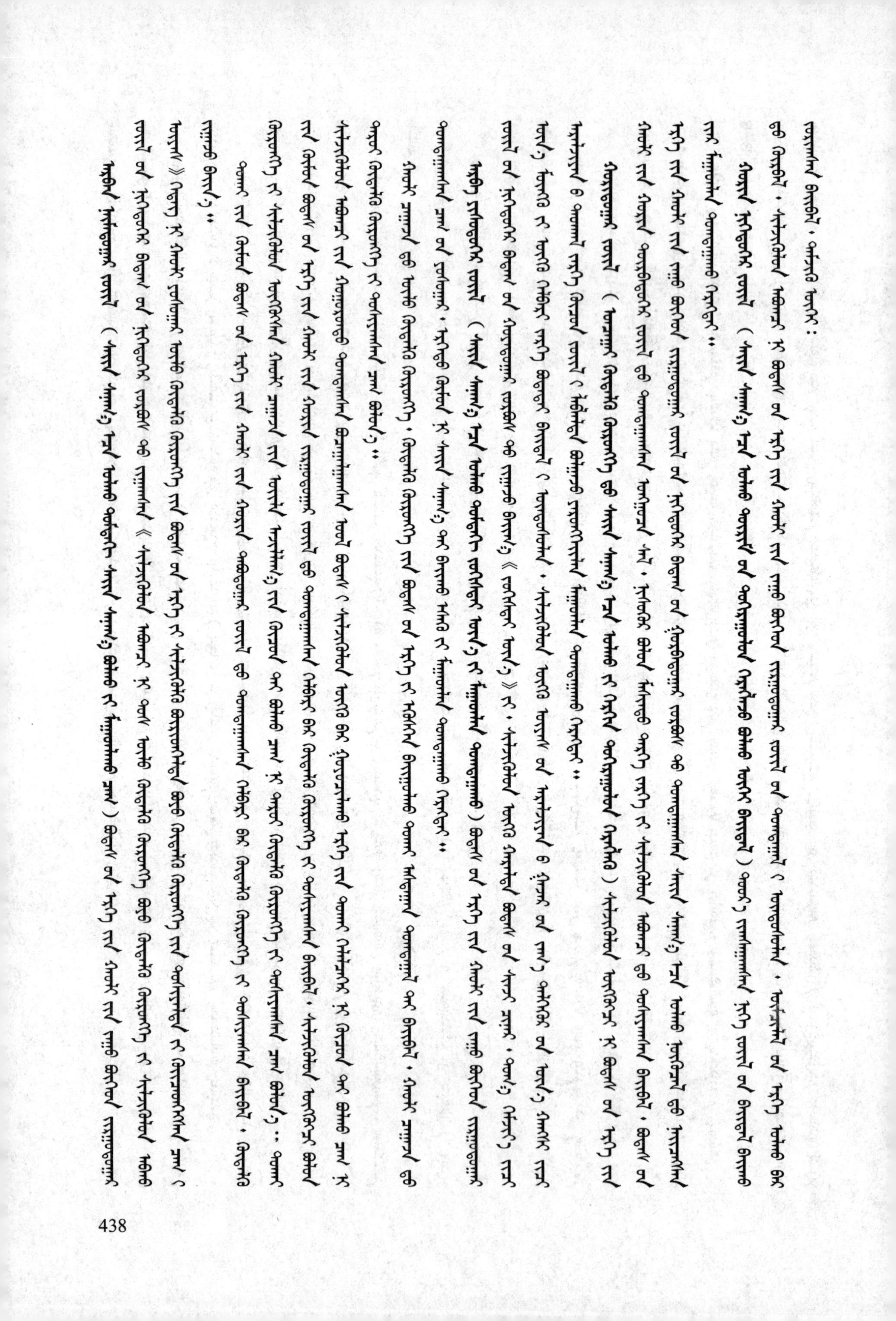

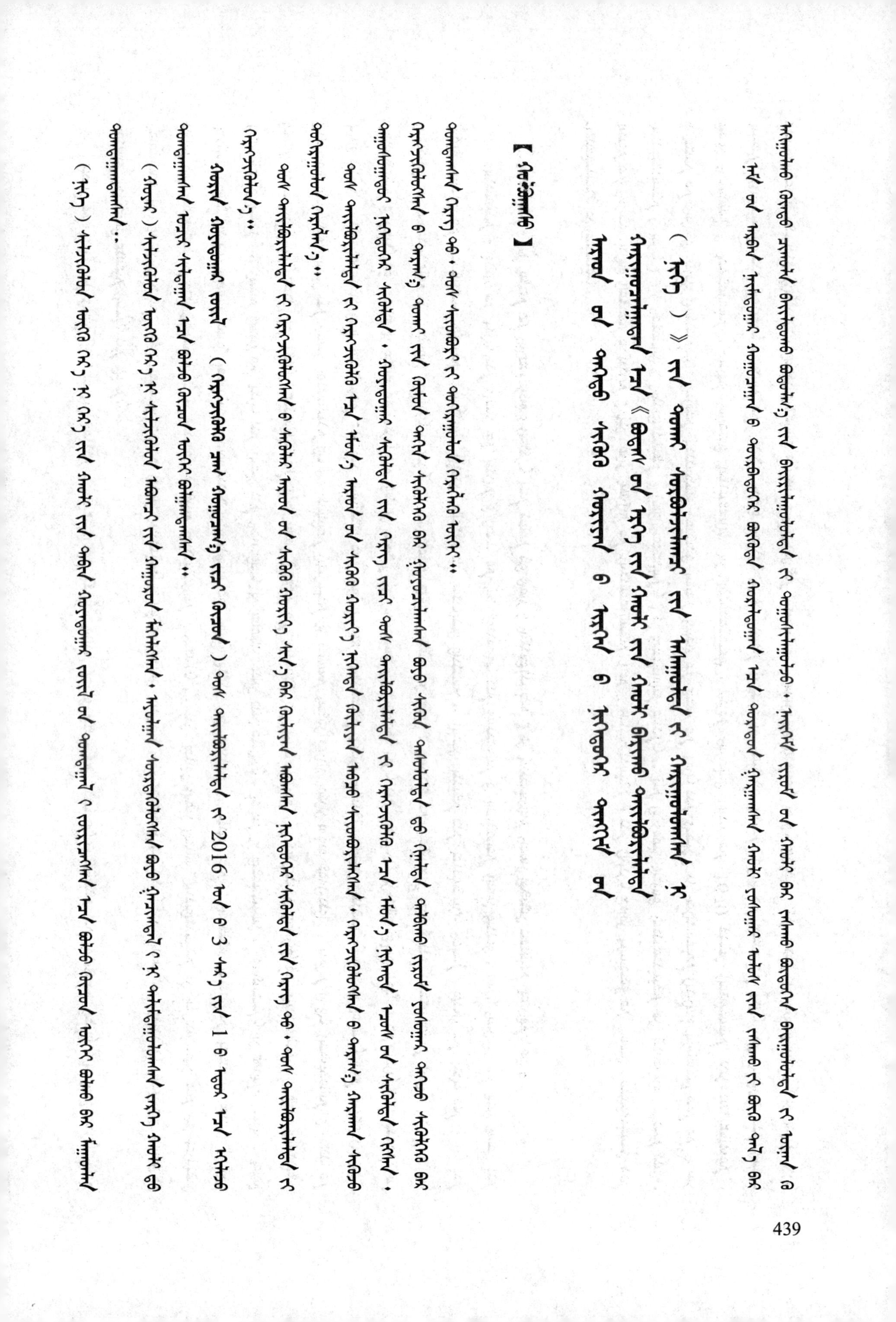

[illegible] ([illegible]) [illegible] ::

[illegible] ::

[illegible] ([illegible]) [illegible] ::

[illegible] ([illegible]) [illegible] 2016 [illegible] 3 [illegible] 1 [illegible] ::

[illegible] ::

[illegible] ::

【 [illegible] 】

[illegible] 《 [illegible] 》 ([illegible])

[illegible]

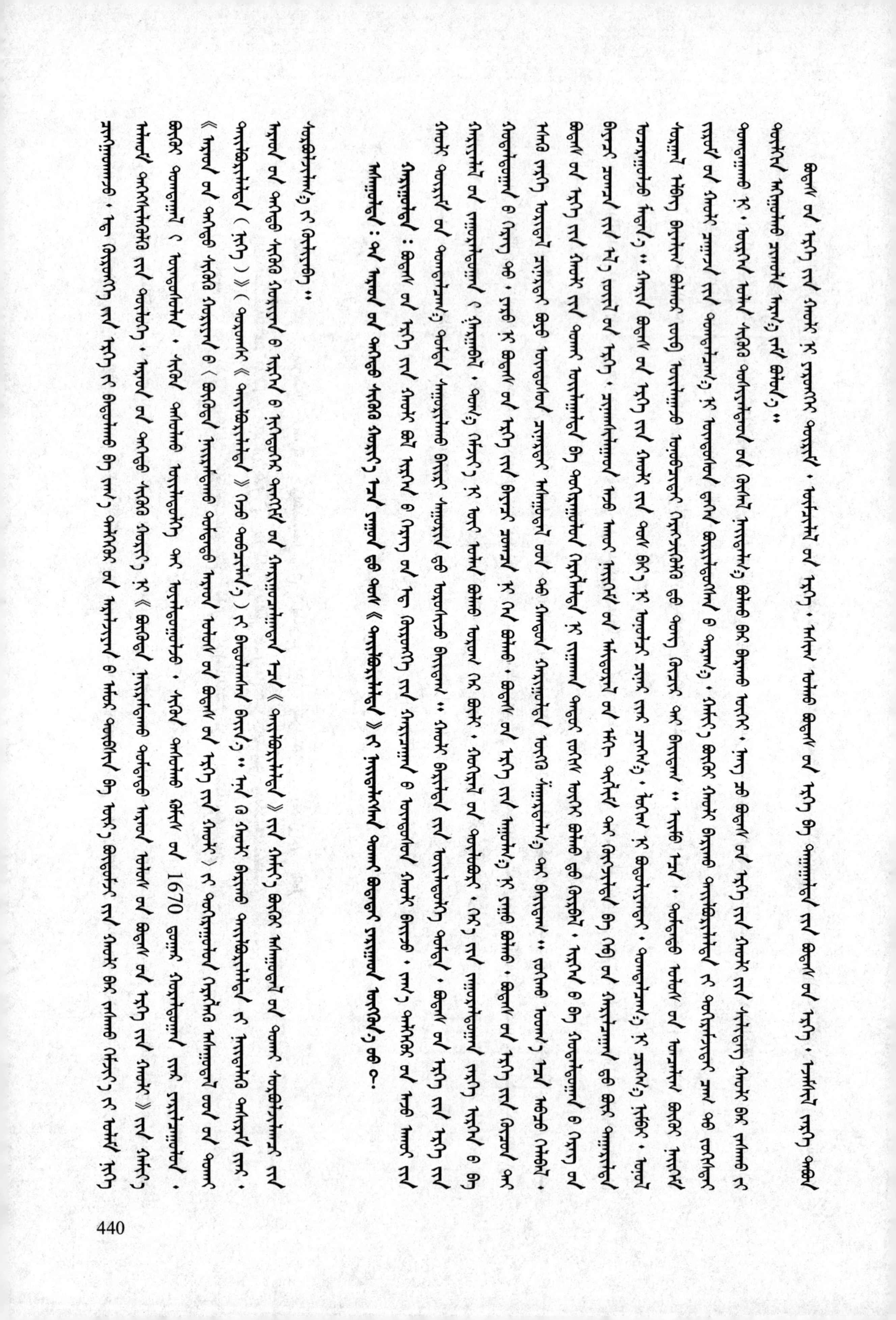

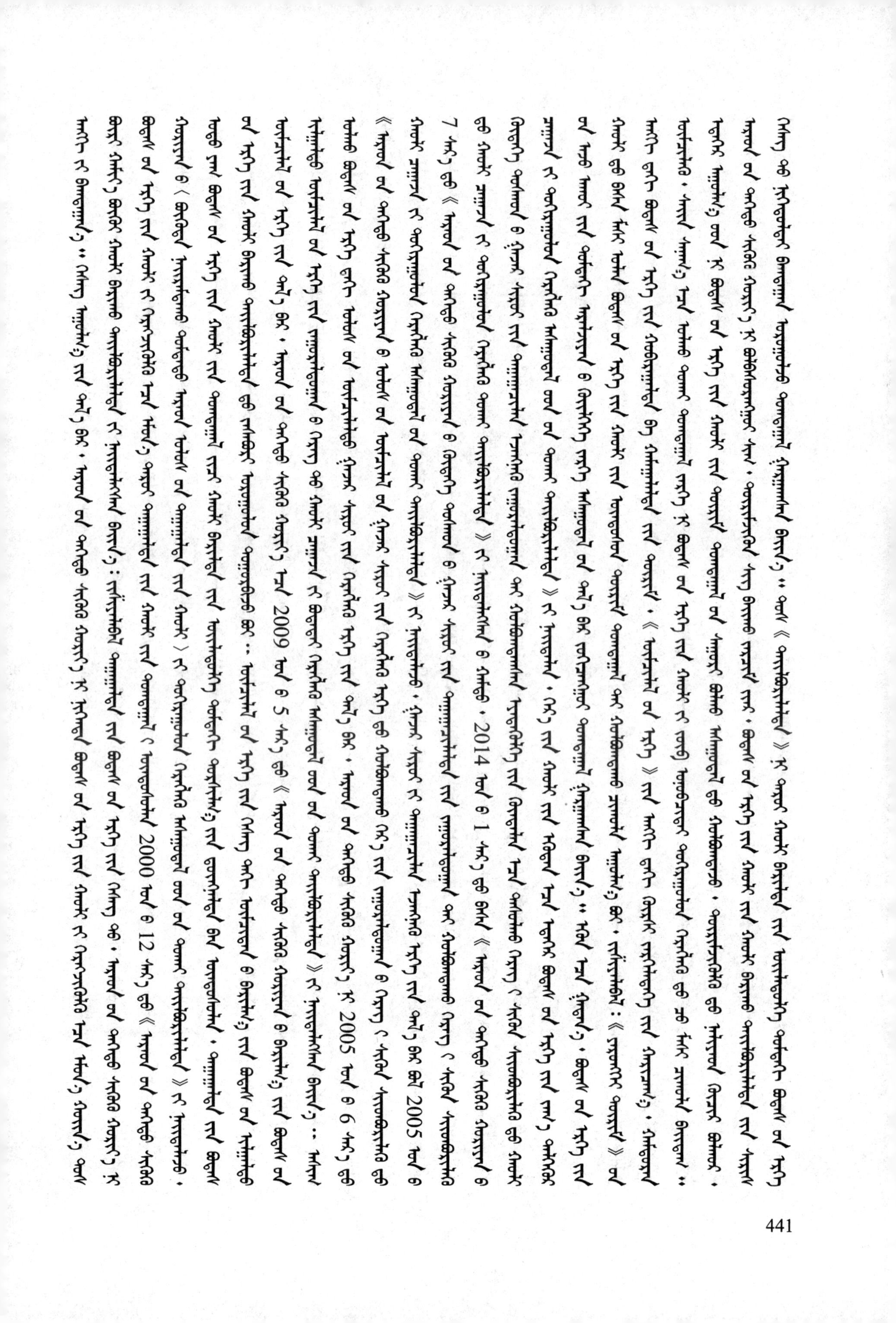

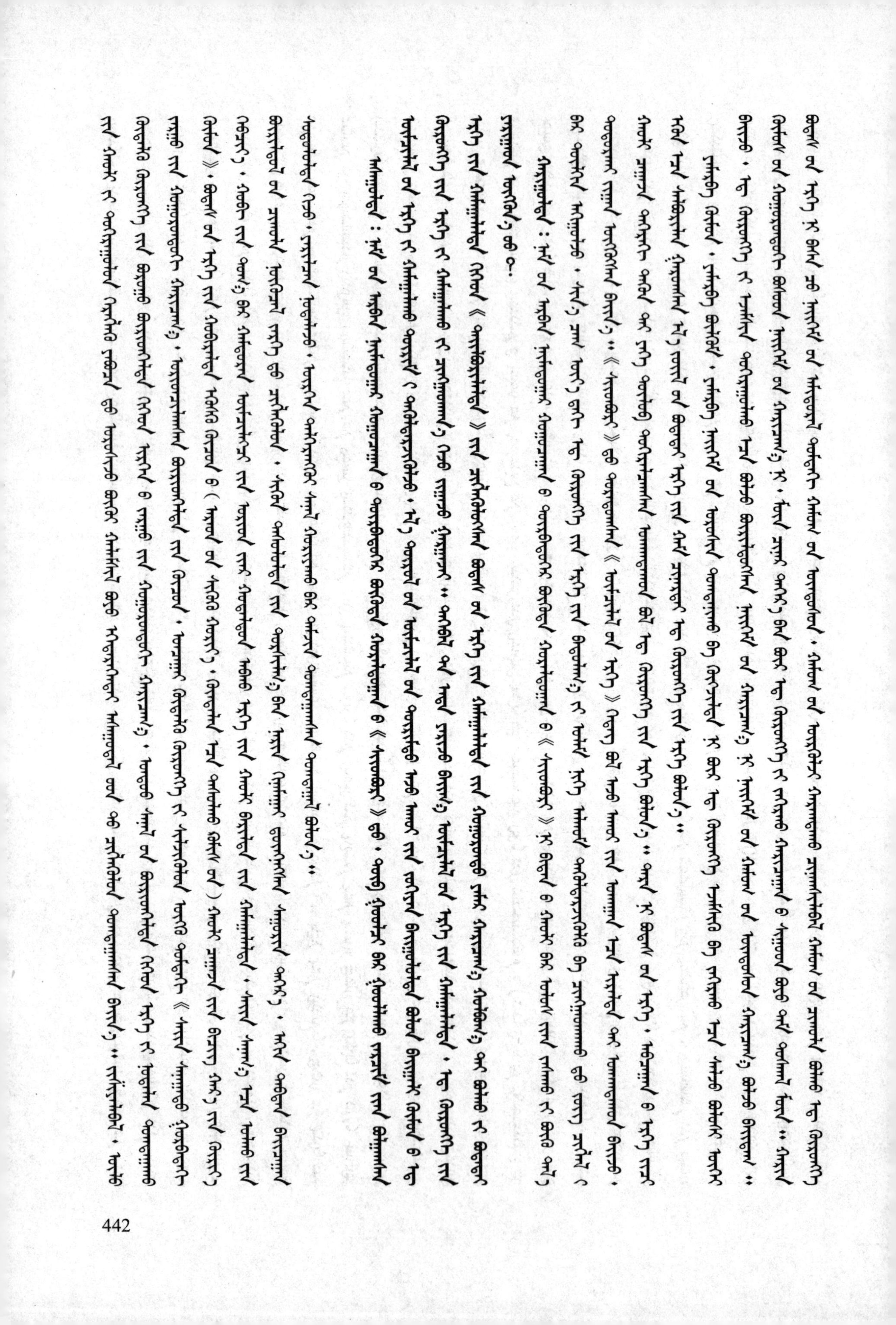

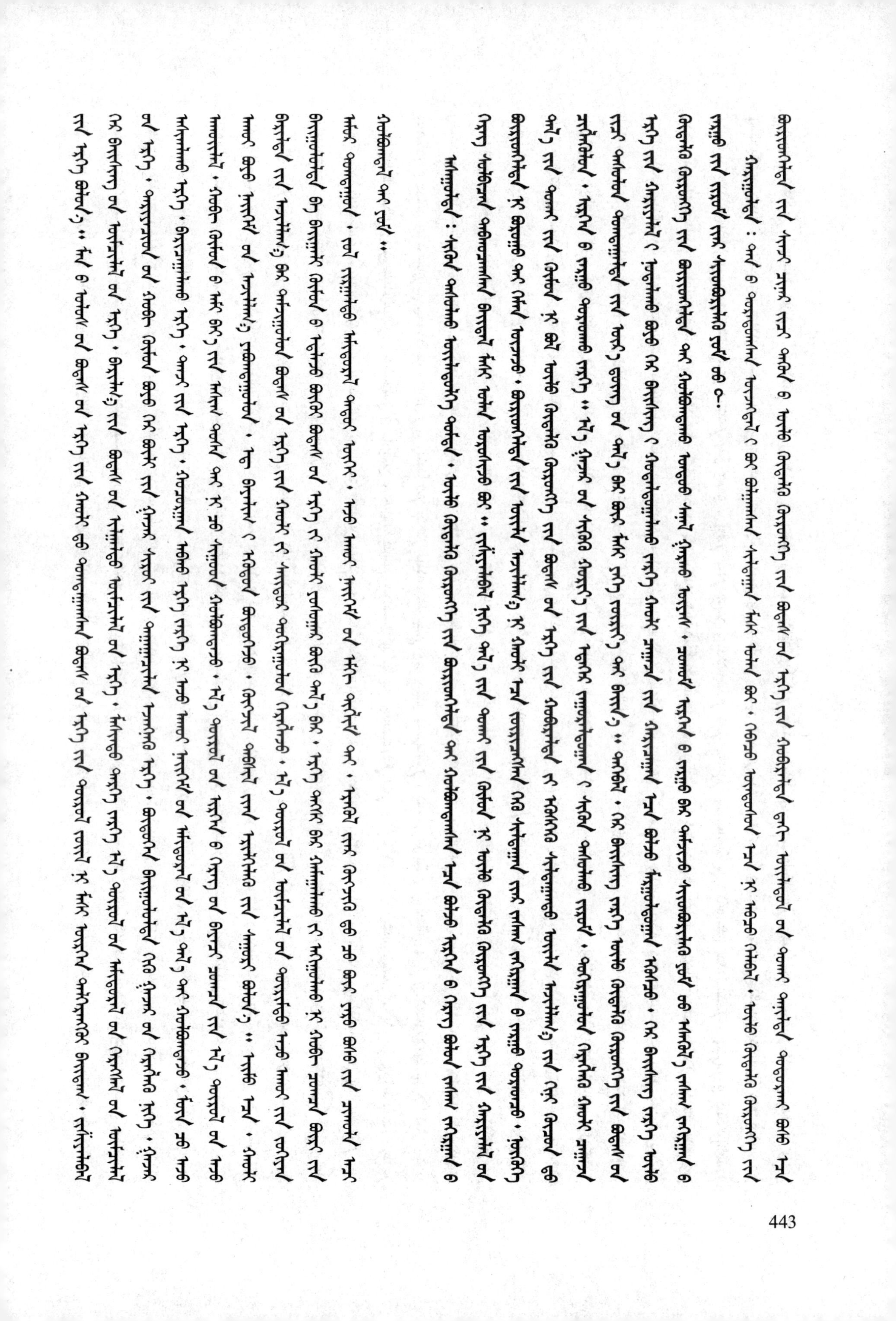

[illegible]

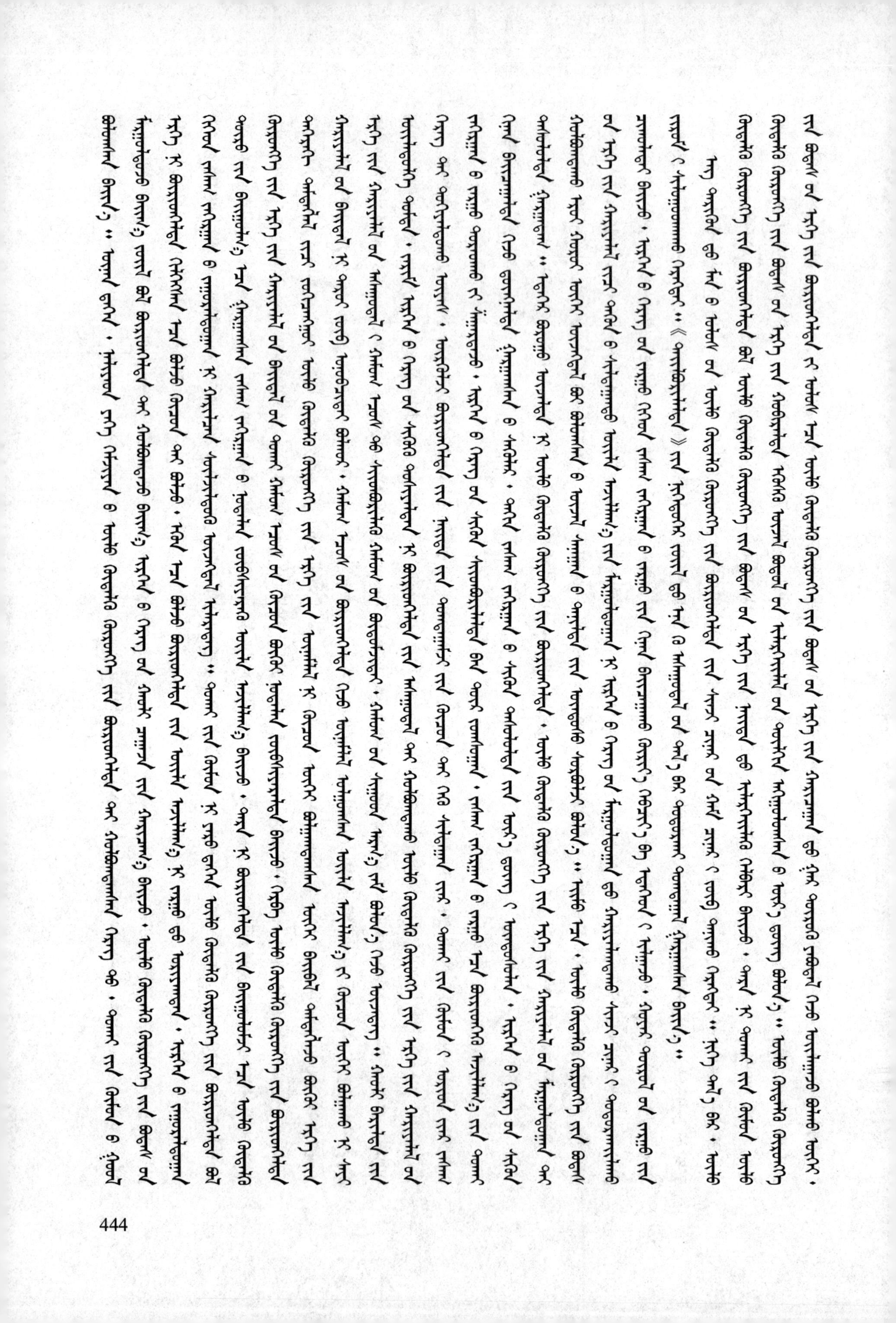

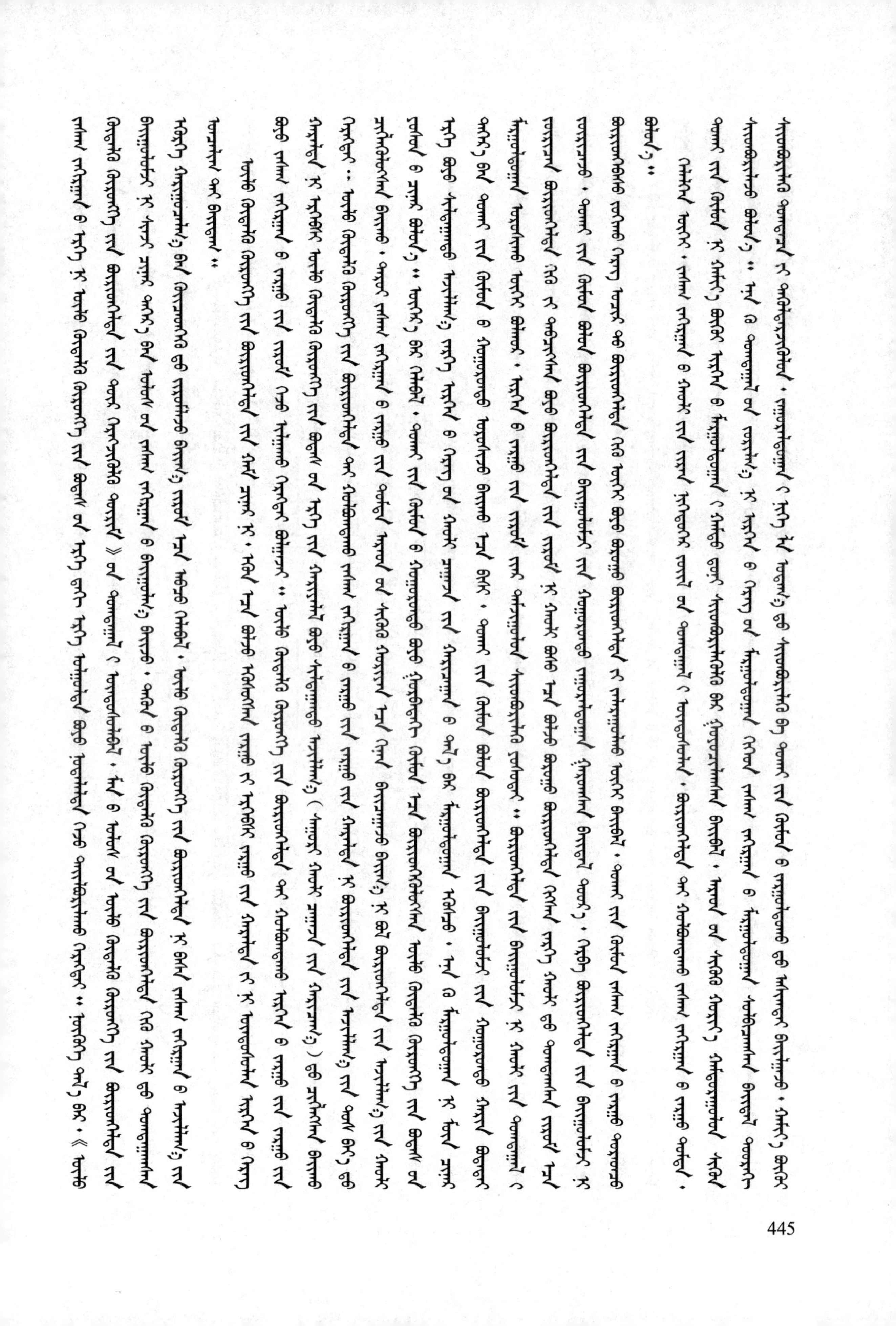

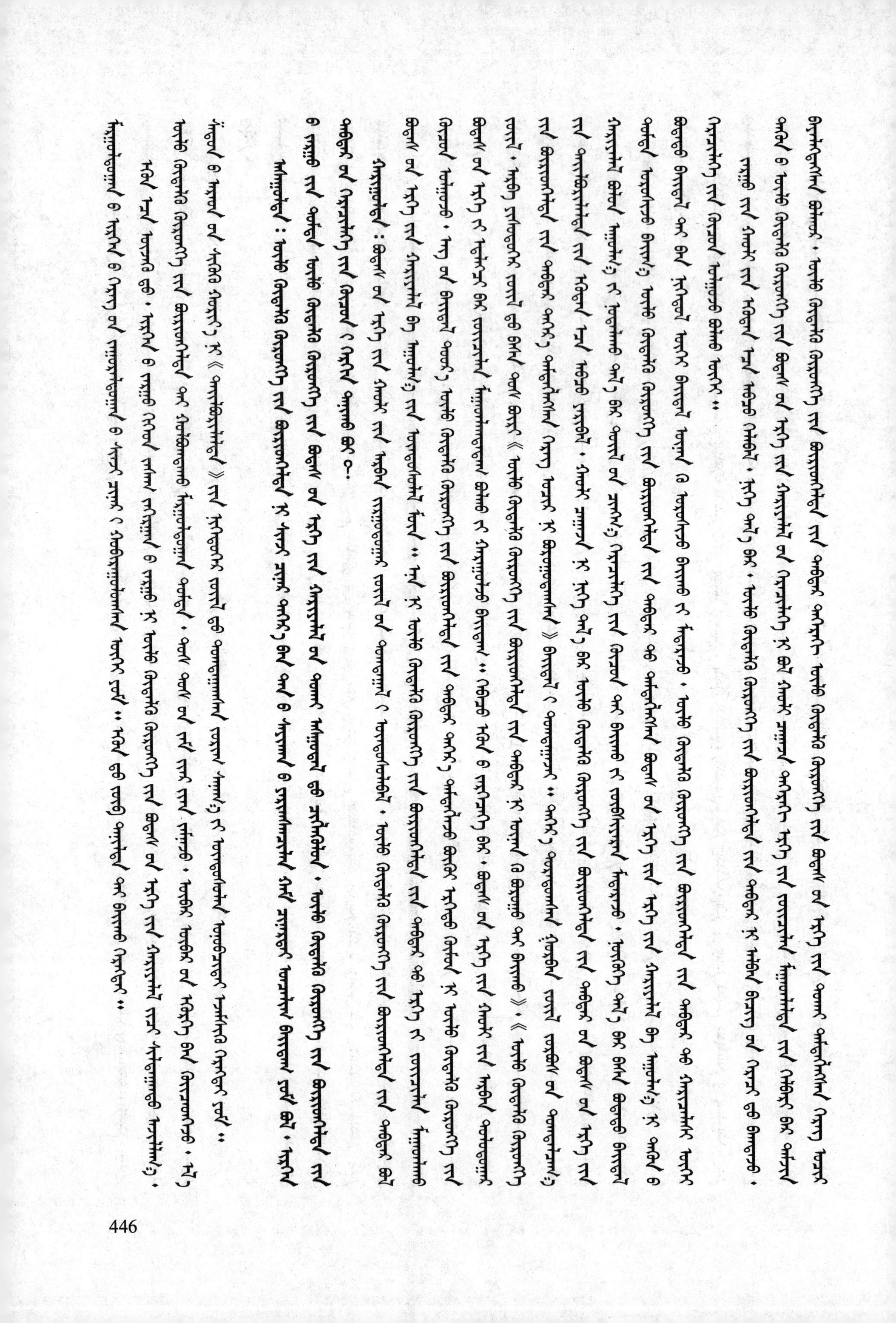

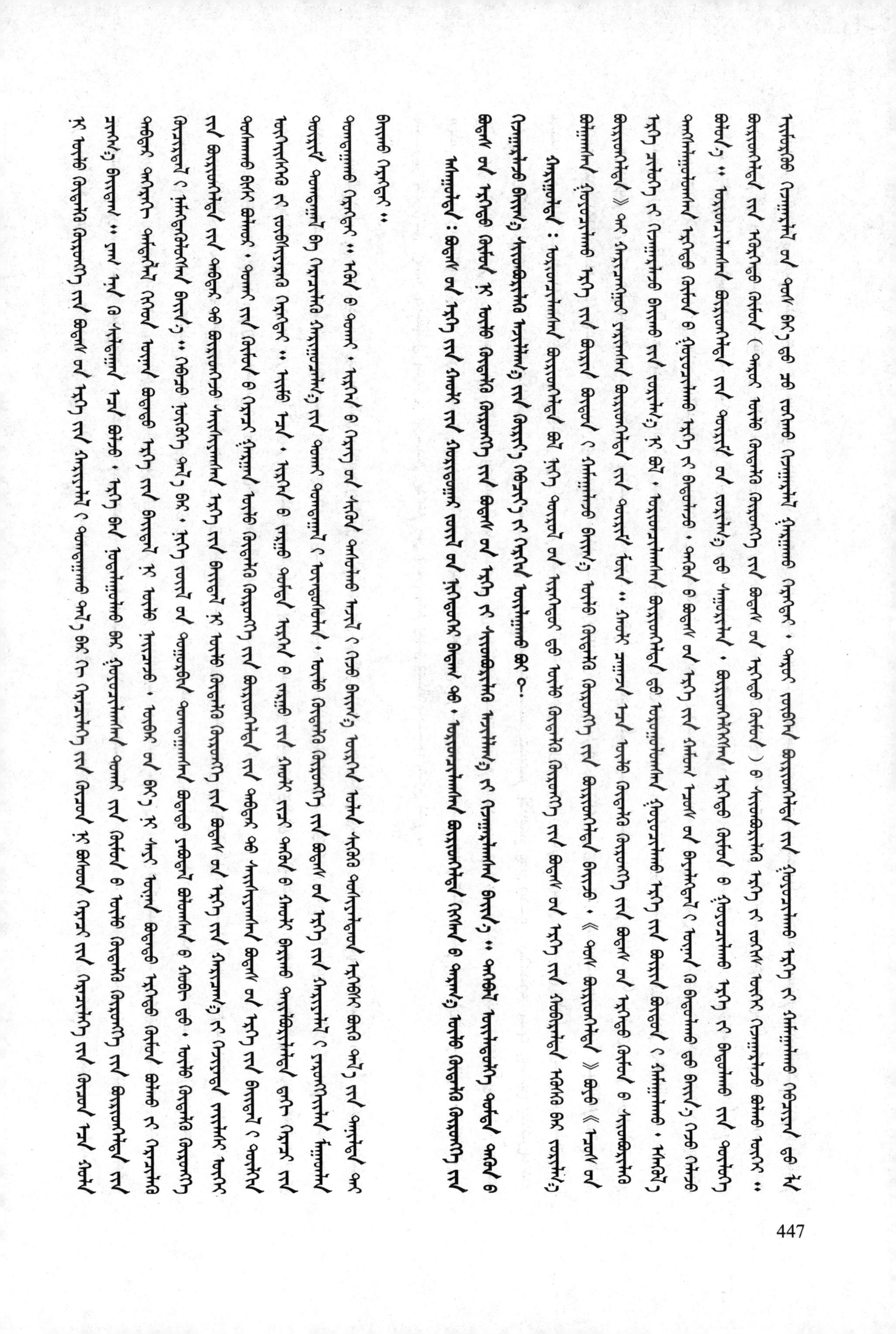

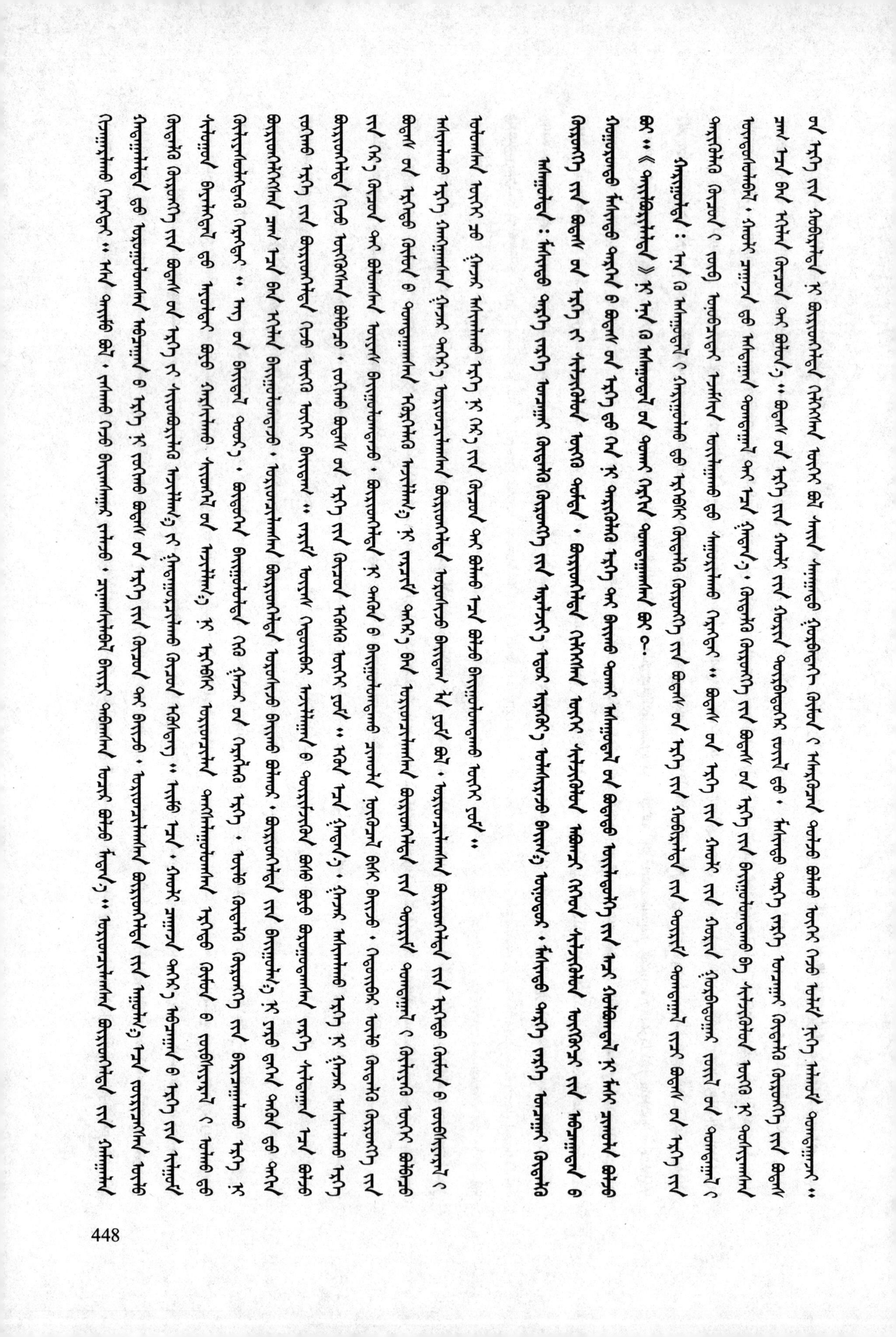

ᠪᠠᠢᠢᠨ᠎ᠠ ᠃ ᠶᠠᠭᠤ ᠶᠢᠨ ᠮᠡᠳᠡᠯᠭᠡ ᠶᠢ ᠲᠤᠰᠬᠠᠭᠰᠠᠨ ᠬᠡᠯᠡᠨ ᠦ ᠬᠡᠯᠪᠡᠷᠢ ᠪᠡᠷ ᠲᠤᠰᠬᠠᠭᠳᠠᠨ᠎ᠠ ᠃ ᠶᠠᠭᠤ ᠶᠢᠨ ᠬᠡᠯᠡ ᠶᠢᠨ ᠪᠣᠳᠣᠯ ᠤᠨ ᠬᠡᠯᠪᠡᠷᠢ ᠪᠣᠯ ᠰᠡᠳᠬᠢᠯᠭᠡ ᠶᠢᠨ ᠬᠡᠯᠪᠡᠷᠢ ᠶᠢᠨ ᠠᠷᠭ᠎ᠠ ᠳᠤ ᠮᠡᠳᠡᠭᠳᠡᠨ᠎ᠡ ᠃ ᠡᠢᠮᠦ ᠡᠴᠡ ᠬᠡᠯᠡ ᠪᠣᠯ ᠰᠡᠳᠬᠢᠯᠭᠡ ᠶᠢᠨ ᠪᠣᠳᠠᠲᠤ ᠪᠠᠢᠳᠠᠯ ᠪᠣᠯᠤᠨ᠎ᠠ ᠃ ᠮᠥᠨ ᠬᠡᠯᠡ ᠪᠣᠯ ᠰᠡᠳᠬᠢᠯᠭᠡ ᠶᠢᠨ ᠪᠣᠳᠣᠯ ᠤᠨ ᠬᠡᠯᠪᠡᠷᠢ ᠶᠢ ᠲᠤᠰᠬᠠᠨ᠎ᠠ ᠃

ᠬᠡᠯᠡ ᠪᠣᠯ ᠪᠣᠳᠣᠯ ᠤᠨ ᠬᠡᠯᠪᠡᠷᠢ ᠶᠢᠨ ᠭᠣᠣᠯ ᠬᠡᠷᠡᠭᠰᠡᠯ ᠪᠣᠯᠤᠨ᠎ᠠ ᠃ ᠬᠡᠯᠡ ᠶᠢᠨ ᠬᠡᠯᠪᠡᠷᠢ ᠪᠣᠯ ᠰᠡᠳᠬᠢᠯᠭᠡ ᠶᠢᠨ ᠬᠡᠯᠪᠡᠷᠢ ᠶᠢᠨ ᠲᠤᠰᠬᠠᠯ ᠪᠣᠯᠤᠨ᠎ᠠ ᠃ ᠬᠡᠯᠡ ᠪᠣᠯ ᠪᠣᠳᠣᠯ ᠤᠨ ᠦᠨᠳᠦᠰᠦ ᠪᠣᠯᠤᠨ᠎ᠠ ᠃ ᠬᠡᠯᠡ ᠶᠢᠨ ᠬᠡᠯᠪᠡᠷᠢ ᠪᠣᠯ ᠪᠣᠳᠣᠯ ᠤᠨ ᠬᠡᠯᠪᠡᠷᠢ ᠶᠢ ᠲᠤᠰᠬᠠᠨ ᠢᠯᠡᠷᠡᠭᠦᠯᠦᠨ᠎ᠡ ᠃

ᠬᠡᠯᠡ ᠪᠣᠯ ᠰᠡᠳᠬᠢᠯᠭᠡ ᠶᠢᠨ ᠬᠡᠷᠡᠭᠰᠡᠯ ᠪᠣᠯᠤᠨ᠎ᠠ ᠃ ᠬᠡᠯᠡ ᠶᠢᠨ ᠬᠡᠯᠪᠡᠷᠢ ᠪᠣᠯ ᠰᠡᠳᠬᠢᠯᠭᠡ ᠶᠢᠨ ᠬᠡᠯᠪᠡᠷᠢ ᠶᠢ ᠲᠤᠰᠬᠠᠨ᠎ᠠ ᠃ ᠬᠡᠯᠡ ᠪᠣᠯ ᠪᠣᠳᠣᠯ ᠤᠨ ᠬᠡᠯᠪᠡᠷᠢ ᠶᠢᠨ ᠦᠨᠳᠦᠰᠦ ᠪᠣᠯᠤᠨ᠎ᠠ ᠃

ᠬᠡᠯᠡ ᠪᠣᠯ ᠰᠡᠳᠬᠢᠯᠭᠡ ᠶᠢᠨ ᠪᠣᠳᠠᠲᠤ ᠪᠠᠢᠳᠠᠯ ᠪᠣᠯᠤᠨ᠎ᠠ ᠃

449

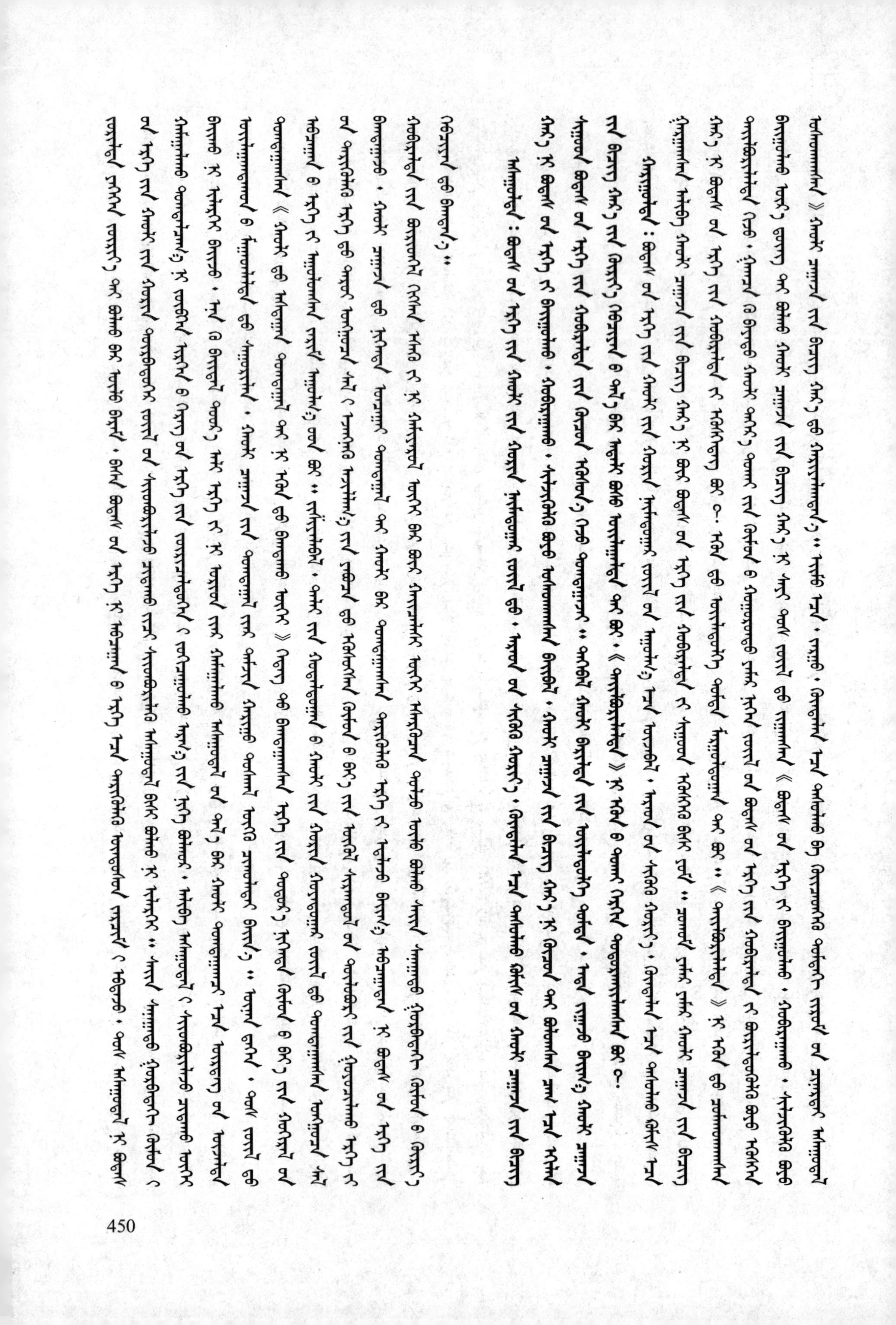

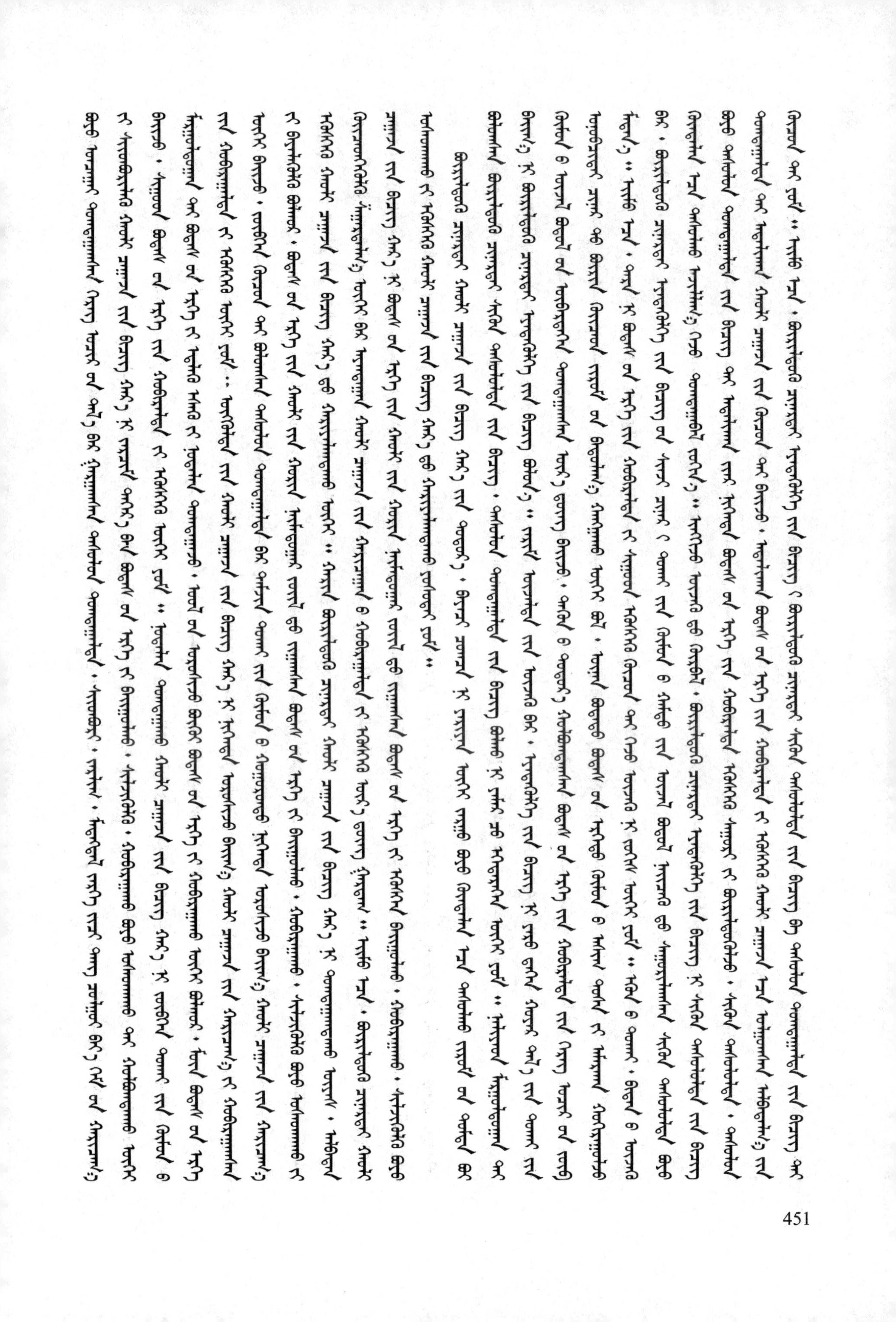

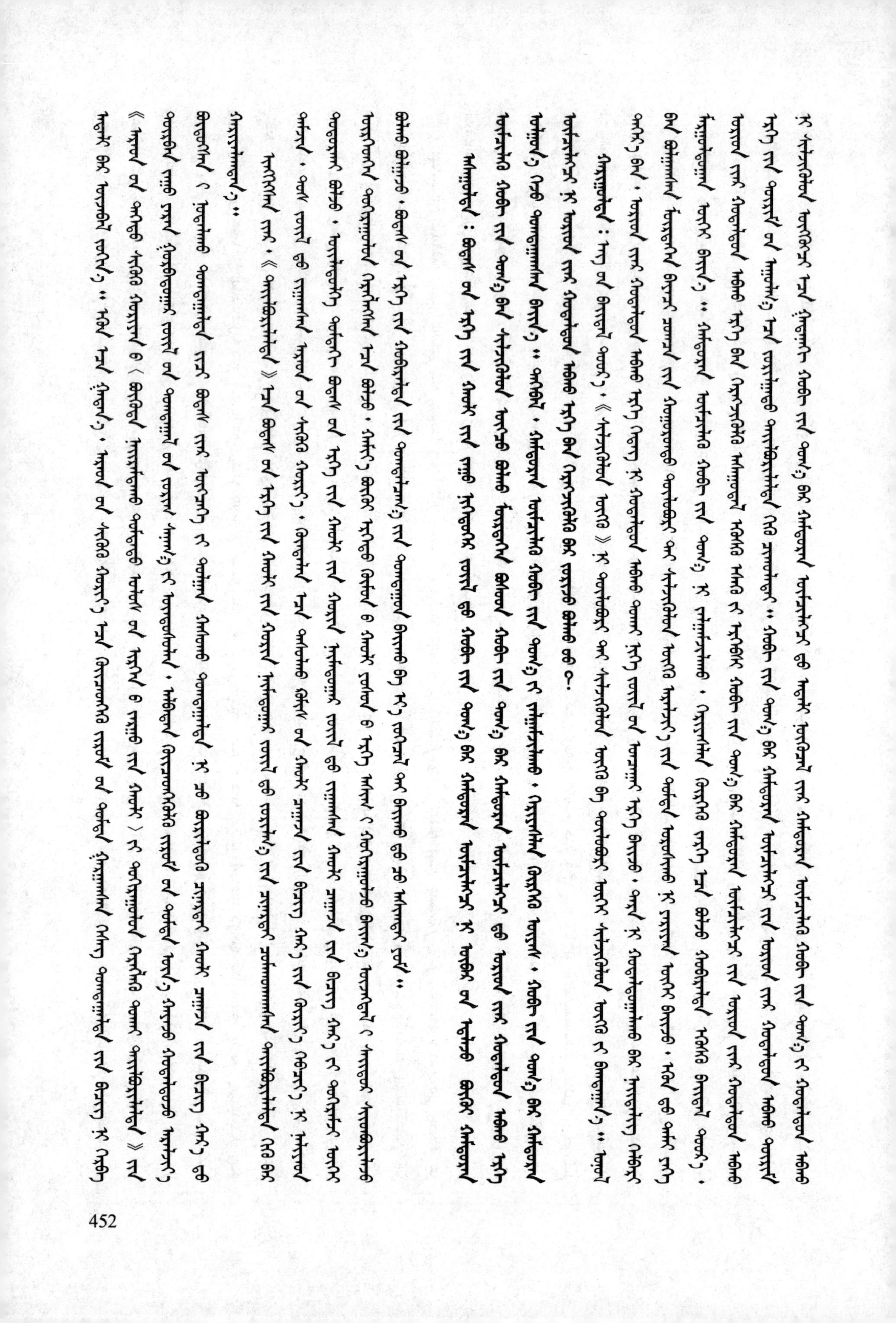

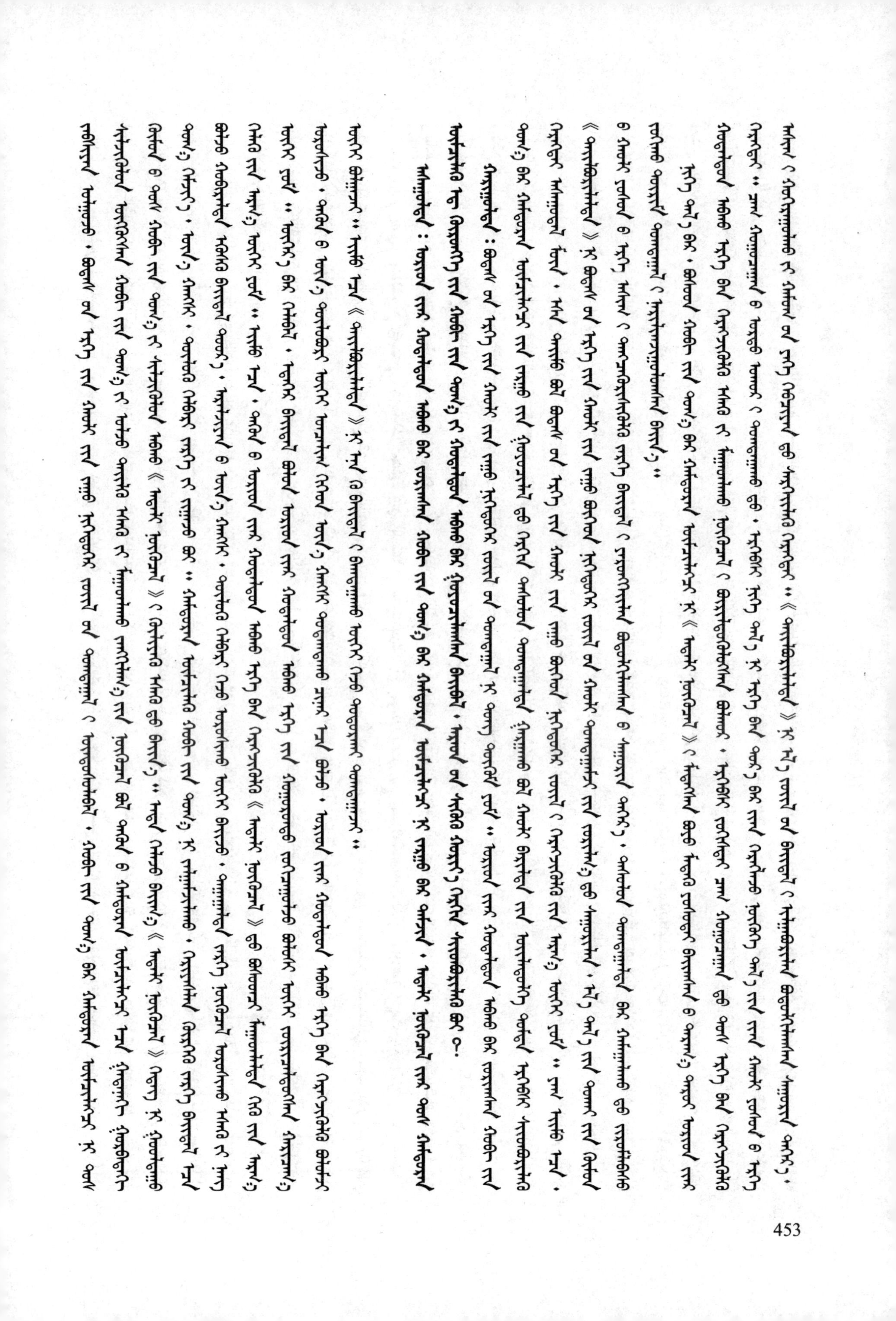

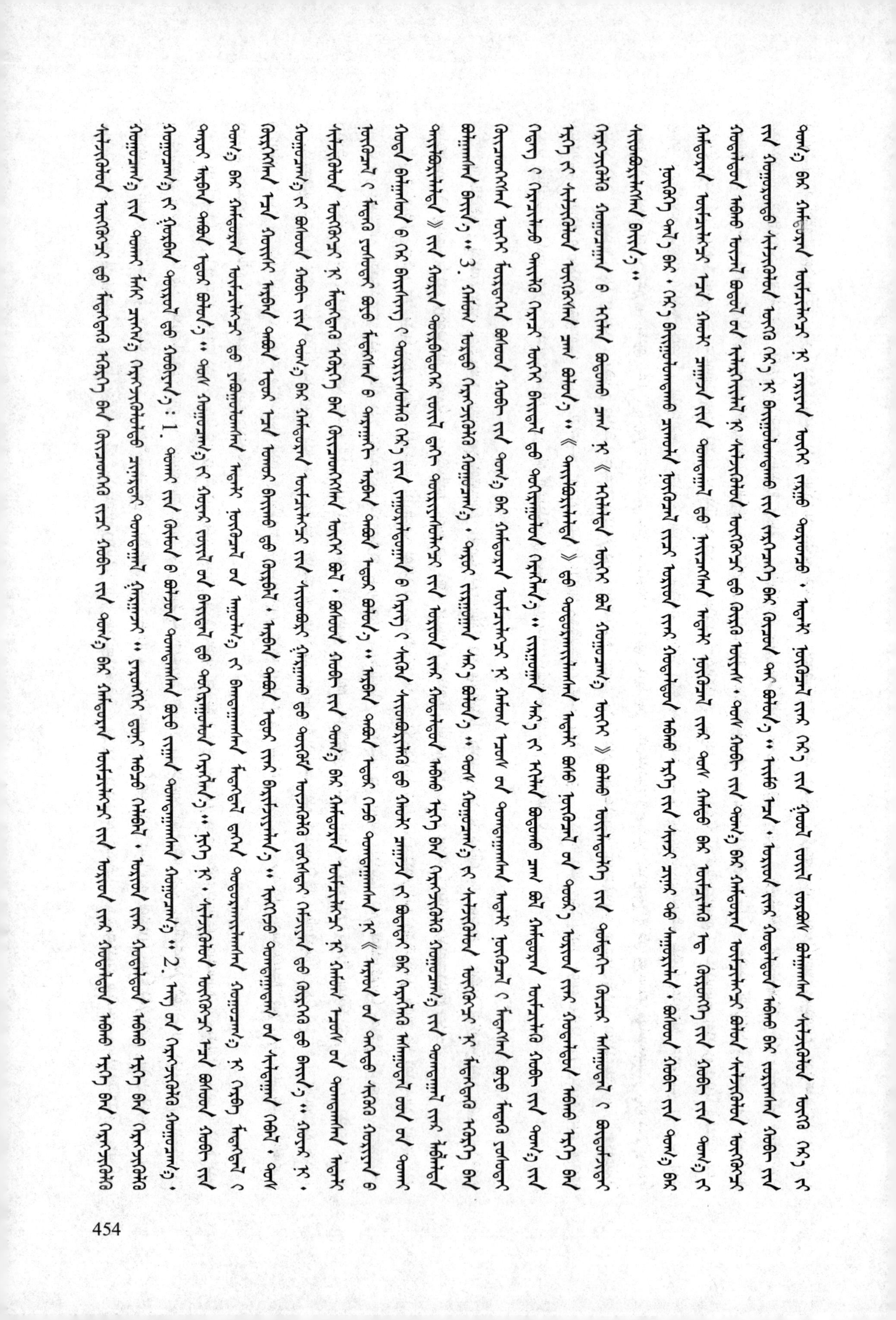

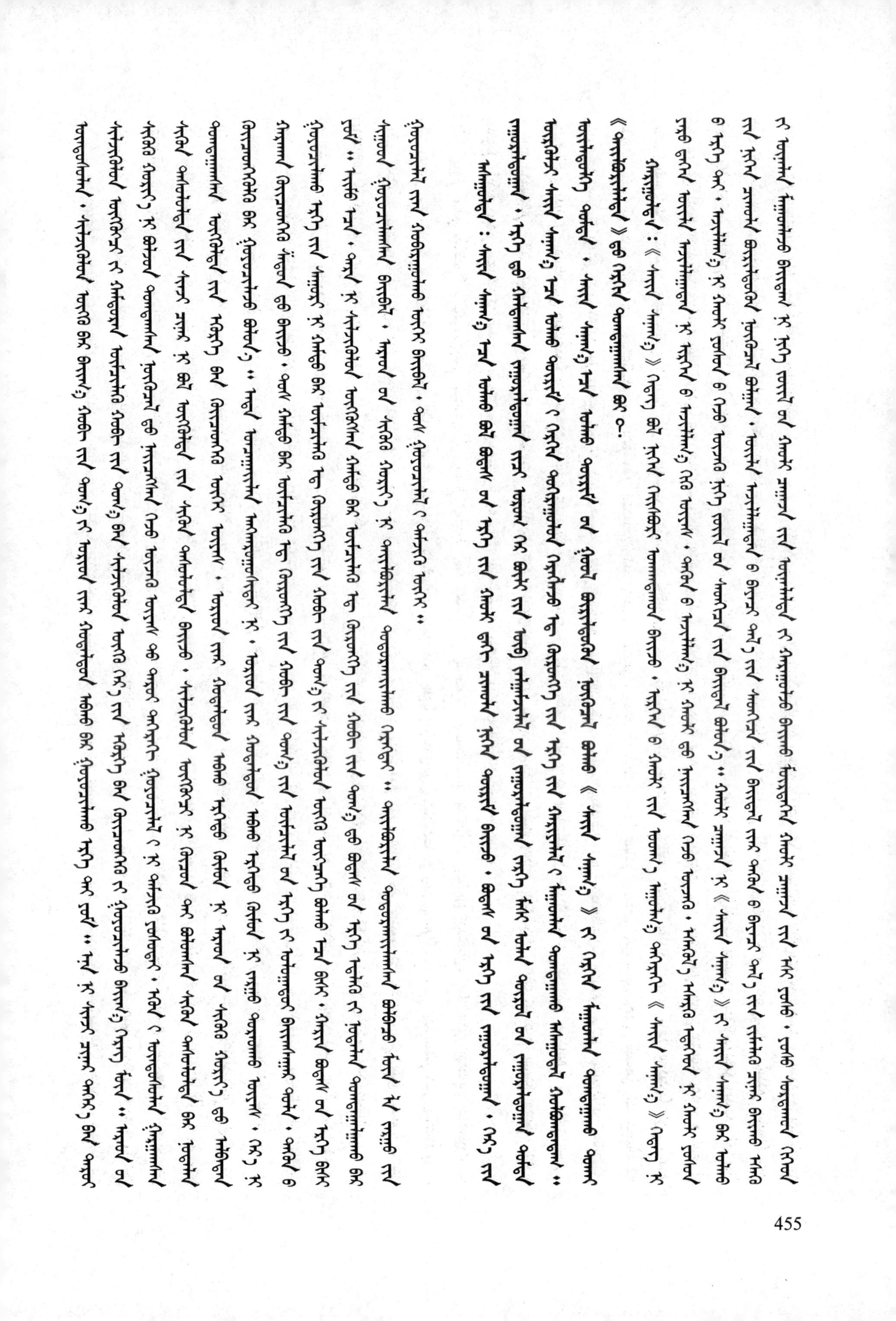

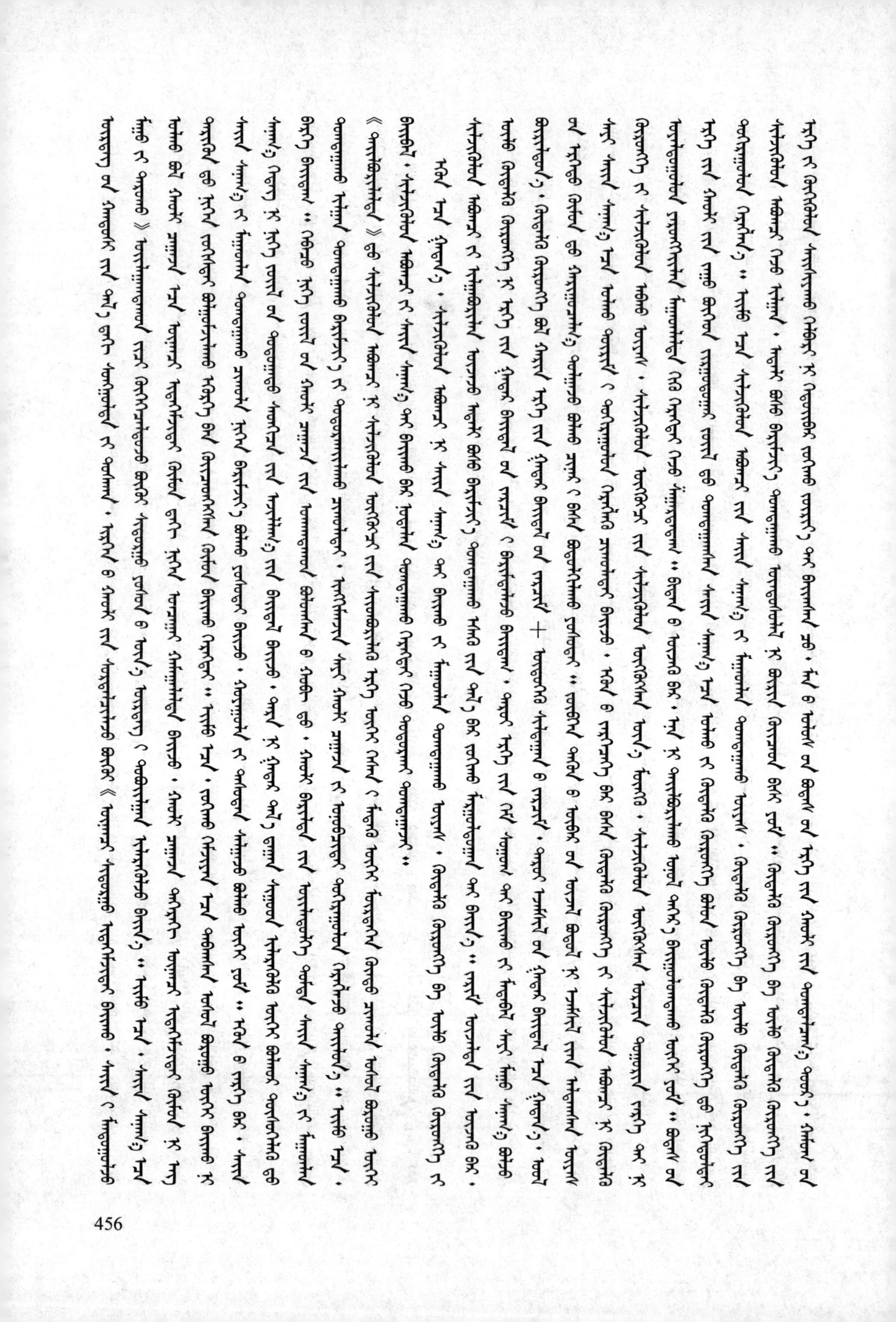

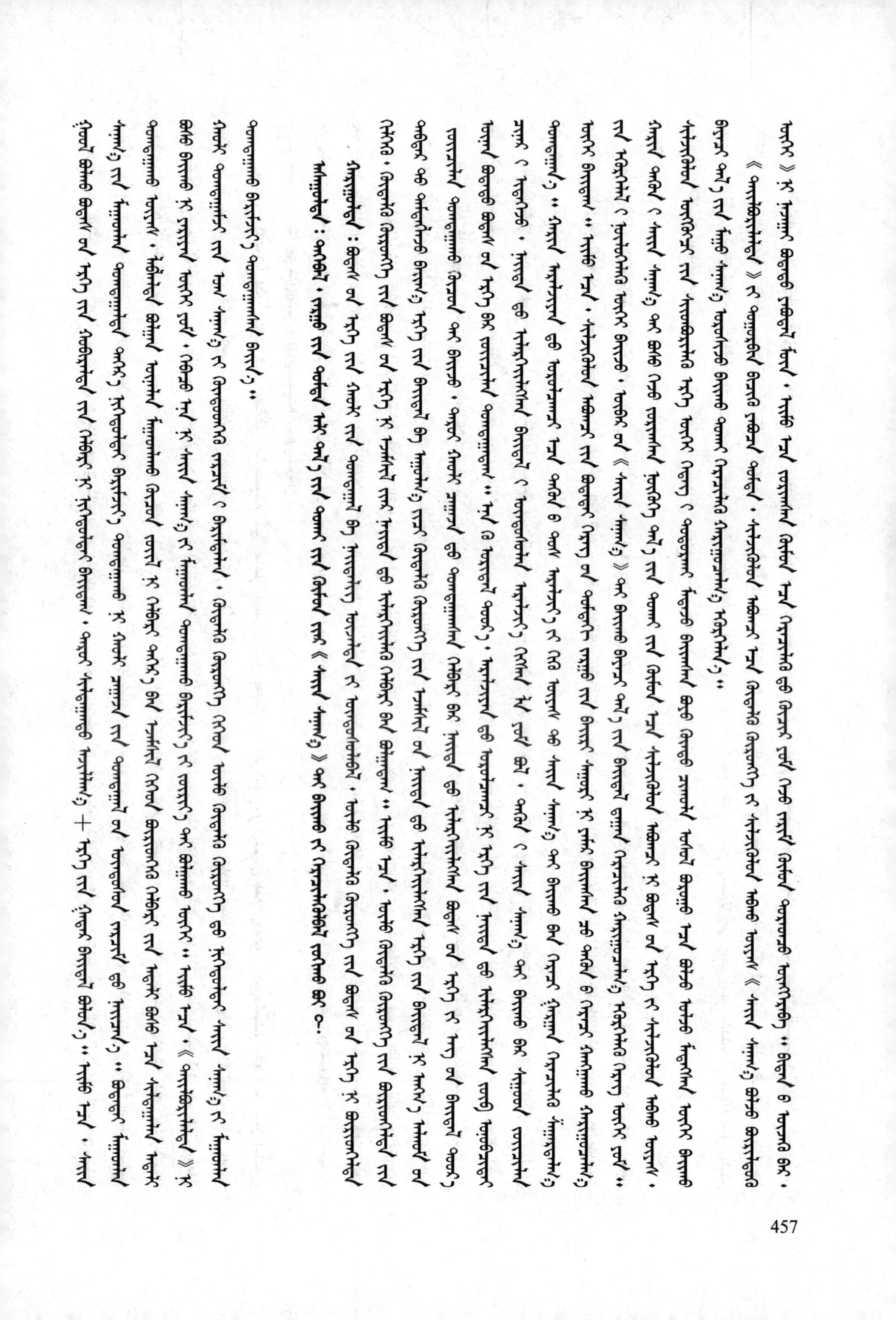

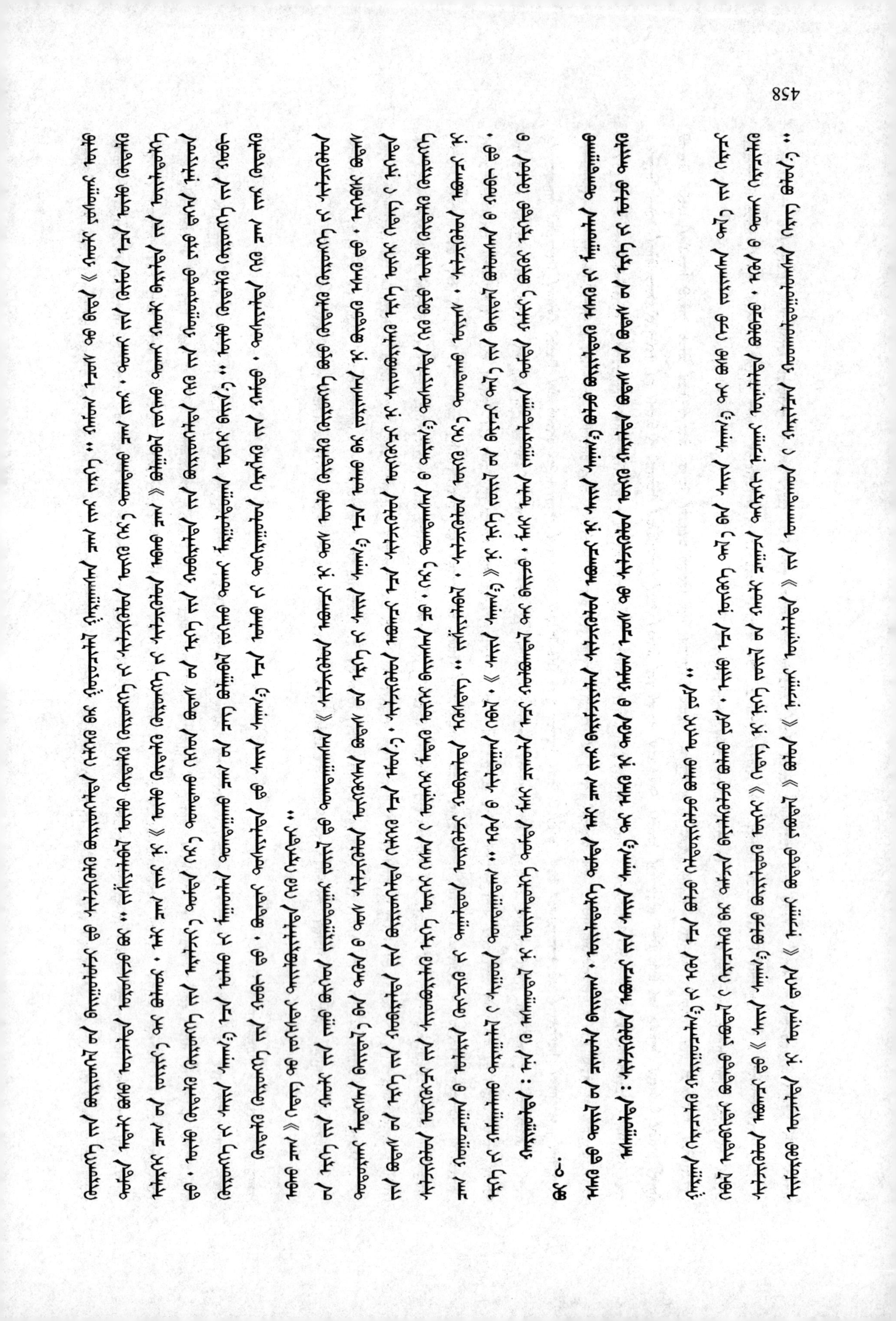

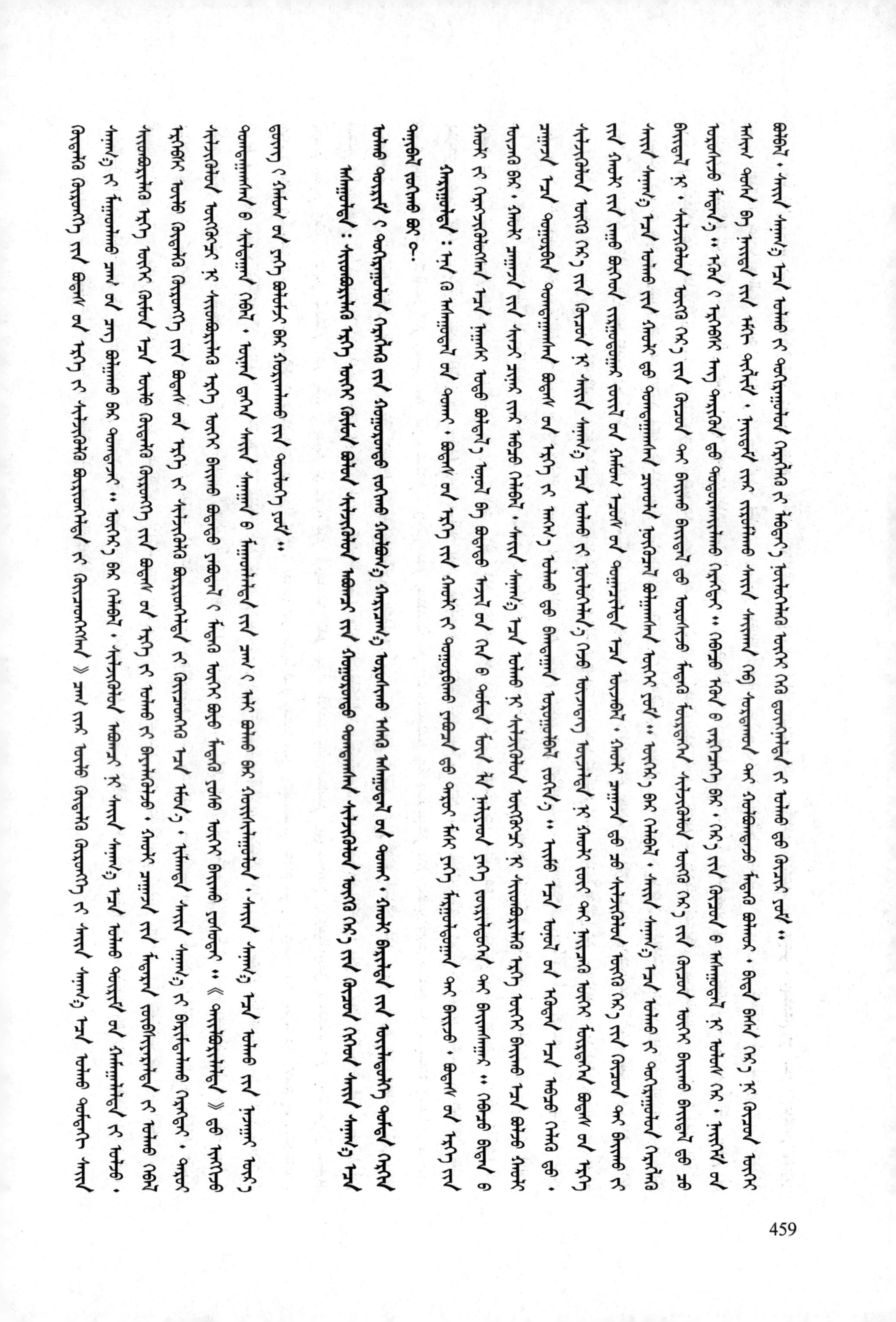

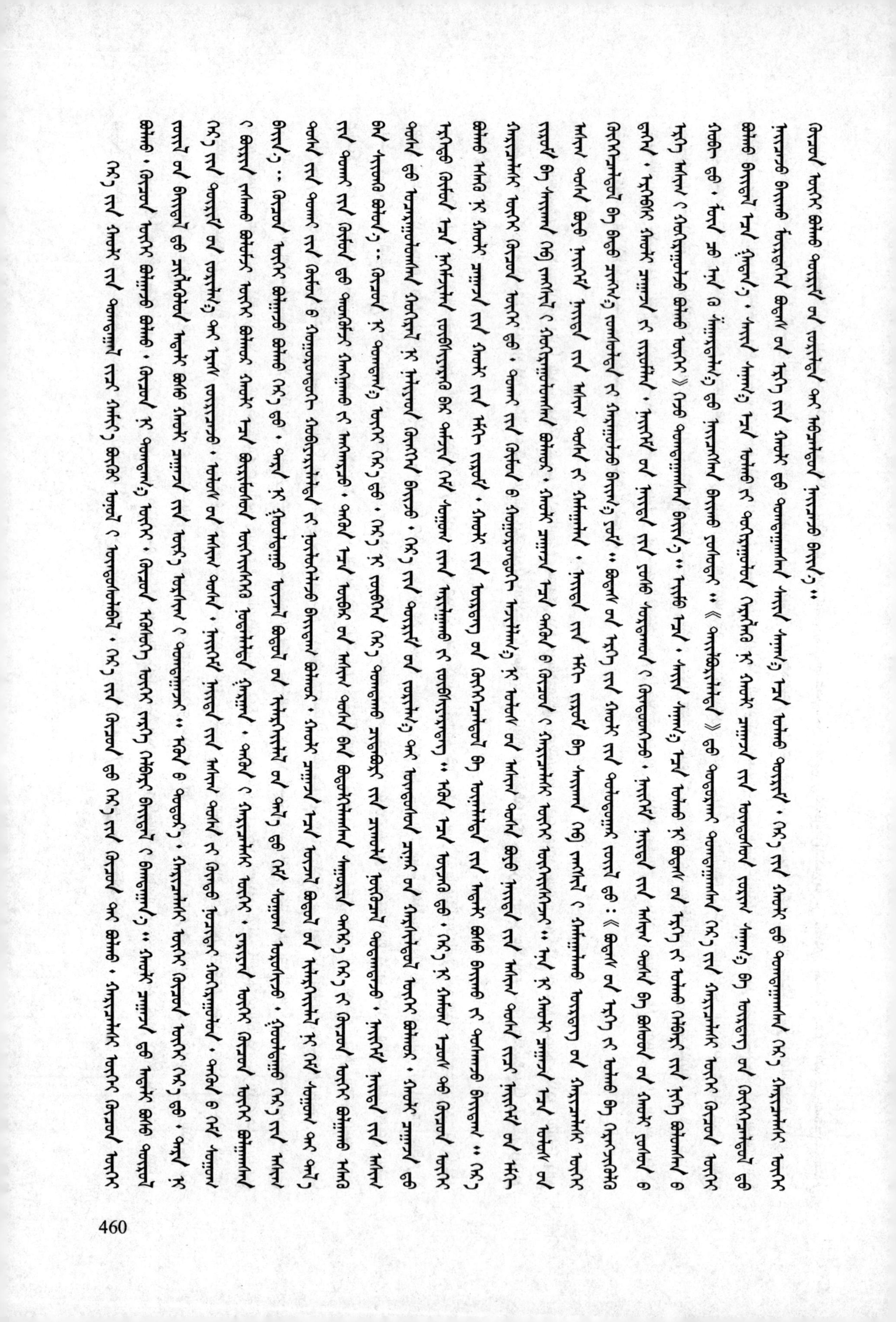

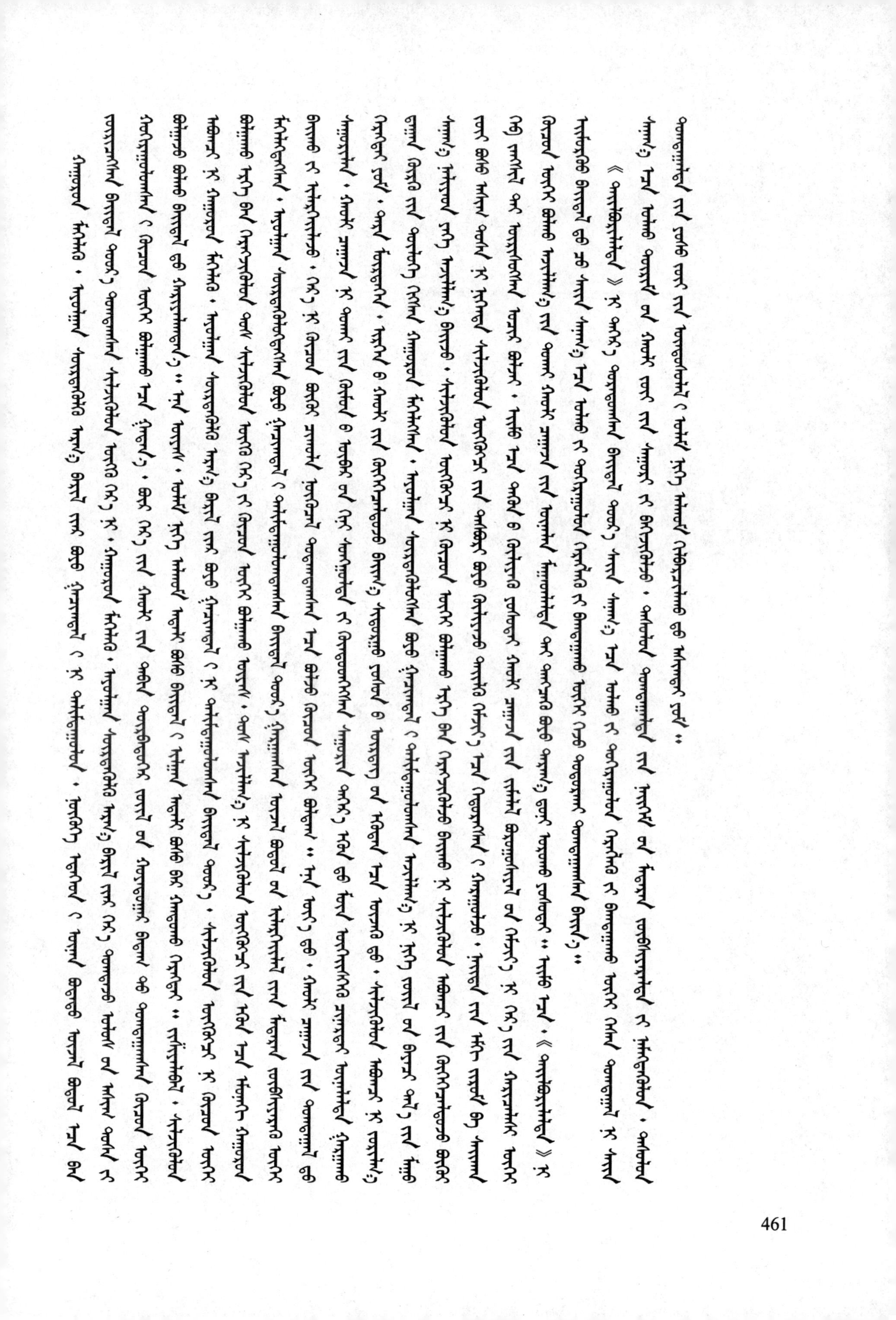